CATALOGUE

DE LA

BIBLIOTHÈQUE

DE M. FÉLIX SOLAR

La vente se fera le 19 novembre et jours suivants,

A UNE HEURE PRÉCISE DE L'APRÈS-MIDI

(*Exposition de la vacation à midi*)

En son hôtel, rue Saint-Georges, n° 8,

PAR LE MINISTÈRE DE Me PILLET, COMMISSAIRE-PRISEUR,

RUE DE CHOISEUL, N° 11.

M. Techener remplira les commissions des personnes qui ne pourraient assister à la vente.

EXPOSITIONS PARTICULIÈRES :

Les jeudi 15, vendredi 16 et samedi 17 novembre.

Une seconde partie contenant les manuscrits, autographes, dessins, etc., sera prochainement publiée.

Les tables et listes des prix d'adjudication seront imprimées après la deuxième vente. (*On souscrit chez M. Techener.*)

Paris. — Typographie de Ad. R. Lainé, rue Jacob, 56.

CATALOGUE

DE LA

BIBLIOTHÈQUE

DE M. FÉLIX SOLAR

PARIS

CHEZ J. TECHENER, LIBRAIRE

RUE DE L'ARBRE-SEC, 52

PRÈS LA COLONNADE DU LOUVRE

—

1860

ORDRE DE LA VENTE.

1re VACATION. — Lundi 19 novembre.

Belles-lettres,	2398 —	2457
Histoire,	3021 —	3111
Belles-lettres, Polygraphes,	2364 —	2375

2e VACATION. — Mardi 20 novembre.

Collections,	2458 —	2466
Belles-lettres,	790 —	838
Morale et politique,	486 —	533
Théologie,	1 —	68

3e VACATION. — Mercredi 21 novembre.

Belles-lettres,	839 —	898
Théologie,	123 —	183
Sciences et arts,	440 —	469
Noblesse,	2947 —	2980

4e VACATION. — Jeudi 22 novembre.

Théologie,	184 —	223
Sciences et arts,	557 —	592
Poëtes grecs,	899 —	921
Épistolaires,	2324 —	2357
Histoire,	2615 —	2635
Histoire,	2905 —	2928

5e VACATION. — Vendredi 23 novembre.

Théologie,	237 —	292
Sciences et arts,	593 —	611
Poëtes latins,	972 —	1017
Histoire,	2745 —	2788

6e VACATION. — Samedi 24 novembre.

Théologie,	293 —	334
Biographie,	3112 —	3148
Poëtes satiriques,	1380 —	1435
Romans,	2032 —	2057
Moralistes français,	470 —	485

7e VACATION. — Lundi 26 novembre.

Belles-lettres,	755 —	783
Théologie,	335 —	372
Belles-lettres,	1795 —	1840
Histoire,	2508 —	2546
Plutarque,	2358 —	2363

8e VACATION. — Mardi 27 novembre.

Histoire de France,	2713 —	2744
Beaux-Arts,	612 —	754

9e VACATION. — Mercredi 28 novembre.

Théâtre,	1762 —	1794
Théologie,	69 —	122
Poëtes latins,	922 —	971
Histoire,	2859 —	2904

10e VACATION. — Jeudi 29 novembre.

Belles-lettres,	2246 —	2289
Histoire de France,	2789 —	2858
Sciences et arts,	429 —	439
Théologie,	224 —	236
Contes et nouvelles,	1983 —	2031

ORDRE DES VACATIONS.

11ᵉ VACATION. — Vendredi 30 nov.

Théâtres,	1559 — 1595
Droit,	373 — 428
Romans,	1899 — 1982

12ᵉ VACATION. — Samedi 1ᵉʳ décembre.

Histoire de France,	2636 — 2663
Histoire de France,	2607 — 2614
Poëtes français,	1291 — 1379
Sciences et arts,	534 — 556
Mystères,	1596 — 1628

13ᵉ VACATION. — Lundi 3 décembre.

Théâtres,	1629 — 1683
Archéologie,	2981 — 3020
Poëtes français,	1234 — 1290
Histoire,	2467 — 2507

14ᵉ VACATION. — Mardi 4 décembre.

Poëtes italiens et espagnols,	1486 — 1558
Poëtes français,	1182 — 1233
Corneille, Molière et Racine,	1684 — 1761

15ᵉ VACATION. — Mercredi 5 décembre.

Facéties,	2195 — 2245
Histoire,	2547 — 2606
Poésies facétieuses,	1436 — 1485

16ᵉ VACATION. — Jeudi 6 décembre.

Poëtes français,	1018 — 1062
Histoire,	2664 — 2712
Polygraphes,	2376 — 2397
Facéties,	2058 — 2102

17ᵉ VACATION. — Vendredi 7 décembre

Emblèmes,	2290 — 2323
Facéties,	2131 — 2194
Poëtes français,	1102 — 1172

18ᵉ VACATION. — Samedi 8 décembre

Belles-lettres,	786 — 789
Amérique,	2929 — 2946
Poëtes français,	1063 — 1101
Marguerite et Saint-Gelais,	1173 — 1181
Romans de chevalerie,	1841 — 1898
Rabelais,	2103 — 2130
Catholicon,	784 — 785

Il y aura exposition, chaque jour de vente, de midi à 1 heure.

Les acquéreurs payeront, en sus des adjudications, 5 centimes par franc, applicables aux frais.

PRÉFACE

La bibliothèque de M. Solar est assez connue des amateurs, non-seulement en France, mais encore dans tous les pays où il y a des bibliothèques et des bibliophiles, pour qu'on puisse se dispenser de recommander ce catalogue à la curiosité, à l'intérêt, à l'admiration de toutes les personnes qui aiment les beaux livres, qui savent les apprécier, et qui ont le bonheur de pouvoir les disputer aux enchères d'une vente publique.

M. Solar aimait aussi les livres, même avant d'en avoir; il s'était familiarisé avec eux avant de les posséder : il se préparait de longue main, par la culture des lettres, à devenir bibliophile. Quand l'heure est venue pour lui de former une collection, il n'a fait qu'exécuter un ancien projet, en appliquant ses connaissances et ses goûts littéraires à la recherche des livres qu'il désirait. Il a noblement, généreusement conquis, par toute l'Europe, livres et manuscrits, que lui enviaient les plus riches cabinets d'amateurs; il a plus d'une fois acheté des bibliothèques entières pour en extraire quelques volumes qu'il regardait comme indispensables à la sienne ; il n'a jamais hésité ni reculé devant les sacrifices énormes que lui imposait sa passion (1). Voilà comment il a pu faire, en moins de dix ans, ce que les plus célèbres bibliophiles n'avaient pas fait en un demi-siècle : il a créé ainsi une bibliothèque qui n'a pas eu d'égale depuis celle de Mac-Carthy. L'œuvre semblait presque achevée, peut-être eût-il été difficile d'aller au delà : on pouvait réunir un plus grand nombre de livres, mais on ne pouvait espérer d'en trouver de plus beaux, de plus rares, de plus précieux. M. Solar s'est arrêté alors dans son entreprise; il s'est lassé, il s'est découragé. La mauvaise santé du fougueux et insatiable amateur a changé ses idées, ses goûts, ses projets, et dans un quart d'heure de désillusion, de dépit, peut-être de dégoût, il s'est déterminé à se séparer de ses chers livres, qu'il regrette déjà, qu'il regrettera toujours.

Telle est souvent l'histoire de ces ventes de bibliothèques, qui se font sous les yeux mêmes des bibliophiles, aussi ardents à détruire leur ouvrage, qu'ils l'étaient naguère à y travailler. Le caprice est pour beaucoup dans les choses de ce monde, comme en affaire de livres. On se fatigue de la possession, et l'on arrive plus ou moins rapidement à la satiété. M. Solar nous laissera du moins, dans le catalogue

---

(1) Outre les ventes dont les noms sont connus, M. Solar a pu choisir dans les collections de MM. de Camerata, L. Tripier, Longuemarre, L. Cailhava, Coppinger, de Lacarelle, et acquérir, tout dernièrement encore, le cabinet entier de M. de Clinchamp.

de sa bibliothèque, la description fidèle, le souvenir durable d'une superbe collection qui représente bien, dans son ensemble et dans ses détails, la physionomie et le caractère de la bibliomanie à notre époque de progrès et de décadence.

Jamais on n'a pu mieux appliquer à la destinée des bibliothèques d'amateurs ces mots terribles de la ballade allemande : *Les morts vont vite*. Ces bibliothèques naissent et meurent en un jour; elles ont hâte, pour ainsi dire, d'arriver à leur état normal et définitif, pour tomber aussitôt en dissolution et disparaître comme un feu follet. Elles ne vieillissent pas dans les mains de leurs possesseurs, et leurs somptueux débris s'en vont sans cesse flottant et s'égarant en de nouvelles mains. On peut dire de nos jours qu'une bibliothèque ne parvient plus à l'âge d'homme, et qu'elle ne passe pas, comme chez les Anglais, à une seconde génération de propriétaires. C'est la loi de notre temps où l'on vit si vite, où l'on se presse de jouir, où chacun cherche à multiplier son existence en l'abrégeant.

Il ne faut pourtant pas induire, de cette dispersion continuelle des bibliothèques, que le nombre des livres rares et précieux aille toujours s'augmentant, et que, par conséquent, ces livres deviennent de jour en jour moins précieux et moins rares. C'est le contraire qui a lieu, car ce sont sans cesse les mêmes exemplaires qui reparaissent dans les ventes de livres et qui ne font que changer de mains; leur valeur s'accroît de plus en plus, à mesure que leur nombre diminue, à mesure que ces livres sortent de France pour passer à l'étranger, ou se détachent de la masse mobile des collections particulières pour entrer dans les bibliothèques publiques qui ne vendent pas leurs doubles.

Ainsi, depuis soixante ans, les amateurs de livres rares et précieux se partagent incessamment les dépouilles opimes des bibliothèques célèbres des deux derniers siècles, et l'on comprendra que ce fonds commun, si riche qu'il fût, commence à s'épuiser, malgré les efforts de quelques libraires intelligents pour l'alimenter et le renouveler aux dépens de l'Angleterre, où ils étaient allés chercher tant de beaux livres enlevés à la France. On doit dire cependant que les plus beaux livres et les plus rares ne sont pas sortis du domaine de la circulation, puisque les bibliothèques publiques (excepté celles de Londres, de Munich et de Saint-Pétersbourg) n'achètent guère ce genre de livres, qui tiennent peu de place sur des rayons, et qui seraient comme perdus et fourvoyés au milieu d'un effroyable amas de bouquins et de volumineux ouvrages, plus ou moins délabrés, plus ou moins ordinaires, qui composent ordinairement l'arsenal d'une bibliothèque publique.

Les amateurs d'aujourd'hui sont bien plus difficiles à contenter que ne l'étaient les amateurs d'autrefois : ils ont moins de livres, moins de gros livres surtout, mais ils ne veulent que des exemplaires parfaits, irréprochables, qui sont autant de bijoux enchâssés dans des reliures de prix. On se tromperait étrangement sur la condition des anciennes bibliothèques si l'on croyait qu'elles ne possédassent que des livres de cette espèce : un amateur distingué n'admettait sans doute dans sa bibliothèque que de riches exemplaires, proprement, honorablement reliés ; mais les exemplaires de luxe reliés en maroquin, tels que ceux qui ont droit d'entrée chez un amateur de premier ordre, étaient, relativement, en petit nombre dans les grandes bibliothèques des trois derniers siècles. La plupart des livres de la fameuse bibliothèque des De Thou étaient reliés en basane de couleur; la moitié de la bibliothèque de Colbert était reliée en veau brun et même sans armoiries; celle du comte d'Hoym ne comptait pas plus de 1200 volumes en maroquin; celle du duc de La Vallière, la plus belle, la plus intéressante, la plus nombreuse qu'un particulier ait jamais formée en France, n'accordait des reliures de choix qu'aux livres exceptionnellement rares et curieux; or la famille aristocratique de ces livres-là n'est pas aussi étendue qu'on le suppose, et beaucoup d'entre eux ne sont plus représentés que par une mention bibliographique, qui ressemble à une épitaphe dans l'immense cimetière des anciens livres.

Il faut ajouter que nos amateurs sont devenus d'une délicatesse, d'une exigence infinie, pour la beauté des livres. On ne veut que des exemplaires à toutes marges, entièrement purs et intacts; des reliures d'art exécutées par les artistes les plus renommés; car, depuis quinze ou vingt ans, l'art de la reliure est arrivé en France à une perfection qu'il ne saurait plus dépasser, et, malgré le mérite incontestable des chefs-d'œuvre qui ont élevé si haut la réputation des Gascon, des Dusseuil, des Padeloup et des Derome, on est obligé de constater que les grands relieurs de notre temps, Thouvenin, Trautz-Bauzonnet, Duru, Capé, Thompson, Gruel, Niedrée et Hardy, ont égalé, comme main-d'œuvre, sinon comme goût et comme invention, les plus merveilleux ouvrages des relieurs français du dix-septième et du dix-huitième siècle.

Les livres qui portent des reliures valant trois ou quatre cents francs, sont plus que des livres : ce sont des œuvres d'art, ce sont des joyaux qui seraient dignes d'être enfermés dans des écrins, et qui ne doivent être touchés qu'avec précaution, avec respect. Voilà ce qu'on trouve chez les amateurs actuels ; voilà ce qui manque presque totalement dans la plupart des bibliothèques publiques, où les lecteurs, il est vrai, traitent les livres comme des chevaux de louage qu'on éreinte, sans se soucier d'en faire des rosses qui finissent bientôt à l'abattoir.

Sachons donc gré aux amateurs de conserver les beaux livres et de les ménager avec un soin vigilant, qui les fera passer, dans toute leur fraîcheur, jusqu'à nos arrière-neveux. Ces beaux livres, ce sont souvent les amateurs qui les ont faits tels, en leur consacrant à grands frais les merveilleux secrets de la restauration, que Boissonade a nommée la *bibliatrique*, et les admirables prodiges de la reliure. Au surplus, ne fait-on pas maintenant pour les livres imprimés ce qu'on faisait pour les manuscrits il y a six ou huit siècles, lorsqu'on couvrait ces manuscrits d'or et d'argent, d'ivoire et de pierreries, en les déposant dans les trésors des églises, des abbayes et des palais ? On semblait proclamer ainsi que le livre, comme expression de la pensée humaine, était une relique du passé, qu'on ne pouvait pas trop orner des splendeurs de la richesse matérielle. Ces manuscrits, aux magnifiques couvertures ciselées et niellées, on les admirait sans cesse, on ne les touchait pas souvent. Il en est de même des bijoux de reliure que nos amateurs gardent si précieusement dans leurs armoires fastueuses ; grâce à eux, ces livres, qui ont traversé déjà plusieurs siècles, et qui, par un miracle dû à l'art du relieur et de ses assesseurs, aussi habiles qu'ingénieux, n'ont rien perdu de leur beauté primitive, se perpétueront avec le même éclat en passant par cent bibliothèques, qui ne feront qu'ajouter à la célébrité de ces exemplaires entourés du souvenir de leurs anciens possesseurs. Répétons-le hautement, on ne saurait avoir trop d'amour ni trop de vénération pour les beaux livres : ce sont de tous les bijoux ceux qui passent le moins de mode, ceux qui conservent le plus de prix, ceux qui éveillent les passions les plus nobles, les plus éclairées, les plus intelligentes.

M. Solar, en composant sa bibliothèque, avait à cœur de la distinguer de celles qui se faisaient ou se défaisaient autour de lui ; dans cette bibliothèque, il a mis ses sympathies, ses goûts, ses idées. Il s'était proposé un plan à suivre avant de construire l'édifice, et ce plan, il l'a suivi avec une consciencieuse exactitude jusqu'au moment où l'édifice, presque achevé, a été abandonné au marteau du commissaire-priseur, qui va l'abattre, peut-être parce que l'architecte ne trouvait plus de matériaux assez riches pour le compléter suivant son désir.

M. Solar avait voulu que sa bibliothèque, essentiellement française, c'est-à-dire n'admettant, parmi les meilleurs livres, parmi les plus rares et les plus curieux, écrits dans notre langue, qu'un petit nombre de brillants spécimens des langues anciennes et étrangères, représentât non-seulement l'histoire de notre littérature, mais encore l'histoire de l'imprimerie, l'histoire de la gravure, et l'histoire de la reliure.

La reliure, il l'a demandée à chaque époque, à chaque pays où l'art du relieur a été en progrès; il l'a demandée surtout à la France, qui depuis le seizième siècle a produit les relieurs les plus remarquables, les plus artistes.

La gravure, il l'a cherchée dans une foule de beaux livres ornés d'estampes gravées sur cuivre ou sur bois, qui prouvent, depuis trois siècles et demi, que l'imprimerie a été inventée pour le plaisir des yeux comme pour la satisfaction de l'esprit.

L'imprimerie, il l'a poursuivie, il l'a étudiée dans ses débuts les plus éclatants; en Hollande, où elle est née avec la xylographie de Coster; à Mayence, où elle a transporté son berceau; en Italie, où elle s'est si tôt acclimatée, où elle a fait tant de progrès; en Flandre, où elle a créé Colard Mansion; en Angleterre, où elle a fondé l'atelier de Caxton; en France, où elle a manifesté son apparition par des œuvres dignes de rivaliser avec les produits des presses naissantes de Gutenberg, de Schœffer, de Jenson et de Pannartz. On trouvera donc dans ce catalogue quelques magnifiques spécimens des premières impressions de Mayence et de Cologne, de Strasbourg et de Venise, de Rome et de Florence, de Bruges et de Londres, de Chambéry et de Turin, de Paris et de Lyon.

Quant aux littératures, et principalement la littérature française, M. Solar, qui les connaît bien, a voulu avoir en éditions originales, en beaux exemplaires, tous les ouvrages qui ont fait l'admiration et l'enchantement de nos pères depuis l'origine de l'imprimerie en France. En choisissant de préférence les éditions originales, il essayait de se rapprocher, en quelque sorte, du temps où avaient vécu les auteurs illustres dont il rassemblait les œuvres, et il s'imaginait sans doute s'entretenir avec eux.

Mais sa prédilection s'est portée naturellement vers les livres les plus rares, par conséquent vers ceux qui appartiennent à l'époque la plus éloignée de nous, et qui, par diverses causes inappréciables, ont presque totalement disparu. Il faut être initié à la science des livres pour savoir ce que c'est qu'un livre rare. Les gens du monde ne soupçonnent pas qu'un livre rare est souvent le seul exemplaire qui ait surnagé dans le grand et éternel naufrage des livres et de toutes choses. Combien de volumes vraiment uniques dans la bibliothèque de M. Solar! Combien qui ne sont connus que de nom; combien qui n'ont pas été vus jusqu'à ce jour par les bibliographes qui les citent; combien qui, une fois enfouis dans quelque bibliothèque publique ou particulière, ne reparaîtront jamais aux yeux étonnés des amateurs!

M. Solar avait donc pour but de recueillir tout ce qui était beau, tout ce qui était rare, tout ce qui était cher en fait de livres, et l'on doit dire que, pendant dix ans, il n'a pas manqué une occasion d'enrichir et de compléter sa collection. Mais les occasions étaient aussi rares que les livres eux-mêmes, et, s'il y a des lacunes dans cette bibliothèque, c'est qu'il eût été impossible de les remplir avant l'heure, même au prix de toute la fortune de M. Solar.

Ce généreux amateur s'est attaché particulièrement à rassembler des livres français imprimés en gothique, qui sont les livres les plus rares et les plus recherchés, surtout depuis que la bibliographie savante s'est occupée d'eux d'une manière toute spéciale. Dans les catalogues de Gaignat et de Mac-Carthy, on ne rencontre pas une plus riche, une plus nombreuse série d'éditions d'Antoine Vérard, de Simon Vostre, de Guillaume Eustace, de Durand Gerlier, de Pierre Le Caron, de Jean Trepperel, de Michel Lenoir, de Simon de Colines, de Galiot du Pré, d'Étienne Dolet, de Jean de Tournes, de Michel Fezendat, des Étienne, des Angeliers, etc., qui ont imprimé ou publié tant de beaux livres au seizième siècle.

M. Solar avait déjà réuni, dans les différentes classes de la bibliographie, et toujours en exemplaires de choix, les livres qui sont la base nécessaire de chacune de ces catégories, et qui doivent, en se groupant, en se rattachant l'un à l'autre, former cette collection restreinte, mais excellente, qu'un amateur de goût aspire à compléter. Il y a sans doute, dans ce catalogue, des divisions plus riches, plus complètes les unes que les autres; mais aucune n'est tout à fait pauvre et déshéritée. On remarque d'ailleurs entre toutes les parties de la bibliothèque une harmonie, une corrélation intime, qui n'échappera pas au coup d'œil du bibliophile.

Cependant M. Solar a donné carrière à ses sympathies, à ses préférences, dans le choix de telle ou telle catégorie de livres; il semble avoir été préoccupé de l'idée de former une suite imposante, sinon complète, pour la poésie française, le théâtre, les romans de chevalerie, les conteurs et les facéties; ces diverses branches de littérature, en effet, sont plus abondantes que les autres en livres rares et précieux.

De là cette collection de vieux poëtes, plus nombreuse et plus extraordinaire que celle qui faisait la gloire de la bibliothèque d'Armand Bertin; de là ces merveilles introuvables, ces mystères, ces romans de chevalerie, ces plaquettes rarissimes, qui ne se trouvaient pas en plus grand nombre chez M. le prince d'Essling, chez M. de Soleinne; de là ces belles séries d'éditions originales de nos grands poëtes et de nos grands écrivains, ces séries qui embrassent dans un magnifique ensemble la plupart des richesses que possédaient en ce genre les bibliothèques d'Aimé Martin, de Walckenaer, de M. Giraud, etc.

Trouverait-on ailleurs dans une seule bibliothèque une autre série des premières éditions de Racine, de Boileau, de La Fontaine, de Bossuet, de La Bruyère, de La Rochefoucauld, de Fénelon, de Corneille, de Molière?

A-t-on vu, dans un seul catalogue, une collection à peu près complète des ouvrages de Gringore, toutes ou presque toutes les éditions partielles du *Gargantua* et du *Pantagruel*, dix éditions anciennes des *Essais* de Montaigne, depuis la première de 1580 jusqu'à celle de 1595 ; quatre éditions rarissimes des poésies de Villon, six éditions des *Joyeux Devis* de Bonaventure des Periers, quinze éditions différentes des œuvres de Clément Marot?

La formation d'une pareille bibliothèque ne pouvait se faire qu'en y consacrant des sommes considérables, et encore, pour la créer en si peu de temps, il a fallu plus que de l'or, il a fallu des occasions exceptionnelles; il a fallu une persévérance et une activité infatigables; il a fallu aussi le zèle et l'ardeur de M. P. Deschamps, que M. Solar s'était adjoint à titre de bibliothécaire, et dont les soins assidus ont puissamment contribué à augmenter et à enrichir cette splendide collection.

Nous avons là sous les yeux, dans ce catalogue, la fleur de vingt bibliothèques excellentes, qui toutes ont laissé un nom plus ou moins célèbre dans l'histoire des livres et des amateurs.

Il nous faut encore revenir aux reliures pour les admirer et pour en faire comprendre la valeur : les anciennes sont des reliures d'exception que les maîtres de l'art exécutaient de temps à autre pour satisfaire des amateurs délicats, et comme pour témoigner de leur supériorité; les nouvelles sont ce que peuvent les faire nos incomparables relieurs, qui n'ont de rivaux ni à Londres, ni à Vienne, ni à Berlin : ces reliures, nous ne craignons pas de le dire, vaudront un jour trois ou quatre fois plus qu'elles n'ont coûté, et l'on sait ce qu'elles coûtent !

Quant aux reliures historiques, qui nous rappellent, par un souvenir matériel, par des armoiries ou des devises, les personnages illustres à qui elles ont appartenu, elles personnifient, pour ainsi dire, dans une bibliothèque, la glorieuse phalange des grands amateurs de livres depuis Grolier et Maioli jusqu'à Charles Nodier, Debure, Renouard et Armand Bertin. Ce sont là par malheur les livres les plus prompts à sortir de France et à émigrer à l'étranger; car il y a encore, Dieu merci, des amateurs de livres, de vrais amateurs, passionnés et généreux, jusque dans les steppes de l'Ukraine, jusque dans les glaces de la Finlande et les montagnes de l'Écosse.

En voyant se disperser une si splendide, une si merveilleuse collection, nous ne cacherons pas que nous éprouvons quelque regret; car, si tous les livres qui en font partie doivent se classer avec honneur dans d'autres bibliothèques, et sont destinés à être l'ornement des cabinets d'amateurs français et étrangers, il y a des groupes d'éditions différentes d'un même livre qu'on avait rassemblées avec des peines infinies, avec un bonheur qui tient du sortilége, et la réunion de ces éditions rares et introuvables représentait, en quelque sorte, le travail sérieux et intelligent du propriétaire, qui était bien capable d'en tirer parti dans l'intérêt de l'érudition. C'en est fait, il ne sera plus possible de reformer ce précieux ensemble bibliographique, et l'œuvre est anéantie avant qu'elle ait donné à la critique littéraire les résultats qu'on pouvait attendre d'une pareille bibliothèque au profit des éditions futures et définitives de nos classiques français.

Ce serait ici le lieu de rappeler ce qui s'est passé en France, il y a soixante-seize ans, lorsque la plus belle partie de la bibliothèque du duc de La Vallière fut mise en vente avec un catalogue rédigé par Guillaume Debure et par Van Praet. L'administrateur de la Bibliothèque du Roi obtint du gouvernement de Louis XVI, quoique les finances de l'État fussent déjà bien malades, un crédit illimité pour acheter dans cette vente mémorable tout ce qui manquait à notre grande bibliothèque nationale.

P. L. JACOB,
Bibliophile.

CATALOGUE

DE LA

BIBLIOTHÈQUE

DE M. F. SOLAR

THÉOLOGIE ET HISTOIRE DES RELIGIONS

I. THÉOLOGIE.

1. ÉCRITURE SAINTE.

A. Textes et versions.

1. BIBLIA CUM CONCORDANTIIS Veteris (ac Noui) Testamenti. (A la fin): *Impressum per magistrum Mathiam Huz Alemanum. S. l. (Lugduni), anno legis nove* 1494; petit in-fol. goth. à 2 col. mar. r. f. à fr. tr. dor. (*Trautz-Bauzonnet.*)

Très-bel exemplaire d'un volume rare.

2. Biblia sacra Veteris et Novi Testamenti, cum indicibus a D. Joanne Benedicto digestis. *Parisiis, apud Seb. Nivellium,* 1573; 3 tom. en 1 vol. in-fol. mar. r. fil. tr. d. et ciselée. (*Rel. anc.*)

3. BIBLIA SACRA Veteris et Novi Testamenti, cum 3 indicibus, a D. Joanne Benedicto digestis. *Parisiis, ap. Sebast. Nivellium,* 1573; fig. sur bois, in-fol.

Très-curieuse reliure du temps, aux armes du pape Grégoire XIII, en velours rouge, recouvert de veau doré et estampé, découpé à jour.

4. BIBLIA SACRA. *Parisiis, ex typogr. regia*, 1642; 8 vol. in-fol. mar. r. fil. tr. d. (*Rel. anc. aux armes de Coislin Cambout, évêque de Metz.*)

Très-bel exemplaire. Grand papier. Beau frontispice, dessiné par Nicolas Poussin, gravé par Cl. Mellan.

5. BIBLIA SACRA, vulg. edit. Sixti V authoritate recognita. *Parisiis, excud. Antonius Vitré*, 1652; 8 vol. in-12, mar. vert fil. tr. d. (*Boyet.*)

Très-bel exemplaire, aux armes de Renouard, comte de la Touanne. (Dubuisson, II, p. 73.)

6. BIBLIA SACRA vulgatæ editionis (jussu ducis de Richelieu edita). *Parisiis, Seb. Martin*, 1656; pet. in-8, mar. r. fil. tr. dor. (*Derome.*)

SUPERBE exemplaire de CH. NODIER, de la célèbre Bible imprimée au château du cardinal de Richelieu. Il est en grand papier : 5 pouces 3 lignes de hauteur.

7. LA BIBLE qui est toute la Saincte Escripture en laquelle sont contenus le Vieil Testament, le Nouveau translatez en françoys, le Vieil de l'ebrieux et Nouveau du grec (par Robert-Pierre Olivetan et J. Calvin). *Achevé d'imprimer en la ville et comté de Neuchastel, par Pierre de Wingle, dit Pirot Picard*, 1535; in-fol. goth., mar. rouge, fil., tr. dor. (*Anc. rel. aux armes du comte d'Hoym.*)

Exemplaire parfaitement conservé de la première Bible française que les protestants aient publiée. C'est un livre de toute rareté.

8. LA BIBLE......... (autre exemplaire); in-fol. goth. mar. brun fil. tr. dor. comp. (*Belle reliure de Hardy.*)

Exemplaire grand de marges.

9. La Bible, qui est toute la Saincte Escriture, contenant le Vieux et le Nouveau Testament. *A Genève, de l'imprim. de François Jaquy*, 1564; in-8, mar. r. comp. tr. cis. dor. (*Rel. anc. très-curieuse.*)

Bible protestante, d'une très-belle exécution typographique, et fort rare. Elle est imprimée à deux colonnes, en caractères très-nets, quoique très-petits, et terminée par les Psaumes de Marot en musique.

THÉOLOGIE. 3

10. La Saincte Bible, contenant le Vieil et le Nouveau Testament, lat. franç., trad. par M. René Benoist, Angevin. *Paris, Mich. Guillard, v^re de G. Desbois*, 1568; 2 vol. in-4, mar. v. fil. tr. d. (*Anc. rel. aux armes de Dufresnoy.*)

Bible rare, censurée à Rome et rangée parmi les Bibles hérétiques.

11. La Sainte Bible, trad. en françois par M. de Sacy. *Anvers, chez Gaspar Moretus*, 1700 (Ancien et Nouveau Testament); 7 tom. en 9 vol. in-12, mar. cit. tr. d. (*Rel. anc.*)

12. LA SAINTE BIBLE, en latin et en françois (trad. par le Maistre de Sacy), avec des notes littérales. *Paris, G. Desprez*, 1715; 2 tom. en 3 vol. in-fol. fig. mar. r. fil. tr. d. (*Anc. rel.*)

Très-bel exemplaire, aux armes du comte d'Hoym.

13. LA SAINTE BIBLE, trad. de M. de Sacy. *Paris, Defer de Maisonneuve*, 1789; 12 vol. gr. in-4, demi-rel. mar. viol. non rognés.

Exemplaire EN GRAND PAPIER, ORNÉ de 300 figures de MARILLIER, ÉPREUVES AVANT LA LETTRE.

14. Biblia española (por Cassiodoro Reyna). *S. l. (Basileæ), anno del Señor* M. D. LXIX; in-4, mar. br. f. tr. d.

Bel exemplaire d'un volume fort rare, connu sous le nom de la *Bible de l'Ours*.

15. BIBLIA GERMANICA latina. *Witteberg*, 1565; 10 vol. in-4, vélin, tr. d. (*Aux armes et au chiffre d'Alexandre, duc de Saxe-Cobourg-Gotha.*)

Très-bel exemplaire d'une Bible précieuse, imprimée à deux colonnes, enrichie du portrait de l'Électeur et de charmantes vignettes sur bois dans la manière d'Holbein. C'est l'exemplaire de dédicace offert par Paulus Eberus, *pastor Ecclesiæ Witebergensis*, le traducteur et l'éditeur de cette Bible, au très-illustre Alexandre, duc de Saxe, archi-maréchal de l'Empire romain et électeur, dont le père, le célèbre Auguste, duc de Saxe, fit les frais de l'impression.

16. Tobie, Judith et Esther, trad. en françois. *A Paris, G. Desprez*, 1688; in-8, mar. r. fil. tr. d. (*Aux armes de madame de Maintenon.*)

17. PSALTERIUM HEBRÆUM, græcum, arabicum et

chaldæum cum tribus latinis interpretationibus et glossis studio Aug. Justiniani. *Petrus Paulus Porrus Mediolanensis, Genuæ, in ædibus Nic. Justiniani Pauli*, 1516; in-fol. demi-rel. vél.

Première édition polyglotte, remarquable par la singularité du commentaire. C'est dans les notes de ce volume qu'on trouve des renseignements curieux sur la vie de Christophe Colomb.

18. PSALTERIUM DAVIDIS, ad exemplar vaticanum. *Lugduni Batav., ap. D. Elzevirios*, 1653; pet. in-12, mar. bleu, fil. tr. dor. (*Purgold.*)

SUPERBE EXEMPLAIRE. (Hauteur: 5 pouces.) On y a ajouté un charmant dessin à la sépia par DESENNE.

19. Liber Psalmorum cum notis J.-B. Bossuet. *Lugduni, ap. Anissonios*, 1690; in-8, mar. r. tr. dor.
Édition originale.

20. Psalmorum versio nova ex hebræo fonte. *Parisiis*, 1762; in-12, mar. r. fil. tr. d. (*Aux armes du pape Clément XIII.*)

21. Le Psaultier, qui est le livre des Pseaumes de David. *S. l.* (*Lyon*), M. D. LIX.

Dans le même volume : Les Prières et Oraisons de la Bible. *Lyon, Jean de Tournes*, 1543. — Le Miroir du Pénitent. *Lyon, Jean de Tournes*, 1549. Les trois parties en un volume in-16, relié en mar. v. comp. tr. d. (*Riche reliure du temps.*) Charmant exemplaire lavé, réglé.

22. Le Pseautier de David, contenant 150 pseaumes. *Paris, Jamet Mettayer*, 1586; édit. impr. en gros car. rouges et noirs, in-4, v. br. comp. tr. d.

Très-curieuse reliure, représentant, gravés à froid, tous les emblèmes de la mort, os, larmes, squelette, bière, faux, sablier, etc. Ces lugubres emblèmes ont été primitivement argentés. Tout porte à croire que cet exemplaire appartenait au roi Henri III.

23. Le Pseautier de David, traduit en françois, avec des notes courtes tirées de S. Augustin et des autres Pères de l'Église. *A Paris, chez Elie Josset*, 1709; 2 vol. in-12, mar. r. tr. d. (*Padeloup.*)

Très-joli exemplaire, aux armes de Longepierre, d'une fraicheur remarquable.

24. Les Pseaumes de David, mis en rime françoise par Clément Marot et Théodore de Bèze. *Se vendent à Charenton par Deshayes et Cellier*, 1656; in-12,

musique notée, réglé, mar. r. pet. fers, tr. d. fermoirs. (*Rel. anc. à mille points.*)

25. Les Proverbes de Salomon, trad. par M. de la Serre, historiographe de France. *Paris, D. Langlois*, 1661; in-4, front. gravé et portrait de M. Jeannin, mar. r. à comp. tr. d. doub. de mar. v. à comp. (*Riche rel. ancienne.*)

26. Les Cantiques de l'Ecriture Sainte (en vers fr.), par Constantin de Renneville. *Amsterd.*, 1715; in-12, v. j.

27. NOVUM TESTAMENTUM. *Parisiis, ex officina Roberti Stephani*, 1541; in-8, mar. vert, doublé de mar. citron. tr. dor.

Chef-d'œuvre typographique, superbe exemplaire réglé et dans une très-bonne reliure ancienne.

28. Novum Testamentum (græce). *Lutetiæ, ex off. Rob. Stephani*, 1568; in-16, mar. n. tr. d. (*Anc. rel.*)

29. NOVUM TESTAMENTUM (Gr.). *Lutetiæ, ex officina Rob. Stephani*, 1569; in-16, mar. r. fil. à riches comp. à petits fers. (*Trautz-Bauzonnet.*)

SUPERBE EXEMPLAIRE dans cette condition.

30. Novum Testamentum (græce) cum vulgata interpret. atque aliis quæ ben. Ariæ Montani Hispalensis ab opera et verbo reddita sunt. *Antuerpiæ, ex off. Christ. Plantini*, 1583; in-8, mar. r. doubl. de mar. r. fil. tr. d. (*Boyet.*)

Très-belle condition de reliure.

31. Novum Testamentum (græce). *Lugd. Batav., ex off. Elzeviriorum*, 1633; 2 vol. in-16, mar. r. fil. tr. d. (*Anc. rel.*)

L'une des meilleures éditions donnée par les Elzévirs; elle est rare.

32. Vetus et Novum Testamentum (græce) ex antiquissimo codice Vaticano edidit Angelus Maius S. R. E. card. *Romæ, apud J. Spithöver*, 1857; 5 vol. gr. in-4, dos et coins de mar. bl. tr. sup. dor.

Très-bel exemplaire en GRAND PAPIER de l'édition la plus complète et la plus correcte qui existe des livres sacrés. Elle a été donnée par l'illustre et savant cardinal Maï, et jouit d'une célébrité méritée.

33. Novum J. C. Testamentum vulgatæ editionis, Sixti V jussu recognitum. *Parisiis, ex typog. regia*, 1649; 2 vol. in-12, mar. vert fil. tr. d. doublé de mar. rouge, dent. (*Boyet.*)

<small>Très-jolie reliure ancienne.</small>

34. Novum Testamentum. 2 vol. in-12, mar. r. tr. dor. large dent. dos fleurdelisé, couronne royale sur les plats. (*Le Gascon.*)

<small>De la bibliothèque du marquis de Coislin.</small>

35. LE NOUVEAU TESTAMENT EN FRANÇOYS. — CY COMMENCE LA TABLE DU NOUVEAU TESTAMENT. (A la fin) : *Cy finist l'Apocalipse et semblablement le Nouueau Testament ueu et corrigé par uenerables personnes frēs Jullien Macho et Pierre Sarget docteurs ē theologie de lordre des Augustins de Lion sus le Rosne imprime en la dicte uille de Lion par Barthalomieu Buyer citoyen dudit Lion*; petit in-fol. de 301 ff. non chiffrés, à 28 longues lignes par page entière, s. d., *mais imprimé vers* 1473; mar. bl. tr. d. (*Trautz-Bauzonnet.*)

<small>Magnifique exemplaire d'un livre de la plus grande rareté. (*Manuel*, 4ᵉ vol., p. 436.) C'est l'un des premiers livres imprimés en français.</small>

36. Le Nouveau Testament, reveu et corrigé par l'advis des ministres de Genève, avec annotations, par Aug. Marlorat. *Lyon, Anth. Vincent*, 1564; in-16, mar. br. tr. d. (*Capé.*)

<small>Au commencement, on trouve une *Épistre monstrant comment Christ est la fin de la loy*, par JEAN CALVIN.</small>

37. LE NOUVEAU TESTAMENT, trad. sur la Vulgate (par Le Maistre de Sacy, Arnauld, Nicole, etc.). *Mons, Gasp. Migeot*, 1667; pet. in-8, mar. bleu, tr. dor.

<small>Édition imprimée par les Elzeviers. Exemplaire admirablement relié par Padeloup, et provenant de la bibliothèque de PIXERÉCOURT.</small>

38. Les Saints Évangiles, traduits de la Vulgate, par l'abbé Dassance. *Paris, L. Curmer*, 1836; 2 vol. gr. in-8, mar. rouge, fil. tr. dor. (*Bauzonnet.*)

<small>Superbe exemplaire encollé, et dont quelques ornements ont été gracieuse-</small>

ment coloriés en or et en couleur avec une grande perfection. Cette belle édition est ornée d'un encadrement à chaque page, de vignettes sur bois et de figures gravées sur acier, d'après les dessins de Tony Johannot.

39. L'Apocalypse, avec une explication, par mess. J.-B. Bossuet. *Paris, veuve Séb. Mabre-Cramoisy*, 1689; in-8, mar. r. tr. d.

Édition originale.

B. Histoires de la Bible. — Biographies et gravures bibliques.

40. BIBLICÆ HISTORIÆ ARTIFICIOSISSIME DEPICTÆ. *Francofurti*, 1537; pet. in-4, mar. vert, fil, doublé de mar. rouge, dent., tr. dor. (*Trautz-Bauzonnet.*)

Superbe exemplaire d'un précieux volume de 82 figures dessinées et gravées sur bois par le célèbre Hans Sebald Beham.

41. Quadrins historiques de la Bible (par Claude Paradin). *Lyon, Jean de Tournes*, 1553; in-8, mar. brun, fil. tr. dor. (*Trautz-Bauzonnet.*)

Superbe exemplaire pour sa conservation et ses épreuves. Édition originale fort rare, dédiée à Jeanne de La Rochefoucauld ; chaque page est ornée d'une figure gravée par le Petit Bernard.

42. Quadrins historiques de la Bible, reuuz et augmentez d'un grand nombre de figures (par Cl. Paradin, gravures de Bernard Salomon, dit le Petit Bernard). *Lion, Jean de Tournes*, 1560. — Figures du Nouveau Testament. *Id., ibid.*, 1579 (Sixains français de Charles Fontaine, grav. du Petit Bernard); in-8, carré, mar. v. tr. d. (*Duru.*)

43. Virgilius Solis (les figures de la Bible). *Francofurti*, 1560; in-4, mar. rouge, fil. à comp. tr. dor. (*Trautz-Bauzonnet.*)

Édition originale, de la plus grande rareté, d'un volume composé de figures sur bois d'une admirable exécution. Cet exemplaire est d'une conservation parfaite, grand de marges et revêtu d'une élégante reliure.

44. Histoire sacrée en tableaux, avec leur explication et quelques remarques chronologiques, par Oronce Finé de Brianville. *Paris, Ch. de Sercy*,

1670-75; 3 vol. in-12, mar. rouge, fil. tr. dor. (*Niedrée.*)

Édition fort rare. Les figures sont d'un mérite réel, et peut-être les plus spirituelles eaux-fortes de Séb. Le Clerc. Cet exemplaire faisait partie de la bibliothèque de M. Delessert en 1848.

45. ICONES BIBLICÆ Veteris et Novi Testamenti. *Aug. Vindel.*, 1679; in-4, mar. vert, fil. tr. dor. (*Trautz-Bauzonnet.*)

SUPERBE EXEMPLAIRE d'un recueil composé de planches remarquablement gravées à l'eau-forte, avec une explication au bas. On trouve dans ces estampes, dessinées et gravées par Melchior Kusell, une propreté infinie, un accord parfait et une exécution charmante. On peut avancer qu'on n'a rien de mieux *dans ce genre.*

46. Histoire du Vieux et du Nouveau Testament, par le s^r de Royaumont, s^r de Sombreval, édition nouvelle enrichie de figures. *Suivant la copie impr. à Paris, Bruxelles, E. H. Fricx,* 1698; in-12, mar. br. tr. d.

Jolie édition qui se rattache à la collection des Elzévirs. Nombreuses figures.

47. HISTOIRE DU VIEUX ET DU NOUVEAU TESTAMENT, par David Martin, enrichie de plus de 400 figures en taille douce. *Anvers, Pierre Mortier,* 1700; 2 vol. gr. in-fol. mar. rouge, fil. comp. tr. dor. (*Belle reliure anc. avec armoiries.*)

SUPERBE EXEMPLAIRE EN GRAND PAPIER. Il provient de la bibliothèque de M. Bergeret; il a appartenu auparavant à M. Perrinet, fermier général.

48. Histoire de la Bible, par feu M. D. Martin, ministre du Saint Evangile à Utrecht, enrichie de plus de 350 figures en taille-douce. *A. Amsterdam,* 1724; gr. in-4, v. éc. tr. d. (*Très-bel exempl.*)

49. Histoire de l'Ancien et du Nouveau Testament, pour servir d'introduction à l'Histoire ecclésiastique de M. l'abbé Fleury, par D. Aug. Calmet. *Paris, P. A. Martin,* 1737; 4 vol. in-4, v. br.

50. Histoire de l'Ancien Testament, tirée de l'Écriture sainte, par M. Arnauld d'Andilly. *A Paris, chez*

Pierre le Petit, 1675; in-fol. mar. r. fil. tr. d. doub. de mar. r. (*Padeloup.*)

Très-bel exemplaire de l'édition originale, réglé, en grand papier, au chiffre de Marie d'Apremont, duchesse de Lorraine. La reliure, très-riche, est semée de croix de Lorraine et d'MM, initiales du prénom de la princesse. Portrait par Ger. Edelinck ajouté.

51. VIRTUS DAVIDIS. Virtutis exercitatissimæ probatum Deo spectaculum, ex Davidis ac prophetæ exemplis.... æneis laminis ornatum a Joanne Theodoro et Israele de Bry. (*Francofurti*), 1597; in-4, mar. rouge, fil., tr. dor. (*Trautz-Bauzonnet.*)

SUPERBE EXEMPLAIRE d'un très-rare volume, fort recherché pour les QUARANTE-NEUF planches dessinées et gravées par les frères de Bry, et regardées comme des chefs-d'œuvre dans ce genre.

52. PRECATIONES BIBLICÆ sanctorum Patrum, illustrium virorum et mulierum utriusque Testamenti, (Otho Brunfelsius). *Argentorati, apud Joannem Schottum,* 1528; pet. in-8, mar. rouge, fil. à comp., tr. dor. (*Capé.*)

Très-rare et curieux volume; chaque page est encadrée par un entourage gravé sur bois, le titre est d'Albert Durer.

53. ARS MEMORANDI, RATIONARIUM EVANGELISTARUM omnia in se evangelia, prosa, versu, imaginibusque quam mirifice complectens. (*Sine loco*), 1505; in-4, mar. vert russe, fil., tr. dor. (*Jolie plaquette de Trautz-Bauzonnet.*)

SUPERBE exemplaire d'un livre curieux par la singularité des figures qui entrent dans sa composition. Voir les détails intéressants donnés sur ce livre par M. Brunet (*Manuel*, t. I, page 191) et M. Leber (n° 38 de son catalogue).

54. FIGURES du NOUVEAU TESTAMENT, avec les sixains françois de Ch. Fontaine. *Lyon, Jean de Tournes,* 1554; pet. in-8, mar. vert, fil., tr. dor. (*Trautz-Bauzonnet.*)

PREMIÈRE ET TRÈS-RARE ÉDITION; on trouve à chaque page une figure gravée sur bois par le Petit Bernard et d'un travail exquis; au-dessous l'explication en vers français. Les épreuves de cet exemplaire sont d'une beauté exceptionnelle.

55. L'Histoire sainte du Nouveau Testament, divisée en deux tomes et en quatre parties, par le R. P.

Talon, de la Compagnie de Jésus. *Paris*, 1669; in-fol. mar. r. comp. tr. d. (*Dusseuil.*)

<small>Exempl. du collége de la Flèche, en très-grand papier, avec un don d'auteur.</small>

56. LES FIGURES DE L'APOCALYPSE de saint Jean, exposées en latin et en vers françoys (par Jean Maugin, dit le Petit Angevin). *Paris, Étienne Groulleau,* 1552; pet. in-8, mar. rouge, fil., tr. dor. (*Trautz-Bauzonnet.*)

<small>Petit volume orné de 86 jolies vignettes gravées sur bois par le Petit Bernard. TRÈS-BEL EXEMPLAIRE.</small>

57. Macarius, Mutius Eques Camers de triumpho Christi. *Impressit Venetiis presbyter Franciscus Lucensis, cantor Ecclesiæ S. Marci, et Antonius Franciscus Venetus litterarum artifex* MCCCCXCIX; in-4, mar. or. fil. tr. d.

<small>Bel exemplaire de l'édition princeps d'un volume rare.</small>

58. Passio J. C. in-4, v. br. reliure datée de 1685.

<small>Le texte de ce volume est en allemand et manuscrit; les figures ont été gravées par Collaert et coloriées ensuite.</small>

59. Speculum Passionis Dom. Nostri Ihesu Christi (A la fin) : *Speculum de Passione D. N. Ihesu Christi, cum textu IV. Evāgelistarū et quṁ plurimorum doctorū uberrimis de sup. glosis : cum figuris pulcris et magistralibus... et stupendis mysteriis sanctissime crucis per doctorem Vdalricū Pinder Cōuexū et in civitate impiali Nurenbergeñ. Bene visum et impressum finit feliciter anno salutifere incarnationis* M. CCCCC. VII; in-fol. mar: r. comp. tr. d.

<small>40 gr. fig. sur bois et beaucoup de petites; la 38° (v° du f. 73) porte le monogramme de Hans Schaüffelein. Très-bel exemplaire et d'épreuves remarquables.</small>

60. PASSIO JESU CHRISTI ex evangelistarum textu..... *Argentorati*, 1508; in-fol., mar. rouge, fil., tr. dor. (*Trautz-Bauzonnet.*)

<small>SUPERBE EXEMPLAIRE d'un volume orné de 26 très-belles figures gravées sur bois, dans le goût d'Albert Durer et avec les initiales V. G.</small>

61. PASSIO DOMINI JESU CHRISTI, ex optimis quibusque poetis christianis vetustissimis concinnatus

(ab Alardo). *Amstelredami*, 1523; pet. in-8, mar. vert, fil. tr. dor. (*Niedrée.*)

SUPERBE EXEMPLAIRE d'un TRÈS-RARE et beau volume. Il se compose de 80 feuillets non chiffrés, et est orné de 62 tableaux d'une composition supérieure, de la grandeur des pages, et gravés dans le genre d'Albert Durer et de Hans Schaüffelein.

62. LE GRANT VITA CHRISTI translaté de latin en françoys, cōpose par Ludoulphe, religieux chartreux, et transl. de lat. en françoys par Guill. Lemenard, franciscain. *Imprimé à Paris, par Gueillaume Bossozel pour Ambr. Girault, s. d.* (vers 1535); in-fol. gothiq. mar. r. tr. d. (*Trautz-Bauzonnet.*)

Nombreuses figures sur bois; il serait difficile de trouver un plus bel exemplaire de ce livre.

63. Historia passionis Iesu Christi interrogationibus et object. explicata et iconibus artificiose expressa, Luca Lossio aut. *Francofurti, ap. Chr. Egenolphum*, 1552; in-8, fig. s. b. mar. r. tr. d. (*Capé.*)

Dans le même vol. : Evangelia, heroico carmine a G. Æmilio M. reddita, imagin. artific. sculptis adjectis. *Coloniæ*, a° 1554, fig. s. b.

64. Icones catecheseos et virtutum ac vitiorum illustratæ numeris, J. Hofferi; item Historia passionis Domini nostri Jesu Christi effigiata. *Vitebergæ*, 1560; in-8, maroq. brun, fil. tr. dor. (*Trautz-Bauzonnet.*)

Exemplaire d'une parfaite conservation et avec témoins. Volume orné de 78 très-belles figures gravées sur bois, d'une remarquable exécution.

65. MEDITATIONI DELLA PASSIONE di N. Sign. del Reuerend. P. dottor Joarte della Compagnia di Jesu. (*Imprimé à Venise vers* 1565?); pet. in-8, mar. vert russe, tr. dor. (*Trautz-Bauzonnet.*)

Joli volume orné d'un frontispice et de seize figures très-curieuses, gravées sur métal.

66. Sacrum Sanctuarium crucis et patientiæ emblematicis imaginibus ornatum, auct. R. P. Petro Bivero. *Antuerpiæ, ex off. Plantiniana*, 1634; in-4, mar. r. comp. tr. d. (*Anc. rel.*)

Ce vol. est orné de très-belles figures gravées sur cuivre. Curieuse reliure.

67. Le Tableau de la croix représenté dans les cérémonies de la sainte Messe, ensemble le Trésor de la dévotion aux souffrances de N. S. J. C. *Paris, chez F. Mazot,* 1651; pet. in-8, mar. brun, tr. dor. (*Duru.*)

Ce volume est un recueil de 100 estampes gravées par J. Collin et autres. Chaque feuillet en face de la figure, qui est au verso, est occupé par l'explication du sujet, gravé sur une planche remplissant la page, et qui est accompagné de fleurs, d'ornements, de figures, etc.; très-bel exemplaire.

68. Historia virginis Mariæ, exemplis naturalibus comprobata et figuris ligno incisis repræsentata. Pet. in-4 goth. mar. brun, fil. comp. doublé de mar. rouge. (*Hardy.*)

Magnifique exemplaire d'un livre très-précieux et fort rare. Ce volume date des premiers temps de l'imprimerie, vers l'année 1470; les 53 fig. sur bois dont il est orné, accompagnées pour la plupart de légendes en latin ou en flamand, sont un spécimen remarquable des premiers essais de la gravure; on peut lire, sur la composition bizarre de cet ouvrage, le *Bulletin du bibliophile,* 1853, page 111. L'auteur cherche à prouver que la Vierge a pu devenir mère sans cesser d'être pure, et ses raisonnements sont plus extraordinaires les uns que les autres. La reliure est de la plus grande richesse et d'une exécution tout à fait remarquable. C'est la copie exacte d'une reliure exécutée pour Grolier, et dorée aujourd'hui par Marius Michel, avec une perfection et une habileté qui atteint les plus beaux modèles du même genre.

C. Concordances; Interprètes de l'Écriture sainte.

69. Réflexions morales avec des notes sur le Nouveau Testament, traduit en françois avec le texte latin à côté, et la Concorde des Evangelistes (par le Pere Lallemant, jésuite né à Saint-Valery sur Somme). *Paris,* 1713 à 1725; 12 vol. in-12, mar. rouge, fil. tr. dor. (*Anc. rel.*)

Très-joli exemplaire aux armes du Dauphin (Louis, duc d'Anjou, devenu Dauphin après la mort du duc de Bourgogne en 1712, et peu après le roi Louis XV). — La traduction du Nouveau Testament est celle du P. Bouhours; les notes sont du père Languedoc. Lallemant voulut par ces Réflxions faire oublier celles de Quesnel. Fénelon et vingt-trois archevêques firent l'éloge de son travail.

70. ΤΡΙΤΟΝ Βιβλίων μέρος (Prophetæ). *Argentorati, apud Wolfium Cephalæum,* anno 1526; in-8, mar. n. comp. tr. ciselée, dorée.

Très-jolie reliure ancienne; les dessins de la tranche sont d'une grande finesse.

Sur l'un des plats est écrit : Παροιμίαι ἐκκλησιαστοῦ.
Sur l'autre Ἄσματα, Προφῆται, Μαχχαβαῖοι..

71. Notationes in sacra Biblia, auct. Francisco Luca Brugensi. *Antuerpiæ, ex off. Christ. Plantini*, 1580; in-4, mar. vert, tr. d. (*Aux premières armes de De Thou.*)

Très-beau volume d'une conservation parfaite.

72. Les Livres de l'Ancien et du Nouveau Testament, avec des explications et réflexions qui regardent la vie intérieure (par madame Guyon). *A Cologne, Jean de la Pierre*, 1715, 12 vol. in-12, v. br.

Édition rare.

73. La Sainte Bible en latin et en françois, avec un comment. littéral et critique par D. Aug. Calmet. *Paris*, 1724, 8 t. en 9 vol. in-fol. v. m.

74. EVTHYMII MONACHI ZIGABONI COMMENTATIONES in omnes psalmos, de græco in latinum conversæ per R. D. Philippum Saulum episcopum Brugnatensem. *Veronæ, per Stephanum Nicolinum Sabiensem et fratres*, M. D. XXX; in-fol. mar. v. riches comp. fil. tr. d.

Admirable exemplaire de Grolier, avec son nom et sa devise.

75. M. Antonii Flaminii in librum Psalmorum explanatio. *Lugduni, apud G. Rovillium*, 1557; 1 vol. in-16, mar. cit. à comp. d'or et de couleurs, tr. d.

Jolie reliure lyonnaise du XVIe siècle.

76. ANTONII AGELLII ex congregatione clericorum regularium episcopi Acernensis Commentarii in Psalmos et in divini officii cantica. *Romæ, ex typogr. Vaticana*, 1606; in-fol. mar. v. fil. tr. d. (*Aux troisièmes armes de De Thou.*)

Beau livre dédié au pape Paul V.

77. Turrecremata (vulgo Torquemada) (Joannes de). Expositio super toto Psalterio. (A la fin) : *Reverendissimi cardinalis tituli sancti Sixti domini*

Johannis de Turrecremata expositio brevis et utilis super toto Psalterio. Mogūtie impessa unno Dñi M.CCCC.LXXIIIJ.... *per Petrū Schoyffer de Gernshem feliciter est consūmata;* in-fol. mar. bl. dent. tr. d. doub. de tabis.

<small>Édition sans chiffres, récl. ni signat., décrite par les bibliographes. Elle a 171 ff., comme le dit M. Brunet. Il y a à la fin l'écusson de Fust et Schœffer.</small>

78. Summa de Ecclesia D. Joan. de Turrecremata, cum indice. *Venetiis, apud Michaëlem Tramezinum*, 1561; in-4, mar. r. à comp. tr. d. (*Aux armes du cardinal Jean de Médicis.*)

79. Drusii annotationum in J. C. Testamentum, lib. X. *Franekeræ, sumptibus J. J. Bibliopolæ Arnhemiensis, excud. Ægidius Radæus*, 1612; in-4, veau fauve, tr. d. (*Aux troisièmes armes de De Thou.*)

80. Novi Testamenti lib. historici gr. et lat. perpetuo commentario illustrati (gr. lat. franç.). *Lugduni Batav., ex off. et typogr. Adriani Wyngaerden*, 1653; 2 vol. in-4, mar. v. fil. tr. d. (*Aux armes du comte d'Hoym.*)

<small>Frontispice gravé; très-belle reliure ancienne.</small>

81. Adnotationes et meditationes in Evangelia quæ in sacrosancto Missæ sacrificio leguntur, auct. Hier. Natali, soc. Jesu theologo. *Antuerpiæ, Mart. Nutius*, 1594-95; in-fol. mar. r. tr. d. riches compartiments. (*Très-belle reliure ancienne.*)

<small>Le premier titre gravé et les figures manquent; probablement elles étaient reliées à part, car il n'y a pas trace d'enlèvement des 153 planches.</small>

82. Nouvelle Défense de la traduction du Nouveau Testament impr. à Mons, contre le livre de M. Mallet, etc. (par Ant. Arnauld). *Cologne*, 1680. — Continuation de la Nouvelle Défense (par le même). *Idem*, 1680; 2 vol. in-8, mar. r. fil. tr. d. (*Dusseuil.*)

<small>Bel exemplaire, lavé, réglé.</small>

83. Instructions sur la version du Nouveau Testa-

ment imprimée à Trévoux, par mess. J.-B. Bossuet. *Paris, Anisson,* 1702; in-12, mar. r. f. tr. d.

Édition originale.

2. LITURGIE.

84. Marci Zuerii Boxhornii quæstiones romanæ, quibus sacri et profani ritus explicantur. *Lugd. Batav.*, 1637; in-4, v. f. (*Aux quatrièmes armes de De Thou.*)

85. D. Severi Alexandrini de ritibus baptismi liber, Guidono Fabricio Boderiano interprete. *Antuerpiæ, in offic. Plantiniana,* 1572 (*dédicace à Pierre Danès, en syriaque et en latin*). — Syriacæ linguæ prima elementa. *Id., ibid.,* 1572; 2 part. en 1 vol. pet. in-4, mar. v. fil. tr. d.

Très-bel exemplaire à la première reliure de De Thou.

86. Ordo divini officii recitandi. *Romæ, ap. Ant. Fulgonium,* 1790; in-8, mar. r, riches comp. tr. d. (*Aux armes d'un cardinal.*)

87. Explication de quelques difficultés sur les prières de la Messe, par Jacq. Bénigne Bossuet. *Paris,* 1689; in-12, mar. brun, tr. dor. (*Duru.*)

Très-joli exemplaire de l'ÉDITION ORIGINALE.

88. Missæ episcopales pro sacris ordinibus conferendis, per R. P. D. Hier. Machabæum Castrensium præsulem. *Venetiis, ap. Junctas,* 1563; in-fol. mar. v. comp. tr. d. (*Aux armes d'un évêque.*)

Imprimé en rouge et noir. Curieuses fig. sur bois. Belle reliure. Ouvrage important pour le rite romain.

89. Les Prières et les cérémonies de la consécration d'un évêque. *S. l. n. d.*, in-8, mar. r. fil. tr. d. (*A la croix de Saint-Cyr.*)

Tiré à petit nombre.

90. Missale Romanum ex decreto SS. concilii Tridentini restitutum. *Parisiis, apud societatem ty-*

pogr. librorum Ecclesiastici officii, 1605; gr. in-4, mar. r. à petits fers, tr. d. (*Le Gascon*.)

<small>Impr. en rouge et noir, grav. sur bois et sur cuivre. Très-belle reliure.</small>

91. MISSALE BITURICENSIS ECCLESIE. *S. l. (Parisiis), Jehan Petit et E. de Marnef*, 1522; goth. fig. s. b. in-fol.

<small>Précieux exempl. imprimé sur vélin et d'une admirable conservation; il est recouvert d'une reliure mar. brun, fers à fr. tr. d., dite *claustrale*.</small>

92. PONTIFICALE noviter impressum ppulchrisq; characteribus diligētissime annotatum M. CCCCC. XI. *Venundantur Lugduni in vico Mercuriali vel in vico Thômassini sub intersignio nominis Jesu;* in-fol. v. br. comp. tr. d. et ciselée.

<small>Très-beau livre à la reliure de François Ier, bien conservée; il est imprimé en rouge et noir. Il avait d'abord appartenu à l'abbé de Joy (*Joyaci abbas*), ainsi que le constatent les armes de l'abbaye, peintes en or et couleurs dans la bordure du 1er feuillet, et cette note manuscrite du temps, sur la garde :
Frere Simon Charetier abbé de Joy : achepta ce pnt (pontifical) en l'an de grace 1521 *: priez Dieu pour luy* — *Amen.*</small>

93. CANTORINUS; (in fine): *Explicit Cantorinus ad commodum novitior. clericorum factus, etc.;* — *Venetiis, in offic. hered. Luce-Antonii Junte,* 1566; pet. in-4, vél. goth. musiq. notée.

94. Observations sur le nouveau bréviaire de Cluny, par M. J.-B^{te} Thiers, curé de Vibraie. *Bruxelles, Cl. Plantin,* 1702; 2 vol. in-12, mar. r. fil. tr. d. (*Derome.*)

95. Heures à l'usage de Rome. *Imprimées à Paris, par Simon Vostre, pour Philippe Pigouchet, l'an* 1488; in-8, fig. s. bois, mar. v. comp. à la Grolier, tr. d. (*Riche reliure.*)

<small>Bel exemplaire sur vélin. Entourages à chaque page.</small>

96. Heures. *Ces presentes heures a lusaige de Rome furent acheuez lan Mil cccc iiii xx et viii le xii iour de aoust pour Symon Vostre (par Philippe Pigouchet);* in-4, fig. en bois, mar. rouge.

<small>Almanach de 1488 à 1508; imprimé sur vélin, mais incomplet de 10 feuillets.</small>

97. Heures, imprimées sur papier vers 1505; gr. in-8, veau jaune.

<small>Il manque le titre; chaque page est impr. dans un encadr. gravé sur bois.</small>

THÉOLOGIE.

98. HEURES A L'USAIGE DE ROMME, *nouvellement imprimées à Paris, pour Germain Hardouyn* (1510); gr. in-8, mar. vert, fil. larges dent. tr. dor. (*Belle reliure de Derome.*)

IMPRIMÉ SUR PEAU DE VÉLIN, orné de vingt-deux miniatures d'une grande finesse. Très-beau livre d'une parfaite conservation.

99. HEURES A L'USAIGE DE ROME, *imprimées pour Guillaume Eustache, libraire du Roy*, M. CCCCC. XVIII; gr. in-8, cart.

Très-bel exemplaire de ces heures imprimées sur vélin, avec de remarquables figures sur bois et de riches ornements. Toutes les initiales sont rubriquées en or et couleurs. Ce beau livre est d'une incomparable fraîcheur.

100. HEURES A LUSAGE DE CHALONS.... *ont este faictes a Paris pour Symon Vostre* (Almanach de 1512); in-4, mar. br. à comp. tr. d. (*Rel. anc. gaufrée et dorée.*)

Bordures à chaque page et figures sur bois; exemplaire d'une conservation remarquable, qui a l'avantage pour beaucoup d'amateurs de n'être pas colorié.

101. Heures en vers françois, dédiées à la Royne par messire Claude Sanguin, chevalier, conseiller du Roy, maistre d'hostel de Sa Majesté. *Paris, Jean de la Caille,* 1660; in-4, mar. r. fleurdel. tr. d.

Bel exempl. de dédicace à la Reine Marie-Thérèse, avec ses armes sur les plats.

102. Heures présentées à Madame la Dauphine, par Théodore de Hansy, libraire à Paris. *S. d.;* in-8, mar. v. large dent. fleurdel. tr. d. (*Padeloup.*)

Volume entièrement gravé et richement orné.

103. Un double exempl. Relié en mar. r. dent. tr. d.

104. Heures nouvelles dédiées à Madame la Dauphine. *Paris, Le Gras,* 1686; in-8, fig. mar. r. tranche peinte. (*Riche rel. à petits fers.*)

105. Heures imprimées par l'ordre de Mgr le cardinal de Noailles. *Paris,* 1701; in-8, mar. r. dent. doub. de mar. r. tr. d. (*Aux armes d'un pape.*)

106. L'OFFICE DE LA SEMAINE SAINTE à l'usage de la maison du Roy. *Paris, J. Collombat,* 1743; in-8,

mar. r. comp. dent. tr. d. (*Belle rel. anc. aux armes du Dauphin de France, depuis Louis XVI.*)

Précieux vol. qui a suivi l'infortuné Roi dans sa captivité. Sur la garde du vol. se trouve une note autogr. de 7 lignes, datée du Temple, le 3 janvier 1793, et signée Louis Capet : à côté le timbre de la prison du Temple.
C'est la seule fois qu'il nous ait été donné de rencontrer cette signature. On sait que Louis XVI protestait contre cette dénomination; on ne lui permit probablement de faire sortir ce livre de sa rigoureuse prison qu'à cette seule condition.
Dans le même volume se trouve encore un signet en soie rouge, brodé en or par la Reine, qui y a renfermé, elle-même sans doute, un inappréciable souvenir : quelques-uns de ces cheveux qui blanchirent après le 21 janvier......

107. Uffizio dei defonti secondo la volgata con dissert. sul Purgatorio da Giob. di Saverio Mattei. *Siena*, 1781; in-8, mar. r. comp. tr. d. (*Avec armoiries.*)

108. Caroli Paschalii Christianarum Precum libri duo. *Cadomi, ex typog. Jacobi Le Bas*, 1592; in-8, mar. r. fil. tr. d. (*Aux deuxièmes armes de J.-A. De Thou.*)

Joli exemplaire d'un volume rare.

109. Les Sainctes Prières de l'ame chrestienne, escrites et gravées par P. Moreau. *Paris*, 1632; in-12, mar. r. tr. d. (*Rel. de Le Gascon, dite à mille points.*)

Livre entièrement gravé, dédié à la Reyne; belle reliure.

110. Le même. In-12, mar. bl. tr. d. (*De Seuil.*)

111. Hore intemerate Virginis Marie secundum usum ecclesie Romane. *Parisiis*, 1515; in-8 allongé goth. fig. en bois, mar. rouge.

Imprimé sur vélin.

112. Hore diūe Vginis Marie scdm̄ verū usum Romanū. — Almanach ad inuenienda festa mobilia usque ad ann. 1520. (Calendrier de 1497 à 1520.) *Impr. Parisiis, a° 1505, opera Thielmanni Kerver;* in-8, fig. sur bois, danse des morts.

Très-bel exemplaire sur papier, dans une reliure vénitienne du commencement du xvie siècle, en veau noir repoussé, avec de charmants entrelacs et compartiments chagrinés et rehaussés d'or dans le style oriental, doublés de mar. cit. comp.
Il serait bien difficile de voir une reliure plus curieuse et plus finement exécutée.

113. HORE BEATISSIME VIRGINIS MARIE secundum usum romanum. (In fine :) *Cy finissent ces presentes heures à l'usaige de Rome, toutes au long sans riens requerir; auecques plusieurs belles histoires nouuelles... Nouuellement imprimées à Paris par Thielman Keruer..., à l'enseigne de la Lycorne, et furent acheuées le x iour de septembre, l'an mil cinq cens et xxii* (1522); gr. in-8, v. br. comp. dent. fil. tr. dor. (*Anc. rel.*)

Les *heures* gothiques de Thielman Kerver sont beaucoup plus rares que celles de Simon Vostre et des deux Hardouin ; sans doute parce qu'elles ont été tirées à petit nombre sur vélin, et que les exemplaires en papier ont été détruits par l'usage.

Notre exemplaire, parfaitement conservé, est imprimé sur vélin. Les rubriques, les initiales et les inscriptions des bordures, sont en lettres rouges. Le frontispice, peint en or et en couleurs, renferme un écusson aux armes de Gourdon de Baulan, chevalier de l'ordre de Saint-Michel : *D'or, à un double trescheur de sinople fleurdelisé et contre-fleurdelisé, et un sautoir de gueules brochant sur le tout.*

C'est la dernière édition des *Heures de la Vierge* publiée par Kerver, car elle est datée du 10 septembre 1522, et l'imprimeur mourut le 24 novembre suivant.

Ce volume, dans lequel l'almanach, ou table des temps, est pour 15 ans (de 1522 à 1536), contient 136 feuillets, soit 272 pages, dont 212 sont entièrement entourées de larges bordures surchargées d'arabesques et de dessins variés. Les 60 autres pages sont occupées par le frontispice et par des gravures fort belles, encadrées de riches portiques soutenus par des colonnes de formes diverses. 123 bordures extérieures et inférieures sont divisées en compartiments, remplis de sujets bibliques ou allégoriques, tels que : la Création, en 10 dessins; l'Histoire de la Vierge et de Jésus-Christ; l'Apocalypse, en 43 dessins; les 15 signes *moult merveilleux*; l'Histoire de la chaste Suzanne et de l'Enfant prodigue; les Évangélistes ; les Actes des saints ; la DANSE MACABRE des hommes et des femmes, en 66 tableaux gravés sur les marges de l'*Office des Morts* : la dernière bordure de l'*Office des Morts* contient le jugement dernier. L'inscription de chaque sujet consiste en un seul vers latin. On peut encore remarquer Judith portant la tête d'Holopherne à la pointe d'une épée ; la gravure allégorique de la Fortune, debout sur un globe que soutient la Mort; les dix Sibylles, dont les figures sont répétées dans les 212 bordures inférieures ; la fable du Renard et de la Cigogne, etc., etc. 89 pages ont les bordures formées d'arabesques très-délicatement dessinées et ornées de personnages allégoriques ou singuliers, d'oiseaux et d'animaux fantastiques.

Pour de plus longs détails, voir page 184 du *Catalogue de M. de C.*, mai 1860.

114. HORÆ IN LAUDEM BEATISSIME VIRGINIS MARIE ad usum Romanum. *Parisiis, apud Oliv. Mallard, sub signo vasis effracti,* 1541 ; in-8, mar. br. tr. d. fig. s. b.

Charmant exemplaire d'une des plus rares éditions des célèbres Heures de G. Tory, dans une reliure italienne d'une grande fraicheur à compart. de couleur dans le genre des reliures faites pour Maioli.

115. Heures de Nostre Dame a lusaige de Romme. *Imprimées à Paris, par Gilles Hardouyn. S. d.;* in-16 goth. format d'agenda, mar. rouge, fleurdelisé, tr. dor. (*Thompson.*)

<small>Exemplaire imprimé sur vélin, avec gravures sur bois, coloriées. Ce petit volume est de toute rareté ; calendrier de 1512 à 1523.</small>

116. Heures de Nostre Dame à l'usage de Paris. *A Paris, chez Jacques Kerver*, 1569; in-8, goth, fig. s. b. veau estampé à comp. tr. d.

<small>Imprimé en rouge et noir; très-bien conservé et dans sa première reliure du XVIe siècle.
Dans le même volume : *Meditation sur la mort et passion de N. S. — La Vie de madame saincte Marguerite*, etc.</small>

117. Heures de Nostre-Dame à l'usage de Rome, mises en françois, par M. René Benoist, avec les psaumes de la version de Messire Regnauld de Beaune, archevesque de Bourges. *Paris*, 1619; in-8, mar. rouge foncé, fil. comp. petits fers.

<small>Volume parfaitement conservé dans sa première reliure ancienne, orné d'un grand nombre de figures très-finement gravées par Matheus, dans le goût de Thomas de Leu. On a relié dans le même vol. : *Oraisons dévotes pour tous chrestiens et catholiques*, par le P. *Coton, du commandement de la Reyne.*</small>

118. Officium Beatæ Mariæ Virginis. *Antuerpiæ, in offic. Christ. Plantini*, 1578; in-16.

<small>Ce vol., imprimé en rouge et en noir, est orné de gravures sur bois, coloriées avec soin ; il est précédé de 5 ff. et suivi de 11 ff. de prières écrites sur vélin par un habile calligraphe, et ornées d'une curieuse miniature : la reliure est italienne, en mar. v. tr. d., avec de charmants ornements dorés à petits fers entrelacés et des fermoirs en cuivre.</small>

119. Officium Beatæ Mariæ Virginis. *Antuerpiæ, in off. Plantiniana*, 1652; in-4, mar. r. fil. tr. d. (*Aux armes de Fr. Riccardi de Vernaccia.*)

<small>Fig. gravées probablement par Jaspar Isaac.</small>

120. L'Office de la Vierge Marie, à l'usage de l'Église catholique, apostolique et romaine. *A Paris, chez Jamet Mettayer*, 1586.

<small>Belles fig. en taille-douce de Rabel et Wierix. Très-bel exempl. en mar. br. fil. tr. d. — Sur le dos, les armes du roi Henri III, une tête de mort et la devise : *Spes mea Deus.*</small>

121. Heures de la Sainte Vierge, dédiées à la princesse de Conty. *Paris*, 1658; 3 part. en un vol.

in-16, mar. rouge, fil. tr. dor. bêcheveté. (*Reliure ancienne curieuse.*)

Jolies figures.

122. Il Tempio Lauretano, ove a due chori si cantano le lettanie della Beata Vergine, del R. P. D. G. B. Giustiniano. *Venetia*, 1653; in-4, mar. r. comp. tr. d. (*Armes italiennes.*)

3. CONCILES.

123. CONCILIA GENERALIA ECCLESIÆ CATHOLICÆ, Pauli V auctoritate edita. *Romæ, ex typog. Vaticana*, 1608; 4 vol. in-fol. mar. v. fil. tr. d. (*Aux troisièmes armes de De Thou.*)

Bel exempl. de la 1re édition. Jos. Catalani en a donné une seconde à Rome, 1736-49.

124. CONCILIORUM OMNIUM generalium et provincialium collectio regia. *Parisiis, e typog. regia*, 1644; 37 vol. in-fol. mar. r. dent. tr. d. (*Aux armes de France.*) Reliure dite du Louvre.

SUPERBE EXEMPLAIRE EN GRAND PAPIER.

125. LE TRAICTIE INTITULE DE LA DIFFERENCE des scismes et des conciles de l'Église, par Jan le Maire de Belges; in-4, goth. mar. br. f. à fr. tr. d. (*Trautz-Bauzonnet.*)

SUPERBE EXEMPLAIRE de la première édition. — Dans le même volume : *L'Histoire moderne du prince Syach Ysmail. — Le Sauf-Conduit donné par le Souldan aux François.* Imp. à Lyon au moys de may lan MDXj, par Estiene Baland.

La première pièce, une des plus rares du fécond écrivain, est importante pour l'histoire de la prééminence de l'Église gallicane.

126. Synodicum Ecclesiæ Parisiensis, auctoritate D. D. Francisci de Harlay, archiep. Parisiensis editum. *Paris*, 1674; in-8, mar. r. fil. tr. d. (*Aux armes du duc d'Orléans*, frère de Louis XIV.)

A la fin du volume se trouvent en appendice les lettres patentes qui érigent, en faveur de l'archev. de Harlay, la seigneurie de S. Clou en duché-pairie.

4. SAINTS-PÈRES.

127. Stephani Baluzii miscellaneorum lib. VII, hoc est : collectio veterum monumentorum quæ hactenus latuerant in variis codicibus ac bibliothecis. *Parisiis*, 1678; 7 vol. gr. in-8, v. f. fil. tr. d. (*Aux armes du prince Eugène de Savoie.*)

128. LES COLACIONS DES SAINCTS PÈRES anciens, translatez de grec en latin, par Cassiodorus, translateez de latin en françoys, par Maistre Jehan Golein. — *Les collations des Saincts Pères imprimées à Paris pour Anthoine Verard, libraire, demourant à Paris, deuant la rue neufue Nostre Dame* (après 1503); in-fol. goth. fig. mar. brun, tr. dor. (*Duru.*)

SUPERBE EXEMPLAIRE d'un volume RARE. (Voy. BRUNET, t. I, p. 568.)

129. Sanctorum patrum orationum selectarum; Pomponio Brunello interprete. *Romæ, Dom. Basa,* 1594; in-16, mar. r. fil. tr. d. (*Armes de J.-A. de Thou.*)

Dans le même vol. : *Sancti Joannis Chrysostomi de precatione orationes duæ.* Pomp. Brunello interp. *Romæ, apud Zanettum,* 1593.

130. Traicté de sainct Jean Chrysostome, que nul n'est offensé sinon par soy-mesme, nouvellement traduict en langue françoise. *Lyon, par Jean de Tournes,* 1543; in-16, mar. r. tr. dor. (*Trautz-Bauzonnet.*)

Très-joli exemplaire d'un petit livre dédié *à illustre et très-vertueuse princesse, ma dame Anthoinette de Bourbon, duchesse de Guyse,* par *Pierre Pesseliere, religieux de Saint-Germain d'Auxerre.* Charmante impression en lettres rondes.

131. Les catecheses de St Cyrille de Jérusalem avec notes et dissert. par Grandcolas. *Paris,* 1715; in-4, v. j.

132. Q. Septimii Florentis Tertulliani apologeticus, cum Desiderii Heraldi comment. (et l'Octavius de M. Minucius Felix). *Lutetia Parisiorum, ex off. Plantiniana,* 1613; in-4, v. br.

Aux armes de J.-Auguste de Thou. Beau volume.

133. Lactantius. (A la fin) : *Presens Lactantii Firmiani preclarum opus : alma in urbe Roma... Nō attramento plumali calamo neq̄ stilo ereo : sed artificiosa quadam adinuentione imprimendi seu caracterizandi : sic effigiatum ad Dei laudem industrięque est consūmatum. Per Udalricū Gallum alamanū et Symonē de Luca. Anno Domini* m. cccc. lxxiiii; in-fol. mar. v. f. tr. d. (*Anc. rel.*)

Bel exemplaire d'une édition précieuse et rare.

134. Sancti Zenonis Veronensis Episcopi sermones. *Veronæ*, 1586; in-4, mar. vert, f. tr. d. (*Aux deuxièmes armes de J.-A. De Thou.*)

Bel exemplaire. Sur le titre la signature d'Est. Baluze.

135. D. Ambrosii Mediolanensis Episcopi de officiis lib. III. *Moguntiæ*, 1602; p. in-8, mar. v. (*Aux troisièmes armes de De Thou.*)

136. Ruffini Aquileiensis presbyteri opera quæ extant. *Parisiis, apud Michaelem Sonnium*, 1580; 2 tom. en 1 vol. in-fol. mar. v. fil. tr. d.

Bel exempl. aux premières armes de J.-A. de Thou.

137. D. Aurelii Augustini Hipponensis Episcopi omnia opera; summa diligentia repurgata a mendis innumeris per D. Erasmum Roterodamum. *Basileæ*, m. d. xxix, *apud Frobenium;* 10 vol. in-fol. mar. r. fil. tr. d. (*Anc. rel.*)

Très-bel exemplaire de la 1re édition collective.

138. Aurelii Augustini de Trinitate Lib. XV. — Sentencia Beati Augustini de Libro retractionum (*sic*). (In fine) : *Aurelii Augustini Episcopi Liber de Tri || nitate finit feliciter;* in-fol. peau de tr. estampée, avec ses cuivres et fermoirs.

Très-grand papier, imp. à 2 col. de 47 lignes. 106 ff. suivant Hain, imprimé *Argentorati*, cᵃ 1477; sans chiffres, récl. ni sign. Exempl. à peu près non rogné; les initiales peintes à la main.
Le papier est marqué d'un trèfle; le f. blanc de la fin est à la même marque; celui du commencement est marqué de la tête de taureau.

139. D. Aurelii Augustini Lib. XIII Confessionum.

Lugduni (Batavorum), apud Danielem Elzevirium, 1675; in-12. mar. v. fil. tr. d. (*Niedrée.*)

<small>H. 135, 1/2 millim. (5 pouces). Exemplaire de Charles Nodier, l'un des plus grands connus.</small>

140. Las Confessiones de S. Augustin, traduzidas de latin en romance castellano, por el P. Maestro fray Sebastian Toscano. *En Anvers, en casa de Martin Nucio,* 1555; 1 vol. in-16, mar. rouge f. tr. d.

<small>Aux armes du prince de Conti (Armand de Bourbon).</small>

141. La saincte et sacrée Exposition de Monseigneur saīt Augustin sur la premiere quinquagem du Psaultier de Dauid, translatée de latin en françoys. — *Ils se vendent à Lille lez Flandres en la maison de Jehan Mullet en la court Jehan Labe près la chappelle des Bons-Enfans.* — *Imprime a Paris, par Gilles Cousteau pour Jehan de la Porte,* 1519; in-fol. goth. à 2 col. v. ant. fil. fig. en bois.

142. S. AUR. AUGUSTINI, de civitate Dei (à la fin): *Aurelii Augustini doctoris egregii atque episcopi Ypponensis de civitate Dei liber vicesimus secundus explicit contra paganos, sub anno a nativitate Domini* M. CCCC LXVII (1467); gr. in-fol. goth. cuir de Russie.

<small>Première édition précieuse et fort rare; elle a été exécutée avec les mêmes caractères que le Lactance, imprimé dans le monastère de Subiaco en 1465, qui est le premier ouvrage imprimé en Italie avec date.</small>

143. St Augustin, de la Cité de Dieu, de la trad. de Louis Giry. *Paris, Pierre le Petit,* 1665; 2 vol. in-8, mar. r. comp. tr. d. (*Dusseuil.*)

<small>Bel exemplaire réglé.</small>

144. Les deux livres de St Augustin, de la véritable religion et des mœurs de l'Église catholique (trad. en françois, par Dubois). *Paris,* 1690; in-8, mar. r. tr. d.

145. Les Soliloques, le Manuel et les Méditations de S. Augustin (trad. par Dubois). *Paris,* 1756; in-12 mar. v. fil. tr. d. (*Derome.*)

146. Les lettres de S. Augustin, trad. en françois sur l'édition des Bénédictins par M. du Bois, de l'Acad. françoise. *Lille*, 1707; 6 vol. in-12, v. éc. fil. tr. r. (*Derome.*)

147. Joannis Cassiani Eremitæ de institutis renuntiantium Lib. XII; collationes sanctorum Patrum Lib. XXIV. *Romæ, ex typog. Vaticana*, 1588; in-8, mar. v. fil. tr. d. (*Aux deuxièmes armes de De Thou.*)

148. SANCTI GREGORII MAGNI Papæ primi opera, editio secunda romana ad vetera manuscripta exemplaria diligenter recognita. *Romæ*, 1613; 5 vol. in-8, mar. vert, fil. tr. dor.

ÉDITION TRÈS-RARE. SUPERBE EXEMPLAIRE dans sa première reliure du temps, parfaitement conservée; il provient de la *bibliothèque du Calvaire du Marais.*

149. Les Morales de S. Gregoire, pape, sur le Livre de Job, div. en 35 livres, trad. en françois par de Laval (Louis-Ch.-Albert, duc de Luynes). *Paris, P. le Petit*, 1666; portrait. 3 vol. in-4, mar. r. comp. tr. d. (*Dusseuil.*)

Très-bel exempl. en GRAND PAPIER lavé, réglé, provenant de la bibliothèque de Longepierre, avec son *ex libris.*

150. Les Quarante Homilies ou sermons de saint Grégoire le Grand, trad. en françoys (par le même). *Paris, Pierre le Petit*, 1665; in-4, mar. r. comp. tr. d. grand pap. lavé, réglé.

Exemplaire avec l'*ex libris* de la bibliothèque de Longepierre.

151. Repertorium totius summe beati Antonini archiepiscopi Florentini ordinis predicatorum. *Impensis Johannis Cleyn;* 4 vol. in-fol. goth. demi-rel.

152. PETRI ABÆLARDI Sancti Gildasii in Britannia abbatis et Heloïsæ coniugis eius opera. *Parisiis, Nic. Buon.*, 1617; gr. in-4, mar. v. tr. d.

Très-bel exemplaire aux armes de François-Auguste de Thou.

153. Les Œuvres du cardinal de Bérulle. *Paris,* 1644; in-fol. de 1382 pages, mar. r. fil. tr. d.

semé de fleurs-de-lis (*aux armes du duc d'Orléans, frère de Louis XIV.*)

Exemplaire de la bibliothèque de madame Victoire de France.

154. Bibliothèque spirituelle publiée par M. de Sacy, de l'Académie française. *Paris, Techener,* 1854-1859; 17 vol. in-16, mar. vert, fil. comp. tr. d. (*Hardy.*)

Un des cent exemplaires tirés sur papier de Hollande; collection complète d'un choix estimé des meilleurs ouvrages de littérature chrétienne écrits en langue française : *l'Imitation de Jésus-Christ.* — *L'Introduction à la vie dévote.* — *Les Lettres spirituelles de Fénelon.* — *Les Lettres de Bossuet et le Traité de la concupiscence.* — *Choix des petits traités de morale de Nicole.* — *Traités de morale chrétienne par Duguet.* — *Sermons choisis de Bossuet, de Bourdaloue et de Fénelon.* — *Le Nouveau Testament.*

5. THÉOLOGIENS.

A. Théologie scolastique et dogmatique.

155. Marci Vigerii Saonensis decachordum christianum, Julio II, Pont. max., dicatum. *Quod Hieron. Soncinus in urbe Fani his caracteribus impressit.* M. D. VII; fig. s. b., pet. in-fol. demi-rel. v. f.

Quelques mouillures.

156. De sacra Communione Christiani populi in utraque panis et vini specie. *S. l., excudebatur anno* 1574; in-8, vél. fil. tr. d. (*Rel. molle aux premières armes de J.-A. de Thou, avec sa signature autogr. sur le titre.*)

157. Discours sur l'Eucharistie, par M.-P. Charron, Parisien. *A Bourdeaus, par S. Millanges,* 1600; in-12, mar. br. tr. d. (*Capé.*)

Édition originale, très-rare. Ce beau volume contient une seconde partie intitulée : *Discours chrestiens......* 1601; 192 pages.

158. De Sanguine Christi lib. V, auth. Francisco Collio. *Mediolani, ex collegii Ambrosiani typog.,* 1617; in-4, mar. vert, fil. tr. d. (*Padeloup.*)

Bel exempl. de M. de Bure.

159. De æterna felicitate sanctorum Lib. V, auct. Roberto Cardin. Bellarmino è soc. Jesu. *Antuerpiæ, ex off. Plantiniana,* 1616; in-8, mar. v. tr.

d. (*Au chiffre de (J.-A.) de Thou et de (G.) de la Chastre, sa seconde femme.*)

Exemplaire de M. de Bure, d'une conservation parfaite.

160. La Théologie naturelle de Raymond Sebon (trad. du latin par Michel de Montaigne). *Paris, Gourbin,* 1569; in-8, mar. br. fil. tr. d. (*Duru.*)

Très-bel exemplaire de l'édition originale.

161. Traité de la Communion sous les deux espèces, par J.-B. Bossuet. *Paris, Seb. Mabre-Cramoisy,* 1682; in-12, mar. r. tr. d.

Édition originale.

162. Traité de la communion, par Bossuet. 1682; in-12, veau fauve, fil. tr. dor. (*Capé.*)

Autre exemplaire de l'édition originale.

B. Théologie morale.

163. Incipit prologus super conclusiones de diuersis materiis moralibus utiles valde posite per mgrm Iohannē Gerson, doctorem theologie eximiū ac cancellarium parisiensem; in-4, mar. v. f. tr. d. (*Derome.*)

Édition précieuse, inconnue à Panzer et à Maittaire, imprimée sans chiffres, pagination ni signatures, sans désignation de lieu ni d'imprimeur, mais avec les caractères d'Ulrich Zell, à Cologne : 37 ff., 27 longues lignes à la page, caractère gothique ; les capitales sont peintes en rouge à la main.

164. MAXIMES CHRÉTIENNES et morales, par le Rév. P. Dom Armand Jean (le Bouthillier de Rancé). *Paris,* 1698; 2 vol. in-12, mar. r. fil. tr. d. (*anc. rel.*)

Bel exempl. de l'édition originale, relié aux armes de Jacques II, roi d'Angleterre.

165. CONDUITE CHRÉTIENNE, adressée à S. A. R. Madame de Guise, par le Rév. P. Dom Armand-Jean (de Rancé). *Paris,* 1697; in-12, mar. r. fil. tr. d. (*Aux armes de Jacques II.*)

Édition originale ; charmante reliure.

166. Abrégé de la morale de l'Évangile (par le P. Quesnel). *Paris,* 1689; 3 vol. in-12, mar. r. fil. tr. d. (*Dusseuil.*)

167. Incipit confessionale in vulgari sermone editum per venerabilem P. D. Antoninum archiep. Florentiæ, ordinis prædicatorum. *Stampato a Venezia per Christoph. Arnoldo*, M. CCCC. LXXIII; 1 vol. in-4, vél.

<small>La table des chapitres se trouve, dans cet exempl., à la fin du vol. (Voy. Panzer, liv. III, p. 98.)</small>

168. LA GRANT CONFESSION GENERALLE (*S. l. n. d.*); pet. in-8 goth., mar. vert, fil. tr. dor. (*Trautz-Bauzonnet.*)

<small>Plaquette fort rare; on trouve une gravure en bois sur le titre, une autre au recto du dernier feuillet, et au verso la marque de Guillaume Nyverd, imprimeur au commencement du seizième siècle.</small>

169. Directions pour la conscience d'un Roy, composées pour l'instruction de Louis de France, duc de Bourgogne, par F. de Salignac de la Motte-Fénelon, son précepteur. *La Haye*, 1747; in-8, mar. bl. tr. dor.

<small>Grand papier et orné d'un beau portrait de Fénelon, d'après Vivien.</small>

170. Résolutions de plusieurs cas de conscience touchant la morale et la discipline de l'Église, par feu Mre Jacques de Ste Beuve. *A Paris, G. Desprez*, 1689; 2 vol. in-4, mar. r. fil. tr. d. (*Rel. anc., aux armes de Le Tellier de Courtanvaux.*)

171. De douze Manieres d'abus qui sont en ce monde, en diverses sortes de gents, et du moyen d'iceux corriger, et s'en donner garde : Traitté fort utile et beau, extraict des œuvres de S. Cyprian, nouv. reueu et corrige, ensemble les 12 regles de M. Jan Pic de la Mirandole. *Paris, de l'imprimerie de Federic Morel*, 1577; in-8, mar. v. fil. tr. dor.

<small>Petit livre rare.</small>

172. De l'Abus des nuditez de gorge (par Jacq. Boileau). *Bruxelles, Foppens*, 1675; in-12, mar. br. tr. d. (*Hardy.*)

<small>Joli exemplaire d'un petit livre curieux.</small>

173. De l'Abus des nuditez de gorge (par J. Boileau; seconde édition). *Iouxte la copie imprimée à Bruxelles. Paris*, 1677; in-12, v. éc. fil. tr. d.

174. Traité des danses, auquel est amplement résolue la question, à savoir, s'il est permis aux chrestiens de danser (par Lambert Daneau). *S. l. (Genève), François Estienne,* 1579; in-8, mar. r. fil. tr. dor. (*Derome.*)

Bel exemplaire d'un livre RARE.

175. Maximes et Réflexions sur la comédie, par J. Bénigne Bossuet. *Paris,* 1694; in-12, mar. bleu, fil. tr. dor. (*Trautz-Bauzonnet.*)

Bel exemplaire de l'édition originale.

176. Tractatus Restitutionum Franc. de Platea, ordinis fratrum minorum Bononien. — Tractatus de usuris. — Tractatus de excōmātiōibus. *Impressus Parisius, in sole aureo p Martinū Udalrichum et Michaelē. Anno* 1476; pet. in-fol. mar. r. fil. tr. d. (*Anc. rel.*)

Bel exemplaire de l'édition la plus complète. Le *Tractatus restitutionum*, qui forme dans notre volume la 3e partie, est également imprimé chez Gering, s. d.
Ce livre rare, sorti des presses des premiers imprimeurs parisiens, Martin Crantz, Ulrich Gering et Michel Friburger, est imprimé en petite gothique d'une grande netteté : le *Traité des restitutions* est sans chiffres, réclames ni signatures.
Les autres ont seulement des signatures : les capitales sont peintes à la main. (Voy. Hain, tom. IV, p. 114, bien que la description qu'il fait de ces rares éditions soit fort incomplète.)

177. P. NICOLE. Essais de morale contenus en divers traitez, 6e édit. *A Paris, chez G. Desprez,* 1682-1723; 20 vol. in-12, lavés et réglés, mar. r. fil. tr, d. (*Rel. anc., aux armes de la duchesse de Vintimille.*)

TRÈS-JOLI EXEMPLAIRE, ainsi composé : *Essais de morale. Paris,* 1682-1723. 13 vol. — *Instr. sur le Symbole. Paris,* 1707. 2 vol. — *Instr. sur les sacrements. Paris,* 1708. 2 vol. — *Instr. sur l'Oraison dominicale. Paris,* 1708. 1 vol. — *Instr. sur le Décalogue. Paris,* 1713. 2 vol.

178. Les Provinciales ou les Lettres écrites par Louis de Montalte (Bl. Pascal) à un provincial de ses amis et aux RR. PP. Jésuites. *Cologne, P. de la Vallée,* 1657; in-4, mar. r. tr. d. (*Thompson.*)

Ce sont les lettres publiées séparément : les unes en édition originale, les autres en contrefaçons ou réimpressions de la même année : les pièces en édit. originales ont été imprimées, en 1656, clandestinement à Montrieux, près Vendôme.

179. Les Provinciales ou Lettres écrites par Louis de Montalte à un provincial de ses amis (par Blaise Pascal). *Cologne, Pierre de La Vallée,* 1657; in-12, mar. bl. tr. dor. (*Trautz-Bauzonnet.*)

Très-joli exemplaire de l'édition Elzévir. H. 4 p. 10 lig. et demie.

180. Les Provinciales ou Lettres écrites par Louis de Montalte (Bl. Pascal), trad. en latin, espagnol et italien. *Cologne,* 1684; in-8, vél. tr. dr.

181. Responses aux lettres que les Jansénistes publient contre les Jésuites (par le P. Daniel). *S. l. n. d.,* 1657-58; in-4, mar. r. tr. d.

Recueil factice des éditions originales de ces Réponses, publiées immédiatement à la suite des *Lettres provinciales.*

182. Les Imaginaires et les visionnaires, ou Lettres sur l'hérésie imaginaire, par le sieur de Damvilliers (c'est-à-dire Nicole). *Liége,* 1667; 2 vol. pet. in-12, mar. bl. fil. tr. d.

Superbe exemplaire (H. 5 p. et 1 ligne) relié sur brochure et provenant du cabinet de M. Cigongne. Ces deux volumes ont été imprimés à Amsterdam par les Elzeviers.

183. Deux Lettres de M. Arnauld, sur ce qui est arrivé depuis peu dans une paroisse de Paris, à un seigneur de la cour. *Paris,* 1655; in-4, mar. r. fil. tr. d. (*Anc. rel.*)

C. Théologie catéchétique.

184. Instruction du Chrestien, par Mgr l'Émin. Cardinal de Richelieu. *Paris, Jean Jost,* 1652; in-12, mar. vert fil. tr. d. (*Anc. rel.*)

185. Traicté de la perfection du chrestien, par l'Éminent. Card. de Richelieu. *Paris, Ant. Vitré,* 1647; (2e édit.), in-4, front. gravé, v. br. fil. tr. d.

186. Traitté qui contient la méthode la plus facile

pour convertir ceux qui se sont séparez de l'Eglise, par le Cardinal de Richelieu. *Paris, Cramoisy*, 1651; in-fol. mar. v. tr. d. (*Capé.*)

<small>Très-bel exemplaire; portrait du cardinal, gravé par Cl. Mellan.</small>

187. Traité qui contient la méthode pour convertir ceux qui se sont séparés de l'Eglise, par le Card. de Richelieu. *Paris, Cramoisy*, 1657; in-4, v. ant. (*Aux armes de Caumartin St-Ange.*)

188. Catéchisme du diocèse de Meaux (par J.-B. Bossuet). *Paris, Séb. Mabre-Cramoisy*, 1690; in-12, mar. r. f. tr. d.

<small>Édition originale.</small>

189. Instruzioni e regolamenti di Mons. Gaetano de Carli Vescovo di Rieti. *Romæ*, 1754; in-4, mar. r. comp. tr. d. (*Aux armes du pape Clément XIII, Vénitien.*)

<small>Dans le même vol. un grand nombre de mandements du même évêque, imp. à Foligno, Rieti, etc., en 1756-58.</small>

D. Théologie parénétique ou Sermonnaires.

190. Divini Eloquii Preconis Fr. Oliuerii Maillardi Sermones doñicales. *Venūdātur Parrhisiis in edibus Joh. Petit*, 1515-16; 2 vol. in-8, goth. mar. r. large dent. tr. d. (*Padeloup.*)

<small>Superbe exemplaire d'un livre fort rare dans cette condition.</small>

191. Parabola Filii Glutōnis profusi atq; pdigi p venerandū patrē fratrē Joannē Meder ord. minorū obseruantiū. — *Explicit... impr. Basileæ per Michaelē Furter civē Basilienā aº* M.CCCCC.X; p. in-4, goth. à 2 col. fig. s. b. mar. br. comp. tr. d. (*belle reliure de Capé.*)

<small>Livre fort rare, inconnu à Panzer et autres bibliographes; c'est l'histoire de l'Enfant prodigue, paraphrasée en 50 sermons : les gravures sur bois sont fort curieuses.</small>

192. Sermons des Commandemens de Dieu. *S. l.*

n. d. (*Imp. probabl. à Rouen*, vers 1518); p. in-8, mar. r. fil. tr. d. (*Trautz-Bauzonnet.*)

Sermons fort curieux, que l'on peut attribuer à Olivier Maillard. Ce petit vol. faisait peut-être suite à un plus ample recueil, car il est signé A.-1.—C.8., avec des capitales qui semblent indiquer un second alphabet. Au verso du dernier feuillet une grav. sur bois.

Ce recueil, très-bien conservé, a appartenu à M. J. Coppinger, qui a écrit sur la garde : « Sermons fort curieux prêchés sous Louis XII ; il y est question de l'archevêque de Rouen, légat en France. »

193. Sermons du vénérable Père Thomas de Kemps, mis en françois par Mess. Jean de la Rivière. *Douay*, 1628; in-12, mar. br. f. tr. d.

194. Exhortations chrestiennes imitées des anciens Pères. *Paris, Rob. Estienne*, 1620; pet. in-8, v. pr. fil. (*Aux armes de De Thou.*)

Ces armes sont celles de François-Auguste, l'aîné des trois fils que J.-A. de Thou eut de sa seconde femme Gasparde de la Chastre, et qui fut décapité avec Cinq-Mars, en 1642. Joli exemplaire provenant de la dernière vente de M. Renouard, d'un volume très-rare qui probablement n'a pas été imprimé pour être mis dans le commerce.

195. Panégyriques et autres sermons prêchez par Mess. Esprit Fléchier, évesque de Nismes. *Paris, G. Anisson*, 1696; in-4, mar. bl. tr. d.

Édit. origin. Fleurons de Sébastien Leclerc.

196. Sermon presché à l'ouverture de l'assemblée générale du clergé de France, le 9 novembre 1681, à la messe du Saint-Esprit, par Mess. J.-B. Bossuet. *Paris*, 1682; in-4, mar. bl. tr. d. (*Capé.*)

Bel exemplaire de l'édition originale.

197. Sermons du P. Bourdaloue (publiés par le P. Bretonneau). *Paris, Rigaud*, 1708; 16 vol. in-8, mar. vert, f. tr. d. (*Simier.*)

Édition originale et la plus belle des œuvres de Bourdaloue. Cet exemplaire provient de la bibliothèque désormais célèbre d'un illustre bibliophile.

198. Première instruction pastorale de S. E. le cardinal de Noailles, archevesque de Paris. *Paris*, 1719; in-8, mar. r. f. tr. d. (*Aux armes de ce prélat.*)

199. Prediche dette nel Palazzo apostolico dal Padre Fr. Bonaventura di Recanati. *Venetia, P. Ba-*

glioni, 1693; 2 vol. in fol. mar. r. pet. fers. comp. tr. d.

<small>Exemplaire de dédicace du grand papier et aux armes du pape Innocent XII.</small>

200. Sermoni sopra la vita della gloriosissima vergine Maria nostra signora detti ne' sabati dal card⁰ arciv. Orsini. *Benevento ed in Firenze*, 1728; 2 tom. en 1 vol. in-fol. mar. r. comp. large dent. tr. d.

<small>Édition de luxe, grand pap. fort, culs-de-lampe, etc.</small>

E. Théologie mystique et ascétique.

1. Mystiques latins.

201. Speculum spiritualis gracie, ac mirabiliū reuelationū diuinitus factarū sacris virginibus Mechtildis ac Gertrudis, etc. *Impressum, s. l. (Magdebourg), impensis prouidi viri J. Thanners Herbipoleñ a° virginei partus* 1510; in-4, mar. br. f. à fr. tr. d. (*Thompson.*)

<small>Rare et curieux volume.</small>

202. Consolatorium timoratæ conscïetie venerabilis fratris Johañis Nyder. sacre theologie pfessoris. *S. l. n. d.* (*Cologne, Ulric Zell,* goth. 1475); in-4, mar. bl. dent. tr. d. doub. de tabis. (*Bozérian.*)

<small>Edit. rara. Sine cust. sign. et pagg. indicatione. Lin. 30, fol. 108.</small>

203. Hieronymus et Gennadius de Viris illustribus. — *Idem*. De essentia divinitatis. — Th. de Aquino de articulis fidei et Ecclesiæ sacramentis. — Augustinus de quantitate animæ. *Idem*. De Soliloquio. — Speculum Peccatoris. — Libri IV de Imitatione Christi. — Errores Judæorum et Talmut. — Veritates pro probatione articulor. Christi. — Processus judiciarius ipsius Mascaron pro curis Tartarorum contra genus humanum. — Donatus artegrammaticus homini in sui ipsius cogn-

tionem per allegoriam confectus utilissimus. — Liber de arte moriendi. — *Augustæ (Vindelicorum), Ginth. Zainer* (circa 1470); in-fol. cuir de R. tr. d.

Très-bel exemplaire, très-complet, avec le feuillet complémentaire contenant la table. C'est un livre de la plus grande rareté, renfermant la première édition connue de l'*Imitation de J. C.*

204. Tractatus de Imitatione Christi, cum Tractatulo de Meditatione cordis. *S. l.*, 1487; pet. in-8, goth. mar. noir, jans. tr. d. (*Duru.*)

Édition rare, bel exemplaire.

205. Gerson, de Imitatione Christi et de Meditatione cordis. *Parisiis, per Philippum Pygouchet,* 1491; pet. in-8, goth. vél.

Édition RARE. — Dans le même volume : *Incipit tractatus notabilis de passionibus ãe venerabilis magistri I. Gerson.*

206. De Imitatione Xpi. — Incipit liber primus Johannis Gerson de Imitatione Christi. *Paris, Jehan Petit,* 1505; pet. in-8 goth. maroq. vert. tr. d. (*Capé.*)

Avec la marque de Denis Rosse sur le titre. Très-bel exemplaire.

207. De Imitatione Christi. *Parisiis, Imprim. royale,* 1640; in-fol. front. gravé, couverture brodée en soie, argent, etc. (*Aux armes d'un pape.*)

208. Thomæ a Kempis Can. regul. ord. S. Augustini de Imitatione Christi, lib. IV. *Lugduni (Batavorum), apud Elzevirios. S. d.*; in-12, mar. r. tr. d. (*Anc rel.*)

Haut. : 125 mill. Joli exemplaire de l'édition elzévirienne, très-recherchée.

209. Th. a Kempis de Imitatione Christi. *Lugduni, apud Elzevirios* (sans date); pet. in-12, mar. rouge, tr. dor. (*Duru.*)

Joli exemplaire de l'édition elzévirienne la plus recherchée. Haut. : 4 p. 8 lignes.

210. Th. a Kempis de Imitatione Christi. *Amstelod., ex officina Elzeviriana,* 1679; pet. in-12, mar. rouge, fil. tr. dor.

Exemplaire parfaitement relié par Boyet, d'une jolie édition elzévirienne.

211. L'Imitation de J. C., trad. en fr. par Michel de Marillac, nouvelle édition publiée par M. S. de Sacy. *Paris, Techener*, 1854; in-16, mar. rouge, fil. tr. dor. (*Trautz-Bauzonnet.*)

212. L'Imitation de Jésus-Christ (traduction de Marillac). *Paris, Curmer*, 1858; 2 vol. gr. in-8, br. mar. brun, comp. doublé de mar. rouge (*riche rel. de Thompson*).

MAGNIFIQUE ÉDITION, ornée de très-belles vignettes en miniature, et d'encadrements en or et en couleur à chaque page, copiés sur les plus beaux manuscrits anciens, et exécutés par le procédé chromolithographique.

213. De l'Imitation de Jésus-Christ, traduction nouvelle dédiée au roy (par l'abbé de Choisy). *Paris, Ant. Dezallier*, 1692; in-12, mar. bleu, doublé de mar. orange, dent. tr. dor. (*Duru.*)

Édition rare et recherchée, surtout quand on y trouve, comme dans cet exemplaire, la figure du deuxième livre représentant Mme de Maintenon, avec les mots : *Audi, filia.* On sait que cette gravure, qui avait donné lieu à des interprétations malignes, a été remplacée, dans presque tous les exemplaires, par une autre figure qui représente un crucifix. TRÈS-JOLI EXEMPLAIRE.

214. De l'Imitation de J. C. (traduction de l'abbé de Choisy). *Paris*, 1692; in-12, mar. r. tr. d. fig. (La figure *Audi filia* s'y trouve.)

Voyez, sur ce rare volume, la longue note de Barbier, *Dict. des anonymes*, t. II, p. 160. Très-grand de marges.

215. L'Imitation de J.-C., traduite en vers françois, par P. Corneille. *A Rouen, chez Laurent Maurry*, 1651; pet. in-12, mar. bleu, tr. dor. (*Trautz-Bauzonnet.*)

Édition ORIGINALE, très-rare, du premier livre ; c'est-à-dire, la première publication faite par Corneille. Charmant exemplaire.

216. L'Imitation de J. C., mise en vers françois, par P. Corneille. *Rouen, Laurens Maurry, et Paris, Ch. de Sercy*, 1651. — *Le même ouvrage*, seconde partie. *Imp. à Rouen et se vend à Paris, chez Ch. de Sercy*, 1652; 2 part. en 1 vol. in-12, titres gr. mar. bl. larges dent. tr. d. (*Capé.*)

Charmant exemplaire de l'édition originale des deux premiers livres, très-rare.

217. L'Imitation de Jésus-Christ, trad. et paraphrasée en vers français, par P. Corneille. *Paris*, 1856; gr. in-8, mar. vert, fil. tr. dor. (*Hardy.*)

<small>Ce volume, tiré à *cent* exemplaires, à part de l'édition des OEuvres de Corneille, contient à la fin deux lettres inédites de P. Corneille sur l'auteur de l'*Imitation de J. C.* On a ajouté à cet exemplaire une suite de figures de Devéria avant la lettre.</small>

218. IMITATION DE JÉSUS-CHRIST; les IV liures, trad. en vers par J. Desmarets. *Paris, P. Le Petit*, 1654; in-12, mar. vert, fil. à comp. à petits fers, dent. tr. dor. (*Jolie et riche reliure de Trautz-Bauzonnet.*)

<small>Délicieux volume imprimé au château du cardinal de Richelieu, avec les caractères de la Bible de ce nom.</small>

219. CY FINIST LE LIURE DE MAISTRE JEHAN GERSON docteur en theologie et chanselier de Nr̄e Dame de Paris | appelle en latin Opus triptitū | en frācoys ung Liure de troys pties. C'est assauoir des Cōmādemēs d Nr̄e Seigneur, de Confession et d la Sciense de bien morir. Deo gratias. *S. l. n. d.* (*Chambéry, Neyret*, vers 1483); sans chiffres, réclames ni signat; in-4 goth. de 40 ff. dont le 1ᵉʳ est blanc, 21 longues lignes à la page entière, mar. br. fil. tr. dor. (*Trautz-Bauzonnet.*)

<small>Rare et précieux volume, d'une conservation parfaite, qui n'est cité par aucun bibliographe. C'est probablement le premier volume sorti des presses de Neyret, puisque le Baudouin de 1484 a un titre et des signatures.
C'est la traduction française d'un traité du célèbre théologien, imprimé en latin à Cologne, chez Ulrich Zell, vers 1479, et c'est sur cette traduction que fut imprimée celle de Lyon, Pierre Maréchal, 1490, que citent Panzer et Hain.</small>

220. Ad Christianiss. Regem et Reginam Galliæ Agathii Guidacerii in Verba Domini supra montem explanatio. *Parisiis, excudebat Christianus Wechelus, anno* M.D.XXXI; in-8, v. br. estampé, tr. d.

<small>Exemplaire UNIQUE, imprimé sur vélin, probablement celui que l'auteur offrit à François Iᵉʳ.</small>

221. De Amoris generibus. *Accuratissime impressum Tarvisii per Gerardum de Flandria.* Anno salutis M. CCCC. XCII; in-4, mar. r. fil. tr. d. (*Anc. rel.*)

<small>Imprimé en petits caractères d'une grande netteté, sans signatures ni ré-</small>

clames. 6 ff. lim. et xcvij ff. chiffrés. Exemplaire du duc de La Vallière. L'un des plus rares ouvrages du mysticisme allemand, tout entier dirigé contre les dangers de l'amour.

222. Gvilielmi II, Comitis Hollandiæ, regis Romanorum, agalma religiosorum, sive meditationes circa mysteria passionis D. N. J. C. *Coloniæ, sumpt. Joannis Kinckij,* 1609; in-12, mar. vert, fil. tr. d.

Charmante reliure.

223. ROSARIUM SIVE PSALTERIUM BEATÆ VIRGINIS. *Antverpiæ,* 1604; pet. in-12, mar. rouge, fil. comp. petits fers, doublé de mar. rouge, tr. dor. (*Duru.*)

Petit volume enrichi de 33 figures très-finement gravées par J. Collaert, d'après les dessins de Martin de Vos. — Riche et belle reliure, avec dorures de Marius Michel.

2. Mystiques français, espagnols et allemands.

224. LE TRÉSOR DE L'AME (par Robert), extrait des sainctes Escritures. — *Cy fine le Trésor de lame imprime à Paris pour Anthoine Verad* (sic) *libraire demourant sur le pont Nostre Dame. S. d. (avant* 1500, *date de la chute du pont*); in-fol. mar. r. fil. tr. d. doub. de tabis. (*Padeloup.*)

PRÉCIEUX EXEMPLAIRE IMPRIMÉ SUR VÉLIN, avec miniatures.

225. LORDINAIRE DES CRÉTIENS. *Imprimé à Paris, l'an mil quatre cent quatre vingt et dix, pour Antoine Vérard, demourant à Paris, sur le pont Nostre-Dame* (1490); in-4 goth. mar. rouge, tr. dor. (*Duru.*)

PREMIÈRE ÉDITION AVEC DATE. Elle est fort rare, et nous ne la trouvons pas indiquée dans le *Manuel du libraire*. Cet exemplaire est d'une conservation parfaite, avec *témoins*.

226. Le Liure de la discipline d'amour diuine. La Repeticion de la discipline. (A la fin) : *Cy finist.... celuy qui la dresse a l'imprimerie et requiert à ceulx qui le liront une souvenance amoureuse deuers Dieu pour celuy qui la compose | pour tous ceulx*

de sa religion | pour une bonne Vierge qui a communique lexemplaire et toutes ses conseurs | et pour luy et tous ceulx qui lont promeu a estre imprime. Faict a Paris ce xxviii. iour de novebre pour Regnault Chaudière libraire... lan mil D.XIX (1519); in-8 de viii et 176 ff. mar. bl. tr. d. (*Duru.*)

Très-bel exemplaire d'un livre ascétique fort curieux. (Voy. Duverdier.)

227. Introduction à la vie dévote du bien-heureux François de Sales, évesque de Genève. *Paris, de l'impr. royale du Louvre*, 1641; in-fol. fig. de Cl. Mellan, mar. r. comp. tr. d. (*Aux armes de la duchesse d'Aiguillon.*)

228. OUVRAGES DE PIÉTÉ (de Jean Desmarets, abbé de Saint-Sorlin). *S. l.*, 1680; in-12, mar. r. fil. tr. d. (*Anc. rel., au chiffre du cardinal (Armand) de Richelieu.*)

Recueil d'opuscules en vers et en prose, imprimés avec les caractères de la Bible de Richelieu, de 1656, caractères que l'on a dit avoir été d'argent.
Ce recueil comprend : *Les Délices de l'esprit*, 209 pp. — *Le Chemin de la paix*, 55 pp. — *Recueil des poësies chrestiennes*, 12 pp. (car. ital.). — *Abraham*, 34 pp. — *Les Sept Vertus chrestiennes*, 30 pp.

229. La première (et la seconde) partie des Collations royales, contenant l'expositiõ de deux psalmes dauidiques; en l'ung, le chevalier errāt cherche son bõ chemin; en l'autre, le chevalier hardy suit la lumière, qui le conduyt, par F. Pierre Doré; 2 vol. in-16, mar. r. fil. tr. d. (*Anc. rel.*)

Lettres rondes.

230. Les Allumettes du feu divin, par Pierre Doré. *Lyon, Jean Pillehotte*, 1586; in-16, mar. f. tr. d. (*Anc. rel.*)

Exemplaire de M. Viollet le Duc.

231. Les OEuvres de sainte Thérèse, de la traduction de M. Arnauld d'Andilly. *Paris, D. Thierry*, 1687; in-4, lavé, réglé, mar. r. f. tr. d. (*Rel. anc. aux armes de Jacques II, roi d'Angleterre.*)

Sur le titre on doit remarquer une jolie vue de Paris.

232. Oratorio de' religiosi et essercitio de virtuosi, composto dall signor don Ant. di Gueuarra, trad. dallo spagnuolo per Pietro Lauro. *Vinegia*, 1575; in-8, mar. rouge, fil. à comp. tr. dor. (*Reliure italienne originale.*)

233. Consideraciones para rezar 63 coronas a Nuestra Señora en reverencia de los 63 años de su vida sanctissima sacadas, principalmente de las obras de F. Luis de Granada, dispuestas por Ign. de Aguirre. *Roma*, 1722; in-12, mar. rouge, tr. dor.

Exemplaire présenté au card. *Lodovico Belluga e Mondaca Spagnuolo.*

234. OEuvres complètes du R. P. Louis de Grenade. Savoir : Catéchisme ou Introduction au symbole de la Foy; trad. en françois par M. Girard. *Paris, P. le Petit*, 1661-1667; 5 vol. in-8. — Le Mémorial de la vie chrétienne. *Paris*, 1675; 2 vol. in-8. — Additions au Mémorial. *Paris*, 1675; 2 vol. in-8. — Traité de l'oraison et de la méditation. *Paris*, 1675; 2 vol. in-8. — Le Guide des Pescheurs. *Paris*, 1679; 2 vol. in-8.

Ces 13 vol. sont uniformément reliés en mar. r. tr. d. fil. Tous, à l'exception du premier, paru en 1661, sont doublés de mar. r., au semis d'M et de croix de Lorraine. Cette marque est celle de Marie d'Apremont, duchesse de Lorraine, femme du duc Charles IV (1665-1695).

235. Pratique de la perfection chrétienne du P. Alphonse Rodriguez, trad. par l'abbé Regnier Desmarais. *Paris*, 1688; 3 vol. in-4, v. br.

236. Les Exercices du tres-pieux Dom Jean Thaulere sur la vie et sur la passion de N. S. I. C., mis de l'alleman en latin par le P. Laurent Surius, — et quelques ouvrages sur le mesme sujet du Dr Eschius, trad. en françois par le P. Jacques Talon, de l'Oratoire. *Paris, P. le Petit*, 1669; in-12, mar. r. tr. d. (*Reliure janséniste.*)

3. Ouvrages sur le quiétisme et le jansénisme.

237. Explication des Maximes des saints sur la vie intérieure, par Mess⁰ François de Salignac Fénelon. *Paris*, 1697; in-12, mar. brun fil. tr. d. (*Hardy.*)

Édition originale. Très-joli exemplaire grand de marges.

238. Divers Écrits ou Mémoires sur le livre intit. EXPLICATION DES MAXIMES DES SAINTS, etc., par Mess⁰ J.-B. Bossuet. *Paris, J. Anisson,* 1698; in-8, mar. r. fil. tr. d.

Édition originale, aux armes de Bossuet.

239. LE MÊME OUVRAGE; mar. r. fil. tr. d. (*Aux armes du grand Dauphin, élève de Bossuet.*)

240. Réponses de Monsg' l'évesque de Meaux, aux lettres et écrits de Monsg' l'archev. de Cambray, au sujet du livre qui a pour titre : EXPLICATION DES MAXIMES DES SAINTS SUR LA VIE INTÉRIEURE, avec quelques autres ouvrages. *A Paris*, 1699; in-8, mar. r. fil. tr. d. (*Anc. rel.*)

Bel exemplaire, aux armes de Bossuet.

241. Réponse de M. l'archevêque de Cambray à l'écrit de M. l'évêque de Meaux intitulé : *Relation sur le quiétisme;* pet. in-12, mar. rouge, tr. dor.

242. Instruction sur les Estats d'oraison, par mess⁰ J.-B. Bossuet. *Paris, J. Anisson,* 1697; in-8, mar. r. fil. tr. d.

Édition originale. Exemplaire aux armes de Bossuet.

243. Le même ouvrage. *Paris, Anisson,* 1697; in-8, mar. r. fil. tr. d.

Deuxième édition, publiée la même année, avec de notables différences. Exemplaire aux armes de Bossuet.

244. Correspondance de Fénelon, publiée pour la première fois sur les manuscrits originaux, la plupart inédits. *Paris,* 1827; 11 vol. in-8, demi-rel.

245. Les Bossuetines, lettres sur Bossuet adressées à

un homme d'État par Poujoulat. *Paris*, 1854; in-8, demi-rel. mar.

246. De Nova quæstione Tractatus III. — 1° Mystici in tuto; 2° Schola in tuto; 3° Quietismus redivivus, auct. J.-B. Bossuet. *Parisiis, ap. Joh. Anisson*, 1698; in-8, mar. r. tr. d.

Édition originale.

247. Recueil de divers traitez de Théologie mystique, qui entrent dans la célèbre dispute du quiétisme, par Mad. Guion. *Cologne, J. de la Pierre*, 1699-1712; 2 vol. in-12, mar. r. fil. tr. d. (*Anc. rel.*)

248. Opuscules spirituels de madame J. M. B. de la Mothe Guion, avec le traité des Torrents. *Cologne, Jean de la Pierre*, 1704; 2 vol. in-12, mar. violet, dent. à petits fers tr. d. (*Muller.*)

Exemplaire relié sur brochure.

249. Madame de la Mothe-Guion. — Les Opuscules spirituels. *A Cologne, chez Jean de la Pierre*, 1720; 2 vol. in-12. — Lettres chrétiennes et spirituelles sur divers sujets qui regardent la vie intérieure ou l'esprit du vrai christianisme. *Id.*, 1717; 3 vol. in-12. — Poésies et cantiques spirituels sur divers sujets qui regardent la vie intérieure. *Id.*, 1722; 4 vol. in-12. — Les justifications de madame J. B. M. de la Mothe-Guion, écrites par elle-même, suivant l'ordre de Messeigneurs les évesques ses examinateurs. *Id.*, 1720; 3 vol. in-12. — La Vie de madame J. M. B. de la Mothe-Guion, écrite par elle-même. (*Portrait.*) *Id.*, 1720; 3 vol. in-12.

Ces 15 volumes sont uniformément reliés en mar. br. janséniste, tr. d.

250. Le Jour évangélique, ou 366 vérités tirées du Nouveau Testament, pour servir de sujet de méditation chaque jour de l'année, recueillies par un abbé régulier de l'ordre de Saint-Augustin (le P. Quesnel). *Liége; se vend à Bruxelles, chez Friex*, 1700; in-12, mar. r. tr. d. (*Rel. anc.*)

251. Prières chrestiennes en forme de méditations (par le P. Quesnel). *Paris*, 1752; 2 vol. in-12, mar. vert, fil. tr. d.

Bonne reliure de Derome, doublée de moire.

252. Anecdotes ou Mémoires secrets sur la Constitution unigenitus (par de Villefore). *Utrecht*, 1733; 3 vol. in-12, mar. r. fil. tr. d. (*Rel. anc.*)

253. Histoire des cinq propositions de Jansénius, (par Hilaire Dumas). *Trévoux, Estienne Ganeau*, 1702; 3 tom. en 2 vol. — Défense de l'Histoire des cinq propositions (par le même). *Liége*, 1701; 1 vol. ensemble 3 vol. in-12, mar. r. fil. tr. d. (*Aux armes du duc du Maine.*)

Exemplaire de Gaignat. Jolie reliure.

254. La Paix de Clément IX, ou Démonstration des deux faussetés capitales avancées dans l'histoire des V propositions (par le R. P. Quesnel, de l'Oratoire). *Chamberri*, 1700; 2 part. en 1 vol. in-12, mar. v. fil. tr. d. (*Anc. rel.*)

255. Théologie familière, avec divers traitez de dévotion, par Me Jean du Vergier de Hauranne, abbé de S. Cyran. *Paris*, 1645; in-12, mar. r. fil. tr. d. (*Anc. rel.*)

256. Mandement et Instruction pastorale de M. l'Evesque de Meaux (Henry de Thiard de Bissy) sur le Jansénisme, portant condamnation des institutions théologiques du P. Juenin. *Paris, chez Ballard*, 1710; in-4, mar. r. f. tr. d. (*Aux armes de la princesse de Condé, Anne de Bavière, princesse Palatine, bru du grand Condé.*)

4. Pratiques et exercices de piété. — Méditations, etc.

257. Traittez sur la prière publique, etc. (par Duguet). *Paris, J. Estienne*, 1708; 4e édit. 2 vol. in-16, mar. n. doub. de mar. cit. tr. d. (*Anc. rel.*)

258. Méditations sur la Rémission des péchez, pour le temps du Jubilé, par Mess. J.-B. Bossuet. *Paris*, 1702; in-12, mar. r. fil. tr. d.

Édition originale.

259. Élévations à Dieu sur tous les Mystères de la religion chrétienne, par feu Mess. J.-B. Bossuet. *Paris, J. Mariette*, 1727; 2 vol. in-12, mar. r. fil. tr. d. (*Anc. rel.*)

Édition originale, rare dans cette condition.

260. Instructions chrestiennes sur les mystères de N. S. J. C. (par le Maistre de Sacy). *Paris*, 1671; 1re édit. 5 vol. in-8, mar. r. fil. tr. d. (*Au chiffre et aux armes de Mazarin.*)

261. Réflexions sur la miséricorde de Dieu, par une Dame pénitente (Louise de la Baume le Blanc, duchesse de la Vallière, en religion sœur Louise de la Miséricorde). *Paris, Antoine* 1680; in-12, mar. v. fil. tr. d. (*Niedrée.*)

Deuxième édition.

262. Réflexions sur la miséricorde de Dieu (par la duchesse de La Vallière). *Paris*, 1712; in-12, mar. vert fil. tr. dor. (*Anc. rel.*)

Exemplaire de Longepierre, provenant du cabinet de M. de Clinchamp.

263. Le Livre intitulé L'art de bien mourir. Finist le livre ititule lart de biē mourir; imprime p Pierre le Rouge imprime^r du roy po^r Anthoine Verard. 24 ff. Sign. A-Cviij. — Les paines Denfer et les paines De purgatoire. *Cy finit le traicte des paines denfer et de purgatoire. Imprime à Paris par Gillet Cousteau et Jehan Menard l'an de grace mil quatre cens nonante et deux pour Anthoine Verard.* 44 ff. sign. D-Ivi (le titre est au verso du feuillet Ivj). — L'advenement de Antechrist. Les quinze signes histories precedens le jugement general de Dieu avecques les joyes de paradis. — *Cy finit le traicte de l'Advenement de Antechrist... Imprime a Paris le xxviij jour Doctobre Lan mil*

cccc. nonāte et deux pour Anthoine Verard... 58 ff. sign. Kv-Rvi (le titre est au verso du feuillet Rvi, dont le recto contient seulement la marque de Verard). — Lart de bien vivre. Cy finist le livre de bien vivre. *Imprime a Paris le xv jour de decēmbre mil cccc. nonāte et deux pour Anthoine Verard...* 72 ff. (le premier est blanc). Sign. AAii-JJx; petit in-fol. fig. sur bois, mar. r. tr. dor. (*Trautz-Bauzonnet.*)

Recueil précieux et des plus rares. Des quatre traités qui le composent, les trois premiers ont chacun leur titre et leur souscription, quoiqu'ils n'aient qu'une seule série de signatures. Ils avaient sans doute été imprimés ainsi pour être vendus séparément, de même que la quatrième partie, l'*Art de bien vivre*, dont les signatures recommencent de AAij à JJx.

Cette partie, mise à la fin parce qu'elle a été imprimée et sans doute composée la dernière, est placée la première dans la réimpression de ce recueil, faite par Vérard en 1496.

Les nombreuses figures sur bois qui ornent le livre sont aussi belles que singulières. Celles de l'*Art de bien mourir* ont été copiées sur les éditions xylographiques de l'*Ars moriendi*.

Exemplaire très-grand de marges et parfaitement conservé.

264. La manière de se bien préparer à la mort, avec de très-belles estampes, expliquées par de Chertablon. *Anvers*, 1700, in-4, mar. noir, fil. tr. dor. (*Capé.*)

Exemplaire remarquable par la beauté exceptionnelle des épreuves et l'élégance de la reliure. 40 estampes gravées par Romain de Hooghe.

5. Règles et devoirs religieux.

265. Veridicus Christianus, auct. P. Joanne David, e Soc. Jesu. *Antuerpiæ, ex off. Plantiniana*, 1601; in-8, v. br. gauf. estampé, tr. d. (*Avec les armes, peintes en or sur les plats, d'une princesse de Bavière.*)

Bel exemplaire, avec les figures de Crispin de Passe.

266. Le chevalier chrestien, composé en latin par Erasme, et puis traduict en langue françoyse (par Louis de Berquin, gentilhomme d'Artois brûlé en 1539). *Lyon, Jean de Tournes*, 1542; 3 part. en un vol. in-16, mar. r. fil. à la rose, tr. dor. (*Trautz-Bauzonnet.*)

Petit volume sur lequel M. Barbier (t. I, p. 385, *Dict. des anonymes*) donne de grands détails, et qui est d'une grande rareté. Charmant volume, d'une conservation parfaite, aussi précieux par la rareté des pièces qu'il renferme que par la beauté de l'impression et l'élégance de la reliure : c'est un chef-d'œuvre de la typographie de J. de Tournes, et c'est une des plus jolies reliures de Trautz-Bauzonnet. — On a relié dans le même volume : Le Sermon de Jésus enfant, translaté en franç. par l'Amoureux de Vertu, Champenois, avec le Songe du combat entre le corps et l'esprit, en rhythme françoise, composé par ledit Amoureux de Vertu (de Vienne).

267. Ludovici Vivis de institutione fœminæ christianæ ad Seren. D. Catherinam Hispanam Angliæ reginam, libr. III. *Antverpiæ, apud Michaelem Hillenium Hoochstranum,* 1524; in-4, cuir de Russie, fil. tr. dor.

> Précieux exemplaire imprimé sur peau de vélin. On a ajouté le premier cahier imprimé sur papier à côté de ce même cahier, reproduit à la plume sur vélin. Cette édition, la première de l'ouvrage, est dédiée à Catherine d'Aragon, femme de Henri VIII d'Angleterre.

268. Cy comence une petite instruction et manière de vivre pour une femme séculière, etc. *Imp. à Troyes, chez J. le Coq. S. d.* fig. s. b. — (Dans le même volume) : S'ensuyt une deuote méditation, etc. *Id., ibid.* — Méditation pour l'espace d'une basse messe, *Id., ibid.* — Extrait de plusieurs saints docteurs, *Id., ibid.* — La uie et passion de ma dame saincte Marguerite. *Id., ibid.* — Les quinze effusions du sang de N. S. J. C. *Id., ibid.*; in-8, mar. v. tr. d. (*Duru.*)

> Recueil d'une conservation parfaite.

269. Cy commence un petit traicte intitule le Liure de larbre de lespouse. Compille par maistre Hugues de Sainct Victor. *Nouvellement impr. à Paris, pour Symon Vostre, libraire, s. d.*; pet. in-8, goth. mar. r. fil. tr. d.

> Dans le même volume : *Traicte qui est larbre de larbre de la croix : composé par S. Bonaventure, Dr en theologie. S. l. n. d.* (vers 1515).
> Exemplaire du duc de La Vallière.

270. De la Sainteté et des devoirs de la vie monastique (par l'abbé de Rancé). *Paris,* 1683; 2 vol. in-4, mar. r. tr. d. (*Rel. jans.*)

271. Éclaircissement de quelques difficultés que l'on a formées sur le livre de la Sainteté et des devoirs

de la vie monastique (par l'abbé de Rancé). *Paris*, 1685; in-4, v. mar. (*Anc. rel.*)

F. Théologie polémique.

272. Compendium præcipuorum capitum doctrinæ christianæ, a. D. Hier. Zanchio conscriptum. *Neustadii in Palatinatu*, 1598; in-8, mar. v. (*Aux deuxièmes armes de De Thou.*)

Dans le même volume : *Hier. Zanchii de sacra scriptura tractatus integer Neustadii*, 1598.

273. Pensées de M. Pascal sur la religion et sur quelques autres sujets. *Paris, G. Desprez*, 1670; mar. r. tr. d. (*Duru.*)

Édition originale. Très-bel exemplaire.

274. Le même ouvrage. *Id., ibid.*, 1670, mar. r. tr. d. (*Thompson.*)

Deuxième édition.

275. Les mêmes Pensées. *Paris, G. Desprez*, 1678; in-12, mar. v. fil. tr. d. (*Niedrée.*)

Première édition publiée après la mort de l'auteur, avec de nombreuses additions et modifications.

276. Exposition de la doctrine chrétienne, par J.-B. Bossuet. *Paris, Seb. Mabre-Cramoisy*, 1671; in-12, mar. r. tr. d. (*Duru.*)

189 pp. Première édition rendue publique : celle *des Amis* n'a que 174 pp. Très-bel exemplaire.

277. Traité de la religion chrétienne par rapport à la vie civile. Composé en latin par S. Puffendorf, et mis en françois par M. de S. Amant. *A Utrecht, chez Antoine Schouten*, 1690; pet. in-12, v. f.

Petit volume rare.

278. Traité de la vérité de la religion chrétienne (par Abbadie). *Rotterdam*, 1689; 3 vol. in-12, mar. v. tr. d. fil. (*Rel. anc.*)

Exemplaire de Caumartin Saint-Ange.

279. Les trois vérités, contre les Athées, Idola-

tres, etc. (par P. Charron). *Bourdeaus*, 1593; in-8, vél.

Bel exemplaire de l'édition originale.

280. Les Diners du Baron d'Holbach, par madame de Genlis. *Paris*, 1822; in-8, demi-rel.

281. Hyperaspistes, diatribæ adversus servum arbitrium Martini Lutheri, per D. Erasmum Roterodamum. *S. l. (Basileæ, apud Frobenium)*, 1520; in-8, cart.

282. Duplicatio in patronum Molinœi, pro Pont. Max. etc., auth. Remundo Rufo jurium doctore. *Parisiis, Poncet le Preux*, 1555; in-8, v. f. ant. à comp. tr. d.

Belle reliure du xvie siècle, très-fraîche.

283. GÉNÉALOGIE ET LA FIN DES HUGUENAUX ET DESCOUUERTE DU CALUINISME, par M. Gabriel de Saconay, archidiacre. *A Lyon, par Benoist Rigaud*, 1572; 1 vol. in-8, mar. r. fil. tr. d. (*Derome.*)

Figures satiriques sur bois. On trouverait difficilement un plus bel exemplaire de ce livre fort rare.

284. Entremangerie et guerres ministrales, par F. François Feu-Ardent, docteur en théologie. *Paris, Seb. Nivelle*, 1604; in-8, mar. v. tr. d. (*Trautz-Bauzonnet.*)

Bel exemplaire d'un rare et très-curieux livre.

285. Les Principaux poincts de la foy catholique défendus contre l'Escrit adressé au Roy par les ministres de Charenton, par Mgr l'Eminentissime cardinal duc de Richelieu. *A Paris, de l'impr. royale du Louvre*, 1642; in-fol. gr. pap. mar. cit. fil. tr. d. (*Aux armes de France.*)

Exemplaire de présent, avec le beau frontispice gravé par Cl. Mellan.

286. Réponse générale au nouveau livre de M. Claude (contre la Perpétuité de la foi, par Arnauld et Nicole). *Paris, Vve Ch. Savreux*, 1671; in-12, mar. r. fil. tr. d.

Belle reliure fleurdelisée, aux armes de Louis XIV.

287. Conférence avec M. Claude, ministre de Charenton, par mess. J.-B. Bossuet. *Paris, Séb. Mabre-Cramoisy*, 1682; in-12, mar. r. fil. tr. d. (*Dusseuil.*

Édition originale.

288. HISTOIRE DES VARIATIONS DES ÉGLISES PROTESTANTES, par mess. J.-B. Bossuet. *Paris*, 1688; 2 vol. in-4, mar. r. fil. tr. d. (*Anc. rel.*)

Bel et précieux exemplaire de l'édition originale, aux armes de Bossuet.

289. Avertissemens aux protestans sur les lettres du ministre Jurieu contre l'Histoire des variations, par mess. J.-B. Bossuet. *Paris*, 1689; in-4, mar. r. tr. d.

Édition originale.

290. Défense de l'Histoire des variations contre la réponse de M. Basnage, ministre de Rotterdam, par mess. J.-B. Bossuet. *Paris*, 1691; in-12, mar. r. tr. d.

Édition originale.

291. Traité contre les Sociniens, par M. l'abbé de Cordemoy. *Paris*, 1696; in-12, mar. r. fil. tr. d. (*Aux armes de Bossuet.*)

Joli volume en reliure ancienne.

292. Ordonnance de monseigneur l'Archevesque de Reims en forme d'instruction pour la faculté de théologie de l'université de Reims. *Paris*, 1697; in-8, mar. r. fil. tr. d. (*Dusseuil.*)

Sur les plats, la grande croix fleurdelisée et surmontée de la couronne royale, qui appartient à la maison de Saint-Cyr. Exemplaire de M. de Bure.

G. Théologiens hétérodoxes. — Opinions singulières.

293. LUTHER. Ad Leonem X pontificem maximum, resolutiones disputationum de virtute indulgentiarum, rev. P. ac sacræ theologiæ doctoris Martini Luther, etc. *S. l.* (*Wittemberg*). *Anno* M. D. XIX; pet. in-4, lettr. rondes, mar. br. tr. d.

Édition fort rare. Dans le même volume, sept autres traités du célèbre réformateur.

THÉOLOGIE.

294. DE TRINITATIS ERRORIBUS, lib. VII, per Michaelem Serveto (sic). *S. l. (Basileæ)*, 1531; in-8, mar. r. f. tr. d.

<small>Bel exemplaire. Édition originale, très-rare, d'un livre célèbre.</small>

295. Defensio orthodoxæ fidei de sacra Trinitate, contra prodigiosos errores Michaëlis Serveti hispani, per Johannem Calvinum. *S. l. (Genève). Oliva Rob. Stephani*, 1554; in-8, mar. gr. tr. d.

<small>Édition originale de l'un des plus rares traités de Calvin.</small>

296. COMMENTAIRES DE JEHAN CALVIN, sur la concordance ou harmonie des Evangélistes, sur le second liure de S. Luc dit les Actes des Apostres, etc. (*Genève*), *imprimé par Conrad Badius*, 1561; 2 vol. in-8, veau ant., fil., comp., tr. dor. ciselée.

<small>EXEMPLAIRE DANS SA PREMIÈRE RELIURE, grand de marges et d'une parfaite conservation. On trouve très-rarement ces deux volumes réunis et en bonne conservation.</small>

297. Dix huict Sermons de M. Iean Calvin. *S. l. (Genève), chez Jean Bonnefoy*, 1560; in-8, vél. est. tr. d. et ciselée.

<small>Curieuse reliure du XVIe siècle. Sur l'un des plats est cette devise : *Vn m'est tout* ; sur l'autre, les initiales : *A. P. C.*</small>

297 bis. Sermons de M. Jean Calvin. *Genève, Jean Durant*, 1565; in-8, v. f. fil. tr. d. (*Niedrée.*)

<small>Bel exemplaire d'un volume rare.</small>

298. Résolutions de tous les poincts de la religion chrestienne par Henry Bullingere, ministre de l'église de Zurich, nouvellement traduits et mis en lumiere pour facilement instruire le fidele en ce qu'il doit cognoistre et croire: contre tous assauts et doutes, persecutions et espouvantements de la mort (*Genève*, 1556); in-16, mar. rouge, fil., tr. dor. (*Derome.*)

<small>Petit livre rare et curieux. Exemplaire de Méon.</small>

299. DE L'INSTITUTION, usage et doctrine du saint Sacrement de l'Eucharistie, en l'Église ancienne, en IV livres, par messire Philippe de Mornay, seigneur du Plessis-Marli. *A la Rochelle, par Hier. Haultin,* 1598; in-4, mar. r. comp. tr. d.

Très-précieux exemplaire en grand papier réglé, gardes en vélin. Sur le titre, un médaillon finement gravé par H. Goltzius. La reliure de cet exemplaire est parsemée de Φ et de CC entrelacés et élégamment disposés. Le Φ grec est la première lettre du nom, et les deux CC le monogramme de l'illustre Duplessis Mornay. Ce qui rend ce volume précieux, ce sont les lignes autographes qui se trouvent sur le premier feuillet de garde. Au recto, il a écrit : *Pour ma fille Marthe de Mornay.* Au verso : *Philippe de Mornay. Arte et Marte. Duplessis. — L'esprit et la force vient de Dieu. Ce livre est donné à ma fille Marthe de Mornay, à laquelle je souhaicte toute bénédiction spirituelle et temporelle.*

Et plus bas cette sentence : *Vitæ socia virtus, mortis comes gloria.* — Signé : *Philippes de Mornay.*

300. LE FRANC-ARCHER de la nouvelle Église, contre les abus et les énormités de la fausse, par noble Anth. Fusi IADIS prothonotaire apostolique, docteur sorboniste, prédicateur et confesseur de la maison du Roy, curé des églises parochiales St-Barthelemy, St-Loup et St-Gilles à Paris (*Genève*), *aux despens de l'auteur,* 1619; 2 vol. in-8, mar. vert, fil., larges dent., tr. dor. (*Derome.*)

Superbe exemplaire provenant de la bibliothèque de Gaignat. Cette violente satire contre l'Église romaine, par un prêtre apostat, est de toute rareté et non citée par les bibliographes.

301. LES VISIONS DE PASQUILLE, le jugement diceluy, ou Pasquille prisonnier, avec le dialogue de Probus; 1547; pet. in-8, lettres rondes, mar. rouge, fil., tr. dor. (*Padeloup.*)

Petit volume fort rare. A la fin se lit la devise : *Assez tost si assez bien.* L'auteur, Secundus Curion, né en Piémont en 1503, fut persécuté et incarcéré plusieurs fois à cause de ses opinions religieuses. Le *Pasquille prisonnier* est un cadre ingénieux, dans lequel l'auteur déclame contre la vie monastique, contre le célibat des prêtres, la confession, etc. Son évasion extraordinaire d'une prison où il était renfermé, les ceps aux pieds et surveillé jour et nuit, est exactement racontée dans le *Dialogue de Probus.*

302. Ad Censuras theologorum Parisiensium, quibus Biblia a Roberto Stephano typog. regio excusa calumniose notarunt, eiusdem Rob. Stephani responsio. *S. l.* (*Paris*), *Oliva Rob. Stephani,* 1552; in-8, mar. bl. tr. d.

Très-bel exemplaire de l'édition originale.

303. Les Censures des théologiens de Paris, par lesquels ils avoyent faussement condamné les Bibles

imprimées par Rob. Estienne, avec la response d'iceluy, traduit du latin, *S. l., à l'Olivier de Rob. Estienne*, 1552; in-8, v. gr. dent. tr. d.

<small>Traduction de l'ouvrage précédent: bel exemplaire du plus rare des ouvrages français de Rob. Estienne. Portrait ajouté.</small>

304. Ad Roberti Bellarmini disputationes theologicas Lamberti Danæi responsio. *Genevæ, apud Joan. le Preux*, 1596; in-8, mar. v. tr. d. (*Aux* 3mes *armes de J.-A. De Thou.*)

305. L'Apocalypse de Méliton, ou Révélation des mystères cénobitiques, par Méliton (Cl. Pithoys). *St-Léger, chez Noël et J. Chartier*, 1665; in-12, front. gr. mar. r. fil. NON ROGNÉ.

<small>Voltaire prétend que l'auteur de cet ouvrage est le célèbre évêque de Belley, P. Camus.</small>

306. G. Perkinsi Problema de Romanæ fidei ementito catholicismo. *Hanoviæ*, 1605. — *Dans le même vol.*: Articulus de libero arbitrio, auct. Ægidio Hunnio. *Francofurti ad Mænum*, 1602; 2 part. en 1 vol. in-8, mar. v. fil. tr. d. (*Aux* 2mes *armes de De Thou.*)

307. Anatomie de la messe où est montré par l'Escriture sainte et par les tesmoignages de l'ancienne Église, que la messe est contraire à la parole de Dieu et eloignée du chemin du salut, par Pierre du Moulin. *Leyde, chez Bonaventure et Abraham Elzevier*, 1638; pet. in-12, mar. viol., fil., tr. dor. (*Thouvenin.*)

<small>Exemplaire NODIER. Rareté elzévirienne.</small>

308. RECUEIL DE PIÈCES SATIRIQUES (12) contre le pape et l'Église romaine (en vers et en prose). 1 vol. in-8, mar. r. fil. tr. dor. (*Rel. anc.*)

<small>Ce recueil de pièces de toute rareté et de la plus belle conservation (avec témoins) a fait partie de la bibliothèque du duc de La Vallière, depuis, de celle de Rich. Heber et de M. Veinant. (*Bibl. Heber*, n° 5391.) Il est ainsi composé: POLYMACHIE des marmitons, en laquelle est amplement descrite l'ordre que le Pape veut tenir en l'armée qu'il veut mettre sus pour l'elevement de sa marmite. *A Lyon*, 1562. — La Désolation des frères de robe grise, pour la perte de la marmite qui est renversée. *Lyon*, 1563. — Le mandement de Lucifer à l'Antechrist, pape de Rome, et à tous les supposts de son Église (en prose). *Lyon*,</small>

1562. — Sentence decretalle et condamnatoire au fait de la paillarde papauté, et punition de ses démentis et forfaits (en prose). *Imprimé nouvellement*, 1561. — Chanson nouvelle, contenant la forme et manière de dire la messe, sur le chant de Hari, Hari l'asne, Hari bourriquet, 1562. — L'Adieu de la messe. *A Lyon*, 1562. — La Consommation de l'idole de Paris, suivant la parole du prophète Jeremie (en prose). *Lyon*, 1562. — Babylone, ou la Ruine de la grande cité et du règne tyrannique de la grande paillarde babylonienne, par L. Palercée. *Genève, par Fr. Perrin*, 1563. — Confession de la foy chrestienne, laquelle a esté mise en rime françoise, à la grande consolation de toute personne fidèle. *A Lyon*, 1562. — Deux chansons spirituelles : l'une, du Siècle d'Or avenu, tant desiré ; l'autre, de l'Assistance que Dieu a faicte à son Église; avec quelques dizains et huictains chrestiens. *Lyon*, 1562. — Ode hystoriale de la bataille de Saint-Gile, sur le chant du pseaume huitante-un. *A Lyon*, 1563. — Avertissement à MM. du Puy, touchant l'idolatrie qu'ils commettent envers l'idole de leur Nostre-Dame... avec une Chanson spirituelle à la louange de la Paix... plus, un Echo qui declare par ses responses la source des troubles de France et l'effect de la guerre. *Lyon*, 1563.

309. Papimanie de France, avec une copie de certaine bulle papale qui semble préjudiciable à la couronne de France. 1567 ; pet. in-8, 16 ff., mar. r. tr. d. rel. janséniste. (*Duru.*)

Opuscule rare.

310. La Mappe romaine, contenant cinq traitez, savoir : la Fournaise romaine, l'Edom romain, l'Oiseleur romain, la Conception romaine, la Rejouissance de l'Église, le tout extrait de l'anglois de T. T. (Th. Tail). *A Genève, par J. de la Cerise*, 1623 ; pet. in-8, titre gravé, mar. v. fil. tr. dor. (*Anc. rel.*)

Volume rare. Sur le titre gravé sont figurés les cinq traités. L'un d'eux, la Conception romaine, est représenté par la papauté accouchant des foudres du Vatican. — Exemplaire de Gaignat.

311. L'EXTRÊME ONCTION DE LA MARMITE PAPALE, petit traité auquel est amplement discouru des moyens par lesquels la marmite papale a esté iusques icy entretenue à proffit de mesnage, par Jo. du Ch. *Lyon*, 1563 ; in-8, mar. vert, fil., tr. dor. (*Duru.*)

Plaquette de 37 pages rarissime; exemplaire d'une conservation parfaite.

312. LE PUTANISME DE ROME, ou le conclave général des p.... de cette cour pour l'élection d'un nouveau pontife, traduction libre de l'italien. *Colo-*

THÉOLOGIE. 53

gne, *s. d.* (*Holl.*, *Elzévir*); pet. in-12, veau fauve, fil., tr. dor. (*Derome.*)

<small>Charmant exemplaire, rempli de témoins (hauteur : 4 pouces 11 lignes et demie) et d'une conservation parfaite.</small>

313. LE POT AUX ROSES de la prestraille papistique descouvert, mis par dialogue, sous le nom d'un Juif converti à Christ, nommé Balthasar, et d'un chrestien nommé Théophille, par Thibaut Jourdain. *A Lyon*, 1564; in-8, lettres rondes, mar. rouge, fil., tr. dor. (*Derome.*)

<small>Volume de la plus grande rareté. SUPERBE EXEMPLAIRE de La Vallière, intact et grand de marges.</small>

314. DIALOGUE DE M. BERNARDIN OCHIN Senois, touchant le Purgatoire (*Genève*), *par Antoine Cercia*, 1559; in-8, mar. rouge, fil., larges dent., tr. dor. (*Padeloup.*)

<small>Volume fort rare; charmant exemplaire, grand de marges et réglé, de Girardot de Préfont et de Pixerécourt.</small>

315. LES TRÈS MERVEILLEUSES VICTOIRES DES FEMMES DU NOUVEAU MONDE, et comment elles doibvent à tout le monde par raison commander, etc., par Guillaume Postel. *Paris, Jehan Ruelle*, 1553; — Des merveilles du monde et principallement des admirables choses des Indes et du nouveau monde et y est monstré le lieu du Paradis terrestre (par Guill. Postel), 1553. — Description et charte de la Terre Sainte, qui est la propriété de J.-C., pour y veoir la pérégrination et pour inciter ses très chrestiens ministres à la recouvrer pour y replanter son empire. *S. d.*; 3 parties en 1 vol. in-16, mar. vert, fil. tr. d. (*Aux armes du comte d'Hoym.*)

<small>Ce volume renferme trois des plus rares ouvrages de G. Postel. Il a appartenu, depuis le comte d'Hoym, à Gaignat et à M. Debure.
La carte de la terre sainte et celle des douze tribus se trouvent dans le dernier ouvrage.</small>

316. Les très merveilleuses Victoires des femmes du nouveau monde, par Guillaume Postel. *Sur l'im-*

primé à Paris, chez J. Ruelle, 1553; in-12, mar. v. fil. tr. d. (Rel. anc.)

Réimpression faite à Paris, vers 1730.

317. NICETAS ou bien l'incontinence vaincue, par Hieremie Drexelius. Cologne, 1634; pet. in-12, frontispice grav., mar. rouge, fil., tr. dor. (Trautz-Bauzonnet.)

Bel exemplaire d'un petit livre fort rare et imprimé par les Elzévirs. Le frontispice gravé est en latin; il est, en outre, orné de figures d'une remarquable finesse.

318. De legibus naturæ disquisitio philosophica, in qua earum forma, summa capita, ordo, promulgatio et obligatio e rerum natura investigantur, auth. Ricardo Cumberland, S. T. B. apud Cantabrigienses. Londini, 1672; in-4, mar. v. fil. tr. d. (Padeloup jeune.)

319. Plan de la justice de Dieu sur la terre, dans ces derniers jours, et du relèvement de la chute de l'homme par son péché, impr. par les soins de N. F. (Par Jean Allut, Marion, Facio et Portalès.) S. l., 1714; in-8, demi-rel. d. et c. mar. bl.

Dans le même volume: Quand vous aurez saccagé, vous serez saccagés. Imp. par les soins de N. F. (Nic. Facio). S. l., 1714. Fig. (par Jean Allut, Ch. Portalès, Nic. Facio).
Nous croyons ces rares opuscules imprimés à Cologne.

6. JUDAÏSME.

320. Hebræorum breve chronicum.... Capita R. Mose ben Maiemon de rebus Christi regis.... G. Genebrardo theologo Parisiensi auctore. Parisiis, ap. Mart. Juvenem, 1572; — dans le même volume: Chronicon breve et capita R. Mose ben Maiemon de rebus messie regis (en hébreu), 24 p. — Chronologia Hebræorum major. (Interp. G. Genebrardo Parisiensi). Parisiis, 1578; 212 p. Les 3 part. en 1 vol. in-8, mar. r. f. tr. d. (Aux 1res armes de J.-A. de Thou.)

321. Talmud Babylonicum integrum. *Amsterdam*, 1714-20; 16 vol. pet. in-fol. v. br.

II. HISTOIRE DES RELIGIONS.

1. GÉNÉRALITÉS.

322. **Cérémonies et coutumes religieuses de tous les peuples du monde**, représentées par des figures dessinées par B. Picart, avec des explications historiques, etc. *Amsterdam*, 1723-43; 8 tomes en 9 vol. in-fol. — Superstitions anciennes et modernes, *Amsterdam*, 1733-36; 2 vol. in-fol.; ensemble 11 vol. in-fol., mar. rouge, fil., tr. dor. (*Rel. anc.*)

<small>Superbe exemplaire en grand papier de la première édition. Il provient de la bibliothèque de M. de Martainville.</small>

2. HISTOIRE DE L'ÉGLISE CHRÉTIENNE.

A. Histoire générale et particulière. — Hérésies.

323. Sulpicii Severi presbyteri opera omnia. *Amstelodami, apud Elzevirios*, 1665; in-8, mar. r. f. doub. de mar. r. dent. tr. d. (*Boyet.*)

<small>Exemplaire Lamoignon.</small>

324. Ecclesiasticæ historiæ Eusebii Pamphili lib. X. — Ejusd. de Vita Constantini, lib. V. — Socratis lib. VII. — Theodoriti Episcopi Cyrensis lib. V. — Collectaneorum ex Historia eccles. Theodori Lectoris lib. II. — Hermii Sozomeni libri IX. — Evagrii lib. VI. *Lutetiæ Parisiorum, ex offic. Rob. Stephani*, 1544; in-fol. mar. cit. f. tr. d.

<small>Bel exemplaire en grand papier de l'édition originale, aux armes de Longepierre.</small>

325. Historiæ ecclesiasticæ scriptores græci: Eusebius, Socrates, Theodoritus, Hermias, Eva-

grius... Joanne Christophorsono, Anglo, interprete. *Coloniæ Agrippinæ, apud hæredes Arnoldi Birckmanni,* 1581; (cum annot. et indice.) 1 vol. in-fol. mar. vert, fil. tr. d. (*Aux* 2es *armes de J. A. de Thou.*)

Beau volume, d'une parfaite conservation.

326. Histoire ecclesiastique de Eusebe de Cesarée, translatée de latin en françoys par M° Claude de Seyssel. *Imprime en Anuers par Martin Lempereur, M.D.XXXIII*; in-8, goth. mar. br. jans. tr. d. (*Trautz-Bauzonnet.*)

Superbe exemplaire.

327. Histoire ecclésiastique, par M. Fleury, prêtre, confesseur du roy. *Paris, Desaint et Desaillant,* 1758-1761. — Table générale des matières, contenues dans les 36 vol. de l'Histoire ecclésiastique. *Paris, Libraires associés,* 1774; 40 vol. in-8. Les 36 premiers sont uniformément reliés par Derome en mar. r. fil. tr. d. (*Aux armes de la Comtesse d'Artois.*) Les 4 vol. de table, qui ne parurent qu'après la mort de la princesse, sont en v. f. tr. d.

Très-bel exemplaire. Les 16 derniers volumes, qui forment la continuation de l'abbé Fleury par le P. Fabre, sont datés de diverses années antérieures à 1758, et vont jusqu'en 1761.

328. Les Mœurs des chrestiens, par M. l'abbé Fleury. *Paris,* 1612; in-12, lavé, réglé, mar. v. large dent. tr. d. (*Anc. rel.*)

Édition originale.

329. GALLIA CHRISTIANA in provincias ecclesiasticas distributa, opera et studio D. Dionysii Sammarthani, e congregatione Sancti Mauri. *Parisiis, ex typogr. regia,* 1716-1785; 13 vol. in-fol. v. éc. f. tr. d. (*Anc. reliure, dite du Louvre, aux armes de France.*)

330. Ecclesiarum Belgii Christiana et orthodoxa doctrina et politia videlicet pœnitentiale, catechesis, liturgia et canones ecclesiastici. *Lugduni*

Batavorum, Bonav. et Abr. Elzevirs, 1648, in-4, mar. r. fil. tr. d. (*Capé.*)

Ouvrage entièrement imprimé en grec.

331. Primatus Hispaniarum vindicatus sive Defensio primatus Ecclesiæ Toletanæ adversus memoriale Ecclesiæ Hispalensis, auct. Nicasio Sevillano. *Romæ, ex typog. Vaticana*, 1729; in-fol. GR. PAP. v. br. comp. tr. peinte et dorée.

Exemplaire de dédicace à l'archevêque de Tolède, dont les armes sont gravées sur les plats. Livre important pour l'histoire ecclésiastique.

332. Histoire générale des Églises évangéliques des vallées de Piémont, ou Vaudoises..., par Jean Léger, pasteur et modérateur des Églises des vallées, enrichie de figures en taille-douce. *Leyde, Jean le Carpentier*, 1669; 2 part. en 1 vol. in-fol. v. f. fil. tr. d.

Exemplaire en grand papier. Titre et figures gravés.

333. Theatrum crudelitatum hæreticorum nostri temporis (auct. Rich. Vastegan). *Antverpiæ, apud Adr. Huberti*, 1587; in-4, mar. r. f. tr. d.

Première édition. Les figures sur cuivre sont en belles épreuves ; la dernière représente le supplice de Marie Stuart.

334. Nouveau recueil des édits et déclarations du Conseil, rendus au sujet des gens de la religion prétendue réformée. *Grenoble*, 1752; in-4, mar. r. tr. d. dent. (*Rel. anc.*)

B. Histoire des Papes.

335. Vitæ et res gestæ Pontificum romanorum...... Hier. Aleander et alii ciaconianum opus recensuerunt. *Romæ*, 1630; 2 vol. in-fol. portr. demi-rel.

336. Histoire du pontificat de St Grégoire le Grand, par M. Maimbourg. *Paris, Cl. Barbin*, 1686; in-4, mar. r. fil. tr. d. (*Aux armes du grand Dauphin.*)

Exemplaire en grand papier. Quelques taches.

337. La Translation en françoys de la bulle decernee par nostre Sainct Pere le Pape, a la requeste du Roy tres chrestien pour extirper lheresie lutherieñe et autres sectes pullulans en ce royaume.— *On les vend a Paris a l'enseigne du Faulcheur (chez Pierre Roffet), s. d. (v.* 1534); in-8, goth. mar. v. fil. tr. d. (*Bauzonnet.*) RARISSIME.

338. Dissertatio historica de summo apostolicæ sedis imperio in urbem comitatumque Comacli. *S. l.*, 1709; 1 vol. in-4, mar. br. comp. tr. dor. (*Aux armes du Pape Innocent XIII.*)

339. Breve racconto della trasportatione del corpo di Papa Paolo V dalla Basilica di S. Pietro. *Roma*, 1623; in-fol. vél. figures dessinées par Dom Gazolius, gravées par Th. Crueger.

340. De Vita et gestis rebus Clementis XI, Pont. Max. lib. VI. *Urbini*, 1727; in-fol. portr. GR. PAPIER, mar. r. dent. tr. d. (*Rel. anc.*)

341. Discorso legale sopra il progetto di accomodamento nelle controversie tra la S. Sede, e la maestà del rè di Sardegna. *S. l. n. d.* (*Romæ*, 1730); in-fol. mar. r. comp. tr. d. (*Aux armes du pape Clément XII.*)

Dans le même volume : 6 autres pièces relatives aux prérogatives du Saint-Siége.

C. Histoire du clergé et des Ordres religieux.

342. LES VIES DES SS. PÈRES DES DÉSERTS et des saintes solitaires d'Orient et d'Occident (par Bourgouin de Villefort). *Amsterdam*, 1714; 4 vol. — HISTOIRE DU CLERGÉ SÉCULIER ET RÉGULIER, des congrégations de chanoines et de clers et des ordres religieux de l'un et de l'autre sexe, tirée de Bonanni, d'Herman, de Shoonebeeck, d'Helyot, etc. *Amsterd.*, 1716; 4 vol. — HISTOIRE DES ORDRES MILITAIRES ou des chevaliers, des milices séculières et régulières de l'un et de l'autre sexe, et un traité

de Basnage sur les duels. *Amsterd.*, 1721; 4 vol.; ensemble 12 vol. pet. in-8, mar. rouge, fil. tr. dor.

MAGNIFIQUE exemplaire en GRAND PAPIER d'une collection très-rare ainsi complète, et plus rare encore en grand papier. On y trouve environ douze cents figures gravées à l'eau-forte et en taille douce, très-bonnes épreuves.

343. La Chasteté du clergé dévoilée ou Procès-verbaux des séances du clergé chez les filles de Paris, trouvés à la Bastille (éditée par Manuel). *Rome (Paris), de l'imprim. de la Propagande*, 1790; 2 vol. in-8, demi-rel. v. n. rog.

Rare.

344. Histoire des ordres religieux et des ordres militaires de l'un et l'autre sexe, avec figures gravées par Adr. Schoonebeeck. *Amsterdam (H. Desportes)*, 1695 et 99; 2 vol. in-12, figures, mar. r. fil. tr. dor. (*Derome.*)

Très-joli exemplaire.

345. Briefue histoire de l'Institution de toutes les religions, auec leurs habits grauez par Odoard Fialetti, Bolognois. *A Paris*, 1658; 2 part. en 1 vol. in-4, fig. coloriées, mar. br. tr. d.

346. Histoire de l'Abbaye de Saint-Denys en France, contenant les antiquitez d'icelle, les fondations, prerogatives et privileges, etc., le tout recueilly de plusieurs histoires, bulles des Papes et chartes des Roys, par F. Jacques Doublet, religieux de ladite abbaye. *Paris*, 1625; in-4, v. fauve.

347. Histoire de l'Abbaye royale de Saint-Denys en France, contenant la vie des abbez qui l'ont gouvernée depuis onze cents ans, par Dom Michel Félibien, religieux bénédictin de la congrégation de Saint-Maur. *Paris*, 1706; in-fol. mar. r. comp.

TRÈS-BEL EXEMPLAIRE EN GRAND PAPIER, aux armes de Louis XIV.

348. Histoire de l'abbaye royale de N. D. de Soissons, composée par un religieux bénédictin de la congrégation de Saint-Maur (D. Michel Germain).

Paris, 1675; in-4, v. br. (*Au chiffre et aux armes de Harlay.*)

349. Li-Huns en Sang-Ters, ou Discours de l'antiquité, priviléges et prérogatives du monastère de Li-Huns, vulgairement Li-Hons, en Sang-Ters, situé près Roye en Picardie, par M. Sébastien Rouillard. *Paris*, 1627; pet. in-4, demi-rel.

<small>Le plus rare des ouvrages de l'auteur.</small>

350. L'Histoire sacrée de l'ordre des Chartreux et du très illustre Bruno, leur patriarche, par M. Jacques Corbin, advocat en Parlement. *Paris*, 1653; in-4, mar. r. fil. tr. d. (*Dusseuil.*)

351. L'Alcorā des Cordeliers tant en latin qu'en françois, c'est-à-dire la mer des blasphèmes et mensonges de cet idole stigmatizé, qu'on appelle saint François (recueilli par le Dr Martin Luther). *A Genève, par Conrad Badius*, 1556; in-8, mar. bl. fil. tr. d.

<small>Première édition de la traduction française.</small>

352. L'Alcoran des Cordeliers tant en latin qu'en françoys, c'est-à-dire recueil des plus notables bourdes et blasphèmes de ceux qui ont osé comparer saint François à J.-C., nouv. édit. ornée de fig. de Bernard Picart. *Amsterdam*, 1734. — Légende dorée ou sommaire de l'Histoire des frères mendians de l'ordre de saint Dominique et de saint François. *Amsterdam*, 1734; 3 vol. in-8, mar. jaspé, fil. tr. d. doublé de tabis. (*Bisiaux.*)

<small>Très-bel exemplaire Renouard.</small>

353. HISTORIÆ SOCIETATIS JESU pars quinta, tomus posterior ab a° Christi 1591 ad 1616; auctore Josepho Juvencio, soc. ejusd. sacerdote. *Romæ, ex typog. G. Plachi*, 1710; in-fol. mar. r. fil. tr. d. (*Aux armes du comte d'Hoym.*)

354. Histoire générale de Port-Roïal depuis la réforme de l'abbaïe jusqu'à son entière destruction

THÉOLOGIE.

(par Dom Clémencet). *Amsterdam (Paris, Barrois)*, 1755; 10 vol. in-12, v. éc. fil. tr. d.

Bel exemplaire en ancienne reliure.

355. Histoire abrégée de la dernière persécution de Port-Royal. Édition royale, 1750; 3 vol. in-12, v. m. fil.

356. Tableaux de Port-Royal, recueil de planches gravées en taille-douce, représentant les vues et plans de Port-Royal des Champs, montées sur gr. pap. in-fol. un vol. mar. br. fil. tr. d.

Recueil factice. On y trouve une grande estampe sur Port-Royal, par Anthoine Le Pautre (rare), et deux portraits gravés par Jean Boulanger.

357. Tableaux historiques de Port-Royal des Champs. *S. l. n. d.*, texte gravé, 18 pl.; pet. in-8, mar. br. tr. d. (*Capé.*)

Dans le même volume : *Idée de la vie de M. J. Soanen, évesque de Sénez.* — *Tableaux historiques de la vie.* — *La Vie du diacre Paris.* — Recueil de planches curieuses et rares.

358. Exordium in volumen stabilimētor. Rhodiorū militū sacri ordinis hospitalis sācti Johānis Iherosolimitani. Statuts de l'ordre de Rhodes. *S. l. n. d.* (v. 1494). In-fol. v. f. tr. d. (*Aux armes du duc de Roxburghe.*) *Signature d'Est. Baluze.*

Livre rare, qui doit être la même chose que les *Stabilimenta Rhod. mil. de Caoursin*, décrits au *Manuel*, vol. I, p. 545. Les lettres P. L., qui doivent être la marque de l'imprimeur, semblent désigner P. Levet, comme l'imprimeur de ce livre curieux,

L'ordonnance du grand maître d'Aubusson pour la traduction en français de l'original latin des *Statuts* est datée de Rhodes, 1493, et l'approbation du pape Innocent, de 1492.

359. De Capite sacri ordinis S. Spiritus, auct. Fr. P. Saulnier. *Lugduni*, 1649; in-4, mar. r. comp. tr. d. (*Aux armes du pape Alexandre VII.*)

Frontispice, figures et écussons gravés.

360. STATUTS DE L'ORDRE DU SAINT-ESPRIT, au droit desir ou du nœud, institué à Naples en 1352, par Louis d'Anjou, premier du nom, roy de Jérusalem, de Naples et de Sicile, avec une notice par le comte Horace de Viel-Castel. *Paris, Claye, imprimeur, Engelmann, chromolithographe*, 1853; in-fol.

mor. cit. comp. f. à fr. doublé de mar. r. riche dentelle, doré par Marius Michel.

<small>Reliure présentée à l'Exposition de 1855.</small>

D. Hagiographes.

361. Usuardi Martyrologium, quo Romana Ecclesia ac permultæ aliæ utuntur, jussu Caroli Magni conscriptum...., opera J. Molani. Eodem auctore de martyrologiis et indiculus sanctorum Belgii. *Lovanii*, 1573; 2 part. en 1 vol. in-8, mar. r. fil. tr. d. (*Aux premières armes de J.-A. de Thou*.)

<small>Joli volume provenant des bibliothèques de Nodier et du marquis du Roure.</small>

362. Incipit Hystoria de scō Leopoldo. In primis vesperis an. sup. p̃s. *S. l. n. d. (sed forsan Pataviæ, Joh. Petri, circa* 1480); pet. in-fol. demi-rel.

<small>Volume excessivement rare, imprimé en rouge et en noir, en grands caractères avec musique notée. Il est composé de 21 ff. sans chiffres, réclames ni signatures.
Le seul exemplaire connu de cette messe en musique se trouve à l'abbaye de Kloster-Neubourg, près Vienne, où eut lieu la cérémonie de la canonisation.</small>

363. Defensorium canonisationis Sācti Leopoldi (Austriæ ducis). (A la fin :) *Finis relationis factæ per Rev. P. Dñm Joh. Franc. de Pauinis de Padua, theologiæ doctorem. S. l. n. d.* (1484); in-4, vél. bl.

<small>Livre fort rare, inconnu à tous les bibliographes.
Nous avons vu déjà le livre d'alchimie composé par le saint duc, lequel livre fut violemment mis en avant par ses ennemis comme le plus sérieux *impedimentum canonisationis*.</small>

364. Théâtre remonstrant en XXIV scenes la vie du R. P. Gabriel Maria de l'ordre de St-François. *S. l.*, 1642; 1 vol. in-8, mar. bl. tr. d.

<small>Suite de planches gravées sur cuivre. *Diepenbeke, inv.; Barbé sculpsit*.</small>

365. Historia de S. Romualdo, padre y fundador de la orden camaldulense, comp. por el M° fray Juan de Castañiza. *Madrid, por el Licenc. Castro*, 1597; in-4, mouton v. (*Aux secondes armes de De Thou*.)

366. Vita di Sam. Giovañi Gualberto, glorioso cōfessore ҫ institutore del ordine di Valembrosa. (A la fin:) *In Venetia, per Lucantonio di Giunta fiorentino diligentemente impressa nel a° M. D. X;* in-4, mar. br. comp. tr. d.

<small>Dans le même volume : *Compendio delli abbati generali di Valembrosa.* Id., ibid., partie de 20 ff.</small>

367. Vita di S. Andrea Avellino, dal P. D. G. Batt. Castaldo. *Venezia*, 1712; in-12, mar. r. comp. tr. d. (*Aux armes du pape Clément XI.*)

368. Vita del B° Ambrosio Sansedoni da Siena, da Giulio Sansedoni, vescovo di Grosseto. *In Roma, app. G. Mascardi,* 1611; in-4, mar. r. comp. tr. d. (*Aux armes du pape Paul V, de la famille Borghèse.*)

369. La Vie de D. Barthélemy des Martyrs, archevesque de Brague (Bragance) en Portugal, écrite par cinq religieux, dont le premier est le P. Louis de Grenade. *Paris,* 1679; in-8, mar. r. fil, tr. d. doub. de mar. r. (*Padeloup.*)

<small>Charmant exemplaire. Belle reliure fleurdelisée, aux armes de Marie-Adélaïde de Savoie, duchesse de Bourgogne.</small>

370. La Vie de S. Thomas de Cantorbéry (par Pierre Th. du Fossé). *Paris, P. le Petit,* 1674; in-4, v. br. ant.

3. PAGANISME.

371. Apollodori Atheniensis Bibliotheces, sive de Deorum origine, tam græcè quam latinè, annotat. illustr., et nunc primum in lucem editi, lib. tres. Bened. Ægio Spoletino interprete. *Romæ in ædibus Ant. Bladi,* 1555; in-8, mar. r. f. tr. d. (*Derome.*)

<small>Édition princeps. Exemplaire Larcher.</small>

372. Mythologie des Dieux ou Explication des fables, par I. Baudoin, *Paris, Chevalier et Thiboust,* 1627; in-fol. mar. r. fil. tr. d. (*Rel. anc.*)

<small>Bel exemplaire réglé, en grand papier, figures et portraits.</small>

III. APPENDICE A L'HISTOIRE DES RELIGIONS.

DROIT CANONIQUE.

373. GRATIANI DECRETUM cum apparatu Bartholomæi Brixiensis. — (*In fine*): *Anno incarnacionis dñice* M. CCCC. LXXII.... *in nobili urbe Moguncia.... hoc primum Gratiani decretum.... Petrus Schoiffer de Gernsheym.... feliciter consummavit;* gr. in-fol. de 412 ff. à 2 col. de 61 lignes, texte entouré de la glose, rubriqué, curieuses lettres capitales peintes en or et couleurs, rel. en bois, recouvert de parchemin.

TRÈS-BEL EXEMPLAIRE IMPRIMÉ SUR VÉLIN.
Raccommodages aux 126e et 208e ff., avec un peu de texte refait à la plume.

374. BONIFACIUS, PAPA VIII. LIBER SEXTUS DECRETALIUM. *Moguntiæ, per Petrum Schoiffer, anno* 1470 *die* 17 *aprilis;* in-fol. de 137 ff. mar. br.

PRÉCIEUX volume, ADMIRABLE MONUMENT des premiers essais de l'imprimerie. Superbe exemplaire imprimé sur VÉLIN, élégamment rubriqué.

375. Bullarium sine nova collectio constitutionum apostolicarum Pauli quinti, Gregorii decimi quinti; opus posthumum Laertii Cherubini. *Romæ,* 1632; 11 vol. in-fol. mar. rouge fil. tr. dor. (*Anc. rel.*)

Bel exemplaire d'une collection importante et rare.

376. Statuta et novæ reformationes urbis Romæ, eiusdemq. varia privilegia a diversis Romanis pontificibus emanata. *Impressum Romæ,* 1519; in-fol. vél.

Volume rare, dont les marges contiennent une infinité de notes manuscrites.

377. Statuta almæ urbis Romæ, auctoritate S. D. N. D. Gregorii Papæ XIII, reformata et edita. *Romæ, in ædibus populi Romani,* 1580; in-fol.

vél. ant. f. tr. d. (*Aux premières armes de De Thou.*)

<small>Dans le même volume : *Gratiæ, immunitates et facultates per summos romanos Pontifices, almæ urbi Romæ populoque Romano, concessæ.*</small>

378. Traitez historiques et dogmatiques sur divers points de la discipline de l'Eglise et de la morale chrétienne, par le P. Louis Thomassin. *Paris*, 1680; in-8, mar. r. fil. tr. d. (*Aux armes de Colbert.*)
<small>Complet en un volume.</small>

379. Dionysii Petavii Aurelian. de Potestate consecrandi. *Parisiis, apud Séb. Cramoisy*, 1639; pet. in-8, v. f. (*Aux quatrièmes armes de De Thou.*)

380. De vera residentia Episcoporum, opus mixtum Episcopis bene præesse volentibus necessarium, authore D. D. Thoma de Rosa. *Neapoli*, 1679; in-fol. mar. r. comp. tr. d. (*Aux armes d'Innocent XI, Odescalchi.*)

381. Cy commence le premier livre intitule le Songe du vergier; du clerc ₢ du cheualier. — (A la fin) : *Cy finist le sōge du vergier, imprime par Jacques Maillet, lan mil. cccc. quatre vintz et unze. S. l.* (*Lyon*); in-fol. mar. r. fil. tr. d. (*Koehler.*)
<small>Bel exemplaire de l'édition originale.</small>

382. Summa reverendissimi P. Joannis de Turrecremata de ecclesia contra impugnatores potestatis summi Pontificis. (*A la fin*) : *Hæc summa Rev. P. et dñi D. Jo. de Turrecremata sancte Romane ecclesie tituli sancte Marie in transtiberim presbyteri Cardinalis sancti Sixti vulgariter nuncupati : contra ecclesie et primatus apostoli Petri aduersarios intitulata : ac per Eucharių Silber alias Franck natione Allemanum maximo cū ingenio ac maturitate Rome impressa ab A°. nostre salutis* M. CCCC. LXXXIX;..... in-fol. mar. r. fil. tr. d. (*Derome.*)
<small>Bel exemplaire du duc de La Vallière, paraissant en grand papier. Quelques piqûres. Editio princeps.</small>

383. De Jure status, sive de jure divino et naturali

ecclesiæ libertatis ac potestatis, auct. Th. Bozio Eugubino. *Coloniæ Agripp.*, 1600; in-8, mouton vert. (*Aux deuxièmes armes de De Thou.*)

384. Tractatus de primatu S. Petri apostoli, per D. Franciscū Agricolam. *Coloniæ, sumptibus Hermanni*, 1599; in-8, mar. v. (*Aux troisièmes armes de J. A. De Thou.*)

385. Francisci Antonii de Simeonibus de Romani pontificis judiciaria potestate. *Romæ, ex typogr. S. Congregationis*, 1717; in-4, mar. r. tr. cis. d. (*Rel. ital.*) (Tom. 1ᵉʳ, le seul publié.)

386. Defensio declarationis conventus cleri Gallicani an. 1682. De ecclesiastica potestate. Aut. illustrissimo ac rever. D. Jacobo Benigno Bossuet, Episc. Meldensi. *Amstel., sumptibus societ.*, 1745; 2 vol. in-4, v. éc. fil.

Édition originale.

387. Regula B. P. Augustini et constitutiones ordinis fratrum servorum B. Mariæ Virginis. *Romæ, typ. Rev. Cameræ apostolicæ*, 1766; in-4, v. rac. dent. tr. d. (*Aux armes du cardinal Perelli.*)

388. Repertorium statutorū ordinis Cartusiensis, etc. — Statuta ordinis Cartusiensis a dom° Guigone priore Cartusie edita. *Basileæ, Ioānes Amorbach* (sic), 1510; in-fol. fig. s. b. mar. v. tr. d. fil. (*Rel. anc. de Padeloup.*)

Très-bel exemplaire de La Vallière, bien complet, avec la cinquième partie, qui contient les *Privilegia*.

JURISPRUDENCE

I. INTRODUCTION. — DROIT ROMAIN.

389. De l'Esprit des loix (par Montesquieu). *A Genève, Barillot, S. d.* (1748); 2 vol. in-4, mar. r. fil. tr. d.

Bel exemplaire de l'édition originale, avec la carte géographique.

390. DEI DELITTI ET DELLE PENE; nuova edizione, corretta ed accresciuta. *Parigi, F. A. Didot,* 1780; in-8, mar. rouge, fil., tr. dor. (*Derome.*)

Exemplaire imprimé sur PEAU VÉLIN.

391. CORPUS JURIS CIVILIS, cum notis D. Gothofredi variis et notis selectis variorum. *Amstelod., Elzevirii,* 1663; 2 vol. gr. in-fol., mar. r., fil., tr. d. (*Duru.*)

MAGNIFIQUE EXEMPLAIRE. «Cette édition est en même temps la plus belle et celle dont on fait le plus de cas.» BRUNET, *Manuel.*

392. JUSTINIANI INSTITUTIONUM libri IV, cum glossis. *Moguntiæ, per Petrum Schoyffer de Gernsheym,* 1468; in-fol. vélin rouge. (*Aux armes de Regensbourg.*)

Le texte est imprimé avec les caractères de la *Bible* de 1462, et la glose avec ceux du *Catholicon.*
Admirable exemplaire, imprimé sur vélin, de l'édition *princeps.*

393. Justinianus. Corpus juris civilis. (Decreta. — Digest. — Decretales. — Codex. — Institutiones, etc.) *Lugduni,* 1551-1571; 22 vol., in-16, vél.

394. Institutiones juris civilis per Theophilum antecessorem in Græcam linguam traductæ, ac fusius explicatæ. *Lugduni, apud Joan. Tornæsium, typog.*

regium, 1580; in-16, mar. v. fil. tr. d. (*A la première reliure de De Thou.*)

Beau volume bien conservé.

395. Cest le liure des institutions des drois appelle Institute translate de latin en françois (par Richard d'Annebaut) et corrige en diligence par plusieurs docteurs et souuerains legistes. *S. l. n. d.* (*fin du quinzième siècle*); in-fol. goth. à 2 col. mar. r. tr. d. (*Anc. rel.*)

Avec le premier feuillet blanc.

396. Imp. Justiniani novellæ constitutiones, per Julianum antecessorem Constantinopolit. de Græco translatæ; ex bibliotheca Petri Pithœi I. C. (juriscons.) *Basileæ, ex off. Petri Pernæ*, 1576; in-fol. mar. r. fil. tr. d.

Bel exemplaire, aux 1res armes de J.-A. De Thou. On a joint à ce livre une quittance sur parchemin, signée de J.-A. De Thou, l'année de sa mort, 1616; quittance de 3,500 livres pour le trimestre de la pension que l'illustre historien recevait du roi comme *appointements et gages*. Ce volume a appartenu à Chrestien de Lamoignon, marquis de Baville.

397. Placentini Jurisconsulti vetustissimi de varietate actionum lib. VI. — Item Rogerii compendium de diversis præscriptionibus; ejusd. dialogus de præscriptionibus.... etc. *Moguntiæ, anno* M.D.XXX, *in ædibus Joannis Scheffer;* in-8, v. f. (*Aux deuxièmes armes de J.-A. De Thou.*)

Bel exemplaire d'un volume rare, l'un des derniers ouvrages sortis des presses du fils du célèbre associé de Guttemberg. Son écusson est tiré en noir avant la souscription.

398. Joh. Roberti Aurelianensis antecessoris et consiliarii regii notarum libri III, ad Jacobi Cuiasii mercatoris notatorum libros III. *Aureliani, apud Oliuarium Bouynard*, 1582; in-4, vél. fil. tr. d. (*Aux premières armes de J.-A. de Thou.*)

On a joint à ce beau volume un reçu de J.-A. De Thou, second fils de l'historien, daté de 1649.

399. Joh. Ar. Corvini J. C. Batavi Enchiridium seu institutiones imperiales. *Amstelodami, ex offic. Elzeviriana*, 1664; in-12, mar. r. f. tr. d. (*Bozérian.*)

400. Sibrandi Tetardi Siccama Bolsverdiani Frisi de judicio centumvirali libri II. *Franekeræ, excud. Ægidius Radœus*, 1596; in-8, mar. v. fil. tr. d. (*Aux troisièmes armes de J.-A. de Thou.*)

Dans le même volume : *Titi Popmæ Phrysii de operis servorum Liber. S. l. (Antuerpiæ), ex off. Plantiniana Raphelengii*, 1608.
Cette seconde partie est rare et curieuse.

II. DROIT FRANÇAIS.

1. ORDONNANCES ROYALES ; ARRÊTS DES PARLEMENTS.

401. Stephanus Baluzius; Capitularia regum Francorum. *Parisiis*, 1677; 2 vol. in-fol. mar. rouge f. tr. d.

Très-bel exemplaire de dédicace, EN GRAND PAPIER et aux armes de J.-B. Colbert.

402. Code du roy Henri IIIe, roy de France et de Pologne. *A Paris*, 1587; in-fol. mar. v. fleurdelisé et armorié, fil. tr. d.

Très-bel exemplaire, presque non rogné, dans une belle reliure, aux armes de Louise de Lorraine, fille du comte de Vaudemont, frère puiné du duc de Lorraine, et femme de Henri III.

403. Dicæarchiæ Henrici regis christianissimi progymnasta (Radelpho Spifama, poeta Gallo, authore). *S. l. n. d.* (*Paris*, 1556); in-8, mar. r. fil. tr. d. (*Duru.*)

Bel exemplaire de ce livre rare, qui contient une suite curieuse d'arrêts supposés. L'auteur, Raoul Spifame, s'est nommé au r° du 2e feuillet. Voyez aussi à l'*Histoire de France*.

404. CONSTITUTIONS ET ORDONNANCES faictes et compillées pour le bien et utilité des Regnicoles de France : par les amateurs de justice : les roys Charles septiesme : Loys unziesme : Charles huitiesme : Loys douziesme : et Françoys premier...... au grand prouffit et soulagement de tous patriciens. Gilles d'Aurigni. — *Acheuees d'imprimer le 29e jour d'apuril 1527, S. l. (Paris)*; in-8, goth. mar. r. fil. tr. d. (*Trautz-Bauzonnet.*)

405. ORDONNANCES DE LA PREUOSTE des marchans et escheuinaige de la ville de Paris. *Imprime par l'ordoñance de messeigneurs de la court de Parlement, ou moys de januier lan de grace mil cincq cens;* in-fol. goth. de 92 ff. à longues lignes, mar. bl. dent. tr. d. (*Niedrée.*)

Orné de gravures en bois représentant les différents métiers.
Bel exemplaire d'un rare et curieux volume.

406. Recueil des édits et déclarations du Roy sur l'établissement et confirmation de la juridiction des consuls en la ville de Paris et autres. *Paris,* 1705; in-4, mar. r. fil. fleurdelisé, tr. d.

Bel exemplaire, aux armes de la ville de Paris.

407. ORDONNANCES CONTRE LES LIURES cõtenantȝ doctrines nouuelles ȝ heretiques | ȝ aussi touchant le faict ȝ Estat des libraires ȝ imprimeurs. | publiees à son de trõpe par les carrefours de la ville de Paris, le samedy 1er iour de juillet | lan mil cĩq cens quarãte deux. *Paris, J. Nyverd et Jehan André, s. d.* (1542); pet. goth. in-8. mar. v. tr. d. janséniste. (*Duru.*)

Pièce fort rare.

408. Mémoires recueillis et extraicts des plus notables et solemnels arrests du Parlement de Bretagne. *A Rennes, de l'imprimerie de Julien du Clos,* 1579; in-fol. mar. r. fil. tr. d. (*Aux armes de J.-B. Colbert.*)

409. Practique judiciaire es causes criminelles, tres utile et nécessaire à tous baillifz, prevostz, senechaux, escoutettes, maires, drossartz, etc., Autheur messire Josse de Damhoudere. *Anvers, chez Jehan Bellere,* 1564; in-4, mar. r. f. tr. d. (*Niedrée.*)

Belles figures sur bois. Livre curieux.

410. Charte constitutionnelle des François, ornée de gravures, par Ponce. *Paris, chez l'auteur et P. Didot,* 1814; gr. in-4. demi-rel.

2. COUTUMES.

411. Cy commence la table du premier liure intitule Somme rural pour par icelle sauoir trouuer et querir tous les chapitres rubriques sentences iugemens consaulx et arrests exemples coustumes usaiges et autres choses contenues oudit livre.— *Cy fine la Somme rural compillee par Jehan Boutillier conseillier du Roy a Paris, et imprimee a Bruges par Colard Mansion l'an mil cccc. LXXIX;* in-fol. goth. mar. bl. doublé de mar. r. large dent. tr. d. (*Niedrée.*)

253 ff. non chiffrés, à 2 colonnes de 47 lignes.
PREMIÈRE ÉDITION DE CE LIVRE EXTRÊMEMENT RARE : on n'en connaît que cinq autres exemplaires. C'est le seul spécimen de l'imprimerie de Colard Mansion qui se trouve dans ce catalogue; mais il n'est pas possible d'en trouver un plus beau.

412. Coustumes du comté et bailliage d'Auxerre, anciens ressorts et enclaues d'iceluy, mises et rédigées par escript en présence des gens des trois estatz dudict pays. *Paris, chez Jehan Dallier, libraire,* 1563; in-4, v. br. comp. or et couleurs, tr. d.

Reliure française du temps, faite sans doute, par Nic. Eve et admirablement conservée.
L'exemplaire est imprimé sur vélin, réglé et orné d'initiales peintes en or et couleur. Sur une feuille séparée sont peintes les armes de Christophe de Thou, président des États, auquel ce beau livre a appartenu.

413. Les Coustumes générales de la ville et cité de Bayonne et juridiction d'icelle. *Bourdeaux, par Jacques Millanges,* 1623; in-8, mar. v. fil. tr. d.

Dans le même volume : *Les Coustumes du pays de Sainctonge au siège et ressort de St Jean d'Angeli. A Bourdeaux, par Guil. Millanges,* 1635. (37 pp.) — *Les Coustumes generales gardées et obseruées au païs de Labourt et ressort d'iceluy. A Bourdeaux, chez P. Maffre,* 1670. (32 pp.)

414. Coustumes ⁊ usaiges de la ville | Taille | bālieuwe | ⁊ Escheuinaige de Lille | cōfirmez et approuuez par limperialle maieste. *Imprime en Anuers par Martin lempereur | pour Michel Willem* libraire, en lan mil D.XXXIIII; pet. in-4, goth. mar. br. f. à fr. comp. tr. d.

<small>BEL EXEMPLAIRE IMPRIMÉ SUR VÉLIN.</small>

415. Coustumes du comté et bailliage de Mante et Meullant, sieges particuliers dudit Mante. *Paris, Jehan Dallier*, 1558; in-4, mar. br. comp. or et couleurs, tr. d.

<small>SUPERBE EXEMPLAIRE IMPRIMÉ SUR VÉLIN.</small>
Sur une feuille de garde se trouvent peintes les armes du président Viole. A la mort de ce dernier, ce beau livre passa dans les mains de Ballesdens, qui l'offrit au chancelier Séguier, ainsi que l'attestent trois lignes autographes signées sur un feuillet de garde. Il arriva depuis en la possession de M. Renouard, à la vente duquel il fut acquis par M. Solar en 1855.

416. Les coustumes generalles du bailliage de Meaulx, | *et sont les dictes coustumes à vendre à Paris, rue Sainct Jacques, en l'hostel de Jehan Petit, commis du greffier dudit Meaulx. Paris, Jehan Petit*, 1511; in-8, goth. mar. br. comp. tr. d. (*Capé.*)

<small>Très-bel exemplaire, réglé, rubriqué, IMPRIMÉ SUR VÉLIN, avec capitales ornées.</small>

417. COUSTUMES DU PAYS DE NORMANDIE, en latin et en françois, avec des observations ou commentaires. (*Rouen, vers 1483*); pet. in-fol. c. de R. comp. tr. d. (*Thompson.*)

<small>BEL EXEMPLAIRE, IMPRIMÉ SUR VÉLIN, de cette édition en lettres de forme de deux grandeurs. L'exemplaire que nous avons ici ne comprend que le *Livre coustumier du pays de Normendie*, et se termine au feuillet blanc a-VI. La partie latine (*Jura et consuetudines, cum arboribus consanguineitatis*) manque.
On ne connait que deux autres exemplaires de ce précieux volume imprimés sur vélin, l'un à la Bibliothèque Impériale de Paris, l'autre chez lord Spencer.
Si la date de 1483 est celle de l'impression du volume, c'est le premier livre imprimé en Normandie.</small>

418. Traités sur les coutumes anglo-normandes, qui ont été publiées en Angleterre depuis le xie jusqu'au xive siècle, par Houard. *Paris*, 1776; 4 vol. in-4, mar. r. fil. tr. d. (*Derome.*)

<small>Aux armes de la comtesse d'Artois. Beau portrait de Louis XVI.</small>

419. Coustumes des duché, bailliage, préuosté d'Orléans, mises et rédigées par escript, en présence des gens des trois estats desdits duché, bailliage et

préuosté, par Achilles de Harlay, premier président, Jacques Viole et Nicolas Perrot, conseillers du Roy. *Orléans, chez Saturny Hottot*, 1583; in-4, mar. v. riches comp. tr. d.

<small>ADMIRABLE EXEMPLAIRE IMPRIMÉ SUR VÉLIN, dans une magnifique reliure aux armes du président Viole.</small>

420. COUSTUMES de la preuosté et vicomté de Paris, mises et rédigées par escrit, par nous Christofle De Thou, premier président, Claude Anjorant, Mathieu Chartier, Jacques Viole et Pierre de Longueil, conseillers du Roy. *Paris, Jacques Du Puis*, 1580; in-4, mar. v. riches comp. tr. d.

<small>MAGNIFIQUE SPÉCIMEN DES RELIURES FRANÇAISES de la fin du XVIe siècle, offert à Christophe de Thou, dont les armes sont peintes en or et couleurs sur le feuillet de garde. IMPRIMÉ SUR VÉLIN.</small>

421. COUSTUMES des pays, comté et bailliage du grand Perche, et autres terres et seigneuries, rédigées et arrestées au moys de juillet 1558. *Paris, Jean Richer*, 1558; in-4, mar. br. tr. d.

<small>TRÈS-BEL EXEMPLAIRE IMPRIMÉ SUR VÉLIN; reliure restaurée avec soin.</small>

422. COUSTUMIER DU PAYS DE POICTOU. — *Et sont a uendre es enseignes de la Fleur de lys | et du Pellican à Paris et à Poictiers*. (*Chez les Marnef*.) S. d. (1515); la dicte publication encōmencee a faire le lundy xvie iour d'octobre lan mil cinq cens et quatorze et continuee es autres iours ensuyuans le tout selon les lectres de commission du Roy nostre dit seigñr a nous enuoyees a ceste fin datees du xxviie iour daoust audict an 1514; in-4, goth. v. br. comp. fleurdelisé, tr. d. (*Trèsbelle reliure ancienne aux armes de François Ier, avec la couronne, l'écu de France et la Salamandre.*)

<small>EXEMPLAIRE DE DÉDICACE, IMPRIMÉ SUR VÉLIN.
Transposition des ff. 4 et 5, 6 et 7. — Le f. 15e manque.</small>

423. Coustumes du comté et pays de Poictou, anciens ressorts et enclaues d'iceluy, par maistre Jacques Barraud, Dr es droictz et advocat au siege prési-

dial de Poictiers. *Poictiers, Julian Thoreau*, 1625; in-4, v. f. fil. tr. d.

<small>Bel exemplaire aux quatrièmes armes de De Thou.</small>

424. COUSTUMES du duché et bailliage de Touraine, rédigées par escript, Mes Christofle De Thou, présidēt, Barthélemy Faye, et Jacques Viole, conseillers du Roy. *Paris, chez Jehan Dallier*, 1561; in-4, mar. br. à riches comp. d'or et couleurs, tr. d.

<small>ADMIRABLE EXEMPLAIRE IMPRIMÉ SUR VÉLIN, avec lettres ornées et les armes du président de Viole, à qui l'exemplaire a appartenu, admirablement peintes sur une feuille de vélin, en tête du volume.</small>

III. DROIT ÉTRANGER.

425. Capitols del general del principat de Cathalunya, comtats de Rossello, y Cerdania, per la S. C. R. M. del rey D. Phelip nostre señor, en lo añy M. D. XCIX. *Estāpats de nou en Barcelonat, per Hierony Margarit en lo any* 1630; in-4, mar. r. comp. tr. d. (*Rel. espagnole du temps.*)

<small>En catalan.</small>

426. CAPITOLS DELS DRETS y altres coses del general del principat de Cathalunya, y comtats de Rossello, y Cerdania fets en corts generale del any M. CCCC. LXXXI, fuis en lo any M. D. LXIIII, inclusiue, y dels drets que per practica y altramente se paguen. *Barcelona, en casa de Gabriel Nogues, al Carrer de sant Domingo*, 1635; in-4, mar. r. comp. tr. d. (*Rel. espagnole du temps.*)

<small>Dans le même volume : *Capitols sobre lo redres del general de Cathalunya, y casa de la disputatio. Any* 1635. *Estampas en Barcelona.* (Même imprimeur.)
Coustumiers rares, impr. en catalan.</small>

427. De Tertiis debitis catholicis et invictissimis regibus Hispaniæ, ex fructibus et rebus omnibus, quæ decimantur, utilis admodum, etc. Authore D. Joanne del Castillo Soto-Mayor. *Año* 1634, *Ma-*

trici, *ex typographia regni;* in-fol. v. f. (*Aux quatrièmes armes de De Thou.*)

428. A treatise and discourse of the lawes of the Forrest: collected by John Manwood. *London, printed by Th. Wight,* 1598; in-4, semi-goth. v. jaspé.

Livre rare et curieux; bon exemplaire.

SCIENCES ET ARTS

I. SCIENCES PHILOSOPHIQUES.

1. PHILOSOPHIE GÉNÉRALE, MÉTAPHYSIQUE, LOGIQUE.

429. Nomenclator scriptorum philosophicorum atque philologicorum auct. Israele Spachio med. D. et professore ordinario Argentinensi. *Argentinæ, Ant. Bertramum,* 1598; in-8, mar. v. fil. tr. d. (*Aux deuxièmes armes de De Thou. La reliure a été habilement restaurée.*)

430. Jacobi Sadoleti de laudibus philosophiæ libri duo. *Lugduni, apud Seb. Gryphium,* 1543; in-8, vél. fil. tr. d. (*Aux premières armes de J.-A. De Thou.*)

431. AUREUM PLANEQ. DIVINUM OPUSCULUM MERCURII TRISMEGISTI de potestate et sapientia Dei : interprete Marsilio Ficino. *Impressum in nobili urbe Moguntina, per Joannem Schœffer* (1503); in-4, goth. mar. rouge.

Livre précieux imprimé sur PEAU DE VÉLIN, et avec les écussons de Fust et de Schœffer au-dessous de la souscription.

432. Le Pimandre de Mercure trismegiste, de la phi-

losophie chrétienne, cognoissance du Verbe divin, etc. Trad. du grec par François monsieur de Foix, de la famille de Candalle, captal de Buchs, evesques d'Ayre, etc. *Bourdeaux, S. Millanges,* 1579; in-fol. mar. cit. fil. tr. d.

Exempl. lavé, réglé; avec la signature de Ballesdens, et dans sa première reliure.

433. Omnia Platonis opera. (Græce.) *Venetiis, in ædibus Aldi et Andreæ soceri,* 1513; 2 vol. p. in-fol. demi-rel.

Édition princeps donnée par Marc Musurus et Alde l'ancien. Elle est fort rare.

434. Platonis opera quæ exstant omnia, ex nova Joannis Serrani interpret. perpetuis ejusd. notis illustrata. (Græce-Lat.) (*Genève*), *excud. Henricus Stephanus,* 1578; 3 tomes en 2 vol. in-fol. mar. r. comp. tr. d. (*Bradel.*)

Avec trois dédicaces : 1er vol., à la reine Élisabeth ; 2e vol., à Jacques VI, roi d'Écosse; 3e vol., à la république de Berne.
Cet exemplaire (haut. : 383 mill.) doit être EN GRAND PAPIER. Ainsi que le dit M. Brunet, c'est souvent à la beauté, plutôt qu'à la dimension du papier, que l'on peut reconnaître ces exemplaires exceptionnels.

435. Le Sympose de Platon ou de l'amour et de beauté, trad. de grec en françois, par Loys le Roy, dit Regius. *Paris, Vinc. Sertenas,* 1559; in-4, v. br. comp. tr. d. (*Rel. anc. aux armes des Barberini.*)

A la fin sont les passages mis en vers français par Joachim du Bellay.

436. Apuleii Madaurensis Platonicus, serio castigatus. *Amsterodami, Guil. Cæsium,* 1624; in-32, v. f. fil. tr. d. (*Aux armes de J.-A. De Thou.*)

437. ARISTOTELIS opera omnia. (Græce.) — Theophrasti de historia plantarum lib. X, et de causis plantarum lib. VI. *Venetiis, impressum dexteritate Aldi Manucii,* 1495-98; 5 tom. en 6 vol. in-fol. v. f. fil. (*Aux armes des Foscari.*)

Bel exemplaire de l'édition princeps.

438. Alexandri Aphrodisiensis in priora analytica

Aristotelis commentaria (græce). *Florentiæ per hæredes Philippi Junta* M. D. XXI; in-4, vél.

<small>Vol. précieux à cause de son état entièrement BROCHÉ; la marque des Juntes sur un f. blanc séparé.</small>

439. M. TULLII CICERONIS OFFICIA, Lælius et Cato : Paradoxa et Somnium Scipionis; Theod. Gazæ traductio græca Senectutis et Somnii, ab Erasmo Roterodamo et Conrado Goclenio omnia restituta, annot. item Erasmi et Ph. Melanchthonis adjunctis. *Lugduni, in ædibus Melchioris et Gasparis Trechsel fratrum.* M. D. XXXIII; in-8, mar. n. comp. tr. d.

<small>CHARMANT EXEMPLAIRE DE GROLIER, avec sa devise et son nom sur le dos, particularité qu'il ne nous a été donné de rencontrer que deux fois. Reliure lyonnaise, à l'instar des reliures italiennes que Grolier avait fait faire à Milan et à Venise.</small>

440. Officia M. T. Ciceronis, etc. (Per Joh. de Schwartzemberg) (en allem.) *Augsbourg*, 1535; in-fol. goth. vél.

<small>Les nombreuses figures sur bois dont ce livre est orné sont sans monogrammes, ni marques; mais elles nous paraissent gravées par Aldegraver.</small>

441. Marci Tullii Ciceronis de philosophia tomus primus et secundus. *Lugduni, Seb. Gryphius*, 1551; 2 vol. in-16, v. br. tr. d.

<small>Jolie reliure italienne gaufrée, à compartiments d'or et couleurs.</small>

442. L. Annæi Senecæ philosophi opera quæ exstant omnia; a J. Lipsio emendata et scholiis illustrata. *Antverpiæ, ex offic. Plantiniana Balthasari Moreti*, 1652; in-fol. mar. r. fil. tr. d. (*Aux armes du prince Eugène de Savoye.*)

443. L. Annæi Senecæ opera quæ exstant, integris Justi Lipsii, J. Fred. Gronovii et selectis variorum comment. illustrata. *Amstelod., apud Dan. Elzevirium*, 1672-73; 3 tomes en 5 vol. in-8, mar. r. fil. tr. d. (*Derome.*)

444. L. Annæi Senecæ naturalium quæstionum lib. VII. *Venetiis, in ædib. Aldi*, 1521; in-8, mar. br. riches comp. tr. d. (*Thompson.*)

<small>Bel exemplaire d'un des volumes rares de la collection Aldine.</small>

445. Los Libros de Seneca a loos y gloria de Dios todo poderoso. Se acaban las obras de Seneca. *Imprimidas en la imperial ciudad de Toledo, en el año del nascimiento del Señor de mill y quinientos y diez años*; in-fol. bas.

446. Ioach. Camerarii decuriæ XII ΣΥΜΜΙΚΤΩΝ ΠΡΟΒΛΗΜΑΤΩΝ, seu variarum et diversarum quæstionum de natura, moribus et sermone. *S. l. (Norimbergæ), Hier. Comelinus*, 1594, in-8, mar. v. (*Aux deuxièmes armes de J.-A. De Thou.*)

447. Académie françoise, en laquelle il est traicté de l'institution des mœurs et de ce qui concerne le bien et heureusement vivre en tous estats et conditions, par Pierre de la Primaudaye. *Paris, G. Chaudière*, 1581; in-fol. mar. r. comp. tr. d. (*Rel. du temps.*)

<small>Troisième édition, dédiée au roy Henry III.</small>

448. Œuvres philosophiques, morales et politiq. de Franç. Bacon, avec notes par Buchon. *Paris*, 1836; gr. in-8 à 2 col. demi-rel.

449. Œuvres phil. de Descartes, publiées par L. Aimé Martin. *Paris*, 1843; gr. in-8, demi-rel. v. f.

450. Œuvres philosophiques de M. de la Mettrie. *Amsterdam*, 1764; 2 vol. pet. in-12, mar. r. fil. tr. d. (*Derome.*)

451. La Tipocosmia di Alessandro Citolini da Serraualle. *Venetia, app. Vinc. Valgrisi*, 1561; in-8, vél. f. tr. d. (*Aux premières armes de J.-A. De Thou.*)

<small>Volume curieux et rare, où sont traitées toutes sortes de questions de physique, de mathématiques et de métaphysique.</small>

452. Essais de Théodicée sur la bonté de Dieu, par M. Leibnitz. *Amsterdam, Isaac Troyel*, 1712; in-8, mar. r. fil. tr. d. (*Padeloup.*)

<small>Très-bel exemplaire de la seconde édition de cet illustre livre, aux armes du comte d'Hoym.</small>

453. Joannis Francisci Pici liber de imaginatione.

SCIENCES ET ARTS. 79

Venetiis apud Aldum Romanum, 1501 ; in-4, mar. r. f. tr. d.

Très-bel exemplaire d'un des plus rares volumes de la collection Aldine. Voir les *Annales de l'imprimerie des Aldes*, par Renouard, page 32.

454. Simonis Portii Neapolit. disputationes : an homo bonus vel malus volens fiat; de dolore; de coloribus oculorum; de puella Germanica, quæ fere biennium vixerat sine cibo, potuque. *Florentiæ, apud Laur. Torrentinum*, 1550 et 51 ; en 1 vol. pet. in-4, vél.

Recueil d'une conservation parfaite, en grand papier, dit-on.

455. Essai philosophique concernant l'entendement humain, où l'on montre quelle est l'étendue de nos connoissances certaines et la manière dont nous y parvenons, par Locke (traduit de l'anglois par M. Coste). *Amsterdam, P. Mortier*, 1729; in-4, portr. mar. r. fil. tr. d. (*Anc. rel.*)

Deuxième édition ; la première est datée de 1700.

456. Anitii Manlii Severini Boethi, inter latinos Aristotelis interpretes et ætate primi, et doctrina præcipui, dialectica. *Venetiis, ap. Joan. Gryphium*, 1566; in-fol. demi-rel. NON ROGNÉ.

457. La Dialectique de Pierre de la Ramée, professeur du Roy. *Paris, Guill. Auvray*, 1576; in-8, mar. bleu tr. d. (*Capé.*)

Bel exemplaire d'un très-rare volume. On y a ajouté deux portraits.

2. MORALE.

A. Moralistes grecs et latins.

458. LES MORALES D'ÉPICTÈTE, de Socrate, de Plutarque et de Sénèque (choisies et traduites par Desmarets de Saint-Sorlin). *Au chasteau de Richelieu*, 1653; très-petit in-8 de 196 pages, plus 5 ff. de table, mar. r. fil. tr. dor. (*Anc. rel.*)

CHARMANT EXEMPLAIRE de ce joli et rare volume. Il provient de la bibliothèque de PIXERÉCOURT.

459. L'Ethica d'Aristotile tradotta in lingua vulgare. *Stampato in Firenze appresso Lorenzo Torrentino,* M. D. L.; in-4, v. f. fil.

Beau spécimen de l'une des plus célèbres imprimeries italiennes.

460. Les Caractères de Théophraste traduits du grec, avec les Caractères ou les mœurs de ce siècle (par La Bruyère). *Paris, Estienne Michallet,* 1688; in-12, v. éc. tr. d. (*Anc. rel.*)

Édition originale, rare. Une contrefaçon a été faite sous la même date; elle est imprimée en plus petits caractères.

461. Les mêmes. *Paris, Est. Michallet,* 1688; in-12, mar. r. tr. d.

Deuxième édition.

462. Les mêmes. *Paris, Est. Michallet,* 1694; in-12, mar. v. tr. d. (*Capé.*)

Huitième édition. On y trouve quarante Caractères nouveaux et le Discours de réception de l'auteur à l'Académie.

463. Sentimens critiques sur les Caractères de Théophraste de M. de la Bruyère. *Paris,* 1701; in-12, mar. r. fil. tr. d. (*Duru.*)

Attribué à dom Bonav. d'Argonne (Vigneul-Marville).

464. Caractères de Théophraste et Pensées morales de Ménandre, trad. par M. Lévesque. *Paris, P. Didot l'aîné,* 1782; in-16, mar. v. dent. tr. d. (*Derome jeune.*)

EXEMPLAIRE IMPRIMÉ SUR VÉLIN. (De la collection des *Moralistes anciens.*)

465. Réflexions morales de l'empereur Marc-Antonin, avec des remarques (par Mme Dacier). *Paris, Barbin,* 1691; 2 vol. in-12, mar. r. fil. tr. d. (*Derome.*)

Exemplaire en papier fin, aux armes de la comtesse d'Artois.

466. Boecii consolatio philosophiæ. *Anthonii Coburgers ciuis inclite nurnbergensiũ urbis industria fabrefactus finit feliciter,* a^o 1476; in-fol. v.

Exemplaire à grandes marges, mais mouillé. Livre rare. Les cinq premiers feuillets de table sont raccommodés.

467. BOETIUS de philosophico consolatu sive de consolatione philosophie. *Argentine, per Joh. Grüninger*, 1501; in-fol. goth. mar. brun, fil. à comp. tr. dor. (*Hardy.*)

SUPERBE EXEMPLAIRE d'une édition très-recherchée pour ses curieuses figures en bois. C'est un des plus rares volumes de la collection précieuse des impressions de Grüninger. Riche reliure à la Grolier.

468. LE LIURE DE SAPIENCE (par Guy de Roye). — *Cy finist le Liure de Sapience emprime à Geneue* (par Adam Steinschaber), *lan mil quatre cens* LXXVIIJ; in-fol. goth. mar. br. tr. d. (*Bauzonnet.*)

Très-bel exemplaire d'une édition que l'on peut considérer comme la première.

469. LE DOCTRINAL DE SAPIENCE (par Guy de Roye). *Cy finist le Doctrinal de Sapience tres utille à toute persoñe pour le salut de son ame. Imprime en lan de grace mil. cccc.* LXXXIIJ. *A Genève, par Loys Cruse, alias Garbin*; in-fol. mar. r. fil. tr. d. (*Duru.*)

SEUL EXEMPLAIRE CONNU DE CETTE ÉDITION, à longues lignes de 38 à la page. (Voy. *Panzer*, t. I, p. 440.)

B. Moralistes français et italiens.

470. LA FONTAINE DE TOUTES LES SCIENCES DU PHILOSOPHE SYDRACH. — *Cy finist le livre que Sydrach philosophe a fait... imp. à Paris le xx iour de février mil. cccc. huitãte et six pour Anthoyne Verard*; in-fol. à 2 col. mar. r. f. à fr. d. (*Trautz-Bauzonnet.*)

Édition originale, conforme à la description du *Manuel*.

471. SIDRAC. Mil. IIII. vingtz et quatre Demandes avec les solutions et responses à tous propoz, œuvre curieux et moult recreatif, selon le saige Sidrac. *Paris, Galliot du Pré*, 1531; in-8, mar. cit. fil. tr. d. fig. sur b.

Exemplaire de PIXERÉCOURT. Édition très-rare, imprimée en lettres rondes.

472. A LA REQUESTE DE TRES HAULTE ET PUISSANTE

princesse madame Suzanne de Bourbō, femme de tres illustre et puissant prince monseigneur Charles duc de Bourbon.... coñestable per et chābrier de France, etc. *S. L. N. D. Sign. Ai-Fiii*; in-4, goth. mar. br. comp. tr. d. (*Duru.*)

Cette première édition des *Enseignements moraux*, publiés de son vivant par l'illustre princesse de Bourbon, morte en 1521, est fort rare. Un imprimeur de Toulouse, Jehan Barril, s'en empara et les publia sous son nom, en 1535, en les dédiant à Marguerite de Navarre.

473. MONTAIGNE. Les Essais de Michel, seigneur de Montaigne.... livres premier et second. *Bourdeaux, par Simon Millanges, imprimeur du Roy*, MDLXXX (1580); 2 part. reliées en un vol. pet. in-8, mar. r., fil., tr. dor. doublé de mar. dentelle. (*Trautz-Bauzonnet.*)

Édition originale des deux premiers livres des *Essais*. Le plus bel exemplaire connu sous le rapport de la conservation, des marges et de la reliure. Il a appartenu à M. Armand Bertin, et provient de la bibliothèque de M. de Clinchamp.

474. Essais de messire Michel seigneur de Montaigne, chevalier des ordres du Roy et gentilhomme ordinaire de sa chambre. *A Bourdeaus, par S. Millanges*, 1580; 2 vol. in-8, mar. r. fil. tr. d. (*Trautz-Bauzonnet.*)

Autre bel exemplaire de l'édition originale des deux premiers livres. Portrait ajouté.

475. Montaigne. Essais de messire Michel, seigneur de Montaigne, chevalier de l'ordre du Roy et gentilhomme ordinaire de sa chambre, maire et gouverneur de Bordeaux; édition seconde revue et augmentée. *A Bourdeaus, par S. Millanges*, 1582; in-8, mar. rouge, fil., tr. dor. (*Duru.*)

Très-bel exemplaire d'une édition originale fort rare, aussi rare que la précédente.

476. Les mêmes Essais, revus et augmentez. *Paris, chez Jean Richer*, 1587; in-12, mar. br. fil. tr. d. (*Duru.*)

Troisième édition. Dans ces trois premières éditions, la préface est datée du 1er mars 1580. Exemplaire de M. Ch. Giraud.

477. Les mêmes Essais, cinquième édition augmentée d'un troisième livre. *Paris, chez Abel Langelier*, 1588; in-4, mar. br. fer à fr. tr. d.

<small>Dernière édition publiée du vivant de l'auteur, et la première du IIIe livre.</small>

478. Les mêmes Essais, dernière édition augmentée de deux tables très amples. *A Lyon, pour Gabriel La Grange, libraire d'Avignon*, 1593; in-8, mar. r. fil. tr. d.

<small>C'est la première édition publiée après la mort de l'auteur. On y a ajouté un portrait de Fiquet.</small>

479. MONTAIGNE. Les Essais de Michel, seigneur de Montaigne; édition nouvelle trouvée après le deceds de l'autheur, reueuë et augmentée par luy d'un tiers plus qu'aux précédentes impressions. *Paris, Abel l'Angelier*, 1595; in-fol., mar. r., fil., doublé de mar. bleu dent., dor. (*Trautz-Bauzonnet.*)

<small>Première édition complète des *Essais*, publiée avec une préface par mademoiselle de Gournay. Ce livre, parfaitement et correctement exécuté, est la principale édition de Montaigne pour l'authenticité du texte. MAGNIFIQUE EXEMPLAIRE. (Voir, sur cet exemplaire, la note de M. le docteur Payen, dans le *Bulletin du Bibliophile*.)</small>

480. Les Essais de Michel seigneur de Montaigne. *Paris, Abel Langelier*, CID. ID. XCV (1595); in-fol. v. br. tr. d. (*Aux armes du comte d'Hoym.*)

<small>Bel exemplaire de la première édition des *Essais*, donnée après la mort de Montaigne par mademoiselle de Gournay, sur un exemplaire de 1588, chargé des corrections de l'auteur. Elle y a joint une préface apologétique. C'est, comme autorité et comme authenticité, la plus importante des anciennes éditions de Montaigne. On a ajouté à cet exemplaire les variantes publiées par le docteur Payen, et tirées in-fol.</small>

481. Les Essais de Michel de Montagne, 1595, *pour François le Febure de Lyon;* in-12 (*édit. rare.*)

482. Les mêmes Essais, ensemble la vie de l'autheur et deux tables. *Amsterdam, chez Ant. Michiels*, 1659; 3 vol. in-12, mar. r. fil. tr. d. (*Anc. rel.*)

<small>Portrait de Montaigne. Contrefaçon de l'édition de Paris, Chr. Journel, 1659, avec une table analytique ajoutée. Elle se joint à la collection des Elzévirs.</small>

483. Response a plusieurs injures et railleries ecrites contre Michel, seigneur de Montagne, dans un livre intitulé : *La Logique* ou *l'Art de penser*, con-

tenant, outre les règles générales, plusieurs observations particulières, propres à former le iugement, avec un beau traité de l'éducation des enfans, et cinq cens excellens passages tirez du livre des *Essais*, pour montrer le mérite de cet autheur. *Rouen, Laurens Maurry*, 1667; pet. in-12, mar. r., fil., tr. dor. (*Lortic.*)

<small>De l'avis de M. Payen, ce volume est fort rare, et il nous a assuré qu'il ne l'a jamais vu passer en vente.</small>

484. Documents inédits sur Montaigne par le docteur Payen, n°s 2, 3 et 4. 1850, 55-56; et la notice publiée en 1837 sur les éditions de Montaigne, b. in-8 (*brochures tirées à petit nombre et rares.*)

485. Les Advis ou les presens de la demoiselle de Gournay. *Paris, Jean Du Bray*, 1641; 3me édition. Pet. in-4, mar. v. fil. tr. d. (*Duru.*)

<small>Portrait gravé par Matheus. SUPERBE EXEMPLAIRE.</small>

486. DE LA SAGESSE, par Pierre le Charron, chanoine de l'église cathédrale de Comdom. *A Bourdeaus, Simon Millanges*, 1601; un gros vol. pet. in-8, mar. r., tr. dor. (*Trautz-Bauzonnet.*)

<small>SUPERBE EXEMPLAIRE de l'édition originale, qui se place à côté du Montaigne de 1580.</small>

487. De la Sagesse, livres III, par M. Pierre le Charron, Parisien, chanoine theologal, etc. *A Bourdeaus, par S. Millanges*, 1601; in-8, v. f. fil. tr. d. (*Niedrée.*)

<small>Édition originale.</small>

488. DE LA SAGESSE, TROIS LIVRES, PAR PIERRE CHARRON. *A Leyde, chez les Elzeviers*, 1646; pet. in-12, mar. vert, fil., tr. dor., doublé de maroquin mosaïque à la rose. (*Duru.*)

<small>SUPERBE EXEMPLAIRE de la plus jolie et la plus recherchée des éditions elzéviriennes. Hauteur : 4 pouces 11 lignes.</small>

489. De la Sagesse, III livres, par Pierre Charron. *A Leide, chez Jean Elsevier*. (*S. d.*); in-12, mar. r. dent. tr. d. (*Bozérian.*)

490. La Philosophie morale divisée en 5 parties,

par Louis de Lesclache. *A Paris, chez l'autheur et Laurent Rondet*, 1665; 4 vol. in-12, mar. r. tr. d. (*Au chiffre couronné de Victor-Amédée de Savoye.*)

491. Reflexions ou sentences et maximes morales (par le duc de La Rochefoucauld). *Paris, Claude Barbin*, 1665; pet. in-12, veau fauve, fil., tr. dor. (*Anc. rel.*).

ÉDITION ORIGINALE. Le *Discours préliminaire* de Segrais qui accompagne cette édition n'a pas été reproduit dans la plupart des éditions suivantes. Exemplaire du marquis du Roure.

492. Réflexions ou Sentences et maximes morales (par M. de La Rochefoucauld). *A Paris, chez Claude Barbin*, 1665; in-12. mar. v. fil. tr. d. (*Trautz-Bauzonnet.*)

Deuxième édition originale, de iv, 135 pp. et 8 pp. de table et privilége.

493. Maximes de madame la marquise de Sablé et pensées diverses de M. L. D. *Paris, Seb. Mabre-Cramoisy*, 1678; in-12, mar. v. fil. tr. d. (*Trautz-Bauzonnet.*)

Édition originale.

494. Caractères de La Bruyère. Les Caractères de Théophraste, trad. du grec, avec les Caractères ou les mœurs de ce siècle, par M. de La Bruyère, avec la clef en marge (publ. par Coste). *Amsterd., Wetsteins*, 1720; 3 vol. in-12, fig., mar. bleu, dorés en tête, NON ROGNÉS. (*Duru.*)

SUPERBE EXEMPLAIRE d'une édition estimée et peu commune. Portrait gravé par Savart, ajouté.

495. Dialogi di Antonio Brucioli della morale philosophia. *In Venetia per Barthol. Zanetti da Brescia*, 1538; 2 vol. gr. in-8, mar. n. comp. tr. d.

Le second volume est intitulé : *Dialogi della naturale philosophia humana.* Très-bel exemplaire, qui porte sur les plats l'écusson de France gravé à froid, et aux coins des dauphins en or. Il a dû appartenir à Henri II.

496. Les Œuvres de mylord comte de Shaftsbury, contenant ses *Caracteristicks*, ses lettres et autres ouvrages (publ. par J. Robinet). *Genève*, 1769; 3 vol. in-8, mar. v. fil. tr. d. (*Derome jeune.*)

C. Traités sur les passions, les vertus et les vices.

497. DE L'USAGE DES PASSIONS, par le R. P. Senault. *Leyde, J. Elzevier,* 1658, pet. in-12, mar. vert russe, fil., tr. dor. (*Trautz-Bauzonnet.*)

<small>Hauteur : 4 p. 10 lig. Joli exemplaire rempli de témoins.</small>

498. Les Charactères des passions, par le Sr de la Chambre. *Paris, P. Rocolet,* 1640; in-4, mar. r. fleurdelisé, tr. d. (*Au chiffre de Gaston d'Orléans, frère de Louis XIV.*)

<small>Première partie, publiée séparément.</small>

499. Hieronymi Osorii Lusitani de gloria lib. V. *Florentiæ, apud Laurentium Torrentinum,* 1552; in-4, fleurdelisé, v. f. tr. d.

<small>Belle édition de cet ouvrage célèbre du *Cicéron lusitanien,* dédié à Jean III, roi de Portugal.
Sur le plat a été frappé, postérieurement à la reliure, un écusson aux armes de France.</small>

500. Franciscus Petrarcha de Remediis utriusque fortunæ; 2 tomes en 1 vol. in-4, goth. mar. br. tr. d.

<small>Volume imprimé à longues lignes, 36 à la page. C'est une édition donnée à Bâle, vers 1500, et imprimée probablement par Amerbach.</small>

501. Les Délices de la mort, par le Sr de la Serre, historiographe de France. *Brusselles, Franc. Vivien,* 1631; in-8, mar. br. tr. d. (*Trautz-Bauzonnet.*)

<small>Très-bel exemplaire d'un livre orné de remarquables figures gravées par Corn. Galle.</small>

3. ÉCONOMIE.

Traités généraux; Règles de la vie civile; Éducation.

502. Libri Politicorum, OEconomicorum, etc. Aristotelis, a Leonardo Aretino in lat. reducti. *Parisiis, ex offic. Henrici Stephani,* M.D.XI, in-4, réglé, v. br. ant. le dos refait avec soin. (*Aux armes de*

François Ier, avec l'écusson et la Salamandre, qui ont dû jadis être peints en argent.)

503. La Mesnagerie d'Aristote et de Xenophon, c'est-à-dire la manière de bien gouverner une famille, traduite de grec en françois par feu Estienne de la Boetie, conseiller du Roy en son Parlement de Bordeaux; et mise en lumière avec quelques vers françois et latins dudict la Boetie, par Michel sieur de Montaigne. *Paris, Cl. Morel*, 1600; in-8, mar. r. fil. tr. d. (*Bauzonnet.*)

<small>Réimpression de l'édition de 1571, avec 8 ff. nouveaux, contenant les OEconomiques d'Aristote, sous un nouveau titre.</small>

504. ÉDUCATION DES FILLES, par M. l'abbé de Fénelon. *Paris*, 1687, in-12, mar. r. fil. tr. dor. (*Anc. rel.*)

<small>Bel exemplaire de l'édition originale, en reliure ancienne, condition rare pour ce livre.</small>

505. ÉDUCATION DES FILLES, par M. l'abbé de Fénelon. *Paris*, 1687; in-12, mar. br. fil. tr. d. (*Trautz-Bauzonnet.*)

<small>SUPERBE EXEMPLAIRE de l'édition originale. Charmante reliure.</small>

4. POLITIQUE.

506. La Politique d'Aristote ou la Science des Gouvernements, trad. du grec par le citoyen Champagne. *Paris*, 1797, 3 vol. in-8, demi-rel. v. f.

507. Enseignements d'Isocrates et Xenophon : pour bien régner en paix et en guerre; traduictz de grec en françois, par Loys le Roy, dict Regius de Costentin. *Paris, Vascosan*, 1568. — *Dans le même vol.* Les Politiques d'Aristote esquelles est monstrée la science de gouverner le genre humain en toutes espèces d'estats publics; trad. de grec en fr. par le même. *Id., ibid.*, 1568; mar. r. tr. d. (*Trautz-Bauzonnet.*)

<small>Très-beau spécimen de l'une des plus illustres imprimeries du XVIe siècle.</small>

508. Entretiens de Phocion sur le rapport de la morale avec la politique; traduit du grec de Nicoclès par Mably. *Paris, Didot, l'an 3me* (1794); gr. in-4, m. r. f. tr. d. (*Sur les plats un T couronné.*)

Bel exemplaire en papier vélin; gravures de Moreau avec les eaux-fortes.

509. Politique tirée des propres paroles de l'Écriture sainte, ouvrage posthume de mess. J. B. Bossuet. *Paris*, 1709; in-4, mar. r. fil. tr. d.

Très-bel exemplaire de l'édition originale, en grand papier, aux armes du duc du Maine. Portrait gravé par Edelinck.

510. Discours politiques et militaires du seigneur de la Noue, nouvellement recueillis et mis en lumière. *Basle, de l'imprimerie de François Forest*, 1587; in-4, vél. ant. gaufré, comp. avec la date de la reliure, 1587, gravée sur le plat.

511. L'Utopie de Thomas Morus, chancelier d'Angleterre, traduicte par Samuel Sorbière. *Amsterd.*, 1643; pet. in-12, mar. r. fil. tr. dor. (*Trautz-Bauzonnet.*)

Charmant exemplaire. Très-jolie édition, qui fait partie de la collection Elzévirienne.

512. Scheda regia, hoc est sententiæ paræneticæ, de officio regis, ab Agapeto Diacono ad Justinianum græce exaratæ, nunc latinæ factæ. *Hербornæ Nassoviorum, typis Christoph. Corvini*, 1605; in-8, v. br. (*Aux troisièmes armes de De Thou.*)

Dans le même volume se trouvent les ouvrages suivants: *Epicæ Elegiacæque minorum poetarum Gnomæ.* Gr. ac lat. opera et studio Fred. Sylburgii. *Francofurti, Hoffman*, 1603. — *Florilegium ethico-politicum. P. Syri et L. Senecæ Sententiæ*, recognoscente Jano Grutero, etc. *Francofurti, Rhodius*, 1610. Cum notis.

A cette partie manquent les proverbes allemands, belges, italiens, etc. annoncés sur le titre, et qui n'ont pas été reliés avec le volume au temps du président De Thou.

513. Il sacro regno del gran Patritio, del vero reggimento e de la vera felicita del principe, e beatitudine humana. *Vinegia, Aldus*, 1553; in 8, mar. bl. tr. d.

514. L'Horloge des princes, avec le très-renommé

livre de Marc-Aurèle, recueilly par D. Ant. de Gueuare, trad. de castillan en françois, par N. de Herberay, seigneur des Essars. *Paris, le Mangnier*, 1565; in-8, mar. cit. comp. tr. d. (*Trautz-Bauzonnet.*)

<small>Lettres rondes. Très-bel exemplaire.</small>

515. Il Prencipe di Nicolo Machiavelli, al magnifico Lorenzo di Piero de Medici; la vita di Castruccio... *Vinegia, Aldus*, 1540; in-8, mar. r. fil., comp. tr. dor. (*Bauzonnet-Trautz.*)

<small>Exemplaire grand de marges et de la plus parfaite conservation.</small>

516. Macchiavelli. Les Discours de l'estat de paix et de guerre de Messire Nicol. Macchiavelli, sur la première décade de Tite-Live, traduit d'italien en françois (par J. Gohory). *Rouen, Nic. Lescuyer*, 1579; le Prince de Nicolas Macchiavel, trad. d'italien (par Gaspard Dauvergne). *Rouen, Nic. Lescuyer*, 1579; 2 tomes en 1 vol. in-16, mar. bleu, tr. dor. (*Rel. jans. Trautz-Bauzonnet.*)

<small>Très-joli exemplaire, rempli de *témoins*, d'un livre rare et imprimé avec soin.</small>

517. Le Prince de Machiavel, 3ᵉ édition (trad. par Amelot de la Houssaye). *Amsterdam, Wetstein*, 1686; in-12, v. f. tr. d. (*Aux armes du comte d'Hoym.*)

518. Institutio principis ad Ludovicum XIV, auth. Harduino de Perefixe de Beaumont. *Parisiis, Ant. Vitré*, 1647; in-16, mar. v. fleurdelisé. (*Aux LL couronnées aux quatre coins des plats.*)

<small>Charmante reliure au chiffre de Louis XIV.</small>

519. Question royale et sa décision (par Duvergier de Hauranne). *Paris, Toussainct Du Bray*, 1609; pet. in-12, mar. r. fil. tr. d. (*Anc. rel.*)

<small>Édition originale, de 56 feuillets. Exemplaire du marquis du Roure.</small>

520. M. Joan. Molani lib. V. De fide hæreticis servanda; de fide rebellibus servanda; de fide et iuramento quæ a tyranno exiguntur. *Coloniæ*,

ap God. Kempensem, 1584; in-8, mar. br. (*Aux deuxièmes armes de De Thou.*)

521. Le Gentilhomme, par Nicolas Pasquier, conseiller du Roy. *Paris, Petit Pas*, 1611; in-8, mar. bl. tr. d.

<small>Dans le même volume, deux pièces historiques du même auteur.</small>

522. Traicté de la cour ou instruction des courtisans, par M. du Refuge. *Amsterdam, Elzeviers*, 1656; in-12, mar. v. fil.

<small>Exemplaire de Pixerécourt, NON ROGNÉ.</small>

5. ÉCONOMIE POLITIQUE.

523. Mémoires des sages et royalles œconomies d'Estat, domestiques, politiques et militaires de Henry le Grand et des servitudes utiles, obéissance convenable et administration loyale de Maximilien de Béthune (duc de Sully). *A Amstelredam, chez Aletinosgraphe de Clearetimelee et Graphexechon de Pistariste, à l'enseigne des trois Vertus couronnées d'amaranthe*. S. d.; 2 tomes en 1 vol. in-fol. mar. r. fil. tr. d. (*Anc. rel.*)

<small>Portrait ajouté. Bel exemplaire de cette édition, dite aux trois V verts, imprimée au château de Sully, en 1638, par un imprimeur d'Angers.</small>

524. Memoires des sages et royales œconomies d'Estat, domestiques, de Maximilien de Béthune. *Jouxte la coppie impr. à Amstelredam*, 1652; 4 vol. in-12, mar. r. dent. tr. d.

525. Le Moyen de devenir riche et la manière véritable par laquelle tous les hommes de la France pourront apprendre à multiplier et augmenter leurs thrésors et possessions; avec plusieurs autres excellents secrets...., par maistre Bernard Palissy de Xaintes, ouvrier de terre et inventeur des rustiques figulines du Roy. *A Paris, chez Rob. Foüet*, 1636; 2 part. en 1 vol. in-8, mar. r. fil. tr. d. (*Derome.*)

<small>Livre très-curieux, devenu fort rare.</small>

526. Système des contradictions économiques, ou Philosophie de la misère, par Proudhon. *Paris*, 1846; 2 vol. in-8, demi-rel.

527. TRACTATUS SUBTILISSIMI doctoris Gregorii de Arimino : de Imprestantiis Venetorum et de usura. Explicit Tractatus de usuris.... impensa D. Ludovici de Mazalis Regien̄; *in inclita ciuitate Regii Æmiliæ impressus*; anno Dn̄i. M. D. VIII; in-4, v.

<small>Bel exemplaire d'un livre rare, imprimé sur vélin. (Panzer, t. VIII, p. 244.)</small>

528. L'Association douanière allemande, par Henri Richelot. *Paris*, 1845, in-8, demi-rel.

II. SCIENCES PHYSIQUES ET CHIMIQUES.

529. Meteorologia conscripta a Johanne Garcæo, pastore ecclesiæ Dei in noua arce Brennonis. *Witēbergæ*, a° 1584; in-8, mar. cit. fil. tr. d. (*Aux premières armes de J.-A. De Thou.*)

<small>Avec les cinq tableaux pliés.</small>

530. Saggi di naturali esperienze fatte nell' Accademia del Cimento sotto la protezione del serenissimo principe Leopoldo da Toscana, e descritte dal segretario di essa Accademia. *Firenze*, 1666; in-fol. mar. r. comp. tr. d. (*Anc. rel.*)

531. Discours physique de la parole, dédié au Roy (par l'abbé de Cordemoy). *Paris, Michel Le Petit*, 1671; in-12, v. f. fil. tr. d. (*Capé.*)

<small>Grand papier; beau portrait du grand-duc Léopold, gravé par Spierre; planches gravées, culs-de-lampe, etc.</small>

532. COURS DE CHYMIE, de P. Thibaut dit le Lorrain, distillateur ordinaire du Roy. *Leyde*, 1672; pet. in-12, frontisp. gravé, mar. r. fil. tr. dor. (*Trautz-Bauzonnet.*)

<small>Très-joli exemplaire d'un petit volume curieux, qui fait partie de la collection elzévirienne, et fort rare.</small>

533. Recueil des curiositez rares et nouvelles des plus admirables effets de la nature et de l'art, composé de quantité de beaux secrets galants et autres : dont quelques-uns ont esté tirez du cabinet de feu M. le marquis de L'Hospital, expérimentez et composez par le sieur d'Emery, *suivant la copie imprimée à Paris*, 1684; 2 tom. en 1 vol. pet. in-12, fr. gravé, mar. r. fil. tr. dor. (*Trautz-Bauzonnet.*)

Joli exemplaire d'un petit livre rare, qui fait partie de la collection elzévirienne.

III. SCIENCES NATURELLES.

534. Aristotelis, de Historia animalium lib. IX. — De partibus animalium et earum causis lib. IIII. — De generatione animalium lib. V. (Theodoro Gaza interp.). — De communi animalium gressu lib. I. — De communi animalium motu lib. I. (Petro Alcyonio interpr.). *Parisiis, ex off. S. Colinæi,* 1524; in-fol. mar. cit. comp. tr. d.

Bel exemplaire réglé, dans une splendide reliure italienne, du dessin le plus pur. Le dos est habilement refait.

535. ARISTOTELIS HISTORIA ANIMALIUM (Theod. Gaza interprete). *Basileæ, apud Hervagium,* 1534; in-fol. mar. br. comp. tr. d.

Superbe reliure ancienne, bien conservée, portant le nom de son premier possesseur : Tho. Maioli et amicorvm.

536. Plinii Secundi Historia naturalis. *Venetiis, Aldus,* 1536; 4 vol. in-8, demi-rel.

Collection rare ; c'est-à-dire avec le quatrième volume.

537. PLINII SECUNDI HISTORIÆ mundi libri. *Basileæ, ex officina Frobeniana,* 1545; in-fol. veau à comp. tr. dor.

Magnifique reliure ancienne, exécutée pour Louys de Sainte-Maure, marquis de Nesle et comte de Joigny, chevalier de l'Ordre du Roy, donné en otage, en 1559, à la reine Élisabeth d'Angleterre, et mort le 9 septembre 1572. Les reliures, faites pour cet amateur et à l'imitation de Grolier, sont d'une excessive rareté et remarquables par une richesse d'ornementation qui n'a jamais été surpassée.

Ce beau livre est, ainsi que la reliure, de la plus étonnante conservation.

538. C. Plinii Secundi historiæ Mnudi libri XXXVII, cum castigat. et adnotationibus doctiss. ex novissima et laborios. edit. Jacobi Dalechampii. *Francofurti*, 1608; in-8, mar. r. fil. tr. d. (*Aux premières armes de J.-A. De Thou.*)

Bel exemplaire d'un volume curieux par son excellente reliure. Il a 1688 pp. de texte; plus, 8 ff. limin. et 95 ff. d'index. Cet admirable *billot* a appartenu à Ballesdens.

539. Historia naturale di C. Plinio Secondo, di latino in vulgare trad., per Christ. Landino. *Venetia, Gabriel Iolito di Ferrarii*, 1543; in-4, mar. br. tr. d.

Belle reliure ancienne, à riches compartiments, dans le genre de Grolier.

540. Andreæ Baccii Elpidiani philosophi, medici et civis romani, de gemmis et lapidibus pretiosis, eorumque viribus et usu tractatus; de lingua italica in lat. serm. conversus a Wolfg. Gabelchovero, medico. *Francofurti*, 1603; in-8, mar. v. (*Aux troisièmes armes de De Thou.*)

541. Anselmi Boetii de Boodt gemmarum et lapidum historia. *Hanoviæ*, 1609; in-4, fig. s. b. mar. cit. tr. d. (*Aux troisièmes armes de J.-A. De Thou.*)

Exemplaire de M. Huzard.

542. Discursos de las cosas aromaticas, arboles y frutales, y de otras muchas medicinas simples que se traen de la India oriental, y seruen al vso de medecina; autor Juan Fragoso, medico. *Impr. en Madrid, Fr. Sanchez*, 1572; in-8, vél. f. tr. d.

Aux premières armes de De Thou, sur papier fin. Ce livre rare a appartenu à Charles Nodier, qui y a joint une excellente note bibliographique.

543. Le Poulailler; monographie des poules indigènes et exotiques, texte et dessins par Ch. Jacques, gravures sur bois, par A. La Vieille. *Paris*, 1858; in-8, cuir de Russie.

Exemplaire imprimé sur papier de Chine.

544. Nouveau traité des serins de Canarie, par Hervieux, seconde édition revue et augmentée de plusieurs choses très-utiles, par le même auteur. *Paris*, 1713; in-12, mar. bleu, tr. dor., *janséniste*. (*Duru.*)

CHARMANT EXEMPLAIRE.

545. Portraits d'oyseaux, animaux, serpens, herbes, arbres, hommes et femmes, d'Arabie et Égypte, observez par P. Belon du Mans. *Paris, G. Cassellat,* 1557; in-4, vélin.

Aug. Bernard indique que la plupart des figures gravées sur bois dont ce livre est orné sont de Geof. Tory.

546. Les abeilles et leur estat royal, par Pierre Constant Lengrois. *Paris, Ph. du Pré*, CIƆ. IƆ. IC. (1599); in-8, v. v. f. tr. d.

Rare. Exemplaire de M. Huzard, qui y a ajouté 7 pages de notes bibliographiques.

547. JULES OBSEQUENT, des Prodiges; plus trois livres de Polydore Vergile sur la mesme matière, traduis de latin en françois par George de la Bouthière Autunois. *Lyon, Jan de Tournes,* 1555; in-8, mar. vert olive, comp. fil. tr. dor. (*Bauzonnet.*)

On trouverait difficilement un plus bel exemplaire d'un plus joli livre. Nombreuses figures sur bois.

548. Desvios de la naturaleza o tratado de el cricen. de los monstros, por D. Joseph de Rivill a Bonet y pueyo. *Lima, en la Emprenta real,* 1695; in-4, fig. s. b. mar. r. comp. tr. cis. d.

Volume d'une excessive rareté.

549. Libri de Re rustica. M. Catonis lib. I. — M. Terentii Varronis lib. III. — L. Junii Moderati Columellæ lib. XII. Palladii lib. XIIII, etc. *Venetiis, in ædibus Aldi,* M. D. XIIII; in-4, mar. v. dent. doub. de tabis. tr. d. (*Bozérian.*)

Très-bel exemplaire de Renouard. Le 34ᵉ f. blanc manque, et le 2ᵉ des f. lim. est réparé.

550. Libri de Re rustica. M. Catonis lib. I. M. Te-

rentii Varronis lib. III. L. Junii Moderati Columellæ lib. XII. — Palladii lib. XIIII. *Venetiis, in ædibus hæredum Aldi,* 1553; in-4, vél.

551. Les Délices de la campagne (par Nic. de Bonnefons, valet de chambre du Roy), dédié aux dames mesnageres, troisième édition augmentée par l'autheur. *Paris, Cellier,* 1662; pet. in-12, mar. rouge, tr. dor. (*Duru.*)

<small>Joli exemplaire d'un petit volume orné de curieuses figures par F. Chauveau.</small>

552. Secrets de la vraye agriculture et honestes plaisirs qu'on reçoit en la mesnagerie des champs, traduits en françois de l'italien de messer Aug. Gallo, par François de Belleforest. *Paris, Nic. Chesneau,* 1571; in-4, demi-rel. mar. bl.

553. Le Jardinier françois, qui enseigne à cultiver les arbres et herbes potagères; avec la manière de conserver les fruits, et de faire toutes sortes de confitures, conserves et massepans, dédié aux dames (par J. Bonnefons). *Amsterd.,* 1654; pet. in-12, mar. rouge, fil. tr. dor. (*Trautz-Bauzonnet.*)

<small>Édition elzévirienne, ornée de jolies figures, et rare.</small>

IV. SCIENCES MÉDICALES.

554. Dictionnaire des sciences médicales. *Paris,* 1812, 60 vol. in-8, cart. non rognés.

555. DIOGENIS, BRUTI, YPPOCRATIS medici epistole. (*A la fin*): *Florentiæ, facta est harum epistolarum impressio per Antonium Francisci Venetum anno dñi.* MCCCCLXXXVII; in-4, v. ant. comp. tr. dor.

<small>Exemplaire doublement précieux : d'abord, il est à la reliure de *Grolier*, avec sa devise et son nom gravés en or sur les plats ; et, de plus, il possède une note autographe de l'illustre bibliophile lyonnais sur le 1er feuillet.</small>

556. Sensuit les secretz des secrets de Aristotele

pour cognoistre les conditions des hommes et des femmes lesquels il fist pour le roy Alexãdre son disciple. *S. l. n. d.*, 4 f. in-8, goth. sans chiffres, récl. ni sign. mar. orange fil. tr. d.

Exemplaire de Ch. Nodier.

557. Cl. Galeni Pergameni de anatomicis administrationibus lib. IX. *Parisiis, apud Simonem Colinæum*, 1531; in-fol. mar. v. f. tr. d.

558. Deux livres des simples de Galien, nouvellement traduits de latin en françoys, par Monsieur maistre Jehan Canappe. *Lyon, chez Estienne Dolet*, 1542; in-8, mar. rouge, fil. tr. dor. (*Trautz-Bauzonnet.*)

Volume rare, comme le sont toutes les impressions faites par Est. Dolet. Bel exemplaire.

559. Principis Avicennæ liber primus de universalibus medicæ scientiæ præceptis, Andrea Gratiolo Salodiano interprete. *Venetiis, apud Fr. Zilettum*, 1580; in-4, veau brun fil. tr. d. (*Aux premières armes de De Thou.*)

560. Joan. Bapt. Montani medici clariss. opuscula varia ac præclara (cum indice). *Basileæ, ap. P. Pernam*, 1558; 2 tom. en 1 vol. in-8, mar. cit. fil. tr. d. (*Aux premières armes de De Thou.*)

561. Tractatus aureus Egidii Romani de formatione corporis humani in utero.... cum tractatu eiusdem de arca Noe. Explicit tractatus.... *S. l.* (*Parisiis*), *apud Ponset le Preux*, 1515; in-4, goth. mar. v. tr. d.

562. Livre de la Génération de l'homme, recueilly des antiques et plus seurs autheurs de medecine et philosophie, par Jacques Sylvius, iadis docteur en medecine à Paris, mis en fr. par G. Chrestian, medecin ord. du Roy. *Paris, G. Morel*, 1559; — Livre de la nature et utilité des moys des femmes, composé en latin par le même J. Sylvius, et traduit par le même Chrestian. *Id., ibid.*,

1559; 2 pièces rares en un vol. in-8, v. rac. dent.

563. Deux Livres de chirurgie : 1. de la Génération de l'homme.... 2. des monstres tant terrestres que marins, par Ambroise Paré, premier chirurgien du Roy. *Paris, André Wéchel*, 1573; in-8, mar. r. f. tr. d. (*Capé.*)

<small>Curieuses figures sur bois et un beau portrait de l'auteur à l'âge de 55 ans.</small>

564. La Commare o raccoglitrice dell' eccelent. signor Scipion Mercurio, filosofo, medico e cittadin romano, divisa in III libri. *Verona, Franc. Rossi*, 1642; in-4, fig. sur bois et front. gr. v. f. tr. d. (*Aux quatrièmes armes de De Thou.*)

<small>La Commare en lombard se traduit par le mot *sage-femme*.</small>

565. Essai sur la Mégalanthropogénésie, ou l'Art de faire des enfans d'esprit qui deviennent de grands hommes, par Robert le Jeune. *Paris*, 1801; in-12, mar. v. tr. d.

566. Regimen sanitatis. Le Regime de santé pour conserver le corps humain et vivre longuement. *Lyon*, 1503; in-4, goth. mar. rouge fil. tr. dor. (*Thompson.*)

<small>Très-bel exemplaire d'un livre curieux.</small>

567. Platine en françoys tres utile et necessaire pour le corps humain qui traicte de hoñeste volupté et de toutes viandes et choses que lōme menge... *Paris, Phil. Le Noir*, 1509; in-4, goth. fig. en bois mar. orange, fil. tr. dor. (*Thompson.*)

568. Noni medici clarissimi de omnium particularium morborum curatione, liber.... per Hier. Martinum. *Argentorati*, 1568; in-8, mar. v. f. tr. d. (*Aux premières armes de J.-A. De Thou.*)

<small>Dans le même volume : Simeonis Seti mgi Antiochiæ syntagma per elementorum ordinem.... Basileæ, ap. P. Pernam, 1561. — Pselli de victus ratione ad Constantinum imper. lib. II. — Rhazæ de pestilentia liber, G. Valla interpr. Basileæ, in æd. A. Cratandri, A° 1529. — Philareti medici de pulsuum scientia libellus, etc. Basileæ, ap. H. Petrum, 1533.</small>

569. Historiæ morborum observat. auctæ, auctore

Fr. Roncalli Parolino. *Brixiæ*, 1741; gr. in-fol. v. fauve.

<small>EXEMPLAIRE DE DÉDICACE, EN GRAND PAPIER. Beau portrait de Frédéric-Christian, roi de Pologne, gravé par Orsolini, d'après Rosalba Carriera. Relié aux armes de Pologne.</small>

570. Hier. Reusneri Nordlingensium poliatri, diexodicarum exercitationum liber de scorbuto. *Francofurti*, 1600; in-8, mar. v. (*Aux troisièmes armes de J.-A. De Thou.*)

571. Deux Livres des venins, auxquels il est amplement discouru des bestes venimeuses, thériaques, poisons et contrepoisons, par Jacques Grévin de Clermont en Beauvaisis. *Anvers, Ch. Plantin*, 1568; in-4, mar. r. tr. d. fig. s. bois.

<small>A la suite sont les *OEuvres de Nicandre*, trad. en vers français.</small>

572. La Methode curative des playes et fractures de la teste humaine, avec les pourtraits des instruments nécessaires pour la curation d'icelles, par Ambroise Paré, chirurgien ordinaire du Roy. *Paris, de l'imprimerie de Jehan le Royer*, 1561; in-8, v. f. fil. tr. d. (*Niedrée.*)

<small>Bel exemplaire de l'édition originale. Fig. sur bois, portrait d'Ambroise Paré à l'âge de 45 ans.</small>

573. Gasparis Taliacotii Bononiensis de Curtorum Chirurgia per insitionem libri duo. *Venetiis, ap. G. Bindonum*, 1597; in-fol. fig. s. b. demi-rel. vél.

<small>Édition originale d'un ouvrage célèbre dans l'histoire de la chirurgie. On y trouve toutes les planches relatives à l'opération de la rhinoplastie.</small>

574. LE TRESOR DES POUURES selon maistre Arnoult de Villenoue, maistre Gerard de Solo et plusieurs aultres docteurs en médecine de Montpellier. *Imprimé à Lyon par Claude Nourry dit le Prince le xiiij^e jour daoust mil cinq cens xxvij*; pet. in-fol. goth. mar. bl. tr.

<small>Bel exemplaire d'un livre rare, dans lequel se rencontrent quelques chapitres d'une liberté et d'une crudité au moins curieuses.</small>

575. EN QUEL TEMPS ON DOIT DONER MÉDECINE. — Si

finist la nature des douze signes auec les sept planettes et cōposition du kadren a congnoistre les
heures iour et nuyt. *Imprime a Lyon aulx despens
de Claude Dauphin. S. d.;* 12 f. in-16, impr. sur
vélin, mar. v. fil. tr. d. (*Koehler.*)

<small>Avec de jolies lettres peintes en miniature. Sign. : †. Paraissant faire suite à un autre ouvrage ; mais, pourtant, formant un tout bien complet.</small>

576. La Decoration dhumaine nature et aornemēt
des dames, cōpile et extraict des tres-excellēs docteurs et plus expers medecins tant anciens que
modernes par maistre Andre le Fournier. *On les
vend a Lyō en rue Merciere, a l'enseigne S. Jehā
Baptiste, en la maison de Claude Veycellier et fut
acheue le xxiiii*^{e} *iour de auril mil cinq cēs trente et
deux;* pet. in-8, goth. v. f. fil. tr. d. (*Capé.*)

<small>Volume rare et curieux.</small>

V. SCIENCES MATHÉMATIQUES.

GÉOMÉTRIE, ASTRONOMIE, ART MILITAIRE.

577. Lettres de A. Dettonville (Bl. Pascal) contenant quelques-unes de ses inventions de géomé-
trie. *Paris, Desprez,* 1659; in-4, v. f. fil. tr. d.
(*Niedrée.*)

<small>Édition originale, rare.</small>

578. Stereometriæ inanium nova et facilis ratio,
geometricis demonstrationibus confirmata. Auct.
Joh. Hartmanno Bevero, medico. *Francofurti, in
off. Paltheniana,* 1603; pet. in-4, mar. cit. fil. tr.
d. (*Aux troisièmes armes de De Thou.*)

579. Le operazioni del compasso geometrico et mi-
litare di Galileo Galilei. *Padova, in casa dell' autore,* 1606; in-fol.

<small>Très-bel exemplaire d'un volume rare.</small>

580. Le Operationi del compasso geometrico et mi-
litare di Galileo Galilei nobil Fiorentino, lettore

delle mathematiche nello studio di Padoua. *In Bologna, per gli heredi del Dozza*, 1656; 2 vol. in-4, mar. v. tr. d.

Édition originale, rare. Très-bel exemplaire.

581. Déclaration de l'usage du graphomètre, par la pratique duquel l'on peut. mesurer toutes distances, par Ph. Danfrie, tailleur général des monnoies de France. *A Paris, chez ledict Danfrie, rue des Carmes*, 1597; pet. in-4. mar. br. tr. d.

Caractères de *Civilité*, figures en taille-douce.

582. Les raisons des forces mouvantes avec diverses machines tant utiles que plaisantes auxquelles sont adjoints plusieurs desseings de grotes et fontaines, par Salomon de Caus, ingénieur. *A Francfort, en la boutique de Jean Norton*, 1615, in-fol. fig. (5), métal. demi-rel.

Livre important, dans lequel se trouve pour la première fois la vapeur indiquée comme puissance motrice.

583. Astronomici veteres diversi : J. Firmici Astron. lib. VIII; M. Manilii Astron. lib. V; Arati Phænomena, etc. (A la fin) : *Venetiis, [cura et diligentia Aldi Romani.* MID (1499); in-fol. mar. br. comp. tr. d. (*Rel. angl. de Bedfort.*)

Bel exemplaire, bien complet.

584. Compilatio Leupoldi, ducatus Austrie filii, de astrorum scientia decem continens tractatus. *Venetiis, per M. Sessam*, 1520; in-4, vél. fig. s. b.

Livre curieux. Exemplaire à peine ébarbé.

585. Dialogo di Galileo Galilei, sopra i due massimi sistemi del mondo, tolemaico e copernicano. Proponendo indeterminamente le ragioni filosofiche e naturali tanto per l'una quanto per l'altra parte. *Fiorenza, B. Landini*, 1632; in-4, mar. v. tr. d.

Édition originale, rare.

586. Guidi Vbaldi e Marchionibus montis proble-

matum astronomicorum Libri septem. *Venetiis, apud Bernardum Juntam, Crottum et socios,* 1609; in-fol. mar. cit. fil. tr. d.

Très-bel exemplaire, aux troisièmes armes de De Thou.

587. La Vision parfaite ou la veue distincte, par le concours des deux axes en un seul point de l'objet, par le P. Chérubin d'Orléans, capucin. *Paris, Couterot,* 1681; in-fol. mar. r. fil. tr. d. (*Dusseuil.*)

Aux armes de Charron de Ménars. Bel exemplaire en grand papier, avec figures et envoi d'auteur.

588. Flave Vegece Rene, homme noble et illustre | du fait de guerre : et fleur de chevalerie : iv livres. — Sexte Jule Frontin | des stratagemes | especes et subtilitez de guerre, iv livres. — Ælian, de l'ordre et institution des batailles, ung livre. — Modeste, des vocables du faict de guerre, ung livre, etc. Traduictz de latin en françois : et collationnez par le polygraphe humble secrétaire et historien du Parc d'honneur. *Paris, par Chr. Wechel, l'an* 1536; in-fol. mar. r. comp. tr. d. (*Trautz-Bauzonnet.*)

Nombreuses figures en bois, et, à la suite, la copie du grand portrait de Maximilien en pied, d'après A. Dürer.

589. Le Rosier des guerres cõpile par le feu Roy Loys unziesme de ce nom. — *Cy fine le Rosier des guerres nouuellemẽt imprime a Paris, par la veufue feu Michel Le Noir....* | *l'an mil cinq cens xxi;* in-4, goth. de 14 ff. mar. bl. tr. d. (*Koehler.*)

Très-bel exemplaire. — Voyez aussi à l'histoire de Louis XI.

590. Les ruses et cautelles de guerre, par Remy Rousseau. *Paris, Jehan Petit,* 1514; in-8, goth. mar. r. comp. tr. d.

Dédié à très-vertueux et illustre prince Mgr le duc de Bourbon et d'Auluergnie.

591. Instruction de toutes manières de guerroier, tant par mer que par terre, et des choses y ser-

vantes, par considération, par G. Vivien, d'Anvers. *Imprimé à Anvers, par J. Van Gheleyn*, 1563; pet. in-12 goth., v. ant. à comp.

<small>Petit volume RARE et CURIEUX, imprimé en gothique, à une époque où ces caractères ne s'employaient plus en France.</small>

592. Memoriale di guerra di Girolamo Eugen da Gobbio. Utilissimo et necessario a generali et governatori di fortezze.... et a soldati. *In Venetia*, M.D.C.VI; in-8, v. f. fil. tr. d. (*Aux troisièmes armes de De Thou.*)

VI. SCIENCES OCCULTES.

593. Artis cabalisticæ scriptores. Tome I. (Le seul publié.) *Basileæ, per Seb. Henricpetri*, 1587; in-fol. vél. fil.

<small>Avec la grande et curieuse planche du *Tournoi*.</small>

594. Philosophia moysaica. Auth. Robert. Flud, doctore Oxoniensi. *Goudæ, excud. P. Rammazenius*, 1638; in-fol. vél. à 2 col. avec fig. s. b.

595. Le Monde enchanté, ou examen des communs sentimens touchant les esprits, leur nature, leur pouvoir, etc., divisé en 4 parties, par Balth. Bekker, D^r en théologie et pasteur à Amsterdam. *Amsterdam*, 1694; 4 vol. in-12, portr. v. br.

596. De Præstigiis et incantationibus dæmonum et necromanticorum liber singularis nunquam antehac æditus; auctore Ricardo Argentino Anglo, medico. *Basileæ*, 1568; in-8, mar. cit. fil. tr. d. (*Aux premières armes de De Thou.*)

<small>Dans le même volume : *De Veneficis, quos olim Sortilegos, nunc autem Sortiarios vulgò vocant, dialogus*, per Lambertum Danæum. *Coloniæ Agrippinæ, apud J. Cynenicum*, 1575.</small>

597. De spectris, lemuribus et magnis atque insolitis fragoribus, variisque præsagitionibus quæ plerumque obitum hominum, magnas clades, mutationesque Imperiorum præcedunt, liber unus :

Lud. Lavatero autore. *Genevæ*, 1575; in-8, mar. rouge, tr. dor.

Exemplaire supérieurement relié par Duru, et d'une conservation parfaite.

598. Discours et histoires des spectres, visions et apparitions des esprits, anges, démons et âmes, se montrant visibles aux hommes, divisez en huict livres, par Pierre le Loyer, conseiller du Roy. *Paris, Nic. Buon*, 1604; in-4, mar. bl. fil. tr. d.

599. De la demonomanie des sorciers par J. Bodin. *Paris*, 1580; in-4, v. fauve.

600. Le Fléau des démons et des sorciers, par J. B. (Bodin), Angevin. *A Nyort chez David du Terroir*, 1616; in-8, v. fauve, fil. (*Bauzonnet.*)

601. ATALANTA FUGIENS, hoc est, emblemata nova de secretis naturæ chymicæ, authore Mich. Maiero. *Oppenheimii, ex typographia Hieronymi Galleri, sumptibus Joh. Theodori de Bry*, 1608; in-4, mar. citron à compartiments doublé de maroq. rouge dent. tabis, tr. dor. (*Padeloup.*)

Riche reliure de mosaïque de maroquin citron, rouge et vert. Ce beau volume provient de la collection Debure, avec la signature de Th. Gale sur le titre, et les armes de Brancas Lauraguais à l'intérieur du volume. Les 50 belles gravures sur cuivre qui décorent ce livre singulier ont été exécutées par J.-Théodore de Bry. On y remarque de la musique notée. Ce livre a été depuis réimprimé plusieurs fois; c'est ici l'édition originale.

602. Trois Traitez de la philosophie naturelle non encore imprimez. (Le livre d'Artephius, de Nic. Flamel et de Synesius.) Trad. par P. Arnauld, Sr de la Cheuallerie, Poictevin. *A Paris*, 1612; in-4, mar. v. fil. tr. d.

On a joint à ce rare volume une note biographique sur N. Flamel.

603. Les Secrets de nature ou la pierre de touche des poëtes, en forme de dialogue, contenant presque tous les préceptes de la philosophie naturelle, par Morestel de Tournus en Masconnois, D^r en théologie et précepteur du duc d'Elbeuf. *Rouen*, 1623; in-12, v. br. fil. tr. d. (*Aux armes de Goldschmidt.*)

604. Apomazar, des significations et événements des songes, selon la doctrine des Indiens, Perses et Égyptiens, pris de la bibliothèque de Sambucus, puis tourné du grec en latin, par J. Leunclavius et mis en franç. (par J. Duval). *Paris*, 1581; in-8, mar. vert, fil., tr. dor. (*Derome*.)

<small>Exemplaire de la vente Nodier (1829), de celle de Pixerécourt, et originairement de la bibliothèque de Mirabeau. Il est grand de marges et parfaitement conservé dans une reliure ancienne. Voir les *Mélanges tirés d'une petite bibliothèque par Ch. Nodier*.</small>

605. La Geomance du seigneur Christofe de Cattan gentilhomme genevoys (dédié à Nicot), mis en lumière par Gabriel du Preau, natif de Marcoussis. *Paris, G. Gilles*, 1558; in-4, v. br. fil. fig. s. b.

606. La Geomance abrégée de Jean de la Taille de Bondaroy, gentilhomme de Beauce.... ensemble le blason des pierres précieuses. *Paris, Lucas Breyer*, 1574; 2 portr. gr. sur bois de Jean de la Taille; in-4, mar. v. comp. tr. d. (*Trautz-Bauzonnet*.)

<small>Prose et vers. Très-bel exemplaire.</small>

607. Mirabilis liber qui prophetias revelationesque, necnon res mirandas præteritas, præsentes ac futuras, aperte demonstrat. *Paris, Enguilbert et Jehan de Marnef*, 1522; 2 part. en 1 vol. in-4 goth., mar. rouge, tr. dor. (*Duru*.)

<small>Livre curieux, à cause des rapports singuliers que présentent plusieurs prédictions qui y sont contenues avec plus d'un événement de la révolution de 1789. La deuxième partie est en français.</small>

608. Mirabilis liber qui prophetias reuelationesque nec non res mirandas præteritas, præsentes et futuras....; 2 part. en un vol., pet. in-8 goth., mar. bleu, fil.

<small>Bel exemplaire d'une édition rare.</small>

609. Les vrayes centuries et prophéties de maistre Michel Nostradamus, avec la vie de l'autheur. *Amsterd*. (*Elzevir*), 1668; pet. in-12 mar. rouge, tr. dor. (*Trautz-Bauzonnet*.)

<small>Bel exemplaire grand de marges. (Hauteur : 4 p. 10 lig.) Le frontispice de cette édition est gravé.</small>

SCIENCES ET ARTS. 105

610. Les Vrayes Centuries et propheties de Me Michel Nostradamus. *Amsterdam (Elzevir)*, 1668; in-12, mar. r. fil. tr. d.

Frontispice gravé, représentant le supplice de Charles Ier et l'incendie de Londres.

611. LE GRAND CALENDRIER ET COMPOST DES BERGIERS : cōpose par le bergier de la grand montaigne. — *Cy fine le grand calendrier des bergiers.... Imprime a Lyon par Jehan Cauterel, en la maison de feu Barnabé Chaussard, en l'an* 1551 ; fig. s. b. in-fol. mar. r. dent. tr. d.

Édition fort rare, enrichie de figures des plus curieuses.

VII. ARTS.

1. ÉCRITURE. — TYPOGRAPHIE.

612. CHAMPFLEURY, auquel est contenu lart et science de la deue et vraye proportion des lettres attiques, qu'on dit autrement antiques, etc., *est à vendre à Paris sus Petit Pont a lenseigne du Pot cassé, par Maistre Geoffroy Tory de Bourges*, 1529; in-fol. v. br. à comp.

Volume rare, curieux et très-recherché. Cet exemplaire est d'une parfaite conservation dans sa reliure originale, avec un écu aux armes de France.

613. Un autre exemplaire de Champfleury. 1529; pet. in-fol. mar. rouge, fil. tr. dor. (*Hardy*.)

Bel exemplaire.

614. L'ART ET SCIENCE DE LA VRAYE PROPORTION DES LETTRES ATTIQUES, autrement dites romaines ou antiques, selon le corps et visaige humain.... etc. Le tout inventé par maistre Geoffroy Tory, de Bourges. *Paris, Vivant Gautherot*, 1549; in-8, fig. mar. rouge, fil. tr. dor. (*Duru*.)

Volume RARE et très-recherché. TRÈS-JOLI EXEMPLAIRE.

615. LIBRO NUOVO D'IMPARARE a scrivere tutte sorte lettere antiche et moderne di tutte nationi, con un

Trattato dele Cifre, composto per G. Bat. Palatino. *Roma*, 1544; in-4, mar. brun, tr. dor. (*Hardy.*)

Très-bel exemplaire d'un livre RARE.

616. Libro di Giovambattista Palatino, nel qual s'insegna a scriver ogni sorte di lettera antica et moderna, di qualunque natione.... *In Roma, in campo di fiore, per Antonio Blado Asolano, il mese d'Agosto*, 1550; in-4, c. de R. fil. tr. d. fig. s. bois.

Très-bel exemplaire. On trouve dans ce livre les premiers *rébus* illustrés.

617. Polygraphie et universelle escriture cabalistique de M. J. Tritheme, abbé; trad. par Gabriel de Collange. *Paris, Kerver*, 1561; in-4, mar. r. fil. tr. d. (*Anc. rel.*)

Avec une note autographe d'Aimé Martin, auquel a appartenu le volume.

618. Traicté des chiffres ou secretes manières d'escrire, par Blaise de Vigenère, Bourbonnois. *Paris. l'Angelier*, 1587; in-4, fig. demi-rel.

619. Épreuve de caractères de la fonderie de Isaac et Jean Enschede à Harlem. 1757; in-8, mar. rouge. (*Reliure hollandaise.*)

2. BEAUX-ARTS.

A. Arts du dessin.

1. Dessin.

620. Paralelle (*sic*) des anciens et des modernes, en ce qui regarde les arts et les sciences, dialogue par M. Perrault. *Paris*, 1692; 4 vol. in-12, v. b.

621. Iconologie par figures, ou traité complet des allégories, emblèmes, etc., dessinée par MM. Gravelot et Cochin. *Paris, Lattré, graveur. S. d.;* 4 vol. in-8, mar. vert, comp. tr. d. (*Hardy.*)

Bel exemplaire en grand papier; épreuves avant la lettre.

622. Recueil d'emblèmes, devises, médailles et chif-

fres par le sieur Verrien. *Paris*, 1724; in-8, v. br. portr.

623. STUDIO DI DISEGNI DI GIACOMO PALMA. In-fol. mar. r. large dent. tr. d. (*Anc. rel.*)

Ce beau et intéressant recueil renferme un grand nombre d'études, de croquis, de dessins de Palme le Jeune, à la plume, aux deux crayons, lavés à la sépia ou à la sanguine.

624. ABRAHAMUS BLOEMART INVENTOR. École du dessin. In-fol. mar. r. fil. (*Relié sur brochure.*)

166 planches gravées à l'*acqua tinta* et à l'*acqua forte* par Nic. Visscher; plus, un beau portrait de Bloemart.

C'est la bonne édition de ce recueil précieux; elle a été faite à Amsterdam. M. Brunet ne cite que celle de 1740, gravée par B. Picart.

625. RECUEIL DE DESSINS DE GIOV. D. TIEPOLO. In-fol. mar. br. comp. tr. d. (*Thompson.*)

Études au lavis pour un groupe d'Hercule et d'Hylas. Ces dessins, lavés à l'encre de Chine et montés avec soin sur papier de couleur, sont au nombre de 38. On y a joint un dessin d'amours très-gracieux, qui justifie le nom que l'on a donné au peintre, de Watteau italien.

626. Figures de l'Éloge de la folie d'Érasme, dessinées à la plume par Jean Holbein et gravées en 1780. *Basle*, 1829; in-fol. demi-rel. mar. rouge.

627. FABLES DE LA FONTAINE, dessinées par J. B. Oudry, peintre ordinaire du Roy, ouvrage commencé en 1729 et terminé en 1734, contenant 245 fables. 2 vol. in-fol. mar. v. dent. tr. d. (*Rel. anc.*)

Dessins originaux d'Oudry, gravés pour la belle édition de 1755-59, en 4 vol. in-fol.

Ils sont au nombre de 277. Sur la garde on lit une note manuscrite de M. de Bure, auquel ont appartenu ces deux volumes si précieux.

628. MOLIÈRE. Suite de 33 dessins, admirablement dessinés par J. Punt d'après les originaux de Boucher, pour les œuvres de Molière, montés avec soin et reliés en un vol. in-fol. mar. rouge, tr. dor. (*Thompson.*)

629. DESSINS POUR LES CONFESSIONS DE J.-J. ROUSSEAU.

10 dessins lavés à la sépia, dont 4 de Moreau et 6 de Chasselat, avec les gravures, épreuves avant la lettre; montés et reliés en demi-rel. mar. r.

630. Croquis de Guys. In-4, obl. cart.

Album de 19 dessins à la plume et gouachés; scènes de mœurs contemporaines.

631. Un an à Rome et dans ses environs, recueil de dessins lithographiés par Thomas. *Paris, Didot*, 1830; in-fol. demi-rel. mar. rouge, planch. color.

632. DEBUCOURT. Collection de 17 dessins satiriques originaux de Debucourt (aquarelles). In-fol. oblong, demi-rel. d. et c. mar. r.

Cette suite, datant du Directoire, est fort curieuse. Plusieurs dessins ont été gravés.

633. La Rigenerazione dell' Olanda, specchio a'tutti i popoli rigenerati. *Venezia, app. G. Zatta di Antonio*, 1799; in-fol. demi-rel. d. et c. mar. r.

Recueil de caricatures gravées en couleurs, fort rare et curieux.

634. GOYA. Caprichos inventados y grabados al agua forte por Francesco Goya y Lucientes, pintor. *Madrid, v.* 1799; gr. in-4, mar. r. dent. tr. d. (*Rel. espagnole.*)

Admirable exemplaire en premières épreuves, auquel on a joint un rare portrait de la duchesse de Benavente, par Goya. — Sur la garde on lit : *Offert par l'auteur* : J.-F. GOYA.

635. TAUROMAQUIE de Francesco GOYA; in-fol. obl., demi-rel. mar. r. tr. d.

Bel exemplaire en anciennes épreuves. 33 eaux-fortes.

2. Peinture.

636. Dictionnaire des arts de peinture, sculpture et gravure, par Watelet et Lévesque. *Paris*, 1792; 2 vol. in-8, demi-rel.

637. ABRÉGÉ DE LA VIE DES PLUS FAMEUX PEINTRES, avec leurs portraits gravés en taille-douce, quelques réflexions sur leurs caractères et la manière de connaître les dessins des grands maîtres (par d'Argenville). *Paris*, 1745, 3 vol. in-4, portr. mar. rouge, fil. tr. dor. (*Hardy.*)

SUPERBE EXEMPLAIRE, pour la condition et les épreuves, d'une édition très-recherchée.

638. D'Argenville. Abrégé de la vie des peintres. 1745; 3 vol. in-4, portr. v. m.

639. La Vie des peintres flamands, allemands et hollandais, par Descamps. *Paris*, 1753; 5 vol. in-8, fig. portr. demi-rel. v. f.

640. Extrait des différents ouvrages publiés sur la vie des peintres (par Papillon de la Ferté). *Paris*, 1776; 2 vol. in-8, fig. v. m.

641. Histoire de la peinture en Italie par Lanzi, trad. de l'italien par Armande Dieudé. *Paris*, 1824; 5 vol. in-8, demi-rel. v. f.

642. Des Arts et des Artistes en Espagne, jusqu'à la fin du xviiie siècle, par Ed. Laforge. *Lyon, Louis Perrin*, 1859; in-8, demi-rel. d. et c. mar. v.

643. Trattato della Pittura del S. Cavaliero Giorgio Vasari, pittore et architetto, nel quale si contiene la prattica di essa. *Firenze, i Giunti*, 1619; in-4, mar. v. tr. d. (*Thompson.*)

644. Dialogue sur la peinture de Louis Dolce, intitulé l'Arétin, dans lequel on traite de l'excellence de la peinture : à la fin on y parle du mérite et des ouvrages du divin Titien. *Florence*, 1731; front. gr. in-8, vélin.

645. Livre de pourtraiture de maistre Jean Cousin. *Paris, Jean Leclerc*, 1618; in-4, obl. cart. non rogné.

646. I Freschi delle loggie Vaticane inventati da Raffaele Sanzio. Illustrati per cura di Agost. Valentini. *Roma*, 1855; in-fol. cart.

C'est un des plus beaux monuments de l'art moderne.

647. Le Arti di Bologna disegnate da Annibale Carracci, ed intagl. da Sim. Guilini. *In Roma*, 1740; in-fol. v. f. tr. d. riches compart. (*Reliure anc. avec armes d'un cardinal.*)

80 planches, bonnes épreuves, gravées à l'eau-forte.

648. Picturæ antiquissimi Virgiliani codicis biblioth.

Vaticanæ a P. Sancte Bartoli ære incisæ. *Romæ, apud Venantium Monaldini,* 1782; in-fol. v. f. richement orné, tr. d.

<small>Armes peintes sur les plats. Grand papier, bonnes épreuves.</small>

649. Marc-Antoine Raimondi, par M. Benj. Delessert. *Paris,* 1853; gr. in-4, br. photographies des estampes principales.

650. Imagines mortis (d'Holbein), his accesserunt epigrammata, e gallico idiomate in latinum a Georgio Æmylio translata. *Coloniæ, Birckman,* 1566; in-8, mar. br. tr. d.

<small>Copie de l'édition de 1538, augmentée, je crois, de 2 figures.</small>

651. L'ALPHABET DE LA MORT de Hans Holbein, publié par An. de Montaiglon. *Paris, E. Tross,* 1856; in-8, fig. s. b. mar. r. doré en tête. (*Thompson.*)

<small>EXEMPLAIRE IMPRIMÉ SUR VÉLIN.</small>

652. Dichiarazione dei disegni del reale Palazzo di Caserta alle sacre reali maestà di Carlo, re delle due Sicilie, et di Maria Amalia di Sassonia, regina. *Napoli, regia stamp.,* 1756; gr. in-fol. mar. r. fil.

653. Cabinet Crozat, recueil d'estampes d'après les plus beaux tableaux et d'après les plus beaux dessins qui sont en France dans le cabinet du Roy, dans celuy de Monsr le duc d'Orléans et dans d'autres cabinets. *Paris, de l'Imprimerie royale,* 1729-42; 2 vol. in-fol. max. mar. r. fil. tr. d. (*Anc. rel.*)

<small>Bel exemplaire de la première édition, publiée sans le texte explicatif.</small>

654. Les Galeries publiques de l'Europe, par Armengaud. *Paris,* 1856; fig. et vignettes, gr. in-4, mar. violet. tr. dor. (*Riche rel.*)

655. La Galerie électorale de Dusseldorf (30 planches contenant 365 estampes gravées par Chr. de Méchel). Ouvrage composé par Nic. de Pigage de l'ordre de St-Luc. *Basle, Chr. de Méchel,* 1778; in-fol. obl. demi-rel. d. et c. mar. r.

656. Catalogue du cabinet de M. Neyman (dessins), par Basan. *Paris*, 1776 ; in-8, demi-rel.

<small>Frontispice gravé et nombreux *fac-simile* à l'eau-forte. Prix ms.</small>

657. Tableaux du cabinet de M. Poullain, mis au jour par Fr. Basan ; pet. in-fol. demi-rel. mar. rouge. (*Bel exemplaire.*)

658. Une reliure vénitienne du commencement du xvie siècle; encadrée.

<small>Les deux plats et une doublure.
Sur chacun des plats est peint, par un artiste de beaucoup de mérite, un délicieux sujet mythologique, entouré de compartiments en or et couleurs de la plus grande élégance. La doublure rouge, à compartiments, est dans le style persan, fort à la mode à cette époque à Venise. Nous n'avons jamais rien rencontré de plus élégant et de plus riche que ce curieux spécimen d'un art qui n'existe plus qu'à l'état de souvenir.</small>

659. Un volume de papier blanc du commencement du xvie siècle, dans une belle reliure allemande estampée et gaufrée, avec fermoirs et serrure en cuivre gravé.

<small>Ce livre curieux provient du célèbre Pirkheimer, l'ami et le compatriote d'Albert Dürer, qui avait pris l'habitude de monter ainsi et d'*enfermer* les gravures dont il avait une collection importante. Le papier est marqué à la *tête de bœuf*.</small>

660. Couverture d'un ancien livre en cuivre et en argent; fermoirs.

<small>Cette couverture contient l'*Ausone* de J. de Tournes, 1549, et le *N. Testament grec* de R. Estienne, 1569.</small>

3. Gravure.

a. *Recueils. — Catalogues.*

661. Des Types et des manières des maîtres graveurs, pour servir à l'histoire de la gravure, en Italie, en Allemagne, dans les Pays-Bas et en France, par J. Renouvier. *Montpellier*, 1853 ; in-4, demi-rel.

<small>Excellent ouvrage.</small>

662. XII Fidei apostolici symbola iconibus artificiosiss. ab Hadriano Collardo in lucem edita.— VII Virtutum theologicarum icones.—VII Peccatorum capitalium imagines. *S. l. n. d.*; in-fol. mar. v. fleurdelisé, tr. d. (*Avec un dauphin couronné dans les angles des plats.*)

<small>Recueil de belles planches gravées en taille-douce, quelques-unes par Wiérix. Cet exemplaire doit avoir été relié dans les dernières années du règne de Henri IV, à l'usage du jeune Dauphin, depuis Louis XIII.</small>

663. ALBERT DURER. Suite d'estampes, gravées par Albert Dürer, connues sous le nom de la *Petite Passion*, 1508-1512. 15 planches originales, en belles épreuves, provenant de la vente Utterson, montées sur papier, reliées en mar. br. f. à fr. tr. d.

664. CALLOT. Balli di Sfessania di Jacomo Callot. (Figures de bouffons représentés deux à deux, dans des postures burlesques.) *S. l. n. d.;* pet. in-12 obl., mar. bl. doubl. de mar. citr., dent., tr. dor. (*Niédrée.*)

<small>Contenant 24 planches; ÉPREUVES du premier état. Délicieux recueil provenant de la bibliothèque de M. Armand Bertin.</small>

665. CALLOT. Capitano de' Baroni, diverses attitudes de gueux; 24 pièces en un vol. in-4, dos et coins de veau fauve. (*Trautz-Bauzonnet.*)

<small>TRÈS-RARE. Belles épreuves du premier état avant les numéros, et non terminées.</small>

666. CALLOT. Les misères de la guerre. Pet. in-8 obl., dos et coins de mar. (*Trautz-Bauzonnet.*)

<small>Anciennes épreuves à grandes marges.</small>

667. CALLOT. Les images de tous les saincts et sainctes de l'année, dédiées à Monseigneur le cardinal duc de Richelieu. *Paris, Israël Henriet*, 1636; pet. in-fol. demi-rel., cuir de Russie, NON ROGNÉ (*Trautz-Bauzonnet.*)

<small>Exemplaire peut-être unique dans cette condition; premières épreuves avant la lettre.</small>

668. Salvator Rosa has ludentis otii Carolo Rubeo singularis amicitiæ pignus d. d. d. *Norimbergæ*,

apud. J. J. de Sandrart, pictorem et chalcog.; in-4, mar. r. f. tr. d.

<small>60 planches gravées à l'eau-forte; deuxièmes épreuves.</small>

669. Diverse Figure al numero di ottanta, disegnate da penna, nell' hore di recreatione, da Annibale Carracci, intagliate in rame e cavate dagli originali da Limone Giulino Parigino. *In Roma, nella stamp. di Lod. Grigniani. S. d.* (1646); in-fol. cart.

<small>Collection d'eaux-fortes remarquables.</small>

670. ADRIEN VAN OSTADE. WERCK COMPLEET. OEuvres complètes d'Adrian de Ostade, peintre célèbre, inventées et gravées par luy-mesme; in-fol. mar. v. large dent. tr. d.

<small>50 planches, dont 12 sont en doubles épreuves, gravées à l'eau-forte. Toutes sont en épreuves du premier et du second état; elles portent au bas une description exacte, écrite au crayon par l'excellent expert Guichardot.
Il est impossible de réunir un œuvre plus admirable de ce maître. Le titre (première épreuve tirée avant les changements de la rédaction) est de la plus grande rareté.
Montées avec soin sur papier fort, ces planches ont été richement reliées par Thompson (Voy. Bartsch., tome I, p. 349.)</small>

671. Richter Album. *Leipzig*, 1855; 2 vol. pet. in-4 cart. en toile et un vol. gr. in-4. intitulé: *Schiller's Lied von der Glocke in Bildern von Lud. Richter. Dresden.*

<small>Publication d'une exécution remarquable.</small>

672. NOUVEAU LIVRE DE DIFFÉRENS CARTOUCHES, couronnes, casques, supports, etc., dessignez et gravez par Mavelot, ouvrage utile aux peintres, graveurs, orfévres, brodeurs et autres, pet. in-4 obl., mar. rouge, fil., tr. dor. (*Hardy.*)

<small>Ce volume est le petit recueil de Mavelot, plus rare que le grand. CHARMANT EXEMPLAIRE.</small>

673. Icones ad veridicum christianum P. Joannis David e Soc. Jesu. *Antuerpiæ, Phil. Gallæum, a° 1601*; in-4, mar. v. fil. tr. d.

<small>100 planches gravées sur métal par C. Galle, avec texte en vers, gravé en latin, hollandais et français.
A la suite, 4 ff. intitulés: *Concentus musicus veridici christiani coaptatus.* (Musique gravée.)</small>

SCIENCES ET ARTS.

674. Medea, Treuspel. *Amsterdam, by Abraham de Vees, en Jacob Lescaille.* 1648; in-4, vel. fig. tr. dor.

<small>Bel exemplaire de la première édition de cette tragédie célèbre faite par le bourguemestre Six, l'ami de Rembrandt, avec l'estampe de Rembrandt, intitulée le *Mariage de Jason*. Belle épreuve du deuxième état.</small>

675. Les jeux et plaisirs de l'enfance, invantez par Jacques Stella et gravez par Claudine Bouzonnet Stella, *A Paris, aux galeries du Louvre, chez la ditte Stella*, 1657; in-4 obl., vél.

<small>50 planches sur cuivre; épreuves à grandes marges.</small>

676. Le Temple des Muses, orné de 60 tableaux, dessinés et gravés par B. Picart le Romain et autres, *Amsterdam*, 1742; in-fol. v. br. dent.

<small>Bonnes épreuves. Exemplaire EN GRAND PAPIER.</small>

677. Psyché. Suite complète des 32 planches, publiées par Ant. Salamanca avec un huitain en vers italiens au bas de chaque estampe : elles ont été gravées par les élèves de Marc-Antoine d'après les dessins attribués à Raphaël ; in-fol. obl. dem.-rel. belles épreuves.

678. Estampes pour les œuvres de Voltaire, par Moreau le jeune; 10 livraisons in-8.

679. SUITE DE FIGURES DE COCHIN pour les œuvres de J. J. Rousseau, édition de Didot, 1793; en un vol. in-fol., dem.-rel.

<small>Recueil d'artiste, composé des premières épreuves avant toutes lettres; le portrait de J.-J. Rousseau par Quéverdo, et une autre épreuve du graveur.
Outre les 36 figures formant la suite complète pour J.-J. Rousseau, on trouve encore quatre autres estampes d'après Monsiau, pour le *Voyage sentimental* de Sterne, édition imprimée en 1799, in-4; épreuves de choix avant toutes lettres.</small>

680. KIRCHEN KALENDER (von Gaspar Goldtwurm). *Francfort*, 1584; pet. in-8, veau fauve, fil., t., dor. (*Trautz-Bauzonnet.*)

<small>TRÈS-JOLI LIVRE ENRICHI de 90 figures sur bois de JOST AMMAN.</small>

681. Descriptio publicæ gratulationis spectaculorum et ludorum, in adventu S. P. Ernesti Arch. ducis Austriæ, ducis Burgundiæ..... omnia a Joa. Bochio

conscripta. *Antverpiæ*, 1595;— Historica narratio profectionis et inaugurationis Alberti et Isabellæ. *Antverpiæ*, 1602; 2 part. en un vol. in-fol. v. rel. fatiguée; curieuses figures.

682. Festa fatta in Roma alli 25. di febraio 1634 e data in luce da Vitale Mascardi. *Roma* (1635); in-4, vél.

<small>Exemplaire bien conservé d'un volume orné de 12 figures gravées à l'eau-forte par Fr. Collignon, né à Nancy, vers 1621, d'après les dessins d'André Sacchi.</small>

683. Ragguaglio della solemne comparsa fatta in Roma 1687, dall' illust. signor Conte di Castelmaine ambasciadore straordinario dell. sacra maiestate di Giac. secondo. *Roma;* in-fol. vél. nombreuses pl. remarquablement dessinées par Gio. Batt. Lenardi et gravées par Westerhout.

b. *Portraits et costumes.*

684. RECUEIL DE PORTRAITS de souverains, princes, seigneurs, gravés par Baltazar Moncornet. 1663; in-4, mar. orange, fil., dent., tr. dor. 46 port. (*Riche reliure ancienne.*)

<small>Au verso de chacun de ces portraits se trouve une notice biographique manuscrite, en italien; très-bonnes épreuves. Personnages de la cour de Louis XIV, tels que Philippe, duc d'Orléans, Henriette d'Angleterre, la princesse de Conty, Nicol. Fouquet, Françoise d'Orléans de Valois, Marguerite de Valois, Marguerite de Lorraine, Jules de Bourbon, duc d'Enghien, etc.</small>

685. PORTRAITS PAR SAINT-AUBIN et autres en 1 vol. in-4, mar. bleu, fil., dent., tr. dor. (*Bozérian.*)

<small>Recueil factice d'épreuves du premier choix de portraits, dont : P. Corneille, d'après Ch. Le Brun ; J.-J. Rousseau (superbe épreuve), Descartes, Lafontaine, Crébillon (superbe épreuve), Regnard, J.-B. Rousseau, La Mothe Le Vayer (superbe épreuve), le cardinal d'Ossat, Vadé, etc., gravés par Fiquet; l'Arioste, Bacon, Barthélemy, Boileau, Henri IV, Jeanne d'Arc, Deshoulières, La Rochefoucauld, Mme de Sévigné, Madame de Montespan, Mme de la Vallière, Ninon de Lenclos, etc., par Saint-Aubin, Delvaux. Le tout en premières épreuves sur papier de Chine, et eaux-fortes. Il y a en plus le dessin original, par Saint-Aubin, du portrait du commandeur Dolomieu. En tout, 96 pièces.</small>

686. Les Hommes illustres qui ont paru en France pendant ce siècle, avec leurs portraits au naturel,

par M. Perrault. *Paris, Ant. Dezallier*, 1697-1700; 2 vol. in-fol. v. br.

<small>Grand papier. Portraits d'Edelinck. Exemplaire du premier tirage, avec les portraits de Thomassin et de du Cange, à la place de ceux de Pascal et d'Arnauld, qui y ont été ajoutés.</small>

687. Silhouettes des principaux personnages de la cour de Turin, à la fin du xviiie siècle; in-8, v. éc. fil. tr. d.

<small>Ces silhouettes, dans un élégant encadrement, sont pour la plupart de M. de Silhouette, le contrôleur général, lui-même. Quelques-unes, notamment celle de Louis XVI, sont évidemment postérieures.</small>

688. LES VRAIS POURTRAITS de quelques-unes des plus grandes dames de la chrestienté desguisées en bergeres. *Amsterdam*, 1640; in-4 obl., mar. rouge, fil., tr. dor. (*Trautz-Bauzonnet.*)

<small>Très-beau recueil exécuté par Crispin de Pas, et rare dans cette condition. Le frontispice gravé représente Louis XIII en berger, entouré des plus grandes princesses de l'époque, en costumes de bergères.</small>

689. HOLLAR. Female heads. Recueil de types féminins, gravés par Hollar, 1642-1647, 43 estampes; montées sur papier et reliées en mar. vert, f. tr. d. (*Rel. angl.*)

<small>Précieux recueil de pièces très-rares.</small>

690. COSTUMES DE TOUS LES PEUPLES DU MONDE. Gr. in-fol. mar. r. à comp. tr. d.

<small>92 costumes gravés au trait sur métal, probablement sur fer, vers 1550, à Nuremberg ou à Augsbourg, avec des titres manuscrits en allemand. Ils ont été finement lavés à l'encre de Chine. La hauteur des figures varie de 26 à 30 centimètres. Les costumes ont beaucoup de rapport avec ceux publiés par Hans Weigel, et cette suite pourrait être le premier essai de ce maître. On n'y trouve ni monogrammes, ni signatures, ni numéros.

On connaît quelques planches séparées de ce précieux recueil dans le cabinet grand-ducal de Gotha; mais on n'avait jamais eu connaissance d'un aussi grand nombre de planches, sur lesquelles se taisent tous les iconographes.</small>

691. VECCELLIO. De gli Habiti antichi et moderni, di diuerse parti del mondo, libri II, fatti da Cesare Vecellio. *Venetia*, 1590; in-8, mar. v. dent. tr. d. (*Bozérian.*)

<small>420 planches gravées, dit-on, d'après les dessins du Titien (mort en 1576). Édition originale; exemplaire Révoil.</small>

692. RECUEIL DE LA DIVERSITÉ DES HABITS, qui sont

de fréquent usage, tant es pays d'Europe, Asie, Afrique et isles sauvages ; le tout fait après le naturel. *Paris, Richard Breton*, 1567 ; in-8, veau fauve, fil., tr. dor.

<small>Volume d'une conservation parfaite, très-curieux, et dont il est fort rare de rencontrer un bel exemplaire. — Exemplaire Révoil.</small>

693. Recueil de costumes, dessiné par J.-Bte Monnoyer, gravé par P. Schenck à la manière noire. Quelques pièces portent le nom de J. Goole. Le tout divisé par saisons et mois et de premières épreuves ; in-fol. v. br.

<small>Curieux et rare recueil, publié à Amsterdam à la fin du xvie siècle. Texte hollandais et français.</small>

694. CALLOT. Habillement de la noblesse française sous le règne de Louis XIII ; in-4, demi-rel. v. fauve. (*Trautz-Bauzonnet.*)

<small>Onze pièces ; épreuves du premier état avant les numéros.</small>

695. ABRAHAM BOSSE. LE JARDIN DE LA NOBLESSE FRANÇOISE, dans lequel se peut cueillir leur manierre de vettements. — La noblesse françoise à l'eglise. *Paris, Melchior Tavernier*, 1629 ; 24 pièces dessinées par Saint-Igny, gravées par Abraham Bosse, en un vol. in-4, dos et coins de veau fauve. (*Trautz-Bauzonnet.*)

<small>Recueil intéressant et de toute rareté ; les *épreuves en sont fort belles* et parfaitement conservées.</small>

696. RABEL. COSTUMES DU TEMPS de Louis XIII, 12 jolies figures de modes, dessinées et gravées par Daniel Rabel (*vers* 1630); gr. in-4, dos et coins de maroquin.

<small>Dix vers, encadrés dans un frontispice gravé, forment l'unique titre de cette suite, *des plus rares.*

« Voici comment l'on s'accommode,
« Tant à la ville qu'à la court :
« Les mignonnes du temps qui court
« N'ont d'autre soin qu'estre à la mode.
. . . .
« Les vieilles, par mille cacquetz,
« Louent leur temps, blasment le nostre.
« Si l'asge ne leur eust osté
« La jeunesse avec la beauté,
« Elles feraient ainsy qu'une autre. »</small>

697. GYNÆCEUM, sive Theatrum mulierum, in quo præcipuarum omnium.... fœmineos habitus videre est, artificiosissimis figuris expressos a Jodoco Ammano (additis octostichis Franc. Modii). *Francofurti ad Mœnum, impensis Feyrabendii,* 1586 ; in-4, mar. rouge, tr. dor. (*Trautz-Bauzonnet.*)

<small>Jolis costumes de femmes, dont chaque pièce est accompagnée d'une courte explication en vers latins. Ce recueil est dédié à Isabelle d'Autriche, et son portrait en pied (*Regina Galliarum*) se trouve au commencement. Très-bel exemplaire.</small>

698. HOLLAR. Aula Veneris, sive varietas fœminini sexus, diversarum Europæ nationum, differentiaque habituum. Quas Wenceslar Hollar Bohemus delineavit et aqua forti æri insculpsit. *Londini,* 1644; in-16, mar. v. fil. tr. d. (*Rel. angl.*)

<small>Rare et précieuse collection des costumes de Hollar.</small>

4. Sculpture.

699. Antiquarum statuarum vrbis Romæ lib. J. B. de Caualleriis Lagherino incisore ; *apud Fr. Palumbum Nouariensem. S. l.* (*Romæ*), *s. d.* (1560); 53 pl. in-fol. vél.

<small>EXEMPLAIRE DE DEVÉRIA, qui a dessiné sur un plat la Rome païenne avec sa louve et ses jumeaux ; sur l'autre, la Rome chrétienne, avec un enfant crucifère et l'inscription célèbre : DEO IGNOTO.</small>

700. Di alcune opere scolpite da sua altezza reale il conte di Siracusa. *Napoli,* 1859, in-fol. cart. photographies. (*Tiré à petit nombre.*)

701. I Marmi Riccardiani, difesi dalle censure del marchese Scip. Maffei. *In Firenze, nella stamperia di F^b Moncke.* In-4, mar. r. comp. tr. d.

<small>Bel exemplaire de dédicace à Vincenzio et Ferdinando Riccardi de' marchesi di Chianni, sur papier fort ; livre important pour l'histoire de l'art et de l'archéologie.</small>

5. Architecture.

702. VITRUVII Pollionis architectura, textu ex recensione codicum emendato, cum exercitationibus

notisque novissimis Joan. Poleni et commentariis varior., additis nunc primum studiis Simonis Stratico. *Utini*, 1825-30; 8 part. en 4 vol. in-fol., dos et coins demi-rel. cuir de Russie, non rog. (*Trautz-Bauzonnet*.)

<small>Édition la plus complète et une des plus belles de Vitruve. Cet exemplaire a été lavé, encollé et relié avec beaucoup de soin.</small>

703. L'Architecture ou Art de bien bastir de Marc Vitruve Pollion, autheur romain antique, mis de latin en françoys, par Jan Martin. *Paris, Jehan Barbé*, 1547; in-fol. mar. br. tr. d. planch. grav. portr.

<small>Exemplaire à grandes marges et de belles épreuves, d'une édition remarquable par sa belle exécution, et qui contient une *Dissertation sur l'architecture*, de Jean Goujon.</small>

704. Les Dix Livres d'architecture de Vitruve, corrigez et traduits nouvellement en françois, avec des notes et des figures. Seconde édition, revue, corrigée et augm., par Perrault. *Paris, Coignard*, 1684; in-fol. mar. r. fil. tr. d.

<small>Très-bel exemplaire en ancienne reliure.</small>

705. M. L. Vitruvio Pollione de Architettura dal vero esemplare latino nella volgar lingua trad. M.D.XXXV. *In Vinegia, per Nic. de Aristotele detto Zoppino*; belles fig. en b. in-fol. mar. v. tr. cis. d.

<small>A riches compartiments, d'un goût très-pur, dans le style de Maïoli. Sur les plats est un écusson formé des armes de Médicis et des Orsini écartelées, avec cette devise : *Paul Iordan. Urs. D. Aragon.* Nous croyons que ces armes sont celles de l'infortunée duchesse de Bracciano, Isabelle de Médicis, femme de Jordano Orsini, étranglée par son mari à Cerreto, en 1576.</small>

706. Leonis Baptiste Alberti de re ædificatoria incipit (opus). Leonis Bapt. Alberti florentini viri clarissimi de re ædificatoria opus elegātissimū et quāmaxime utile : *Florentiæ accuratissime impressum opera Mgri Nicolai Laurentii Alemani, anno salutis* 1485; in-fol. mar. br. f. à fr. tr. dor. (*Thompson.*)

<small>Bel exemplaire de l'édition *princeps*, de 204 ff.</small>

707. Francisci Marii Grapaldi de partibus ædium

libellus cum additamentis emendatissimus. *S. l.* (*Parme*), 1501; in-4, mar. r. tr. d.

<small>Deuxième édition, plus rare, mais moins ample que celle de 1516.</small>

708. Il Primo Libro d'architettura di Sebastiano Serlio, Bolognese.— Le Premier (et Second) Livre d'architecture de Sebastian Serlio, Bolognois, mis en langue françoyse, par Jehan Martin. *Paris, Jehan Barbé*, 1545; in-fol. fig. et plans gravés, mar. v. fil. tr. d.

<small>Première édition de cette traduction. Très-bel exemplaire.</small>

709. HYPNEROTOMACHIE ou discours du songe de Poliphile, déduisant comme Amour le combat de Polia, nouvellement traduict en françoys (par Jan Martin). *Paris*, 1546; in-fol. mar. br. tr. dor. (*Hardy.*)

<small>Très-bel exemplaire de la première édition de la traduction française de ce livre célèbre par les nombreuses et remarquables illustrations gravées sur bois dont il est orné, attribuées à Jean Goujon ou J. Cousin. Voir le *Manuel du libraire* de M. Brunet, le *Bulletin du bibliophile*, et un article dernièrement inséré dans la *Gazette des beaux-arts*.</small>

710. Les Plans et profils de toutes les principales villes, châteaux et lieux considérables de France, par le sieur Tassin, géographe ord. de S. M. *A Paris, chez Séb. Cramoisy*, 1634; 2 vol. in-4, obl. vél.

<small>Très-bel exemplaire.</small>

711. DU CERCEAU. Le Premier (et le Second) Volume des plus excellens bastimens de France. *Paris, pour ledict Jacques Androuet du Cerceau*, 1576-79; in-fol. mar. r. tr. d.

<small>Très-bel exemplaire de l'édition originale, bien complet, avec les planches rares de Chambourg (Chambord), etc.</small>

712. Album du château de Blois restauré et des châteaux de Chambord, Chenonceaux, Chaumont et Amboise, avec des notices historiques, par le vicomte Joseph Walsh, hommage à M. le comte de Chambord. *Blois*, 1851; gr. in-4 obl. lithogr. demi-rel.

713. DU CERCEAU. Livre d'architecture de Iaques

SCIENCES ET ARTS. 121

Androuet du Cerceau auquel sont contenues diverses ordonnances de plants et élévations de bastimens, pour seigneurs, gentilshommes et autres qui voudront bastir aux champs, etc. *A Paris, pour Iaques A. du Cerceau*, 1582; — Livre des édifices romains, contenant les ordonnances et desseings des plus signalez et principaux bastimens, qui se trouvent à Rome, etc., par I. Androuet du Cerceau, 1584; 2 tomes en 1 vol. in-fol. mar. r. fil. tr. d. (*Thompson.*)

Exemplaire d'une grande pureté. Premières épreuves.

714. Manière de bien bastir pour toutes sortes de personnes, par Pierre le Muet, architecte ordin. du Roy. *A Paris, chez Fr. Langlois, dict Chartres*, 1647; in-fol. mar. r. tr. d. (*Planches gravées.*)

Dans le même volume : *Augmentation de nouveaux bastimens faicts en France, par les ordres et desseins du S^r Le Muet. Id., ibid.*, 1647.

715. L'Architecture militaire ou la fortification nouvelle augmentée et enrichie de forteresses régulières, irrégulières et de dehors; le tout à la practique moderne, par Adam Fritach, mathématicien. *A Leyde, chez les Elzeviers*, 1635; in-fol. v. br. (*Aux quatrièmes armes de De Thou.*)

Plans et figures sur bois. Livre important.

716. Meubles sculptés, objets de fantaisie; recueil de photographies. *Paris, Riballier aîné et Mazaros*; gr. in-fol. demi-rel. mar.

B. Musique.

717. Octonaires de la vanité et inconstance du monde, mis en musique à 3 et 4 parties (dessus, taille, haute-contre, basse-contre), par Claude le Jeune, natif de Valentienne, compositeur de la musique de la chambre du roy. *A Paris, chez Pierre Ballard*, 1606; 4 parties in-4, obl. vélin.

Fort rare et bien complet. Ce recueil n'est pas cité par M. Fétis.

718. Madrigali à cinque voci, col basso continuo, et suoi numeri del signor Gio. Girolamo Kapsperger, nobile Alemanno, raccolti dal sig. cavalier Marcantonio Stradella dell' ordine di S. Stefano (canto, tenore, alto, quinto, basso, basso continuo). *In Roma, appresso Pietro Munelfi*, 1608-9; 6 parties in-4, vél.

Recueil d'une grande rareté.

719. Il primo libro d'intavolatura della chitarra spagnola, composto e dato in luce da Tomaso Marchetti Romano. *Roma, Fr. Moneta*, 1660; 1 n-8 obl. mar. r. fil. tr. d. (*Thompson.*)

Joli exemplaire d'un livre rare.

3. ARTS MÉCANIQUES; ART D'APPRÊTER LES ALIMENTS.

720. Schopperus de omnibus illiberalibus sive mechanicis artibus ad nostram ætatem inventis liber. *Francofurti ad Mœn., Feyerabend*, 1573; in-8, mar. r. fil. tr. d. (*Niedrée.*)

Bel exemplaire d'un livre recherché pour les 131 figures de Jost Amman, qui donnent une idée si exacte de l'état des arts au xvie siècle.

721. Due Trattati: uno intorno alle otto principali arti dell' Oreficeria; l'altro in materia dell' arte della Scultura, dove si veggono infiniti segreti nel lavorar le figure di marmo et nel gettarle di bronzo, composti da Messer Benvenuto Cellini. *Fiorenza*, 1568; pet. in-4, vél.

Édition originale.

722. DESSEINS DE JOUAILLERIE ET DE BIJOUTERIE, inventés par Maria et gravés par Babel. *Paris, s. d.*, gr. in-fol. obl. mar. r. fil. à compart. tr. d. (*Belle reliure de Hardy.*)

Babel, orfèvre et graveur, est mort en 1770. Très-beau recueil (interfolié de papier blanc) de divers genres : cartouches, ornements, écussons, Breloques, etc. (Ce volume provient de la bibliothèque de M. G..., juin 1856.)

723. Le Tailleur sincère, contenant ce qu'il faut observer pour bien tracer, couper et assembler

toutes les principales pièces qui se font dans la profession de tailleur, par le sieur B. Boullay. *Paris*, 1671; in-8, fig. s. b. portr. mar. bl. fil. tr. dor. (*Niedrée*.)

<small>Volume rare et fort curieux. Réparations au titre.</small>

724. GIOIELLO DELLA CORONA per le nobili e virtuose donne (par Matteo Florini). *In Fiorenza app. Franc. Tosi.* 1594; in-4 obl. vél.

<small>Recueil de 25 planches de guipure et de broderie, d'une grande rareté.</small>

725. La Manière d'amollir les os et de faire cuire toutes sortes de viandes en fort peu de temps et à peu de frais, avec une description de la machine dont il faut se servir pour cet effet; nouvellement inventée par Papin, docteur en médecine. *Paris*, 1682; in-12, mar. v. tr. d.

<small>Édition originale d'un livre recherché.</small>

726. De naturali vinorum historia, de vinis Italiæ et de conviviis antiquorum, Andreæ Baccii, etc., compendiaria tractatio. *Romæ, ex off. Nic. Mutii*, a° 1596; in-fol. v. f. fil. tr. dor. (*Padeloup*.)

<small>Très-bel exemplaire de du Fay, aux armes du comte d'Hoym.</small>

VIII. EXERCICES GYMNASTIQUES.

1. ESCRIME ET DANSE.

727. L'Académie de l'homme d'épée ou la Science parfaite des exercices deffensifs et offensifs, en 116 plans en taille-douce, accompagnés d'explications détaillées avec soin, par Mons. Girard. *La Haye*, 1755; in-4, ob. v. éc.

<small>On y trouve les exercices de l'esponton, du fusil, etc.</small>

728. ORCHÉSOGRAPHIE, méthode et théorie en forme de discours et tablature pour apprendre à dancer, battre le tambour en toute sorte et diversité de batteries, jouer du fifre et arigot, tirer des

armes et escrimer, etc., par Thoinot Arbeau demeurant à Langres. *A Langres, par Jehan des Preyz*, 1596; in-4, fig. s. b. v. f. fil. (*Anc. rel.*)

<small>Bel exemplaire d'un livre fort rare et précieux, provenant de la bibliothèque de Girardot de Préfond et de M. Singer.</small>

729. Il Ballarino. Nobiltà di Dame del sr Fabritio Caroso da Sermoneta, libro alta volta, chiamato il Ballarino... aggiunta il basso et il soprano della musica. *Venetia*, 1600; in-4, mar. r. tr. d. fig. sur cuivre et musique notée.

<small>Très-bel exemplaire de ce livre curieux.</small>

2. CHASSE ET PÊCHE.

730. Légende de saint Hubert, précédée d'une préface bibliographique et d'une introduction historique, par Édouard Fétis. *Bruxelles*, 1846; in-8, mar. v. fil. tr. dor. (*Hardy.*)

731. In regias aquarum et silvarum constitutiones, ad illust. Lotharingiæ cardin., Claudio Mallevilæo authore. *Paris*, 1561; in-8, mar. v. fil. dent. à petits fers, composée d'attributs de chasse, tr. dor. (*Trautz-Bauzonnet.*)

<small>Ce volume est en latin et en français; on y trouve un grand nombre de particularités curieuses relatives à la chasse et à la pêche; il est rare, et la reliure est un chef-d'œuvre d'exécution. Nous lisons à l'article 2 : « Ceux qui chasseront aux grosses bestes contre les prohibitions et deffenses, seront condamnez à l'amende de 250 livres tournois; ceux qui n'auront de quoy payer, seront battus de verge sous la custode, jusqu'à effusion du sang... et cela pour la première fois... »</small>

732. Chasse. Ordonnance du Roy nostre Sire sur le faict de la chasse et le pris du gybier sur peine de dix libures tournois d'amēde tāt a l'achepteur cōme au vendeur ainsi que plus a plain verrez dedans la dicte ordonnance. *On les vend à Paris par la veufue Jacques Nyuerd, s. d.* (1549); pet. in-8, goth. mar. v. tr. d. (*Duru.*)

<small>Plaquette précieuse et fort rare.</small>

733. PHEBUS DES DEDUICTZ DE LA CHASSE

des bestes sauuaiges et des oiseaulx de proye. — *Ci fine le liure de Phebus du deduyt de la chasse des bestes sauuaiges et oyseaulx de proye. Imprimé à Paris, par Jehan Treperel* (vers 1510); fig. s. b. p. in-fol. mar. v. tr. d. (*Duru.*)

Très-bel exemplaire d'un livre d'une grande rareté.

734. Le Miroyr de Phebus des deduictz de la chasse aux bestes saulvaiges et des oiseaulx de proye, avec lart de faulconnerie et la cure des bestes et oyseaulx a cela propices. *On les vend à Paris, par Philippe le Noir*; in-4, goth. mar. v. fil. tr. d. (*Trautz-Bauzonnet.*)

Figures sur bois : un feuillet refait.

735. LE LIVRE DU ROY MODUS. *Cy finist ce presentliureintitule le liure de Modus et de la Royne Racio. Imprime à Chambery par Anthoine Neyret lan de grace mil quatre cens octante et six, le xxe jour de octobre*; in-fol. mar. r. dent. à l'inter. tr. d. (*Trautz-Bauzonnet.*) Fig. sur bois.

Très-bel exemplaire du premier livre imprimé sur la chasse. On sait l'excessive rareté de ce curieux volume.

736. Libro de la monteria que mando escrevir el muy alto y muy poderoso Rey don Alonso de Castilla, y de Leon, setimo deste nombre. Acrecentado por Gonçalo Argote de Molina. *Impreso en Sevilla, por Andrea Pescioni, año 1582*; fig. s. b. in-fol. mar. r. tr. d. (*Duru.*)

Bel exemplaire de Charles Nodier.

737. Venationes ferarum, avium, piscium, pugnæ bestiariorum et bestiarum mutuæ : depictæ a J. Stradano, editæ a Ph. Gallæo, carmine illustr. a C. Kiliano Dufflæo. *S. l. n. d.* (*Antuerpiæ, c. 1600*); in-fol. obl. mar. r. tr. d.

104 planches et frontispices en belles épreuves.

738. Le parfait chasseur, par M. de Sélincourt. *Paris*, 1683; pet. in-12, mar. v. fil. tr. d. (*Hardy.*)

Très-joli exemplaire d'un livre rare et intéressant « pour l'instruction des « personnes de qualité ou autres qui aiment la chasse, pour se rendre capables

« de cet exercice, apprendre aux veneurs, piqueurs, fauconniers, à servir
« dans les grands équipages... » etc.

739. La Vénerie de Jacques du Fouilloux, précéd. de notes biogr. et bibliogr. *Angers*, 1844; in-4, fig. sur bois fac-simile, v. f. fil. tr. dor. (*Niedrée*.)

740. La Vénerie royale divisée en IV parties, qui contiennent la chasse du cerf, du lievre, du chevreuil, du sanglier, du loup et du renard, par messire Robert de Salnove, conseiller, lieutenant dans la grande louveterie de France. *Paris, Sommaville*, 1665; in-4, mar. v. fil. tr. d. (*Trautz-Bauzonnet*.)

A la suite, le *Dictionnaire du chasseur*, 38 pp.

741. LA VÉNERIE ROYALE, dédiée au Roy, par Robert de Salnove. *Paris*, 1672; 2 tom. en 1 vol. pet. in-12, mar. orange, fil. tr. d. (*Bauzonnet*.)

Divisée en deux parties; la première : « Qui contient les chasses du cerf, « du lièvre et du chevreuil; et la manière d'élever les chiens pour toutes « sortes de chasses. » La seconde contient « les chasses du cerf, du loup, du « sanglier, du renard, etc. » ÉDITION RARE.

742. La Colombière, et maison rustique, de Philibert Guyde, dit Hegemon de Chalon sur la Saone : contenant une description des douze moys de l'année, etc. *Paris*, pet. in-8.

Volume *fort rare*, à la fin duquel on trouve des fables, des cantiques, l'ostracisme ou exil honorable, avec enseignement aux laboureurs.

743. LA VÉNERIE NORMANDE, ou l'école de la chasse aux chiens courants pour le lièvre, le chevreuil, le cerf, le daim, le sanglier, etc., par Le Verrier de la Conterie. *Rouen*, 1778; in-8, mar. v. fil. tr. d. (*Trautz-Bauzonnet*.)

SUPERBE EXEMPLAIRE d'un livre orné de figures et de musique notée pour les tons de chasse.

744. La Chasse du loup, nécessaire à la maison rustique, par I. de Clamorgan, seigneur de Saane, premier capitaine de la marine de Ponan, au Roy Charles IX. *A Paris, chez Jacques Du-Puis*, 1572; in-4, fig. s. b.

Première édition, d'une grande rareté.

745. La Chasse du cerf en rime françoise (milieu du treizième siècle). *Paris*, 1840; in-8, mar. v. fil. tr. d. (*Trautz-Bauzonnet.*)

<small>Volume tiré à CINQUANTE exemplaires, très-bien imprimé sur papier de Hollande, et publié par les soins de M. le baron Pichon, d'après un manuscrit de la Bibliothèque impériale.</small>

746. La Meutte et venerie pour le chevreuil, de haut et puissant seigneur messire Jean de Ligneville, chevalier, comte de Bey, etc. *A Nancy, par Ant. Charlot*, 1655, in-4, v. f. fil. tr. d.

<small>Bel exemplaire de ce très-rare et curieux volume.</small>

747. NOUVELLE INVENTION DE CHASSE, pour prendre et oster les loups de la France : avec trois discours aux pastoureaux françois, par Louis Gruau, prestre curé de Sauge, diocèse du Mans. *Paris*, 1613; in-8, pl. grav. sur bois, v. f. tr. d. (*Capé.*)

<small>Exemplaire de la bibliothèque HUZARD, d'un volume aussi rare que curieux.</small>

748. Histoire d'un braconnier, ou Mémoires de la vie de Labruyère, auteur du braconnage. *Paris*, 1844; in-8, mar. r. fil. dos orné, tr. dor. (*Belle reliure de Duru.*)

<small>Ouvrage tiré à 124 exemplaires, tous sur papier de Hollande, aux frais et par les soins de M. le baron J. Pichon.</small>

749. La Fauconnerie de Charles d'Arcussia de Capre, seigneur d'Esparson, etc., divisée en dix parties, avec les portraicts au naturel de tous les oiseaux. *Paris, J. Houzé*, 1627; in-4, mar. cit. fil. tr. d. (*Trautz-Bauzonnet.*)

<small>Très-bel exemplaire de la meilleure édition, avec la lettre de Philoïerax à Philofalco.
Dans le même volume : *Discours de chasse où sont representez les vouls faicts en assemblée de fauconniers*, par le même. *Id., ib.*, 1627.</small>

750. Le véritable fauconnier, par Mre C. de Morais, chevalier, seigneur de Fortille, dédié au Roy. *Paris*, 1683; in-12, mar. v. tr. dor.

<small>Volume rare; exemplaire grand de marges.</small>

751. LATHAM's FAULCONRY or the faulcons lure and cure : in two books, the first concerning the ordering and training up of all Hawks in generall;

especially the Haggard Faulcon gentle; the second, teaching approved medicines for the cure of all diseases in them, by Simon Latham. *London*, 1658; 2 tom. en 1 vol. pet. in-8, v. j. fil. fig.

Très-rare et curieux volume.

IX. JEUX DIVERS.

752. Le Plaisant Jeu des eschecz renouvellé, trad. d'italien en françois par feu Cl. Gruget, Parisien. *Paris, Guil. le Noir*, 1560; in-8, mar. r. tr. d.

753. Il Giuoco de gli scacchi di Rui Lopez, Spagnuolo, trad. in italiano da M. Giov. Domenico Tarsia. *In Venetia, Presso Corn. Arriuabene*, 1584. — *Dans le même vol.* : La scacheide di Gregorio Ducchi. *In Vicenza, app. Perin et G. Greco*, 1586; deux ouvrages en un vol. in-4, mar. r. fil. tr. d. (*Aux premières armes de De Thou.*)

Poëme rare. (Dos refait.)

754. La Maison des Jeux, où se trouvent les divertissemens d'une compagnie par des narrations agréables et par des jeux d'esprit (par Cl. Sorel). *Paris, Nic. de Sercy*, 1642; 2 vol. in-8, mar. r. fil. tr. d. (*Capé.*)

Bel exemplaire, avec la signature de Seignelai, 1692.

BELLES-LETTRES

I. LINGUISTIQUE.

1. GRAMMAIRE GÉNÉRALE, VOCABULAIRES POLYGLOTTES.

755. Monde primitif analysé et comparé avec le monde moderne, considéré dans l'histoire naturelle de la parole, par Court de Gébelin. *Paris*, 1774. in-4, demi-rel., fig.

756. J. A. Comenii Janua linguarum reserata cum græca versione Theod. Simonii Holsati, innumeris in locis emendata a S. Curcellæo, qui etiam gallicam novam adjunxit. *Amst., apud Dan. Elzevirium*, 1665; pet. in-8, mar. r. tr. sup. d. NON ROGNÉ.

Exemplaire relié sur brochure.

757. Alphabetum græcum, cum Oratione Dominicali, etc. *Romæ, typis sac. Congregationis de propag. fide*, 1771; in-8, demi-rel.

Dans le même volume : *Alphabetum arabicum. Romæ*, 1797, typis sac. Congregationis de Propag. fide. — *Alphabetum hebraicum*, addito samaritano et rabbinico. Id., ib., 1771. — *Alphabetum cophtum, sive ægyptiacum*. Id., ibid. — *Alphabetum grandonico-malabaricum sive sanscrudonicum. Romæ*, 1772. — *Alphabeta indica*, id est granthamicum seu sanscrudonico-malabaricum, indostanum sive vanarense, nagaricum vulgare et talinganicum. Id., 1791. — *Alphabetum persicum cum oratione dominicali*, etc. Romæ, 1783. — *Alphabetum syro-chaldæum*. Id., ibid., 1797. — *Alphabetum tangulanum sive tibetanum*. Id., ibid., 1773.

Collection curieuse d'alphabets imprimés par la société de la Propagation de la foi, avec des tableaux gravés.

758. Colloquia et Dictionariolum octo linguarum, latinæ, gallicæ, belgicæ, teutonicæ, hispanicæ, italicæ, anglicæ et portugallicæ. Colloques ou Dialogues, avec un dictionnaire, etc. *Delphis, ex offic. Brunonis Schinckelij*, 1613; in-16, oblong, mar. br. fil. tr. d.

Jolie reliure ancienne, avec des M et des Φ entrelacés. (Philippe de Mornay, mort en 1623.)

759. Nova Nomenclatura IV linguarum, gallico, germanico, italico et latino idiomate conscripta per Nath. Duesium. *Lugd. Batav., ex offic. Elzeviriana*, 1652; pet. in-8, mar. r. tr. sup. d.

Exemplaire relié sur brochure,

2. LANGUE GRECQUE.

760. Thesaurus cornucopiæ. (A la fin) : *Venetiis, in domo Aldi Romani, summa cura laboreq præmagno, mense Augusto.* M. IIIID. (1496); in-fol. mar. r. fil. tr. d. (*Rel. de Chamot.*)

Editio primaria. Bel exemplaire du duc de la Vallière.

761. Funus linguæ hellenisticæ, sive Confutatio exercitationis de hellenistis et lingua hellenistica. *Lugduni Batav., ex off. Joan. Maire*, 1643; in-8, v. br. tr. d. (*Aux quatrièmes armes de De Thou.*)

762. Le Jardin des racines grecques, mises en vers françois (par Cl. Lancelot). *Paris, P. le Petit*, 1657; in-12, mar. v. tr. d. (*Capé.*)

Première édition.

763. SUIDAS. *Impressum Mediolani, impensa et dexteritate D. Demetrii Chalcondyli, Joannis Bissoli, Benedicti Mangii, Carpensium*, 1499; in-fol. v. f. fil. tr. d.

Très-bel exemplaire de l'édition princeps. Nous y avons compté 510 feuillets.

764. Commentarii linguæ græcæ, Gulielmo Budæo auct. *Venundantur (Parisiis) Jodoco Badio Ascensio*, 1529; in-fol. mar. j. fil. tr. d. (*Anc. rel.*)

Sur le plat est un chiffre C. R. S., surmonté d'une couronne royale. Reliure du XVIIe siècle. Ce volume a dû être relié pour Christine, reine de Suède.

765. ETYMOLOGICUM MAGNUM græcum (cum gr. præfatione Musuri). *Venetiis, sumptibus Nic. Blasti, opera Zachariæ Calliergi*, 1499; gr. in-fol. mar. rouge.

Belle édition rare et recherchée.

766. THESAURUS LINGUÆ GRÆCÆ, ab Henrico Stephano

constructus, cum appendice. *S. l. n. d.* (*Lugduni*, 1580); 4 vol. in-fol. mar. r. dent., tr. d.

<small>Deuxième édition du grand ouvrage de H. Estienne.</small>

767. Glossaria duo, e situ vetustatis eruta : ad vtriusque linguæ cognitionem et locupletationem perutilia. Item Atticæ linguæ seu dialecti idiomatis, comment. Henrici Stephani utraque nunc primum in lucem prodeunt. *S. l.* (*Lugduni*), *excudebat H. Stephanus*, 1573 ; 2 part. en 1 vol. in-fol. mar. v.

768. *Les mêmes*, demi-rel. mar. r.

<small>Très-bel exemplaire à toutes marges, que nous croyons en grand papier.</small>

769. Glossarium ad scriptores mediæ et infimæ græcitatis, auctore Carolo du Fresne, domino du Cange. *Lugduni*, 1688; 2 vol. in-fol. vélin cordé.

3. LANGUE LATINE.

770. POMPONIUS PLATINÆ. S. M. Terentius Varro togatorū literatissimus inter innūabilia volumina ingenii sui, etc. *Au* 10e *f.* : *M. Terentii Varronis, de Lingua latina.* — *Finis ejus quod invenitur Marci Varronis;* pet. in-fol. de 82 ff. mar. r. fil. tr. d. (*Anc. rel.*)

<small>Bel exemplaire de l'édition princeps, sans chiffres, récl. ni signat., imprimée à Rome vers 1472. Les caractères sont ceux du *Quinte-Curce* imprimé par George Lauer, à Rome, vers 1470, et décrit plus loin. (*Hist. Rom.*)</small>

771. POMPEIUS FESTUS de VERBORUM SIGNIFICATIONE. — *Mediolani* (*Ant. Zarot*). *Tertio nonas Augustas. Millesimo : quadringentesimo : septuagesimo primo;* pet. in-fol. cuir de Russie, fil. tr. d.

<small>Bel exemplaire de l'édition princeps, fort rare. (Panzer, tom. II, n° 6. La Vallière, n° 2176, etc.)</small>

772. DIOMEDES GRAMMATICUS, aliiq decem et novem authores infra notati post nouissimam Joannis Racuini impressionem apprime recogniti... *impr. Venetiis accurata diligentia per Cæsarem Arriuabenum Venetum*, 1522; Dans le même vol.: In hoc codice continentur: Instituta artiū Probiq Catho-

lica : Corn. q Frontonis de nominum verborumq differentiis ab A. Parrhasio nuper inuenta. *Veicetiæ* (sic) *XII febr.* M. D. IX. *per Henricū et Joannē Mariam ejus f. librarios;* en un vol. infol. mar. cit. fil. tr. d. (*Aux* 1res *armes de De Thou.*)

<small>C'est l'édition princeps de *Probus*, imprimée à Vicence.</small>

773. Prisciani grammatici Cæsariensis libri omnes. *Venetiis, in ædibus Aldi et Andreæ Asulani soceri.* 1527; pet. in-4, mar. v. comp. tr. d.

<small>Exemplaire bien complet, avec le feuillet blanc qui précède l'*errata*.</small>

774. Ælii Donati de octo partibus orationis editio secunda : cum Servii et Sergii doctissima interpretatione. *Parisiis, ex offic. R. Stephani,* 1534; in-8, c. de Russie, fil. tr. d. (*Purgold.*)

<small>Exemplaire Renouard.</small>

775. Les principes et premiers élémens de la langue latine, par lesquels tous ieunes enfans seront facilement introduicts à la cognoissance d'icelle; le tout reveu et corrigé en grande diligence. *Paris, Regn. Chauldiere,* 1546; pet. in-8, mar. rouge, tr. dor. (*Trautz-Bauzonnet.*)

<small>Volume grand de marges et d'une parfaite conservation; les petites grammaires du seizième siècle sont fort rares en bon état. On a relié avec l'opuscule dont nous avons transcrit le titre : *La manière de tourner toutes espèces de noms latins en nostre langue françoyse, reueue et corrigée soigneusement à l'utilité des ieunes enfans.* — *La manière de tourner en langue françoyse les verbes actifs, passifs, gérondifs... aussi les verbes impersonnels avec le substantif nommé* Sum *et le verbe* Habeo.</small>

776. Les Declinaisons des noms et verbes que doibvēt sçauoir les enfans auxquels on veult bailler entrée à la langue latine, ensemble la maniere de tourner les noms, pronoms, verbes tant actifz que passifz, etc. *Paris, Nicolas Le Riche,* 1548; in-8, mar. v. tr. d. (*Duru.*)

<small>Bel exemplaire d'un volume rare.</small>

777. Hortulus puerorum. Petit Jardin pour les enfants, fort agréable et profitable pour apprendre le latin (par Jean Fontaine). *Parisiis, H. Hunot,* 1606; pet. in-8, mar. bleu, tr. dor. jans. (*Capé.*)

<small>L'une de ces petites grammaires à l'usage des enfants, que l'on a négligé de</small>

conserver, et que le temps a tellement détruites qu'elles ne passent presque plus dans les ventes. Cet exemplaire est bien conservé et rempli de témoins.

778. Hortulus puerorum : Le Petit Jardin des enfans, avec un petit dictionnaire latin-françois. *Paris, chez L. Thiboust. S. d.* (1725); in-16, mar. r. à comp. tr. d.

Très-curieuse reliure, représentant sur le milieu des plats un Chinois avec un parasol, et, aux quatre coins, des dauphins. Chef-d'œuvre de dorure.

779. De octo orationis partium constructione libellus, cum comment. Junii Rabirii. *Parisiis, ex off. R. Stephani*, 1534. — Dans le même vol. : De Generibus vestium libellus, authore eodem. *Id., ibid.*, 2 parties en 1 vol. in-8, v. f. fil. tr. d.

780. Tractatus de orthographia valde utilis et necessarius; in-4, goth. mar. bl. fil. tr. d. (*Derome.*)

Sans chiffres, réclames, ni signatures; 6 ff. Cet opuscule, de la plus grande rareté, n'est décrit ni par Panzer, ni par aucun bibliographe. Le caractère se rapproche de celui qu'employait Conrad Pannartz à Rome, vers 1468. La lettre capitale est peinte à la main, en or et couleurs.

781. Laurentii Vallensis viri clarissimi : De linguæ latinæ elegantia : et de *hoc* pronomine sui ad Joan. Tortellum opus. *Venetiis impressum, anno* 1480; in-fol. vél.

782. Disciplinarum liberalium Orbis, ex P. Consentio et magno Aurelio Cassiodoro, cui adiecimus, adducti argumenti affinitate, libellos L. Apuleii Madaurensis de Syllogismo categorico, Censorini de Die natali. *Basileæ, Joan. Bebelius*, 1528; in-4, mar. r. fil. tr. d. (*Aux 2mes armes de De Thou.*)

Beau volume.

783. De latinitate falso suspecta Expostulatio Henrici Stephani. Ejusdem de Plauti latinitate Dissertatio et ad lectionem illius Progymnasma. *S. l. (Parisiis, H. Steph.*), 1576; in-8, cuir de Russie, f. tr. d. (*Purgold.*)

Exemplaire Renouard.

784. INCIPIT SVMMA QVÆ VOCATUR CATHOLICON, edita a fratre Johanne de Janua. — *Hic liber egregius Catholicon. dnice incarnationis annis m.*

cccc. lx. alma in urbe Maguntina. nationis inclite germanice....., impressus atque confectus est. (1460); in-fol. relié en bois, recouvert de peau de truie, estampé, ferm. et coins en cuivre. (*Rel. orig.*)

PRÉCIEUX VOLUME IMPRIMÉ SUR VÉLIN. — Double de la bibliothèque de Munich, incomparablement plus beau, plus fin de vélin et plus net que celui que s'est réservé cette illustre bibliothèque. C'est le plus beau livre de notre Catalogue.

785. Le même.

Imprimé sur papier. Exempl. de M. Ch. Giraud, le plus grand connu et finement rubriqué. C'est aussi un très-beau livre, malgré quelques piqûres de vers.

786. Dictionarium latino-gallicum, multo locupletius, Thesauro nostro recens excuso ita ex adverso respōdens, etc. (Rob. Stephano auct.). *Lutetiæ, ex off. Rob. Stephani,* 1546; in-fol. mar. v. fil.

787. THESAURUS LINGUÆ LATINÆ seu Promptuarium dictionum, etc. Rob. Stephano auctore. *Lugduni,* 1573; 2 vol. in-fol. mar. v. fil. tr. d.

TRÈS-BEL EXEMPLAIRE de la plus belle édition de ce livre célèbre, aux armes du comte d'Hoym.

788. Glossarium ad scriptores mediæ et infimæ latinitatis, auctore Carolo Dufresne, Domino du Cange. Editio nova, opera et studio monachorum ordinis S. Benedicti, e congreg. S. Mauri. *Parisiis,* 1733; 6 vol. in-fol. v. br.

Exemplaire en grand papier, avec les 10 ff. de la Monnoye.

789. Alphabetum Tironianum, seu notas Tironis explicandi methodus, cum pluribus Ludovici Pii chartis, etc.; labore et studio D. P. Carpentier. *Parisiis,* 1747; in-fol. v. éc.

Se réunit au *Glossaire de du Cange*.

4. LANGUE FRANÇAISE.

A. Origines. — Étymologies.

790. JOACHIM DU BELLAY. La Deffence et Illustration de la langue françoise avec l'Olive augmentée;

BELLES-LETTRES. 135

l'Anterotique de la vieille et de la jeune amye..... *Paris, Arn. L'Angelier*, 1557; in-8, mar. bleu, dent. fil. tr. dor. (*Bauzonnet-Trautz.*)

Exempl. d'une parfaite conservation et grand de marges. Édition très-rare.

791. La Defense et Illustration de la langue françoise par Joachim du Bellay, gentilhomme angevin. *A Paris, de l'imprim. de F. Morel*, 1598;—L'Olive et autres œuvres poétiques du même. *Id., ibid.*, 1568; in-8, demi-rel. v. f. (*Bauzonnet.*)

Volume grand de marges et d'une conservation parfaite.

792. Proiect du livre intitule de la Precellence du langage françois, par Henri Estienne. *A Paris, par Mamert Patisson*, 1579; in-8, mar. v. tr. d. (*Niedrée.*)

793. Proiect dv livre intitvlé: De la précellence du langage françois, par Henri Estienne. *Paris, Mamert Patisson*, 1579; in-8, mar. vert, fil. tr. dor. (*Trautz-Bauzonnet.*)

Très-bel exemplaire d'un volume rare; il provient de la collection de M. Le Roux de Lincy.

794. Recueil de l'origine de la langue et poésie françoise, plus les noms et sommaires des œuvres de cent vingt-sept poëtes françois vivant avant l'an 1300, par Claude Fauchet. *Paris, Mamert Patisson*, 1581; in-4, mar. rouge, fil. tr. dor. (*Trautz-Bauzonnet.*)

Très-bel exemplaire réglé; on y a ajouté un beau portr. de l'auteur, gravé par Th. de Leu; il provient de la bibliothèque de M. Armand Bertin.

795. Recueil de l'origine de la langue et poësie françoise (par Cl. Fauchet). *Paris, Mamert Patisson*, 1581; in-4, v. f. fil. tr. d. (*Niedrée.*)

796. Traicté de la Conformité du langage françois avec le grec, divisé en trois livres..... avec une préface remonstrant quelque partie du désordre et abus qui se commet auiourd'hui en l'usage de la langue françoise. Duquel l'auteur et imprimeur est Henri Estienne. *S. l. n. d.* (*Paris*, 1566); in-8, cuir de Russie, gaufré, tr. d.

797. TRAICTÉ DE LA CONFORMITÉ DU LANGAGE FRANçois avec le grec, par Henri Estienne, avec une préface..... *Paris, Robert Estienne,* 1569; pet. in-8, mar. vert. russe, fil. tr. d. (*Trautz-Bauzonnet.*)
Joli exemplaire de la bibliothèque de M. Le Roux de Lincy.

798. Celt-Hellénisme ou Etymologie des mots tirez du grec, plus preuves en général de la descente de nostre langue, par Léon Trippault, Sr de Bardis. *A Orléans, par Eloy Gibier,* 1581 ; in-8, mar. or. f. tr. d.

799. Tresor de recherches et antiquitez gauloises et françoises, par P. Borel. *Paris, A. Courbé,* 1655; in-4, mar. r. fil. tr. d. (*Duru.*)
Exemplaire de la bibliothèque du baron Taylor.

800. Trésor de recherches et antiquitez gauloises et françoises, par Borel. *Paris,* 1655; in-4, v. j.

801. Dictionnaire étymologique de la langue françoise (par M. Ménage), *Paris,* 1750; 2 vol. in-fol. v. gr.

802. Petit Catéchisme, ou Sommaire des trois premières parties de la doctrine chrétienne. Trad. du françois en la langue des Caraïbes insulaires, par R. P. Raymond Breton. *A Auxerre, par Gilles Bouquet,* 1664; in-8, m. br. tr. d. (*Thompson.*)
Dans le même volume : *Dictionnaire caraïbe-françois, meslé de quantité de remarques historiques pour l'éclaircissement de la langue,* composé par le R. P. Raymond Breton. *A Auxerre, par Gilles Bouquet,* 1665. — *Dictionnaire françois-caraïbe,* composé par le R. P. Raymond Breton. *Id., ibid.,* 1666.
Bel exemplaire d'un livre fort rare.

B. Grammaires. — Mélanges.

803. Traicte de la grāmaire françoise (par Robert Estiēñe). (*Paris, R. Estienne,* 1557); in-8, mar. r. comp. tr. d. (*Capé.*)
Première édition. 110 pages.

804. TRAICTÉ DE LA GRAMMAIRE FRANÇOISE, par Robert Estienne. — Gallicæ grammatices libellus. *Paris, par Robert Estienne, imprimeur du Roy,*

1569; 2 part. en un vol. pet. in-8, mar. bleu, fil. tr. dor. (*Bauzonnet.*)

Très-bel exemplaire d'un livre rare.

805. Gramere (de Pierre Ramus), dite Grammaire de la Ramée. *A Paris, de l'impr. d'André Wechel,* 1562; in-8, mar. r. tr. d. (*Duru.*)

Première édition. (127 pp. et 1 f. limin.)

806. Grammaire de P. de la Ramée, lecteur du Roy en l'université de Paris. *Paris, André Wechel,* 1572, in-8, mar. r. fil. comp. tr. d. (*Duru.*)

Très-bel exemplaire, grand de marges et bien conservé. Cette édition, dédiée au roy, est la seconde; elle diffère beaucoup de la première, tant pour la forme que pour les argumentations qui s'y trouvent.

807. Grammaire générale et raisonnée, contenant les fondemens de l'art de parler; expliquée d'une manière claire et naturelle, etc. *Paris, P. Le Petit,* 1660; in-12, v. f. fil. tr. d. (*Capé.*)

Édition originale de la *Grammaire de Port-Royal*, rédigée par Cl. Lancelot.

808. Grammaire et syntaxe françoise, contenant reigles bien exactes et certeines de la prononciation, orthographe, construction et usage de nostre langue, en faveur des estrangiers qui en sont desireux, par Charles Maupas, Bloisien. *A Bloys, par Gauché Collas,* 1625; in-12, vél.

Petit livre curieux.

809. Institutio gallicæ linguæ, in usum juventutis germanicæ, auth. J. Garnerio. *Genevæ, ap. Jo. Crispinum,* 1558; in-8, mar. v. tr. d. (*Duru.*)

810. Remarques sur la langue françoise, de M. de Vaugelas. Nouvelle édition, reveuë et corrigée, avec des notes de Th. Corneille. *Amsterdam, P. Mortier,* 1690; 2 tomes en 1 vol. in-12, v. f. fil. tr. d. (*Koehler.*)

811. Nouvelles Remarques de M. de Vaugelas sur la langue françoise. *Paris, Desprez,* 1690; in-12, v. f. fil. tr. d. (*Koehler.*)

812. Observations de M. Ménage sur la langue fran-

çoise. *Paris, Barbin,* 1672; in-12, cuir de Russie, f. tr. d.

De la bibliothèque de M. Viollet le Duc.

813. Doutes sur la langue françoise proposez à MM. de l'Acad. françoise par un gentilhomme de province (le P. Bouhours). *A la Haye, chez Arnout Leers,* 1674; in-12, mar. r. fil. tr. d.

Édition elzévirienne.

814. Réflexions sur l'usage présent de la langue françoise, ou Remarques nouvelles et critiques touchant la politesse du langage (par M. Andry de Bois-Regard). *Amsterdam,* 1715; in-12, v. ec.

815. Le Génie, la Politesse, l'Esprit et la Délicatesse de la langue françoise, nouvelles remarques (par Leven de Templery). *Paris,* 1705; in-12, v. viol. fil. tr. d.

816. Les Fleurs du bien dire, recueillies ès cabinets des plus rares esprits de ce temps, pour exprimer les passions amoureuses tāt de l'un comme de l'autre sexe (par Fr. Des Ruës). *Paris,* 1598; in-12, v. br.

C. Traités spéciaux.

817. De francicæ linguæ recta pronunciatione (auct. Theod. Beza). *Genevæ, apud Eustathium Vignon,* 1584; in-8, v. f. fil. tr. d. (*Capé.*)

Les mots français sont imprimés en caractères de *Civilité*.

818. Traicté touchāt le commun vsage de l'escriture françoise, faict par Loys Meigret, Lyonnois : auquel est debattu des faultes et abus en la vraye et ancienne puissance des lettres. *Paris, de l'impr. de Jeanne de Marnef,* 1545; in-8, v. ec.

A la suite se trouvent plusieurs opuscules d'Estienne Dolet.

819. Replique de Guillaume des Autelz aux furieuses défenses de Louis Meigret, avec la suite du repos de l'autheur. *A Lyon par Jean de Tournes et G.*

Gazeau, 1551; pet. in-8, mar. v. fil. tr. d. (*Bauzonnet-Trautz.*)

820. La Declaration des abus que l'on commet en ecrivant, et le moyen de les euiter, et representer nayuement les paroles : ce que iamais homme n'a faict, par Honorat Rambaud, maistre d'eschole à Marseille. *A Lyon, par Jean de Tournes*, 1578; in-8, mar. r. fil. tr. d. (*Duru.*)

Exemplaire Colbert. — L'auteur voulait réformer l'orthographe française ; il composait son alphabet de 49 consonnes et seulement de 3 voyelles; son système n'a obtenu jusqu'à présent qu'un succès de curiosité.

821. Dialogue de l'ortografe é prononciation françoëse, departi an deus liures par Jacques Pelletier du Mans. *A Poitiers, par Jan é Enguilbert de Marnef*, 1550; in-8, mar. r. tr. d.

Bel exemplaire d'un volume rare et curieux.

822. Traité de l'Orthographe, dans lequel on établit par une méthode claire et facile, fondée sur l'usage et sur la raison, les règles certaines d'écrire correctement, et où l'on examine par occasion les règles qu'a données M. de Lesclache. *Paris*, 1669; in-12, v. f. fil. tr. d. (*Capé.*)

823. Nouvelle Manière d'écrire comme on parle en France. *Paris, Vve Cot et J. B. Lamesle*, 1713. — Instructions chrétiennes mises en orthographe naturelle pour faciliter au peuple la lecture de la science du salut. *Id., ibid.*, 1715; in-12, v. f. fil. tr. d.

Ces deux ouvrages, du P. Gilles Vaudelin, augustin, sont fort curieux.

824. Synonymes et Épithètes françoises, recueillies et disposées selon l'ordre de l'alphabet, par A. D. M. (Antoine de Montmeran). *Paris*, 1658; in-12, demi-rel.

825. Les ÉPITHÈTES de M. de La Porte, Parisien, livre non-seulement utile à ceux qui font profession de la poésie, mais fort propre aussi pour illustrer toute autre composition françoise. *Paris, Gabriel*

Buon, 1580; un gros vol. in-16, mar. r. tr. dor. (*Trautz-Bauzonnet.*)

Très-joli exemplaire d'une parfaite conservation, avec témoins, d'un petit livre estimé et rare.

826. Les Épithètes de M. de la Porte, Parisien. *Paris, Gab. Buon*, 1580; in-16, v. f. fil. tr. d.

Édition *complète*, et recherchée.

827. Le Livre jaune, contenant quelques conversations sur les logomachies, c'est-à-dire sur les disputes de mots, abus des termes, etc. (par Bazin ou de Boze). *Bâle*, 1748; in-8, mar. jaune, f. tr. d.

Imprimé sur papier jaune.

828. DEUX DIALOGUES DU NOUVEAU LANGAGE FRANÇOIS italianisé et autrement desguizé, principalement entre les courtisans de ce temps, de quelques courtisanismes modernes et de quelques singularitez courtisanesques, par Henry Estienne. *Genève*, 1578; pet. in-8, mar. bleu, fil. tr. dor. (*Bauzonnet.*)

Bel exemplaire de M. Fossé d'Arcosse; édition originale très-rare d'un livre curieux et piquant, qui obligea l'auteur de quitter Genève pendant quelque temps.

829. Les Origines de quelques coutumes anciennes et de plusieurs façons de parler triviales, avec un vieux ms. en vers, touchant l'origine des chevaliers bannerets, par Moisant de Brieux. *Caen, chez Jean Cavelier*, 1672; in-12, mar. bl. dent. tr. d.

830. Essays et Definitions de mots, etc., ensemble l'origine et les noms de ceux qui premiers ont inventé les arts et la plus grand part des choses, par Guill. Copier, Lyonnois. *Lyon, chez Guichard Iuilleron*, 1663; in-8, v. f. fil. tr. d. (*Koehler.*)

831. Des mots à la mode et des nouvelles façons de parler (par de Caillères). *Paris, Barbin*, 1692; in-12, v. viol.

832. Histoire poëtique de la guerre nouvellement déclarée entre les anciens et les modernes (par de Caillères). *Paris*, 1688; in-12, v. f. fil. tr. d.

BELLES-LETTRES.   141

833. La même. In-12, mar. r. fil. tr. d.
Bel exemplaire avec la grande carte des poëtes et des orateurs.

834. La Guerre des auteurs anciens et modernes (par Gab. Guéret). *Paris*, 1671; in-12, v. f. fil. tr. d.
Dans le même volume : *le Parnasse réformé.*

835. Du bon et du mauvais usage dans les manières de s'exprimer, des façons de parler bourgeoises et en quoy elles sont différentes de celles de la cour. *Suivant la corie, à Paris, chez Cl. Barbin*, 1694 ; pet. in-12, v. f. fil. tr. d. (*Duru.*)

836. LA MANIÈRE DE TOURNER EN LANGUE FRANÇOYSE les verbes actifz, passifz, gerundifz, supins et participes. *Item* les verbes impersonnels ayans termination active ou passive, avec le verbe substantif nommé *Sum. On en trouvera à Rouen chez Jehan Burges, s. d.*, pet. in-8 goth. de 11 ff. mar. rouge, tr. dor. (*Duru.*)
Édition fort rare imprimée avant l'année 1525 et qui est différente de celles publiées plus tard par les Estienne ; charmant exemplaire comme non rogné et réglé avec soin.

837. La Manière de tourner en langue françoise les verbes actifz, passifz, gerōdifz, etc., les noms, pronoms et participes (par Rob. Estienne). *Paris, R. Estienne*, 1540 ; in-8, mar. r. comp. tr. dor. (*Capé.*)
Bel exemplaire d'un volume rare.

838. La Manière de tourner en langue françoise les verbes actifz, passifz, gerondifz, supins et participes : item les verbes impersoñelz ayans terminaison actiue ou passiue auec le verbe substantif nommé *sum. A Caen, de l'impr. de Martin et Pierre Philippe*, 1554 ; in-8, mar. br. comp. tr. d.
Édition rare de ce traité.

D. Dictionnaires.

839. Thrésor de la langue françoise, tant ancienne que moderne, par M. Jean Nicot. *Paris, David*

Douceur, 1606; in-fol. grand papier. v. fauve, f. tr. dor.

Bel exemplaire aux troisièmes armes de J.-A. De Thou.

840. Le Dictionnaire des halles, ou Extrait du dictionnaire de l'Académie françoise (par M. Artaud). *Bruxelles, Fr. Foppens*, 1696; in-12, mar. r. fil. tr. d.

Exemplaire de Pixerécourt.

841. Plan et Dessein du poëme allégorique et tragico-burlesque intitulé les Couches de l'Académie, par messire Ant. Furetière. *Amsterdam*, 1687; in-12, v. viol. fil.

Dans le même volume sont les trois factums de Furetière contre l'Académie.

842. Le même; in-12, mar. v. fil. coins ornés. (*Bauzonnet.*)

Exemplaire de Ch. Nodier.

843. Les Couches de l'Académie ou Poëme allégorique et burlesque (par Furetière). *Amsterdam, H. Desbordes*, 1688; in-12, v. éc. fil.

Dans le même volume : *Recueil de plusieurs vers, épigrammes et autres pièces, faites entre Furetière et l'Académie. Id., ibid.*, 1687.

844. L'Apothéose du Dictionnaire de l'Académie et son expulsion de la région céleste. *La Haye*, 1696; in-12 (front. gr.), v. fil. tr. d.

Attribué à Furetière, Richelet, Chastein. (Voy. d'Artigny, t. II, p. 221.) Exemplaire de M. Viollet le Duc.

845. L'Enterrement du Dictionnaire de l'Académie (par Furetière). *S. l. (Paris)*, 1697; in-12, fig. v. ec.

846. Factum pour Ant. Furetière. *Amst.*, 1685; — Essais d'un dictionnaire universel par le même. *Amst.*, 1685; en 1 vol., pet. in-12, veau, ant. fil. tr. dor.

847. Lettre de Mr Furetière à M. Doujat, doyen de l'Académie françoise, avec la response. *La Haye*, 1688; pet. in-12, veau, violet fil.

848. Essais d'un Dictionnaire universel, contenant généralement tous les mots françois, tant vieux que modernes, et les termes de toutes les sciences et arts, par Anth. Furetière. *Amsterdam, H. Desbordes,* 1685; 3 part. en 1 vol., pet. in-12, mar. vert fil., tr. d. (*Niedrée.*)

<small>Dans le même volume : deux factums de *Furetière contre l'Académie françoise.*</small>

849. Dictionnaire françois, contenant les mots et les choses, plusieurs nouvelles remarques sur la langue françoise, ses expressions propres, figurées et burlesques, etc., par P. Richelet. *A Genève, chez J. Herman Witerhold,* 1680; 2 part en 1 vol. in-4, v. ec. fil.

<small>Édition originale, non expurgée.</small>

850. Le même. *Amsterdam,* 1687; in-12, v. br. f. à fr.

851. Dictionnaire de Trévoux, 1743; 5 vol. in-fol. mar. rouge. (*Anc. rel.*)

852. Dictionnaire universel françois et latin (connu sous le nom de *Dictionnaire de Trévoux*). *Paris, Libraires associés,* 1752; 7 vol. in-fol. mar. cit. fil. tr. d. (*Derome.*)

<small>Aux armes du duc de Choiseul-Grammont.</small>

853. Dictionnaire françois-grec de Léon Trippault, conseiller du Roy, au siége présidial d'Orléans. *Orléans, Eloy Gibier,* 1577; pet. in-8, arm. bleu. Non rogné. (*Duru.*)

<small>Exemplaire parfaitement conservé d'un livre rare.</small>

854. Manuel Lexique ou Dictionnaire portatif des mots françois dont la signification n'est pas familière à tout le monde (par l'abbé Prévost). *Paris, Didot,* 1755; 2 vol. in-8, mar. r. fil. tr. d. (*Derome.*)

<small>Aux armes de Lamoignon.</small>

855. Dictionnaire néologique à l'usage des beaux-esprits du siècle, avec l'éloge historique du Panta-

lon-Phœbus, par un avocat de province (l'abbé Desfontaines et M. Lebel). *Amsterdam et Leipzig.* 1750; in-12, mar. r. fil. tr. d. (*Aux armes de Choiseul.*)

856. Dictionnaire comique, satirique, critique, burlesque, libre et proverbial, par Philibert-Joseph Le Roux. *Amsterdam*, 1750; gr. in-8, mar. v. fil. tr. d. (*Anc. rel.*)

Bel exemplaire en grand papier, avec un charmant frontispice gravé à la sanguine.

857. Dictionnaire national et anecdotique, pour servir à l'intelligence des mots dont notre langue s'est enrichie depuis la révolution.... enrichi d'une notice exacte des journaux, gazettes et feuilletons antérieurs à cette époque, etc., par M. de l'Épithète, élève de feu M. Beauzée (Chantreau). *A Politicopolis (Paris)*, 1790; in-12, demi-rel. d. et c. mar. v.

Curieux et assez rare.

858. Curiositez françoises, pour supplément aux dictionnaires, par Antoine Oudin, secrétaire interprette de S. M. *Paris, Sommaville*, 1640; in-8, v. gr.

Le titre est sali par un timbre rouge.

859. Dictionnaire et Colloques françois-bretons, divisez en trois parties, par maistre Guillaume Quiquier de Roscoff. *A Morlaix, chez G. Alienne*, 1633; in-16, mar. v. tr. d.

Bel exemplaire d'un volume très-rare, quoique souvent réimprimé. Cette édition est une des plus anciennes et des meilleures.

860. Dictionnaire rouchi-français, par G. A. J. H. *Paris et Valenciennes*, 1826; in-12, v. fil.

Deuxième édition.

5. LANGUES ÉTRANGÈRES.

861. DIALΩGΩ del Trissinω intitulatω il castellanω, nel quale si tratta de la lingua italiana. Stampata

BELLES-LETTRES.

in Vicenza, per Τωλωμεω Janiculω da Bressa, nεl annω 1529. — *Dans le même vol.*: Epistola dεl Trissinω de lε lεttεrε nuωvamεnte aggiuntε nε la lingυa italiana; in-fol. mar. r. f. tr. d. (*Aux armes du prince Eugène de Savoie.*)

On sait que le Trissin prétendait faire adopter un système bizarre : c'était de remplacer les voyelles usuelles par celles de l'alphabet grec.

862. Vocabolario domestico napoletano e toscano, compilato nello studio di Basilio Puoti. *Napoli*, 1850; in-8 à 2 colon. d. rel. mar. brun.

863. Dictionnaire françois-italien et italien-françois, de Nathanaël Duëz. *Leide, Jean Elzevier*, 1660; 2 vol. in-8, v. br.

864. Nouvelle Méthode pour apprendre facilement et en peu de temps la langue espagnole (par de Trigny, de Port-Royal). *Paris, P. le Petit*, 1660; in-12, mar. r. comp. tr. d. (*Anc. rel.*)

Dans le même vol. et du même auteur, la Méthode pour la langue italienne.

865. Alphabet anglais, contenant la prononciation des lettres avec les déclinaisons et conjugaisons. *Rouen, L. Oursel*, 1639; — Grammere angloise, pour apprendre facilement et promptement la langue angloise. *Id., ibid;* deux part. en un vol. pet. in-8, demi-rel. (*Rare.*)

866. Epitome hebraicæ linguæ concinnata a Januario Xysto in regio neapolitano gymnasio hebraicæ atque arabicæ linguæ professore. *Neapoli*, 1741; 3 parties en 1 vol. in-8, mar. r. fil. tr. d. (*Aux armes du Pape Benoît XIV.*)

867. Introductio in chaldaicam linguam, syriacam atque armenicam, et decem alias linguas.... a Thesea Ambrosio. *Papiæ, Jo. Mar. Simoneta*, 1539; in-4, v. tr. d.

Bel exemplaire d'un livre rare, au sujet duquel on peut consulter les catal. de MM. de Sacy (tom. II, n° 2485), et L. (Libri, n° 11). « Ajoutons qu'à la suite des alphabets (orientaux) contenus dans ce volume se trouve, fol. 212, le *fac-simile* d'une lettre écrite par le diable, en caractères très-bizarres, à un magicien, Louis de Spolète, qui lui avoit adressé *uno scongiuro*, rapporté aussi par Ambrosio. » Vendu 150 fr. à la vente de M. Libri.

II. RHÉTORIQUE.

1. RHÉTEURS.

868. La Retorica di M. Tullio Cicerone, da Oratio Toscanella. *Vinegia*, 1561 ; in-4, mar. rouge fil. à comp. tr. dor.

<small>Curieuse reliure italienne du xvie siècle.</small>

869. M. Fabii Quintiliani eloquentissimi Declamationes incipiunt. — *Quintiliani summi rhetoris et eloquētissimi Declamationes exactissime recognitas Lucas Venetus Dominici filius, ingeniosus artifex, diligenter impressit. Venetiis*, 1481, in-fol. v. éc. 122 ff. sign. a-t.

870. M. Fabii Quintiliani Declamationes c.xxxvi. *Parme, finiunt per Angelum Ugoletum Parmensem*, 1494; in-fol. mar. bl. fil. tr. d. (*Aux armes du comte d'Hoym.*)

871. Notatio figurarum sermonis in Libros IV Evangeliorum.... studio Joachimi Camerarii. — Notatio figurarum orationis, etc., in apostolicis libris, studio J. Camerarii. *Edit. Lipsiæ, procurante Ernesto Woegel*, 1572; 2 parties en 1 vol. in-4, mar. v. (*Aux deuxièmes armes de De Thou.*)

<small>Bel exemplaire d'un livre rare.</small>

872. Le Parterre de la rhétorique françoise, émaillé de toutes les plus belles fleurs d'éloquence qui se rencontrent dans les œuvres des orateurs tant anciens que modernes; ensemble le Verger de la poësie. *Lyon*, 1666; in-12, mar. bl. tr. d. (*Duru.*)

873. L'Éloquence du temps enseignée à une dame de qualité selon les règles d'une rhétorique aisée et galante. *Suivant la copie impr. à Paris*, 1749; in-12, v. porph. dent.

<small>La dédicace est signée J.-P.-N. du Commun, dit Véron.</small>

2. ORATEURS.

874. Demosthenis græcorum oratorum omnium facile principis orationes duas et sexaginta, cum commentariis Ulpiani et Libanii argumentis, necnon annot. Erasmi (græce). *Basileæ, per J. Hervagium*, M.D.XXXII; in-fol. mar. j. à petits fers. tr. d. (*Anc. rel. avec armoiries.*)

875. Polemonis, Himerii, et aliorum quorumdam Declamationes, nunc primum editæ. *S. l. (Genève), exc. Henr. Stephanus, illustris Fuggeri typographus*, 1567; in-4, allongé, mar. v. fil. tr. d. (*Aux premières armes de De Thou.*)

Très-bel exemplaire de l'édition princeps. Ce Fugger, dont Henri Estienne se déclare l'imprimeur, est l'illustre patricien de Nuremberg, dont les relations avec Charles-Quint sont restées célèbres.

876. Conciones et orationes ex historicis latinis excerptæ. *Amstelodami, apud Ludov. Elzevirium*, 1653; pet. in-12, vél. front. gr.

877. M. Tullii Ciceronis Orationum libri III, corrigente Paulo Manutio Aldi filio. M.D.XLVI. *Venetiis, in ædibus Aldi;* 3 vol. in-8, vél. tr. d. (*Rel. molle.*)

Les ancres et les capitales peintes en or et couleurs.

878. M. T. C. (Ciceronis), pro Magno Pompeio luculentissima ad Quirites oratio feliciter incipit. Hoc ingens Ciceronis opus : causasq forenses quas inter patres dixit et in populo tu quicunq leges : Ambergau natus ahenis (sic) : impressit formis : ecce magister Adam. M.CCCC.LXXII; in-fol. p. de truie.

Bel exemplaire d'une édition précieuse, imprimée à Venise, selon Panzer, par Adam d'Ambergau, qui imprima le *Lactance* de 1471. — Dans le même vol. : M. T. Ciceronis Tusculanarum quæstionum libri V. Imp. *Venetiis, per Philippum quondam Petri*, anno 1480.

879. M. T. CICERONIS ORATIONUM vol. III. *Parisiis,*

apud Simonem Colinæum, 1525-32; 3 vol. in-8, mar. bl. fil. tr. d.

Bel exemplaire de Colbert, aux armes du comte d'Hoym.

880. Ciceronianum Lexicon græco-latinum, collectum ab Henrico Stephano. (*Parisiis*) *ex offic. Henrici Stephani, anno* 1557; in-8, mar. v. dent. tr. d. (*Derome.*)

Dans le même volume : *In M. T. Ciceronis quâplurimos locos castigationes H. Stephani.* (Parisiis), *ex off. Henrici Stephani*, 1557. Bel exemplaire.

881. Les mêmes; in-8, v. éc. fil. (*Aux armes de Charron, marquis de Ménars.*)

Exemplaire de Bure.

882. Oratio Omniboni Leoniceni : de Laudibus eloquentiæ. — Præfatio ejusdem in M. Tullii Oratorem. — Commentarium ejusd. in eundem Oratorem. — *Finis commētarii Omniboni Leoniceni, in M. Tullii Oratorem quod Vicentiæ non minus accurate est emendatum : q̃ diligenter impressum. Anno* M.CCCC.LXXVI; in-fol. mar. br. tr. d.

Editio princeps. (Panzer, t. III, p. 509.)

883. Stephani Doleti Orationes duæ in Tholosam. — Ejusdem Epistolarum lib. II. — Ejusdem Carminum lib. II. — Ad eundem Epistolarum amicorum liber. (*Lugduni, Gryphius, circa* 1533); in-8, mar. v. fil. tr. d.

884. Les Concions et Harengues de Tite-Live, nouuellement traduictes en françois par I. de Amelin. *A Paris, par Vascosan, imprimeur du Roy,* 1567; in-8, mar. r. fil. tr. d. (*Dusseuil.*)

Aux armes de Chamilly.

885. Christophori Longolii Orationes duæ pro defensione sua in crimen læsæ maiestatis, etc. Oratio una ad Luterianos. — Ejusdem Epistol. lib. IV. — Epistolarum Bembi et Sadoleti lib. unus. Longolii vita perdocte enarrata. *Florentiæ, per hæredes Philippi Juntæ, a°* 1524; in-8, mar. br. comp. tr. d. (*Anc. rel. italienne.*)

Bel exemplaire, qui parait être en grand papier. Portrait ajouté.

886. Panegyrici diversorum nunc demum recogniti et in lucem editi, per Paulum Navium. *Venetiis, apud Gryphios*, 1576; in-8, v. f. (*Aux premières armes de De Thou.*)

887. Epicedium Cardinalis Caroli Boromæ; ab Jacobo Critonio Scoto. *Mediolani ex typogr. Michaelis Tini*, 1584; in-4 de 4 ff. mar. br. tr. d.

Opuscule rarissime, fait par the admirable Crichton. On y a joint la pièce suivante : *Relatione fatta da Aldo Mannucci al duca di Sora a di X octobre* 1581.

888. Les Harangues ou Discours académiques de Jean Baptiste Mancini. *Paris, chez Augustin Courbé*, 1642; in-8, mar. r. fil. tr. d.

889. Le Trespas, obseques et enterrement de... François... Roy de France, tres chrestien, premier de ce nom... Les deux sermons funèbres prononcez esdictes obsèques, l'ung à Notre Dame de Paris, l'autre à Saint Denys en France. *De l'imprimerie de Rob. Estienne* (*Paris*, 1547); pet. in-8, mar. bl. à compart. tr. d. (*Thouvenin.*)

Bel exemplaire d'un opuscule rare et curieux. De la bibliothèque de M. A. Audenet.

890. Oraison funèbre de l'incomparable Marguerite, royne de Navarre, duchesse d'Alençon : composée en latin et traduicte en françois par Charles de Ste-Marthe. Epitaphe de ladite dame par aulcuns poëtes françois. *Impr. à Paris, par Regnault Chaudière*, 1550; in-4, mar. r. tr. d. (*Trautz-Bauzonnet.*)

Très-bel exemplaire d'un rare et curieux volume sur lequel M. Le Roux de Lincy a fait une notice intéressante dans le Bulletin du bibliophile.

891. Oraison funèbre de Henriette-Marie de France, reine d'Angleterre, prononcée le 16 novembre 1669, par mess. J. B. Bossuet. *Paris, Cramoisy*, 1669; in-4, mar. r. f. tr. d. (*Anc. rel.*)

Dans le même volume : *Oraison funèbre de Henriette-Anne d'Angleterre, duchesse d'Orléans*, prononcée à Saint-Denis, le 21 août 1670. Paris, Cramoisy, 1670.
Éditions originales. Ce recueil a appartenu à Bossuet.

892. Oraison funèbre de Marie-Thérèse d'Austriche, reine de France, prononcée à St-Denis, le 1er septembre 1683, par mess. J. B. Bossuet. *Paris, Cramoisy*, 1683; in-4, demi-rel.

Édition originale.

893. Oraison funèbre de Marie-Thérèse d'Austriche, reine de France, prononcée à St-Denis le 1er septembre 1683. *Paris, Cramoisy*, 1683; — Oraison funèbre de très-haute et très-puissante princesse Anne de Gonzague de Clèves, princesse Palatine. *Paris, Cramoisy*, 1685; — Oraison funèbre de Louis de Bourbon, prince de Condé, prononcée à Notre-Dame le 10 mars 1687. *Paris, id.*, 1687; 3 parties en 1 vol. in-4, mar. v. tr. d. (*Duru.*)

Éditions originales en grand papier. Beau recueil provenant de la bibliothèque de M. Charles Giraud.

894. Oraison funèbre de Michel Le Tellier, chancelier de France, prononcée le 25 janvier 1686, par mess. J. B. Bossuet. *Paris, Séb. Mab. Cramoisy*, 1686; in-4, demi-rel.

Édition originale.

895. Recueil des Oraisons funèbres prononcées par mess. Esprit Fléchier, évesque de Nismes. 1 vol. in-4, mar. v. tr. d. (*Duru.*)

Savoir : *Julie-Lucile d'Angennes de Rambouillet, duchesse de Montausier.* Paris, Séb. M. Cramoisy, 1672. — *Marie de Wignerod, duchesse d'Aiguillon.* Id., ibid., 1675. — *Henri de la Tour d'Auvergne, vicomte de Turenne.* Id., ibid., 1676. — *M. le premier président de Lamoignon.* Id., ibid., 1679. — *Marie-Thérèse d'Austriche, reine de France.* Id., ibid., 1684. — *Marie-Anne-Christine de Bavière, Dauphine de France.* Paris, Ant^c Dezallier, 1690. — *Charles de Ste-Maure, duc de Montausier.* Id., ibid., 1690. Toutes ces oraisons funèbres sont en éditions originales et en très-beaux exemplaires. La plupart sont ornées de vignettes par Sébastien Leclerc.

896. Éloge funèbre de très-haut et très-puissant prince Henri de Bourbon, prince de Condé (père du grand Condé, mort en 1646), prononcé le 10 décembre 1683, par le P. Bourdaloue. *Paris, Séb. Mabre-Cramoisy*, 1684; in-4, demi-rel.

Édition originale. Vignettes de Séb. Leclerc.

897. Oraison funèbre de très-haut et très-puissant

prince Louis de Bourbon, prince de Condé, par le P. Bourdaloue, de la Compagnie de Jésus. *Paris, Est. Michallet,* 1687; in-4, mar. r. doub. de mar. bl. tr. d. (*Gruel.*)

Édition originale.

898. Oraison funèbre de très-haut et très-puissant prince Henry de la Tour-d'Auvergne, vicomte de Turenne, par Mascaron. *Paris, Vve J. Dupuis,* 1676; in-4, mar. r. fil. doub. de mar. bl. comp. tr. d. (*Gruel.*)

Édition originale. Vignettes de Séb. Leclerc.

III. POÉSIE.

1. POÈTES GRECS.

899. ANALECTA VETERUM GRÆCORUM POETARUM, editore Rich. Fr. Phil. Brunck. *Argentorati, typis Joannis Henrici Heitz,* 1776; 3 tom. en 6 vol. in-4, mar. v. fil. tr. d.

Bel exemplaire relié par Brunck lui-même; L'UN DES TROIS IMPRIMÉS SUR VÉLIN. Au frontispice du tome VI est un portrait du fils de Brunck, dessiné à la plume par Guérin de Strasbourg.

900. POETÆ GRÆCI PRINCIPES heroici carminis, et alii nonnulli (græce, studio H. Stephani). *S. l. Excud. Henr. Stephanus,* 1566; 1 vol. in-fol. vél. cordé.

Superbe exemplaire en grand papier. Hauteur 14 pouces, 2 lignes; largeur 8 p. 10 lign.

901. ANTHOLOGIA GNOMICA. Illustres veterum græcæ comœdiæ scriptorum sententiæ, priùs ab Henrico Stephano, qui et singulas latinè convertit, editæ. *Impressum Francofurti ad Mœnum, impensis Sigism. Feyerabendii,* 1579; in-8, mar. rouge, fil. tr. dor. dos à petits fers, tr. dor. (*Trautz-Bauzonnet.*)

SUPERBE EXEMPLAIRE d'un volume très-rare et fort curieux; presque tous les feuillets sont ornés de jolies gravures sur bois, par JOST AMMAN, plus singulières les unes que les autres.

902. ANTHOLOGIA GRÆCA, cura J. Lascaris. *Impressum Florentiæ, per Laurentium Franciscum de Alopa* M.CCCC.LXXXIIII; in-4, mar. r. fil. tr. d. (*Trautz-Bauzonnet.*)

TRÈS-BEL EXEMPLAIRE de cette édition rare, imprimée en lettres capitales. A la fin du volume se trouvent les 7 ff. contenant la lettre de Lascaris à P. de Médicis, ff. qui ont été supprimés dans presque tous les exemplaires.

903. ÆSOPI fabulæ, Gabriæ fabellæ, Batrachomyomachia Homeri; Galeomyomachia, gr., cum interpretatione latina. *Lugduni, Joan. Tornæsius,* 1551; in-16, mar. rouge, fil. tr. dor. (*Trautz-Bauzonnet.*)

JOLIE ÉDITION RARE et recherchée; elle est ornée de petites figures gravées sur bois. — CHARMANT EXEMPLAIRE.

904. ΟΜΗΡΟΥ ΙΛΙΑΣ ('Οδύσσεια, Βατραχομυομαχία καὶ ὕμνοι.) *Venetiis, apud Aldum* (1504). (*Cum vita Homeri post hymnos*). Græce; 2 vol. in-8, mar. cit. comp. tr. d.

905. Homeri Ilias id est de rebus ad Troiam gestis. *Parisiis,* 1534, *ap. Turnebum;* in-8, réglé, mar. br. tr. cis. dorée.

Imprimé avec les charmants caractères gravés à Paris par l'ordre de François Ier.

906. Homeri Ilias et Odysseia, et in easdem scholia sive interpretatio Didymi; cum lat. versione et indice (Schrevelii). *Amstelodami, ex offic. Elzeviriana,* 1655-56; 2 vol. in-4, mar. r. comp. tr. d.

Édition estimée.

907. Homeri Ilias et Odyssea (græce). *Londini, Pickering,* 1831; 2 tom. en 1 vol. in-16, mar. rouge, tr. dor. (*Trautz-Bauzonnet.*)

Joli exemplaire en grand papier.

908. HOMERI ILIAS, in versus gr. vulgares translata a Nic. Lucano. — *Stampata in Venetia, per Stefano da Sabio.....* 1526; in-4 à 2 col. v. br. à comp. (*Rel. anc.*)

SUPERBE EXEMPLAIRE de l'édition originale, rare et recherchée pour ses curieuses gravures en bois.

909. Les Iliades de Homere poete grec | et grant hystoriographe auecques les premisses et commencemens de Guyon et de Couloñe souuerain hystoriographe, additions et sequences de Dares Phrygius | et de Dictys de Crete, translatees en partie de latin en langaige vulgaire par Me Jehan Samxon, lieutenant du Bailly de Touraine à son siége de Châtillon-sur-Indre. — *Nouuellement imprime a Paris pour Jehan Petit..... et fut acheue d'imprimer le x.xvi. iour de septembre, lan mil cinq cens trente;* in-4, goth. fig. s. b. mar. v. fil. tr. d. (*Niedrée.*)

Très-beau livre : c'est la plus ancienne traduction française de l'*Iliade* qui ait été imprimée.

910. Les XXIIII Liures de l'Iliade d'Homere, prince des poëtes grecs, trad. du grec en vers françois, les XI premiers par M. Hugues Salel et les XIII derniers par Amadis Jamyn, avec les III premiers liures de l'Odyssee d'Homere. *Paris, Ab. Langelier,* 1599; in-12, mar. v. fil. tr. d.

911. L'Iliade (et l'Odyssée) d'Homère trad. en francois avec des remarques, par madame Dacier. *A Paris, chez Rigaud,* 1711, 6 vol. in-12, mar. v. fil. tr. d.

L'*Odyssée* est imprimée à Amsterdam, aux dépens de la compagie, 1717.

912. L'Odyssée d'Homère ou les Avantures d'Ulysse en vers burlesques (par le Sr Henri de Picou). *Paris, T. Quinet,* 1650; in-4, mar. v. tr. d. grav. de Chauveau.

913. QUINTI CALABRI derelictorum ab Homero Lib. XIV, Iodoco Valaræo interp. *Lugduni, apud Seb. Gryphium,* 1541; in-8, mar. n. riches comp. tr. d.

Sur chaque plat se trouve gravé en relief et rehaussé d'or un médaillon représentant le char du soleil, avec cette légende : ΟΡΘΟΣ ΚΑΙ ΜΗΛΟΔΙΟΣ. Cette marque et cette devise ont appartenu au célèbre Cenevari (Demetrio), médecin du pape Urbain VIII.

914. HIEROCLIS PHILOSOPHI in aureos versus Pytha-

gorae opusculum (latine redditum a J. Aurispa). *Per Arnoldum Pannartz Romae impressum... anno* M.CCCC.LXXV (1475); pet. in-4, mar. r. fil. compart. tr. dor. (*Trautz-Bauzonnet.*)

<small>Seconde édition, plus rare encore que la première, dit M. Brunet. Superbe exemplaire d'une conservation parfaite.</small>

915. Anacreontis Teij Odæ. Ab H. Stephano luce et latinit. nunc primum donatæ. *Lutetiæ, apud H. Stephanum,* 1554; in-4, demi-rel. mar. v. fil. tr. d.

<small>Première et rare édition.</small>

916. Anacreontis et aliorum aliq. Odæ. In easdem H. Stephani observationes. *Parisiis, G. Morel, typis regiis,* 1556; in-8, mar. r. comp. tr. d.

<small>Dans le même volume : *Les mêmes Odes,* traduites en latin par André Hélie. *Parisiis, apud R. Stephanum,* 1566. — *Les Odes d'Anacréon Teien,* trad. de grec en françois par Remi Belleau. *Paris, A. Wechel,* 1556.
Sur le premier titre, la signature de Hondius.</small>

917. Pindari Olympia, Pythia, Nemea, Isthmia (gr. lat.), Johannes Benedictus med. doct. repurgavit. *Salmurii, typ. Piededii,* 1620; in-4, mar. r. dent. comp. tr. d. (*Anc. rel. aux armes et au chiffre de Henry Bolacre, gouverneur de Nevers sous Louis XIII.*)

918. Theocriti Idyllia, græce, cum scholiis. *Romæ, Calliergi,* 1516; in-8, mar. brun, fil. tr. dor. (*Thompson.*)

<small>Très-bel exemplaire d'une édition rare.</small>

919. Oppiani de Venatione libri IIII, Joan. Bodino interprete. *Lutetiæ, Mich. Vascosan,* 1555; in-4, v. f. comp. tr. cis. et d.

<small>Belle reliure à compartiments du xvie siècle. Au milieu se trouvent les armes de Gabr. Bouvier, évêque d'Augers, à qui le livre est dédié.</small>

920. Oppiani poemata de Venatione et Piscatione cum interpret. latina et scholiis. *Argentorati, sumptibus Bibliop. Academici,* 1786; in-4, demi-rel. d. et c. mar. r.

<small>Édition donnée par les soins de Brunck, et qui n'a jamais été terminée. Le poëme *De Venatione* a paru complet, et 40 pages seulement du poëme *De*</small>

Piscatione, qui se trouvent réunies à un petit nombre d'exemplaires. Le nôtre a non-seulement ces 40 pages, mais on a fac-similé avec soin les 4 pages complémentaires.

921. Apollonii Rhodii Argonauticon lib. IV, græce cum scholiis gr. *Florentiæ (Laurentius Fr. de Alopa)*, 1496; in-4, mar. r. dent. tr. d.

PREMIÈRE ÉDITION, FORT RARE, imprimée en lettres capitales.

2. POÈTES LATINS.

A. Anciens.

922. Epigrammata et poematia vetera; quorum pleraque nunc primum ex antiquis codicibus et lapidibus, alia sparsim antehac errantia, iam undecumque collecta emendatiora eduntur (Pet. Pithou edidit). *Parisiis, ap. Nic. Gillium,* 1590; in-12, mar. r. f. tr. d.

Joli exemplaire en papier fin, aux deuxièmes armes de J.-A. De Thou.

923. TITUS LUCRETIUS Carus de rerum natura. *Amstelodami, apud J. Jansonium,* 1626; in-16 réglé, mar. rouge, fil. comp. tr. dor. (*Anc. rel.*)

Charmante reliure de Le Gascon, avec les chiffres de Louis Habert de Montmaur.

924. Di tutto Lucrezio Caro della natura delle cose lib. sei, trad. dal lat. in ital. da Aless. Marchetti. *Amsterdamo,* 1754; 2 vol. in-8, fig. d'Eisen, Cochin, etc. mar. r. comp. tr. d. (*Rel. anc. signée: Durand.*)

925. Catullus, Tibullus, Propertius. *Venetiis, in ædibus Aldi,* 1502; in-8, mar. cit. f. tr. d.

Ce livre, daté de janvier, n'a pas l'ancre aldine, qui ne fut adoptée par l'imprimeur qu'au mois d'août de cette même année.

926. CATULLUS, TIBULLUS, PROPERTIUS, Corn. Galli fragmenta. *Antverpiæ, ex officina Christophori Plantini,* 1560; in-12 réglé, mar. bleu, tr. dor. doublé de mar. citr. dent. (*Anc. rel.*)

CHARMANT EXEMPLAIRE relié par Padeloup.

156   BELLES-LETTRES.

927. Catulli, Tibulli et Propertii opera. *Londini, Tonson,* 1715; in-12, mar. cit. à mosaïque et petits fers, tr. d. (*Padeloup.*)

Jolie reliure.

928. VIRGILIUS. *Venetiis, in ædibus Aldi et Andreæ soceri, anno* M.D.XXVII. *mense Junio;* in-8, mar. cit. comp. tr. d. avec les capitales peintes en or.

CHARMANT EXEMPLAIRE ayant appartenu à GROLIER, avec son nom, sa devise, et provenant de la vente Renouard.

929. VIRGILIUS. *Parisiis, Mich. Fezandat.* 1541; in-4, mar. orange, fil. tr. dor.

Édition rare et remarquablement imprimée avec les caractères italiques de Geoffroy Tory. Exemplaire très-bien relié par Padeloup et provenant de la bibliothèque du savant Meermann.

930. Virgilii opera. *Venetiis,* 1586; in-fol. m. rouge. (*Armoiries.*)

931. VIRGILII MARONIS opera. *Lugd. Batav. Elzevir.,* 1636: pet. in-12, tit. gr. mar. rouge, fil. tr. dor. (*Derome.*)

CHARMANT EXEMPLAIRE de l'édition originale sous cette date.

932. P. Virgilii Maronis opera nunc emendatiora. *Lugd. Batav. ex offic. Elzeviriana,* 1636; in-12, mar. r. fil. tr. d. (*Rel. anc.*)

Bel exemplaire de la bonne édition. H. 136 millim.

933. Mauri Servii Honorati grāmatici: commētarius in Bucolica Virgilii incipit (Id. in Georgica et Æneidem). Grand in-fol. peau de truie.

Bel exemplaire, malgré quelques piqûres, de cette ancienne édition imprimée, vers 1470, par Mentelin de Strasbourg. (Voy. Brunet, t. IV, p. 267.)

934. Les Georgiques de Virgile, translatees en vers et moralisees par Michel de Tours. *Paris, Durand Gerlier,* 1519; in-8, goth. fig. s. b. mar. br. fil. tr. d.

935. Les OEuvres de P. Virgile Maro, prince des poëtes latins, trad. de latin en françois : les Bucoliques et Georgiques, par R. Le Blanc; l'Enéide, par Loys des Mazures, avec un 13e Livre ajouté

par Mapheus, etc. *Rouen, R. du Petit-Val*, 1608; in-17, mar. r. fil. tr. d. (*Trautz-Bauzonnet.*)

936. Traduction de l'Enéide de Virgile par M. de Segrais. *Paris, Cl. Barbin,*, 1668; 2 vol. in-4, v. br. tr. d. (*Anc. rel.*)

Édition originale.

937. Le Virgile travesty en vers burlesques: de monsieur Scarron. Suivant la cop. imp. à Paris. (*Leide, Elzevir*), 1648-50; in-12, mar. r. fil. tr. d. (*Capé*).

Première édition, qui ne comprend que 5 livres, mais véritablement *Elzevir*; elle fut réimprimée en 1668, et contint alors 8 livres, tout ce que Scarron a traduit.

938. HORATII FLACCI Venusini opera cū quibusdam annotatioĩb; imaginibusq. *Imp. in urbe Argentina, opera Johañis Reinhardi cognom. Grüninger*, a° 1498; in-fol. fig. s. b. mar. bl. comp. tr. d. (*Niedrée.*)

Belle et rare édition.

939. HORATIUS. *Venetiis, apud Aldum Romanum, mense Maio.* M. DI.; in-8, vél. tr. cis. dorée.

Bel exemplaire bien complet, avec le feuillet blanc à la fin.

940. Q. Horatii Flacci opera omnia; cum notis D. Heinsii. *S. l.* (*Antuerpiæ*), *ex offic. Plantiniana*, 1610; in-8, mar. cit. fil. tr. d. (*Aux troisièmes armes de De Thou.*)

941. Quintus Horatius Flaccus (cum annot. D. Heinsii). *Lugd. Batav., ex offic. Elzeviriana*, 1629; 3 v. in-16, mar. r. fil. tr. d. (*Simier.*)

Exemplaire réglé.

942. QUINTI HORATII FLACCI poemata, scholiis sive annotationibus instar commentarii illustrata à Joanne Bond. *Amstelodami, apud Danielem Elzevirium*, 1676; pet. in-12, mar. rouge, fil. tr. dor. (*Derome.*)

Joli exemplaire (4 pouces 11 lignes).

943. Q. Horatii Flacci opera (cum annot. Johannis

Bond). *Amstelodami, apud Dan. Elzevirium*, 1676; in-12, mar. r. dent. tr. d. (*Duru.*)

Très-bel exemplaire.

944. Quinti Horatii Flacci opera. *Londini, æneis tabulis incidit Joh. Pine*, 1733; 2 vol. gr. in-8, mar. v. à la rose, tr. d. (*Rel. angl.*)

Édition de luxe, entièrement gravée. Bel exemplaire du second tirage.

945. Q. Horatius Flaccus. *Londini, Pickering*, 1824. in-32, mar. r. doub. de mar. v. à la rose, tr. d.

Chef-d'œuvre microscopique, imprimé sur papier de Chine.

946. Q. Horatii Flacci opera. *Paris, Didot*, 1828; in-64, mar. r. comp. doub. de mar. bl. dent. tr. d. (*Niedrée.*)

Charmant spécimen des imperceptibles caractères fondus par P. Didot, et l'une des jolies reliures de Niedrée.

947. P. Ovidii Nasonis Metamorphos. veterum exemplarium, cum notis Glareani. *Antuerpiæ*, 1539; in-8, v. gauf. comp. à fr.

Sur l'un des plats se trouve le portrait d'Érasme gravé à froid, avec ces mots à l'entour : ERASMUS ROTERODAM.; ce qui peut faire supposer que ce livre a été offert à Érasme et lui a appartenu.
Le dos est refait.

948. Publii Ovidii Nasonis poetæ Sulmonensis Heroïdes Epistolæ, cum interpretibus Hub. Crescentinate et P. Parrhasio. *Venetiis, ap. Joan. Gryphium*, 1581; in-4, mar. r. fil. tr. d. (*Aux troisièmes armes de J. A. de Thou.*)

949. Publ. Ovidii Nasonis opera. *Amsterodami, apud Guil. Janssonium Cæsium*, 1624; 3 vol. in-16, mar. r. pet. fers, fil. comp. tr. d. (*Le Gascon.*)

Charmante reliure au chiffre de Habert de Montmaur.

950. Ovidii opera. Dan. Heinsius textum recensuit: acced. breves notæ ex collatione J. Scaligeri et J. Gruteri. *Lugduni Batav., ex officina Elzeviriana*, 1629; 3 vol. pet. in-12, mar. citr., fil., tr. dor. (*Lortic.*)

Très-joli exemplaire de l'édition elzévirienne la plus recherchée des bibliophiles.

951. P. Ovidii Nasonis opera. *Londini*, 1715; 3 vol. in-8, mar. rouge, fil. tr. dor. (*Aux armes du prince Eugène de Savoie.*)

<small>Superbe exemplaire en grand papier.</small>

952. Annotationes in omnia Ovidii opera. *Venetiis Aldus*, 1534; pet. in-8, mar. orange fil. à comp. de mosaïque, tr. dor. et ciselée.

<small>Ce volume est orné d'une reliure du xvie siècle aussi remarquable, par l'exécution et l'élégance du dessin, que beaucoup de reliures du même genre faites pour Grolier et Maioli.</small>

953. Ovide : Metamorphoseon sive transformationum Ovidianarum libri quindecim, æneis formis ab Ant. Tempesta incisi, et a Petro de Jode in lucem editi. *Wilh. Janssonius excud. Amstelod.*; in-4, obl. mar. olive, fil. tr. dor. (*Belle reliure.*)

<small>Superbe recueil de cent cinquante planches remarquablement gravées à l'eau-forte, par Ant. Tempesta (mort en 1630); chaque planche est accompagnée d'une explication manuscrite française sous la forme d'un quatrain, écrite au moment même de la publication.</small>

954. Les XV Livres de la Métamorphose d'Ouide (poëte tres elegāt) contenant l'Olympe des histoires poetiques trad. de latin en françoys, le tout figuré de nouuelles figures et hystoires. *Nouuellement imprime a Paris par Denis Janot*, 1539; 3 part. en 1 vol. pet. in-8, mar. v. fil. tr. d. (*Niedrée.*)

<small>Lettres rondes, figures sur bois.</small>

955. Le grād Olympe des histoires poëtiques du prince de poësie Ovide Naso en sa Metamorphose, trad. de latin en françois. *On les vend a Paris au clos Bruneau, par G. le Bret*, 1543; 3 part. en 1 vol. in-8, mar. v. f. à fr. tr. d.

<small>Lettres rondes, figures sur bois.</small>

956. Le grand Olympe des histoires poëtiques du prince de poësie Ovide Naso en sa Metamorphose, œuvre autentique de haut artifice, plein de honneste récreation ; traduict de latin en françoys. *On les vend à Paris*..... 1543; pet. in-8, vél. (*Bel exempl.*)

957. Les Métamorphoses d'Ovide, trad. en françois par P. du Ryer, avec des explications sur toutes les fables. *Paris, Sommaville*, 1655; 2 vol. in 4, mar. r. tr. d. (*Anc. rel.*)

<small>Figures par Iaspàr Isaac.</small>

958. Métamorphoses d'Ovide en rondeaux, imprimez et enrichis de figures par ordre de S. M. *Paris, impr. royale*, 1676; in-4, v. br.

<small>Vers de M. de Benserade; figures de Chauveau et de Séb. Le Clerc; frontispice de Lebrun.</small>

959. Métamorphoses d'Ovide en rondeaux (par M. de Benserade) imprimez et enrichis de figures (de Van-Hagen). *Amsterdam, Pierre Mortier*, 1697; 2 tomes en 1 vol. in-8, mar. r. tr. d.

960. La VITA ET METAMORFOSEO, figurato et abbreviato in forma d'Epigrammi da M. Gabriello Symeoni. *A Lione per Giovanni di Tornes*, 1584; in-8, mar. vert, fil. tr. dor. (*Trautz-Bauzonnet.*)

<small>Charmant exemplaire relié sur brochure.
Ce volume est dédié à Diane de Poitiers et contient 187 figures sur bois à mi-page du Petit Bernard. Chaque page est entourée d'une bordure composée des sujets les plus ingénieux, les plus bizarres et d'un style souvent érotique.
On trouve à la suite une série de poésies sur la nature et les effets de la lune, avec un rapprochement sur les attributs de Diane. On voit ensuite une gravure représentant la fontaine de Roiat en Auvergne; enfin une apologie générale de tout l'œuvre. Le portrait de Gab. Siméon se trouve sur le titre.</small>

961. Les XXI Epistres d'Ouide translatees de latin en françoys | par reverend pere en Dieu Maistre Octaviē de saīt Gelais Euesque d'Angoulesme. — *Cy finist le Liure des Epistres d'Ouide*, impr. a Paris par la veufve Jehan Trepperel et Jehan Jannot. S. d. In-4, goth. fig. s. b. mar. bl. fil. tr. d. (*Niedrée*).

962. Ovide de Arte amandi trāslate de latin en françoys imprime nouuellement. — *Cy finist Ovide de l'Art d'aimer..... nouuellement imprime à Genefve*. S. d. In-8, goth. mar. v. f. tr. d. (*Duru.*)

<small>Livre rare. Vers de huit syllabes, imprimés à une seule colonne, avec le texte en marge.</small>

BELLES-LETTRES.

963. L'Ovide en belle humeur, par le S^r d'Assoucy. *A Lyon, chez Cl. de la Roche,* 1668; in-12, mar. bl. fil. tr. d. (*Bauzonnet-Trautz.*)

964. Cornelii Galli Fragmenta. *Impressum Venetiis per Bernardinum Venetum de Vitalibus* M.CCCCC.I; in-4 de 13 ff. mar. or. fil. tr. d.

<small>Bel exemplaire de la première édition, fort rare, des fragments de ce poëte.</small>

965. Aulus Persius Flaccus brevissimis annot. illustratus. — Le mesme Perse, trad. en vers françois par G. Durand, conseiller du Roy, à Senlis. *Parisiis, Denys du Pré,* 1575; in-8, mar. r. f. tr. d. (*Niedrée.*)

966. Auli Persii Flacci Satirarum liber (cum notis Isaaci Casaubonis). *Parisiis, apud Hieron. Drouart,* 1615; in-8, mar. r. fleurdelisé, tr. d. (*Anc. rel. aux armes du duc de Chaulnes.*)

967. La Pharsale de Lucain, ou les Guerres civiles de César et de Pompée, en vers françois (par M. de Brébeuf). *Paris, Sommaville,* 1655; in-4, v. f. f. tr. d. (*Capé.*)

<small>Édition originale.</small>

968. C. VALERII FLACCI Setini Balbi Argonauticon lib. VIII. *Antuerpiæ, ex offic. Plantiniana,* 1666. — Ludovici Carrionis in Valerii Flacci Argonauticon castigationes; in-16, mar. r. fil. tr. d. (*Aux armes du comte d'Hoym.*)

<small>Très-joli volume en reliure ancienne.</small>

969. Statii Papinii opera J. Bernartius ad libros veteres recensuit. *Antv., Plantin,* 1595; in-8, mar. rouge, fil. comp. tr. dor. (*Riche rel. anc. avec armoiries.*)

970. P. Papinii Statii opera quæ exstant omnia. — *Argentorati, impensis Lazari Zetzneri bibliopolæ,* 1609; in-16, mar. v. fil. tr. d.

<small>Bel exemplaire aux armes de De Thou.</small>

971. P. Statii Papinii opera quæ exstant (cum scholiis Jo. Bernartii). *Lugduni, P. Rigaud,* 1612; in-12,

v. f. à petits fers, tr. d. (*Rel. anc. aux armes de Souvré.*)

972. ORTHOGRAPHIA et flexus dictionum græcarum apud Statium. — Statii Sylvarum libri V, Thebaïdos lib. XII, Achilleidos lib. II. *Venetiis, in ædibus Aldi.* M. D. II; in-8, mar. r. fil. tr. d.

<small>Exemplaire à la reliure de Marc Lauwereins (dit Laurin), avec sa devise : *Virtus in arduo*, et son nom : *M. Laurini et amicorum*, gravés en or sur les plats. La reliure a été habilement réparée.</small>

973. Juvenalis, Persius. *Venetiis, in ædibus Aldi et Andreæ soceri, mense Augusto* 1501; in-8, mar. r. comp. tr. d. (*Capé.*)

<small>Seconde édition sous cette date, avec l'ancre aldine.</small>

974. D. Junii Juvenalis et Auli Persii Flacci Satiræ. Tabulis æneis illustravit et notas variorum addidit *G. S. Cantabrigiæ*, 1763; in-8, mar. v. dent. tr. d. (*Rel. anc.*)

975. Martialis. *Venetiis, in ædibus Aldi*, 1501; in-8, mar. r. fil. tr. d. (*Niedrée.*)

<small>Première édition des Aldes.</small>

976. FLORILEGIUM MARTIALIS epigrammatum Jos. Scaliger vertit græce ad Isaac. Casaubonium. *Lutetiæ, ex typographia Roberti Stephani*, 1603. — Jos. Scaligeri opuscula diversa græca et latina partim nunquam hactenus edita, partim ab auctore recensita atque aucta. *Parisiis*, 1605; en un vol. in-8, mar. rouge, fil. tr. dor.

<small>Magnifique exemplaire EN GRAND PAPIER et AUX ARMES DE JAC.-AUGUSTE DE THOU.</small>

977. AUSONIUS. — *Venetiis, Aldus*, 1517; in-8, mar. bleu, fil. tr. dor. (*Trautz-Bauzonnet.*)

<small>Très-joli exemplaire enrichi d'une foule de petits ornements en couleur aux initiales. Édition rare, la seule qu'aient imprimée les Aldes.</small>

978. Claudiani Siculi viri iprimis doctissimi de raptu Proserpine tragedia prima heroica incipit feliciter; in-fol. mar. br. fil. tr. d. (*Rel. angl.*)

<small>Ancienne édition, très-probablement la première, imprimée sans chiffres. réclames ni signatures ; sans indication de lieu ni d'imprimeur. 16 ff. à 31 lignes sur les pages entières. Les caractères sont les mêmes que ceux du *Petrus Comestor*, le premier livre imprimé à Utrecht avec date, en 1473, par Nycolas</small>

Ketelaer et Gherard de Leempt. (Voir la description de la *Bibliotheca Spenceriana*.)

979. Cl. Claudiani Opera dilig. castigata. *Venetiis, in ædibus Aldi et Andreæ Asulani soceri*, 1523; in-8, veau gaufré, tr. cis. d. comp. à fr.

980. Cl. Claudiani Opera, cum annot. St. Claverii. *Parisiis, ap. Nic. Buon*, 1602; in-4, mar. cit. fil. tr. d. (*Aux troisièmes armes de De Thou*.)

Très-bel exemplaire, dans une reliure admirablement conservée, dont le maroquin est curieusement préparé.

981. CLAUDIANI quæ exstant; Nic. Heinsius, Dan. f., recensuit ac notas addidit. *Lugd. Batav., ex officina Elzeviriana*, 1650; pet. in-12, mar. brun, fil. à comp., tr. dor. (*Trautz-Bauzonnet*.)

TRÈS-BEL EXEMPLAIRE (H. 5 pouces). Charmante reliure.

982. Cl. Claudiani opera quæ exstant, cum notis G. Pyrrhonis in usum Sereniss. Delphini. *Paris*, 1677; in-4, grand pap. mar. r. tr. d. (*Rel. anc. aux armes de Colbert*.)

Sur le titre, la signature de Seignelai, 1692.

983. C. JVLII HYGINI AVGVSTI LIBERTI FABVLARVM LIBER ad omnium poëtarum mire necessarius et antehac nunquam excusus. Ejusdem Poeticon Astronomicon, libri quatuor, cum diversis aliis narrationibus et libellis. *Basileæ, apud Joan. Hervagium, anno* 1535; pet. in-fol. mar. br. comp. tr. dor. (*Rel. du seizième siècle*.)

Admirable reliure de Canevarius, avec le médaillon en or et couleurs représentant le *char du soleil*. C'est un beau spécimen des livres sortis de la bibliothèque de cet homme si célèbre par son avarice et sa bibliomanie. — Ce magnifique volume provient de la vente de M. Libri, faite à Londres en 1859, où se trouvaient deux autres reliures avec la même devise, et où elles étaient attribuées à *Mecenate, physicien du Pape*.

984. POETÆ CHRISTIANI VETERES. Prudentii poetæ Opera. *Venetiis, apud Aldum*, 1501; — dans le même vol.: Sedulii Mirabilium divinorum lib. IV. — Juvenci de Evangelica Historia lib. IV. — Aratoris Historiæ apostolorum lib. II., etc. *Id., ibid.*, 1501; in-4, cuir de Russie, fil. tr. d.

Bel exemplaire d'un Alde rare, conforme à la minutieuse description qu'en donne M. Brunet.

985. Aurelii Prudentii Clementis quæ exstant : Nicol. Heinsius, Dan. filius, recensuit et animadvers. adjecit. *Amstelodami, apud Dan. Elzevirium*, 1667; 2 part. en 1 vol. in-12, mar. r. (*Bauzonnet.*)

<small>Bel exemplaire NON ROGNÉ.</small>

986. Alcimi Aviti, archiepiscopi Viennensis, opuscula, correctius edita e recensione M. Joachimi Zehneri. *Lipsiæ, Michael Lantzenberger*, 1604; pet. in-8, fig. sur bois, mar. vert, fil. tr. dor. (*Anc. rel.*)

<small>Très-joli volume aux armes de DE Thou (accolées de celles de Gasparde de La Chastre, sa femme), et provenant de la collection Debure.</small>

B. Poëtes latins modernes.

986 *bis*. Doctissimorum nostra ætate Italorum epigrammata. *Lutetiæ, per Nicol. Divitem, uia sacerdotum diuæ Geneouefes, sub insigni geminæ anchoræ iuxta collegium Cameracense, ad insigne Aldi* (sans date, vers 1575); in-8, mar. vert, comp. à petits fers. (*Charmante reliure de Capé.*)

<small>Volume remarquable recherché pour son exécution typographique, par sa rareté et l'intérêt qu'il présente.
Il contient M. Ant. Flaminii lib. II. — Marii Molsæ lib. unus. — And. Naugerii liber unus.—J. Cottæ, Lampridii, Sadoleti et aliorum Miscellanea. Cet exemplaire est fort grand de marges et de la plus belle conservation.</small>

987. Poesie latine del Card. Maffeo Barberino hoggi Papa Urbano VIII. *In Roma, app. Fr. Caualli*, 1642; in-4, vél. fil. tr. d. (*Aux armes des Barberini.*)

988. Navicula sive speculum fatuorum..... Joh. Geyler Keysersbergii : concionatoris argentinensis in sermones : suis figuris iam insignita : a Jacobo Othero collecta : compendiosa vite eiusdem descriptio per Beatum Rhenanum. *Argentorati*, 1511; in-4, v. brun, fig. en bois.

989. Pyndarus de Bello Troiano. — Astyanax Maphæi Laudensis. — Epigrammata quædam diver-

BELLES-LETTRES. 165

sorum autorū. *Fani, Hier. Soncino,* 1515; in-8, mar. brun à comp. (*Thompson.*)

<small>Édition rare de ce poëme, dont l'auteur est inconnu, et dont l'éditeur est Fr. Polyard. Très-joli exemplaire.</small>

990. PACIFICI MAXIMI POETE AVCULANI ELEGIE NŌ NULLE IOCOSE ET FESTIUE. Laudes summorum uirorum, urbium et locor. etc. — *Joannes Jacobus de Benedictis Bononiensis : Camerini incudebat.* M.D.XXIII; in-4, vél.

<small>Bel exemplaire de la seconde édition de l'*hecatelegium,* premier livre impr. à Camerino. La première édition de ce livre célèbre est introuvable : celle-ci est encore fort rare.</small>

991. JAC. SANNAZARII opera omnia. *Lugduni, apud Seb. Gryphium,* 1540; in-8, mar. rouge, fil. tr. dor. (*Aux armes de De Thou.*)

<small>Ce volume, d'une parfaite conservation, contient en outre : *De Caleto nuper Henrico II Francorum rege invictiss. recepto, Georgii Buchanani Carmen.* Lutetiæ, ex officina Roberti Stephani. 1558. — *Simonis Simonidæ odæ II, Thomas Seghetus Britannus edidit.* 1598.</small>

992. Jos. SCALIGERI IAMBI GNOMICI, nunc primum editi a Daniele Heinsio. *Lugduni Batavorum, ex officina Henrici ab Haestens impensis Joan. Maire,* 1607. — Joan. Passeratii varia poemata. *Parisiis, ap. Mam. Patissonium,* 1603; en 1 vol. in-8, mar. rouge, fil. tr. dor. (*Aux armes de De Thou.*)

<small>Volume d'une parfaite conservation, provenant de la bibliothèque de M. le baron de Warenghein ; portrait de Passerat par Thomas de Leu.</small>

993. CAPTIVITAS RHODI PER SICULUM (Julius Simon Siculus). *Impressum Romæ apud Magistrum Marcellum Siber, alias Franck, anno* 1523; in-4, vél. fil. tr. d. (*Rel. molle aux armes du cardinal de Claromonte.*)

<small>PRÉCIEUX EXEMPLAIRE de dédicace, IMPRIMÉ SUR VÉLIN et inconnu à Van Praet.</small>

994. Recueil de pièces : Petri Angelii Bargæi Cynegetica... item carminum lib. II. Eglogæ III. *Lugduni, ap. hæred. S. Gryphii,* 1561. — Joachimi Bellaii Andini poemata. *Paris, F. Morel,* 1558. — In Joach. Bellaium carmina et tumulum (par A. Tur-

nèbe). *Id.*, *ibid.*, 1560. — De sacra Francisci II, Galliarum regis, initiatione... Michaelis Hospitalis sermo. *Id., ibid.*, 1561. — De Meti urbe capta et liberata, M. H. Carmen. *Id., ibid.*, 1560. — In Francisci illust. Franciæ Delphini et Mariæ sereniss. Scotorum reginæ nuptias M. H. Carmen. *Id., ibid.*, 1560. Et quelques autres pièces de poésie lat. et franc., de Michel de l'Hospital, Turnèbe, Passerat, etc. 14 pièces en éditions originales, dont quelques-unes fort rares, en 1 vol. in-4, v. f. fleurdel. tr. d. (*Rel. anc. aux armes du cardinal Dubois.*)

995. THEODORI BEZÆ poematum editio secunda, ab eo recognita; item ex Georgio Buchanano aliisque variis insignibus poetis excerpta carmina præsertimque epigrammata. *Excudebat Henricus Stephanus*, 1509; in-8, mar. vert olive, fil. comp. tr. dor. (*Capé.*)

SUPERBE EXEMPLAIRE d'un volume dans une parfaite conservation et revêtu d'une riche et élégante reliure exécutée par M. Capé avec une perfection et une habileté très-remarquables. La dorure est la copie perfectionnée d'une belle reliure du seizième siècle.

996. PHILIPPI GALTHERI, poete, Alexandreidos libri decem, nunc primum in Gallia Gallicisque characteribus editi. *Lugduni, excud. Rob. Granjon*, 1558; pet. in-4, mar. citron, fil. tr. dor. (*Padeloup.*)

Très-bel exemplaire dans une charmante reliure ancienne. Ce volume, imprimé en caractères dits *de Civilité*, est rare et recherché; on lit en tête le privilége en français accordé par le roi à Robert Granjon, *pour rémunération de son invention de sa lettre françoise d'art de main.*

997. Ægidii Menagii poemata, 2ᵉ edit. auctior. *Paris, A. Courbé*, 1656; pet. in-8, mar. v. comp. tr. d. (*Rel. anc.*)

Poésies latines et françaises. Charmante impression en très-petits caractères.

998. (Poësies grecques, latines, françoises et italiennes du sieur Gilles Menage, conseiller et ausmonier de Sa Majesté). *Paris, Pierre le Petit*, 1680; en un

vol. in-12, mar. rouge, fil. tr. dor. (*Trautz-Bauzonnet.*)

SUPERBE EXEMPLAIRE d'une collection admirablement imprimée et la plus complète.

999. JOANNIS PASSERATII eloquentiæ professoris et interpretis regii Kalendæ Ianuariæ, et varia quædam poëmatia. *Lutetiæ, apud viduam Mamerti Patissonii*, 1603; pet. in-8, vél. portrait gravé par Th. de Leu.

Sur le titre est un envoi autographe de Robert Estienne (troisième du nom) à Christophe Pithou. Cet envoi est suivi des quatre lettres R. F. R. N. dont cet imprimeur faisait ordinairement suivre son nom pour se distinguer de Robert II, son père, et Robert Ier, son aïeul.

1000. Caroli Ruæi e societ. Jesu carminum libri IV. *Lutetiæ Parisiorum, ap. Sim. Benard*, 1680; in-4, mar. r. fil. tr. d.

Poésies latines et françaises. Frontispices et portr. par G. Edelinck.

1001. Scævolæ Sammarthani poemata et elogia. *Augustoriti Pictonum*, 1606; 2 part. en 1 vol. in-8, vél.

1002. Jacobi Augusti Thuani poemata sacra. *Lutetiæ, apud Mam. Patissonium*, 1599, in-12, mar. bl. fil. tr. d.

1003. Io. Vulteii Rhemensis hendecasyllaborum lib. IV. — Ad poetas Gallicos lib. II, etc. *Parisiis, apud Sim. Colinæum*, 1538; in-16, v. f. fil. tr. d.

Jean Voulté fut assassiné par un moine. On trouve dans ses poésies deux épigrammes sanglantes contre Diane de Poitiers, une pièce de vers dédiée à Grolier, et plusieurs pièces dirigées contre Rabelais, qu'il appelle le *singe de Lucien.*

1004. Nicolai Brontii Carmen ad optimum Carolum V, Imperat. Cæsarem semper Augustum. *Antuerpiæ, typ. Ant. Goini*, 1541. — Libellus de utilitate et harmonia artium, eod. auctore. *Ibid., apud Simonem Cocum*, 1541. — Libellus compendiariam tum virtutis adipiscendæ, tum litterarum parandarum rationem perdocens, eod. aut. *Id., ibid.*, 1541; in-8, mar. r. fil. tr. d.

Curieuses figures sur bois.

1005. Iani Dousæ Nordovicis, pro Satyrico Petronii Arbitri, viri consularis, Præcidaneorum lib. III. *Lugd. Batav., ex offic. Joan. Paetsij*, 1583; in-8, vél. fil. (*Aux premières armes de De Thou.*)

Signature d'Estienne Baluze sur le titre.

1006. Humanæ salutis monumenta B. Ariæ Montani studio constructa et decantata. *Antuerpiæ, ex prototypog. regia*, 1571; in-8, mar. r. comp. tr. d.

Très-bel exemplaire. Les charmantes gravures de Jérôme Wierix sont très-belles d'épreuves, et l'exemplaire est à très-grandes marges.

1007. OPERA HROSVITÆ illustris virginis. *Imp. Norunbergæ*, 1501; in-fol. mar. br. comp. tr. d. (*Capé.*)

SUPERBE EXEMPLAIRE d'un volume TRÈS-RARE ET FORT RECHERCHÉ. Il est orné de plusieurs belles figures gravées sur bois.

1008. Poésies latines de Rosvith, religieuse saxonne du xe siècle, avec une traduct. en vers, par Vignon Rétif de la Bretonne... *Paris*, 1854; gr. in-8, demi-rel. v. f.

1009. Pugna Porcorum, per P. Porcium poëtam. *Symon Coquus Antuerpiæ excudebat, anno* XXX. (1530); in-8, mar. v. fil. tr. d. (*Koehler.*)

Douze pages de vers, dont chaque mot commence par un P.

1010. Eryci Puteani Bruma, Chimonopægnion de laudibus hiemis; accedunt Andr. Valerii breves notæ, imaginibus Raph. Sadeleri illustratæ. *Monacii*, 1619; petit in-8, mar. bleu, dent. doubl. et gardes de moire rose, tr. dor. (*Bozerian.*)

Petit livre rare, orné de charmantes figures de Sadeler; de la vente **Nodier** (1829).

3. POÈTES MACARONIQUES.

1011. MERLINI COCAII (Theophili Folengo), poetæ Mantuani, opus macaronicorum, totum in pristinam formam per Magistrum Acquarium Lodolam optimè redactum, et in his infrà notatis titulis divisum : ZANITONELLA, quæ de amore Tonelli erga

Zaninam tractat. PHANTASIÆ, macaronicon, divisum in XXV macaronicis tractans de gestis magnanimi et prudentissimi Baldi; MOSCHEÆ facetus liber, tractans de cruento certamine muscarum et formicarum; et libellus epistolarum et epigrammatum ad varias personas directarum. *Tusculani, apud Lacum Benacensem, Alex. Paganinus*, 1521; in-16, mar. bleu, fil. tr. dor. (*Padeloup.*)

Édition FORT RARE et la plus recherchée des amateurs, en ce qu'elle est la première édition complète et qu'elle est ornée de figures en bois des plus singulières. TRÈS-JOLI EXEMPLAIRE de la bibliothèque Gaignat; il contient les huit derniers feuillets qu'indique M. Brunet (*Manuel*, II, 302), et qui renferment une épitre à Paganino, avec sa réponse, des errata, une table et un sonnet. — L'édition ayant été tirée sur un papier trop petit pour la justification, il est presque impossible d'en trouver des exemplaires où les notes marginales n'aient pas été plus ou moins atteintes par le premier relieur. Celui-ci n'est pas entièrement exempt de cet inévitable défaut, mais il est cependant bien conservé, et il n'y a aucune lettre enlevée.

1012. Opus Merlini Cocaii poete Mantuani macaronicorum, totū in pristinam formam per me magistrum Acquarium Lodolam optime redactū. *Tusculani, apud Lacum Benacensem. Alexander Paganinus*, 1521; in-16, fig. s. b. mar. r. fil. tr. d. (*Derome.*)

Joli exemplaire de cette rare édition, imprimée avec les caractères singuliers de Paganini.

1013. Opus Merlini Cocaii poetæ Mantuani macaronicorum, di Th. Folengo. *Venetiis, ap. Dominicum de Imbertis*, 1585; in-12, v. ant.

Exemplaire en papier fin, aux premières armes de J.-A. de Thou.

1014. Histoire macaronique de Merlin Coccaie, prototype de Rabelais, avec l'horrible bataille des mouches et des fourmis. *S. l. (Paris)*, 1734; 2 tomes en 4 vol. in-12, mar. v. dent. tr. d. (*Bozerian.*)

EXEMPLAIRE DE RENOUARD, IMPRIMÉ SUR VÉLIN.

1015. CHAOS DEL TRI PER UNO (overo dialogo de le tre etadi, di Teof. Folengo). *Vinegia, Fratelli da Sabio*, 1546; pet. in-8, mar. rouge, fil. tr. dor. (*Trautz-Bauzonnet.*)

Très-bel exemplaire de cette édition rare et la plus recherchée. (*Manuel*,

t. II, 303.) Le *Chaos* est un ouvrage singulier en prose et en vers, et un véritable *pot-pourri*, dans lequel se trouvent des pièces fort considérables en langage macaronique.

1016. ANTONIUS DE ARENA provençalis de bragardissima villa de Soleriis, ad suos compagnones studiantes..... *Stampatus in stampatura stampatorum*, 1670, in-12, mar. r. fil. tr. d. (*Rel. anc.*)

Exemplaire NODIER. (Vente de 1830.)

1017. MEYGRA ENTREPRISA calotiqui imperatoris quando de anno Domini MDXXXVI, veniebat per Provensam bene carrossatus in postam prendere Fransam cum villis de Provensa; propter grossas et menutas gentes rejohire, per Antonium Arenam Bastifausata. *Lugduni*, 1760; in-8, mar. r. fil. tr. dor. (*Derome.*)

Bel exemplaire en grand papier, provenant de la bibliothèque de Ch. Nodier (1829).

4. POÈTES FRANÇAIS.

A. Histoire. — Traités sur la poésie.

1018. Histoire de la poésie françoise (par l'abbé Mervesin). *Paris*, 1706; in-12, v. f. f. tr. d. (*Koehler.*)

1019. Histoire de la poésie françoise (par feu M. l'abbé Massieu). *Paris*, 1739; in-8, v. éc. (*armoiries.*)

1020. Introduction à la poésie. *Paris, Toussaint du Bray*, 1620; pet. in-8, mar. bl. f. tr. d.

Petit livre rare, que nous croyons devoir attribuer à G. Colletet. M. Viollet le Duc n'en fait pas mention dans sa *Bibliothèque poétique*.

1021. L'ART ET SCIENCE DE RHÉTORIQUE pour rimes et ballades (par Henry de Croy). *Imprime à Paris, par Jehan Trepperel, demourant à la rue Neufve Nostre-Dame en lenseigne de lescu de France* (sans date); in-4, goth. mar. bleu, fil. tr. d. (*Trautz-Bauzonnet.*)

Édition FORT RARE. — Bel exemplaire de la bibliothèque de M. Armand Bertin.

1022. Art poetique françois, pour l'instruction des ieunes studieux et encor' peu auancez en la poësie françoise, avec le Quintil Horatian sur la Défense et Illustration de la langue françoise. *Lyon, Jean Temporal,* 1556; in-8, mar. r. fil. tr. d. (*Trautz-Bauzonnet.*)

L'*Art poétique* est de Th. Sibilet; le *Quintil Horatian*, de Charles Fontaine. On trouve de plus, dans ce volume, les deux traités de Dolet sur la *ponctuation et les accens de la langue françoise.*

1023. Art poëtique reduict et abregé en singulier ordre et souueraine methode pour le soulas de l'aprehension et recreation des espritz, faict et composé par maistre Claude de Boissière, Daulphinois. *Impr. à Paris, par Annet Brière,* 1554; in-8, v. f. fil. tr. d.

Le privilége, signé de De Thou, s'applique aux autres ouvrages de l'auteur sur l'arithmétique, la musique et le rhythme.

1024. L'art poetique de Jacques Peletier du Mans, departi en deux liures. *A Lyon, par Jan de Tournes et G. Gazeau,* 1555; in-8, mar. r. dent. tr. d. (*Koehler.*)

Exemplaire de Ch. Nodier.

1025. Les premières addresses du chemin du Parnasse, pour monstrer la prosodie françoise, par les menutez des vers françois, minutées en cent reigles, par M. Louys du Gardin, docteur en médecine. *A Douay, de l'imprim. de Balth. Bellère,* 1610; in-12, v. f. fil. tr. d.

Dans le même volume : *Les Nouvelles Inuentions du Dr du Gardin, pour faire marcher les vers françois sur les pieds des vers latins.* Petit livre rare.

1026. L'Art de la poësie françoise et latine, avec une idée de la musique sous une nouvelle méthode, par le Sr de la Croix. *Lyon,* 1694; in-12, pl. gr. v. f. fil. tr. d. (*Koehler.*)

1027. L'Escole des Muses dans laquelle sont enseignées toutes les reigles qui concernent la poësie françoise, par le Sr C. (Colletet). *Paris,* 1656; in-12, mar. r. f. tr. d. (*Duru.*)

1028. L'Art poëtique françois de Pierre de Laudun d'Aigaliers. *Paris*, 1697; in-12, v. f. fil. tr. d.

1029. Dissertation sur la poësie pastorale, ou de l'Idylle et de l'Eclogue, par l'abbé Genest. *Paris*, 1707; in-12, mar. r. comp. tr. d. (*Anc. rel.*)

B. Troubadours, trouvères et autres poëtes français jusqu'à l'époque de Villon (vers 1460).

1030. Choix des poésies originales des troubadours, par M. Raynouard. *Paris, Didot*, 1816; 5 vol. in-8, demi-rel. d. et c. mar. v. PAPIER VÉLIN.

1031. Fabliaux et contes des poëtes français des xie, xiie, xiiie, xive et xve siècles, publiés par Barbazan et Méon. *Paris*, 1808; 4 vol. in-8, v.

1032. Blasons, Poésies anciennes recueillies et mises en ordre par D. M. M... (Méon). *Paris, Guillemot*, 1807; in-8, v. gr. fil.

1033. Lais inédits des xiie et xiiie siècles, publiés pour la première fois par Francisque Michel. *Paris, Techener*, 1836, in-8, demi-rel.

1034. COLLECTION DES ROMANS DES DOUZE PAIRS. *Paris, Techener*, 1833-43; 13 vol. pet. in-8, pap. de Holl. dos et coins de maroquin, dorés en tête, non rognés. (*Niedrée.*)

Li Romans de Berte aux grans piés, publ. par M. Paulin Paris. *Paris*, 1836. — Garin le Loherain, publ. par le même. *Paris*, 1833-35, 2 vol. — Parise la duchesse, publ. par M. de Martonne. *Paris*, 1836. — La Chanson des Saxons, publ. par Fr. Michel. *Paris*, 1839, 2 vol. — Raoul de Cambrai, publ. par Ed. Le Glay. *Paris*, 1840. — Ogier de Danemarche, par Raimbert de Paris, publ. par M. Barrois. *Paris*, 1842, 2 vol. — La Chanson d'Antioche, publ. par M. P. Paris. *Paris*, 1848, 2 vol. — Le Romancero françois, histoire de quelques anciens trouvères, par M. P. Paris. *Paris*, 1833. — Lais inédits des xiie et xiiie siècles, publ. par Fr. Michel. *Paris*, 1836. — Collection difficile à réunir. TRÈS-BEL EXEMPLAIRE.

1035. Le Roman du Saint-Graal, publié pour la première fois d'après un MS. de la Bibliothèque royale, par Fr. Michel. *Bordeaux*, 1841; in-12, mar. br. f. tr. d.

1036. LES POÉSIES DU ROI DE NAVARRE (Thibaud,

comte de Champagne), avec des notes, et précédées de l'histoire des révolutions de la langue française depuis Charlemagne jusqu'à Saint-Louis, etc. (par Lévêque de la Ravallière). *Paris,* 1742; 2 vol. pet. in-8, mar. bl. fil. tr. d. (*Bauzonnet.*)

<small>Superbe exemplaire, relié sur brochure, d'un ouvrage fort estimé.</small>

1037. Les Poësies du Roy de Navarre, avec des notes et un glossaire françois. *Paris,* 1742; 2 vol. in-8, v. f. fil. tr. d. (*Armes de France ajoutées.*)

1038. Le Roman de la Violette ou de Gerard de Nevers, en vers du treizième siècle, par Gibert de Montreuil, publié, pour la première fois, d'après deux manuscrits de la Bibliothèque royale, par Francisque Michel. *Paris, Silvestre,* 1834; gr. in-8, mar. orange, fil. tr. d. (*Lortic.*)

<small>Exemplaire dont les figures sont doubles et coloriées en or et en couleur, à l'instar des manuscrits originaux. Très-beau livre.</small>

1039. Le Roman du Renart, publié par Méon. *Paris,* 1826; et le supplément par Chabaille, 1835; 5 vol. in-8, demi-rel. mar. rouge.

1040. LE ROMANT DE LA ROSE (sans lieu ni date); in-fol. goth. à 2 col. fig. en bois, mar. rouge, fil. à comp. dorures sur les plats, doublé de maroquin bleu, larges dentelles. (*Magnifique reliure de Trautz-Bauzonnet.*)

<small>Superbe exemplaire (sauf un raccommodage dans la marge *blanche* du titre). Première et précieuse édition de ce poëme, imprimée à Lyon, par Gillaume Leroy, vers 1485.</small>

1041. Le Roman de la Rose. *Nouuellement imprime a Paris par la vefue feu Michel le Noir le xvij^e iour daoust* m. d. xxi; in-fol. goth. fig. s. b. mar. r. f. tr. d. (*Bauzonnet.*)

1042.   Cy est le romāt de la rose,
      Ou tout l'art d'amour est enclose.
— *On le vend a Paris en la boutique de Jehan Petit libraire.* S. d. (Privilége du 19 avril 1526); fig. s. b. in-4, goth. mar. v. fil. tr. d. (*Rel. anc.*)

<small>Exemplaire du duc de La Vallière.</small>

1043. Sensuyt le Romāt de la Rose, aultrement dit le Sōge Vergier. — *Cy finist le Romant de la Rose nouuellement imprime a Paris par Jehan Jhannot. S. d.* (1529); in-4, goth. mar. r. comp. tr. d. (*Bauzonnet.*)

Édition qui n'offre d'intéressant que les hardies corrections de Cl. Marot.

1044. Le Rommant de la Rose nouuellement reveu et corrige oultre les precedentes impressions. *Paris, Galliot du Pré*, 1529, pet. in-8, lettr. rond. mar. r. comp. tr. d. (*Riche reliure de Bauzonnet.*)

Très-joli exemplaire réglé et d'une conservation parfaite.

1045.   Cest le Roman de la Rose
    Moralise cler et net,
    Translate de rime en prose
    Par vostre hūble Molinet.

— *Cy finist le Romant de la Rose imprime a Lyon lan m. cccc. et iii par maistre Guill. Balsarin;* pet. in-fol. goth. à 2 col. fig. s. b. mar. r. comp. tr. d.

Première édition de cette traduction.

1046. LE ROMANT DES TROIS PELERINAIGES. Le premier pelerinaige est de l'homme durant quest en vie; le second de lame separee du corps; le tiers est de Nostre-Seigneur Jesus en forme de monotesseron : fait et compose par frère Guillaume de Guilleville, en son vivant moyne de Chaalis, de lordre de Cisteaux : ont ensemble à comun profit fait imprimer elegamment maistre Barthole et Jehan Petit. (*A Paris, vers* 1500); pet. in-4 goth. à 2 colonnes, avec titre encadré, de 10 ff. prélim. et CCVI ff. de texte, mar. rouge, fil. larges dentelles, tr. dor. (*Magnifique reliure de Padeloup.*)

Exemplaire parfait de conservation et de reliure.
« Ces Trois Pèlerinages (dit M. Brunet) ont été composés de 1330 à 1358; « mais l'édition ci-dessus, la seule qui les réunisse tous les trois, n'offre pas « les poèmes tels qu'ils sont sortis de la plume de l'auteur, car, avant de les « livrer à l'impression, le moine de Clairvaux, nommé Pierre Virgin, qui les « publia, avait pris soin de les revoir, de les corriger, et y avait même ajouté « un certain nombre de vers et un prologue. »

1047. Le Pelerinage de l'homme *nouuellement imprime a Paris le iv iour dauril mil cinq cens et unze pour Anthoine Verard;* in-fol. goth. fig. s. b. à 2 col. mar. bl. fil. tr. d. (*Niedrée.*)

Ce volume ne renferme que le premier des trois Pèlerinages de Guillaume de Guilleville.

1048. Sensuit lépistre de Othéa, déesse de prudence moralisée en laquelle sont contenus plusieurs bons et notables enseignements pour toutes personnes voulant ensuivir les vertus et fuir les vices, par Christine de Pisan. — *Imprimée à Paris par la veufue de Jehan Trepperel.....* (sans date); in-4 goth., mar. vert, fil. tr. dor. (*Trautz-Bauzonnet.*)

Très-bel exemplaire d'un volume fort rare, et que nous n'avons pas trouvé dans le catalogue des ventes faites depuis vingt ans. Ce volume a été imprimé vers 1510.

1049. LES CENT HYSTOIRES DE TROYE (par Christine de Pisan). *Imprimées à Paris, par Philippe Le Noir, libraire et relieur iuré en l'Université de Paris, l'an mil cinq cens vingt et deux* (1522); pet. in-fol. mar. vert, olive, fil. comp. tr. dor. (*Riche reliure de Kœhler.*)

Volume extrêmement rare, qui manquait à la riche collection du prince d'Essling. Cet exemplaire provient de la collection de M. Armand Bertin. Chaque page est accompagnée d'une curieuse figure gravée sur bois.

1050. La Nef des Folz du monde. — *Cy finist la Nef des Folz du monde: premierement composee en aleman par maistre Sebastian Brant docteur es droiz. Consecutiuement daleman en latin redigee par Jacques Locher: reueue et ornee de plusieurs belles concordances et additions par ledit Brant: et de nouvel transl. de lat. en françoys et imprimee pour maistre Jehan Philippe Manstener et Geoffroy de Marnef libraires de Paris, lan de grace* 1497; in-fol. goth. à 2 col. fig. s. b. mar. v. fil. tr. d.

Traduction en vers de Pierre Rivière, Poictevin. Bel exemplaire Cailhava.

1051. Les fais maistre Alain Charretier. — *Finis-*

sent les faiz | dictes et ballades maistre Alain Chartier imprimez a Paris par Pierre le Caron | pour Anthoine Verard libraire demourant a Paris sur le pont Nostre Dame. S. d. (avant 1499); 2 part. en 1 vol. in fol. goth. à 2 col. fig. s. b. mar. r. fil. tr. d. (*Trautz-Bauzonnet.*)

Édition rare et précieuse. (Voyez la description de M. Brunet, t. Ier, p. 640.)

TRÈS-BEL EXEMPLAIRE, malgré quelques réparations de peu d'importance.

1052. LES OEUVRES FEU MAISTRE ALAIN CHARTIER, en son viuant secretaire du feu roy Charles septiesme du nom. *On les vend à Paris, en la grand salle du Palais, en la boutique de Galliot du Pré*, 1529; pet. in-8, lettres rondes, mar. r. riche et belle reliure à comp. tr. d. (*Thompson.*)

1053. LES OEUVRES DE FEU ALAIN CHARTIER, en son vivant secrétaire du feu roy Charles septième du nom. *On les vend à Paris en la boutique de Galliot du Pré*, 1529; pet. in-8, lettres rondes, mar. citron, fil. tr. dor. (*Derome aîné.*)

TRÈS-BEL EXEMPLAIRE, d'une conservation parfaite. Cette édition est fort recherchée.

1054. Les OEuvres de maistre Alain Chartier, clerc, notaire et secretaire des roys Charles VI et VII. Edition reveue et corrigee par André du Chesne, Tourangeau. *Paris*, 1617; in-4, v. éc. (*légère mouillure au premier feuillet*).

1055. LA BELLE DAME SANS MERCY (par Alain Chartier), in-4, goth. mar. vert, fil. tr. dor. (*Trautz-Bauzonnet.*)

Plaquette fort rare, imprimée dans les premières années du XVIe siècle.

1056. LES DEMANDES D'AMOURS. *Lyon* (vers 1530); pet. in-8, goth. vignette, mar. v. fil. tr. d. (*Bauzonnet-Trautz.*)

Charmant exemplaire d'une pièce rare. (Voyez le *Manuel*, t. II, p. 41.)

1057. Rondeaux et Ballades inédits d'Alain Chartier, publiés d'après un MS. de la Biblioth. Méjanes (par Chennevière). *Caen, Poisson,* 1846; pet. in-8, mar. citron, f. tr. d.

Exemplaire sur papier chamois.

1058. VILLON. Le grant Testament Villon et le petit : son codicille : le iargon et ses balades. *Imprimé à Paris, par Jehan Treperel, demourant sur le pont Nostre-Dame, à l'enseigne Saint-Laurent.* 1497; in-4, fig. goth. mar. rouge, fil. tr. dor. doublé de maroq. bleu, dent. (*Belle rel. de Bauzonnet-Trautz.*)

Édition précieuse et de la plus grande rareté. Cet exemplaire, très-grand de marges, est, sauf quelques légères piqûres parfaitement restaurées, d'une conservation remarquable. Il provient de la bibliothèque de M. Armand Bertin.

1059. VILLON. Le grant Testament Villon et le petit; son codicille, le iargon et ses balades, aussi le rondeau que led. Villon fist quant il fut iugié à mort : et la requeste qu'il bailla à messeigneurs de Parlement, et a monseigneur de Bourbon. *Imprimé à Paris, par Pierre Caron....* (avant l'année 1500); in-4, goth. mar. vert, riches comp. dor. à pet. fers, tr. dor. (*Niedrée.*)

Magnifique exemplaire de la plus parfaite conservation, et provenant de la bibliothèque de M. Armand Bertin.

1060. Le Recueil des Repues franches de maistre Françoys Villon et ses compaignons. *S. l. n. d.* (v. 1520). La marque de G. Nyverd est à la fin. Pet. in-8, goth. mar. br. f. comp. doub. de mar. r. comp. tr. d. (*Koehler.*)

Cette plaquette de 24 ff. fait suite au *Grand Testament* imprimé par G. Nyverd; mais elle a été tirée à part et se vendait séparément.
Exemplaire de M. A. Bertin.

1061. Les Œuvres de maistre Françoys Villon. — Le Monologue du Franc Archier de Baignollet. — Le Dyalogue des seigneurs de Mallepaye et Baillevent. *On les vend (à Paris) pour Galiot du Pré,* 1532; pet. in-16, mar. v. doub. de mar. r. f. tr. d. (*Koehler.*)

Lettres rondes. Charmant exemplaire d'un livre fort rare.

1062. VILLON. Les OEuvres de Françoys Villon de Paris, reueues et remises en leur entier, par Clément Marot. *On les vend à Paris, en la grant salle du Palais, en la boutique de Galiot du Pré,* 1533; pet. in-8, mar. brun, fil. doublé de mar. rouge à comp. tr. dor. (*Trautz-Bauzonnet.*)

Admirable exemplaire de la bibliothèque Renouard; il est de la plus étonnante conservation et rempli de témoins. Cette édition est fort recherchée pour la collection des Galliot du Pré.

C. Poëtes français depuis Villon jusqu'à Marot.

1063. LA DANCE AUX AVEUGLES (par Pierre Michault). *Cy finist la Dance aux Aveugles, imprimée à Lion* (sans date); in-4 goth. de 44 feuillets à long. lignes, fig. en bois, mar. vert, larges dent. fil. tr. dor. (*Duru.*)

Édition PRÉCIEUSE et fort rare de cette édition, imprimée vers 1480. — TRÈS-BEL EXEMPLAIRE, avec témoins, de la bibliothèque de M. Armand Bertin. — La *Danse aux aveugles*, le pendant de la *Danse macabre*, puisque la Mort y fait aussi danser les humains, est un poëme composé par Pierre Michault, dit Taillevent, que l'on assure avoir été sujet de Philippe le Bon, duc de Bourgogne, et secrétaire de son fils, le Cte de Charolais (depuis, Charles le Téméraire).

1064. LA DANSE DES AVEUGLES (de Pierre Michault). *Imprimé à Lyon, s. d. (avec les caract. de Guil. le Roy, vers* 1480); in-4, goth. fig. s. b. mar. br. tr. d. (*Trautz-Bauzonnet.*)

Bel exemplaire de l'édition que l'on croit la plus ancienne; car la date de l'édition de Genève, 1479, est au moins douteuse. Elle diffère de la précédente.

1065. LES LUNETTES DES PRINCES composées par noble homme Jehan Meschinot, escuier, en son vivant grant maistre d'hostel de la royne de France. *Paris, Jehan du Pré,* 1494; in-4 goth., mar. vert, fil. tr. dor. (*anc. rel.*)

Exemplaire bien conservé d'une édition RARISSIME et qui n'est pas encore passée en vente publique. M. Brunet en a trouvé un exemplaire seulement à la bibliothèque de l'Arsenal.

1066. LES LUNETTES DES PRINCES, ensemble plusieurs additions et ballades, par noble homme Jehan Meschinot, escuyer. — *Ont esté imprimées...*

par maistre P. Vidoue pour honneste personne Galliot du Pré, 1528; pet. in-8, mar. r. fil. comp. riche dorure à petits fers, tr. dor. (*Trautz-Bauzonnet.*)

Édition RARISSIME et fort recherchée. Exemplaire extraordinaire pour la grandeur de ses marges; il est rempli de *témoins*.

1067. El Cavallero determinado, traduzido de lengua francesa en castellana por don Hernando de Acuna. *Anveres, en l'officina plantiniana*, 1591; in-4, fig. s. cuivre, mar. vert, tr. d.

Bel exemplaire du roman en vers d'Olivier de la Marche.

1068. LES PARABOLES MAISTRE ALAIN (de Lille). *Cy finist les Paraboles maistre Alain. Imprime le xx. iour de mars mil. cccc. quatre vingts et douze, par Anthoine Verard, libraire, demourant a Paris sur le pont Nostre Dame*; in-fol. fig. s. b. mar. v. fil. tr. d. (*Bauzonnet.*)

Ce livre, fort rare, contient les vers latins de maitre Alain, la traduction en vers français qu'en a faite un anonyme à la requête de Charles VIII, et le commentaire du même auteur sur ces Paraboles.
Exemplaire du prince d'Essling, avec la marge du dernier feuillet remontée.

1069. LE LIVRE DE MATHEOLUS,

> Qui nous monstre sans varier
> Les biens et aussi les vertus
> Qui viennent pour soy marier,
> Et à tous faitz considerer,
> Il dit que l'homme n'est pas saige,
> Si se tourne à remarier
> Quant prins a este au passage.

S. l. n. d.; in-4, goth. à 2 col. 12 f. et 68 f. sig. A. M. gravures en bois, mar. bl. fil. à fr. tr. dor. Rel. jans. (*Bauzonnet.*)

TRÈS-BEL EXEMPLAIRE de Ch. Nodier. Édition fort rare.

1070. SENSUYT LE REBOURS DE MATHEOLUS *imprime nouuellement a Lyon par Oliuier Arnoullet demourāt aupres de Nostre Dame de Confort. Cy finist le Resolu en mariage, nouuellement imprime a*

Lyon. *S. d.* In-4, goth. à 2 col. mar. v. fil. tr. d. (*Bauzonnet.*)

Cette réfutation du *Rebours de Matheolus* est beaucoup plus rare que le premier ouvrage.

1071. SENSUIUENT LES VIGILLES DE LA MORT DU FEU ROY CHARLES SEPTIESME a neuf Pseaulmes et neuf Leçons contenans la cronique et les faitz advenus durant la vie dudit feu roy, composees par maistre Marcial de Paris, dit d'Auuergne, procureur en Parlement. — *Imprime a Paris par Jehan du Pre demourant aux Deux Cygnes en la grand rue St-Jacques le xviii iour de may mil. cccc. iiiixx et xiii.* In-4, goth. à 2 col. fig. s. b. mar. r. fil. tr. d. (*Trautz-Bauzonnet.*)

Volume d'une grande rareté. Au recto du premier feuillet, la marque de Jehan Dupré. Quelques ff. réparés à la fin.

1072. DEUOTES LOUANGES A LA VIERGE MARIE. *Cy finissent les deuotes louanges à la Vierge Marie composées par Maistre Marcial d'Auuergne, qui furent achevées.... mil cccc quatre vingtz et* XIIII (1494) *pour Simon Vostre;* in-8, goth. fig. en bois, mar. vert, fil. tr. dor. (*Duru.*)

MAGNIFIQUE EXEMPLAIRE d'un recueil fort recherché et TRÈS-RARE. — La conservation et la grandeur des marges sont extraordinaires, chaque feuillet ayant son témoin. Il serait difficile de voir un plus beau livre.

1073. Les Poésies de Martial de Paris, dit d'Auvergne. *Paris, Coustelier,* 1724; 2 vol. in-12, mar. r. f. tr. d. (*Derome.*)

1074. LE BLASON DE FAULSES AMOURS. Ici cōmence le Blason de faulses amours compile p frere Guillaume Alexis, prieur de Bury. *Cy fine le Blason de faulses amours imprime a Paris par Pierre Leuet, lan mil CCCC. LXXXDI;* in-4, goth. mar. r. doubl. de mar. r. à petits fers, tr. d. (*Duru.*)

Bel exemplaire et le seul connu de la première édition de cette importante pièce de poésie. 15 ff. sig. A-B VII, sans pagination, 28 lign. à la page entière.

1075. LE BLASON DE FAULSES AMOURS. *Imprimé à Paris pour Pierre Levet, l'an* 1489; pet. in-4, goth. mar. r. fil. tr. d. (*Trautz-Bauzonnet.*)

Deuxième édition. Exemplaire de Burc.

1076. La Voye de Paradis. *S. l. n. d. (Paris, vers 1485)*, p. in-4, goth. demi-rel.

<small>15 ff. impr. en lettres de forme. Le *Manuel* annonce une figure sur bois qui ne se trouve pas dans cet exemplaire.
Exemplaire du prince d'Essling.</small>

1077. Le Messagier damours (par Pilvelin). *S. l. n. d.* (v. 1490); pet. in-4, goth. mar. r. fil. tr. d. (*Bauzonnet.*)

<small>La gravure du recto du premier feuillet est répétée au verso. 14 ff. non chiffrés, à longues lignes. Première édition. Le nom de l'auteur se trouve par acrostiche dans les huit derniers vers du poëme.</small>

1078. LE CHAMPION DES DAMES (par Martin Franc, *imprimé à Lyon, vers 1485*); in-fol. goth. à 2 col., mar. rouge, fil. tr. dor. doublé de maroquin, riches dentelles, dorure intérieure, etc. (*Somptueuse rel. de Trautz-Bauzonnet.*)

<small>Superbe exemplaire de cette première et rarissime édition imprimée par Guill. Le Roy.</small>

1079. LE CHAMPION DES DAMES, livre plaisant, copieux et abondant (par Martin Franc). *Paris, Galliot du Pré*, 1530; in-8, mar. citron, fil. tr. d. (*Derome.*)

<small>Lettres rondes; exemplaire un peu court, mais bien conservé. Sur le titre est la signature du poëte Grangier, le traducteur de Dante.</small>

1080. Le débat de Lomme mondain et de son compaignon qui se veult rendre religieux, en vers; in-4, goth. mar. rouge, fil. tr. dor. (*Trautz-Bauzonnet.*)

<small>Rarissime volume, composé de 12 feuillets et imprimé à Lyon à la fin du xve siècle, avec les caractères gothiques ronds qui ont servi à l'impression d'une édition de la *Danse aux aveugles*.</small>

1081. Le Debat de lhomme mondain et du religieux. Cy finist le Desbat de lhome mondain et du religieux. *Lyon, Pierre Mareschal et Barnabé Chaussard. S. d.* (v. 1490); in-4, goth. mar. bl. tr. d. (*Trautz-Bauzonnet.*)

<small>Exemplaire de Bure.</small>

1082. Le Debat de la Dame et de l'Escuier. *Im-*

primé à Paris par Jehan Trepperel, l'an 1493; in-4, goth. mar. r. fil. tr. d. (*Koehler.*)

Bel exemplaire de M. Armand Bertin.

1083. LES DITZ D'AMOURS ET VENTES (*Paris, Jehan Trepperel, vers* 1496); p. in-8, goth. mar. citr. comp. tr. d. (*Trautz-Bauzonnet.*)

Pièce fort rare, en vers. C'est évidemment une première édition inconnue, et à la marque de Jeh. Trepperel.

1084. LE DOCTRINAL DES FILLES. *Cy fine le Doctrinal des filles imprime (à Lyon, par Pierre Mareschal avant* 1496); pet. in-4, goth. de 4 ff. mar. v. fil. tr. d. (*Koehler.*)

Édition originale. Exemplaire de CHARLES NODIER.

1085. SENSUIT LE DEBAT ET PROCES DE NATURE ET DE JEUNESSE, a deux personnages.— C'est assauoir Jeunesse-Nature. Auec les ioyeulx commendemens de la table et plusieurs nouueaulx dities. *S. l. n. d.* In-8, goth. mar. v. comp. tr. d. (*Bauzonnet.*)

Bel exemplaire d'une pièce fort rare.

1086. COQUILLART. Sensuyuent les droitz nouveaulx : auec le debat des Dames : et des armes lanqueste entre la simple : et la Rusee : auec son plaidoye : la complaincte de Echo a Narcisus : et le Reffus qu'il luy fist auec la mort dycelluy Narcisus : et le monologue Coquillart auec plusieurs aultres choses fort ioyeuses ; compose par maistre Guillaume Coquillart official de Reyms lez Champaigne. *On les vend a Paris, par Philippe Le Noir....* — *Imprimé nouuellement à Paris, par Philippe le Noir, maistre imprimeur et lung des deux relieurs de liures iurés en l'université de Paris,* in-4, goth. fig. en bois, mar. rouge, fil. comp. tr. dor. (*Trautz-Bauzonnet.*)

SUPERBE EXEMPLAIRE d'un volume fort RARE, imprimé vers l'année 1511.

1087. COQUILLART. Sensuyuent les Droitz nouueaulx auec le Debat des Dames et des Armes | lenqueste entre la Simple et la Rusee | auec son

BELLES-LETTRES. 183

plaidoye | la cōplaincte de Echo a Narcisus | et le refus q̄l luy fist auec la mort dicelluy Narcis; et le monologue Coq̄llart | auec plusieurs aultres choses fort ioyeuses | compose par maistre Guillaume Coquillart (official de Reims lez Champaigne. *Paris (Jehan Jannot). S. d.* (vers 1518). Pet. in-4, goth. à 2 col. titre rouge et noir, fig. s. b. au verso, mar. v. fil. tr. d. (*Trautz-Bauzonnet.*)

1088. LES OEUVRES MAISTRE GUILLAUME COQUILLART, en son viuant official de Reims, nouuellement reueues et imprimees à Paris, 1532. *On les vend a Paris pour Galiot du Pré, en la grand salle du Palays;* pet. in-12, réglé, mar. r. fil. tr. d. (*Derome.*)

Exemplaire La Monnoye, R. Heber et Ch. Nodier. Le carton chiffré 155 et 158 se trouve double.

1089. COQUILLART. — Les OEuvres de maistre Guillaume Coquillart, en son vivāt official de Reims, nouuellemēt reueues et corrigees. *Lyon, François Juste,* 1540; in-16, goth. mar. r. fil. tr. d. (*Trautz-Bauzonnet.*)

Petite édition fort rare, imprimée avec les caractères des *Rabelais* de 1537 et 1542.

1090. LE SEIOUR DHONNEUR, compose par reverend pere en Dieu messire Octavien de Sainct Gelaiz, euesque d'Angoulesme, nouuellement imprime a Paris pour Anthoyne Verard. — *Cy finist... et fut acheve le xxie jour daoust mil cccc et xix.* In-4, goth. mar. v. riches compart. tr. d. (*Belle reliure de Thompson.*)

C'est le plus bel exemplaire connu.

1091. SENSUYT LE SEJOUR D'HONNEUR, compose par reverend pere en Dieu messire Octauien de Sainct-Gelais euesque d'Angoulesme. — *Cy finist le séjour d'honneur qui traicte de la conduite de l'homme humain. Nouuellement imprimé à Paris, par la veufue feu Iehan Trepperel et Jehan*

Jehannot (sans date); in-4, goth. mar. rouge, fil. tr. dor. (*Trautz-Bauzonnet.*)

Superbe exemplaire d'un rare et curieux volume. Le *Séjour d'honneur* fut présenté à Charles VIII avant son départ pour Naples, c'est-à-dire vers 1490.

1092. Dyalogue d'ung tavernier et d'un pyon, en françoys et en latin, imprimé nouvellement.— Sermon joyeux de la vie Sainct-Ongnon, pet. in-8. mar. br. f. tr. d. (*Duru.*)

Copie figurée sur vélin par Fyot, avec figure.

1093. LES BALLADES DE BRUYT COMMUN sur les alliances des roys, des princes et provinces, avec le tremblement de Venyse, fait par M. A. de la Vigne, secrétaire de la royne (sans lieu ni date); in-4 goth. mar. rouge, fil. ord. tr. (*Trautz-Bauzonnet.*)

Exemplaire de Ch. Nodier, relié, depuis la vente de sa bibliothèque, avec soin. Il y a sur une note jointe au volume une indication autographe signée de Nodier, relative à cette pièce rarissime dont on ne connaît pas d'autre exemplaire que celui-ci.

« Pièce fort rare, puisqu'elle a échappé à la Croix du Maine et à du Verdier. M. Brunet l'a décrite sur cet exemplaire, que je crois le seul connu, et qui a été payé près de 175 fr., vente Heber. » (*Note autographe de Ch. Nodier.*)

Charmant exemplaire de ces poésies. Le titre et les sommaires sont en lettres rouges, et le titre est orné d'un écusson aux armes de France parties de celles de Bretagne.

1094. Faictz et dictz de feu de bonne mémoire maistre Jehan Molinet (en vers et en prose) *nouvellement imprimez à Paris, l'an* 1530...; pet. in-fol. goth. fig. en bois, mar. bleu, tr. dor. janséniste. (*Duru.*)

Très-bel exemplaire, grand de marges, de l'édition in-fol., très-rare.

1095. Les Faictz et Dictz de feu de bonne mémoire maistre Jehan Molinet contenans plusieurs beaulx traictez, oraisons et champs royaulx. — *Fin des Faictz et Dictz de Jehan Molinet. Nouuellement imprimez a Paris, l'an* M. D. XXXDII; in-8, goth., mar. r. t. d.

1096. Les Faictz et Dictz de feu de bonne mémoire maistre Jehan Molinet, contenans plusieurs beaulx traitez, oraisons et champs royaulx. *Paris, Arnoul* l'Angelier, 1540; in-8, mar. rouge, comp. tr. dor. (*Bauzonnet.*)

<small>Édition imprimée en lettres rondes, très-rare, et qu'on met à côté de la collection des jolis livres imprimés par Galliot du Pré. Exemplaire de la bibliothèque de M. Armand Bertin, et provenant de livres vendus en 1848. Grand de marges et d'une conservation parfaite.</small>

1097. LES SECRETZ ET LOIZ DU MARIAGE, composez par le Secretaire des dames (Jehan d'Ivry). *S. l. n. d.* (*Paris, v.* 1520); pet. in-8, goth. mar. r. dent. tr. d. (*Reliure dite à la rose.* — *Bauzonnet.*)

<small>Figure en bois sur le titre, répétée à la fin.</small>

1098. LES LOUPS RAUISSANS. Cestuy liure
Ou autrement Doctrinal moral
Intitule est: qui deliure
Douze chapitres en general
Ou chascun se brutte et rural
N'est par trop | il pourra congnoistre
Comment euiter vice et mal
On doit et tres vertueux estre.

(A la fin) : *Cy fine ce present Liure des Loups rauissans faict et compose par maistre Robert Gobin, prestre, maistre es arts... imprime pour Anthoine Verard, marchant libraire, demourant a Paris, deuant la rue neufue Nostre Dame. S. d.* (*v.* 1503). In-4, goth. de 36 lign. par page, sign. *A-Dü* du 3e alphabet, mar. bl. comp. tr. d. (*Koehler.*)

<small>Bel exemplaire d'un ouvrage précieux et fort curieux, en prose et en vers. Les figures sur bois sont d'une naïveté extraordinaire.</small>

1099. LES TRIUMPHES DE FRANCE, trāslatez de latin en frāçois par maistre Jehā d'Iury selō le texte de Charles Curre Mamertin. *S. l. n. d.* (*Paris, G. Eustace,* 1508). — Les Faictz et Gestes de tres reverend Pere en Dieu mōsieur le Legat, transl. de latin en fr. par Jeh. D'Iury; pet. in-4, goth., mar. r. fil. tr. d. (*Derome aîné.*)

<small>Ce légat n'est autre que l'illustre George d'Amboise, archevêque de Rouen. Les *Ballades* et l'*Epistre aux Romains* indiquées par le *Manuel* se trouvent dans ce volume, ainsi que les pièces suivantes : *Martinus Dolet Parisiensis de parta ab invictissimo Gallorū rege Ludovico XII in Maximilianum ducem*</small>

victoria cum Dialogo pacis. — Venales reperiuntur apud Joh. Gourmontium. *S. l. n. d.* (Parisiis, c^a 1510). — *De Fortuna Fr. marchionis Mantuæ F. Bapt. Mantuani carmē elegantissimū.* Argentorati, in Schürerianis ædibus, 1510; et plus : une pièce de poésie latine relative aux guerres d'Italie.

Cette poésie de Martin Dolet est fort rare. La Croix du Maine n'en parle pas ; le Père le Long, qui cite l'ouvrage, ne dit rien de son auteur.

1100. LESPINETTE DU JEUNE PRINCE conquerant... *nouuellement composee et imprimee a Paris le xii. iour de feurier mil cinq cens et huyt pour Anthoyne Verard.* In-fol. goth. mar. cit. à comp. doublé de mar. v. dent. tr. d. (*Belle reliure de Niedrée.*)

Première édition, fort rare, de ce poëme de Symon Bourgogne.

1101 CHANTS ROYAULX, oraisons et aultres petits traictez, faictz et composez par feu de bonne mémoire maistre Guillaume Cretin. *Imprimé à Paris pour Galliot du Pré*, 1527; pet. in-8 goth. réglé, mar. brun, fil. doublé de mar. rouge à riches comp. tr. dor. (*Trautz-Bauzonnet.*)

SUPERBE EXEMPLAIRE, magnifiquement relié par Trautz-Bauzonnet. On trouverait difficilement un plus bel exemplaire sous le rapport de la grandeur des marges et de la conservation.

1102. LA DEPLORATION DE LA CITE DE GENEVE sur le fait des heretiques qui l'ont tyranniquement opprimee (par frère Jehan Gachy). *S. l. n. d.* (*Lyon, vers* 1530); in-4, goth. mar. r. fil. tr. dor. (*Trautz-Bauzonnet.*)

4 ff. non rognés, admirablement reliés par le grand relieur.
C'est une pièce importante et de la plus insigne rareté.

1103. LE CHASTEAU DE LABOUR auec aucunes ballades et addition nouuellement composees, a este acheue le dernier iour de mars, lan : mil cinq cens, pour Simō Vostre libraire demourant a Paris (*Impr. par Philippe Pigouchet*). — Le vendredi de deuāt la Toussainctz, vingt et cinquiesme octobre du matin | mil. cccc. nonāte neuf rien moins | le noble pont Nostre Dame print fin ; in-8 goth. fig. s. b. mar. v. comp. tr. dor. (*Trautz-Bauzonnet.*)

Gringore se nomme à la fin dans un acrostiche de huit vers. — Bel exemplaire de M. Arm. Bertin.

1104. LE CHASTEAU de LABOUR (par P. Gringore). Ce present liure appelle le Chasteau de Labour a este *imprime a Rouen par Jaqs le Forestier, demourāt audit lieu. Lan de grace mil cinq cēs*, in-8, goth. mar. r. fil. tr. d. (*Anc. rel.*)

Volume d'une insigne rareté.

1105. LES FAINTISES DU MONDE QUI REGNE (par Gringore). *S. l. n. d.*; pet. in-4, goth. mar. v. comp. tr. d. (*Duru.*)

Nous considérons cette édition comme la première; elle doit avoir été imprimée à Paris vers 1488, peut-être par Pierre Levet. Elle est sans pagination, signée irrégulièrement A C III, et a 20 ff. et 100 strophes de 8 vers, sans figure en bois au verso du titre.

1106. DICTZ et AUCTORITEZ DES SAIGES PHILOSOPHES (par le même). *S. l. n. d.* (*Lyon, v.* 1490); in-4, mar. r. f. tr. d.

Ce volume, imprimé en grand et rude caractère gothique, composé de 8 ff., dont le dernier est blanc, est d'une excessive rareté en cette édition, qui paraît être restée inconnue à tous les bibliographes.

1107. LES MENUS PROPOS. — *Cy finissent les Menus Propos composez par Pierre Gringore..... imprime a Paris pour ledict Gringore par Gilles Couteau, imprimeur, lan mil cinq centz vingt et ung | le dernier iour de decembre;* in-8, goth. fig. s. b. mar. r. fil. tr. d. (*Derome jeune.*)

ADMIRABLE EXEMPLAIRE.

1108. SENSUIUENT LES MENUS PROPOS MERE SOTTE, nouuellement composez p̄ Pierre Gringoire, herault darmes de monseigr̄ le duc de Lorraine. — *Cy finissent les Menus Propos..... nouuellement imprimez a Paris par Philippe le Noir, libraire et relieur iure en luniversite de Paris... lan mil cinq cens vingt et cinq;* in-8, goth. fig. s. b. mar. r. comp. tr. d. (*Trautz-Bauzonnet.*)

Édition fort rare; EXEMPLAIRE DE M. ARMAND BERTIN.

1109. LES ABUZ DU MONDE. — Il est dit et ordonne p̄ iustice que nul ne pourra imprimer ne vendre ce present traictie intitule: *les Abus du mōde fors ceulx a qui Pierre Grīgore, acteur et compositeur dicelluy, les baillera pour distribuer et vendre iusques a ung an, et ce sur peine de confiscacion desditz liures imprimez et demande arbitraire, et a este ce present liure imprime a Paris par maistre Pierre le Dru pour icelluy Gringore, lan mil ccccc. et ix. le dixiesme iour doctobre;* in-8, goth. fig. s. b. mar. bl. comp. tr. d. (*Duru.*)

<small>143 pages non chiffrées. — Le nom de l'auteur se trouve par acrostiche dans les huit derniers vers. Édition d'une excessive rareté.</small>

1110. Les Folles Entreprises, qui traictēt de plusieurs *choses moralles, imprimees nouuellement a Paris. S. d.* (*chez Jehan Trepperel, vers* 1518); in-8, goth., mar. bl. comp. tr. d.

<small>Le nom de Gringore se trouve par acrostiche dans les huit derniers vers.</small>

1111. Contredictz de Sōge creux. — *Fin des Contreditz de Songe creux, cōtenans plusieurs abuz en chascun estat de ce monde, nouuellement imprimez a Paris par Nicolas Couteau, imprimeur, pour Galliot du Pre, libraire. Et fut acheue d'imprimer le second iour du moys de may lan mil cinq et trente;* in-8, goth. mar. v. fil. tr. dor. (*Rel. anglaise.*)

1112. Les Contreditz du Prince des Sotz autrement dit Songe creux. — *Fin des Contreditz du Prince des Sotz autrement dit Songe creux | nouvellement imprimez à Paris* (*chez Jehan Longis*) *le xxe. iour daoust* 1532; in-16, goth. mar. r. à la rose, fil. tr. dor. (*Trautz-Bauzonnet.*)

<small>Charmant exemplaire de la bibliothèque de M. Aimé Martin.</small>

1113. Notables Enseignements | Adages | ꝯ Prouerbes | faictz | ꝯ composez par maistre Pierre Gringoire dit Vauldemont. — On les vend (à Paris) en la boutique de Gaillot du Pré. — *Fin des Notables Enseignements... nouuellement imprimez a Paris p̄ maistre Symon du Boys... et furent acheuez dimprimer le premier iour du moys de*

BELLES-LETTRES.

feburier lan de grace mil cinq cens vingt et sept; in-8, goth. mar. r. fil. tr. d. (*Derome.*)

Le nom de l'auteur se trouve par acrostiche dans les huit derniers vers. La pagination est irrégulière, mais le volume est bien complet : les deux premiers feuillets sont réparés. Au verso du deuxième feuillet est une gravure sur bois représentant Gringore offrant son livre au roi Louis XII.

1114. NOTABLES ENSEIGNEMENTS, Adages et Proverbes, faitz et composez par Pierre Gringore dit Vauldemont, hérault d'armes de hault et puissant seigneur M. le duc de Lorraine. *On les vend à Lyon, cheulx Olivier Arnoullet,* 1533; pet. in-8, goth. m. rouge, fil. tr. dor. (*Bauzonnet.*)

Volume aussi curieux que rare et recherché. Très-joli exemplaire de la bibliothèque de M. Armand Bertin.

1115. RONDEAULX NOUVEAULX jusques au nombre de cent et troys contenant plusieurs menus propos que deux vrays amants ont euz nagueres ensemble depuis le commencement de leur amour iusques à la mort de la dame. *On les vend à Paris, en la rue neufve Nostre-Dame, à l'enseigne Saint-Nicolas (sans date)*; pet. in-8, goth. mar. rouge, comp. tr. dor. (*Trautz-Bauzonnet.*)

Volume de toute rareté et à peine connu. Il a été imprimé en beaux caractères gothiques vers l'année 1510 ou 1515, et diffère complétement du recueil qui suit.

1116. SENSUYET LES TROYS CENS CINQUATE RONDEAULX moult singuliers a tous propos nouuellement imprimes (de P. Gringore). — *On les vend à Lyon cheulx Olliuier Arnoullet, s. d.;* in-8, goth., mar. bl. dent. tr. d. (*Trautz-Bauzonnet.*)

Bel exemplaire de M. Crozet, libraire.

1117. SENSUYUENT LES TROIS CENS CINQUANTE RONDEAULX moult singuliers à tous propos (par Gringore). — *Imprimé nouvellement à Lyon sur le Rosne, par Olivier Arnoullet,* 1533; pet. in-8, goth. mar. rouge, fil. tr. dor. (*Ancienne reliure.*)

Petit volume RARISSIME.

1118. HEURES DE NOSTRE DAME, translatees en françoys et mises en rithme par Pierre Gringore dict Vaudemōt. *Paris, Jehan Petit,* 1525; in-4, goth. mar. r. f. tr. (*Niedrée.*)

Bel exemplaire, orné de remarquables figures gravées sur bois.

1119. HEURES DE NOSTRE DAME, translatées en françoys et mises en rithme par Pierre Gringoire (*sic*) dict Vaudemont..... par le commandement de..... Madame Regnee de Bourbon, duchesse de Lorraine..... *On les vend à Paris..... en la maison de Jehan Petit,* 1527. — CHANTS ROYAULX, figurez morallement..... etc., par Pierre Gringoire. *Paris, J. Petit;* 2 part. en un vol. in-4, goth. mar. bleu, fil. tr. dor. (*Trautz-Bauzonnet.*)

MAGNIFIQUE EXEMPLAIRE d'un livre très-recherché et orné de 20 figures sur bois vraiment très-curieuses.

1120. HEURES DE NOSTRE-DAME, translatées en françoys et mises en rithme, par Pierre Gringoire (*sic*) dict Vaudemont..... par le commandement de... Madame Regnee de Bourbon, duchesse de Lorraine..... *On les vend à Paris..... en la maison de Jehan Petit,* 1527. — CHANTS ROYAULX, figurez morallement..... etc., par Pierre Gringoire..... *Paris, J. Petit;* 2 part. en un vol. in-4, goth. mar. bleu, fil. à comp. tr. dor. (*Duru.*)

Exemplaire grand de marges et parfaitement conservé d'un livre rare et qui contient 20 figures sur bois fort singulières.

1121. LA PRONOSTICATION DE MAISTRE ALBERT SONGECREUX bisscain. *S. l. n. d.*; pet. in-4, goth. de 4 ff. à 2 col. de 46 lignes, fig. sur bois, m. vert, large bordure à 4 doubles filets, tr. dor. (*Bauzonnet.*)

SUPERBE EXEMPLAIRE d'une plaquette TRÈS-RARE, en vers français de huit syllabes. Notre exemplaire, peut-être unique, est celui de La Vallière, qui a appartenu en dernier lieu à M. Armand Bertin. Il porte sur le titre cette note manuscrite du XVIe siècle : *Proclamatum mense decemb.* 1527. M. Brunet a cru devoir adopter cette date dans le Ve volume du *Manuel du libraire,* n° 13562 — *Pronostication....* (1527), in-4. Rabelais a cité cette pièce (sous un titre latin) dans son *Catalogue de la bibliothèque de Saint-Victor,* et Henri Estienne dans l'*Apologie pour Hérodote.*

Quant à l'auteur de cet almanach facétieux, il est complètement inconnu, et ce serait beaucoup trop hasarder que d'attribuer

BELLES-LETTRES. 191

> Cet almanach très-véritable,
> Qui fut faict au bout de la table.

AU CÉLÈBRE GRINGORE, dont on publia en 1530 les *Contredicts de Songecreux*.

1122. LA COMPLAINTE DOULOUREUSE DE L'AME DAMPNEE. *S. l. n. d. (Imprimé à Paris par Jehan Trepperel, vers l'an* 1500); in-4, goth. mar. r. tr. dor. (*Trautz-Bauzonnet.*)

Bel exemplaire de la première édition de cette pièce. Il a appartenu à Ballesdens, à Colbert et à M. de Bure.

1123. LE TEMPLE D'HONNEUR ET DE VERTU composé par Jehan le Maistre, disciple de Molinet à l'honneur de feu monseigneur de Bourbon. (*Sans lieu ni date*); in-4 goth. mar. rouge, tr. dor. (*Duru.*)

Cet ouvrage, mêlé de prose et de vers, est une déploration du sire de Beaujeu, Pierre II, fils de Charles Ier, duc de Bourbon; il est adressé à madame Anne de France, fille de Louis XI. Édition fort rare, imprimée à Paris vers l'année 1520.

1124. LE VOYAGE DU PUYS-SAINCT-PATRIX auquel lieu on voit les peines de purgatoire. Et aussi les voyes de paradis. *Paris*, 1839; in-4, goth. mar. rouge, fil. comp. tr. dor. (*Jolie reliure de Niedrée.*)

Un des deux exemplaires imprimés sur PEAU DE VÉLIN. Réimpression publiée à 42 exemplaires, par les soins de MM. Giraud et A. Veinant.

1125. La Complainte douloureuse du nouveau marié. *Paris, impr. de Firmin Didot*, 1830; in-8, demi-rel. mar. vert.

Le SEUL exemplaire tiré sur PEAU DE VÉLIN de cette réimpression, tirée à petit nombre. Il provient de la collection du prince d'Essling.

1126. LE DÉPUCELLAGE DE LA VILLE DE TOURNAY. — Le Doctrinal des filles à marier. — La Complainte de Venise; 3 parties en 1 vol. in-8, goth. mar. vert à comp. tr. dor. (*Thompson.*)

Réimpression *fac-simile*, tirée à 30 exemplaires. Celui-ci, sur PEAU DE VÉLIN, est enrichi d'ornements et de miniatures peintes en or et couleur avec beaucoup de soin, à l'instar des manuscrits anciens.

1127. LA FOREST DE CONSCIENCE, contenant la chasse des princes spirituelle. — *Cy fine la Forest de Conscience..... nouuellement composee par Guil. Michel dit de Tours et imprimee par Michel le Noir, libraire juré... le dernier iour de septembre* *lan mil cinq cens et seize;* in-8, goth. mar. br. fil. tr. dor.

Édition originale, fort rare.

1128. LA FOREST DE CONSCIENCE CONTENANT LA CHASSE DES PRINCES SPIRITUELLE (par Guillaume Michel dict de Tours). — *Imprimé par Michel le Noir, libraire iuré en l'Université de Paris, demourant en la rue Sainct Jacques, le dernier iour daoust mil cinq cens et vingt* (1520); pet. in-8, goth. mar. rouge, fil. tr. dor. (*Trautz-Bauzonnet.*)

Volume fort rare, orné de très-curieuses figures en bois. *L'ante nouvelle* de salut est un éloge de la Vierge Marie fait en souvenir d'un pèlerinage à Notre-Dame de Boulogne, près Paris.

1129. SOUHAITZ DU MONDE (*S. l. n. d.*); pet. in-8, goth. fig. s. b. 4 ff. mar. bl. jans. tr. d. (*Duru.*)

Très-joli exemplaire d'une pièce rare.

1130. ÉPITRES, ÉLÉGIES, ÉPIGRAMMES ET ÉPITAPHES composées sur et pour raison du décès de feu..... Renée de Bourbon, abbesse de Fontevrault, par le procureur général dudit ordre (Conrard de L'Oulmeaux) et par le Traverseur (Jean Bouchet). *Imprimées à Poictiers le XXVII de mars MDXXXV, par Jehan et Enguilbert de Marnef frères, demourant à l'enseigne du Pelican*, 1535; in-4, goth. mar. bleu, fil. à comp. tr. dor. pet. fers (*Niedrée.*)

SUPERBE EXEMPLAIRE DE LA BIBLIOTHÈQUE DE M. ARMAND BERTIN. L'un des plus rares ouvrages de J. Bouchet, à grandes marges et d'une parfaite conservation. Voir le numéro du *Bulletin du Bibliophile* (mai 1860).

1131. LES ANGOYSSES ET REMEDES d'amour du Traverseur en son adolescence. *On les vend à Poictiers.* — *Imprimé à Poictiers par Jehan et Enguilbert de Marnef,* 1536; in-4, goth. mar. rouge, fil. doub. de mar. bleu, dent. tr. dor. (*Duru.*)

Bel exemplaire d'un TRÈS-RARE volume dédié *au généreux, strenue, diligent, robuste et ingénieux chevalier et seigneur Aquitanian, monsieur Loys seigneur d'Estissac, de Nouclaz, Queuzac, Monteton, Sentignac des Touches, méritant du Roy nostre souverain Seigneur familière begnivolence, Jehan Bouchet de Poictiers traversant les périlleuses voyes.*

1132. LE JUGEMENT POETIC de l'honneur féminin et

séjour des illustres, claires et honnestes dames, par le Traverseur (Jehan Bouchet). *On les vend à Poictiers le premier d'avril* 1538, *par Jehan et Enguilbert de Marnef frères;* in-4, mar. v. comp. dent. tr. d. (*Rel. angl. de Clarke.*)

BEL EXEMPLAIRE avec témoins. Ce volume est orné de 11 belles gravures sur bois, de la grandeur des pages, dont 4 sont signées de la croix de Lorraine, marque employée par Geoffroy Tory.

1133. Epistres familieres du Traverseur (Jehan Bouchet). *S. l.* (*Poitiers*), *Guil. et Jacques Bouchet*, 1545; in-fol. mar. bl. comp. tr. d. (*Lortic.*)

Les blasons en tête et à la fin du volume sont coloriés en or, ainsi que le titre.

1134. LA VIE DE SAINCTE MARGUERITE, en vers. *Imprimé à Lyon sur le Rosne, par Claude Nourry* (vers 1520); pet. in-8, goth. mar. rouge, fil. tr. dor. (*Trautz-Bauzonnet.*)

CHARMANTE et RARE plaquette. Le premier feuillet est orné d'une gravure en bois qui représente la sainte sortant du corps d'un dragon. A la fin sont deux oraisons en vers latins. (BRUNET, *Manuel*, t. IV.)

1135. SENSUYT LE PATER ET AVE des solliciteurs de procès surnommez batteurs de paué de crédit souvent repoulsez (par Eustorge de Beaulieu). *Sans lieu ni date*, pet. in-8, goth. fig. mar. vert, fil. tr. dor. (*Plaquette de Bauzonnet.*)

Paraphrase très-singulière du *Pater* et de l'*Ave Maria*, à l'usage des plaideurs. C'est un livret aussi curieux que rare; il provient de la vente de M. Cailhava, en 1845.

1136. LE LIVRE DE FACET translaté de latin en françoys, et mys en forme de rhétoricque par Jaques Delahogue, contenant plusieurs instructions utilles et proffitables pour jeunes enfans. Comploration sur le trespas de deffuncte ma Dame la Régente, mère du roy Françoys premier. Champ royal, Ballade et Rondeau en l'honneur de la Vierge Marie. *Imprime à Paris par Pierre Vidoue pour Galliot du Pré*, 1535; pet. in-8, mar. puce à compart. tr. dor. (*Bauzonnet.*)

Volume rare et curieux.

1137. Les Controverses des sexes masculin et féminin (par Gratian du Pont, escuyer, seign^r de Drusac). — *Dedans Tholose : imprime entierement est-il ce liure : sachez nouuellement par maistre Jacques Colomies surnomme maistre imprimeur... etc., l'an M. D. xxxiiij;* 3 part. en 1 vol. in-fol. goth. fig. s. b. mar. bl. f. tr. d.

<small>Première édition.</small>

1138. LES CONTROVERSES DES SEXES MASCULIN ET FÉMININ, par Gratian du Pont, seigneur de Drusac, 1538; in-16, lettres rondes, mar. rouge, fil. tr. dor. (*Padeloup.*)

<small>CHARMANT EXEMPLAIRE d'une petite édition fort rare et très-recherchée. Elle fait partie de la série des livres imprimés dans le même format par Galliot du Pré. Figures sur bois.</small>

1139. SENSUIT LE GRAND CHATŌ EN FRĀÇOYS qui parle de plusieurs belles exemples morales et fort ioyeuses pour resiouyr les personnes. *Imp. à Paris pour la veufve Jehan Trepperel, s. d.;* in-4, goth. mar. r. tr. d. (*Duru.*)

<small>Bel exemplaire, presque non rogné, d'une édition rare.</small>

1140. LE PASSE TEMPS ET LE SONGE DU TRISTE. — Cy fine ce present liure intitule le Passe temps et le Songe du Triste | *nouuellement imprime a Lyō par Claude Veycellier.* La date est donnée à la fin : *lan de trois croix cinq croissans ung trepier* (MCCCCCXXX) *vindrēt dEspaigne noz seigneurs filz de France et a Bayonne de juillet le premier de leur ostage fust faicte deliurance.* In-8, goth. mar. r. fil. tr. d.

1141. LEPISTRE DU CHEUALIER GRIS | envoyee a la tres noble | et tres superillustre | auguste et souueraine princesse | et tres sacree vierge Marie fille et mere du tres grant | et tres souuerain monarque uniuersel Jesus de Nazareth. — *Cy fine lEpistre du Cheualier gris imprimee a Lyon par Jehan Lābany demourāt en la rue Merciere pres Nostre Dame de Confort.* S. d. Pet. in-8, goth.

(12 ff. sign. A. B. IV), mar. r. fil. tr. d. (*Koehler.*)

SEUL EXEMPLAIRE CONNU. Il provient de la vente de M. A. Veinant.

1142. MONOLOGUE NOUVEAU fort joyeulx de la Chamberiere desproueue du mal damours. *On les vend a Lyon pres les halles, par Pierre Brevost, et au Palays, a la galerie de la Chancellerie, s. d.* Pet. in-8, goth. mar. r. fil. tr. d. (*Trautz-Bauzonnet.*)

Plaquette de 4 ff.

1143. LES TENEBRES DE MARIAGE. — *Cy finissent les Tenebres de mariage a Lyon imprimees* (v. 1530). Pet. in-8 de 8 ff. goth. mar. v. comp. à la rose, tr. d. (*Bauzonnet.*)

1144. CONSEIL DE VOLENTIER MORIR. *Imprime en Anvers par Martin Lempereur, lan M. D. XXXII;* pet. in-8, goth. de 24 ff. dont le dernier est blanc, mar. vert russe, tr. dor. (*Trautz-Bauzonnet*).

Petit volume de poésies non mentionné par les bibliographes. C'est un dialogue entre le corps et l'âme. L'auteur se nomme dans la dédicace de son ouvrage à Charles-Quint :

« Je Jullien Fossetier, prebstre indigne, qui en Haynault ai eu Dathorigene (*sic*) Anchien de quattre vingtz ans et plus, etc. »

1145. L'Enfant saige à trois ans, en vers. *Paris, A. Aubry,* pet. in-8, goth. demi-rel. mar. rouge.

Réimpression tirée à petit nombre.

1146. LA SOURCE D'HONNEUR, pour maintenir la corporelle élégance des dames en vigueur fleurissant et pris inextimable, avec une belle epistre d'une noble dame à son seigneur et amy. *Imprimé à Lyon, par Denys de Harsy, pour Romain Morin, libraire,* 1532; pet. in-8, lettres rondes, mar. br. fil. tr. dor. (*Thouvenin.*)

Volume de toute rareté, orné d'un grand nombre de figures dessinées au trait et gravées sur bois.

1147. JAN MAROT DE CAEN, sur les deux Voyages de Genes et de Venise, victorieusement mis à fin par le tres chrestien roy Loys douziesme. — *Ce present liure fut acheue d'imprimer le xxii de janvier*

M. D. XXXII. pour P. Roufet, dict le Faulcheur, par m° Geoffroy Tory de Bourges; in-8, mar. bl. dent. tr. d. (Derome.)

Bel exemplaire de Renouard.

1148. Le Recueil Jan Marot de Caen, contenant le Doctrinal des princesses, etc. *On les vend à Paris a l'enseigne du Faulcheur (chez la veuve P. Roffet), s. d. (v.* 1540); in-8, mar. v. f. tr. d.

Lettres rondes.

D. Depuis Marot jusqu'à Ronsard.

1149. Le Parnasse des poëtes françois modernes, contenant leurs plus riches et graves sentences, discours, descriptions et doctes enseignemens, recueillis par feu Gilles Corrozet, Parisien. *A Paris, en la boutique de Galiot Corrozet,* 1571; in-8, mar. v. comp. tr. d. (*Simier.*)

1150. L'ADOLESCENCE CLEMENTINE, autrement les OEuvres de Clement Marot de Cahors en Quercy, valet de chambre du Roy, composees en leage de son adolescence. *Ce present liure fut acheue dimprimer le lundy xii. iour daoust lan M. D. XXXII. pour Pierre Roffet dict le Faulcheur. par maistre Geoffroy Tory. imprimeur du Roy;* in-8, mar. cit. mosaïque, tr. d. (*Duru.*)

Lettres rondes. Ce bel exemplaire de la première édition de Cl. Marot est le seul connu avec cette date du 14 août : la seconde édition de cette même année 1532 est datée du 13 novembre.

1151. L'Adolescence Clementine, autrement les OEuures de Clement Marot de Cahors en Quercy, etc. plus amples que les premiers imprimez de ceste ny autre impression. *On les vend a Paris. Ce present liure fut acheue d'imprimer le mercredy xiii. iour de nouembre lan M. D. XXXII. pour Pierre Roffet, dict le Faulcheur. par maistre Geofroy Tory de Bourges;* in-8, mar. r. fil. tr. d. (*Trautz-Bauzonnet.*)

Bel exemplaire de Ch. Nodier, du baron Taylor et de M. de Clinchamp.

1152. La Suite de l'Adolescence Clementine dont le contenu s'ensuyt: les Elegies de l'autheur; les Epistres differentes; les Chantz diuers; le Cimetiere et le Menu. *On les vēd a Paris en la rue neufue Nostre-Dame... a l'enseigne du Faulcheur*, s. d. (*chez P. Roffet*, 1532); in-8, mar. r. comp. tr. d. (*Bauzonnet-Trautz.*)

Édition originale, d'une grande rareté. Superbe exemplaire.

1153. Les OEuvres de Clement Marot. *S. l. n. d.* (*Paris, v.* 1539), *pour Anthoine de Bonnemere. On les vend au Palais, en la boutiele de Vincent Sertenas.* 4 parties en 1 vol. pet. in-8, v. f. comp. tr. d. (*Rel. anc., avec un dauphin sur les plats.*)

Édition en lettres rondes, qui reproduit exactement celle de Gryphius, 1538. Très-bel exemplaire.

1154. CLÉMENT MAROT. Les OEuvres de Cl. Marot, de Cahors, valet de chambre du Roy, augmentées de deux épigrammes et d'un grand nombre d'aultres œuvres par cy devant non imprimées, le tout songneusement par luy mesmes reveu et mieulx ordonné. *A Lyon, au logis de Monsieur Dolet*, 1538; in-8, mar. rouge, fil. tr. dor., dorure du seizième siècle. (*Trautz-Bauzonnet.*)

Le plus bel exemplaire connu de cette inappréciable édition au double point de vue littéraire et de curiosité. Elle a été publiée par Clément Marot lui-même.

1155. Clément Marot. Les mêmes OEuvres. *Lyon, Gryphius*, 1538; in-8, goth. vél. tr. dor. (*Bauzonnet.*)

Édition aussi rare que la précédente, et qui n'en diffère, à notre avis, que dans les préliminaires et le dernier feuillet. Le texte est entièrement semblable à celui que Marot a fourni à Dolet, et il est imprimé avec la même *justification* et les mêmes *caractères*. Bel exemplaire de M. Armand Bertin.

1156. Les OEuvres de Clement Marot: lAdolescence Clementine, la Suite de lAdolescence, bien augmentees; deux liures dEpigrammes; le premier liure de la Metamorphose d'Ouide. *Imprimé à*

Lyon par Jehan Barbou, 1539, *et on les vend chez François Juste;* pet. in-8, goth. mar. r. f. tr. d. (*Koehler.*)

EXEMPLAIRE DE LA BIBLIOTHÈQUE DE M. CAILHAVA.

1157. L'ADOLESCENCE CLEMENTINE, aultrement les OEuures de Clement Marot, de Cahors en Quercy. *On les vend à Anvers, en la maison de Jehan Steels,* 1539; in-8, mar. cit. f. tr. d. (*Duru.*)

Bel exemplaire, lettres rondes.

1158. Les OEuvres de Clement Marot, valet de chambre du Roy. *Imprimé à Paris pour Jehan Bignon, s. d.* (*v.* 1540); in-16, mar. r. comp. tr. d.

Lettres rondes.

1159. OEuvres de Clément Marot. *Paris, Jehan Bignon,* 1542; in-16, lettr. rondes, mar. citr. fil. tr. dor. (*Thompson.*)

Édition fort rare et très-complète.

1160. LES OEUVRES DE CLEMENT MAROT. *A Lyon, chez Estienne Dolet,* 1543; pet. in-8, mar. r. fil. tr. d. (*Anc. rel.*)

Édition RARE.

1161. LES OEUVRES DE CLEMENT MAROT. *Paris, P. Gaultier,* 1548; in-16, mar. v. comp. tr. d.

Lettres italiques. EXEMPLAIRE PIXERRÉCOURT.

1162. LES OEUVRES DE CLÉMENT MAROT. *Paris, chez Magdaleine Boursette,* 1556; in-16, mar. rouge, fil. tr. dor. (*Trautz-Bauzonnet.*)

Charmant exemplaire d'une édition rare et qui a le mérite d'être l'une des plus complètes de Marot. Elle se compose de 384 feuillets et se termine par une table, après laquelle viennent 16 autres feuillets chiffrés, comprenant: l'*Enfer de Marot, du coq à l'asne à Lyon Jamet.* L'impression est entièrement en caractères italiques.

1163. LES OEUVRES DE CLÉMENT MAROT, de Cahors, vallet de chambre du Roy, reueuës et augmentées de nouveau. *Lyon, chez Guillaume Rouille, à l'escu de Venise,* 1558; 2 part. en un vol. in-16, mar.

vert, larges dent. doubl. de mar. rouge, fil. tr. dor. (*Kœhler.*)

<small>Jolie édition ornée de petites figures gravées sur bois. Charmant EXEMPLAIRE NODIER, d'une conservation parfaite et très-grand de marges, avec *témoins*.</small>

1164. Les OEuvres de Clément Marot. *La Haye, Moetjens,* 1700; 2 vol. in-12, mar. bl. doub. de mar. r. dent. tr. d. (*Derome.*)

<small>Joli exemplaire d'une édition recherchée.</small>

1165. Les OEuvres de Clément Marot. *La Haye, Moetjens,* 1700; 2 vol. pet. in-12, veau fauve, fil. tr. dor. (*Anc. rel.*)

<small>Très-joli exemplaire relié par Boyet. Hauteur : 5 pouces 1 ligne. Édition recherchée et bien imprimée.</small>

1166. TROIS PREMIERS LIVRES DE LA MÉTAMORPHOSE D'OVIDE, traduictz en vers françois. Le premier et le second, par Clément Marot; le tiers, par Barth. Aneau. *Lyon, Guill. Rouille,* 1556; in-8, mar. r. fil. tr. dor. (*Duru.*)

<small>Rare et curieux volume; chaque page est imprimée dans un encadrement gravé sur bois. Exemplaire à toutes marges et d'une parfaite conservation.</small>

1167. LENFER DE CLÉMENT MAROT, de Cahors, varlet de chambre du Roy : Item aulcunes Ballades et Rondeaux. Item la Prinse du dit Clément Marot : Item pareillement sont à la fin les Cantiques de la paix par le dict Marot. *Imprime nouvellement* (1542); pet. in-8, caract. goth. mar. r. fil. tr. dor. (*Bauzonnet-Trautz.*)

<small>Édition sans indication de lieu ni de date, non mentionnée par les bibliographes. Ainsi que celle de Lyon, E. Dolet, elle contient l'épître en prose de cet imprimeur à Lyon Jamet, datée du 1er jour de l'an 1542.
   Les Cantiques de la paix, quoiqu'ils soient annoncés sur le titre de *l'Enfer,* ont néanmoins un titre à part, et la date qui s'y trouve (1540) prouve que c'est une publication antérieure à *l'Enfer* que l'on aura jointe à ce dernier ouvrage pour utiliser sans doute les exemplaires restés en magasin. Voici le titre de cette seconde pièce, dont l'édition est restée également inconnue : *Les Cantiques de la paix par Cl. Marot pour la venue de Lempereur en France. Ensemble le cantique de la Royne sur la maladie et la convalescence du Roy. Imprime nouvellement en latin, mil cinq cens quarante.* — La première pièce a seize feuillets; la seconde, huit.</small>

1168. L'ENFER DE CLÉMENT MAROT; *item,* aucunes

ballades et rondeaux. *Lyon*, 1548; in-8, mar. rouge, fil. tr. dor. (*Trautz-Bauzonnet.*)

<small>Charmant exemplaire, de la plus parfaite conservation, d'un petit livre TRÈS-RARE.</small>

1169. DISPUTE DE MAROT ET DE SAGON: Le Coupdessay de Fr. de Sagon, contenant la responsé a deux Epistres de Cl. Marot, retiré à Ferrare. *Paris, à l'enseigne du Pot-Cassé* (1537). — Deffense de Sagon contre Cl. Marot. *Au mont S. Hilaire, s. d.* — Le Valet de Marot contre Sagon. *Paris, J. Morin*, 1537. — Le Rabais du caquet de Fripelipes et de Marot, dict Rat pelé, faict par Math. de Boutigny, page de Sagon. *S. l. n. d.* — La Grande Genealogie de Frippelippes, composée par ung jeune poëte champestre, à Fr. Sagon. *Au mont St Hilaire, au Phénix, s. d.* — Les Disciples et les Amys de Marot contre Sagon, la Hueterie et leurs adherens. *Paris, à l'enseigne du Phœnix, s. d.* — Epistre à Marot, à Sagon et à la Hueterie. *Au mont S. Hilaire, s. d.* — Remonstrance à Sagon, à la Hueterie et au poëte champestre, par Daluce Locet, Pamanchoys. *Au mont Sainct-Hylaire, s. d.* — La Prognostication des Prognostications, non seulement de ceste presente année 1537, mais aussi des aultres à venir, composée par m^e Sarcomoros (Bonav. des Periers). *Paris, J. Morin*, 1537. — Contre Sagon et les siens par ung amy de Cl. Marot. *Devant le college de Reims, s. d.* — Epistre responsive au Rabais de Sagon. *Paris, au mont S. Hilaire, s. d.* — De Marot et Sagon les Treues, donnez iusqua la fleur des febues, par l'autorité de l'abbé des Conardz, le secrétaire des Conardz. *S. d.* — Epistre a Marot, par Fr. de Sagon. *Au Palais, par J. Corrozet et J. André*, 1537. — Le Frotte groing du Sagouyn. *Paris, à l'enseigne des Trois Brochetz*, 1537. — Replicque par les amis de l'aucteur de la Remonstrance faicte à Sagon. *S. l. n. d.* — Apologie faicte par le grand abbé des Conardz. *S. l. n. d.* — Response à l'abbé des Conardz de Rouen. *On les vend en la rue S. Iacques, par Iehan Morin*, 1537; 16 pièces en 1 vol. in-8, mar. v. f. tr. d. (*Thouvenin.*)

Recueil de pièces d'une excessive rareté en éditions originales. Il provient de Ch. Nodier. Presque toutes les pièces ont de curieuses figures sur bois sur le titre, et plusieurs sont non rognées.

1170. LE RABAIS DU CAQUET DE FRIPELIPPES et de Marot dict Rat pele, adictione auec le comment. faict par Mathieu de Boutigni, page de maistre Fr. Sagon. — Epistre a Marot, par Fr. de Sagon, pour luy monstrer que Fripelippes auoit faict sotte comparaison des quatre raisons dudict Sagon a quatre oysons.— Le Valet de Marot contre Sagon. *On les vend à Paris, en la boutique de Jehan Morin*, 1537. — Apologie faicte par le grand abbé des Conards sur les inuectives Sagon, Marot, La Hueterie, etc., en 1 vol. in-8, mar. vert, fil. tr. dor. (*Vogel.*)

PRÉCIEUX RECUEIL de ces pièces, de la plus belle conservation, et toutes en éditions originales. Il provient de la vente Audenet de la bibliothèque de M. Armand Bertin.

1171. Pernette du Guillet, édition de *Louis Perrin*, 1856, demi-rel. m. vert. (*Thompson.*)

1172. LE RESPIT DE LA MORT FAIT PAR FEU MAISTRE JEHAN LEFEBURE, en son vivant advocat en la court de Parlement. *Paris, Denys Janot*, 1533; in-8, mar. bl. fil. tr. d. (*Bauzonnet-Trautz.*)

Bel exemplaire d'un opuscule en vers d'une grande rareté.

1173. MARGUERITES DE LA MARGUERITE DES PRINCESSES, tres illustre royne de Navarre. *A Lyon, par Jean de Tournes*, 1547; 2 tom. en 1 vol. in-8, fig. s. b. mar. r. tr. d. doub. de mar. v. dent. (*Niedrée.*)

MAGNIFIQUE EXEMPLAIRE, tant pour la conservation intérieure et la grandeur des marges que pour la reliure, qui rappelle, par l'élégance et la richesse des ornements, les plus belles reliures de la fin du xve siècle. Ce chef-d'œuvre de dorure a été exécuté par Niedrée pour M. le marquis de Coislin.

1174. Marguerites de la Marguerite des princesses,

tres illustre royne de Navarre. *A Lyon, chés Arnoul l'Angelier,* 1552; 2 tom. en 1 vol. in-16, v. br. comp. tr. d. (*Rel. italienne.*)

Édition rare et dans une jolie reliure du xvie siècle.

1175. LE TOMBEAU DE MARGUERITE DE VALOIS, royne de Navarre, faict premierement en distiques latins par les trois sœurs princesses en Angleterre. Auecque plusieurs odes, hymnes, etc. *Paris, Michel Fezandat et Robert Granjon,* 1551; in-8, mar. r. f. tr. d.

Exemplaire Renouard, grand de marges.

1176. LES CONSIDÉRATIONS DES QUATRE MONDES, comprises en quatre centuries de quatrains, contenant la cresme de divine et humaine philosophie, par Guill. de La Perrière. *Lyon, par Macé Bonhomme,* 1552; in-8, v. fauve, à comp. gaufré.

Très-bel exemplaire, grand de marges et d'une conservation parfaite dans sa première reliure. Chaque page est imprimée dans des bordures gravées sur bois; le texte est en italique; on trouve au commencement le portrait de l'auteur.

1177. Les OEuvres de Hugues Salel. *Imprimé à Paris pour Estienne Roffet, dit le Faulcheur, relieur du Roy et libraire en ceste ville de Paris.* S. d. (*le privilége est daté du* XXIII *feburier* 1539); in-8, mar. v. tr. d. (*Duru.*)

Lettres rondes. Bel exemplaire de la première édition, fort rare.

1178. LES XXIIII LIVRES DE L'ILIADE D'HOMÈRE, prince des poëtes grecs, traduits du grec en vers françois par Hugues Salel et Amadis Jamyn. *Paris, Abel Langelier,* 1599; in-12 allongé, mar. rouge, fil. dorure à petits fers, tr. dor. (*Trautz-Bauzonnet.*)

Exemplaire remarquable par sa belle conservation, ses marges et l'élégance de sa reliure.

1179. SAINT-GELAIS, œuvres de luy, tant en composition que translation ou allusion aux auteurs grecs et latins. *A Lyon, par Pierre de Tours,* M.D.XLVII; pet. in-8, mar. rouge, comp. doublé de mar. bl.

parsemé de fleurs et de petits fers (*Trautz-Bauzonnet.*)

Édition rarissime, qui a été citée pour la première fois dans le *Manuel* de M. Brunet, édition de 1844. Cet exemplaire, LE SEUL CONNU, peut être regardé comme non rogné, car les feuillets sont à peine ébarbés. Ce très-précieux volume est en outre de la plus parfaite conservation, n'ayant subi aucune espèce de réparation. La reliure que M. Trautz-Bauzonnet a exécutée sur ce volume est un véritable ouvrage d'art.

1180. OEuvres poëtiques de Mellin de Saint-Gelais. *Lyon, Antoine de Harsy*, 1574; in-8, mar. r. f. tr. dor. (*Koehler.*)

1181. OEUVRES POÉTIQUES DE MELLIN DE SAINT-GELAIS, nouvelle édition augmentée d'un très-grand nombre de pièces latines et françaises. *Paris*, 1719; in-12, mar. r. fil. tr. d. (*Padeloup.*)

Charmant exemplaire de la bibliothèque de CH. NODIER. Cette édition est la plus complète.

1182. LE GRAND COMBAT DES RATZ ET DES GRENOUILLES, en vers burlesques. *Paris, Wechel*, 1540; pet. in-4, de 8 ff., lettres rondes, mar. tr. dor. (*Niedrée.*)

Opuscule de la plus grande rareté. La figure gravée sur bois qui se trouve au verso du titre est intacte.

A la fin, sur le dernier feuillet, on lit les noms des rats et des grenouilles qui se livrèrent ce combat, trad. du grec en français. (*De la bibliothèque de M. Armand Bertin.*)

1183. L'Amour de Cupido et de Psiché, mère de Volupté, exposée tant en vers italiens que françois (par Jean Maugin, dit le Petit Angevin). *Paris, Denis Janot*, 1546; in-16, fig. en bois, m. bleu, fil. tr. d. (*Trautz-Bauzonnet.*)

Petit volume RARE, à la fin duquel se trouve le *Plaint du passionnaire infortuné, avec aucuns épigrammes de divers propos d'amour, par le petit Angevin*, poésies françaises qui n'ont pas été imprimées ailleurs. Édition originale, décorée de jolies figures et encadrements gravés sur bois, d'après les compositions de Raphaël, par Bernard Salomon.

1184. IMAGINATION POÉTIQUE, traduite en vers françois des latins et grecz, par l'auteur mesme d'iceux (par Barthelemy Aneau). *Lyon, par Macé Bonhomme*, 1552; petit in-8, m. vert olive, fil. tr. dor. (*Bauzonnet.*)

Volume en bonne condition. Cet exemplaire provient de la bibliothèque de M. Debure. Jolies figures sur bois.

1185. Imagination poëtique, traduicte en vers françois, des latins et grecz, par l'auteur mesme d'iceux (Barthélemy Aneau). *A Lyon, par Macé Bonhomme*, 1552; in-8, mar. bl. comp. tr. d. (*Trautz-Bauzonnet.*)

Lettres rondes; figures sur bois. Charmant exemplaire.

1186. La Poesie de Loys le Caron, Parisien. *Paris*, 1554; in-8, mar. rouge, fil. tr. dor. (*Trautz-Bauzonnet.*)

Superbe exemplaire d'un volume très-rare (de la bibliothèque de M. Armand Bertin). Louis Le Caron de Charondas, ami d'Estienne Pasquier et jurisconsulte distingué.

1187. L'Enfer de Cupido (par le s^r de Coles), avec l'Epistre d'un de nouvel relevé du mal d'amours à son amy, en vers. *Lyon, Macé Bonhomme*, 1555; in-8, mar. r. tr. d.

Première édition. Un coin du f. C III refait en *fac-simile* par Harris.

1188. Le Tygre, satyre sur les gestes memorables des Guisards. *Douay*, 1561; in-8, mar. r. tr. d.

Réimpression à petit nombre, faite par les soins de M. Duplessis.
Exemplaire unique sur vélin.

1189. Les Omonimes, satire des mœurs corrompues de ce siècle, par Antoine du Verdier. *Lyon, Ant. Gryphius*, 1572; in-4, mar. r. fil. tr. d.

1190. Les Poësies de Jacques Tahureau du Mans, remises toutes ensemble et dediées au reverend cardinal de Guyse. *Paris, Jean Ruelle*, 1574; in-8, cuir de Russie, comp. tr. d.

Bel exemplaire d'un volume rare.

1191. Œuvres poétiques de Louis Desmasures, Tournisien. *Lion, Jean de Tournes*, 1557; in-4, mar. r. fil. tr. d. (*Trautz-Bauzonnet.*)

Recueil fort rare, qui contient en outre : le Jeu des Échecz, transl. de Hiérome *Vida* par Louis Desmasures; la traduction en vers français des Psaumes de David, et les poésies latines de L. des Masures. Très-bel exemplaire de M. Armand Bertin.

1192. La Guerre cruelle entre le Roy blanc et le Roy maure, par le seigneur des Masures. *Paris*,

1556; in-4, mar. rouge, tr. dor. (*Trautz-Bauzonnet.*)

Superbe exemplaire d'un volume qui ne fait pas partie des OEuvres poétiques du sieur des Masures, et de la plus grande rareté, puisqu'il n'est cité dans aucun bon catalogue.

1193. Les Regrets et autres OEuvres poëtiques de Joachim du Bellay, Angevin. *A Paris, de l'impr. de Federic Morel,* 1565; in-4, mar. r. comp. tr. d. (*Capé.*)

Dans le même vol.: Douze pièces du même auteur, parmi lesquelles nous citerons : Deux livres de l'Énéide de Virgile, le IVe et VIe, trad. en vers françois. *Paris. Morel,* 1561. — La Défence et Illustration de la langue françoise. *Id., ibid.,* 1561. — Recueil de poésies présenté à madame Marguerite, sœur unique du Roy. *Id., ibid.,* 1561.
Toutes ces pièces sont d'éditions originales et en belle condition.

1194. Les OEuvres françoises de Joachim du Bellay, gentilhomme angevin et poëte excellent de ce temps; au roy très-chrestien Charles IX. *Paris, Frédéric Morel,* 1573; gros vol. in-8, relié en vél. blanc, fil. tr. d.

Superbe exemplaire lavé, réglé et dans sa première reliure du temps, d'une parfaite conservation. Cette édition, la plus estimée et la plus complète des OEuvres de Joachim du Bellay, a été donnée et augmentée par les soins de Guil. Aubert de Poictiers, avocat au parlement de Paris.

1195. Les OEuvres françoises de Joachim du Bellay, gentilhomme angevin et poëte excellent de ce temps. *Paris, Fed. Morel,* 1573; in-8, divisé en 3 vol. v. f.

Bel exemplaire et bonne reliure ancienne.

1196. Les OEuvres françoises de Joachim du Bellay, gentilhomme angevin. *Paris, Ab. Langelier,* 1584; in-12, mar. r. fil. tr. d. (*Bauzonnet-Trautz.*)

Édition dont certains exemplaires portent le nom de J. Houzé ou de Fed. Morel. Très-bel exemplaire.

1197. Les OEuvres françoises de Joachim du Bellay. *Rouen, Vefue Th. Mallard,* 1597; in-12, mar. r. f. tr. d.

Édition la plus complète.

1198. Les OEuvres d'Olivier de Magny, Quercinois. 2 vol. in-8, mar. cit. tr. d. 1er *vol. — Les Amours. Paris, Estienne Groulleau,* 1553; 83 ff. chiffrés;

les Gayetez, à Paris, par *P. Jean Dallier*, 1554. Sign. a-o, avec les deux ff. des Iambes qui suivent le mot *fin*, et 2 ff. de privilége; *les Souspirs. Id., ibid.*, 1557, 60 ff. chiffrés. 2ᵉ *vol.*—Les Odes d'Olivier de Magny, de Cahors en Quercy. *Paris, Wechel*, 1559, 192 ff. chiffrés.

<small>Il est excessivement difficile de réunir ces quatre parties; malheureusement l'exemplaire n'est pas très-grand de marges.</small>

1199. S'ensuyvent les Ruisseaux de Fontaine : œuvres contenant epistres, elegies, chants divers, epigrammes, odes et estrenes pour cette presente annee 1555, par Charles Fontaine, Parisien, etc. *Lyon, Th. Payen*, 1555; in-8, v. f. f. tr. d.

<small>Édition originale.</small>

1200. L'Amie de court inventée par le seigneur de La Boderie; la Contramie de court, par Charles Fontaine, Parisien; l'Androgyne de Platon, par Antoine Heroët, dict la Maison Neufve, etc. (*Paris, G. Corrozet*, 1542); in-16, lettres rondes, mar. vert, fil. tr. d. (*Bauzonnet-Trautz.*)

<small>Édition fort rare et la plus complète.</small>

1201. Opuscules d'amour, par Heroët, la Boderie et autres divins poëtes. *A Lyon, par Jean de Tournes*, 1547; in-8, mar. r. comp. tr. d.

<small>Sur le titre, la signature du duc de Valentinois, l'époux de mademoiselle de Grammont.</small>

1202. Le Liure de plusieurs pieces, c'est à dire, faict et recueilly de diuers autheurs. (La fable du Faulx Cuyder, l'églogue de la Vie solitaire, Deploration de Venus, etc.) *A Lyon, par Thibauld Payen*, 1548; in-16, mar. bl. f. tr. d. (*Duru.*)

<small>Lettres rondes.</small>

1203. Le Liure de plusieurs pièces en vers (*imprimé à Lyon par Nicolas Bacquenois*). *Thibaud Payen*, 1549; in-16, mar. bleu, tr. dor. jans. (*Duru.*)

<small>Très-rare volume, contenant : *Discours du voyage de Constantinople*, par le seigneur de la Boderie. — *La Fable du faux Cuyder.* — *Eglogue de la vie*</small>

solitaire. — Plusieurs Chansons nouuelles. — Conformité de l'amour au mariage. — Complainte amoureuse. — Plusieurs Fables, etc., etc.

1204. Petits Fatras d'un apprentif, surnommé l'Esperonnier de discipline (par Ant. du Saix). *Paris, J. de Marnef, vefue de feu D. Janot,* 1546; in-16, mar. v. f. tr. d. (*Duru.*)

Lettres rondes.

1205. Delie, object de plus haulte vertu (par Maurice Scève). *Paris, Nicolas du Chemin,* 1564; in-16, fig. s. b. mar. r. f. tr. d. (*Niedrée.*)

Charmant exemplaire.

1206. Saulsaye, Églogue de la vie solitaire, par Maurice Sceve. *Lyon, Jean de Tournes,* 1547, pet. in-8 de 32 pp. avec de charmantes fig. s. b. mar. v. plats ornés, tr. d. (*Bauzonnet.*)

Édition originale introuvable. La première figure est une vue de Lyon. A la fin du volume se lit la devise de l'auteur :

Souffrir, non souffrir.

1207. La Louenge des femmes, invention extraicte du commentaire de Pantagruel sur l'Androgyne de Platon. *S. l.* (*Lyon, J. de Tournes*), 1551 ; in-8, mar. bl. fil. tr. d. (*Trautz-Bauzonnet.*)

Satire contre les femmes, dont l'auteur, inconnu, a pris pour épigraphe :

Fama malum ;
Fames pejus ;
Fœmina, pessimum.

1208. La Jeunesse du banny de Lyesse, escolier, estudiant à Tholose (par François Habert), 1541, *on les vend à Paris en la rue Neufve Nostre Dame par Denys Janot.* — La Suytte du Banny de Liesse. Id., ibid.; 2 vol. pet. in-8, mar. r. fil. tr. d. (*Anc. rel.*)

Deux volumes publiés par M⁰ Jean Guilloteau, cousin de l'auteur, devenus fort rares. — Bel exemplaire de Méon.

1209. Les Épistres heroïdes, très-salutaires, pour servir d'exemple à toute âme fidèle, composées par F. Habert d'Yssouldun en Berry, avec aucuns épigrammes, cantiques spirituels, etc. *Paris,*

Mich. Fezandat, 1550; in-8, réglé, mar. rouge, fil. tr. d. (*Trautz-Bauzonnet.*)

MAGNIFIQUE EXEMPLAIRE d'un livre rare.

1210. LA MÉTAMORPHOSE D'OVIDE, interprétée en rime, par Fr. Habert. *Paris*, 1557; in-8, mar. r. fil. tr. d. (*Trautz-Bauzonnet.*)

SUPERBE EXEMPLAIRE, de M. Armand Bertin, d'un livre rare. Les *Métamorphoses d'Ovide* furent traduites par ordre de Henri II; elles sont ornées de petites vignettes sur bois fort jolies.

1211. Les Batailles et Victoires du Chevalier celeste contre le Chevalier terrestre (par Artus Desiré). *A Rouen, chez Louys du Mesnil, s. d.*; in-12, mar. v. fil. tr. d. (*Derome.*)

Édition rare.

1212. Les Batailles et Victoires du Chevalier celeste, contre le Chevalier terrestre, avec le terrible et merveilleux assaut donné contre la saincte cité de Hierusalem..., par Artus Désiré. *Paris*, 1586; in-16, mar. rouge, fil. tr. dor. (*Trautz-Bauzonnet.*)

Joli exemplaire d'un petit livre orné d'un grand nombre de figures gravées sur bois.

1213. Le premier livre des Narrations fabuleuses, avec les poésies de Guillaume Gueroult. *Lyon, R. Granjon,* 1558; in-4, mar. bl. fil. tr. d. (*Bauzonnet-Trautz.*)

Très-bel exemplaire d'un livre rare (prose et vers), imprimé en caractères de *Civilité*. (Exemplaire de M. Armand Bertin.)

1214. LE POURTRAICT DE LA VIE HUMAINE, où naïfvement est depeincte la corruption, la misère et le bien souverain de l'homme, avec les antiquitez de plusieurs citez mémorables, nommément d'Autun iadis la plus superbe des Gaules, par François Perrin Autunois. *Paris, Guil. Chaudière,* 1574; pet. in-8, mar. vert, fil. tr. dor. (*Duru.*)

Très-bel exemplaire d'un volume fort rare. M. Rathery a consacré à Perrin, l'auteur de ce livre, ainsi que sur cet ouvrage, une étude biographique et littéraire à laquelle nous renvoyons le lecteur, page 794, année 1854, du *Bulletin du Bibliophile*.

1215. L'AMALTHÉE de Marc Claude de Buttet, gentilhomme Savoisien, nouvellement par lui reveue, mise en ordre, et de la meilleure part augmentée. *Lyon, par Benoist Rigaud*, 1575; in-8, mar. vert, fil. tr. dor. (*Duru*.)

Exemplaire bien conservé d'un volume fort rare.

1216. EVVRES DE LOVIZE LABÉ Lionnoize, reuues et corrigees par ladite Dame. *A Lion, par Jean de Tournes*, 1556; in-8, mar. r. comp. à la rose, fil. tr. d. (*Bauzonnet-Trautz*.)

Très-bel exemplaire d'une édition rarissime.

1217. OEuvres de Louise Labé, Lyonnoise (avec notice par M. Montfalcon). *Paris*, 1853; in-8, mar. vert, fil. à comp. dor. (*Riche reliure de Duru*.)

Tiré à 120 exemplaires. Exemplaire unique : c'est celui de l'éditeur (M. Cailhava); il a été imprimé sur beau papier vélin double. On y a peint un portrait de Louise Labé, ainsi que le titre et les ornements. Enfin il est revêtu d'une des plus belles reliures faites par Duru.

1218. Repos de plus grand travail (par Guill. des Autelz). *A Lyon, par Jean de Tournes et G. Gazeau*, 1550; in-8, mar. v. f. tr. d. (*Bauzonnet*.)

1219. OEuvres poétiques de Estienne Forcadel, iurisconsulte. *A Paris, chez G. Chaudière*, 1579; in-8, mar. r. fil. tr. d. (*Trautz-Bauzonnet*.)

Bel exemplaire d'un volume fort rare.

1220. Les OEuvres poëtiques de Jacques Peletier du Mans. *A Paris, de l'imprimerie de Michel de Vascosan, pour luy et Gilles Corrozet*, 1547; in-8, mar. bl. fil. tr. d. (*Koehler*.)

Volume rare.

1221. Les oeuvres poétiques de Claude Turrin, Diionnois, à sa maistresse. *Paris*, 1572; in-8, mar. r. tr. dor. (*Trautz-Bauzonnet*.)

Ce volume *rare* contient des élégies amoureuses, des sonnets, des chansons, etc. On y remarque un beau portrait de sa maitresse (Mlle Saillant), gravé sur bois. Très-bel exemplaire.

1222. OEuvres poétiques de Claude Turrin. *Paris*, 1572; pet. in-8, mar. rouge, fil. tr. dor. (*Thompson*.)

1223. Les OEuvres et Meslanges poëtiques d'Estienne

Iodelle, sieur du Lymodin, premier vol. (seul publié). *Paris, N. Chesneau et Mam. Patisson*, 1574; in-4., mar. v. f. tr. d. (*Duru.*)

1224. JODELLE. Les OEuvres et Meslanges poëtiques d'Estienne Jodelle, sieur du Lymodin. *Paris, Rob. Le Fizelier*, 1583; pet. in-12, mar. bl. tr. dor. jans. (*Capé.*)

Joli exemplaire d'un volume rare, avec les derniers feuillets, contenant l'*Ode au comte d'Asinoys*, qui manquent quelquefois.

1225. LE LIVRET DE FOLASTRIES A JANOT Parisien, plus quelques épigrammes grecs : et des dithyrambes chantés au bouc de E. Iodelle, poëte tragiq. (par Ambr. de la Porte), avec cette épigraphe de Catulle :

> Nam castum esse decet pium poetam
> Ipsum, versiculos nihil necesse est.

Revu et augmenté en cette édit., 1584; pet. in-12, de 71 p. mar. bl. comp. doub. de mar. cit. tr. d. (*Niedrée.*)

PETIT LIVRE D'UNE GRANDE RARETÉ. Aux pages 70 et 71, deux pièces graveleuses. Exemplaire de M. Aimé Martin.

1226. Les Poëmes de Pierre de Brach. Bourdelois, divisés en trois livres. *A Bourdeaux, par Simon Millanges*, 1576; in-4, mar. r. fil. tr. d.

Bel exemplaire, avec portrait, d'un poëte rare et célèbre.

1227. La Bergerie de R. Belleau. *Paris, G. Gilles*, 1572; in-8, v. f. fil. tr. d.

1228. LA BERGERIE de Remi Belleau. *Paris, Gilles Gilles*, 1572; 2 part. en un vol. pet. in-8, mar. rouge, fil. tr. dor. (*Trautz-Bauzonnet.*)

Très-bel exemplaire de l'édition originale dédiée à Charles de Lorraine, marquis d'Elbeuf. Elle est fort rare.

1229. LES OEUVRES POÉTIQUES D'AMADIS JAMYN. *Paris, Robert le Mangnier*, 1577; in-12, mar. rouge, fil. tr. dor. (*Trautz-Bauzonnet.*)

EXEMPLAIRE d'une parfaite conservation et très-grand de marges.

1230. LES OEUVRES POÉTIQUES D'AMADIS JAMYN. *Paris,*

de l'imprim. de Robert Estienne, par Mamert Patisson, 1575; in-4, v. f. fil. tr. d. (*Padeloup.*)

Bel exemplaire.

1231. Les OEuvres poëtiques d'Amadis Jamyn, reveuës, corrigees et augmentees en ceste derniere impression. *A Paris, pour Robert le Mangnier*, 1579; in-12, v. bleu, fil. tr. d.

Bel exemplaire réglé, provenant de M. Bignon.

1232. RONSARD. Les Amours de P. de Ronsard, Vandomois, nouvellement augmentées par luy, avec les continuations desdits amours et quelques odes de l'auteur non encor imprimées; plus le Bocage et meslanges dudict P. de Ronsard. *A Rouen, par Nicolas le Rous*, 1557; 3 part. en un vol. in-8, mar. brun, tr. dor. (*Hardy.*)

Édition de toute rareté, publiée du vivant de Ronsard, et à peine connue. Bel exemplaire.

1233. LES OEUVRES DE PIERRE DE RONSARD, gentilhomme vendosmois, prince des poëtes françois. *A Paris, chez Nicolas Buon*, 1609; in-fol. port. mar. v. fil. tr. d.

Très-bel exemplaire, en GRAND PAPIER, aux 3mes ARMES DE J.-A. DE THOU. Il provient de la vente Renouard.

E. Depuis Ronsard jusqu'à Malherbe.

1234. Les Marguerites poëtiques tirees des plus fameux poëtes françois tant anciens que modernes et reduictes en forme de lieux communs et selon l'ordre alphabetique, nouvellement recueillies et mises en lumiere par Esprit Aubert. *A Lyon, par Barthelemy Ancelin*, 1613; in-4, mar. r. tr. dor. (*Duru.*)

Sign. † — I.I.I.LII. — 1215 p. chiffrées — 4 ff. lim. et 14 ff. pour la table et le privilége : il est à remarquer que le cahier xxx n'est que de 4 ff. Très-bel exempl. d'un recueil rare à trouver complet et surtout en bonne condition.

1235. Quatre livres de l'Amour de Francine, par Jan

Ant. de Baïf. *A Paris, chez And. Wechel*, 1555; in-8, mar. v. fil. tr. d. (*Trautz-Bauzonnet.*)

Edition originale. Très-bel exemplaire.

1236. Les Amours de Jean Antoine de Baïf. *Paris, Lucas Breyer*, 1572; in-8, mar. brun, comp. tr. dor. (*Duru.*)

Superbe exemplaire très-grand de marges.

1237. Les Amours de Jan Antoine de Baïf, à Monseigneur le duc d'Anjou. *Paris, L. Breyer*, 1572; in-8, mar. v. comp. tr. d.

Riche reliure ancienne du temps. Volume provenant de la collection Aimé-Martin; on y trouve une note de sa main.

1238. Les passetemps de Jean Ant. de Baïf. *Paris*, 1573; in-8, mar. rouge, fil. tr. dor. (*Duru.*)

Très-joli exemplaire. On y a ajouté un portrait.

1239. Complainte sur le Trespas du feu Roy Charles IX, par Jan Antoine de Baïf. *Paris, Morel, 1574. — Dans le même vol.* : Premiere Salutation au Roy, par le même. *Id., ibid.*, 1575. — Epistre au Roy sous le nom de la Royne sa mere, par le même. *Id., ibid.*, 1575. — Epitafes d'Anne de Joyeuse, par le même; le tout relié dans un vol. in-4, mar. br. fil. tr. d.

Edition originale.

1240. Les Mimes, Enseignemens et Proverbes de Jan Antoine de Baïf. *Paris, Jean Houzé*, 1597; in-16, mar. br. tr. d. portrait gravé sur bois.

1241. Les OEuvres de Virgile Maron, traduittes de latin en françois par Robert et Anthoine le Chevallier d'Agneaux frères, de Vire en Normandie. *Paris, chez Guillaume Auuray*, 1552; in-4, mar. vert, fil. comp. dent. tr. dor. (*Belle reliure anglaise de Lewis.*)

Exemplaire grand de marges et d'une parfaite conservation. Ce beau volume provient de la collection de M. R. Heber et de celle de M. Armaud Bertin.

1242. Les OEuvres de Q. Horace Flacce, latin et françois, de la traduction nouvelle de Robert et

Anthoine le Chevallier d'Agneaux, frères, de Vire en Normandie. *Paris, Guil. Auvray*, 1588; in-8, mar. oliv. fil. tr. dor. (*Trautz-Bauzonnet.*)

Fort bel exemplaire d'un recueil dédié au Roy.

1243. La Fontaine perilleuse, avec la Chartre d'Amours; avec comment. de J.-G.-P. (Jacques Gohory, dit le Solitaire). *Paris, Jean Ruelle*, 1572; pet. in-8, mar. v. comp. tr. d.

Lettres rondes. Bel exemplaire, jolie reliure.

1244. Les Larmes funebres de Christofle du Pré, Parizien, sieur de Passy. *Paris, Mamert-Patisson, au logis de Robert Estienne*, 1579; in-4, mar. v. fil. tr. d.

Bel exemplaire d'un poëte très-rare.

1245. L'Arioste francoes de Jean de Boessières de Montferrand en Auvernie; avec les argumans et allegories sur châcun chant. *Lyon, de l'imprimerie de Thibaud Ancelin*, 1580; pet. in-8, mar. rouge, fil. tr. dor. (*Trautz-Bauzonnet.*)

Très-bel exemplaire d'un fort rare et curieux volume; le portrait de l'auteur, gravé sur bois, se trouve à la quatrième page.

1246. LA PUCE DE MADAME DES ROCHES, recueil de divers poëmes composez par plusieurs doctes personnages aux grands iours tenuz à Poitiers. *Paris, L'Angelier*, 1582; in-4, mar. vert fil. comp. tr. dor. (*Thouvenin.*)

Magnifique exemplaire de *Charles Nodier;* il porte sur le titre la signature d'Est. Baluze.

1247. LA PUCE DE MADAME DES ROCHES. *Paris, L'Angelier*, 1582; in-4, mar. rouge, fil. tr. dor. (*Trautz-Bauzonnet.*)

Très-bel exemplaire; il provient de la bibliothèque de M. A. Cigongne.

1248. La Puce de madame des Roches. *Paris, Abel L'Angelier*, 1583; in-4, v. f. fil. tr. d. (*Bauzonnet.*)

Bel exemplaire de la biblioth. de M. Armand Bertin : il porte sur le titre la signature de l'avocat Mornac, si connu par les vers d'Estienne Pasquier.

1249. Les OEuvres poëtiques d'Estienne Pasquier. *Paris, Jean Petitpas*, 1610; in-8, v. f. f. tr. d.

Portrait de l'auteur, gravé par Thomas de Leu. Recueil intéressant, contenant *le Monophile, la Puce des grands jours de Poictiers, les Jeus poëtiques, la Main*, etc.

Edition originale, assez rare.

1250. SOLITAIRE PREMIER, ou prose de muses et de la fureur poétique, plus quelques vers lyriques (par Pontus de Thyard). *Paris, Galliot du Pré*, 1575; in-4, mar. oliv. fil. tr. dor. (*Trautz-Bauzonnet.*) — SOLITAIRE SECOND (par le même). *Lion, par Jan de Tournes*, 1555; in-4, mar. bleu, fil. tr. dor. (*Trautz-Bauzonnet.*)

MAGNIFIQUES EXEMPLAIRES de deux volumes fort rares. *Solitaire second* a été vendu à la vente Cailhava, 175 fr.

1251. Mantice ou Discours de la vérité de divination par astrologie, autheur Pontus de Tyard (2e édition). *Paris, Galiot du Pré. S. d.;* in-4, mar. r. f. tr. d.

Dans le même volume: Solitaire Premier ou Dialogue de la Fureur poétique. *Id., ibid. S. d.* — Ponti Thyardei Bissiani ad P. Ronsardum, de Cœlestibus Asterismis poëmatium. *Parisiis, ap. Galeotum a Prato*, 1573. — Poësies latines et françoises. — Les OEuvres poëtiques. *Paris, Galiot du Pré*, 1573. Bel exemplaire.

1252. Poëmes chrestiens de B. de Montmeja et autres divers auteurs. Recueillis et nouvellement mis en lumière par Philippe de Pas. *S. l.* (Genève), 1574; in-8, mar. viol. fil. tr. d.

1253. Poëmes et Anagrammes composez des lettres du nom du Roy et des Roynes, etc. Dediez au cardinal de Ferrare par le Sylvain de Flandres (Alex. van den Bussche, c'est-à-dire *du Bois*, dont il a fait *Sylvain*). *Paris, Julian*, 1576; in-4, mar. v. fil. tr. d. (*Koehler.*)

Exempl. de Ch. Nodier.

1254. EROTOPEGNIE OU PASSETEMPS D'AMOUR, ensemble une comédie du Muet insensé, par Pierre Le Loyer, sieur de La Brosse, Angevin. *Paris, pour Abel l'Angelier*, 1576; pet. in-8, mar. brun, fil. tr. dor. (*Trautz-Bauzonnet.*)

Très-joli exemplaire d'un volume FORT RARE.

1255. LA LEGENDE ET DESCRIPTION DU BONNET QUARRÉ.

Lyon, *Pierre Hazart*, 1578; pet. in-8, mar. r. doub. de mar. v. dent. tr. d. (*Bauzonnet.*)

Relié sur brochure et d'une conservation parfaite : pièce satirique d'une grande rareté.

1256. Les OEuvres de Scevole de Saincte-Marthe. *Paris, Mamert-Patisson*, 1579; in-4, mar. bl. f. tr. d. (*Duru.*)

Très-bel exempl. de la meilleure édition.

1257. Les Premieres OEuvres poëtiques de Martin Spifame, gentilhomme françois. *Paris, vefve Lucas Breyer*, 1583; in-12, mar. bl. tr. d. (*Duru.*)

Exempl. de M. de Coislin. Il ne faut pas confondre l'auteur avec celui de la *Dicæarchiæ*.

1258. La Generation de l'homme et le Temple de l'ame, avec autres œuvres poëtiques de Rene Bretonnayau. *Paris, Ab. l'Angelier*, 1583; in-4, v. f. fil. comp.

Volume rare et curieux.

1259. Les Premieres OEuvres poëtiques de mademoiselle Marie de Romieu, Vivaroise. *Paris, L. Breyer*, 1581; in-12, mar. br. comp. tr. d.

Publié par le frère de l'auteur, Jaques de Romieu. Joli exemplaire provenant des bibliothèques Aimé-Martin et Bergeret.

1260. Les OEuvres poétiques de Pierre de Cornu, Dauphinois, contenant sonnets, chansons, odes, etc. *Lyon*, 1583; in-8, mar. rouge.

Très-bel exemplaire d'un rare et précieux volume.

1261. Les OEuvres de Guillaume du Buys, Quercinois. *Paris, Février*, 1583; in-12, mar. r. f. tr. d.

Seconde édition, fort rare, d'un poëte charmant.

1262. La Galliade ou de la Revolution des arts et sciences, par Guy le Feure de la Boderie. *Paris, Chaudière*, 1578; in-4, mar. r. f. tr. d.

Livre rare ; 2 ff. remontés.

1263. Les premières œuvres de Philippe Desportes, au roy de France. *Paris, Robert le Mangnier*,

1587 ; pet. in-12, mar. rouge, fil. tr. dor. (*Trautz-Bauzonnet.*)

CHARMANT EXEMPLAIRE d'une édition imprimée du vivant de l'auteur, et dont il serait bien difficile de trouver un plus bel exemplaire.

1264. Les Premieres Œuvres de Philippe Desportes. *Paris, Félix le Mangnier,* 1587 ; in-12, mar. cit. fil. tr. dor. (*Derome.*)

Très-bel exemplaire de CHARLES NODIER.

1265. DESPORTES. Les premières œuvres de Philippe Desportes, dernière édition reueue et augmentée. *Paris, Mamert Patisson,* 1600 ; in-8, mar. rouge, fil. tr. dor. (*Trautz-Bauzonnet.*)

MAGNIFIQUE EXEMPLAIRE d'une parfaite conservation et rempli de témoins ; il est revêtu d'une superbe reliure richement dorée à petits fers d'une merveilleuse exécution.

1266. Le Decez ou Fin du monde, par G. de Chevalier, divisé en 3 visions. *Paris, Rob. le Fizelier,* 1584 ; in-4, demi-rel.

1267. Les Sept Livres des honnestes loisirs de M. de la Motte Messemé, intitulés chacun du nom d'un des Planettes. *Paris, Michel Orry,* 1587 ; in-12, mar. br. f. tr. d.

Volume rare et bien conservé.

1268. Le Grand Miroir du monde, par Joseph Duchesne, sieur de la Violette. *Lyon, B. Honorat,* 1587 ; in-4, mar. cit. tr. d.

Poëme encyclopédique dédié à Henri IV. Il est curieux et rare.

1269. Les premières œuvres poetiques chrestiennes et spirituelles de Olenix du Mont-Sacré, gentilhomme du Maine. Divisées en sonnets en forme d'oraison, en plaintes chrestiennes et sonnets moraulx. *Paris, Gilles Beys,* 1587 ; in-12, mar. bleu, tr. dor. (*Trautz-Bauzonnet.*)

Nicolas de Montreux a fait plusieurs ouvrages, la plupart dramatiques. Le *Manuel du libraire*, qui en donne la liste, ne mentionne point les *Premières œuvres*. Charmant exemplaire.

1270. Les Amours de Christophle de Beaujeu, ensemble le premier livre de la Suisse. *Paris, Didier, Millot,* 1589; in-4, mar. v. f. tr. d.

<small>C'est le Beaujeu qui joue un rôle important dans le *Baron de Fœneste* d'Agrippa d'Aubigné. BEL EXEMPLAIRE D'UN LIVRE FORT RARE.</small>

1271. La Muse guerrière (par de Trellon). *Paris, l'Angelier,* 1589; in-8, v. f. f. tr. d.

1272. Le Tyrannicide, ou la Mort du tyran (Henri III, roy de France). *Sans indication de lieu,* 1589; in-12, de 11 pages, caract. ital. mar. r. fil. tr. d. (*Koehler.*)

<small>Satire en vers des plus virulentes. Edition originale, beaucoup plus rare que la seconde édit. publ. la même année, à Paris, chez Ant. Du Breuil. On lit, sur le titre de celle-ci, que *la première n'a été divulguée qu'aux amis de l'auteur.* Cet exemplaire porte le nom de Daniel Dumonstier.</small>

1273. L'Idée de la Republique de François de Beroalde Sr de Verville. *Paris, Jouan,* 1584; in-12, mar. r. comp. tr. d. (*Capé.*)

<small>Dans le même vol. : Dialogue de la vertu. *Id., ibid.,* 1584.</small>

1274. Pour la Monarchie de ce royaume contre la division, a la Royne mere du Roy (Catherine de Médicis), par J. Vauquelin de la Fresnaye. *Paris, F. Morel,* 1563; in-8, mar. v. tr. d. (*Duru.*)

<small>Première édition.</small>

1275. LES DIVERSES POESIES DU SIEUR DE LA FRESNAYE VAUQUELIN. *A Caen, par Ch. Macé,* 1612; in-8, mar. bl. tr. d.

<small>Bel exempl. d'un poëte dont la rareté est bien connue; c'est la même édition que celle de 1605, avec un titre nouveau.</small>

1276. Le Plaisir des champs, par Cl. Gauchet, Dampmartinois, aumosnier du Roy. *Paris, Nic. Chesneau,* 1583; in-4, mar. r. fil. tr. d. (*Niedrée.*)

<small>Première édition d'un poëme que l'on classe souvent parmi les livres sur la chasse; elle est rare et recherchée.</small>

1277. Le premier livre des poëmes de Jean Passerat, *à Paris par la veufve Mam. Patisson,* 1602. — Joannis Passeratii Kalenda Januariæ, etc. *Id., ibid.,* 1603, ejusdem de cæcitate oratio. *Lutetiæ, ap.*

Mam. Patissonium, 1597; 3 part. en 1 vol. in-8, vélin.

Bel exemplaire, avec le portrait gravé par Thom. de Leu.

1278. Le varlet a louer a tout faire (par Christofle de Bordeaux). *Rouen, Richard Aubert* (vers 1598); pet. in-8, mar. violet, comp. doublé de mar. citr. comp. tr. dor. (*Thompson.*)

Bel exemplaire d'Ad. Audenet et ensuite de Ch. Nodier, de la plus ancienne édition de cette rare et curieuse facétie en vers. On lit :

> Je suis varlet qui sçais tout faire,
> qui ne cherche qu'à travailler,
> si quelqu'un a de moy affaire,
> me voila pressé pour besougner.

1279. Pièces héroïques et diverses poésies de César de Notre-Dame. *Tholose, veuve Jac. Colomiez*, 1608; 7 part. en 1 vol. pet. in-12, mar. bl. fil. tr. dor. (*Trautz-Bauzonnet.*)

Savoir : Rimes spirituelles. — Les Perles, ou les Larmes de la saincte Magdeleine, avec quelques rymes sainctes. *Tolose*, 1606. — Dymas, ou le Bon Larron, 1606. — La Marie dolente. — Le Tableau de Narcisse (et autres poésies). — Le Songe de Scipion, poëme héroïque. *Tolose*, 1606. — Vers funèbres sur la mort de Ch. du Verdier, escuyer de Mgr le duc de Guise, et très-excellent joueur de luth. *Tolose*, 1607.

1280. Quatrains spirituelz de l'honneste amour, nouuellement mis en lumière par Yues Rouspeau, Saintongeois. *Paris, Guil. Auuray*, 1584, in-12, v. f. fil. tr. d.

1281. Les Larmes de S. Pierre et autres vers chrestiens sur la Passion, par Rob. Estienne. *Paris, Mamert-Patisson*, 1595; in-12, mar. bl. fil. tr. d. (*Capé.*)

Première édition, très-rare, non citée par M. Renouard.

1282. Œuvres chrestiennes de feu dame Gabrielle de Coignard (en vers), vuefue à feu monsieur de Mansencal, sieur de Miremont, président en la cour de Parlement de Tholose. *A Tournon, pour J. Fabvre, libraire en Auignon*, 1595; in-12, mar. bleu, fil. tr. dor. (*Trauz-Bauzonnet.*)

Très-joli exemplaire d'un volume fort rare; l'épistre dédicatoire est signée *Jane et Catherine de Mansencal*.

1283. La Dernière semaine, ou Consommation du monde, par Michel Quillian, sieur de la Tousche, Breton; reveu et augmenté par l'autheur. *Rouen*, 1577; in-12, mar. r. f. tr. d.

Non cité par l'abbé Goujet.

1284. Recueil des OEuvres poëtiques de J. Bertaut, abbé d'Aunay. *Paris, Mamert-Patisson*, 1601; in-8, mar. r. fil. tr. d. (*Bauzonnet-Trautz.*)

TRÈS-BEL EXEMPLAIRE.

1285. BERTAUT. Les œuvres poëtiques de M. Bertaut, evesque de Sees, abbé d'Aunay, premier aumosnier de la Reine. *Paris*, 1633; in-8, mar. rouge, fil. tr. dor. (*Trautz-Bauzonnet.*)

Exemplaire grand de marges et parfaitement conservé de l'édition la plus complète qui ait été donnée des œuvres poétiques de l'évêque de Seez Jean Bertaut, né à Caen en 1552; il était oncle de Mme de Motteville et d'un autre Bertaut, qui a laissé des poésies de la dernière médiocrité.

1286. Les OEuvres poëtiques de M. Bertaut, évesque de Séès. *Paris, Bertault*, 1633; in-8, mar. br. fil. tr. d.

1287. La Franciade de Pierre de Laudun, sieur d'Aigaliers, dédiée au roy Henry IV. *Paris, Anth. du Brueil*, 1604; in-12, v. f. fil. tr. d.

1288. LES ROYALES COUCHES ou les naissances de monsieur le Dauphin et de Madame composées en vers françois par Claude Garnier Parisien. *Paris, Abel l'Angelier*, 1604; pet. in-8, réglé, mar. bleu, tr. dor. (*Capé.*)

TRÈS-BEL EXEMPLAIRE d'un volume fort rare.

1289. OEuvres chrestiennes de Claude Hopil, Parisien. *Lyon, Thibaud Ancelin*, 1604; pet. in-12, mar. rouge, fil. tr. dor. (*Trautz-Bauzonnet.*)

Charmant exemplaire d'un volume FORT RARE. On y trouve un portrait de l'auteur remarquablement gravé par Thomas de Leu, et qui manque souvent aux quelques exemplaires.

1290. OEuvres chrestiennes de Claude Hopil. *Lyon, Thibaud Ancelin*, 1604; in-12, v. fil. tr. d. (*Bauzonnet.*)

Portrait de Thomas de Leu. — Exempl. de M. Armand Bertin.

1291. Elegie, Stances et Epitaphes sur la mort et trespas de defunct haut et puissant seigneur messire René d'Angennes, par Me Simon Menard. *Angers, Anth. Hernault*, 1606; pet. in-8, mar. br. fil. tr. d.

<small>Très-rare et curieuse plaquette.</small>

1292. Le Plaisant Discours et Avertissement aux nouvelles mariées pour se bien et proprement comporter la premiere nuict de leurs nopces. *A Lyon*, 1606; in-8, mar. r. f.

<small>Réimpression figurée à 99 exempl., faite à Strasbourg en 1851.
Un des quatre exempl. imprimés sur vélin.</small>

1293. L'Amphithéâtre pastoral de du Peschier, poeme bocager. *Paris, Saugrain*, 1609; in-12, v. f. fil. (*Exempl. de M. de Soleinne.*)

1294. Les Œuvres latines et françoises de Nicolas Rapin, Poictevin. *A Paris, Pierre Chevalier*, 1610; in-4, mar. v. fil. tr. d. (*Koehler.*)

<small>Dans le même vol. : Les *Vers mesurez du même*. Id., ibid., 1610. Partie de VIII-55 p.</small>

1295. Les Œuvres poëtiques de Jean Loys, Doysien, licencié ès droicts. *Douay, Pierre Auroy*, 1612; in-12, mar. v. f. tr. d.

<small>Poëte fort rare.</small>

1296. Poësies du sieur de Mailliet, dediées à la royne Marguerite. *Paris, J. Hérault*, 1612; 2e édition; in-12, mar. v. fil. tr. d.

<small>Volume fort rare : bel exemplaire de M. Viollet le Duc.</small>

1297. LES POEMES DIVERS DU SIEUR DE LORTIGUE, Provençal, où il est traité de guerre et d'amours. *Paris, J. Gosselin*, 1617; in-12, mar. r. fil. tr. d. (*Bauzonnet-Trautz.*)

<small>Exempl. de M. Armand Bertin.</small>

1298. Les Satyres du s^r Regnier, reveues et augmentées de nouveau. *Paris, Toussaincts du Bray*, 1613; in-8, mar. r. f. tr. d.

<small>Seconde édition. Ainsi que celle de 1608, elle est fort incorrecte, ce qu'ex-</small>

plique le sans-façon du poëte, qui ne prenait pas la peine de corriger ; ce ne fut qu'après sa mort que l'on obtint un bon texte.

1299. Les Satyres du sieur Regnier. *Rouen, Jean du Bosc,* 1614; in-8, veau fauve, fil. tr. d.

Première édition publiée après la mort de l'auteur.

1300. Les Satyres et autres OEuvres du sieur Regnier. *Suiv. la copie imprimée à Paris (Leyde, Elzevir),* 1642; in-12, mar. r. fil. tr. d. (*Duru.*)

1301. Les Satyres et autres œuvres du sieur Régnier, augmentez de diverses pièces cy-devant non imprimées. *Rouen et se vendent à Paris,* 1667; in-12, mar. rouge, fil. tr. dor. (*Trautz-Bauzonnet.*)

Bel exemplaire d'une bonne et très-jolie édition ; elle est plus complète que les éditions elzéviriennes.

1302. OEuvres de Mathurin Régnier, publiées par Viollet le Duc. *Paris, Desoer,* 1822; in-12, m. vert, dent. tr. dor.

1303. Le Tableau de la Suisse et autres alliez de la France et hautes Allemagnes......, par Marc Lescarbot. *Paris, Adr. Perier,* 1618; in-4, demi-rel. d. et c. mar. r.

Le plus rare peut-être des ouvrages de l'auteur.

1304. Le Premier Liure des hymnes de messire Anne d'Urfé, conseiller du Roy en son conseil d'Estat, contenant cinq hymnes. *A Lyon, P. Rigaud,* 1608; pet. in-4, mar. bl. tr. d. (*Duru.*)

1305. Le Sirène de messire Honoré d'Urfé, gentilhomme ordinaire de la chambre du roy. *Jouxte la coppie imprimée à Paris, J. Micard,* 1618, in-8, mar. rouge, fil. tr. dor. (*Trautz-Bauzonnet.*)

Très-joli exemplaire de M. Armand Bertin.

1306. Les Tragiques ci-devant donnez au public par le larcin de Prométhée et depuis avouez et enrichis par le S^r d'Aubigné. *S. l. n. d. (vers* 1615); in-8, v. fil. tr. d. (*Koehler.*)

Première édition, fort rare.

1307. PETITES ŒUVRES MESLÉES DU SIEUR D'AUBIGNÉ. *Genève, Pierre Aubert*, 1630; in-8, mar. vert, fil. tr. dor. (*Duru.*)

<small>Bel exemplaire d'un volume de toute rareté.</small>

1308. Les Œuvres de Jacques Poille, sieur de St-Gratien, divisées en onze livres. *Paris, Th. Blaise*, 1623; gr. in-8, mar. v. comp. tr. d. (*Aux armes de Lefèvre d'Ormesson.*)

1309. L'Adonis de la Cour, diuisé par XII nymphes. *A Paris, chez Anth. de Sommaville*, 1624; in-12, mar. bl. fil. tr. d.

<small>Cet ouvrage de Cl. Favier est rare et curieux.
Dans le même vol. : *les Souspirs et la Solitude d'Aminthe à Carlis*. Paris, Ant. de Sommaville, 1624, par Pierre de Neufville. Pièce de 22 pages, dédiée à la marquise de Chalais, et d'une rareté insigne.</small>

1310. Recueil de toutes les pièces faites par Théophile, depuis sa prise jusques à présent. *Paris*, 1625; in-8, mar. bl. tr. d.

1311. LES ŒUVRES DE THÉOPHILE. *Paris*, 1627; 3 part. en un vol. in-8, mar. vert, fil. tr. dor. (*Duru.*)

<small>Exemplaire très-bien relié et qui contient à la fin : *La tragédie de Pasiphaë*, pièce rare, publiée en dehors des œuvres de Théophile et qu'on y ajoute autant qu'il est possible.</small>

F. De Malherbe jusqu'à nos jours.

1. Poésies de divers genres.

1312. RECUEIL DE NOUVELLES POESIES GALANTES, CRITIQUES, latines, et françoises. *Londres, cette présente année*. 2 tom. en 1 vol. in-12, mar. rouge, fil. tr. dor. (*Trautz-Bauzonnet.*)

<small>TRÈS-BEL EXEMPLAIRE d'un recueil qui contient une série de pièces facétieuses qu'on ne trouverait pas ailleurs.</small>

1313. Nouveau Recueil de plusieurs et diverses pièces galantes de ce temps. *S. l.* (*Hollande*), 1665; in-12, mar. bl. f. tr. d. (*Duru.*)

<small>On y trouve le *Chapelain décoiffé*, la satire de Boileau dédiée à Molière, et le *Temple de la paresse*, etc.</small>

1314. Le Nouveau Parnasse des Muses galantes. *Paris*, 1665; pet. in-12, mar. citron, fil. tr. dor. (*Trautz-Bauzonnet.*)

Joli exemplaire d'un volume rare; on y remarque *la Lune amante, le Soleil amoureux, l'Esclave amoureuse...,* etc.

1315. Recuœil de quelques pièces curieuses tant en prose qu'en vers. *Cologne, Pierre Marteau* (*Elzévir*), 1670; pet. in-12, veau fauve, tr. d. (*Trautz-Bauzonnet.*)

Petit livre rare : *Requeste des dames de la cour sur le luxe des bourgeoises de Paris* et la *Réponse auxdits griefs* ; le *Plaisir des plaisirs* ; la *Coupe enchantée, où il est monstré quel courage est un bien*, etc.

1316. Recueil des plus belles pièces des poëtes françois, tant anciens que modernes, avec l'histoire de leur vie (par Fontenelle), avec l'histoire de leur vie (par madame d'Aulnoy). *Paris, Barbin*, 1692, 5 vol. in-12, mar. r. tr. d. (*Thompson.*)

1317. Poësies de Malherbe, avec la vie de l'autheur. *Paris, Barbou*, 1764; in-8, mar. r. dentelle, tr. d. (*Derome.*)

Grand pap. lavé, réglé.

1318. Vers du sieur de Malherbe à la Reine. *Paris, Adrian Beys*, 1611; in-8, mar. r. fil. tr. d. (*Capé.*)

Édition originale de trois odes.

1319. Retardement de la mort par bon régime, ou Conservation de la santé; jadis envoyé par l'École de Salerne au roy d'Angleterre, traduit par Geoffroy Letellier; auquel est ajoutée la manière de vivre pour chacun mois de l'an, par Joachim Chambrier. *Rennes, P. Loyselet*, 1627; in-8, mar. r. fil. tr. d.

Édition non citée et rarissime.

1320. Les Honestes Poësies de Placidas Philemon Gody (dom Simplicien Gody). *A Paris, de l'imprim. de Jean Guillemot*, 1632; in-8, mar. citron, f. tr. d.

Volume rare, orné d'un joli titre gravé.

1321. Les Tablettes du cœur, par le sieur Evvertre Jollyvet. *A Orléans, chez Est. Potet*, 1649; in-8, mar. v. f. tr. d.

Poésies rares, imprimées sans pagination; sign. A i. E ii.

1322. Le Thresor de la prestrise, en trois parties, par M. de Clermont. *A Tolose, par Raymond Bosc*, 1653; in-8, mar. v. fil. tr. d.

1323. Le Parnasse divin de M. de Clermont, contenant le Grand Microcosme, la Phisionomie, la Chiromance, le Rosaire mystique, le Miroir ardent, la Paraphrase sur l'Euangile de S. Jean. *A Tolose, par Arnaud Colomiez*, 1653; in-8, mar. v. f. tr. d.

Volume aussi rare que le précédent.

1324. Poésies du sieur de Malleville. *Paris*, 1659; in-12, mar. r. fil. tr. d. (*Trautz-Bauzonnet.*)

Petit volume rare; joli exemplaire.

1325. Les œuvres de M. de Voiture (publiées par Martin de Pinchesne, neveu de l'auteur). *Paris*, 1713; 2 vol. in-12, portr. veau fauve, fil. tr. dor. (*Capé.*)

Joli exemplaire d'une édition complète.

1326. Poésies diverses de monsieur Colletet, contenant des sujets heroïques, des passions amoureuses, et d'autres matieres burlesques et enjouées. *Paris*, 1655; in-12, mar. bl. tr. d.

1327. Les Divertissemens du sieur Colletet. *Paris*, 1633; in-8, mar. r. f. tr. d.

1328. Épigrammes du sieur Colletet. *Paris*, 1653; pet. in-12, v. jaspé.

1329. LA MUSETTE D. S. D. (du sieur d'Alibray). *Paris*, 1646; pet. in-8, mar. r. fil. tr. dor. (*Trautz-Bauzonnet.*)

ÉDITION ORIGINALE fort rare et vraisemblablement publiée à petit nombre pour les amis de l'auteur; elle contient des pièces qui n'ont pas été reproduites dans ses œuvres. Superbe exemplaire de M. Arm. Bertin.

1330. Les Œuvres poétiques du S^r d'Alibray. *Paris, Ant. de Sommaville*, 1653; un gr. vol. pet. in-8, mar. rouge, fil. tr. d. (*Trautz-Bauzonnet.*)

<small>Bel exemplaire de M. Armand Bertin, d'un volume très-rare. Ces poésies sont divisées en vers *bachiques, satiriques, héroïques, amoureux*, etc. ; chaque partie est paginée séparément. D'Alibray tient un rang parmi nos poëtes les plus distingués.</small>

1331. Vers heroïques du s^r Tristan (l'Hermite, de l'Académie françoise). *Paris*, 1648; in-4, v. f. fil. tr. d.

1332. Les Œuvres du s^r de Saint-Amant (1re, 2e et 3e parties). *Paris, chez Toussainct Quinet*, 1651; in-4, v. br. fil.

<small>La 3e partie porte la date de 1649 : *l'Epistre au lecteur et la table*, qui se trouvent à la fin de la 2e partie, doivent être reportées après le privilége, ainsi que l'indiquent les réclames.</small>

1333. Les Œuvres du sieur de Saint-Amant. *Imprimées à Orléans et se vendent à Paris*, 1661; in-12, mar. rouge, fil. à comp. tr. dor. (*Trautz-Bauzonnet.*)

<small>Superbe exemplaire très-grand de marges, de l'édition la plus complète et la plus estimée de Saint-Amant.</small>

1334. Poësies diverses de M. de Brebeuf. *Paris, Guill. de Luynes*, 1658; pet. in-12, mar. vert, fil. tr. dor. (*Duru.*)

<small>Très-joli exemplaire.</small>

1335. Entretiens solitaires, ou prières et méditations pieuses, en vers françois, par M. de Brébeuf. *Imprimez à Rouen et se vendent à Paris*, 1660; pet. in-12, mar. rouge, tr. dor. (*Trautz-Bauzonnet.*)

<small>Très-joli exemplaire d'un petit livre rare dans cette condition.</small>

1336. Eloges poëtiques du s^r de Brébeuf. *Paris, Sommaville*, 1661; in-8, mar. r. fil. tr. d. (*Anc. rel. Au chiffre du marquis de Richelieu, neveu du Cardinal.*)

1337. Promenades de messire Antoine Coutel, chevalier, seigneur de Monteaux, des Ruez, Fouynais, etc. *A Blois, chez Alexis Moette, s. d.*; in-8, mar. v. tr. d. (rare. *Voir le Bulletin du Bibliophile.*)

1338. Les OEuvres de Bouillon. 1663; pet. in-12, mar. r. tr. d. (*Trautz-Bauzonnet.*)

<small>Joli recueil qui contient : l'Histoire de Joconde, le Mary commode, l'Oyseau de passage, la mort de Daphnis, portraits, mascarades, airs de cour, et un recueil de chansons galantes, etc. ; *bel exemplaire* de M. Armand Bertin.</small>

1339. Les Chevilles de M° Adam, menuisier de Nevers. *Paris, Toussaint Quinet*, 1644; in-4, portrait gravé, mar. v. f. tr. d.

<small>Édition originale.</small>

1340. Le Villebrequin de maître Adam, menuisier de Nevers. *Paris, Guil. de Luynes*, 1663; pet. in-12, mar. r. tr. dor. jans. (*Capé.*)

<small>Joli exemplaire d'un livre peu commun dans cette condition.</small>

1341. Les Bergeries de Racan, dédiées au Roy. *Paris, T. du Bray*, 1625; in-8, mar. bleu, tr. d.

<small>Première édition, très-rare.</small>

1342. Dernières OEuvres et Poësies chrestiennes de messire Honorat de Bueil, seigneur de Racan. *Paris, Lamy*, 1660; in-8, v. f. fil. tr. d.

<small>Manque le titre du *Cantique d'Ezéchias* à la fin du vol.</small>

1343. Les OEuvres de M. Honorat de Bueil, chevalier, seigneur de Racan. *Paris, Coustelier*, 1724; 2 vol. in-12, mar. v. dent. tr. d. doub. de tabis. (*Derome.*)

<small>Exempl. de M. Renouard. Portrait et figures ajoutés.</small>

1344. Les Soupirs salutaires de Hélie Poirier, Parisien. *Amsterdam, Blaeu*, 1646; in-12, mar. v. f. tr. d. (*Duru.*)

<small>Lettres italiques.</small>

1345. Les Poësies naturelles du s^r Loret, première partie (la seule publiée). *Paris, J. Dugast*, 1633; in-8, mar. v. tr. d.

1346. LA MUZE HISTORIQUE ou Recueil des lettres en vers, escrites à S. A. Mademoiselle de Longueville, par le s^r Loret. *Paris, Charles Chenault*, 1656; in-4, portr. mar. bl. fil. tr. d.

1347. La Muze historique ou Recueil des lettres en vers, contenant les Nouvelles du temps, écrites à S. A. Mademoiselle de Longueville, par le s^r Loret. *Paris, Ch. Chenault. A la fin du 3° vol. on lit : Achevé d'imprimer pour la première fois le dernier janvier* 1665 ; 3 vol. pet. in-fol. v. br.

<small>Portrait de Loret, par Nanteuil, belle épreuve du second état.
Le dernier n° est daté du 27 décembre 1664.</small>

1348. La Muze historique de Loret. Édition publiée par J. Ravenel et de la Pelouse. *Jannet*, 1857 ; dos de mar. r.

<small>Papier fort. Tome Ier, seul publié.</small>

1349. Les Tablettes du cœur, par le sieur Eovertre Jollyvet. A Son Altesse de la Frise orientale. *Orléans, Est. Potet*, 1649; in-8, mar. v. tr. d.

<small>Bel exemplaire d'un livre rare.</small>

1350. La Derniere Souppe a l'ognon (en vers burlesques). *Paris, Jacquard*, 1649. — Le Bannissement du mauvais riche. *A Paris*, in-4, demi-rel.

<small>Mazarinades assez rares.</small>

1351. Recueil des oeuvres poetiques du sieur David Rigaud, marchant de la vile de Crest en Dauphiné, avec le poëme de la cigale, autant merveilleux en ses conceptions qu'en la suite. *A Lyon, chez Claude de la Rivière*, 1653; pet. in-8, mar. r. fil. comp. tr. d. (*Koehler.*)

<small>Le recueil de David Rigaud est un des volumes les plus rares de la bibliothèque dauphinoise.
JOLI EXEMPLAIRE DE CH. NODIER.</small>

1352. OEuvres poétiques du sieur Des Maretz (de Saint-Sorlin). *Paris, H. Legras*, 1641; in-4, mar. rouge, fil. tr. d. (*Anc. rel.*)

<small>Recueil factice dont la reliure, parsemée de couronnes royales et sur laquelle on lit: *ad usum reginæ,* paraît avoir été faite pour la reine *Christine de Suède.* Il contient *Roxane,* tragi-comédie ; *Scipion, les Visionnaires, Aspasie, Europe.* 1643.</small>

1353. Les Poësies de Jules de la Mesnardiere, de l'Académie françoise. *Paris, Ant. Sommaville*, 1656 ; in-fol. veau fauve, fil. tr. d. (*Niedrée.*)

<small>BEL EXEMPLAIRE de M. Arm. Bertin. Cette édition est imprimée avec beau-</small>

coup de luxe. On sait que ces poésies sont adressées aux grands personnages du temps, et surtout aux femmes célèbres, telles que Mme de Sablé, Ninon de Lenclos, Mme de Rambouillet, la duchesse de Longueville, etc.

1354. La Lire du jeune Apollon ou la Muse naissante du Petit de Beauchasteau. *Paris*, 1657; in-4, v. br. portraits, comp. or et coul. tr. d. (*Rel. anc. aux armes de Nogaret.*)

1355. Poësies du sieur du Perret. *Paris*, 1656; in-12, mar. v. f. tr. d.

1356. LOUANGES DE LA SAINTE VIERGE, composées en rimes latines par S. Bonaventure, et mises en vers françois par P. Corneille. *Rouen*, 1665; pet. in-12, mar. bleu, tr. dor. (*Trautz-Bauzonnet.*)

Charmant exemplaire de l'édition originale d'un petit volume recherché.

1357. NOUVELLES POÉSIES, OU DIVERSES PIÈCES CHOISIES, tant en vers qu'en prose, de Mlle Certain. *A Paris, chez Estienne Loyson*, 1665; in-12, mar. vert, fil., tr. dor. (*Trautz-Bauzonnet.*)

CHARMANT EXEMPLAIRE.

1358. Poësies de madame la comtesse de la Suze. *Paris, Charles de Sercy*, 1666; in-12, v. f. fil. tr. d.

1359. DIVERSES PETITES POESIES DU CHEVALIER D'ACEILLY. *Paris, imprimées chez André Cramoisy*, 1667, *et se donnent au Palais;* pet. in-12, mar. bleu, fil. tr. dor. (*Duru.*)

Exemplaire en GRAND PAPIER. Édition originale d'un recueil de poésies dont l'auteur, sous son véritable nom, est Jacques de Cailly, chevalier de l'ordre de Saint-Michel, né à Orléans en 1604, mort en 1673. Ch. Nodier a cru devoir réimprimer, dans la *Collection des petits classiques français*, ce petit volume.

1360. Le Triomphe de la Croix, en vers, par Catherine Levesque de Perrone, dedié à la Reyne. *Paris*, 1668; in-8, mar. r. fil. tr. d.

Exempl. de dédicace aux armes et au chiffre de Marie-Thérèse, reine de France.

1361. Recueil de Poësies de divers autheurs, contenant : la Métamorphose des yeux de Philis changez en astres..., la Belle Gueuse..., la Vieille Amoureuse, etc. *Paris*, 1670; in-12, v. f. fil. tr. d.

1362. Les Rimes redoublées de M^r d'Assoucy. *A Paris, de l'imprimerie de Claude Nego sur la terre de Cambray*, 1671; pet. in-12, mar. r. fil., tr. dor. (*Trautz-Bauzonnet.*)

Petit livre rare, dédié à *madame Marguerite-Louise d'Orléans*. Cet exemplaire provient de la bibliothèque de M. Aimé-Martin, qui a écrit sur la garde la note suivante : « Exemplaire de l'auteur avec sa signature sur le titre im-« primé. Les mots écrits au bas de la figure sont probablement aussi de la « main de D'Assoucy. A dater de la page 190, la pagination continue 91, 92 : « c'est 100 qu'il faut ajouter; l'exemplaire de l'Arsenal est tout à fait sembla-« ble; seulement il est incomplet du dernier feuillet, qui ici n'est pas paginé. « L. Aimé-Martin. » Une curieuse estampe par Ladame sert de frontispice (elle manque souvent) ; au bas de cette épreuve on lit: *Louis XIV, Jacquemar et la Samaritaine.*

1363. Recueil de Poësies chrestiennes et diverses, dédié à Mgr le prince de Conty, par M. de la Fontaine. *Paris*, 1679; 3 vol. in-12, mar. viol. dent. tr. d.

1364. Ouvrages de prose et de poësie, par les s^{rs} de Maucroy et de la Fontaine. *Paris, Cl. Barbin*, 1685; 2 vol. in-12, mar. r. f. tr. d.

Sur les titres la signature de Guyon de Sardière.

1365. Les Œuvres posthumes de monsieur de la Fontaine. *Paris, chez G. de Luynes*, 1696; in-12, mar. r. fil. tr. d.

Première édition donnée par madame Ulrich.

1366. *Les mêmes.* In-12, mar. r. fil. tr. d. (*Aux armes du prince Eugène de Savoie.*)

Contrefaçon de la précédente, imprimée en Hollande.

1367. Poésies de madame Deshoulières. *Paris*, 1688; in-8, mar. bleu, fil. tr. dor. (*Capé.*)

Édition originale.

1368. Œuvres choisies de madame Deshoulières. *A Paris, de l'impr. de P. Didot l'aîné*, 1795; in-12, pap. vélin, fig. mar. v. f. tr. d. (*Niedrée.*)

1369. Œuvres de Nicolas Boileau Despréaux, avec des éclaircissements historiques donnés par lui-même, fig. gr. par B. Picart. *La Haye*, 1729; 2 vol. in-fol. mar. r. fil. tr. d. (*Padeloup.*)

Bel exemplaire Caillard en grand papier.

1370. Satires du sʳ D*** (Boileau Despréaux), seconde édition. *Paris, Cl. Barbin*, 1666; in-12, mar. r. f. tr. d.

Édition originale des sept premières satires et du *Discours au Roi*.

1371. Les Satyres du sieur D*** (Despréaux). *Paris, L. Billaine*, 1666; in-12, mar. rouge de Tanger. (*Trautz-Bauzonnet.*)

Édition originale, qui contient les sept premières satires. Très-joli exemplaire de M. Armand Bertin.

1372. Satires du sieur D*** (Boileau Despréaux), seconde édition. *Paris, Cl. Barbin*, 1668; in-12, mar. r. fil. tr. d. (*Capé.*)

1373. Satires du sieur D... *Paris*, 1668; in-8, demi-rel. front. gr.

Les satires XIII et IX et le *Discours sur la satire* sont d'éditions originales.

1374. Dialogue ou Satyre x du sieur D*** (première édition). *Paris, D. Thierry*, 1694; in-4, v. éc.

Dans le même vol. : *Réponse à la satyre X du sʳ D...* (par Pradon). Paris, Libr. assoc., 1694. — *Satyre contre les maris*, par Regnard. *Id., ibid.*, 1694. — *Le Pour et le Contre du mariage*, avec la critique du sʳ Boisleau, par le sʳ P. H. Lille, Fiévet, 1695.
Cette dernière pièce est rare.

1375. OEuvres diverses du sieur D*** (Boileau-Despréaux). *Paris, D. Thierry*, 1674; in-4, front. gr. et fig. de Chauveau, mar. r. fil. tr. d. (*Duru.*)

Première édition sous le titre d'œuvres.

1376. OEuvres diverses du sieur D*** (Boileau-Despréaux), avec le Traité du sublime ou du merveilleux dans le discours, trad. de Longin. *Suiv. la copie imprimée à Paris*, 1677; in-12, frontispice gravé, figures, mar. vert, fil. tr. dor. (*Duru.*)

Très-bel exemplaire, avec *témoins*, de l'édition elzévirienne, rare.

1377. Poésies tirées des Saintes Ecritures, dédiées à madame la Dauphine, par M. de Reyrac. *Paris, Delalain*, 1770; in-8, mar. r. fil. tr. d. (*Derome. Aux armes du cardinal de la Roche-Aymon.*)

Très-joli portrait de Marie-Antoinette.

1378. Sonnets humouristiques, par Joséphin Soulary. *Lyon, Louis Perrin*, 1858; in-8, portr. dos et coins de mar. rouge, non rogné.

1379. Les Vierges de Lesbos (par Méry). Photographies d'après Hamon. *Paris,* 1858; in-fol. papier glacé, mar. v. tr. d. (*Thompson.*)

<small>Tiré à 300 exemplaires.</small>

2. Poëmes sacrés, héroïques, badins et didactiques.

1380. La Magdeleine de F. Remi de Beauvais. *Tournay, Ch. Martin,* 1617; in-8, mar. bleu, tr. dor. (*Duru.*)

<small>Superbe exemplaire de la bibliothèque de M. Armand Bertin, d'un livre rarement aussi beau pour les figures et la conservation, et le plus recherché des poëmes sur la Madeleine. La reliure est d'une perfection remarquable.</small>

1381. Jésus crucifié, poëme de M. Freniche. *Paris, J. Camusat,* 1636; in-12, v. éc.

1382. Poëmes sacrez (par J. Desmarets). 1678; in-12, mar. vert, tr. dor. (*Trautz-Bauzonnet.*)

<small>Exemplaire grand de marges d'un volume rare imprimé au château de Richelieu. Il contient : *Abraham ou la vie parfaite;* — *Le triomphe de la grâce,* — *de la charité,* — *de l'humilité,* etc.</small>

1383. Saint-Louis, ou la sainte Couronne reconquise, poëme héroïque, par le P. Pierre Le Moyne. *Paris,* 1666; in-12, mar. rouge, fil. tr. dor. (*Duru.*)

<small>Superbe exemplaire; volume orné de belles figures dessinées et gravées par F. Chauveau.</small>

1384. La Pucelle, ou la France délivrée, poëme héroïque (en vers), par Chapelain, *suiv. la copie imprimée à Paris,* 1656; pet. in-12, mar. rouge, fil. tr. dor. (*Trautz-Bauzonnet.*)

<small>Superbe exemplaire très-grand de marges (4 p. 11 lign.). Édition imprimée par les Elzeviers, rare et fort recherchée; elle est ornée de jolies figures.</small>

1385. La Pharsale de Lucain, ou Guerres civiles de César et de Pompée. En vers françois, par M. de Brébeuf. *Leide, chez Jean Elzevier,* 1658, pet. in-12, mar. v. fil. tr. d. (*Müller.*)

<small>4 pouces 8 lignes. Joli exemplaire de l'édition Elzévir recherchée.</small>

1386. POEME DE LA CAPTIVITÉ DE SAINT-MALC, par M. de la Fontaine. *Paris, Cl. Barbin*, 1673; in-12, mar. v. tr. d. (*Trautz-Bauzonnet.*)

Première édition, FORT RARE. Exemp. de M. Arm. Bertin.

1387. Poëme sur la guerre de Hollande, du s^r Cassagnes, de l'Académie françoise. *S. l.* (*Hollande*), 1673; in-12, mar. r. f. tr. dor.

1388. La Pucelle d'Orléans, poëme divisé en xv livres, par M. de V... *Louvain* (*Genève*), 1755; in-18, v. f. fil. tr. d.

Première édition, interrompue au milieu du 15e livre.

1389. La Pucelle d'Orléans, poëme en xxi chants, par Voltaire; notes par M. Beuchot. *Paris, Lefèvre et Didot*, 1832; 4 vol. in-8, demi-rel.

Avec environ 400 gravures, eaux-fortes, lithographies, ajoutées. Dans le nombre il se trouve une certaine quantité de pièces rares et curieuses.

1390. LE MÉRITE DES FEMMES et autres poésies, par Gabr. Legouvé. *Paris, Renouard*, 1813; in-12, dos et coins de mar. bleu, non rog. (*Bauzonnet.*)

Très-bel exemplaire, imprimé sur peau de VÉLIN, avec trois figures ajoutées de Desenne et de Moreau.

3. Fables et Contes.

1391. FABLES CHOISIES, mises en vers par M. de la Fontaine. *Paris, Denys Thierry*, 1668; in-4, fig. Chauveau, mar. r. à comp. fil. tr. dor. (*Trautz-Bauzonnet.*)

Édition originale des six premiers livres. SUPERBE EXEMPLAIRE.

1392. Les Fables et autres Poésies de M. de la Fontaine. *Paris, chez Claude Barbin*, 1671; in-12, mar. r. fil. tr. d. (*Capé.*)

Ce vol. contient huit fables qui n'avaient point encore été publiées.

1393. FABLES CHOISIES, mises en vers par M. de la Fontaine, et par luy reveuës, corrigées et augmentées. *Paris, D. Thierry et Cl. Barbin*, 1678-

94; 5 vol. in-12, fig. de Chauveau, mar. r. fil. tr. dor.

Bel exemplaire de la bonne édition, avec l'écusson du grand Dauphin sur le titre du Ier vol.

1394. Fables choisies, mises en vers par M. de la Fontaine. *Anvers,* 1688; 3 parties en 1 vol. in-8, fig. de Cause, mar. bl. tr. d. (*Duru.*)

1395. FABLES DE LA FONTAINE. *Paris,* 1755-59; 4 vol. in-fol. veau fauve, fil. tr. dor. (*Padeloup.*)

SUPERBE EXEMPLAIRE EN TRÈS-GRAND PAPIER, figures d'Oudry.

1396. Fables choisies, mises en vers, par J. de la Fontaine, avec figures. *Amsterdam, van Gulik,* 1802; 6 tom. en 3 vol. in-8, mar. bl. tr. d.

Réduction des fig. d'Oudry, par Punt. Deuxième tirage. Exemplaire tiré sur papier de Hollande, avec la liste des souscripteurs.

1397. Fables ou Histoires allégoriques, par madame de Villedieu. *Paris, Cl. Barbin,* 1670; in-12, mar. r. f. tr. d. (*Capé.*)

1398. Essai de Fables nouvelles, par Didot, fils aîné. *Paris, Fr. Ambr. Didot aîné, avec les caractères de Firmin, son* 2e *fils,* 1786; in-12, mar. r. dent. tr. d. (*Derome.*)

Papier vélin.

1399. RECUEIL DES MEILLEURS CONTES EN VERS (de La Fontaine, Voltaire, Vergier, Grécourt, de Piron, de Sénecé, de Perrault, de Montcrif, de Ducerceau, de La Monnoye, de Saint-Lambert, de Champfort, de Dorat, etc.) *Londres,* 1778, 4 vol. pet. in-12, papier fort, mar. vert, fil. tr. dor. (*Anc. rel.*)

Portrait et figures à chaque conte. Très-joli exemplaire.

1400. CONTES ET NOUVELLES EN VERS DE M. DE LA FONTAINE. *Paris, Claude Barbin,* 1665. — Deuxiesme partie des Contes et Nouvelles en vers de M. de La Fontaine. *Paris, Louis Billaine* 1646 (*sic*); 2 part. en 1 vol. pet. in-12, mar. rouge, fil. tr. dor.

doublé de mar. vert clair, dent. (*Trautz-Bauzonnet.*)

ÉDITION ORIGINALE, PRÉCIEUSE ET FORT RARE. Elle se compose : *Première partie*, titre et préface, 11 pages, 92 pp., le privilège, 1 f. et 1 feuillet blanc. *Deuxième partie*, titre et préface, 11 pages, 160 pp. et 2 ff. pour le privilège.
Cette première édition a été cependant précédée d'une publication intitulée : *Nouvelles en vers, tirées de Boccace et de l'Arioste*, mais ne renfermant seulement que les deux contes : Joconde et *le Cocu battu et content*.
Exemplaire rempli de *témoins*, et d'une conservation qui ne laisse rien à désirer. (*De la bibliothèque de M. Armand Bertin.*)

1401. Contes et Nouvelles en vers de M. de la Fontaine. *A Paris, chez Cl. Barbin*, 1665; in-12, mar. bl. fil. tr. d. (*Duru.*)

Dans le même vol. : Deuxiesme partie des Contes et Nouvelles en vers. *Id., ibid., M.DC.XLVI.* (pour 1666).
Éditions originales de ces deux parties; chacune contient dix contes et quelques poésies. *Joconde* et *le Mari battu et content* avaient paru séparément en 1665, chez Cl. Barbin.

1402. Contes et nouvelles en vers de M. de La Fontaine. *A Paris, Louys Billaine*, 1667; 2 part. en 1 vol. in-12, mar. r. fil. tr. d. (*Duru.*)

Seconde édition des deux premières parties.

1403. Contes et Nouvelles en vers de M. de La Fontaine. *A Paris, chez L. Billaine*, 1669; in-12, v. f. tr. dor.

Édition originale de trois contes et de la dissertation sur la Joconde. Plusieurs vers n'ont pas été reproduits dans les éditions postérieures.

1404. Contes et Nouvelles de M. de la Fontaine; nouvelle édition reveuë et augmentée de plusieurs contes du même auteur et d'une dissertation sur la Joconde. *Leyde, Jean Sambix*, 1669; in-12, mar. bl. fil. tr. d. (*Niedrée.*)

Édition que l'on peut rattacher à la collection des Elzevirs, bien qu'elle soit imprimée à Bruxelles chez Foppens.

1405. Contes et Nouvelles en vers de M. de la Fontaine. *Amsterdam, H. Desbordes*, 1685; 2 tom. en 1 vol. in-12, mar. r. fil. tr. dor. (*Duru.*)

C'est la première des trois éditions publiées sous cette date. Premières épreuves des fig. de Romain de Hooghe.

1406. CONTES ET NOUVELLES EN VERS de La Fontaine,

Amsterd., H. Desbordes, 1685; in-8, mar. bl. fil. tr. dor. (*Trautz-Bauzonnet.*)

SUPERBE EXEMPLAIRE d'une édition recherchée pour les spirituelles eaux-fortes de Romain de Hooghe.

1407. CONTES DE LA FONTAINE. *Amsterd.* (*Paris, Barbou*), 1762; 2 vol. in-8, mar. rouge, fil. tr. dor. (*Derome.*)

TRÈS-BEL EXEMPLAIRE de l'édition des Fermiers généraux; figures d'Eisen, culs-de-lampe, etc.

1408. LES CONTES DE LA FONTAINE. *Paris, Brière* (*imprim. de Jules Didot*), 1824; 2 vol. in-18, mar. vert clair, larges dentelles (*Jolie rel. de Hardy.*)

Cette édition et la suivante contiennent des observations, notes et préface de M. Walkenaer. Exemplaire papier vélin lavé, encollé et orné de la charmante suite des figures de Duplessis-Bertaux, imprimé sur *peau de vélin*.

1409. Esope en belle humeur, ou dernière traduction et augmentation de ses fables en prose et en vers. *Brusselle, F. Foppens*, 1700; 2 tom. en 1 vol. pet. in-8, mar. rouge, fil. tr. dor. (*Derome.*)

Exemplaire bien conservé d'une édition ornée d'un grand nombre de très-jolies figures à mi-page, gravées à l'eau-forte par Harrewyn.

1410. CONTES NOUVEAUX en vers, dédiez à S. A. R. Monsieur, frère du Roy (par de Saint-Glas). *Paris*, 1672; in-12, mar. rouge, fil. tr. dor. (*Trautz-Bauzonnet.*)

Charmant exemplaire avec un curieux frontispice gravé. Ces contes, faits sur le modèle de ceux de La Fontaine, sont estimés.

1411. Contes et poésies de C. Collier, commandant général des croisades du Bas-Rhin. *Saverne*, 1792; in-12, mar. vert clair, fil. tr. dor. (*Duru.*)

Contes en vers très-piquants, mais bien écrits; ils ont été composés dans l'intention de donner un ridicule de plus au cardinal de Rohan en les lui attribuant. Exemplaire élégamment relié sur brochure et orné de deux jolies figures.

4. Odes, Satires, Épigrammes.

1412. Odes au Roy, à Monseigneur le Cardinal Duc, à Madame la Duchesse d'Aiguillon, etc., et autres

OEuvres poëtiques, par N. L. de Novvelon. *Paris*, 1639; in-8, mar. br. t. d.

1413. Odes sacrées, dont le sujet est pris des pseaumes de David, par Me Honorat de Bueil, chev^r, Sr de Racan. *Paris, J. Du Bray*, 1651; in-8, mar. vert fil. tr. d. (*Rel. anc.*)

<small>Édition originale précédée d'une longue épitre à l'Académie française et de la réponse de M. de Conrart.</small>

1414. Les Idylles du sieur de Rampalle. *Paris, Rocolet*, 1647; in-4, mar. r. fil. tr. d. (*Anc. rel.*)

<small>M. Viollet Leduc dit que les idylles de ce poëte rare n'ont jamais été publiées en recueil.</small>

1415. Idylles, par M. Berquin; pet. in-8, figures dessinées et gravées par Marillier, mar. rouge, fil. tr. dor. (*Duru.*)

<small>Charmant exemplaire auquel on a ajouté un certain nombre de figures choisies avec soin, outre les figures de l'édition, qui sont déjà très-jolies.</small>

1416. Des Exercices de ce temps, contenant plusieurs satyres contre les mauvaises mœurs. *A Caen, s. d. (à la Sphère)*; in-12, mar. citr. f. tr. d.

<small>Édition des célèbres satires du sieur Angot de l'Esperonnière échappée aux recherches des bibliographes.</small>

1417. L'Espadon satyrique, par le sieur d'Esternod. *Lyon, Jean Lautret*, 1619; in-12, m. rouge de Tanger, comp. fil. tr. dor. (*Trautz-Bauzonnet.*)

<small>Première édition très-rare. Exemplaire de M. Armand Berlin.</small>

1418. L'Espadon satyrique, par le sieur d'Esternod, reveu et augmenté de nouveau. *A Cologne, Hollande, chez Jean D'Escrimerie, à l'Académie de France*, 1680; pet. in-12, frontispice gravé et 174 pages, mar. rouge, fil. à comp. à pet. fers, doublé de mar. bleu, dent. tr. dor. (*Trautz-Bauzonnet.*)

<small>Édition fort recherchée, parce qu'elle est assez jolie pour entrer dans la collection des Elzeviers. Très-joli exemplaire.</small>

1419. Les Satyres du sieur de Courval-Sonnet, gentilhomme virois. *A Paris, chez Rolet Boutonné*, 1621 ; in-8, mar. bl. fil. tr. d.

<small>Beau portrait de l'auteur à 45 ans, gravé par Mathéus.</small>

1420. SATYRE CONTRE LES CHARLATANS et pseudo-médecins empiriques, en laquelle sont descouvertes les ruses et tromperies de tous theriacleurs, alchimistes, chimistes, paracelsistes, fondeurs d'or potable, maistres de l'elixir et telle pernicieuse engeance d'imposteurs, par Thom. Sonnet sieur de Courval. *Paris*, 1610 ; pet. in-8, m. brun, fil. t. d. (*Trautz-Bauzonnet.*)

<small>TRÈS-BEL EXEMPLAIRE de ce livre curieux ; on y remarque un joli portrait de l'auteur, gravé par Léonard Gaultier.</small>

1421. SATIRE MÉNIPPÉE SUR LES POIGNANTES traverses et incommoditez du mariage, avec la timethelicon censure des femmes, par Thomas Sonnet ; troisième édition augmentée d'une deffense apologétique contre les censeurs de sa satyre du mariage. — Réponse à la contre satyre, par l'auteur des satyres du mariage et timethelie. *Paris, J. Millot*, 1610 ; in-8, m. cit. fil. t. dor. (*Duru.*)

<small>Superbe exemplaire, parfaitement conservé et grand de marges, d'un livre piquant et recherché.</small>

1422. Satyre Ménippée contre les femmes sur les poignantes traverses et incommoditez du mariage, par Thomas Sonnet, gentilhomme virois. *A Lyon, pour Vincent de Cœursilly*, 1623 ; in-8, mar. r. f. tr. d. (*Capé.*)

<small>Dans le même vol. se trouve la *Défense apologétique contre les censeurs*, qui manque dans plusieurs éditions, particulièrement dans celle de 1621.</small>

1423. Les Satyres du sieur du Lorens, divisées en deux livres. *Paris, chez Jacques Villery*, 1624 ; in-8, mar. r. fil. tr. d.

1424. Les Ponts bretons (en vers), 1624 ; pet. in-8, mar. vert, fil. tr. dor. (*Trautz-Bauzonnet.*)

<small>Très-rare et curieuse pièce facétieuse et satirique.</small>

1425. LE PAIN BÉNIT de M. l'abbé de Marigny, avec

la réponse, 1673; 2 part. en 1 vol. in-12, mar. rouge, fil. tr. dor. (*Trautz-Bauzonnet.*)

Pièce satirique, vive, facétieuse et piquante. Charmant exemplaire, comme non rogné, de l'édition originale, très-rare.

1426. Satires nouvelles (par Sénecé). *Paris*, 1695; in-12, v. f. fil. tr. d. (*Koehler.*)

Édition originale.

1427. Satire nouvelle sur les promenades du Cours-la-Reine, des Thuilleries et de la Porte-S.-Bernard. *Paris*, 1699; in-8, demi-rel.

1428. Le Nouveau Juvénal satirique pour la réformation des mœurs et des abus de nostre siècle, dédié à S. A. R. le duc d'Orléans, régent de la monarchie françoise. *Utrecht*, 1716; in-12, mar. rouge, tr. dor. (*Duru.*)

Petit volume rare, qui paraît avoir été imprimé à Rouen. Les principales satires qu'on y trouve sont contre les parvenus, les vieilles coquettes, la vie libertine des abbés, la mode, etc.

1429. Recueil des plus belles épigrammes des poëtes françois, depuis Marot jusqu'à présent (par P. Richelet). *Paris*, 1698; 2 vol. in-12, v. f. fil. (*Derome.*)

1430. Nouveau Recueil des épigrammatistes françois anciens et modernes, contenant ce qui s'est fait de plus excellent dans le genre de l'épigramme, du madrigal, du sonnet, du rondeau et des petits contes en vers, de Marot jusqu'à présent; avec la vie des auteurs, des notes historiques et critiques, un traité de la vraie et de la fausse beauté dans les ouvrages de l'esprit, etc. *Amsterd., Wetstein*, 1720; 2 vol. in-12, mar. rouge, fil., non rognés. (*Duru.*)

Excellent recueil publié par Bruzen de la Martinière et estimé. Superbe exemplaire dans une condition exceptionnelle.

1431. Nouveau Recueil de divers rondeaux (par l'abbé Cotin). *Paris, Aug. Courbé*, 1650; 2 part. en un vol. pet. in-12, frontispices gravés par

Daret, mar. rouge, fil. tr. dor. (*Trautz-Bauzonnet.*)

TRÈS-JOLI EXEMPLAIRE de la bibliothèque de M. Armand Bertin. Voici quelques-uns des intitulés de ces poésies : *Pour une dame qui s'estoit cachée sur un lit afin de se faire chercher. — Il se plaint que sa dame en ayme un autre. — A une dame qui faisoit la difficile. — Défense des buveurs d'eau. — Contre un médecin qui avoit défendu le vin. — Sur le jeu du trou madame*, etc.

1432. MÉTAMORPHOSES D'OVIDE en rondeaux (par Benserade), imprimez par ordre de Sa Majesté. *Jouxte la copie imprimée à Paris de l'imprimerie royale* (Elzev., *à la Sphère*), 1677; pet. in-12, mar. v. fil. tr. d. front. gr.

Très-bel exemplaire d'une édition elzévirienne fort rare. Hauteur : 5 pouces 1 ligne et demie. Charmante reliure de Lortic.

1433. MADRIGAUX DE M. D. L. S. (Antoine de Rambouillet, sieur de La Sablière). *Suiv. la copie imprimée à Paris, Claude Barbin*, 1680, pet. in-12, mar. vert, fil. tr. dor. (*Trautz-Bauzonnet.*)

Un des petits livres les plus rares de la collection des Elzévirs français.

1434. Madrigaux de M. D. L. S. (de la Sablière). *Paris, Cl. Barbin*, 1680; in-12, mar. r. fil. tr. d. (*Koehler.*)

Édition originale. Exemplaire de Ch. Nodier.

1435. Recueil des énigmes les plus curieuses de ce temps, dédié à madame la duchesse de Berry. *Paris*, 1717; pet. in-8, mar. br. fleurdel. doub. de mar. r. dent. tr. d. (*Rel. anc. aux armes de la célèbre duchesse de Berry, fille du régent.*)

5. Poésies gaillardes ou burlesques.

1436. Le Premier (Second et Tiers) Livre de la Muse folastre, recherchée des plus beaux esprits de ce temps. *Rouen, Claude le Villain*, 1609; 3 vol. in-32, mar. r. dent. tr. d. (*Anc. rel.*)

RARISSIME.

1437. LE PARNASSE SATYRIQUE DU SIEUR THÉOPHILE. (*Holl., Elzévir*), 1660; pet. in-12, mar. bleu, fil. dent. tr. dor. (*Trautz-Bauzonnet.*)

TRÈS-BEL EXEMPLAIRE de la bibliothèque de M. Ch. Giraud.

1438. Le Parnasse satyrique du sieur Théophile. *S. l. (Holl., Elzevir.)*, 1660; in-12, mar. r. comp. tr. d. (*Duru.*)

1439. Le Cabinet satyrique ou Recueil parfait des vers piquans et gaillards de ce temps, tiré des secrets cabinets des s^{rs} de Sigogne, Regnier, Motin, Berthelot, etc. *S. l. (Holl., Elzevir.)*, 1666; 2 vol. in-12, mar. r. f. tr. d.

1440. RECUEIL DE PIÈCES CHOISIES rassemblées par les soins du Cosmopolite (avec une épitre dédicatoire et une préface, attribuées à Moncrif). *A.... Vriel b... à l'enseigne de la Liberté;* in-4, mar. r. f. tr. d. (*Koehler.*)

EXEMPLAIRE DE CHARLES NODIER. Recueil de pièces libres et impies, formé, dit-on, sous les yeux du duc d'Aiguillon et imprimé à son château de Verret en Touraine. Il a été tiré à un nombre infiniment restreint, peut-être à 12 exempl.; il est fort rare.

1441. BIBLIOTHÈQUE DES AMANS (par Sylvain Maréchal), à Gnide (*Paris*), in-12, mar. vert clair, fil. tr. dor. dorure à la rose (*Trautz-Bauzonnet.*)

Exemplaire papier de Hollande; charmante reliure.

1442. La Relation véritable de ce qui s'est passé en l'autre monde, au combat des Parques et des Poëtes, sur la mort de Voiture et autres pièces burlesques, par M. Scarron. *Paris, Quinet*, 1648; in-4, demi-rel. très-curieux frontispice.

1443. POESIES BURLESQUES contenant plusieurs Epistres à diverses personnes de la cour, par le s^r Loret. *Paris, Sommaville*, 1647; in-4, mar. br. fil. tr. d. (*Bauzonnet-Trautz.*)

TRÈS-BEL EXEMPLAIRE d'un livre rare.

1444. Le Babillard du tems, en vers burlesques. *Paris, Nic. de la Vigne*, 1649; in-4, mar. bl. f. tr. d.

Six numéros d'une gazette *fort rare* dirigée contre *Mazarin.*

1445. Le Courrier burlesque de la guerre de Paris, envoyé à Mgr le prince de Condé, pour divertir

BELLES-LETTRES. 241

S. A. durant sa prison (par St-Julien). *Imprimé à Anvers, et se vend à Paris, au Palais*, 1650; in-12, v. rac. fil.

1446. Les Remèdes contre l'amour, travestis des vers latins d'Ovide, en vers burlesques, par le sieur du Four, C. médecin. *Paris*, 1666; pet. in-12, mar. rouge, tr. dor. (*Trautz-Bauzonnet.*)

L'*Épistre à ma maistresse* est terminée ainsi :

> Faict à Paris dans mon logis,
> L'an mil six cent soixante-et-six,
> Pour vous dire le quantième,
> Au mois de juillet le dixième.

Joli exemplaire rempli de témoins.

1447. L'ESCOLE DE SALERNE, en vers burlesques, par Martin, et duo poemata macaronica : de bello Huguenotico (auctore Rem. Belleau), et de gestis magnanimi et prudentissimi Balbi, etc. (auctore Th. Folengo). *Suiv. la copie imprimée à Paris, Leyde, Bonav. et Abr. Elzévier*, 1651; pet. in-12, mar. citr. fil. comp. riche mosaïque, doublé de mar. bleu, dent. (*Trautz-Bauzonnet.*)

Un des livres les plus rares des éditions imprimées par les Elzeviers. Cet exemplaire est entièrement NON ROGNÉ; nous n'en connaissons pas d'autre exemplaire dans un état exceptionnel. La reliure de Trautz-Bauzonnet est un petit chef-d'œuvre et un de ses plus beaux ouvrages.

1448. Rome, Paris et Madrid ridicules, avec des remarques historiques et un recueil de poësies choisies, par M. de B. (Blainville, ci-devant secrétaire d'ambassade en Espagne). *Paris*, 1713; in-12, front. mar. rouge, fil. tr. dor.

Volume peu connu et rare. Très-joli exemplaire parfaitement relié par Derome. La *Rome ridicule* est le poëme de Saint-Amant ; *Paris ridicule* est de Le Petit ; *Madrid et les poésies diverses* sont de M. de Blainville, qui est en même temps l'auteur d'une foule de notes curieuses et piquantes éclaircissant les deux poëmes burlesques qu'il publiait alors, à cause de leur rareté.

1449. La Ville de Paris, en vers burlesques, contenant les Galanteries du Palais, l'Adresse des servantes qui ferrent la mule, etc., par le s^r Berthaud. *Paris, Rafflé*, 1664; in-12, mar. v. fil. tr. d. (*Niedrée.*)

16

1450. La Ville de Paris en vers burlesques, par le sieur Berthaud, augmentée de la Foire St-Germain par le s' Scarron. *A Troyes, et se vendent à Paris chez la Vve Oudot*, 1699; in-12, v. f. fil. tr. d. (*Koehler.*)

1451. Description de la ville d'Amsterdam, en vers burlesques, par Pierre le Jolle. *Amsterdam, chez Jacques le Curieux*, 1666; in-12, mar. cit. fil. tr. d.

Bel exemplaire NON ROGNÉ d'un volume recherché pour la collection elzévirienne.

1452. L'Enfer burlesque, le Mariage de Belphégor, Épitaphes de M. de Molière. *Cologne, Jean le Blanc*, 1677; in-12, mar. r. f. tr. d. (*Duru.*)

1453. LA PETITE VARLOPE, en vers burlesques, augmentée d'une chanson nouvelle sur le tour de France. *Châlon*, in-16; mar. v. fil. tr. dor. (*Koehler.*)

Exemplaire NODIER d'un petit livre dont l'extrême rareté est bien connue. Voir la *Description d'une jolie collection de livres, par Ch. Nodier.* Il n'en est pas passé d'autre exemplaire en vente publique.

G. Chansons, Noëls et Cantiques.

1454. Airs de differents autheurs mis en tablature de luth, par Gabriel Bataille. *Paris, P. Ballard*, 1609; in-4, mar. r. fil. tr. d. (*Duru.*)

Vol. RARE, 72 ff. chiffrés, musique de chansons notée: privilége du 25 mars 1607.

1455. RECUEIL DES PLUS BEAUX AIRS ACCOMPAGNÉS DE CHANSONS A DANCER, ballets, chansons folâtres et bacchanales autrement dites Vaudeuire, non encore imprimés. Ausquelles chansons l'on a mis la musique de leur chant, afin que chacun les pusse chanter et dancer, le tout à une seule voix. *Caen, Jacques Mangeant* (1615) (1re partie), 48 ff. — Le Recueil des plus belles chansons de dances de ce temps. *Caen, Jacques Mangeant* (sic) (2e partie), 60 ff.; 2 part. en 1 vol. pet. in-12, mar. rouge, fil. tr. dor. (*Trautz-Bauzonnet.*)

RECUEIL FORT RARE; il provient de la collection de M. Duplessis.

1456. LE PARNASSE DES MUSES, ou Recueil des plus belles chansons à dancer, auquel est adiousté le Concert des enfants de Bacchus, dédié à leurs rouges trongnes. *Paris, Charles Hulpeau,* 1630; 4 part. en un vol. pet. in-12, mar. rouge, fil. à comp. dorure à petits fers, doublé de mar. bleu, dent. tr. dor. (*Trautz-Bauzonnet.*)

Il est fort difficile de rencontrer les anciens recueils de chansons en bon état de conservation et complets. L'exemplaire que nous cataloguons sous ce rapport ne laisse rien à désirer, et il est revêtu d'une charmante reliure.

1457. LE NOUVEAU ENTRETIEN DES BONNES COMPAGNIES, ou Recueil des plus belles chansons à danser et à boire (dédié aux Dames). *Paris,* 1635; pet. in-12, mar. rouge, fil. tr. dor. doublé de mar. bleu comp. dor. à la rose, tr. dor. (*Trautz-Bauzonnet.*)

Recueil de la plus grande rareté et d'une conservation extraordinaire pour ce genre de livre. Après la page 292 vient une table de 4 feuillets et une petite partie intitulée : *Les chants de ioye des enfants de Bacchus....* 1635. Très-jolie reliure.

1458. CHANSONS POUR DANSER ET A BOIRE (par L. Mollier, J. Boyer, D. Macé, Rosiers, de Beaulieu, de la Marre, Guyot et autres). *Paris, Robert-Ballard,* 1640 à 1694; 7 parties en 1 vol. pet. in-8, réglé, mar. vert, fil. tr. dor. (*Trautz-Bauzonnet.*)

Bel exemplaire.

1459. Recueil de cantates, contenant toutes celles qui se chantent dans les concerts, pour l'usage des amateurs de la musique et de la poésie, par J. Bachelier. *La Haye,* 1728; in-12, mar. vert, fil. tr. dor.

On a colorié sur le titre une petite vignette; jolie reliure de Hardy.

1460. Les Vaudevires, poésies du xve siècle, par

Olivier Basselin, avec un discours sur sa vie, etc. *Vire*, 1811; gr. in-4, demi-rel. mar. r.

<small>Édition imprimée à Avranches et tirée à 140 exempl. C'est l'un des 10 tirés sur pap. vélin in-4.</small>

1461. LES CHANSONS DE GAULTIER GARGUILLE, troisiesme édition. *A Paris, chez François Targa, au premier pilier de la grand'salle du palais, devant les consultations*, 1636; pet. in-12, avec un front. gravé, mar. vert, fil. tr. dor. (*Thompson.*)

<small>Volume excessivement rare. EXEMPLAIRE DE CH. NODIER.
Le vrai nom de Gauthier Garguille était *Hugues Guerue*, dit Fléchelles, comme porte le privilège qui lui a été accordé, de peur que les contrefacteurs n'ajoutent à son livre *quelques autres chansons plus dissolues que les siennes.*</small>

1462. Nouvelles Chansons de Gaultier Garguille (troisiesme édition). *Paris, Fr. Targa*, 1636; in-12, frontispice, mar. bl. f. tr. d. (*Koehler.*)

<small>Bel exemplaire d'une édition tout aussi rare que celle de 1632, sur laquelle elle est textuellement copiée.</small>

1463. Les Chansons de Gaultier Garguille. *A Londres*, 1658 (*Paris*, 1758); in-12, fig. v. v. fil. tr. d.

1464. Festin joyeux, ou la Cuisine en musique, en vers libres. *Paris* (par Lebas), 1738; 2 part. en un vol. in-12, mar. r. f. tr. d.

1465. Les Chansons de Beranger (de M. Dulacq); 3 vol. in-12, m. vert, dent.

1466. LES NOELZ NOUVEAUX, composez a l'honneur de l'Incarnation et natiuité de Nostre Seigneur J.-C. *Pont-à-Mousson, par Melchior Bernard, s. d.* (vers 1600); in-8, mar. vert russe, tr. dor. janséniste. (*Duru.*)

<small>Petit livre de toute rareté.</small>

1467. NOELS CHOISIS, tant anciens que nouveaux, sur des airs connus. *Dijon*, 1740; 2 part. en 1 vol. in-12, mar. rouge, tr. dor. (*Trautz-Bauzonnet.*)

<small>JOLI EXEMPLAIRE, rempli de *témoins*, d'un volume très-rare, comme tous les anciens recueils de *noëls* détruits par l'usage. On lit dans l'approbation : « Les chansons prophanes ne produisent que des pensées inutiles, souvent criminelles et capables de corrompre le cœur. Il seroit donc à souhaiter que les</small>

chrétiens eussent en horreur ce funeste amusement, et s'appliquassent, comme le dit saint Paul aux Colossiens, ch. 3, v. 16, à s'instruire et à s'édifier les uns les autres, par des *pseaumes*, par des hymnes et par des cantiques spirituels, chantant à l'honneur de Dieu, du fond du cœur, et avec un esprit de reconnoissance. Ces recueils de Noëls choisis m'ont paru orthodoxes, édifiants, instructifs, conformes à l'esprit du grand apôtre, et très-propres à inspirer les sentimens respectueux qui sont dus aux mystères de l'Incarnation et de la naissance du Fils de Dieu. Ainsi l'impression n'en pourra être que très-utile. — Fait à Dijon le 10 août 1740. »

1468. LES CANTIQUES DU SIEUR DE VALAGRE et les Cantiques du sieur de Maizonfleur (deux cantiques de Thib. de Sautemont, etc.). *Lyon, par Benoist Rigaud*, 1591 ; in-16, mar. vert, fil. tr. dor. (*Trautz-Bauzonnet.*)

Joli exempl., avec témoins, d'un volume très-rare en bon état de conservation.

1469. Les Cantiques du Sr de Valagre et les Cantiques du Sr de Maison-Fleur. *A Rouen, chez Raphaël du Petit-Val*, 1602; pet. in-12, mar. v. tr. d.

1470. Cantiques et Pots-pourris; in-8, m. rouge.

1471. LES ROSSIGNOLS SPIRITUELS, liguez en duo : dont les meilleurs accords... relevent du seigneur Pierre Philippes, organiste, regaillardis au primevere de l'an 1621. *Valenciennes*, 1621 ; pet. in-12, mar. rouge, fil. tr. dor. (*Trautz-Bauzonnet.*)

Joli exemplaire de ce volume rare; musique notée.

H. Poésies en divers patois de la France.

1472. LA GENTE POETEVIN 'RIE tot de nouuea rencontrie

  Ou Talebot bain et bea
  Fat réponse à Robinea :
  Lisez son bain y ve prie
  Pré vou railly do sot'rie
  De beacop de chicanours
  Qui faiait do moéchant tours, etc.

A Poeters (Poitiers) *pre ton flevrea, Amprimour et*

libréré do ré et de l'incuresity, 1660. — Rolea divisi in beacot de peces ou l'univerʃeon Poetevinea fat pre dialoge. *Poeters, lon fleures*, 1660; 2 part. en 1 vol. pet. in-12, mar. r. tr. d. (*Duru*.)

<small>Joli exemplaire d'un volume rare de poésie patoise.</small>

1473. Poesias gasconas de Pey de Garros Laytorès, dedicados a magniphic e poderos princep lo Princep de Nauarra son seño., *Tolosa per J. Colomes*, 1567; in-4, mar. vert, fil. à comp. tr. dor. (*Hardy*.)

<small>Superbe exemplaire d'un volume de toute rareté.</small>

1474. Toutos las obros d'Augié Gailliard Roudié de Rabastens en Albigez; ambe lou Banquet; lou tout dediat à Mousur de Séré Segnhour de Courrounsac. *Paris, par Simon Ribardiere*, 1583; pet. in-8, mar. bleu, fil. comp. dorure à la rose, tr. d. (*Bauzonnet*.)

<small>Très-joli exemplaire de la bibliothèque de Ch. Nodier, qui regardait ce volume comme des plus rares de sa collection. Auger Gaillard appartenait à l'école pantagruélique, qui avait hérité des traditions joyeuses de la compagnie des *Enfants sans souci* formée sous Charles le Simple. Il écrivit surtout *au prouffict et advisement des gens estourdiz et musars de nature*. (Né en 1530, mort vers 1595, pensionné par Catherine de Médicis.)</small>

1475. Las Obros de Pierre Goudelin augmentados d'uno noubelo floureto. *A Toulouso, per Pierre Bosc*, 1648. — La Floureto noubelo del Ramelet moundi. *Id., ibid.*, 1647; 2 part. en 1 vol. in-4, mar. olive, fil. tr. d. (*Thouvenin*.)

<small>Dernière édition publiée du vivant de Goudelin : exempl. de Ch. Nodier</small>

1476. Le Ramelet moundi de tres flouretos o las gentillessos de tres Boutados del S. Goudelin, courouno d'un Dictionari per intelligenco des mouts plus escarlats de la lengo francezo. *Toulouso*, 1638; in-8, mar. rouge, large dent. tr. dor. fleurs de lis.

<small>Bel exemplaire. Il a été relié pour S. A. R. monseigneur le duc de Clermont, et provient de la collection de M. de Soleinne.</small>

1477. Lou Trimfe de la lengouo gascono, aus playdejats de las quoüate sasons, et deous quoüate elemens, daoüvant lou pastou de Loumaigno, par J. G. d'Astros de Sent-Cla de Loumaigno. *Toulouso, J. Boudo,* 1642; in-12, mar. v. fil. tr. d. (*Capé.*)

Première édition.

1478. Las Papillotos de Jasmin coiffur, 1825-1843. *Agen,* 3 vol. in-8, demi-rel. v. f.

1479. Iardin deys musos prouençados, per Claud. Brueys, escuyer d'Aix. *Aix,* 2 vol. in-16, mar. rouge, fil. tr. dor. dos à la rose. (*Trautz-Bauzonnet.*)

Charmant exemplaire d'un recueil de toute rareté de ces poésies célèbres. Cet exemplaire provient de la bibliothèque de M. Aimé Martin.

1480. Lou Jardin deys musos provençalos, ou recueil de plusieurs pessos en vers provençaus; recuillidos deys obros deys plus doctes poëtos d'aquest pays (par Ch. Feau). *Marseille,* 1665; pet. in-12, mar. bleu, fil. tr. dor. (*Bauzonnet.*)

Très-joli exemplaire de M. de Soleinne, d'un livre rare, avec lequel on a relié une pièce *rarissime* intitulée : *La Bugado provençalo vonté cadun l'y a panouchon,* etc., dont l'importance littéraire a nécessité une réimpression récemment publiée à Aix.

1481. La perlo deys musos et comedies Prouvensalos, per Gaspar Zerbin, auoucat. *A Ays aquo de Jean Roize à la Plaço dey Préchus, emè priuilegi de la Cour,* 1655; in-16, mar. rouge, fil. tr. dor. (*Hardy.*)

Petit livre de la plus grande rareté.

1482. Noei tô nôvea, compôsai en lai rue de lai Rôlôte; *Ai Pleumeire;* in-12, mar. rouge, tr. dor. (*Trautz-Bauzonnet.*)

Très-joli exemplaire d'un recueil de noëls bourguignons devenu fort rare.

1483. Noei tô nôvea, compôzai en lai ruë de lai Roulôte. Ansanne lé Noei compôzai ci-devan an lai ruë du Tillô. Le Tô du moime auteu. *Dijon, J. Ressayre,* 1701; pet. in-12, mar. rouge, fil. tr. dor. (*Thouvenin.*)

Exemplaire Nodier. — « Édition originale des Noei de la Roulote et des deux recueils réunis. Elle est de toute rareté, même en Bourgogne. Ch. Nodier. »

En tête de l'exemplaire se trouve aussi une note bibliographique de la main de Chardon de la Rochette, sur les diverses éditions de ces noëls.

1484. VIRGILE, VIRAI EN BORGUIGNON. *Dijon, Ant. de Fay*, 1718; in-12, mar. rouge, fil. non rogné. (*Ginain.*)

Voir, sur ce livre et sur les particularités qui distinguent l'exemplaire de M. Nodier et le rendent *unique*, les *Mélanges tirés d'une petite bibliothèque*, page 148 et suiv.; ces particularités sont, en outre, consignées au vol., dans une note de la main de M. Nodier. — EXEMPLAIRE NODIER.

1485. AUSIAS MARCH. Les Obres del valeros cavaller, y elegantissim poeta Ausias March. *Imprimides en Barcelona en casa de Claudi Bornat*, 1560; pet. in-8, mar. vert, fil. à comp. tr. dor. (*Niedrée.*)

Édition TRÈS-RARE de ces poésies en langage limousin d'Ausias March, auteur estimé, né à Valence à la fin du quatorzième siècle. Aux pages 133 et 134 de cette édition se trouvent plusieurs petites pièces qui ne sont pas dans celle de 1545.

5. POÈTES ITALIENS.

1486. Opera nova in canzon di S° Herculano. *S. l. n. d.*—Lamento de Isabella della morte di Zerbino, con la Canzone di Perfida... dell' Ariosto. *S. l. n. d.* Con il Ritratto della bella Bradamante. — Canzone di Girometta. *S. l. n. d.* — Il Mondo alla riversa. *S. l. n. d.* — Narratione di un Giovane il qual estato longo tempo schiauo de i Corsari. *S. l. n. d.* (*Thompson.*)

Presque toutes ces pièces rares sont imprimées à Venise chez Domenico Franceschi vers 1566. Elles sont reliées en 1 vol. in-8, mar. cit. fil. tr. d.

1487. Tre Canzone piacevole del Fortunato : la Figliuola chiede marito alla Madre. — La Madre li da la risposta. — Si lamenta che è mal maritata. *S. l. n. d.*; in-8, 4 p. — Due Canzone, una della Figliuola, l'altra della Madre. *S. l. n. d.* — Vendetta d'amore. *Venetia*, 1570; in ottava rima. — Canzon piacevole per Giovani inamorati. *S. l. n. d.* — La Canzone del Vero Amante. *S. l. n. d.* — Egloga pastorale de Lilia. *S. l. n. d.*; 6 pièces dans un vol. in-8, mar. citron, fil. tr. d. (*Thompson.*)

<small>Presque toutes ont des frontispices gravés sur bois.</small>

1488. DANTE ALIGHIERI : la Commedia, col commento di Martino Paulo Nidobeato et di Guido Terzago. *Mediolani, Lud. et Albert Pedemontani,* 1478; pet. in-fol. c. de Russie, fers à fr. tr. d.

<small>Bel exemplaire d'une édition rare et précieuse, donnée d'après d'excellents manuscrits. (Voyez la description qu'en donne Colomb de Batines.)</small>

1489. Canto Primo de la prima cantica overo comedia del divino poeta Fiorentino Dante Alighieri. Col commento di Christ. Landino. *Impresso in Vinegia per Petro Cremoneso dito Veronese : a di xviii di nouëbrio* M.CCCC.LXXXXI; in-fol. lett. rondes, fig. s. b. demi-rel.

<small>Édition conforme à la description du *Manuel*, et précieuse par ses charmantes gravures sur bois.</small>

1490. Convivio di Dante Alighieri Fiorentino. *Impresso in Firenze per ser Francesco Bonacorsi nel anno* 1490, *a di XX di septembre;* in-4, v. f.

<small>Édition originale fort rare.</small>

1491. La Spada di Dante Alighieri poeta per Nicolo Liburnio in tal modo raccolta. *Vinegia per Giov. Ant di Nicolini da Sabio,* 1534; p. in-8, mar. r. f. tr. d. (*Reliure ancienne avec armoiries.*)

<small>Opuscule rare, en prose et en vers.</small>

1492. Vita nuova di Dante Alighieri. con xv canzoni del medesimo, e la vita di esso Dante scritta da Giov. Boccaccio. *Firenze, Sermartelli,* 1576; in-8, mar. rouge, fil. tr. dor. (*Trautz-Bauzonnet.*)

<small>Très-joli exemplaire d'un livre rare.</small>

1493. PETRARCA. Sonetti, Canzoni e Triomphi di Fr. Petrarca. *Venetiis (Jenson).* (A la fin, en lettres capitales) : *Francisci Petrarcæ poetæ | excellentissimi triumphus | sextus et ultimus de | Eternitate expliciunt.* M.CCCC.LXXIII. *Nicolao Mar | cello principe regnante im | pressum fuit hoc opus | fœlici-*

ter in Venetiis : | *finis*; pet. in-fol. cuir de Russie, tr. d.

Admirable exemplaire en grand papier, peut-être unique en cette condition. La première page est enluminée, et les marges sont couvertes d'un excellent commentaire manuscrit d'Antonio da Tempo le jeune, qui fut probablement l'éditeur de cette édition.

1494. Triomphi di Franc. Petrarcha. *Venetia*, 1519; pet. in-8.

Bel exemplaire d'un petit livre rare.

1495. I Sonetti, le canzoni et i triomphi di M. Laura in riposta di M. Francesco Petrarcha per le sue rime in vita et dopo la morte di lei pervenuti alle mani del magnifico M. Stephano Colonna. *A San Lucca* (à la fin): *Vinegia, per Comin da Trino di Montferrato*, 1552; in-8, port. mar. bl. fil. tr. dor. (*Niedrée.*)

L'auteur de ces poésies, publiées sous le nom de Laure, est Est. Colonna lui-même.

1496. Il Petrarca, con la spositione di G. A. Gesvaldo. *In Venetia*, 1553; in-4, mar. brun à taches noires, fil. tr. d. (*Belle rel. anc.*)

Sur le plat sont entrelacées les lettres M.D., T.V. Nous pensons que ce livre a appartenu à Marie de Barbançon, première femme de J.-A. De Thou.

1497. Il Petrarcha con la spositione di Giov. Andrea Gesvaldo. *Venetia*, 1553; in-4, mar. vert, fil. à comp. (*Taché. — Rel. italienne.*)

1498. Les triumphes de Petrarque. *Imprimez à Paris par Denys Janot, libraire et imprimeur*, 1539; pet. in-8, mar. rouge, dentelles, fil. tr. dor. (*Bauzonnet-Trautz.*)

Très-joli exemplaire d'un volume fort rare, orné d'une nombreuse série de figures dessinées et gravées au trait avec la plus grande perfection.

1499. Libro chiamato Buovo de Antona. *Finisse il libro chiamato Buovo de Antona, stampato in Vinegia per Aluise di Torti*, 1534; in-4 à 2 col. de 72 ff. fig. en bois, vél.

Édition fort rare, que M. Brunet croit faite sur celle de 1518.

1500. Poesie volgari, nuovam. stampate, di Lorenzo

BELLES-LETTRES. 251

de Medici. *In Venegia, in casa de' figliuoli di Aldo,* 1554; in-8, mar. br. comp. tr. d. (*Capé.*)

Avec les 8 ff. de la feuille O.

1501. Poesie volgari di Lor. de Medeci. *Aldus,* 1554, in-8, vél.

1502. EGLOGA PASTORALE DE LILIA, nella quale si contiene un sententioso parlare et notabili esempi, et una canzone a ballo, che comincia : Ogni cosa vince amore. *Venetia, per Fr. de Tomasio de Salo,* pet. in-8, lett. rond. mar. rouge, tr. dor. (*Trautz-Bauzonnet.*)

Charmante et rare plaquette. Remarquable frontispice gravé en bois.

1503. Opere del poeta miser Pamphilo Sasso, Modenese, sonetti, capituli, egloghe. *Venetiis, Guill. de Fontaneto,* 1519; in-4, lett. rond. à 2 col. cuir de Russie.

Bel exemplaire d'un volume fort rare.

1504. Epistole heroiche poesie del Bruni libri duo. *Venetia,* 1628; pet. in-12, mar. rouge, fil. tr. dor. (*Anc. rel.*)

Deuxième édition, augmentée et avec figures.

1505. ARDELIA; libro novo d'amore chiamato Ardelia; composto per Baldasar Olympo da Sasso Ferrato : giouine ingenioso : cioe strambotti de comparatione : martinale chiuse per sententie : sonetti : capituli : dialoghi : frottole et quarteti. *Venetia,* 1524; pet. in-8, mar. rouge, tr. dor. (*Trautz-Bauzonnet.*)

CHARMANT exemplaire d'un rare et curieux volume. Jolie reliure à la rose.

1506. L'Arcadie de messire Jaques Sannazar, mise d'ital. en françoys, par Iehan Martin. *Paris, Vascosan,* 1544; in-8, mar. v. fil. t. d. (*Trautz-Bauzonnet.*)

1507. La même; mar. br. comp. tr. d. (*Rel. anc. armoriée.*)

1508. Le premier livre de Roland l'Amoureux. *Paris,* 1549; in-fol. non relié.

1509. Orlando furioso di messer Ludovico Ariosto novissimamente alla sua integrità ridotto. *Vinegia, G. Giolito de Ferrari, M. D. XLVI*; in-4, fig. s. bois coloriées, mar. n. à comp. à fr. tr. ciselée.

<small>Reliure du xvie siècle, ornée de croissants.</small>

1510. Orlando furioso di Lod. Ariosto. *Vinetia, Valgrisi*, 1556; in-4, demi-rel. vél. fig. en bois.

1511. ORLANDO FURIOSO DI MESSER LODOVICO ARIOSTO, con cinque canti d'un nuovo libro et altre stanze del medesimo, etc. *Lione, app. Bastiano di Bartholomeo Honorati*, 1556; in-4, fig. s. b. mar. cit. à riches compartiments, tr. d.

<small>Très-belle reliure au chiffre répété de Catherine de Médicis.</small>

1512. ORLANDO FURIOSO di messer Lodovico Ariosto, tutto ricorretto et di nuove figure adornato. *Venetia, Valgrisio*, 1558; in-8, v. br. comp. fers à froid, tr. ciselée.

<small>Avec les trois croissants entrelacés sur les plats, qui peuvent faire supposer que ce livre a appartenu à Diane de Poitiers.
Les figures en bois sont coloriées du temps, la reliure très-fraiche.</small>

1513. Orlando furioso di Lod. Ariosto. *Venetia*, 1603; gr. in-4, fig. en bois, mar. rouge, fil à comp. petits fers, tr. dor.

<small>Reliure ancienne, un peu fatiguée.</small>

1514. ORLANDO FURIOSO di Lodovico Ariosto. *Birmingham, Baskerville*, 1773; 4 vol. in-4, fig. gravées en taille-douce, mar. r. fil. tr. d. (*Derome.*)

<small>BEL EXEMPLAIRE EN GRAND PAPIER.</small>

1516. Le Premier Volume de Roland le Furieux, premieremēt cōposé en thuscan par Loys Arioste, Ferrarois, et maintenant mis en rime françoise par Ian Fornier de Montaulban en Quercy. *Paris, Vascosan*, 1555; in-4, mar: v. f. tr. d. (*Anc. rel.*)

<small>? Quinze chants. L'auteur n'a jamais donné la fin de sa traduction. (Voyez la Biblioth. de Duverdier.)</small>

1517. Le Divin Arioste ou Roland le furieux, trad. nouuellement en françois par F. de Rosset, dedié à la grande Marie de Medicis, reine de France et de Navarre. *Paris, Rob. Fouët,* 1615; 2 tom. en 1 vol. in-4, mar. v. fil. à comp. fleurs de lis, tr. d.

<small>Bel exemplaire d'Anne d'Autriche ou de Louis XIII, car chaque plat du volume porte un L et A entrelacés et couronnés. Titre et fig. gravés par Léonard Gaultier.</small>

1518. Le Divin Arioste ou Roland furieux, nouvellement traduict en français par F. de Rosset. *Paris,* 1644; demi-rel. mar. vert. frontispice, figures de Léonard Gaultier.

1519. Roland furieux, poëme héroïque de l'Arioste, traduction nouvelle (par J.-B. de Mirabaud). *La Haye (Paris),* 1741; 4 vol. pet. in-8, pap. de Holl. mar. rouge, fil. tr. dor. (*Derome.*)

<small>Superbe exemplaire par sa belle reliure et par une série nombreuse de figures dessinées par Moreau, Eisen, Cipriani, gravées par de Longueil, Bartolozzi et autres artistes distingués. Plusieurs de ces estampes sont en premières épreuves avant la lettre, ou non terminées.</small>

1520. Le Satire di Lodovico Ariosto. *Venetia, Fr. Bindoni,* 1548; pet. in-8, cart.

1521. Compendio de l'historie citate da Lodov. Ariosto nel XXXIII° canto di Orlando furioso (stanze XXIV\u1d43-XXXVII\u1d43). *Roma, per Valeri Dorico,* M.D.LV; in-4, vél.

<small>Bel exemplaire d'un livre d'une grande rareté. La seconde partie annoncée à la fin du volume n'a jamais été publiée. L'auteur est Thomagni da Colle.</small>

1522. Sensuyt lhistoyre de Morgāt le Geāt, leql auec ses freres psecutoyent souuent les chrestiēs et seruiteurs de Dieu | mais finablement furent ces deux freres occis p le conte Roland. — *Cy finist lhystoire de Morgant le Geant, nouuellement imprime a Paris par Alain Lotrian. S. d.* (vers 1539); in-4, goth. à longues lignes, fig. s. b. mar. r. fil. tr. d. (*Rel. angl.*)

<small>Traduit de l'italien de Luigi Pulci.</small>

1523. Delle Rime di M. Pietro Bembo terza impressione. *Stamp. in Roma per Val. Dorico et Luigi fra-*

telli, 1548; in-8, mar. r. à comp. tr. cis. et d. (*Anc. rel. ital.*)

<small>Bel exemplaire, imprimé sur papier bleu, de la meilleure édition du poëte.</small>

1524. BANDELLO. CANTI XI COMPOSTI dal Bandello de le lodi de la S. Lucretia Gonzaga di Gazuodo e del vero amore, col tempio di pudicitia; Le III parche da esso Bandello cantate. *Si stamparano in Guienna, ne la città di Agen per Ant. Reboglio*, 1545; in-4, mar. à comp. doublé de mar. orange, tr. dor. (*Riche rel. de Hardy.*)

<small>SUPERBE EXEMPLAIRE, d'une parfaite conservation, et si grand de marges qu'on peut le croire en grand papier. (Voir le *Manuel du libraire*, par M. Brunet.)
Ce recueil célèbre et *rarissime* est un des plus rares volumes qui aient été imprimés en France dans une ville de province.</small>

1525. Le Rime della Sign. Vittoria Colonna... corrette per Lodovico Dolce. *Vinegia, app. G. Giolito de Ferrari*, 1552; in-8, mar. r. f. tr. d. (*Boyet.*)

<small>Aux armes du prince Eugène de Savoie.</small>

1526. Rime di Michel Agnolo Buonarroti, raccolte da Michelagnolo suo nipote. *Firenze, app. Giunti*, 1623; in-4, mar. r. tr. d.

<small>Édition originale, rare.</small>

1527. La Gerusalemme liberata di Torquato Tasso, con le figure di Giamb. Piazzetta. *Venezia*, 1745; in-fol. v. éc. dent. tr. d.

<small>Exemplaire en grand papier de Hollande; figures avant la lettre; très-beau portrait de Marie-Thérèse d'Autriche, à qui l'édition est dédiée.</small>

1528. *La même;* mar. r. dent. comp. tr. d. (*Anc. rel.*)

1529. I Trofei della gloria, epitalamio di Alex. Pico et di Anna Beatrice d'Este, di Fed. de Riccardi d'Ortonna. *Bologna*, 1656; in-4, mar. rouge, fil. comp. (*Riche rel. ital.*)

1530. La Gerusalemme liberata di Torquato Tasso. *Firenze*, 1820; 2 vol. in-fol. mar. r. comp. tr. d.

<small>Exemplaire en GRAND PAPIER, de la bibliothèque de Rosny, de cette édition de luxe, enrichie de portraits et de gravures.</small>

1531. La Delivrance de Hierusalem, mise en vers françois de l'italien, par J. du Vignau Bourdelois. *Paris* (1595); pet. in-12, v. j.

1532. Trattato del' intrar in Milano di Carlo V, con le propie figure de li Archi, et per ordine, li nobili vassali et principi et signori Cesarei, fabricato et composto per Albicanti. *Mediolani, apud Andream Caluum*, 1541; in-4, mar. r. f. tr. d.

<small>Poëme fort rare, enrichi de curieuses figures sur bois.</small>

1533. TROFEO DELLA VITTORIA SACRA ottenuta dalla christianiss. lega contra Turchi nell' ano 1571, rizzato da i piu dotti spiriti de' nostri tempi nelle piu famose lingue d'Italia, con diverse rime raccolte, e tutte insieme dispote da Luigi Grotto cieco di Hadria. *Venetia, Sig. Bordogna, s. d.* (vers 1572); in-8, mar. vert, fil. tr. dor. (*Niedrée.*)

<small>Livre TRÈS-RARE, auquel les poésies des bons auteurs qu'il contient donnent quelque importance. (*Biblioth. Petrarch.*, p. 228.)</small>

1534. L'Adone, poema del cavalier Marino. *In Parigi, presso Oliviero di Varano*, 1623; in-fol. mar. r. comp. tr. d. (*Rel. anc. armoriée.*)

<small>Quelques mouillures.</small>

1535. L'Adone, poema del cavalier Marino, con gli argomenti. *In Amsterdam (Elzevir)*, 1651; 2 tom. en 4 vol. in-16, v. f. comp. tr. d.

1536. La Sampogna del cavalier Marino. *In Venetia, app. Giac. Sarzina*, 1626; 2 part. en 1 vol. in-16, v. f. tr. d. (*Aux quatrièmes armes de De Thou.*)

1537. Naturalezze Poetiche del Sig. Agostino Agostini, de Pesaro. *In Venetie, per il Ganotti*, 1647; in-12, front. gr. vél. comp. tr. d. (*Rel. molle aux armes d'un cardinal.*)

<small>Recueil de poésies dédié au duc de Guise.</small>

1538. Il Malmantile racquistato di Perlone Zipoli, colle note di P. Lamoni. *Firenze*, 1731; 2 vol.

in-4, portr. et pl. grav. en taille-douce, mar. r. comp. tr. d. (*Anc. rel.*)

1539. Stanze del poeta in lode delle piu famose cortigiane di Venegia alla larghissima et nobilissima signora Lucretia Ruberta Marco Bandarin per sempre seruitore. Pet. in-8, lett. rondes.

<small>Opuscule en vers fort rare.</small>

1540. Bertoldo con Bertoldino e Cacasenno, in ottava rima, con argomenti, allegorie, annotazioni e figure in rame. *Bologna*, 1736; in-4, fig. de Lud. Mattioli, vél.

1541. Histoire de Bertholde, trad. libre de l'italien de J.-C. Croci. *La Haye*, 1752; 2 part. en 1 vol. in-12, figure, v. éc. fil.

1542. Stanze del poeta Sciarra Fiorentino sopra la rabbia di Macone. *Firenze*, 1822; in-12, mar. r. dent. tr. d.

<small>Publié sur le manuscrit de la bibliothèque Magliabecchi. Un des quatre exemplaires imprimés sur vélin.</small>

1543. SATIRE ALLA CARLONA di Andrea de Bergamo. *Vinegia, P. Gherardo*, 1548; 2 part. en 1 vol. in-8, mar. rouge, fil. tr. dor.

<small>Exemplaire admirablement relié par Padeloup et de la bibliothèque de Mac-Carthy. Poésies satiriques fort recherchées. On sait que l'auteur s'appelait P. Nelli.</small>

1544. LE SATIRE ALLA BERNIESCA, di Gabr. Symeoni, con una elegia sopra la morte del re Francesco primo et altre rime a diverse persone. *In Turino, pro Martino Cravotto*, 1549; in-4, mar. rouge, fil. tr. dor. (*Trautz-Bauzonnet.*)

<small>TRÈS-BEL EXEMPLAIRE de ce livre, dont M. Brunet a signalé la rareté. (*Manuel*, IV, 290.) Il contient une foule d'anecdotes relatives à des personnages du xvie siècle et à des événements qui ont eu lieu en France à la même époque.</small>

1545. IL MEO PATACCA, ovvero Roma in feste nei trionfi di Vienna, poema giocoso nel linguaggio romanesco, di Gius. Berneri, Romano. *Roma, Piet.-Leone*, 1695; in-8, mar. rouge, fil. tr. dor. (*Trautz-Bauzonnet.*)

<small>Le sujet de ce rare poëme est la délivrance de Vienne. Il y a un vocabulaire marginal des mots les plus difficiles. Exemplaire de la vente Libri.</small>

1546. Opera nuova in lingua venetiana, dove si contiene due Herculane, una in dispregio di una cortigiana, l'altra in laude de' ruffiani. *S. l. n. d.* — Opera nuova, nellaq. troverai un capit. in lingua venetiana. *Venetia*, 1570. — Bravate di spezza cadena molto ridiculose. *Venetia*, 1566. — Nove Canzoni napolitane. *S. l. n. d.* — Villanelle napolitane. *S. l. n. d.* — Canzone napolitane. *S. l. n. d.* — Canzone in lingua bergamasca. *S. l. n. d.* (*Thompson.*)

<small>Toutes ces pièces rares ont été imprimées à Venise, chez Domenico Franceschi, vers 1560; elles ont presque toutes un curieux frontispice gravé, et sont reliées en mar. cit. fil. tr. d.</small>

1547. Frottola di una Cingara di dar la ventura a le donne in maschera. *Venetia, Dominico de Franceschi,* 1571; in-8, mar. cit. f. tr. d. (*Thompson.*)

<small>En patois zingaresque. Rare et curieux.</small>

1548. Collezione di tutti i poemi in lingua napoletana. *Napoli,* 1783-89; 28 vol. in-12, vélin.

<small>Collection très-importante et rare à trouver complète.</small>

6. POÈTES ESPAGNOLS, ALLEMANDS ET ANGLAIS.

1549. Cancionero de Romances en que estan recopilados la mayor parte de los Romances castellanos que hasta agora se han compuesto, nuevamente corregido, y añadido en muchas partes. *Anvers, en casa de Martin Nucio,* 1555; in-12, mar. bl. fil. tr. dor. (*Trautz-Bauzonnet.*)

<small>C'est la réimpression du *Cancionero* de 1550; elle est aussi rare et aussi belle que la première.</small>

1550. Cancionero general : que contiene muchas obras de diversos autores antiguos, con algunas cosas nuevas de modernos, de nuevo corregido y impresso. *En Anvers, en casa de Philippo Nucio,* à la enseña de las dos Cigueñas. Año M.D.LXXIII ; in-8, mar. r. f. tr. dor. (*Trautz-Bauzonnet.*)

Superbe exemplaire d'un très-rare et précieux volume. Il provient de la bibliothèque de M. Debure, et il a été depuis élégamment relié.

1551. ROMANCES nuevamente sacados de historias antiguas de la Cronica de España, compuestos por Lorenço de Sepulveda. — Añadiose el Romance de la Conquista de la ciudad de Africa en Berueria, en el año M.D.L. y otros diversos. *En Anvers, en casa Juan Steelsio*, 1551; in-12, allongé, mar. r. comp. tr. dor. (*Niedrée.*)

Première édition, fort rare.

1552. Romances nuevamente sacados de historias antiguas de la Cronica de España, compuestos por Lorenço de Sepulveda. *En Anvers, en casa de Pedro Bellero.* M.D.L.XXX; in-12, vél.

Deuxième édition; M. Brunet dit qu'elle n'est pas moins rare que la précédente; 238 ff. et 2 ff. de table. Jolie condition ancienne.

1553. Recueil de poésies espagnoles; 8 pièces in-4, mar. bl. dent. fil. tr. d.

1. Siete Romances de diversas historias, sacados el primero del Cid, etc. *Alcala de Henares*, 1597. 4 ff., fig. s. b. — 2. Tres Romances : el primero es del conde Alarcos, etc. 4 ff. *S. l. n. d.* — 3. Dos Romances : el primero trata de un desafio que se hizo en Paris, etc. 4 ff. — 4. Dos Romances : el primero trata de los amores de Reynaldos de Montalvan... 4 ff. — 5. Romance del Moro Calaynos, etc. Compuesto por Martin Palomero. *Valencia*, 4 ff. — 6. Romances del conde Claros de Montalvan, por Diego de Reynoso, vezino de la ciudad de Toledo; 4 ff. — 7. Romance del Rey Moro q perdio a Vallencia. Glosado por Francisco Barrido de Villena. *Valencia*. 4 ff. — 8. Muchas Canciones y Villacicos, etc. 4 ff.

Recueil de pièces d'une grande rareté, de la bibliothèque Debure.

1554. Romancero e historia del mui valeroso caballero el Cid Ruy-Diaz de Vibar, nueva edicion. *Madrid*, 1818; in-12, v. comp. tr. d.

1555. Las Obras de Boscan, y algunas de Garcilasso de la Vega. *Leon, empremidas por Juan Frellon*, 1549; in-16 allongé, mar. r. fil. tr. dor. *Trautz-Bauzonnet.*)

Superbe exemplaire d'un livre rare.

1556. TEWRDANNCKH. Histoire des aventures, faits et actions périlleuses du fameux héros chevalier Tewrdannckh. (en allem.) *Gedruckt in der kayserlichen Stat Nurnberg durch den Eltern Hannsen Schonsperger zu Augspurg.* (S. d., mais avec une épître dédicatoire datée du 1er mars 1517); in-fol. de 290 ff. peau de truie, et ferm. en cuivre.

MAGNIFIQUE EXEMPLAIRE, IMPRIMÉ SUR VÉLIN, de ce poëme chevaleresque composé par Melchior Pfintzing à l'occasion du mariage de Maximilien Ier avec la fille de Charles le Téméraire, Marie de Bourgogne. Les 118 belles gravures, gravées d'après Hans Schaüffelein par Jost von Negker et autres, ont été, dans cet exemplaire, coloriées avec délicatesse dans le XVIe siècle.

Il est impossible de rencontrer un exemplaire plus complet ni mieux conservé. Sa hauteur est de 374 millim. (13 p. 10 lig.), et sa largeur, 250 millim. (9 p. 2 lig.). Le vélin est d'une grande finesse et d'une grande beauté, et le feuillet blanc (5e du cahier P) s'y trouve. Il porte à l'intérieur les armes de Pfintzing, qui l'aura réservé ou l'aura reçu de Maximilien, lors de la publication de l'ouvrage.

1557. Schiller's Lied von der Glocke in Bildern von Ludwig Richter. *Dresden, verlag von Gaber und Richter, s. d.* ; in-fol. demi-rel.

Charmantes gravures sur bois.

1558. The Fables of John Dryden, ornamented with engravings from the pencil of the R. H. Lady Diana Beauclerc. *London, Bensley,* 1797; gr. in-4, c. de Russie, f. tr. d.

Bel exempl. en grand papier; figures avant la lettre, gravées par Bartolozzi.

IV. POÉSIE DRAMATIQUE.

1. INTRODUCTION.

1559. Recherches sur les costumes et sur les théâtres de toutes les nations, tant anciennes que modernes (par M. le Vacher de Charnois), avec 56 estampes dont 45 en couleur et au lavis, avec le portrait de l'auteur. *Paris,* 1802; 2 tom. en 1 vol. in-4, pap. vél. demi-rel.

Deuxième édition.

1560. Origines latines du théâtre moderne, publiées et annotées par Ed. du Méril. *Paris,* 1849; in-8, demi-rel.

1561. La Pratique du théâtre, par l'abbé d'Aubignac. *Amsterdam*, 1715; 2 vol. in-8, v. br.

2. POÈTES DRAMATIQUES GRECS.

1562. Æschyli Tragœdiæ sex. *Venetiis, in ædib. Aldi et Andreæ soceri*, 1518; in-8, mar. br. tr. dor. (*Capé.*)

Bel exemplaire d'une édition rare.

1563. ÆSCHYLUS. *Parisiis, ex offic. Adr. Turnebi*, 1552; in-8, mar. v. tr. d. (*Trautz-Bauzonnet.*)

BEL EXEMPLAIRE Renouard, avec une longue note autogr. ms. en grec du célèbre Pierre du Chastel, évêque de Mâcon.

1564. SOPHOCLIS Tragœdiæ VII. *Venetiis, in Aldi Romani academia*, M.D.II.; in-8, mar. bl. dent. tr. dor.

Bel exemplaire d'une édition rare.

1565. ΔΗΜΗΤΡΙΟΥ τοῦ Τρικλινίου εἰς τὰ τοῦ Σοφωκλέους ποιήματα. *Parisiis*, 1553, *apud Adr. Turnebum* (græce); in-4, mar. f. f. tr. d. (*Derome.*)

Dans le même volume : ΗΦΑΙΣΤΙΩΝΟΣ Ἀλεξανδρέως ἐγχειρίδιον περὶ μέτρων καὶ ποιημάτων. *Id., ibid.*, 1553.

1566. Sophoclis Tragœdiæ VII, opera Gulielmi Canteri Ultrajectini. *Antverpiæ, ex officina Christophori Plantini*, 1579; pet. in-8, mar. r. fil. tr. doublé de mar. r. (*Anc. rel.*)

CHARMANT EXEMPLAIRE; reliure de Boyet.

1567. Euripidis Tragœdiæ septendecim. *Venetiis, apud Aldum*, 1503; in-8, mar. r. comp. tr. d. (*Duru.*)

Cette édition comprend l'*Hercules furens*, qui n'est pas désigné sur le titre, mais ne contient pas l'*Électre*, imprimée pour la première fois à Rome en 1545, et les *Fragments de la Danaé*, imprimés en 1597.

1568. Euripidis Tragœdiæ *Antuerpiæ, ex offic. Christ. Plantini*, 1571; in-16, mar. n. comp. tr. cis. et d. (*Anc. rel.*)

Exemplaire parfaitement conservé d'une édition rare et estimée.

1569. EURIPIDIS tragœdiæ, gr. et lat. cum commentario, variis lectionibus, accessit ejusdem vita, opera et studio Will. Piers. *Cantabrigiæ*, 1703; gr. in-8, mar. r. tr. dor. (*Trautz-Bauzonnet.*)

Très-bel exemplaire en GRAND PAPIER.

1570. La tragédie d'Euripide nommée Hécuba, trad. de grec en rhythme françoise par Baïf, dédiée au Roi. *Paris de l'imprimerie de Robert Estienne*, 1544; in-8, mar. v. fil. tr. dor. larg. dent. (*Niedrée.*)

Exemplaire, grand de marges et d'une parfaite conservation, d'une édition rare. Belle reliure, richement dorée à petits fers. Volume rare *dédié au Roy*. La tragédie d'*Hécube* est suivie de la *Fable de Cadmus d'Ovide*, d'une *Épître de madame Laure*, d'une *Ballade présentée à la royne en Espagne*, et d'autres poésies de Baïf.

1571. L'Iphigenie d'Euripide, poëte tragique, tournée de grec en françois par l'auteur de l'Art poëtique (Th. Sibilet). *Paris, G. Corrozet*, 1549; in-8, mar. r. tr. d. (*Duru.*)

Édition originale. Lettres italiques.

1572. ARISTOPHANIS COMŒDIÆ NOVEM (græce). *Venetiis, apud Aldum M.IID.* (1498); in-fol. mar. br. comp. tr. d. (*Bedford.*)

Bel exemplaire de l'édition princeps.

1573. Aristophanis Comœdiæ IX. *Florentiæ, per hæredes Philippi Juntæ*, 1525; in-4, mar. n. comp. tr. d.

C'est la meilleure édition ancienne d'Aristophane. Bel exemplaire avec beaucoup de notes d'une belle et savante plume du XVIe siècle, et dans sa première reliure.

1574. Ex comœdiis Menandri quæ supersunt (accedunt e comicis græcis XLI deperditis sententiæ). *Parisiis, ap. Guil. Morellium*, 1553; pet. in-8, v. f. fil. tr. dor. (*Trautz-Bauzonnet.*)

Exemplaire très-grand de marges et bien conservé d'un petit livre rare; chef-d'œuvre typographique recherché.

3. POÈTES DRAMATIQUES LATINS, ANCIENS ET MODERNES.

1575. Plauti Comœdiæ XX, *impressum Venetiis per Lazarum Soardum* MDXI; in-fol. fig. sur bois, v. ant. comp. tr. s. dorée.

<small>Reliure ancienne en mauvais état, aux armes du cardinal archevêque de Palerme, primat de Sicile.</small>

1576. Plauti Comœdiæ XX. *Venetiis, Melch. Sessa et Petrus de Rauañis*, 1518; in-fol. mar. r. fleurd. tr. d.

<small>Prix du collége des Grassins.</small>

1577. Ex Plauti Comœdiis XX, quarum carmina magna ex parte in mensum suum restituta sunt. M.D.XXII. *Venetiis, in ædibus Aldi;* in-8, mar. r. f. tr. d. (*Anc. rel. avec des B et des Y entrelacés sur le dos; sur le plat les armes d'un comte-abbé.*)

1578. Plauti Comœdiæ. *Lugduni, ap. Gryphium*, 1547; in-16, mar. v. à comp. tr. d. (*Rel. du XVIe siècle.*)

1579. PLAUTUS; emendatus et commentariis explicatus a Dionysio Lambino Monstroliense. *Lutetiæ, ap. Barth. Macæum*, 1587; in-fol. mar. vert. fil. tr. dor.

1580. FRANCISCI FLORIDI SABINI in M. Actii Plauti aliorumque latinæ linguæ scriptorum calumniatores Apologia, nunc primum ab autore aucta atque recognita. *Apud inclytam Basilæam, anno a Christo nato M.D.XL;* in-fol. mar. br. comp. f. tr. d.

<small>SUPERBE EXEMPLAIRE A LA RELIURE DE GROLIER.</small>

1581. Pub. Sex. Terentii Afri comici Opera. *Parisiis, apud Simonem Colinæum et Franc. Stephanum*, 1539; in-4, lavé, réglé. mar. r. comp. tr. d. (*Capé.*)

<small>Magnifique reliure sur une des plus belles éditions de Térence; elle est très-rare. Chacune des six pièces est imprimée et paginée à part.</small>

1582. Terentii Comœdiæ sex, ab Ant. Goueano integritati suæ restitutæ. *Lugduni, apud Seb. Gryphium*, 1541; in-4, v. br. comp. tr. d.

<small>Reliure ancienne avec le dauphin sur les plats. — L'exemplaire est couvert de notes d'une fine écriture du xvie siècle. Cette édition est dédiée à Guillaume du Bellay, sieur de Langey.</small>

1583. Terentii Comœdiæ sex, diligenter emendatæ. *Venetiis, Aldus*, 1595; in-8, mar. r. fil. comp. tr. dor. (*Reliure italienne aux armes d'un cardin.*)

1584. Terentii Comœdiæ VI. *Basileæ, sumptibus Jacobi Decker*, 1797; 2 vol. in-fol. demi-rel.

<small>Bel exemplaire imprimé sur vélin.</small>

1585. Le Grant Therence en françois tāt en rime que en prose. — Marc Therēce Varron, livre tres plaisant ɇ ioyeulx contenant diuerses sentences des facessies et ieux q̄ iadis estoient iouez a Romme.... *Paris, G. de Bossozel*, 1539; in-fol. goth. fig. s. b. mar. br. comp. tr. d. (*Rel. angl.*)

<small>Exemplaire de M. Armand Berlin, avec un raccommodage au titre.</small>

1586. Le même. *Impr. à Paris par G. de Bossozel pour Guill. le Bret*, 1539, in-fol. goth. mar. br. comp. tr. dor. (*Duru.*)

<small>Bel exemplaire. — Même édition, tirée avec un titre différent, et la marque de le Bret, à la place de celle de Bossozel. — M. Brunet croit cette traduction de Guil. Rippe, secrétaire du roi Louis XI. — Le texte est impr. en lettres rondes, les arguments et la traduction en gothique.</small>

1587. Les Comédies de Térence, avec les remarques et la traduction de Madame Dacier. *Rotterdam, Gaspard Fritsch*, 1717; 3 vol. in-12, fig. rel. en vél. dent. à froid.

<small>Exemplaire Nodier, en grand papier. Hauteur 171 millimètres.</small>

1588. L. Annæi Senecæ et aliorum Tragœdiæ cum L. Scaligeri notis. *Lugduni Batavorum, Joh. Maire*, 1611; in-8, mar. r. fil. tr. d. (*Aux troisièmes armes de De Thou.*)

<small>Charmante reliure; il a aussi appartenu à Caumartin (le célèbre).</small>

1589. Senecæ et aliorum Tragœdiæ. *Amsterod.*, 1624; pet. in-12, mar. r. fil. à comp. dor. à pet. fers, tr. dor. (*Anc. rel.*)

<small>Jolie reliure de Le Gascon, aux chiffres de Louis Habert de Montmaur.</small>

1590. L. Annæi Senecæ Tragœdiæ, cum exquisitis variorum observationibus et nova recensione Antonii Thysii J. Cti. *Lugd. Batav.*, *ex offic. Francisci Moyardi*, 1652, in-8, mar. v. f. tr. d.

<small>Belle reliure ancienne aux armes de Longepierre.</small>

1591. Dramata sacra, comœdiæ atque tragœdiæ aliquot e Veteri Testamento desumptæ. *Basileæ, ex offic. J. Oporini,* 1547; 2 tom. en 1 vol. in-8, vél. tr. d.

<small>Belle reliure molle aux premières armes de De Thou.</small>

1592. Coriolani Martirani Cosentini Episcopi sancti Marci tragœdiæ VIII : Medea, Electra, Hippolytus, Bacchæ, Phœnissæ, Cyclops, Prometheus, Christus. — Comœdiæ II : Plutus, Nubes. — Odysseæ lib. XII, etc. *Neapoli, Janus Marius Simonetta,* 1556; in-8, mar. bl. f. à fr. tr. d. (*Bozerian.*)

<small>Exemplaire bien complet de la collection Renouard.</small>

1593. Tragœdia nova, Pammachius, aut. Thoma Naogeorgo. *Augustæ (Vindel.), per Alex. Vueissenhorn,* 1539; in-8, mar. r. tr. dor.

<small>Dans le même volume : *Tragœdia nova : Pædonothia per Hier. Zieglerum,* 1543. Coll. Renouard.</small>

1594. Judas Iscariotes, tragœdia nova et sacra, Th. Naogeorgo aut., adject. duo Sophoclis Tragœdiæ, Ajax et Philoctetes. *S. l. n. d. (Basileæ, circa* 1550); in-8, mar. viol. tr. d. (*Bauzonnet-Trautz.*)

<small>Exemplaire de la bibliothèque Renouard.</small>

1595. Hieremias, tragœdia nova ex propheta Hieremia sumpta, Thoma Naogeorgo Straubingensi auct. *Basileæ, s. d.* (1551); in-8, mar. r. tr. d. (*Derome.*)

<small>Exemplaire de Girardot de Préfond.</small>

4. POÈTES DRAMATIQUES FRANÇAIS.

A. Histoire du théâtre français. — Pièces depuis l'origine du théâtre jusqu'à Hardy.

1596. Histoire du Théâtre françois (par les frères Parfait). *Paris*, 1745; 15 vol. in-12, v. f. fil. tr. d. (*Anc. rel.*)

Joli exemplaire.

1597. Bibliographie dramatique, par Delandine. *Lyon*; in-8. cart.

1598. Le Théâtre françois, divisé en trois livres, où il est traité : De l'usage de la comédie; des autheurs qui soutiennent le théâtre; de la conduitte des comédiens, par Chappuzeau. *Lyon*, 1674; pet. in-12, mar. vert. fil. comp. tr. dor. (*Duru.*)

Fort joli exemplaire d'un livre rare et des plus curieux; on y trouve des renseignements intéressants sur l'organisation des théâtres à Paris. Il provient de la bibliothèque de M. Armand Bertin.

1599. Mémoires et Correspondance littéraires, dramatiques et anecdotiques de Favart. *Paris*, 1808; 3 vol. in-8. demi-rel.

1600. Le Vol le plus haut, ou l'Espion des principaux théâtres de la capitale (par le comédien Dumont). *Memphis*, 1784; in-8, demi-rel. — Le Chroniqueur désœuvré, relié dans le même volume.

1601. Rachel et la tragédie, par Jules Janin. *Paris*, 1859; in-fol. mar. noir fil. tr. dor., orné de dix photographies (*exemplaire en grnd papier*).

1602. Théâtre françois au moyen âge, publié d'après les MS. de la Bibliothèque du roi, par MM. de Monmerqué et Fr. Michel (xie-xive siècles). *Paris*, 1839; gr. in-8., demi-rel. pap. vél.

1603. LE TRES EXCELLENT ET SAINCT MYSTERE DU VIEIL TESTAMENT PAR PERSONNAGES | auquel sont contenues les histoires de la Bible.

Nouvellement imprimé à Paris, par Jehan Real, 1542; in-fol. goth. mar. v. doub. de mar. r. dent. tr. cis. et d. (*Duru.*)

PRÉCIEUX VOLUME de la bibliothèque de M. Armand Bertin. Édition composée de 324 ff. chiffrés de 1 à cccxxiv : quelques réparations insignifiantes.

1604. LA DESTRUCTION DE | TROYE LA GRANT (par Jacques Millet) mise par personnaiges. — *Cy finist la Destruction de Troye la grāt mise par personnaiges. Imprimee à Lyon par maistre Mathieu Husz et a este finee lan mil. cccc. quatre vingz et cinq, le v iour de ianvier;* in-fol. goth. à 2 col. de 42 lignes, fig. s. b. mar. cit. tr. d. (*Padeloup.*)

Exemplaire du duc de La Vallière; vol. fort rare, mais l'exemplaire est incomplet de 4 ff.

1605. LA DESTRUCTION DE TROYE LA GRANDE, le Ravissement d'Heleine faict par Paris Alexandre, composée en rithme françoyse par Mᵉ Jehan de Mehun.... à la verité nouuellement reveue et corrigée, et tres diligemment reduicte en la vraye langue françoise. *On les vend à Lyon chez Denys de Harsy,* 1554; in-fol. lett. rondes, à 2 col. fig. sur bois, mar. r. doub. de mar. v. large dent. tr. d. (*Duru.*)

TRÈS-BEL EXEMPL. d'un mystère fort rare, ordinairement attribué à Jacq. Millet.

1606. LE MYSTERE DE LA CONCEPTION, NATIVITÉ, MARIAGE ET ANNONCIATION DE LA BENOISTE VIERGE MARIE, avec la Nativité de Jesus-Christ et son enfance. *On les vend à Paris, par Pierre Sergent,* 1547; in-4 goth. à 2 col. mar. r. f. tr. d. (*Trautz-Bauzonnet.*)

Quelques piqûres raccommodées avec soin.
SUPERBE EXEMPLAIRE d'un très-rare et précieux livre.

1607. L'HOMME PÉCHEUR, PAR PERSONNAGES IOUÉ EN LA VILLE DE TOURS. *Imprimé à Paris, par maistre Pierre Le Dru.... l'an mil cinq cens et huyt...;* in-fol. goth. mar. rouge, fil. doublé de mar. bleu; dent. tr. dor. (*Trautz-Bauzonnet.*)

MAGNIFIQUE EXEMPLAIRE d'une moralité, qui contient 22,000 vers, et un des plus rares volumes de la collection si précieuse des anciens mystères. Cet exemplaire est celui-là même qui provient de la bibliothèque de MM. Debure et Armand Bertin ; il a été depuis habilement restauré (pour les cinq feuillets alors raccommodés) et supérieurement relié. C'est le seul exemplaire connu de cette édition dans les bibliothèques particulières. Il ne se trouvait pas dans les collections de M. de Soleinne et du prince d'Essling.

1608. Le Cry et Proclamation publique pour jouer le mystère des Actes des Apostres, en la ville de Paris. *On les vend à Paris en la boutique de Denys Janot,* 1541 ; in-8 goth. mar. rouge, comp. doublé de mar. dent. comp. tr. dor. (*Bauzonnet.*)

Réimpression fac-simile tirée à 42 exemplaires, d'un mystère dont le seul exemplaire connu se trouve à la Bibliothèque impériale. Celui-ci est l'un des deux tirés sur PEAU DE VÉLIN. De la bibliothèque de M. Armand Bertin.

1609. Le premier (et le second) volume des Catholicques. OEuvres et Actes des Apostres, redigez en escript par sainct Luc, etc. *Paris, Arn. et Charles les Angeliers,* 1541 ; in-fol. v. ant. (*Anc. rel.*)

Bel exemplaire de M. Bertin, auquel manque l'*Apocalypse,* mais il est d'une étonnante conservation.

1610. Le même, avec *l'Apocalypse*, mais incomplet de 4 ff. refaits à la plume : exempl. médiocre relié en 2 vol. in-fol. mar. citr. fil. tr. dor. (*Anc. reliure.*)

1611. LE MYSTERE DE Mgr SAINCT PIERRE ET SAINCT PAUL, a cent personnaiges, contenant plusieurs autres vies; martyres et conuersions de sainctz côme de sainct Etienne... avec la peruerse vie et mauuaise de l'empereur Neron, etc. — *Cy finist la vie sainct Pierre et sainct Paul par personnages, declairant plusieurs miracles q̃lz ont faictz, avec la mort de Symon Magus et plusieurs aultres beaulx miracles, nouuellement imprime a Paris par la veufue feu Jehan Trepperel et Jehan Jehannot libraire et imprimeur.* S. d.; in-4, à 2 col. mar. r. f. tr. d. (*Anc. rel.*)

Sign. A-Z III. VOLUME PRÉCIEUX. Exemplaire du duc de La Vallière, le SEUL CONNU : il est entaché : le titre a été refait avec soin au XVIII° siècle : les variantes et notes ms. qui couvrent les marges ont été conservées par le relieur.

1612. SENSUYT LA VIE DE SAINCT CHRISTOFLE

elegamment cōposec en rime françoise et par personnages | par maistre Chevalet iadis souuerai maistre en telle compositure nouuellement imprimee.— *Icy finist le Mystere du glorieux sainct Christofle... imprime a Grenoble le vingt huit de januier l'an cōptāt a la Natiuite de N. S. mil cīq cens trente au despens de maistre Anemond Amalberti, citoyen de Grenoble;* gr. in-4, lettres rondes, mar. v. à comp. tr. d. (*Rel. anc.*)

Bel exempl. du duc de La Vallière, d'une pureté remarquable. Ce volume est un des plus rares de la série si précieuse de nos anciens mystères.

1613. LA VENGEANCE ET DESTRUCTION DE HIERUSALEM par personnages exécutée par Vespasien et son fils Titus, contenant en soy plusieurs croniques et hystoires romaines, tant du règne de Neron que de plusieurs autres. *On les vend à Paris, par Allain Lotrian,* 1539; in-4, goth. à 2 col. mar. rouge, comp. fil. tr. dor. (*Bauzonnet.*)

Exemplaire bien conservé d'un mystère de la plus grande rareté.

1614. L'HOMME IUSTE ET L'HOMME MONDAIN, nouuellement compose et imprime à Paris (par Simon Bourgouinc). — *Cy fine... imprime a Paris, le xix iour de iuillet mil cinq cēs et huyct, pour Anthoine Verard....;* in-4, goth. mar. vert, fil. tr. dor. (*Padeloup.*)

Magnifique exemplaire d'un livre très-précieux et de la plus grande rareté; il provient des ventes de Gaignat. Exemplaire Gaignat : il avait été annoncé lors de sa vente avec 3 ff. refaits à la plume : depuis, ces ff. ont été remplacés aux dépens d'un autre exempl.

1615. Le Mirouer et exemple moralle des enfants ingratz pour lesquels les pères et mères se destruisent pour les augmenter, qui en la fin les desconguoissent. *Paris,* 1836; pet. in-8. pap. vél. mar. orange, fil. tr. dor. (*Trautz-Bauzonnet.*)

Réimpression gothique, tirée à 66 exemplaires. Exemplaire de la bibliothèque de M. Armand Bertin.

1616. L'Histoire de l'Enfant prodigue, réduitte et estendue en forme de comédie, et nouuellement traduitte de latin (de Guill. Lefoulon) en fr. par Ant. Tiron. *Anvers*, 1564; pet. in-8, mar. rouge, tr. dor. janséniste. (*Duru.*)

<small>Charmant volume imprimé en lettres italiques et de toute rareté; de la collection de M. de Soleinne.</small>

1617. Moralité nouvelle du Mauvais Riche et du Ladre, à douze personnages. *S. l. n. d.* (*Réimp. à Aix, chez Pontier, en* 1823, *à* 67 *ex.*); in-8, demi-rel.

1618. Moralité du Mauvais Riche et du Ladre à douze personnages. *Paris, Silvestre*, 1833; gr. in-12, goth. mar. rouge, fil. non rog. (*Trautz - Bauzonnet.*)

<small>Un des dix exemplaires sur papier de Hollande, de la réimpression d'un livre dont le seul exemplaire connu se trouve à la Bibliothèque impériale.</small>

1619. L'HISTOIRE DE JOSEPH, extraicte de la sainte Bible et reduitte en forme de comédie, nouvellement trad. de latin de Macropédius en langage françoys, par Ant. Tiron. *Anvers, Jean Waesberghe*, 1564; pet. in-8, mar. rouge, fil. tr. dor. janséniste. (*Duru.*)

<small>Joli exemplaire d'une pièce rare et imprimée entièrement en lettres italiques.</small>

1620. MORALITÉ NOUVELLE très-fructueuse de l'Enfant de perdition qui pendit son père et tua sa mère, et comment il se désespéra, à VII personnages. *Lyon, P. Rigaud*, 1608; *Paris, Pinard*, 1853; in-8, mar. bleu, comp. fil. doublé de mar. r. dent. (*Riche rel. de Bauzonnet.*)

<small>Réimpression figurée, tirée à 42 exempl., par les soins de MM. Giraud de Saviné et Veinant. Un des deux exempl. IMPRIMÉS SUR PEAU DE VÉLIN. Beau volume de la bibliothèque de M. Armand Bertin.</small>

1621. LYON MARCHANT, satyre françoise sur la comparaison de Paris, Rohan, Lyon, Orléans, et sur les choses mémorables depuys lan MDXXIV, soubs allégories et énigmes, par personnages mysticques, jouée au collége de la Trinité à Lyon, 1541, par Barthel. Aneau. *On les vend à Lyon, par Pierre de Tours*, 1542; *Paris, Pinard*, 1831;

pet. in-8, mar. bl. fil. doublé de mar. r. riches comp. à pet. fers. (*Rel. de Bauzonnet.*)

<small>Réimpression fac-simile gothique, tirée à 42 exemplaires, par les soins de MM. Giraud et Veinant. Celui-ci est l'un des deux IMPRIMÉS SUR PEAU DE VÉLIN. Beau volume de la bibliothèque de M. Armand Bertin.</small>

1622. Nouvelle Moralité d'une pauvre fille villageoise, laquelle ayma mieux avoir la teste coupee par son père que destre violee par son seigneur, faicte à la louange et honneur des chastes et honnestes filles, à quatre personnages. *Paris, Sim. Calvarin, s. d.* — Les Dictz de Salomon avecques les Responses de Marcou, fort joyeuses. Exempl. unique sur pap. de Chine. *Londres*, 1829. — Le Banquet des Chambrières faict aux Estuves, 1541; 3 part. en 1 vol. pet. in-8, mar. bl. comp. fil. tr. dor. (*Bauzonnet.*)

<small>Réimpressions gothiques fac-simile, tirées à 40 exempl. seulement. Ce recueil provient de la bibliothèque de M. Armand Bertin.</small>

1623. Le Testament de Carmentrant à VIII personnaiges. *Paris*, 1830; pet. in-8, goth., mar. bleu, fil. tr. dor. (*Trautz-Bauzonnet.*)

<small>Réimpression, tirée à 32 exempl., de cette facétie dramatique, par les soins de MM. A. Veinant et Giraud. Exemplaire de M. Armand Bertin.</small>

1624. FARCE JOYEUSE et récréative à trois personnages, a sçavoir : Tout, Chascun et Rien. *Paris, Firmin Didot*, 1828. — Le Dialogue du fol et du sage, moralité du seizième siècle. *Firmin Didot*, 1829; en 1 vol. gr. in-8, mar. bleu, fil. tr. dor. (*Duru.*)

<small>Imprimé sur PEAU DE VÉLIN. Ces deux pièces, imprimées pour la *Société des bibliophiles*, par les soins de M. de Monmerqué, n'ont été tirées qu'à 26 exemplaires sur papier.</small>

1625. MAISTRE PIERRE PATHELIN, attrib. à Pierre Blanchet. *Cy finist la farce de maistre Pierre Pathelin, imprimée à Paris par Pierre le Caron, imprimeur demourant a Paris a lenseigne de la Rose, en la rue de la Juifrie ou a la grant porte du Palais* (sans date); in-4 goth. mar. rouge, comp. fil., mosaïque doublé de mar. vert, dent. tr. dor. (*Riche reliure, le chef-d'œuvre de Niedrée.*)

AdmiRable exemplaire. — Cette édition précieuse, imprimée à la fin du quinzième siècle, est de la plus grande rareté, et c'est le seul exemplaire connu. Il provient de la bibliothèque de M. Armand Bertin, et voici la note du catalogue :

« Il y a dans cet exemplaire, le *seul connu*, et qui provient de M. de Soleinne, quatre feuillets imprimés avec un caractère gothique différent du caractère employé dans l'impression du livre. N'ayant pas encore trouvé, aujourd'hui, un autre exemplaire que l'on avait cherché en vain dans les bibliothèques publiques et particulières, lors de la vente de M. de Soleinne, nous n'avons pu vérifier si d'autres exemplaires contenaient la même particularité. »

1626. MAISTRE PIERRE PATHELIN. — Le Testamēt Pathelin a quatre persounaiges. *S. l. n. d.* (*Paris, vers* 1510); pet. in-8, goth. 36 et 16 ff. fig. s. b. mar. r. f. tr. d. (*Trautz-Bauzonnet.*)

Exemplaire de Soleinne, d'une conservation parfaite et rempli de témoins. On n'en connaît pas d'autre exemplaire de cette édition précieuse.

1627. Maistre Pierre Pathelin restitué à son naturel. — Le Grant Blason de faulses amours. — Le Loyer de folles amours. *S. l.* (*Paris*), *pour Galiot du Pré, libraire*, 1532; in-16, mar. r. à comp. doublé de mar. v. dent. (*Duru.*)

Sign. A 1 — Q iii. — Lettres rondes. La marque de l'imprimeur au verso du dernier f. C'est le plus rare des jolis vol. imprimés par Galiot du Pré. Exemplaire grand de marges et revêtu d'une riche reliure.

1628. La Comédie des tromperies, finesses et subtilitez de maistre Pierre Pathelin, advocat à Paris; pièce comique. *Sur la copie de l'an* 1560. *A Rouen*, 1656; in-12, mar. br. fil. tr. dor. (*Trautz-Bauzonnet.*)

Petit volume rare. Exemplaire provenant de la bibliothèque Armand Bertin.

1629. Philanire, femme d'Hypolite. Tragédie françoise (trad. du latin de Claude Roillet, par lui-même). *Paris, Nicol. Bonfons*, 1577; pet. in-8, mar. vert. tr. dor. (*Duru.*)

Volume rare. L'auteur cherchait à innover dans la tragédie par le choix des sujets contemporains, sans s'éloigner de la forme antique.

1630. La Médée, tragédie, et autres diverses poësies, par Jean de la Péruse. *Rouen, Raph. du Petit-Val*, 1613; in-12, demi-rel.

1631. Sophonisba, tragedie tres excellente, tant pour l'argument que pour le poly langage et graves sentences dont elle est ornée; representée et prononcée devant le Roy, en la ville de Bloys. *A Paris, de l'imprimerie de Richard Breton*, 1560; in-8, mar. v. f. tr. d. (*Bauzonnet-Trautz.*)

<small>Très-bel exemplaire d'un volume très-rare. Caractères de *Civilité*. C'est la même édition que celle qui porte le nom de Danfrie.</small>

1632. Le Brave, comédie de Ian-Antoine de Baïf, iouée devant le Roy, en l'hostel de Guise, à Paris, le xxviiie iour de janvier 1567. *Paris, Rob. Estienne;* in-8, v. gr. fil. tr. d. (*Rel. anc. aux armes du duc d'Aumont.*)

<small>Édition originale très-rare.</small>

1633. JEAN DE LA TAILLE. Saul le Furieux, tragedie, avec autres œuvres du mesme. *Paris, Fed. Morel*, 1572. — La Famine ou les Gabeonites, tragedie, ensemble autres œuvres poëtiques (et 2 comédies, le Négromant et les Corrivaux). *Paris, F. Morel,* 1573. — Daire. *Id., ibid.,* 1574. — Alexandre, 1573. — La Maniere de faire des vers françois, comme en grec et en latin, 1573; 5 part. en 1 vol. in-8, mar. r. fil. tr. d. (*Bauzonnet-Trautz.*)

<small>Collection des ouvrages des deux frères, très-difficiles à réunir en beaux exemplaires.</small>

1634. Tragédies sainctes : David combattant. — David triomphant. — David fugitif, par Louis des Masures, Tournisien. *A Genève, de l'imprim. de Fr. Perrin,* 1566; in-8, mar. v. fil. tr. d. (*Niedrée.*)

<small>Lettres ital. et musique notée. Exemplaire de M. Armand Bertin.</small>

1635. Jephté, ou le Vœu, tragédie traduite du latin de G. Buchanan, Escossois, par Florent Chrestien. *Paris, Mamert-Patisson,* 1587; pet. in-12, mar. bl. fil. tr. dor. (*Niedrée.*)

<small>On trouve à la suite de cette pièce, et sous une pagination différente : *David combattant, David triomphant et David fugitif, tragédies sainctes, par Loys des Masures.* — Joli recueil grand de marges et provenant de la bibliothèque de M. Ch. Giraud.</small>

1636. Les Tragédies de Robert Garnier, conseiller du Roy, lieutenant général criminel au siége présidial et séneschaussée du Mayne. *A Rouen, chez Raphaël du Petit Val, 1596*; pet. in-12, mar. vert, fil. tr. dor. (*Trautz-Bauzonnet.*)

Exemplaire d'une parfaite conservation et grand de marges, d'une édition rare et complète.

1637. Les Tragédies de Robert Garnier. *A Rouen, Raph. du Petit-Val, 1609*; in-12, v. f. ant. 646 p.

1638. Hippolyte, tragédie de Rob. Garnier, conseiller du Roy au siége présidial et séneschaussée du Maine. *A Paris, Robert Estienne, 1573*; in-8, mar. rouge, tr. dor. (*Trautz-Bauzonnet.*)

Édition ORIGINALE TRÈS-RARE, dédiée à messeigneurs de Rambouillet.

1639. La Tragédie de feu Gaspard de Colligny, iadis admiral de France, contenāt ce qui aduint à Paris le 24 d'aoust 1572, avec le nom des personnages, par L. Françoys de Chantelouue, gentilhomme Bourdelois et chevalier de l'ordre de sainct Jean de Hierusalem, 1575. (*Paris*); pet. in-8, mar. r. comp. doub. mar. v. dent. tr. d. (*Bauzonnet.*)

Édition ORIGINALE rarissime; charmant exemplaire.

1640. Les Comédies facétieuses de Pierre de l'Arivey, c'est à sçavoir : le Laquais, — la Veufue, — les Esprits, — le Morfondu, — les Jaloux, — les Escolliers. *Rouen, Raph. du Petit-Val, 1611.* — Trois Comédies des six dernières de Pierre de l'Arivey. A sçavoir : la Constance, le Fidelle et les Tromperies. *A Troyes, par P. Chevillot, 1611*; 2 vol. in-12, mar. v. dent. tr. d. (*Niedrée.*)

Très-bel exemplaire de toute rareté ainsi complet.

1641. La Tragédie de Sophonisbe, reyne de Numidie, où se verra le désastre qui luy est advenu, pour avoir esté promise à un mary et espousée par un autre ; et comme elle a mieux aimé eslire la mort que de se voir entre les mains de ses ennemis, par Claude Mermet, de Saint-Rambert en Savoye. *Lyon, Léonard Odet,* 1584; in-8, mar. vert, fil. tr. dor. (*Duru.*)

Volume RARISSIME; exemplaire d'une conservation parfaite.

1642. Athlette Pastourelle ou Fable bocagère, par Ollénix de Mont-Sacré, gentilhomme du Maine. *Paris, Gilles Beys,* 1587; in-8, mar. bl. fil. tr. d.

1643. La même. *Lyon, Jean Veyrat,* 1592; in-8, mar. r. f. tr. d.

Exemplaire DE CH. NODIER, très-grandes marges.

1644. Angélique, comédie de Fabrice de Fournaris, Napolitain, dit le capitaine Cocodrille, comique confident, mis en françois de langue italienne et espagnole, par le sieur L. C. *Paris, Abel l'Angelier,* 1599; in-12, m. citron, tr. dor. (*Derome.*)

Joli exemplaire, de M. de Soleinne, d'une pièce rare.

1645. Esau ou le Chasseur, en forme de tragédie, nouvellement représentée au collége des Bons-Enfants de Rouen (par J. Behourt). *Rouen, Raphaël du Petit Val,* 1606; pet. in-12, mar. br. de Tanger, tr. dor. (*Trautz-Bauzonnet.*)

Petite pièce rare provenant de la bibliothèque de M. ARMAND BERTIN.

1646. LA RODOMONTADE, mort de Roger, tragédies et amours de Catherine (par Charles Bauter dit Meliglosse). *Paris, Clovis Eve, relieur ordinaire du roy,* 1605; pet. in-8, mar. rouge, fil. dent. tr. dor. (*Reliure de Biziaux.*)

Un des plus rares volumes de la série, difficile à réunir, des œuvres dramatiques du règne de Henri IV. Cet exemplaire bien conservé provient de la bibliothèque de M. de Soleinne. Beau frontispice gravé par Léonard Gaultier.

1647. Les Tragédies d'Anthoine de Montchrestien, s^r de Vasteville. *Rouen, Pierre de la Motte,* 1627; in-8, mar. vert, fil. tr. d. (*Duru.*)

Très-bel exemplaire.

1648. Les Tragédies d'Anth. de Montchrestien.... *Rouen,* 1627; in-8, veau fauve, fil. tr. dor.

1649. PHILIS, tragédie par le sieur de Chevalier. *Paris, J. Jeannon*, 1609; in-8, mar. bleu, tr. dor. janséniste. (*Duru.*)

On ne pourrait guère trouver un plus bel exemplaire de ce livre FORT RARE, précédé d'une dédicace à *François de Bassompierre, colonel de quinze cents chevaux reistres entretenus pour le service du roy.*

1650. Tragédies françoises de Claude Billard, sieur de Courgenay. *Paris*, 1610; in-8, mar. r. tr. dor.

1651. Lydie, fable champestre, imitée en partie de l'Aminthe de Torquato Tasso, par le s^r du Mas. *Paris, J. Millot*, 1609; in-8, mar. r. f. tr. d.

1652. La Sylvanire ou la Morte-Vive, fable bocagère de messire Honoré d'Urfé. *Paris*, 1627; in-8, mar. r. fil. tr. d. (*Duru.*)

Édition originale. Mairet publia en 1631 une *Sylvanire* à l'imitation de celle-ci.

B. Théâtre depuis Hardy jusqu'à Corneille.

1653. Théâtre françois ou Recueil des meilleures pièces (anciennes) de théâtre. *Paris, Libraires associés*, 1737; 12 vol. in-12, v. f. fil. tr. d.

1654. Le Théâtre d'Alexandre Hardy. *Paris*, 1624-28; 6 vol. in-8, mar. bl.

Le deuxième volume est de la réimpr. de 1632. Le sixième est daté de 1623. COLLECTION FORT rare.

1655. Les Princes victorieux, tragédies françoises, par monsieur Borée. *Lyon, Vincent de Cœursilly*, 1627; in-8, v. f. fil. tr. d.

Très-rare vol. contenant : *Rhodes, Beral, Achilles, Tomyre, la Justice d'amour, les Peintures morales, le Poëme des ombres* et diverses poésies.

1656. La Madonte du s^r Auvray, tragi-com., et autres Œuvres poëtiques. *Paris, Sommaville*, 1631; in-8, v. f. fil. tr. d. (*Koehler.*)

1657. Pastorale et Tragi-Comédie de Janin, représentée dans la ville de Grenoble, par J. Millet. *A*

Grenoble, par R. Cocson, 1633; in-4, mar. cit. f. tr. d. (*Duru.*)

TRÈS-BEL EXEMPLAIRE de l'édition originale, très-rare, d'une pièce célèbre.

1658. Le Matois Mary, comédie. 1634 ; in-8 vél.

1659. L'Impuissance, tragi-com. pastorale, par le s^r Veronneau, Blaisois. *Paris, T. Quinet,* 1634; in-8, mar. v. tr. d.

1660. Œuvres de Jean Rotrou. *Paris, Desoer,* 1820; 5 vol. in-8, demi-rel. v. f.

1661. ROTROU (Jean): Les Occasions perdues, tragi-com. *Paris, Sommaville,* 1636. — Hercule mourant, trag. *Id., ibid.,* 1636. — Les Sosies, com. *Id., ibid.,* 1638. — La Belle Alphrède, com. *Id., ibid.,* 1639. — Les Captifs ou les Esclaves, com. *Id., ibid.,* 1640. — Clarice ou l'Amour constant, com. *Paris, Sommaville et Courbé,* 1643. — Dom Bernard de Cabrere, tragi-com. *Paris, Sommaville,* 1647. — La Florimonde, com. *Id., ibid.,* 1655; 8 vol. in-4, demi-rel. d. et c. mar. r.

1662. La Diane, comédie dediée à M. le comte de Fiesque, par le sieur Rotrou. *Paris, Targa,* 1635; in-8, mar. r. tr. d.

1663. Les Sosies, comédie (par Rotrou). *Paris, Cl. Barbin,* 1668; pet. in-12. mar. bl. à comp. fil. tr. dor. (*Niedrée.*)

ÉDITION ORIGINALE. Bel exemplaire de M. Armand Bertin.

1664. Cosroès, tragédie de M. de Rotrou. *A La Haye, (à la Sphère),* 1649; pet. in-12, mar. rouge, fil. tr. dor. (*Niedrée.*)

Joli exemplaire d'un petit volume très-RARE. Véritablement imprimé par les Elzeviers de Leyde, comme *l'Illustre Théâtre de Pierre Corneille.*

1665. Les Œuvres de Cyrano de Bergerac. *Amsterd.,* 1709; 2 vol. in-12, fig. vél. fil. tr. dor. (*Padeloup.*)

Bel exemplaire en reliure ancienne ; figures.

1666. La Mariane, tragédie (par Tristan l'Hermite). *Paris, Aug. Courbé*, 1644; in-4, demi-rel. d. et c. mar. r.

1667. P. DU RYER : Les Vendanges de Suresne, com. *Paris, Sommaville*, 1676. — Le Cleomedon, tragi-com. *Id., ibid.*, 1637. — Lucrece, trag. *Id., ibid.*, 1638. — Alcionée, trag. *Id., ibid.*, 1640 (front. gr. par Brebiette). — Scevole, trag. *Id., ibid.*, 1647. — Clarigene, tragi-com. *Id., ibid.*, 1639. — Dynamis, reyne de Carie, tragi-com. *Id., ibid.*, 1653. — Nitocris, reyne de Babylone, tragi-com. *Id., ibid.*, 1650. — Bérénice, tragi-com. en prose. *Paris, Sommaville et Courbé*, 1645. — Alcimédon, tragi-com. *Paris, Sommaville*, 1635.

Ces 10 pièces reliées en 2 vol. in-4, v. br. fil. tr. d. aux armes du duc d'Aumont.

1668. P. DU RYER : Alcimédon, double. — Esther, trag. *Paris, Sommaville et Courbé*, 1644. — Thémistocle, trag. — *Paris, Sommaville*, 1648. — Anaxandre, tragi-com. *Id., ibid.*, 1655; 4 vol. in-4, demi-rel. d. et c. mar.

Éditions originales.

1669. BOISROBERT (François-Métel de) : Les Deux Alcandres, tragi-com. *Paris, Sommaville et Quinet*, 1640. — Palène, tragi-com. *Id., ibid.*, 1640. — Le Couronnement de Darie, tragi-com. *Paris, T. Quinet*, 1642. — La Vraye Didon, ou la Didon chaste, trag. *Paris, T. Quinet*, 1643. — La Jalouse d'elle-mesme, com. *Paris, A. Courbé*, 1650; 5 vol. in-4, demi-rel. mar. r.

1670. Les Deux Alcandres, tragi-comédie de M. de Bois-Robert. — Palène, tragi-comédie par le même. *Paris*, 1640; 2 vol. in-4, demi-rel. mar. vert.

1671. La Calprenède (Gaultier de Costes, de) : la Mort de Mithridate, trag. *Paris, Sommaville*, 1637. — Le Clarione ou le Sacrifice sanglant, tragi-com.

Id., ibid., 1637. — La Bradamante, tragi-com. *Id., ibid.*, 1637. — La Mort des enfants d'Hérodes ou Suite de la Mariane, trag. *Paris, A. Courbé*, 1639 (frontisp. gr. par Abr. Bosse). — Édouard, tragi-com. *Id., ibid.*, 1640. — Phalante, trag. *Paris, Sommaville*, 1642. — Herménégilde, trag. *Paris, Sommaville et Courbé*, 1643. — Le Comte d'Essex, trag. *Paris, Sommaville*, 1650 ; 12 vol. in-4, demi-rel. d. et c. mar.

<small>Il ne manque à ce théâtre que *Jeanne, reine d'Angleterre.* Paris, 1638. In-12.</small>

1672. SCUDÉRY (Georges de): Ibrahim ou l'Illustre Bassa, tragi-com. *Paris, T. Quinet*, 1645. Dans le même vol.: Autres OEuvres de M. de Scudéry. *Paris, Courbé*, 1636. — L'Amour tyrannique, tragi-com. *Paris, Courbé*, 1639. — La Mort de Cæsar, trag. *Id., ibid.*, 1636; fig. 3 vol. in-4 de diff. rel.

1673. La Comédie des Tuilleries, par les cinq auteurs (Boisrobert, P. Corneille, J. Rotrou, Colletet et l'Estoile). *Paris, Courbé*, 1638 ; in-4, demi-rel. d. et c. m. r.

<small>Édition originale.</small>

1674. MAIRET (Jean): La Silvanire ou la Morte-Vive, tragi-com. pastorale avec les fig. de Mich. Lasne. *Paris, Fr. Targa*, 1631. — Les Galanteries du duc d'Ossonne, vice-roy de Naples, com. *Paris, P. Rocolet*, 1636. — Le Marc-Antoine ou la Cléopâtre, trag. *Paris, Sommaville*, 1637. — L'Illustre Corsaire, tragi-com. *Paris, A. Courbé*, 1640. — Le Roland furieux, tragi-com. *Id., ibid.*, 1640. — L'Athénaïs, tragi-com. *Paris, Jonas de Bréquigny*, 1642, frontisp. gr. par Brebiette. — La Sidonie, tragi-com. héroïque. *Paris, Sommaville et Courbé, s. d.* (1643); 7 vol. in-4, demi-rel. d. et c. mar. r.

1675. L'ART DE RÉGNER ou le Sage Gouverneur, tragicomédie (dédiée au mareschal de Bassompierre,

BELLES-LETTRES. 279

par Gillet de La Tessonnerie), *suiv. la copie imprimée à Paris, Leyde, les Elzeviers*, 1649. — Le Déniaisé, comédie (par le même), *suiv. la copie, Elzev.*, 1649; en 1 vol. pet. in-12, mar. rouge, fil. tr. dor. (*Duru.*)

Deux des volumes les plus rares de la collection des Elzeviers, dit le *Manuel*. TRÈS-JOLI EXEMPLAIRE. H. 4 p. 7 lig. 1/2.

1676. Palemon, fable bocagere et pastoralle de N. Frenicle. *Paris, Dugast*, 1632; — La Niobe, du même. *Id., ibid.*, 1632; gr. in-8, mar. r. tr. d. (*Trautz-Bauzonnet.*)

TRÈS-BEL EXEMPLAIRE EN GRAND PAPIER.

1677. Le Jaloux sans sujet, tragi-com. de Beys. *Paris, T. Quinet*, 1636; in-4, demi-rel. d. et c. mar. r.

1678. Aspasie, comédie. *Paris, Jean Camusat*, 1636; in-4, mar. r. f. tr. d. (*Capé.*)

1679. Le Duelliste malheureux, tragi-comédie, pièce nouvelle, pleine d'intrigues à la mode. *Rouen*, 1636; in-4, demi-rel. d. et c. mar. bl.

1680. Le Torrismon, tragédie, par le s^r d'Alibray. *Paris*, 1636; in-4, demi-rel.

1681. DESMARETS DE S. SORLIN : Aspasie, com. *Paris, Jean Camusat*, 1636. — Les Visionnaires, com. *Id., ibid.*, 1637. — Scipion, tragi-com. *Paris, Henry Legras*, 1639. — Roxane, tragi-com. *Id., ibid.*, 1640, front. gr. par Ab. Bosse. — Europe, comédie héroïque. *Id., ibid.*, 1643, tit. gr. avec la Clef des personnages (édit. orig. faite avec la collaboration du cardinal de Richelieu). — OEuvres poëtiques (partie de 109 p.). *Id., ibid.*, 1640. — Élégie; 7 parties en 1 vol. in-4, demi-rel. d. et c. mar. r.

1682. MIRAME. Ouverture du théâtre de la grande salle du Palais-Cardinal : Mirame, tragi-comédie. *Paris, Henri Le Gras*, 1641; in-fol. v. m.

Édition originale RARE de cette tragi-comédie, dont Desmarets de Saint-

Sorlin consentit à prendre la responsabilité littéraire en signant la dédicace au Roi, mais qui est tout entière du Cardinal de Richelieu. Elle est ornée de six estampes remarquablement dessinées et gravées à l'eau-forte par Della Bella.

1683. Europe, comédie héroïque (5 actes et prol., par le cardinal de Richelieu et Desmarets). *A Paris, chez Henry Legros*, 1643; in-12, mar. r. comp. tr. d. (*Anc. rel.*)

C. Théâtre depuis Corneille jusqu'à Regnard.

1684. OEuvres de Corneille (P.). *Imprimé à Rouen et se vend à Paris, chez Augustin Courbé*, 1648; 2 vol. in-12, mar. r. fil. doublé de mar. bl. comp. tr. d.

Bel exemplaire d'une édition fort précieuse. (*Voy. Catal. Giraud*, 1855, n° 1621.) Deux ff. lacérés dans le second vol. lors de cette vente ont été depuis retrouvés et replacés. Cet exemplaire aujourd'hui est irréprochable.

1685. Le Théâtre de Pierre Corneille, reveu et corrigé par l'autheur. *Imprimé à Rouen (par Laurens Maurry), et se vend à Paris, chez Louis Billaine*, 1665; 2. vol. in-fol. front. gr. et portrait, mar. r. fil. tr. d.

Bel exemplaire de cette édition recherchée, que le grand Corneille revit avec soin.

1686. LE THÉÂTRE DE P. CORNEILLE, reveu et corrigé, et augmenté de diverses pièces nouvelles. *Suivant la copie impr. à Paris (Amsterdam, Abr. Wolfgang)*, 1664-76; 5 vol. pet. in-12. — Les Tragédies et Comédies de Th. Corneille, reveues et corrigées. *Suivant la copie imprimée à Paris (Amst., Abr. Wolfgang)*, 1665-78; 5 part. en 6 vol. pet. in-12. Les 11 vol. mar. bl. dent. tr. d. (*Simier*).

Très-bel exemplaire, grand de marges, et dont toutes les pièces sont de bonne date. On trouve sur le titre du tome Ier de Pierre la signature de Bessé la Chapelle, à qui on attribue la *Relation de la campagne de Rocroi*. Deux des pièces de Thomas, *Persée et Démétrius* et *Pyrrhus*, sont non rognées.

Cet exemplaire provient des ventes de Sensier et du prince d'Essling. Il a été vendu à cette dernière vente 660 fr.

1687. — P. CORNEILLE. Le Théâtre de P. Corneille

(et poëmes dramatiques de Th. Corneille). *Paris, Th. Jolly*, 1664-1666; 6 vol. in-8, mar. rouge, fil. à comp. tr. dor.

Magnifique exemplaire dans sa première reliure du temps; il provient de la bibliothèque de M. de Soleinne, et on lit dans le catalogue, rédigé par M. Paul Lacroix, la note suivante sur cet exemplaire : « Les premiers titres gravés aux trois premiers volumes de P. Corneille et au Ier de Thomas, portent la date de 1660. Le IVe volume n'a pas de titre gravé, et celui du IIe volume de Thomas est daté de 1661. On lit à la fin du même volume : *Achevé d'imprimer, pour la première fois, le 15 décembre 1660 à Rouen, par Laurens Maurry.*

« Le IVe volume de Pierre Corneille a été imprimé en 1665. Il ne contient que trois pièces (*Sertorius, Sophonisbe* et *Othon*) de l'auteur, qui avoit promis de la compléter avec les tragédies qu'il publieroit par la suite, mais il y ajouta seulement quatre pièces de son frère : *le Galant doublé, Stilicon, Camma* et *Maximien*. Ce IVe volume manque dans la plupart des exemplaires, parce que les personnes qui avoient acheté les trois premiers avec les trois pièces supplémentaires attendoient toujours, pour faire relier ces dernières, que l'éditeur imprimât celles publiées depuis. Cette édition, qui n'est presque jamais citée, et qu'on regarde comme une réimpression identique de l'édition in-folio, en diffère pourtant dans plusieurs endroits. »

1688. Le Théâtre de P. Corneille. *A Rouen, et se vend à Paris, chez Th. Jolly*, 1664-66. 4 vol. in-8. — Poëmes dramatiques de Th. Corneille. *Imp. à Rouen, et se vendent à Paris chez A. Courbé et G. de Luynes*, 1661. 3 vol. in-8. Les 7 vol. en rel. uniforme, mar. r. f. tr. d.

Édition rare. Exemplaire bien complet.

1689. Le Théâtre de Pierre Corneille. *Paris*, 1747; ensemble 11 vol. in-12, mar. citron. fil., tr. dor. (*Anc. rel.*)

Exemplaire en GRAND PAPIER, ayant successivement appartenu à MM. d'Hangard, H. de Chateaugiron, de Soleinne, et Aimé Martin.

1690. ŒUVRES DE P. CORNEILLE, publiées d'après les manuscrits et notes laissées par M. Aimé Martin, par Lefèvre. *Paris, Techener*, 1854; 12 vol. in-8, d.-rel., mar. bleu, coins, tr. sup. dor. n. rog. (*Niedrée.*)

Un des 20 exemplaires tirés sur papier de Hollande de la meilleure et de la plus complète de toutes les éditions de Corneille.

1691. Clitandre ou l'Innocence délivrée, tragi-com. (par P. Corneille), suivie des Mélanges poëtiques du mesme). *Paris, Targa*, 1632; in-8, v. f. tr. d. (*Purgold.*)

Édition originale, rare.

1692. Le Cid, tragi-comédie. *Paris, chez Fr. Targa, A. Courbé, s. d. (v.* 1637). In-16, mar. cit. f. tr. d.

Très-jolie édition, publiée la même année que l'originale in-4. Elle est en très-petits caractères et de la plus grande rareté.

1693. Le Cid, tragi-comédie nouvelle. *Leyden, G. Chrestien,* 1638; pet. in-12, mar. vert fil. comp. tr. d. (*Duru.*)

Charmant exemplaire d'une édition d'une excessive rareté.

1694. La Vraye Suitte du Cid (par Desfontaines). *Paris, Sommaville,* 1638; in-16, demi-rel.

1695. DESFONTAINES : Hermogène, tragi-com. *Paris, T. Quinet,* 1639. — Eurimédon ou l'Illustre Pirate. *Paris, Ant. de Sommaville,* 1637; 2 vol. in-4, demi-rel. d. et. c. mar. r.

1696. LES ŒUVRES DE M. DE MOLIÈRE. *Paris, Denys Thierry et Claude Barbin,* 1674; 7 vol. in-12, mar. rouge, fil. tr. dor. (*Trautz-Bauzonnet.*)

Cette édition est la première de toutes où les Œuvres de Molière, publiées de son vivant, aient été recueillies avec une pagination suivie. La pièce de *Don Juan* ne s'y trouve point; elle ne se trouve point non plus dans le recueil de 1666. *Don Juan* fut joué en 1665. — Exemplaire très-bien conservé de cette édition précieuse.

1697. ŒUVRES DE M. MOLIÈRE. *Amsterdam, Jacques le Jeune (Dan. Elsevier),* 1675; 5 vol. pet. in-12. — Œuvres posthumes du même. *Amsterdam, J. Le Jeune,* 1684; pet. in-12, les 6 vol. mar. r. fil. tr. d. (*Bauzonnet-Trautz.*)

Très-bel exemplaire de Molière *Elsevier*. On a ajouté au volume des œuvres posthumes *le Festin de Pierre, Amsterdam,* 1683, édition précieuse et rare dans laquelle la *scène du pauvre* se trouve en entier. Hauteur, 132 millim. (4 p. 10 lig. 2/3).

1698. MOLIÈRE. Les Œuvres de M. de Molière, reveues, corrigées et augmentées, par Vinot et La Grange, enrichies de figures en taille-douce, de T. Brissard et Sauvé. *Paris, Denys Thierry, Claude Barbin et Pierre Trabouillet,* 1682; 8 vol. in-12, mar. rouge, tr. dor. (*Duru*).

Très-bel exemplaire de la première édition des œuvres de Molière publiée après sa mort et renfermant des œuvres posthumes.

BELLES-LETTRES.

1699. Les OEuvres de M. de Molière. *Paris*, 1697, 8 vol. in-12, mar. rouge, fil. dent. tr. dor. (*Anc. rel.*)

Très-joli exemplaire aux armes du duc de la Vieuville. Figures curieuses pour les costumes.

1700. OEuvres de Molière. *Paris*, 1739; 8 vol. in-12, mar. rouge, fil. dent. tr. dor. (*Derome.*)

Très-joli exemplaire de la bibliothèque de M. Debure et de celle du marquis de Coislin. M. Paul Lacroix, dans le catalogue de M. de Soleinne, dit que cette édition, publiée par Ant.-François Jolly et précédée de mémoires sur la vie de Molière, par de La Serre, reproduit le texte de celle de 1734 avec un petit nombre de corrections.

1701. OEuvres de M. de Molière, nouvelle édition revue et corrigée et augmentée d'une nouvelle vie de l'auteur et de la *Princesse d'Élide* toute en vers, imprimée pour la première fois. *Amsterd.*, 1744; 4 vol. pet. in-12 m. r. fil. dorés en tête non rogn. (*Trautz-Bauzonnet.*)

Charmant exemplaire d'une édition fort recherchée pour les jolies figures gravées par J. Punt, d'après les dessins de Boucher, dont elle est ornée.

1702. Les OEuvres complètes de Molière, avec les notes de tous les commentateurs; édition publiée par L.-Aimé Martin. *Paris, Lefèvre*, 1824-26, 8 vol. gr. in-8, v. fauve, fil. tr. dor. (*Niedrée.*)

Édition admirablement imprimée par Jules Didot aîné. Exemplaire en papier cavalier vélin (de la *Collection des classiques françois*) et qui a été lavé, encollé et relié avec le plus grand soin.

1703. OEuvres de Molière, précédées d'une notice sur sa vie et ses ouvrages, par Sainte-Beuve, vignettes par Tony Johannot. *Paris*, 1835; 2 vol. gr. in-8, mar. bl. fil. tr. dor. (*Bauzonnet.*)

Exemplaire sur papier de chine, provenant de la bibliothèque de M. Armand Bertin.

1704. Les Facheux, comédie, représentée sur le théâtre du Palais-Royal. *A Paris, Ch. de Sercy*; 1662; in-12, v. éc.

Édition originale de xi ff. préliminaires, 33 f. de texte, paginés de 9 à 76, 1 f. pour le privilége et 1 f. blanc. La pagination saute de 10 à 13, mais le vol. est complet. Exemplaire de la collection de Pont de Vesle.

1705. Sganarelle ou le Cocu imaginaire, avec les

arguments de chaque scène. *Suiv. la copie* (*Holl., Elzevir*), 1662. — La Cocüe imaginaire, comédie (par Fr. Donneau). *Id., ibid.*, 1662 ; 2 pièces en 1 vol. pet. in-12, mar. r. f. tr. d. (*Capé.*)

1706. Sganarelle ou le Cocu imaginaire, par I. B. P. Molier (*sic*). *Paris, J. Ribou,* 1664; in-12, demi-rel. NON ROGNÉ.

<small>Privilége du 26 juillet 1660, donné au sieur de Neuf-Villenaine.
Édition publiée probablement en province, sans les arguments en prose et la préface du sieur de Neuf-Villenaine.</small>

1707. L'ESCOLE DES FEMMES, comédie. *A Paris, chez Louis Billaine,* 1663; in-12, mar. v. tr. d.

<small>ÉDITION ORIGINALE de VI-95 p. Bel exemplaire avec la figure.</small>

1708. LES PLAISIRS DE L'ISLE ENCHANTÉE, course de bagues faite par le Roy à Versailles, le 6 may 1664; in-4, demi-rel. mar. r.

<small>ÉDITION ORIGINALE. Première journée, 24 p. — Deuxième journée, 4 p.— Troisième journée, 10 p.</small>

1709. LE SICILIEN ou l'Amour peintre, comédie. *A Paris, chez Jean Ribou,* 1667 ; in-12, mar. v. tr. d.

<small>ÉDITION ORIGINALE de V-81 p.</small>

1710. LE MISANTHROPE, comédie. *A Paris, chez Jean Ribou,* 1667; in-12, mar. v. tr. d.

<small>ÉDITION ORIGINALE de XI-84 p.</small>

1711. LE MÉDECIN MALGRÉ LUY, comédie. *A Paris, chez Jean Ribou,* 1667 ; in-12, v. rac.

<small>ÉDITION ORIGINALE, en gros caractères, de 152 p. Bel exemplaire avec la figure.</small>

1712. LE MARIAGE FORCÉ, comédie. *A Paris, chez Jean Ribou,* 1668; in-12, mar. v. tr. d.

<small>ÉDITION ORIGINALE de II-91 p. Très-bel exemplaire.</small>

1713. AMPHITRION, comédie. *A Paris, chez Jean Ribou,* 1668; in-12, mar. v. f. tr. d.

<small>ÉDITION ORIGINALE de IV-88 p. Très-bel exemplaire.</small>

1714. LE TARTUFFE ou l'Imposteur, comédie. *Imprimé aux dépens de l'autheur, et se vend à Paris,* chez *J. Ribou.* 1669; in-12, mar. v. tr. d. (*Duru.*)

Édition originale de xi-96 p. A la fin du privilége, la date du 23 mars 1669; joli exemplaire.

1715. Le Tartuffe ou l'Imposteur, comédie. *Imprimé aux dépens de l'autheur, et se vend à Paris, chez Jean Ribou,* 1669; in-12, mar. r. tr. d. (*Capé.*)

Contrefaçon de l'édition originale, exactement conforme à la première, avec le même nombre de pages. Elle est imprimée en plus petits caractères, et les fleurons ne sont pas identiques. Elle a été probablement exécutée en province, peut-être à Rouen.

1716. L'Amour médecin, comédie. *A Paris, chez P. Trabouillet,* 1669; in-12, mar. r. fil. tr. d. doubl. de mar. v. à comp.

Deuxième édition.

1717. Monsieur de Pourceaugnac, comédie faite à Chambord, pour le divertissement du Roy. *A Paris, chez Jean Ribou,* 1670; in-12, mar. r. tr. d. (*Duru.*)

Édition originale de iv-136 p. Très-bel exemplaire.

1718. Le Divertissement de Chambord, meslé de comédie, de musique et d'entrée de ballet (par Molière). *Paris, Rob. Ballard,* 1670; in-4, mar. bl. tr. d. (*Duru.*)

Imprimé à part. Ce divertissement renferme les intermèdes de *M. de Pourceaugnac,* charmante plaquette.

1719. Les Fourberies de Scapin, comédie. *Et se vend à Paris, chez Pierre le Monnier,* 1671; in-12, mar. r. fil. tr. d. (*Capé.*)

Édition originale de ii-123 p., plus 4 p. de privilége. Très-bel exemplaire.

1720. Les Femmes sçavantes, comédie. *Et se vend pour l'autheur à Paris, au Palais et chez Pierre Promé,* 1673; in-12, demi-rel.

Édition originale de ii-92 p.

1721. Le Malade imaginaire, com. en trois actes, mêlez de danses et de musique. *A Amsterdam, chez Dan. Elzevir,* 1674; in-12, mar. r. comp. doubl. de mar. bl. dent. tr. d. (*Gruel.*)

Édition imprimée en province avec des caractères qui ne rappellent en rien ceux de D. Elzevir. Cette informe copie fut imprimée d'après les souvenirs d'un spectateur, que ses efforts de mémoire ont fort mal servi. Elle est d'une grande rareté (106 p.).

On trouve au commencement de cet exemplaire une note bibliographique relative à cette édition.

1722. Le Malade imaginaire, comédie, etc. *A Cologne, chez J. Sambix*, 1674; in-12, mar. v. f. tr. d.

11-130 p. Encore une contrefaçon du texte de Molière, mais au moins celle-ci ne peut déshonorer sa mémoire.

1723. Mélisse, tragi-com. pastorale. *S. l. n. d.*, in-12, mar. r. tr. d.

Exemplaire de Soleinne, avec une longue note ms.

« Voyez, sur cette pièce de théâtre, attribuée à Molière, une note du catalogue Soleinne n° 1180. Ce présent exemplaire provient de l'acteur Bordier qui fut pendu à Rouen au commencement de la Révolution, et il porte la signature dudit pendu. » P.-L. JACOB, bibliophile.

1724. La Vie de Molière (par de Grimarest). *Paris*, 1705; — Addition à la vie de Molière contenant une réponse à la critique que l'on en a faite (par de Grimarest). *Paris*, 1706; en un vol. in-12, mar. rouge, fil. tr. dor. (*Trautz-Bauzonnet.*)

Joli volume de la bibliothèque de M. Armand Bertin; portrait de Molière gravé par Audran, d'après Mignard.

1725. Vie de Molière avec des jugements sur ses ouvrages. *Paris*, 1739; in-12, mar. rouge, fil. tr. dor. (*Trautz-Bauzonnet.*)

Joli exemplaire de la bibliothèque de M. Armand Bertin.

1726. Molière et sa troupe, par A. Soleirol. *Paris*, 1858; gr. in-8, dos et coins de mar. rouge non rogné (*grand papier*), portraits.

1727. Molière le critique et Mercure aux prises avec les philosophes. *Hollande*, 1709; in-12, v. m. fil.

1728. Les Fragmens de Molière, comédie (par Champmeslé). *A Paris, chez J. Ribou*, 1682; in-12, m. r. tr. d.

1729. Elomire hypocondre ou les Médecins vengez, comédie, par M. le Boulanger de Chalussay. *Paris, Sercy*, 1670; in-12, mar. bl. f. tr. d. (*Niedrée.*)

Bel exemplaire d'un volume rare.

1730. Le Festin de Pierre, comédie mise en vers sur la prose de feu Mʳ de Molière (par Th. Corneille). *A Paris*, 1683; in-12, v. f. fil. tr. dr.

Édition rare.

1731. LES PRÉTIEUSES RIDICULES, comédie nouvellement mise en vers (par Beaudeau de Somaize). *Paris, Jean Ribou,* 1660. — Les Véritables Prétieuses, comédie (en prose, par le même), *Paris, Estienne Laysou,* 1660. — Le Procès des Prétieuses en vers burlesques, comédie (par le même). *Paris, J. Guignard,* 1660. — Le Grand Dictionnaire des prétieuses, ou la Clef de la langue des ruelles; seconde édition (par le même). *Paris, Jean Ribou,* 1660; pet. in-12. mar. bl. fil. tr. dor. (*Niedrée*.)

Réunion de pièces rares sur les *Précieuses,* formée par M. Aimé-Martin.
La première est la comédie même de Molière, mise en vers par Somaize.
L'épitre dédicatoire à *Mlle Marie de Manciny* est des plus curieuses par le ton insolent que prend le pitoyable auteur à l'égard de Molière, et par la fatuité avec laquelle il parle de lui-même.

1732. Les Véritables Prétieuses, comédie, par Ant. Baudeau, sʳ de Somaize. *A Paris, chez J. Ribou,* 1660; in-12, mar. v. tr. d. (*Duru.*)

1733. Le Procez des Prétieuses, en vers burlesques, comédie, par le sʳ de Somaize. *Paris, J. Guignard,* 1660; in-12, mar. r. f. tr. d. (*Duru.*)

1734. Le Festin de Pierre ou le Fils criminel, tragi-comédie, trad. de l'ital. en franc. par le sʳ de Villiers. *Amsterdam (Elsev.),* 1660; pet. in-12, mar. r. tr. d. (*Duru.*)

Joli exemplaire avec témoins.

1735. BENSSERADE (Isaac de) : — La Cléopâtre, trag. *Paris, Sommaville,* 1636. — Iphis et Iante, com. *Id., ibid.,* 1637. — La Mort d'Achille et la Dispute de ses armes, trag. *Id., Ibid.,* 1637 (la marge sup. du 4ᵉ f. est enlevée). — Gustaphe ou l'Heureuse Ambition, tragi-com. *Id., Ibid.,* 1637. — Méléagre, trag. *Id., Ibid.,* 1641; 5 part. en 1 vol. in-4, demi-rel. d. et c. mar. r.

Ce théâtre est complet en éditions originales.

1736. La Mélize, pastorale comique par le s^r du Rocher, avec un Prologue facétieux. *Paris, J. Corrozet,* 1640; in-8, demi-rel.

1737. La Pucelle d'Orléans, tragédie en vers. *Paris, Sommaville et Courbé,* 1642; in-4, demi-rel. d. et c. mar. r.

Barbier attribue cette pièce à Benserade ou à la Mesnardière; nous croyons qu'elle est de l'abbé d'Aubignac, qui déjà avait traité ce sujet en prose.

1738. Les Boutades du capitan Matamore et ses comédies. *A Paris, T. Quinet,* 1647; in-4, demi-rel. d. et c. mar. cit.

1739. La Mort de Roxane, tragédie. *Paris, A. Courbé,* 1648; in-4, demi-rel.

1740. Cléomène, trag. par de Bouscal. *Paris, Sommaville,* 1640; in-4, demi-rel.

1741. L'Escolier de Salamanque ou les Généreux Ennemis, tragi-com. *Paris, Sommaville,* 1665. — Le Gardien de soy-mesme, comédie. *Id., Ibid.,* 1655. — Le Marquis ridicule. *Id., ibid.,* 1656; 3 pièces de Scarron en 1 vol. in-12, vél.

Éditions originales de ce format, très-bien conservées.

1742. AGATHONPHILE, martyr, tragi-comédie par D. F. Pascal, fille lyonnoise. *A Lyon,* 1665; in-8, mar. rouge, tr. dor. (*Duru.*)

TRÈS-BEL exemplaire d'une pièce fort rare et singulière.

1743. Intrigue des carrosses à cinq sols, comédie, représ. sur le théâtre royal du Marais, *Paris,* 1663; in-12, dem-rel.

L'une des pièces rares du théâtre de Chevalier.

1744. Le Soldat poltron, comédie (par Chevalier). *Paris, G. Quinet,* 1668; pet. in-12, v. éc.

1745. L'EUNUQUE, comédie (imitée de Térence, par J. de La Fontaine). *Paris, A. Courbé,* 1654; in-4, mar. rouge, fil. tr. dor. (*Hardy.*)

Édition originale du premier ouvrage que La Fontaine ait livré à l'impression. C'est un volume des plus rares.

1746. Pirame et Thisbé, tragédie de M. Pradon. *Paris*, 1674; in-12, mar. r. f. tr. d. doub. de mar. bl. comp. (*Gruel.*)
Édition originale.

1747. Phèdre et Hippolyte, trag. de M. Pradon. *Paris, J. Ribou*, 1677; in-12, mar. v. f. tr. dor. (*Gruel.*)
Édition originale.

1748. La Troade, tragédie par M. Pradon. *Paris, J. Ribou*, 1679; in-12, mar. r. tr. d. (*Gruel.*)
Édition originale.

1749. Statira, tragédie par M. Pradon. *Paris, J. Ribou*, 1680; in-12, mar. r. tr. d. (*Gruel.*)
Édition originale.

1750. Régulus, tragédie par M. Pradon. *Paris*, 1688, in-12, mar. r. f. doubl. de mar. bl. tr. d. (*Gruel.*)
Édition originale.

1751. ŒUVRES DE RACINE. *Suiv. la copie imprimée à Paris (Holl., Elzévir)*, 1678; 2 vol. pet. in-12, mar. bleu, fil. tr. dor. (*Niedrée.*)
Joli exemplaire de l'édition Elzévirienne la plus recherchée et la plus rare. Toutes les pièces sont de bonnes dates.

1752. Œuvres de Racine. *Suivant la copie imprimée à Paris (Holl., Elzevir)*, 1678-91; 3 vol. in-12, fig. mar. br. tr. d.
Le troisième volume renferme *Esther* (1686) et *Athalie* (1691).

1753. ŒUVRES DE RACINE. *Paris, Denis Thierry*, 1687; 2 vol. in-12, figures, mar. bleu, doublés de mar. rouge, dent. tr. dor. (*Duru.*)
Édition originale, la dernière publiée par Racine. TRÈS-BEL EXEMPLAIRE.

1754. Œuvres de Racine. *A Paris, chez Pierre Trabouillet*, 1687; fig. 2 vol. in-12, mar. r. fil. doub. de mar. v. comp. tr. d. (*Riche reliure.*)
Très-bel exemplaire, provenant de la bibliothèque de M. le baron Taylor.

1755. Œuvres de Jean Racine. *Imprimées par ordre du Roy pour l'éducation du Dauphin. A Paris, de* *l'imprimerie de Didot l'aîné,* 1784; 4 vol. in-8, cart.

Bel exemplaire. L'un des trois imprimés sur vélin.

1756. LES OEUVRES DE RACINE. *Paris, de l'imprimerie de P. Didot l'aîné, an IX* (1801-1805); 3 vol. in-fol. max. mar. r. dent. doublé de mar. v. dent. pet. fers, tr. d. (*Capé.*)

Le plus remarquable chef-d'œuvre de la typographie française, accompagné de 57 grav. d'après les dessins originaux faits par Prudhon, Gérard, etc.
Très-bel exemplaire, ÉPREUVES AVANT LA LETTRE. dans une splendide reliure.

1757. ESTHER ET ATHALIE (par Racine). *Paris, Denis Thierry et Claude Barbin,* 1689 et 1692; in-12, mar. rouge, tr. dor. (*Anc. rel.*)

ÉDITION ORIGINALE de ces deux pièces. — Exemplaire de Longepierre.

1758. Esther, tragédie tirée de l'Écriture sainte, par M. Racine. *Paris, D. Thierry,* 1689; fig. — Athalie, tragédie tirée de l'Ecriture sainte, par le même. *Id., ibid.,* 1691; fig. 2 pièces en 1 vol. in-4, mar. r. tr. d.

Éditions originales.

1759. Esther, trag. tirée de l'Écriture sainte (par Racine). *Paris, Cl. Barbin,* 1689; in-12, fig. mar. orange, fil. tr. d.

Édition publiée en même temps que l'édition originale in-4.

1760. Les Boutz-Rimez, comédie par de St-Glas. *Paris, Trabouillet,* 1682; in-12, demi-rel.

1761. Poëmes dramatiques de T. Corneille. *Paris, Courbé et G. de Luyne,* 1660-61; 2 vol. in-8, mar. r. fil. tr. d. (*Anc. rel.*)

EXEMPL. COLBERT.

D. Théâtre depuis Regnard jusqu'à nos jours.

1762. Almanach des Théâtres. *Paris, Duchesne et Vve Duchesne,* 1751-1800; en 48 vol. in-16, pour la plupart reliés en mar.

Collection complète; les années 1751 et 1752 sont assez rares pour avoir été réimprimées.

1763. LES OEUVRES DE REGNARD. *Paris, Pierre Ribou*, 1708; 2 vol. in-12, fig. mar. bl. fil. tr. dor. (*Niedrée.*)

Joli exemplaire de l'édition originale, RARE,

1764. Les OEuvres de Regnard. *A la Haye, chez Adr. Moetjens*, 1729; 2 vol. in-12, mar. r. fil. tr. dor. (*Capé.*)

Jolie édition; exemplaire relié sur brochure.

1765. Les OEuvres de Campistron, nouv. édit. augmentée de *Venceslas. Amsterdam*, 1678; in-12, v. f. fil. tr. dor.

1766. Les OEuvres de monsieur de Palaprat, augmentées de plusieurs comédies, etc. *Paris, Pierre Ribou*, 1712, 2 vol. in-12, mar. r. fil. tr. dor. (*Aux armes de la comtesse de Verrue.*)

1767. La Foire de Besons, comédie par Dancourt. *A Paris, Th. Guillain*, 1695; in-12, mar. v. tr. d. (*Duru.*)

Édition originale, musique notée.

1768. OEuvres choisies de Destouches. *Paris, Pierre Didot l'aîné et Firmin Didot*, 1810; 2 vol. in-12, portr. cart.

L'un des trois exemplaires imprimés SUR VÉLIN.

1769. OEUVRES DRAMATIQUES DE DESTOUCHES précédées d'une notice sur sa vie et ses ouvrages (par de Saint-Surin). *Paris, imprim. de Crapelet*, 1822; 6 vol. in-8, gr. pap. vél. port. mar. r. tr. d. (*Niedrée.*) (*Aux armes et aux chiffres de M. de Coislin.*)

Un des 80 exemplaires tirés sur papier grand-raisin vélin.

1770. Le Curieux impertinent, comédie par Néricault-Destouches. *Paris, P. Ribou*, 1711; in-12, mar. v. tr. dor. (*Capé.*)

Édition originale.

1771. Le Glorieux, comédie en vers et en 5 actes, par Néricault-Destouches. *Paris*, 1732; in-12, mar. r. tr. dor.

Édition originale.

1772. Le Dissipateur ou l'Honneste Friponne, comédie par Néricault-Destouches. *Paris*, 1736; in-12, mar. f. doub. de mar. v. comp. tr. d.

Édition originale.

1773. OEuvres de théâtre de Nivelle de la Chaussée. *Paris*, 1752; 3 vol. in-12, mar. cit. fil. tr. d. (*Derome.*)

Aux armes de Mesdames.

1774. OEuvres de de la Grange-Chancel. *Paris, P. Ribou*, 1735; 3 vol. in-12, v. gr. (*Aux armes de madame de Pompadour.*)

1775. Cénie, pièce en 5 actes (de madame de Graffigny). *Paris*, 1751; in-12, front. gr. v. f. fil. tr. d.

1776. Idoménée, tragédie (par de Crébillon.) *Paris*, 1706; in-12, mar. r. f. doub. de mar. bl. dent. tr. d. (*Gruel.*)

Édition originale.

1777. Pièces de théâtre en vers et en prose (par le président Hénault). — Cornélie vestale, 5 actes. — François II, en prose, 5 actes. — La Petite Maison, comédie, 3 actes, prose. — Le Jaloux de luy-même, 3 actes. — Le Réveil d'Épiménide et le Temple des Chimères. *S. l. (Paris), grav. d'Eisen*, 1768-70; in-8, v. éc.

1778. Le Lever de Baville, drame héroïque en 3 actes, par le Franc de Pompignan. *Rome, Barbarini. S. d.*; in-8, demi-rel.

1779. OEuvres de Ducis, précédées d'un avertissement, par Auger, de l'Académie française. *Paris*, 1827; OEuvres posthumes, avec une notice sur sa vie, par Campenon, de l'Acad. franç., 1827; en 1 vol. gr. in-8 à 2 col. demi-rel. toile non rog. (*Trautz-Bauzonnet.*)

Exemplaire imprimé sur PAPIER DE CHINE, précédé d'une longue et intéressante lettre autographe inédite de Ducis. L'écriture de Ducis est rare. Suite de figures sur papier de Chine, d'après Desenne.

1780. La Mort de Louis XVI (par Barthès), trag. en

3 actes. *Paris, chez les marchands de Nouveautés*, 1793; in-8, demi-rel.

1781. Le Club des bonnes gens ou le Curé françois, par le Cousin Jacques. *Paris, 1791*; in-8, demi-rel.

1782. Les Ressources de Quinola, comédie en 5 actes par de Balzac. *Paris, Souverain*, 1842; in-8, demi-rel.

<small>Dernière épreuve avec quelques corrections de la main de l'auteur.</small>

1783. Le Faiseur, comédie en 5 actes et en prose, par de Balzac; in-12, demi-rel.

<small>Épreuve corrigée de la main de Balzac : *le Faiseur*, on le sait, est le premier titre de *Mercadet*.</small>

E. Opéras; Ballets; Théâtre-Italien; Farces.

1784. Ballet comique de la Royne, faict aux nopces de M. le duc de Joyeuse et mademoyselle de Vaudemont, sa sœur, par Baltasar de Beauioyeulx, valet de chambre du roy. *Paris, Adrian le Roy, R. Ballard et Mamert Patisson*, 1582; in-4, fig. sur cuivre et musique notée, mar. v. comp. tr. d.

<small>Bel exemplaire d'un livre rare. Quelques planches mal assemblées ont été atteintes d'un côté par le couteau du relieur, tandis que la marge de l'autre côté est exagérée.</small>

1785. Discours au vray du ballet dansé par le roy, avec les dessins tant de machines et apparences différentes, que de tous les habits des masques, par Durand. *Paris*, 1617; in-4, musique notée, mar. r. fil. tr. dor. (*Trautz-Bauzonnet.*)

<small>Superbe exemplaire d'un livre très-rare. Les figures, qui représentent les personnages de la Cour en costumes, sont gravées sur cuivre. On y remarque les noms de M. de Luynes, du chevalier de Vendosmes, de M. de Monpoullan, de Liancourt, de Bleinville, de La Rochefoucault, etc.</small>

1786. Ballet en langage foresien de trois bergers et bergères se gaussant des amoureux qui nomment leurs maîtresses leur doux souvenir, leur belle pensée, leur lis, leur rose, leur œillet, etc., par Marcellin Allard. *S. l. n. d.* (*Paris, Chevalier,* 1605); in-8, v. f. fil. tr. dor. (*Bauzonnet.*)

<small>Opuscule rare et fort recherché.</small>

1787. Les Plaisirs de l'Isle enchantée ou les Festes et Divertissements du Roy à Versailles, divisez en trois journées et commencez le 7 mars 1664. *Paris, Imprim. royale*, 1674; in-fol. mar. r. dent. tr. d. (*Aux armes de France.*)

<small>Figures d'Israël Silvestre et de Le Pautre. On y remarque la représentation du *Malade imaginaire* devant toute la cour.</small>

1788. Recueil général des opéras représentez par l'Académie royale de musique depuis son établissement. *Paris, Ballard*, 1703-45; 16 vol. in-12, fig. r. fil. tr. d. (*Aux armes de Choiseul-Grammont.*)

1789. Recueil des opéras de Quinault. *Paris*, 1672-87; 3 vol. in-4, mar. r. fil. tr. d. (*Anc. rel.*)

<small>Renfermant 17 pièces en éditions originales, plus deux opéras de Campistron.</small>

1790. Théâtre de Danchet, de l'Acad. françoise. *Paris*, 1751; 4 vol. in-8, mar. r. f. tr. d. (*Anc. reliure.*)

1791. Théâtre italien de Florian. *Paris, Didot*, 1784; 2 vol. in-16, mar. r. fil. tr. d. (*Derome.*)

1792. Le Théâtre de la foire. *Amsterd.*, 1722; 10 vol. pet. in-8, demi-rel. v. f. non rognés.

<small>Plus 2 vol. Mémoires pour l'hist. des spectacles de la foire, par un auteur forain.</small>

1793. Théâtres des boulevards ou Recueil de parades. *Au Port-Mahon, à l'enseigne de l'Étrille*, 1756; 3 vol. in-12, v. m.

1794. Recueil général des proverbes dramatiques, en vers et en prose (par Carmontel). *A Londres et à Paris, chez les marchands de nouveautés*, 1786; 16 tom. en 8 vol. in-16, demi-rel. d. et coins mar. r.

5. Poètes dramatiques étrangers.

1795. Trattato su la Commedia dell' arte, ossia improvvisa. — Maschere italiane, ed alcune scene del Carnevale di Roma, dal Prof^{re} Fr^o Valentini. *Berlino*, 1826; in-4, cart. fig. coloriées.

1796. L'Horatia (comedia) di P. Aretino. *Vinegia, Gabr. Giolito*, 1546; mar. rouge, tr. dor. (*Thompson.*)

Joli exemplaire d'un petit livre rare.

1797. LA SOPHONISBA DEL TRISSINO. *Stampata in Roma, per Lod. Vicentino*, 1524; in-4, v. br. comp. tr. d. (*Anc. rel. avec des Y entrelacés sur les plats.*)

Sur la garde se trouve un curieux envoi autographe du roi Charles IX à Brantôme. (Écriture vérifiée.)

« Bourdeille, ie t'envoye Sophonisba; tu le liras et me le viendras raporter et men dire ton aduis. Adieu, ma chere ame. C. »

1798. Didone, tragedia di Lodov. Dolce. *Vinegia (Aldus)*, 1547; mar. brun, tr. dor. (*Thompson.*)

Bel exemplaire d'une pièce rare.

1799. Aminta, favola boscareccia di T. Tasso (avec les notes de Ménage, académicien de la Crusca). *In Parigi, presso Ag. Courbé*, 1655; in-4, mar. br. comp. tr. d. (*Curieuse rel. anc.*)

1800. Rappresentatione del Figlivolo Prodigo del Rev. P. D. Mauritio Moro, novamente dal detto in ottava rima composta. *In Venetia*, 1585; in-4, m. rouge, dent. tr. dor. (*Trautz-Bauzonnet.*)

Superbe exemplaire d'un volume d'une conservation parfaite et de toute rareté.

1801. Théâtre d'Alberto Nota et du comte Giraud, choix de leurs meilleures pièces représentées sur les théâtres d'Italie, par Bettinger, Scribe et Bayard. *Paris*, 1839; 3 vol. in-8, demi-rel. v. f.

1802. Il Pastor fido, tragicomedia pastorale del signor cavalier Battista Guarini. *Amsterd., D. Elzevier*, 1678; in-32, mar. bleu, fil. tr. dor. (*Trautz-Bauzonnet.*)

<small>Joli exemplaire d'une édition peu commune; figures gravées à l'eau-forte par Sébastien Leclerc. A la suite de cette pièce se trouvent des *facéties* et des épigrammes burlesques.</small>

1803. Il Pastor fido, tragicommedia, e la Idropica, commedia di Bap. Guarini. *Londra*, 1736; in-4, mar. v. large dent. tr. d. (*Padeloup.*)

<small>Belle édition en gros caractères. *La Idropica*, imprimée en plus petits caractères, porte sur le titre : *In Verona*, 1734, *per G. Alb. Tumermani.*</small>

1804. La Caduta del Regno dell' Amazzoni, festa teatrale fatta rappresentare in Roma dall' eccelent. signor marchese di Coccogliodo, ambasciatore della Maestà del re Cattolico per le augustissime Nozze della sacra real Maestà di Carlo II. *Roma, stamperia dela Rev. Cam. apost.*, 1690; in-4, vél. gr. fig. et pl. à l'eau-forte d'après Fontana.

1805. La Gloria d'Amore, spectacolo festivo, fatto rappresentare dal seren. sig. Duca di Parma. *In Parma, nella stampa ducale*, 1690; in-4, vél.

<small>Grandes planches et figures des frères Mauri.</small>

1806. Tragedie del Cardinale Giovanne Belfino, con dialogo sopra di esse. *Roma*, 1733; in-4, portrait, mar. rouge, comp. tr. d. (*Anc. rel.*)

1807. TRAGICOMEDIA DE CALISTO MELIBEA. (à la fin): *descriue el tiempo en que la obra se imprimo. El carro d' febo d'spues d' auer dado mill ꝗ quiniētas dos bueltas.............................. fue en Seuilla impresso acabado*, in-4, goth. fig. s. b. mar. v. fil. tr. d. (*Thompson.*)

<small>Très-bel exemplaire d'une édition précieuse et fort rare, plus complète que celles de 1499, 1500 et 1501.</small>

1808. CELESTINA. Tragico-commedia di Calisto e di Melibea in ital. trad. da Alphonso Hordognez. *Mediolani, in offic. libraria Minutiana*, 1515. —

Impressa Venetiis p. Nicolai de Gorgonzola; in-8, mar. v. f. tr. d.

Édition rare : quelques transpositions.

1809. CELESTINA, tragi-comedia de Calista y Melibea en la qual se contienen, de mas de su agradable y dulce estilo... *Antv. en la officina Plantiniana*, 1599; pet. in-12, m. rouge, fil. tr. dor. (*Trautz-Bauzonnet.*)

Charmant exemplaire d'une édition rare et très-joliment imprimée.

1810. LA CÉLESTINE, en laquelle est traicte des deceptions des seruiteurs envers leurs maytres et des macquerelles envers les amoureux, translatée dytalien en françoys. — *Imprime à Paris, par Nic. Cousteau pour Galliot du Pré*.... 1527; in-8, goth., mar. rouge, tr. dor. janséniste. (*Duru.*)

Bel exemplaire de cette édition fort rare.

1811. La CÉLESTINE, tragi-comédie, traduit d'espagnol en françois (par Jacques de Lavardin), où se voyent les ruses et tromperies dont les macquerelles usent envers les fols amoureux. *Paris, Nicol. Bonfons* (1598); in-16, let. rondes, mar. cit. fil. tr. dor. (*Anc. rel.*)

Très-joli exemplaire de M. de Soleinne. A la suite de cette traduction, *la Vieille courtisane*, de Joachim du Bellay.

1812. LA CÉLESTINE, tragi-comédie, traduit d'espagnol en françois (par Jacques de Lavardin), où se voyent les ruses et tromperies dont les macquerelles usent envers les fols amoureux. *Rouen, Téodore Reinsart*, 1598; pet. in-12, mar. vert, fil. tr. dor. (*Derome.*)

Charmant exemplaire de M. de Labédoyère.

1813. LA HYJA DE CELESTINA, por Alonso Geronimo de Salas Baruadyllo : impressa por la diligencia y cuydado del Alferez Francisco de Segura. *En Caragoça, por la Biuda de Lucas Sanchez*, 1612;

pet. in-12, allongé, m. v. fil. tr. dor. (*Trautz-Bauzonnet.*)

CHARMANT EXEMPLAIRE. — *La Fille de Célestine* n'est pas une comédie, mais un conte ou un roman inspiré par *Célestine*. Cependant il est indispensable de joindre à la collection *célestinienne* ce petit volume fort rare, surtout aussi bien conservé que cet exemplaire.

1814. Las Comedias de D. Pedro Calderon de la Barca, corregidas y dadas á luz por Juan Jorge Keil. *Leipsique*, 1827; 4 vol. in-4, demi-rel.

Bonne édition.

1815. Teatro tragico e comico del marchese Guis. Gorini Gorio. *Venezia*, 1732; 2 vol. pet. in-8, veau fauve, fil. tr. dor.

Exemplaire très-bien relié par Padeloup.

1816. Faust, tragédie de Gœthe, trad. en français par Albert Stapfer. *Paris*, 1828; gr. in-fol. demi-rel.

Dix-sept dessins par Eugène Delacroix, composés d'après les principales scènes de l'ouvrage.

1817. The Dramatic Works of William Shakspeare with a glossary. *Chiswick, printed by Whittingham*, 1823; in-8, fig. m. violet, fil. à comp. tr. dor. (Purgold.)

Édition devenue rare et regardée comme un véritable chef-d'œuvre typographique. Belle reliure.

1818. OEUVRES COMPLÈTES DE SHAKSPEARE, nouvelle édition, précédée d'une notice biographique et littéraire sur Shakspeare, par Guizot (et Amédée Pichot). *Paris, Ladvocat*, 1821; 13 vol. in-8, fig. demi-rel. cuir de Russie, non rognés.

Exemplaire GRAND PAPIER VÉLIN, RARE; portrait sur papier de Chine avant la lettre.

1819. Citation and examination of William Shakspeare; to which is added a conference between Essex and Spenser. *London*, 1834; in-8, v. ant. fil. (*Trautz-Bauzonnet.*)

Bel exemplaire provenant de la bibliothèque de M. Armand Bertin.

1820. The Youth of Shakspeare by the author of

Shakspeare and his friends. *London, 1846;* 3 vol. in-8, dos et coins de mar. orange. (*Trautz-Bauzonnet.*)

Bel exemplaire papier vélin et de la bibliothèque de M. Armand Bertin. Elégante reliure.

1821. THE JESUITES, COMEDIE ; acted at Lyons in France, etc.... *London, 1607.* = Récit touchant la comédie jouée par les Jésuites et leurs disciples, en la ville de Lyon, au mois d'aoust 1607. *Londres, imp. selon la copie impr. en France, 1607;* pet. in-4 de 16 pag. m. r. tr. dor. (*Trautz-Bauzonnet.*)

Ces deux opuscules, l'un en anglais et l'autre en françois, ont paru à la même époque. Le premier, que nous croyons être l'original, a été imprimé à Londres; mais le second, qui n'est qu'une traduction littérale de l'anglais, a été imprimé en France, malgré l'indication de *Londres, selon la copie imprimée en France.* Ce sont deux brochures à peu près introuvables.

1822. La Reconnaissance de Sacountala, drame, trad. du sanscrit par Chézy. *Paris, 1822;* in-8, demi-rel.

V. FICTIONS EN PROSE.

I. FABLES.

1823. ESOPET EN FRANÇOYS AVEC LES FABLES DE AUIAN, DALPHONSE ET DE POGGE, FLORENTIN. — *Cy finisset les Fables d'Esope | Auian | Alphonse ẽ aulcũes ioyeusetes de Pogge Florentin. Imprimees a Paris par la vefue feu Jehan Trepperel et Jehan Jehannot, libraire. S. d. (vers 1524);* in-4 goth. à 2 col. fig. s. b. mar. brun, fil. tr. d. (*Rel. angl.*)

Joli exemplaire d'un très-rare volume enrichi de figures gravées sur bois.

1824. ESBATIMENT MORAL des animaux. *Anvers, chez Ph. Galle, 1578;* in-4, mar. rouge, fil. tr. dor. (*Trautz-Bauzonnet.*)

SUPERBE EXEMPLAIRE d'un recueil de fables orné de 125 charmantes figures par Phil. Galle. C'est un livre rare.

1825. Reineke Fuchs, von Goethe, gedruckt bei

W. Wick in München, mit Zeichnungen von Wilh. von Kaulbach, gestochen von R. Rahn und A. Schleich. *München, Verlag der litterarisch-artistischen Anstalt,* 1846; in-fol. demi-rel.

<small>Bel exemplaire d'un livre fastueux, richement illustré par Kaulbach.</small>

2. ROMANS, CONTES ET NOUVELLES.

A. Romans grecs et latins.

1826. Traduction des meilleurs romans grecs, latins et gaulois, extraits de la Bibliothèque universelle des romans. *Paris, Didot,* 1785; 2 tom. en 1 vol. in-4. d.-rel.

1827. Longi Pastoralium de Daphnide et Chloë lib. IV, ex recensione d'Ansse de Villoison. *Parisiis, Ambr. Didot, sumptibus G. de Bure,* 1778; in-4, v. éc. f. tr. d. (*Rel. anc.*)

<small>Exemplaire sur papier de Hollande, tiré in-4; fig. du Régent ajoutées. A la suite sont les notes d'Ansse de Villoison, formant une partie séparée de 326 pages.</small>

1828. Histoire des pastorales et bocageres amours de Daphnis et de Chloë, trad. du grec en françois (par Jacques Amyot). *Paris, A. du Brueil,* 1596; in-12, cuir de Russie, f. tr. d.

<small>Exemplaire de Ch. Nodier.</small>

1829. Les Amours pastorales de Daphnis et Chloé, trad. du grec de Longus, par J. Amyot (imprimé par les soins de Lancelot), *à Paris,* 1718; in-8, mar. rouge, fil., tr. dor. (*Anc. rel. de Derome.*)

<small>Bel exemplaire de l'édition qui contient les planches originales des figures gravées par Ben. Audran, sur les dessins du duc d'Orléans, régent du royaume. On y a ajouté la figure des petits Pieds.</small>

1830. LES AMOURS PASTORALES DE DAPHNIS ET CHLOÉ. *S. l.* (*Paris*), 1718; in-8, mar. r. dent. tr. d. (*Derome.*)

<small>Très-bel exemplaire de l'édition dite du Régent, avec les figures composées par Philippe d'Orléans.</small>

1831. Les Amours pastorales de Daphnis et Chloé, trad. du grec de Longus (par Amyot). *Paris, P. Didot*, an VIII; in-12, mar. bleu, fil.; tr. dor. (*Trautz-Bauzonnet.*)

<small>Très-joli exemplaire en grand papier vélin, lavé, encollé, et auquel on a ajouté une suite de figures d'après Monsiau, avant la lettre.</small>

1832. Daphnis et Chloé, traduction complète d'après le manuscrit de l'abbaye de Florence. *Imprimé à Florence, chez Piatti*, 1810; in-8, demi-rel.

<small>Traduction de P.-L. Courier, publiée après l'histoire de la fameuse tache d'encre du ms. de Longus. Tiré à petit nombre. On a joint à cet exemplaire la lettre à Renouard et d'autres pièces.</small>

1833. LES ADVENTURES AMOUREUSES DE THEAGENES ET CHARICLEE, sommairement descrites et représentées par figures; dédié au Roy, par Pierre Vallet son brodeur ordinaire. *Paris chez Gabriel Tavernier*, 1613; in-8, mar. rouge, fil. tr. dor. (*Anc. rel.*)

<small>TRÈS-BEL EXEMPLAIRE. M. Robert Duménil, page 101 du tome VI (*Le Peintre, graveur français*), décrit ce volume, qui contient 120 eaux-fortes dues à Pierre Vallet, artiste distingué, né à Orléans en 1575, et il ajoute que, « parmi les estampes dues à Vallet, les plus remarquables décorent le livre « des *Aventures amoureuses de Théagène et de Chariclée*, véritable bijou bi-« bliographique de la plus grande rareté. »</small>

1834. Les Amours de Théagène et Chariclée, histoire éthiopique d'Héliodore, seconde édition. *Paris, Samuel Thiboust*, 1626; in-8, fig. de Michel Lasne, Matheus, etc., mar. v. f. tr. d. (*Derome.*)

1835. Achillis Tatii de Clitophontis et Leucippes amoribus libri VIII. — Longi sophistæ de Daphnidis et Chloes amoribus lib. IV. — Parthenii Nicæensis de amatoriis affectibus lib. I (gr. lat.). *S. l. (Heidelbergæ), ex officina Commeliana*, 1601; in-8, mar. r. fil. tr. d. (*Aux deuxièmes armes de De Thou.*)

<small>Première édition du texte grec.</small>

1836. LES DEUIS AMOUREUX, traduitz naguères de grec en latin et depuis de latin en françoys par l'amoureux de vertu (par Claude Colet, champenois). *On les vend à Paris en la grand salle du Palais, en* *la boutique de Gilles Corrozet*, 1545; in-8, m. vert, fil. tr. dor. cisel. (*Bauzonnet.*)

<small>Traduction des fragments alors connus du roman de Clitophon et de Leucippe, par Achille Tatius. C'est un volume extrêmement rare et dont ne parlent ni Lacroix du Maine, ni du Verdier. Cet exemplaire, qui provient de Nodier, ne laisse rien à désirer; il est de la plus belle conservation, quoique non lavé; il est réglé avec soin, et l'on a conservé à la nouvelle reliure son ancienne tranche.

En tête se trouve aussi une petite note autographe signée de Ch. Nodier.</small>

1837. Les Amours de Clitophon et de Leucippe, escris jadis en grec, par Achilles Statius, et depuis mis en latin par L. Annibal Cruccio, et trad. en langage franç. (par Belleforest). *Paris*, 1568; in-8, mar. citron, fil. tr. dor. (*Padeloup.*)

<small>Volume d'une parfaite conservation, provenant de la bibliothèque Nodier (1829).</small>

1838. Les Amours d'Ismène et de la chaste Ismine, nobles de Grèce, trad. de grec en vulgaire toscan, et depuis fais françois par Hierosme d'Avost de Laval. *Paris, Nic. Bonfons*, 1582; in-16, mar. v. comp. tr. d.

1839. Les Amours de Zoroas et de Pancharis, poëme érotique, ou Veillées d'un homme de loisir (par Petit-Radel). *Paris*, 1802; 3 v. in-8, papier vélin, fig. d.-rel. v. fauve.

1840. Les Métamorphoses ou l'Asne d'or d'Apulée. *Paris, Nic. et J. de la Coste*, 1648; in-8, fig. de Crispin de Passe, mar. viol. dent. tr. d. doublé de tabis.

<small>Exemplaire Renouard.</small>

B. Romans français.

1. Romans de chevalerie.

a. *Table ronde.*

1841. La Devise des armes des chevaliers de la table ronde, lesquels estoient du très-renommé et vertueux Artus, Roy de la Grand Bretaigne.

Lyon, par Benoist Rigaud, 1590; in-16, mar. bleu, fil. tr. dor. (*Capé.*)

Petit livre rare; « le premier blason est celui d'Arthus, et le dernier est d'un inconnu qui, dans ses armes, portait un cochon. » BRUNET, *Manuel*.

1842. LHYSTOIRE DU SAINCT GREAAL qui est le premier liure de la Table ronde... Ensemble la Queste du dict sainct Greaal, faicte par Lancelot, Galaad, Boors et Perceual, qui est le dernier liure de la Table ronde. — *Nouuellement imprime a Paris par Jehan Petit, Galiot du Pre et Michel le Noir... le xxve jour de septembre mil cinq cens et seize*. 2 tom. en 1 vol. in-fol. goth., à 2 col. mar. r. doublé de mar. vert, riche dent. tr. dor. (*Bauzonnet.*)

Magnifique exemplaire d'un des romans les plus rares et les plus recherchés de la classe de la Table ronde. Il provient de la bibliothèque de M. Armand Bertin.

1843. LE PREMIER (ET LE SECOND) VOLUME DE MERLIN. — LES PROPHECIES DE MERLIN. — *Cy finissent les Prophecies Merlin. Nouuellement imprime a Paris lan mil iiij-cccc. iiii. xx. xviij. pour Anthoine Verard;* 3 part. en deux volumes pet. in-fol. goth. à 2 col. fig. s. b. Le premier, relié en mar. v. f. tr. d. (*Anc. rel.*); le second en v. f. tr. d. (*Rel. angl.*)

Première édition, rare et précieuse. Le deuxième vol. a les quatre derniers ff. refaits à la main.

1844. LE PREMIER (Second et Tiers) VOLUME DE LANCELOT DU LAC. Les Merveilleux Faicts et Gestes du noble et puissant Lancelot du Lac, compaignon de la Table ronde. — *Cy fine le derrenier volume de la Table ronde, faisant mētion des fais et proesses de Mōseignr̄ Lācelot du Lac.... Imprime po^r Anthoine Verard... demourant a Paris deuant la rue Neufue Nostre Dame*. 3 vol. in-fol. goth. à 2 col. de 45 lig. fig. s. b. v. éc.

Le premier vol. porte la date de 1495, mais l'indication de la demeure de Vérard prouve que cette édition est postérieure à 1503.

Exemplaire de la Vallière. Le troisième volume a trois ff. refaits à la plume.

1845. LE PREMIER (le Second et le Tiers) VOLUME DE LANCELOT DU LAC. Mil cinq cens xxxiii. *On les vend à Paris en la rue Sainct Jacques, par Jehan Petit.* — *Cy fine le dernier volume de la Table ronde... Nouvellement imprime a Paris pour Philippe Le Noir*, 3 tom. en 1 vol. in-fol. goth. à 2 col. fig. sur bois, mar. bl. tr. d. (*Duru.*)

1846. PERCEVAL LE GALLOYS. Tres Plaisante et Recreative Hystoire du tres preulx et vaillant cheualier Perceval le Galloys, jadis cheuallier de la Table ronde. Non auparauant imprime. *On les vend au Pallais à Paris, en la boutique de Jehan Lōgis | Jehan Sainct Denis | et Galliot du Pré.* — *Et fut acheué de imprimer le premier jour de septembre l'an mil cinq cens trente.* In-fol. goth. v. f. (*Rel. anc.*)

<small>Bel exemplaire, avec les quatre f. de l'*Élucidation du Sainct-Graal*. Exemplaire du duc de la Vallière.</small>

1847. TRISTAN DE LEONNOIS. HISTOIRE du tres vaillant, noble et excellent cheualier Tristan, filz du Roy Meliadus de Leonnois (rédigée par Luce, chevalier, seigneur du château de Gast). — *Cy fine la secōde et derraine partie de ce present liure fait et cōpile en lhonneur et memoire du tres vaillant, noble et excellent cheualier Tristā, filz du noble roy Meliadus de Leonois : lequel regna au tēps du roy Art' et du roy Marc de Cornouaille ⁊ de la belle Yseut, fille du roy d'Irlāde ⁊ femme du roy Marc, le quel liure a este imprime a Rouē en lostel Jehā le Bourgoys, fait ⁊ acheue le dernier iour de septembre lan de grace mil. cccc. iiii. xx. et. ix.* In-fol. goth. mar. r. comp. tr. d. (*Bauzonnet.*)

<small>ÉDITION ORIGINALE TRÈS-RARE.
Très-bel exemplaire de l'un des plus importants romans de chevalerie qui existent. Il est conforme à la description du *Manuel*. Il a de plus, en tête de la seconde partie, un f. blanc, qui commence le premier cahier *a a*.</small>

1848. LES GRANDES PROESSES DU TRES VAILLANT | noble et excellent cheualier Tristan, filz du noble Roy Meliadus de Leonnois et cheualier de la Table ronde. — *Cy finist le second et dernier volume.....*

Nouuellement imprime à Paris, lan mil cinq cēs trente troys. In-fol. mar. r. f. tr. d. (*Anc. rel. aux armes du prince Eugène de Savoie.*)

1849. YSAIE LE TRISTE, filz Tristan de Leonois|iadis cheualier de la Table ronde | et de la royne Yzeut de Cornouaille. Ensemble les Nobles Prouesses de cheualerie, faictes par Marc Lexille, filz dudit Ysaie | histoyre moult playsante et delectable. | Nouuellement imprime a Paris. — *Icy finist lhystoire du preulx cheualier Ysaie le Triste... Nouuellement imprime a Paris par maistre Pierre Vidoue pour Galliot du Pré. S. d.* (le privilége est daté de 1522); in-fol. v. br. (*Aux armes de Nic. Jos. Foucault, seigneur de Magny.*)

Bel exemplaire de l'édition la PLUS RARE et la plus recherchée.

1850. CLERIADUS. Cy commence la Cronicque de messire Cleriadus, fils au conte dEsture, et de Meliadice, fille au roy dAngleterre. — *Cy finist le Romāt ou Cronicque de Cleradius et Meliadice... Nouuellement imprime a Lyon par Oliuier Arnoullet.* 1529; in-4, goth. fig. s. b. mar. v. tr. d. (*Duru.*)

Exemplaire du prince d'Essling.

b. *Charlemagne, les Douze Pairs, et les Neuf Preux.*

1851. Cronique et Histoire faicte et composee par reuerend Pere en Dieu Turpin, archeuesque de Reims, lung des Pairs de Frāce. *Imprimé à Paris pour Regnauld Chaudière, par maistre Pierre Vidoue,* 1527; in-4, goth. mar. bl. dent. tr. d. (*Anc. rel.*)

A longues lignes, fig. s. b. Double de la Bibliothèque royale, à grandes marges; mais, l'encre d'imprimerie ayant coulé lors du tirage ou par suite d'un lavage ancien, quelques ff. sont maculés.

1852. La Chronique de Turpin, archeuesque de Reims et premier pair de France, etc. *Lyon, Fr. Arnoullet,* 1583; in-8, cuir de Russie, dent. tr. d.

Exemplaire Renouard. C'est la reproduction de la *Conqueste de Tresbisonde* et non celle de la *Chronique de Turpin*, Paris, 1527. Volume TRÈS-RARE.

1853. LA CONQUESTE DU GRANT ROY CHARLE-MAIGNE DES ESPAIGNES : et des vaillances des douze pers de France : et aussi celles du vaillant Fier-à-bras. — *Imprimé à Rouen pour François Regnauld* (vers 1520); in-4, goth. mar. vert, fil. doublé de mar. rouge à comp. tr. dor. (*Duru.*)

Volume précieux, dont on ne connaît pas d'autre exemplaire de cette édition; celui-ci, d'une conservation parfaite, provient de la vente Rich. Heber, alors acheté par M. Armand Bertin, qui l'a fait relier avec soin. On y remarque une série de curieuses figures gravées sur bois.

1854. LA FLEUR DES BATAILLES DOOLIN DE MAIENCE. — A lhonneur ρ louenge de Dieu nostre souuerain Seigneur et de sa benoiste Mere a este ce present Romant contenant les faictz et gestes du noble cheualier preux et hardy Doolin de Maience, filz du bon conte Guy de Maience ; *nouuellement imprime a Paris le xxvii. iour de may lan de grace mil cinq cens et ung. pour Anthoine Verard;* in-fol. goth. fig. s. b. v. f. fil. (*Anc. rel. aux armes du comte d'Hoym.*)

Bel et PRÉCIEUX exemplaire, qui a successivement figuré dans les bibliothèques de Colbert, du comte d'Hoym et du duc de la Vallière.

1855. SENSUIT LA FLEUR DES BATAILLES DOOLIN DE MAYENCE. — On les vend a Paris en la rue Neufue Nostre Dame a lenseigne de lEscu de France. *Nouvellement imp. a Paris par Alain Lotrian et Denys Janot. S. d.* (*v.* 1530); in-4 à 2 col. fig. s. b. mar. r. doub. de mar. r. dent. tr. d. (*Koehler.*)

Exemplaire du prince d'Essling.

1856. LES QUATRE FILZ AYMON. — *Cy finist lHystoire du noble et vaillant cheualier Regnault de Montauban. Imprime a Lyon le xx. iour du moys dapuril. lan mil quatre cens nonante trois;* in-fol. fig. s. b. mar. r. f. tr. d. (*Anc. rel.*)

Édition précieuse. Exemplaire du duc de la Vallière, avec le 22ᵉ f. refait à la plume.

1857. MABRIAN. La Cronicque et Hystoire singuliere et fort recreative des conquestes et faictz belliqueux du preux : vaillant et le nompareil cheualier Mabrian, etc. — *Fin de la Cronicque... et fut acheue de imprimer a Paris le xx. iour de ianuier lan mil cinq cens xxx. pour Jacques Nyuerd, imprimeur.* In-fol. à 2 col. fig. s. b. mar. r. f. tr. d. (*Anc. rel.*)

<small>Édition d'une insigne rareté. Exemplaire du prince d'Essling et de la Vallière.</small>

1858. Histoire fort plaisante et recreative contenāt le reste des faictz et gestes des quatre fils Aymon... semblablement la Cronique et Histoire du chevaleureux et redoubté prince Mabrian... *A Lyon, Benoist Rigaud,* 1581. In-8, mar. v. tr. d. (*Rel. angl.*)

<small>C'est la réimpression en lettres rondes de la Chronique de Mabrian.</small>

1859. TRÉBISONDE. Sensuit la Cōqueste du tres puissāt empire de Trebisōde et de la spacieuse Asie. — *Cy fine ce present livre la Conqueste de lempire de Tresbisonde, faicte par Regnauld de Montalban... Imprime a Paris par la vefue feu Jehan Trepperel. S. d.;* in-4 gothiq. à 2 col. fig. s. b. mar. ol. doub. de mar. r. dent. tr. dor. (*Koehler.*)

<small>Exemplaire du prince d'Essling, d'un volume rarissime.</small>

1860. LA CONQUESTE DE TREBISONDE. — *Cy fine ce present liure intitule la conqueste de l'empire de Trebisonde faicte par Regnauld de Montauban filz du duc Aymond.... Nouuellement imprime à Paris pour Yvon Gallois libraire demeurant audit lieu sur le pont aux musniers a lenseigne de St-Francoys et St-Yves.* (Sans date); in-4 goth. m. brun, fil. à comp. tr. dor.

<small>Très-bel exemplaire d'un livre célèbre par sa rareté.</small>

1861. Le Premier Liure de l'Histoire et ancienne cronique de Gerard d'Euphrate, duc de Bourgongne. *A Paris, par Estienne Groulleau, pour Vincent Sertenas,* 1549; in-fol., fig. en bois, mar. bl. tr. d. (*Duru.*)

<small>Première édition en lettres rondes, fig. en bois, avec le privilège.</small>

1862. OGIER LE DANOIS, DUC DE DANEMARCHE, qui fut lũg des pers de France | lequel auec layde du Roy Charlemaigne chassa les payēs hors de Rõme : et remist le pape en son siege... — *A la louenge de Dieu et de toute la court celeste, cy finist le Rommant nomẽ Ogier le Dannoys.... Imprime a Paris pour Anthoine Verard libraire. S. d.* (1498); in-fol. fig. s. b. mar. bl. comp. à la Grolier, doublé de mar. r. à comp. tr. dor. (*Koehler.*)

Édition originale. Exemplaire de M. le baron Taylor ; quelques ff. sont raccommodés avec soin.

1863. Ogier le Dannoys. On les vent à Paris à l'enseigne de lescu de France. — *Imprimé à Paris par la veufue feu Jehan Trepperel et Jehan Johannot* (sans date); in-4 goth. à 2 col. mar br. tr. d.

Exemplaire, d'une conservation parfaite, d'une édition très-rare.

1864. L'HISTOIRE DU PREUX MEURUIN, filz de Oger le Dannoys, Nouuellement imprime a Paris. — Cy fine lHistoire Meuruin, filz de Ogier le Dannoys. *Imprime nouuellement a Paris ce 20ᵉ iour de ianuier mil cinq cens quarante par Estienne Caueiller, imprimeur, pour Jehan Longis et Pierre Sergent, libraires;* in-8 gothiq. mar. bl. tr. d.

Très-bel exemplaire du duc de la Vallière, relié par Padeloup.

1865. LHistoire tres recreative : traictant des faictz et gestes du noble et vaillant cheualier Theseus de Coulongne | par sa proesse empereur de Rome. et aussi de son filz Gadifer empereur de Grece. — *Cy fine ce present romant du noble ¢ vaillant cheualier Theseus de Coulogne.... Nouuellement imprime a Paris pour Jehan Bonfons, libraire. S. d.;* in-4 goth. à 2 col. v. f. fil. tr. d. (*Padeloup.*)

Exemplaire du duc de la Vallière.

1866. Milles et Amys. Ce Rommant est nomme
Lequel racompte les gestes et haulx fais
Du cheualier Milles tres renomme
Et de Amys qui furent si tres parfais
Qu'ilz ne peurent densemble estre deffais, etc.

— *Cy finist le liure de Milles et Amys nouuellement imprime pour Anthoyne Verard, libraire. S. d.* (vers 1503); in-fol. gothiq. à 2 col. fig. s. b. mar. r. comp. tr. d.

Édition originale. Les ff. 37 et 42 sont refaits à la main.

1867. LHystoire des nobles et vaillantz cheualiers | nōmez Milles et Amys | lesquelz en leur viuant furent plaīs de grandes prouesses. — *On les vend a Paris en la rue Neufue Nostre Dame a lēnseigne de lEscu de France. — Cy finist le liure de Milles et Amys, nouuellement imprime a Paris par Alain Lotrian et Denys Janot. S. d.* (v. 1530); in-4 goth., mar. v. doub. de mar. r. à comp. tr. d. (*Koehler.*)

Exemplaire du prince d'Essling.

1868. Milles et Amys. L'Hystoire des nobles et vaillans chevaliers Milles et Amys, lesquels en leur vivant furent plains de grandes proesses et vaillances. *A Paris, par Nicolas Bonfons* (vers 1530); in-4, goth. mar. brun, tr. dor. (*Duru.*)

Exemplaire, court de marges, d'un roman de chevalerie de toute rareté. (Voy. l'*Analecta biblion* du marquis du Roure, tome I.)

1869. LES NEUF PREUX. — *Cy fine le liure intitule le Triomphe des· Neuf Preux... Auec lHystoire de Bertrand du Guesclin. Imprime a Paris par Michel le Noir... et fut acheue le troiziesme iour de Decembre lan* 1507; in-fol. goth. à 2 col. fig. s. b. mar. br. fil. comp. tr. d. (*Bauzonnet-Trautz.*)

Édition précieuse.

1870. Les Excellētes, Magnifiques et Triumphantes Croniques : des tres louables et moult vertueux faictz de la saincte hystoire de Bible du tres preux et valeureux prince Judas Machabeus ung des ix preux. — *Cy fine le ii. liure et accomplissemēt de la tres excellente hystoire des preux et nobles Machabees. Imprime a Paris pour Anthoine Bonnemere; lan de salut mil cinq cens et xiiii;* in-fol. goth., fig. s. b. mar. bl. tr. (*Duru.*)

Le traducteur, Charles de Sainct-Gelais, « chanoine et esleu d'Angolesme, » est nommé dans le prologue.

1871. Les Passages de oultremer du noble Godefroy de Bouillon qui fut roy de Hierusalem, du bon roy sainct Loys | et de plusieurs vertueux princes qui se sont croisez pour augmenter et soustenir la foy crestiēne. — *Ils se vendent (à Paris) en la rue S. Jacques, s. d.;* pet. in-4 goth. fig. s. b. mar. r. comp. tr. d. (*Trautz-Bauzonnet.*)

<small>A la fin se trouve la marque de **Fr. Regnault**.
Titre habilement refait. Exemplaire de la bibliothèque Aimé-Martin.</small>

c. *Les Amadis.*

1872. Le Premier (Second, etc.) Livre d'Amadis de Gaule, mis en françois par le seigneur des Essars, Nicolas de Herberay. *Paris, Vincent Sertenas*, 1550-55, *Jehan Longis et Robert le Mangnier*, 1560. 12 vol. in-8, fig. s. b. demi-rel.

<small>L'on a ajouté à ces 12 volumes, les seuls publiés ainsi, les tom. XXII à XXIV de l'édition de 1615.</small>

1873. Thrésor de tous les livres d'Amadis de Gaule. *Lyon, J. A. Huguetan*, 1606; 2 vol. in-16, demi-rel.

1874. Les Hautz-Faits d'Esplandian, suite d'Amadis des Gaules (par mademoiselle de Luberi). *Amsterdam, Jolly*, 1751; in-8, v. éc. fil. (*Anc. rel.*)

<small>Exemplaire Renouard.</small>

1875. L'Histoire de Palmerin d'Oliue, filz du roy Florendos de Macedone, et de la belle Griane, trad. de castillan en françoys par Jan Maugin, dit le Petit Angevin. *Paris, Vincent Sertenas*, 1553; in-fol. lett. rondes, fig. s. b. v. f. fil. tr. d. (*Bauzonnet.*)

<small>Deuxième édition. Grandes marges.</small>

1876. L'Histoire de Primaléon de Grece, continuant celle de Palmerin d'Olive, empereur de Constantinople, son pere, naguere tirée tant de l'italien comme de l'espagnol, et mise en nostre vulgaire par François de Vernassas Quercinois. *A Paris, chez Estienne Groulleau*, 1550; in-fol. fig. s. b. mar. cit. tr. d. (*Padeloup.*)

1877. Le Premier (et le Second) Liure du preux, vaillant et tres victorieux cheualier Palmerin d'Angleterre, fils du roy dom Edoard, traduict du castillan (de Luis Hurtado) en françois, par Jacques Vincent du Crest-Arnauld, en Dauphiné. *Lyon, Thibauld Payen*, 1553; 2 tom. en 1 vol. in-fol. mar. r. f. tr. d. (*Padeloup.*)

Très-bel exemplaire, aux armes du comte de Toulouse, provenant de la vente des bibliothèques du roi Louis-Philippe.

d. *Romans de chevalerie, autres que ceux des classes précédentes.*

1878. CEST LHISTOIRE DU PREUX ET VAILLANT CHEVALIER JASON, fils au noble roy Eson, roy de Thèbes, et de sa mye Médée. — *Nouuellement imprime à Paris par Alain Lotrian. S. d. (v.* 1530); in-4, goth. fig. s. b. mar. v. tr. d. (*Capé.*)

Très-bel exemplaire.

1879. LA VIE : LES DITZ | ET MERVEILLES DE VERGILLE : quil fist luy estant en Romme. Nouullement imprime. — *Cy finissent les Dictz et les Merueilles de Vergille. Imprime a Lyon en la maison de feu Barnabe Chaussard. S. d.;* in-8, goth. mar. r. comp. tr. d. (*Bauzonnet.*)

LIVRE FORT RARE, que l'on range parmi les romans de chevalerie.

1880. Les Faitz merveilleux de Virgille; pet. in-8, mar. v. f. tr. d. (*Duru.*)

Réimpression figurée (Paris, Techener). Exemplaire imprimé sur vélin.

1881. La Tres Elegante, Delicieuse, Melliflue, et Tres Plaisante Histoire de tres noble, victorieux et excellentissime roy Perceforest, roy de la grant Bretaigne. *Paris, Gilles Gourmont*, 1531-32; 6 t. en 3 vol. in-fol. goth. réglé, v. f. dent. tr. d.

1882. BAUDOIN DE FLANDRES. Cy commēce la table de ce présent liure intitule Baudoin cōte de Flādres et de Ferrant filz au roy de Portīgal qui apres fut cōte de Flandres..... Cy finist ce present liure ītitule le liure Baudoyn conte de Flandres et de Ferrāt, filz au roy de Portingal, qui apres fut cōte de Flandres, contenāt auculnes croniques du roy Phelippe de France ҫ de ses quatre filz et aussy du roy saint Loys et de sō filz Jehan Tristan qu'ilz firent encontre les Sarrasinz. *Impresse a Lyon sur le Rosne ҫ fini le douzeiesme iour de mois de nouembre la courant mil iiii lxxxiij;* pet. in-fol. goth. v. b.

Très-précieux vol. imprimé par Barth. Buyer, composé de 4 ff. prélim. et de 91 ff. sign. A.-N. à 2 col. de 27 lignes. Il ne doit pas y avoir de gravure sur bois au premier f.

Double de la Bibliothèque royale, obtenu par le duc de la Vallière. Nous ne connaissons que ces deux exemplaires en France.

1883. Ci commence le liure de Baudoyn conte de Flādres et de Ferrānt, fils au roy de Portingal, qui apres fut conte de Flandres.—*Cy finist ce present liure... intitule le liure de Baudoin... Imprime a Chambery par Anthoine Neyret, lan de grace mil quatre cens octante et cincq.* In-fol. goth. fig. s. b. mar. r. doubl. de mar. ol. à compart. tr. dor. (*Koehler.*)

Seconde édition. Exemplaire de M. Armand Bertin.

1884. BERINUS. Sensuyt la Description en forme de Romāt de lHistoire du noble cheualier Berinus | et du vaillant | et tres cheualeureux chāpion Aygres de l'Aymant son filz, lequel liure est tāt solacieux ql doyt estre sur to' aultres nome le vray sentier dhonneur et lexemplaire de toute cheualerie. Nouuellemēt reduit de langaige incōgneu au vulgaire langage frāçoys. — On les vend a Paris..... *Cy finist la tres delectable et ioyeuse histoyre du cheualier Berinus... Imprime nouuellement a Paris p̄ Jehā Jannot, imprimeur. S. d.* (le privilége est daté de 1521); in-4 à 2 col. fig s. b. mar. v. doublé de mar. v. à comp. tr. d. (*Capé.*)

Première édition.
Seul exemplaire connu complet. Celui du prince d'Essling était de la seconde édition et incomplet; M. Cigongne, qui l'avait acheté, avait fait refaire le feuillet.

1885. La plaisante et amoureuse histoire du chevalier doré et de la pucelle surnommée Cueur d'acier. — *Cy fine la très-ioyeuse, plaisante, récréative et amoureuse histoire du chevalier Nestor, fils du roy d'Escoce... Lyon,* 1542; in-8, mar. rouge, fil. tr. dor. (*Padeloup.*)

Volume de toute rareté. Cet exemplaire est celui qui est cité par M. Brunet, qui provient de la bibliothèque du duc de la Vallière et de celle du prince d'Essling; l'avant-dernier feuillet est refait à la plume; du reste, grand de marges et bien conservé.

1886. Histoire merveilleuse et notable de trois excellens et tres renommez filz de Roys. *A Lyon, par Benoist Rigaud,* 1579; in-8, mar. bleu, fil. tr. dor. (*Niedrée.*)

Superbe exemplaire provenant de la bibliothèque de M. Cigongne; roman de chevalerie rare et fort recherché.

1887. LHistoire de tres noble et chevaleureux prince Gerad (*sic*) comte de Nevers et de Rhetel et de la vertueuse et tres chaste princesse Euriant de Sauoye sa mye. — *Nouuellement imprime a Paris le xxiij^e jour de may* 1520, *pour Hemon Lefeure.* In-4, goth. à longues lignes, fig. s. bois, mar. r. doublé de mar. bl. à très-riches comp. tr. d. (*Trautz-Bauzonnet.*)

Première édition, et la plus rare, de ce roman. L'exemplaire a plusieurs feuillets réemmargés.

1888. JEHAN DE SAINTRÉ. LHistoire et Plaisante Cronicque du Petit Jehan de Saintré | de la jeune dame des Belles Cousines sans autre nom nommer | avecques deux autres petites hystoires de messire Floridan et de la belle Ellinde | et lextrait des Cronicques de Flandres (par Ant. de la Salle). — *Cy finist lHistoyre & Chronique du Petit Jehan de Saintré... Nouuellement imprime a Paris par Michel le Noir, lan mil cinq cens et xvi;*

pet. in-fol. à 2 col. fig. s. b. mar. bl. fil. tr. dor. (*Padeloup.*)

Première édition. Bel exemplaire La Vallière, sans défaut.

1889. Florent et Lyon enfants de l'empereur de Romme. — *Cy finist lHistoire de Florent et Lyon. Nouuellement imprime a Paris en la rue Neufue Nostre Dame, a lenseigne de l'Escu de France.* S. d. (chez Alain Lotrian, vers 1530); in-4, goth. à 2 col. mar. r. doub. de mar. r. petits fers, tr. d. (*Capé.*)

Très-bel exemplaire.

1890. L'Histoire de Florent et Lyon, enfants de l'empereur de Rome, lequel livre a esté translate de latin en françois. *Louvain, Jean Bogard* (vers 1582); in-4, goth. à 2 col. mar. vert, fil. tr. dor. (*Bauzonnet.*)

Bel exemplaire d'un roman de chevalerie fort recherché.

1891. PARIS ET VIENNE, imprime nouuellement a Paris. — *On les vend a Paris en la rue Neufue Nostre Dame, a l'enseigne de l'Escu de France, par Alain Lotrian.* S. d. (vers 1530); in-4, à 2 colon. fig. s. b. mar. tr. d. (*Capé.*)

Très-bel exemplaire.

1892. LA BELLE MAGUELONNE (avec l'histoire de Pierre, filz du conte de Prouence). — *Imprimé à Rouen par Richard Goupil pour Michel Angier à Caen, pour Jehan Macé à Rennes, et pour Richard Macé demourant à Roüen* (vers 1525); in-4, goth. mar. vert, dent. tr. dor. (*Bauzonnet.*)

Magnifique exemplaire, de la bibliothèque de M. Armand Bertin, d'un roman de chevalerie de toute rareté et très-précieux.

1893. LHistoire de Pierre de Prouence : et de la belle Maguelonne. *A Paris, Nic. Bonfons, s. d.*; in-4 à 2 col. fig. sur b. mar. v. comp. doub. de mar. r. fil. tr. dor. (*Koehler.*)

Bel exemplaire du prince d'Essling; sur le titre se trouve la signature du poëte Jacques Poille, sieur de Saint-Gratien.

1894. LA TERRIBLE ET MERVEILLEUSE VIE DE ROBERT LE DIABLE. *Nouuellement imprime a Paris par Nicolas Bonfons, s. d. (v. 1530)*; in-4, goth. à 2 col. fig. s. b. mar. v. compart. doub. de mar. r. tr. d. (*Koehler.*)

Très-bel exemplaire du prince d'Essling, avec la sign. de Jacq. Poille.

1895. Theatre d'histoire, où auec les grãds prouesses et auentures étranges du noble et vertueux chevalier Polimantes, prince d'Arfine se representent au vray plusieurs occurrences fort rares et merveilleuses tant de paix que de guerre. *Bruxelles, Rutger Velpius et Hubert Ant. Impr. anno 1613*; in-4, v. f. f. tr. d. (*Anc. rel. aux armes du marquis de Vieuville.*)

Charmantes figures sur cuivre.

1896. Le Romant des Chevaliers de la Gloire, par François de Rosset. *Paris, 1621*; in-4, mar. r. tr. dor.

1897. BERTRAND DU GUESLIN. Les Prouesses et Vaillãces du preux ҫ vaillãt cheualier Bertrand du Guesclin, jadis connestable de France.—*Cy finist le liure des faictz de messire Bertrand du Guesclin... Imprime nouuellement a Lyon par Olivier Arnoullet, le xviii iour de may mil cccc et xxix*; in-4, goth. à 2 col. fig. sur b. mar. r. comp. tr. d. (*Bauzonnet.*)

Très-joli exemplaire de Revoil et du prince d'Essling.

1898. Les Faitz et Gestes du noble et vaillant chevalier Bertrand du Guesclin jadis connestable de France. *Paris, pour Jean Bonfons, s. d.*; in-4, goth. fig. sur bois, mar. or. fil. tr. dor. (*Koehler.*)

Bel exemplaire.

2. Romans en prose poétique.

1899. Les Amours de Psyché et de Cupidon (par M. de La Fontaine). *Paris, Cl. Barbin,* 1669, in-8, mar. rouge, fil. tr. dor.

Édition originale rare. Exemplaire très-grand de marges et bien conservé.

1900. L'Amour de Cupido et de Psiché, mère de Volupté, prise des Ve et VIe livres de la Métamorphose de Lucius Apuleius, nouvellement historiée et exposée en vers françois (par Jehan Maugin); in-8, mar. bleu, fil. larges dentelles, dorure à la rose. (*Trautz-Bauzonnet.*)

Ce volume consiste en 32 estampes gravées sur cuivre par Léonard Gaultier d'après Raphaël, et avec lesquelles on a relié l'ouvrage de la Fontaine intitulé : Les Amours de Psyché et de Cupidon, 1714, comme une explication détaillée de ces célèbres compositions. Belle reliure.

1901. Les Amours de Psyché et de Cupidon, avec le poëme d'Adonis, par J. de la Fontaine. *Paris, Saugrain et Didot,* 1797; 2 vol. in-12, mar. r. fil. tr. dor. (*Bozerian.*)

Les figures de Moreau le jeune sont en doubles épreuves.

1902. Les Aventures de Télémaque (par Fénelon). *La Haye, Adr. Moetjens,* 1699; 5 tomes en 3 vol. in-12, mar. r. tr. d. (*Anc. rel.*)

Les tomes II, III, IV et V portent le nom de P. Marteau.

1903. Les Aventures de Télémaque (par Fénelon). *Paris,* 1785; 2 vol. très-gr. in-4, dos et coins de mar. viol. non rog. (*Koehler.*)

Édition remarquable par la beauté de ses caractères. Superbe exemplaire provenant de la Bibliothèque de M. Armand Bertin, auquel on a ajouté un portrait de Fénelon par Vivien, un portrait de Louis XV et la très-belle suite des figures de Bernard Picart. Les figures de l'édition, d'après les dessins de Monnet, sont avant la lettre.

3. Romans de divers genres.

1904. La Grande et Merveilleuse Patience de Griselidis, fille d'ung pouvre homme appele Janicolle du pays de Saluces. *Cy finist lhystoire de Griselidis. Imprimee a Lyon par Pierre de Saincte-Lucie, dict le Prince. S. d.*; in-4, à longues lignes, 12 ff. fig. s. b.

Édition rare, non mentionnée par M. Brunet, qui en indique une imprimée à Lyon, chez Cl. Nourry, le prédécesseur de P. de Sainte-Lucie. L'exemplaire est à toutes marges.

1905. Les Angoysses douloureuses qui procedent d'amours, composees par Dame Helisenne (de Crenne). *Paris, Pierre Hermier*, 1541; 3 part. en 1 vol. in-8, fig. sur bois, v. br. tr. dor. (*Anc. rel.*)

Édition rare. Exemplaire dans la reliure du temps, avec un dauphin couronné sur chaque plat.

1906. Le Sōge de madame Helisenne compose par la dicte Dame, la consideratiō duquel est apte a instiguer toutes personnes de s'aliener du vice, et s'approcher de vertu. De Crenne. *Paris, Denys Janot*, 1541; in-8, mar. citr. fig. sur b. tr. d.

Très-bel exemplaire d'un volume fort rare.

1907. Les OEuvres de madame Helisenne de Crenne, à sçavoir: les Angoisses douloureuses qui procedent d'amours, les Epistres familieres et inuectiues, le Songe de lad. Dame. *Paris, Est. Groulleau*, 1560; in-16, mar. cit. f. tr. d.

Lettres rondes.

1908. L'Amant mal traicté de sa mye. A cuerdo oluido. *On les vend à Paris, chez Vincent Sertenas* (1539); in-8, lettres rondes, mar. bl. fil. tr. d.

Très-joli exemplaire de Ch. Nodier.

1909. Histoire de la vie de Tiel Wlespiegle, contenant ses faits et finesses, ses aventures et les grandes fortunes qu'il a euës, ne s'étant jamais laissé tromper par aucune personne. *Amsterd.*, 1703; pet. in-12, mar. bleu, fil. coins ornés, tr. dor. (*Niedrée.*)

Frontispice gravé; joli exemplaire de la bibliothèque de M. Aimé-Martin et de celle de M. A. Chenest.

1910. Histoire prodigieuse et lamentable du docteur Fauste, avec sa mort épouvantable ; là où est monstré combien est misérable la curiosité des illusions et impostures de l'esprit malin : ensemble la corruption de Satan par luy-mesme estant contraint de dire la vérité. *Jouxte la copie imprimée à Rouen, par Nicolas L'Oyselet*, 1616 ; pet. in-12, mar. violet, fil. tr. dor. (*Kœlher*.)

Exemplaire provenant de la bibliothèque de Ch. Nodier, qui a consacré une curieuse analyse à cette histoire romanesque dans sa *Description raisonnée d'une jolie collection de livres*, page 332. Édition rare.

1911. Histoire prodigieuse et lamentable de Jean Fauste, grand et horrible enchanteur, avec sa mort épouvantable ; dernière édition. *Rouen, chez Clément Malassis*, 1667 ; pet. in-12, mar. rouge, fil. tr. dor. (*Trautz-Bauzonnet*.)

Charmant exemplaire d'une jolie et rare édition, la mieux imprimée des nombreuses éditions faites de ce livre.

1912. Les Chastes et Delectables Jardins d'amour, par Olenix du Mont-Sacré. *Paris, Adrian Perier*, 1599 ; 2 vol. in-12, v. éc.

1913. Le Lict d'honneur de Chariclée, où sont introduites les infortunées et tragiques amours du comte de Melisse, par Jean d'Intras de Bazas, en Gascogne. *Paris, R. Fouet*, 1609 ; pet. in-12, m. rouge, fil. tr. dor. (*Trautz-Bauzonnet*.)

Volume rare d'un auteur gascon peu connu. C'est un petit roman qui semble être basé sur une histoire véritable ou une aventure gasconne de l'auteur. On y remarque une jolie vignette sur le titre.

1914. L'Astrée, de Mess. Honoré d'Urfé. *Paris, A. Sommaville*, 1633 ; 5 vol. in-8, fig. mar. bl. comp. tr. d.

1915. L'Astrée de messire Honoré d'Urfé, pastorale allégorique, avec la clef : nouvelle édition, publiée par l'abbé Souchay, où, sans toucher ni au fond ni aux épisodes, on s'est contenté de corriger le langage et d'abréger les conversations. *Paris*, 1733 ; 10 tom. en 5 vol. in-12, mar. bleu, fil. comp. tr. dor. (*Hardy*.)

Belles et curieuses figures ; très-bel exemplaire.

BELLES-LETTRES.

1916. L'Endymion de Gombauld ; in-8, vélin, très-belles figures de Crispin de Passe, de Léonard Gautier.

1917. L'Uranie du sieur de Montagathe. *Paris, Robert Fouët,* 1625; in-8, vél. portr.

1918. La Clorymène de Marcassus. *Paris, L. Billaine,* 1626; in-8, v. br. ant.
Exemplaire de madame de Verrue.

1919. La Diane des Bois, par le sieur de Préfontaine. *Rouen, J. Cailloüé,* 1632 ; in-8, mar. r. tr. d. fig. de Crispin de Passe.

1920. La Vraye Histoire comique de Francion, avec figures (par Moulinet du Parc). *A Leyde et Rotterdam, chez les Hacques,* 1668 ; 2 vol. in-12, c. de Russie, dent. tr. d.
Édition elzévirienne la plus recherchée.

1921. Ariane (de Desmarets). *Paris, Vve Mat. Guillemot,* 1632 ; 2 vol. in-8, demi-rel.

1922. Polexandre (par le Roy de Gomberville). *Paris, A. Courbé,* 1641 ; 5 vol. in-8, v. f. fil. tr. d. fig.

1923. La Cythérée, à madame la duchesse de Lorraine (par le Roy de Gomberville). *Paris, A. Courbé,* 1644; 4 vol. in-8, v. ant. f. (*Au chiffre du comte de Toulouse.*)

1924. Peristandre, ou l'illustre captif, dédié à Monseigneur de Bassompierre (par Demoreaux). *Paris,* 1642; 2 vol. in-8, rel. (*piqué*).

1925. Mithridate (par Roland le Vayer de Boutigny). *Paris, Toussainct Quinet,* 1648; 4 vol. in-8, v. fil.

1926. Histoire des amours de Lysandre et de Caliste (par d'Audiguier). *Amsterdam, J. de Ravestein,* 1659; in-12, v. f. f. tr. d.

1927. Artamène ou le Grand Cyrus, dédié à madame la duchesse de Longueville, par Mademoiselle de

Scudéry. *Imprimé à Rouen, et se vend à Paris, chez Aug. Courbé* 1654; 10 vol. in-8, demi-rel. figures et portraits.

1928. CLÉLIE, histoire romaine, dédiée à madame de Longueville, par M. de Scudéry. *Paris, A. Courbé,* 1656; 5 part. en 10 vol. in-8, portrait, mar. r. marbré, fil. tr. d. (*Anc. rel.*)

TRÈS-BEL EXEMPLAIRE RENOUARD, avec la carte de Tendre.

1929. Le Calloandre fidelle, traduict de l'italien par M. de Scudéry. *Paris, Cl. Barbin,* 1668; 3 vol. in-8, v. ant. fatigué. (*Aux armes du comte de Toulouse.*)

1930. Cassandre (par la Calprenède). *Jouxte la copie imprimée à Paris, chez Ant. de Sommaville, Aug. Courbé,* etc. 1651; 10 tomes en 5 vol. in-8, v. f. fil. tr. d.

Deuxième édition, préférable à la première.

1931. Cléopâtre, dédiée à Mgr le Prince (par la Calprenède). *Paris, G. de Luyne,* 1663; 12 vol. in-8, v. ant. fil.

1932. Faramond ou l'Histoire de France (par la Calprenède et d'Ortigue de Vaumorière). *Paris, Sommaville,* 1661-70; 12 vol. p. in-8, veau brun. (*Aux armes de la comtesse de Verrue.*)

1933. Le Tolédan (par M. de la Calprenède). *Paris, G. de Luyne,* 1654; 5 vol. p. in-8, v. éc.

1934. La RELATION DE L'ISLE IMAGINAIRE et l'Histoire de la princesse de Paphlagonie (par Anne-Marie-Louise d'Orléans, duchesse de Montpensier, la grande Mademoiselle). *S. l. (Bordeaux),* 1659; in-8, mar. r. comp. tr. d. (*Aux armes d'Orléans.*)

Bel exempl. (de M. Debure) de l'édition originale, qui a appartenu à mademoiselle de Montpensier elle-même. Cette édition, d'après Segrais, n'a été tirée qu'à 100 exemplaires.

1935. Bérenger, comte de la Marck (par Bonnet). *Paris, T. Quinet et Nic. de Sercy,* 1645; 4 vol.

in-8, v. fauve. (*Aux armes du comte de Toulouse.*)

1936. Histoires facétieuses et moralles assemblées et mises au jour par J. N. D. P. (Jean de Parival). *Leyden*, 1669; in-12, mar. r. f. tr. d. (*Rel. anc.*)

1937. Le Roman bourgeois, ouvrage comique (par Furetière). *Paris, Cl. Barbin*, 1666; in-8, v. f. f. tr. d. (*Koehler.*)

Édition originale : on y a ajouté un dessin et une clef manuscrite.

1938. Les Avantures ou Mémoires de la vie de Henriette Sylvie de Molière. *Suivant la copie impr. à Paris*, 1672; 6 part. en 1 vol. pet. in-12, mar. r. f. tr. d. (*Bradel.*)

Attribué à madame de Villedieu.

1939. Scanderbeg (par Chevreau). *Paris, T. Quinet et Nic. de Sercy*, 1644; 2 vol. in-8, m. r. fil. tr. dor. (*Aux armes de madame de Pompadour.*)

1940. Bérénice (par Segrais). *Paris, Toussaint Quinet*, 1651; 4 vol. in-8, v. br. (*Au chiffre du comte de Toulouse.*)

1941. OEuvres complètes de Mesdames de la Fayette, de Tencin et de Fontaine, précédées de notices historiques et littéraires, par Étienne et Jay. *Paris*, 1825; 5 vol. gr. in-8, demi-rel. dos et coins de m. vert, non rognés. (*Élég. rel.*)

Exemplaire en papier vélin, bien relié par les soins d'un amateur qui a ajouté à cet exemplaire QUATRE-VINGT-QUATRE portraits et gravures, plusieurs sur papier de Chine avant la lettre et rares.

1942. ZAIDE, histoire espagnole, par M. de Segrais (par Mme de la Fayette), avec un traité de l'origine des romans, par Huet. *Paris, Cl. Barbin*, 1670-71; 2 vol. pet. in-8, mar. vert, fil. tr. dor. (*Duru.*)

SUPERBE EXEMPLAIRE DE L'ÉDITION ORIGINALE FORT RARE.

1943. LA PRINCESSE DE MONTPENSIER, par madame la marquise de la Fayette. *Paris, Charles de Sercy*, 1662; in-12, mar. bleu, tr. dor. doub. de mar. rouge, dent. tr. dor. (*Trautz-Bauzonnet.*)

ÉDITION ORIGINALE très-recherchée. SUPERBE EXEMPLAIRE sous tous les rapports.

1944. La Princesse de Montpensier (par Mme de la Fayette). *Paris,* 1662; in-12, mar. citr. fil. tr. dor. (*Thompson.*)

Édition originale.

1945. LA PRINCESSE DE CLÈVES (par madame de la Fayette). *Paris, Cl. Barbin,* 1678; 4 tom. en 2 vol. in-12, mar. bleu, fil. tr. d. (*Bauzonnet.*)

Édition originale.

1946. HISTOIRES FACÉTIEUSES et moralles, assemblées et mises au jour par J. N. D. P. (Parival), avec quelques histoires tragiques. *Leiden,* 1669; pet. in-12, mar. rouge, tr. dor. (*Trautz-Bauzonnet.*)

Très-joli exemplaire d'un petit volume rare et recherché pour la collection des Elzévirs français.

1947. Les Amours du comte de Dunois, par Me Desjardins. *Paris, Claude Barbin,* 1675; pet. in-12, veau fauve, fil. tr. dor.

1948. La Semaine de Montalban ou les Mariages mal assortis, contenus en huit nouvelles, traduites de l'espagnol (par Vanel). *Suiv. la copie imprimée à Paris,* 1686; 2 part. en 1 vol. pet. in-12, mar. bleu, tr. dor. (*Duru.*)

Joli exemplaire de CH. NODIER d'un petit livre qui fait partie de la collection elzévirienne.

1949. Mathilde, dédié à Monsieur avec les Jeux lui servant de préface (par Madeleine de Scudéry). *Paris, Edm. Martin,* 1667; in-8, v. mar. fil.

1950. Célie ou Mélicerte, histoire du temps (par J. Bridon). *Paris, Loyson,* 1673; in-8, v. br.

1951. Adélaïde de Champagne (par Pierre Dortigue de Vaumorière). *Suivant la copie imprimée à Paris*

(*Holl., Elzév.*), 1680; 4 part. en 1 vol. pet. in-12, mar. rouge, tr. dor. (*Duru.*)

Édition la plus recherchée de ce petit roman.

1952. Nouvelles d'Elisabeth, reyne d'Angleterre. *Suiv. la copie imprimée à Paris*, 1680; 2 part. en 1 vol. pet. in-12, mar. vert, tr. dor. (*Capé.*)

Très-joli exemplaire, grand de marges et avec témoins.

1953. Amours de Néron (par Mme de la Rocheguilhen). *La Haye*, 1695; pet. in-12, demi-rel.

1954. LA PRINCESSE AGATHONICE, ou les différents caractères de l'amour, histoire du temps. *Paris, G. de Luines*, 1693; pet. in-12, mar. rouge, fil. très-riches comp. tr. dor. (*Padeloup.*)

MAGNIFIQUE EXEMPLAIRE du comte de Toulouse, provenant de la bibliothèque de Méon et de celle de Pixerécourt.

1955. Histoire de Gilblas de Santillane, par M. Le Sage. *Paris, Libr. associés*, 1747; 4 vol. in-12, v. f. fil. tr. d.

Édition originale; figures.

1956. LE BACHELIER DE SALAMANQUE, ou les Mémoires de D. Chérubin de la Ronda, tirés d'un manuscrit espagnol par Le Sage. *Paris*, 1736; 2 vol. in-12, mar. bleu, fil. tr. dor. (*Duru.*)

TRÈS-BEL EXEMPLAIRE de l'ÉDITION ORIGINALE; figures.

1957. Le Bachelier de Salamanque ou les Mémoires de D. Cherubin de la Ronda (par M. Le Sage). *Paris*, 1736; in-12, mar. r. tr. d. (*Duru.*)

Édition originale.

1958. LE DIABLE BOITEUX (par Le Sage). *Paris, Cl. Barbin*, 1707; in-12, mar. rouge, fil. tr. dor. (*Trautz-Bauzonnet.*)

SUPERBE EXEMPLAIRE de la bibliothèque de M. Armand Bertin. ÉDITION ORIGINALE fort rare; le frontispice gravé de cet exemplaire est avant la lettre.

1959. LE DIABLE BOITEUX, par Le Sage, nouvelle édition augmentée d'une journée des Parques, avec les entretiens sérieux et comiques des cheminées de Madrid, et les béquilles du Diable boiteux.

Paris, 1756; 2 vol. in-12, fig. mar. rouge, fil. tr. dor. (*Trautz-Bauzonnet.*)

Charmant exemplaire d'une édition rare et fort recherchée.

1960. Le Diable boiteux, par Le Sage, nouvelle édition augmentée d'une Journée des Parques, etc. *Paris*, 1756; 3 vol. in-12, fig. mar. v. f. dent. tr. d. (*Bradel.*)

Exempl. de Bure en grand papier de Hollande; fort rare en cette condition.

1961. OEuvres de Lesage et de l'abbé Prévost, avec figures. *Amsterd.* (*Paris*), 1783; 4 vol. in-8, v. m. figures de Marillier.

1962. Suite des Mémoires et avantures d'un homme de qualité qui s'est retiré du monde (par l'abbé Prévost). *Amsterdam*, 1733; in-12, mar. r. comp. tr. d.

Première édition de *Manon Lescaut.*

1963. Histoire de Manon Lescaut et du chevalier des Grieux, par l'abbé Prévost. *Paris, Didot,* 1797; 2 vol. in-12, mar. v. dent. tr. d. (*Duru.*)

Papier vél., fig. de Lefèvre avec les eaux-fortes.

1964. Histoire de Manon Lescaut et du chevalier des Grieux, par l'abbé Prévost, édition illustrée par Tony Johannot, précédée d'une notice historique sur l'auteur par Jules Janin. *Paris*, gr. in-8, mar. bleu, fil. comp. tr. dor.

Très-belle reliure de Trautz-Bauzonnet. Cet exemplaire est unique; il a appartenu à Adrien Feart, l'artiste qui a dessiné les gracieux ornements et les culs-de-lampes gravés pour cette édition, et qui sont dans cet exemplaire coloriés à la miniature en or et en couleur avec une rare perfection.

1965. Mémoires de d'Artagnan (par Courtilz de Sandraz). *Amst.*, 1715; 3 vol. in-12, v. j.

1966. OEuvres complètes de Crébillon fils. *Maestricht*, 1776; 11 vol. in-12, demi-rel. portr.

1967. Lettres d'une Péruvienne (par Mme de Graffigny.) *A Peine* (sans date); in-12, mar. rouge, fil. tr. dor. dorure à la rose. (*Trautz-Bauzonnet.*)

Très-joli exemplaire de l'édition originale, avec la suite de 60 pages.

1968. Lettres d'une Péruvienne (par Mme de Graffigny). *A Peine (Amsterdam), s. d.* — Lettres d'Aza ou d'un Péruvien. *Amsterdam*, 1749; in-12, mar. r. comp. tr. d.

<small>Édition originale.</small>

1969. Lettres d'une Péruvienne (par Mme de Graffigny), 1752; 2 tom. en 1 vol. pet. in-12, v. m.

<small>Ce volume a appartenu à Collé, qui a écrit sur le titre :</small>

<small>A Collé ce livre appartint
Auparavant qu'il te parvint.</small>

1970. LETTRES D'UNE PÉRUVIENNE, par Mme de Graffigny, nouvelle édition, augmentée d'une suite qui n'a point encore été imprimée. *Paris, P. Didot*, 1797; 2 vol. pet. in-12, mar. vert, fil. tr. dor. dos à la rose. (*Trautz-Bauzonnet.*)

<small>Papier vélin; jolies figures avant la lettre.</small>

1671. Romans de Voltaire. *Paris, Didot, an VIII*, 1800; 3 vol. in-12, mar. r. fil. tr. d. (*Capé.*)

<small>Exempl. imprimé sur vélin.</small>

1972. Zadig ou la Destinée, histoire orientale (par Voltaire), 1748; in-12, mar. rouge, fil. tr. dor. (*Duru.*)

<small>Très-joli exemplaire de l'édition originale.</small>

1973. Lettres de deux amants, habitants d'une petite ville au pied des Alpes (Julie ou la Nouvelle Héloïse), par J.-J. Rousseau. *Genève*, 1761; 6 tomes en 3 vol. in-12, mar. v. f. fil. tr. d. (*Rel. anc. aux armes de le Clerc, sieur de Lesseville.*)

1974. Émile, ou de l'Éducation, par J.-Jacques Rousseau. *Londres (Paris, Cazin)*, 1781; 4 vol. in-18, tirés in-12, veau fauve, fil. tr. dor. (*Capé.*)

<small>Cet exemplaire, en grand papier, est orné des jolies figures de Moreau; charmante reliure.</small>

1975. LES LIAISONS DANGEREUSES, par C. de L.

(Choderlos de Laclos). *Londres* (*Paris*), 1796; 2 vol. in-8, mar. v. fil. tr. d. (*Petit.*)

Bel exempl. en pap. vélin, avec les suites de gravures et d'eaux-fortes de Lebarbier, Monnet, etc., et de plus 7 JOLIS DESSINS ORIGINAUX, LAVÉS A LA SÉPIA.

1976. Rétif de la Bretonne. — La Famille vertueuse. 4 vol. in-12. — Lucile. 1 vol. in-8. — Le Pied de Fanchette. 3 part. en 1 vol. in-12. — La Confidence nécessaire. 2 part. en 1 vol. in-12. — La Fille naturelle. 2 tomes en 1 vol. in-12. — Le Pornographe. 1 vol. in-8. — Le Mimographe. 1 vol. in-8. — Le Marquis de T. 4 vol. in-12. — Adèle de Com**. 5 vol. in-12. — La Femme dans les trois États. 3 vol. in-12. — Le Ménage parisien. 2 vol. in-12. — Les Nouveaux Mémoires d'un homme de qualité. 2 vol. in-12. — Le Fin Matois, trad. de Quévedo. 3 part. en 1 vol. in-12. — Le Paysan perverti. 4 vol. in-12. — L'École des Pères. 3 vol. in-8. — Les Gynographes. in-8. — Le Quadragénaire. 2 vol. in-12. — Le Nouvel Abeillard. 4 vol. in-12. — La Vie de mon père. 2 vol. in-12. — La Malédiction paternelle. 3 vol. in-12. — Les Contemporaines. 42 vol. in-12. — La Découverte australe. 4 vol. in-12. — L'Andrographe. In-8. — La Dernière Avanture d'un homme de 45 ans. In-12. — La Prévention nationale. 3 vol. in-12. — La Paysanne pervertie. 4 vol. in-12. — Les Veillées du Marais. 2 vol. in-12. — Les Françaises. 4 vol. in-12. — Les Parisiennes. 4 vol. in-12. — Les Nuits de Paris. 18 vol. in-12 (avec la 16e partie, rarissime). — La Femme infidelle. 4 vol. in-12. — Ingénue Saxancour. 3 vol. in-12. — Le Thesmographe. in-8. — Monument du Costume physique et moral de la fin du XVIIIe siècle ou Tableaux de la vie. Gr. in-fol. 26 pl. grav. par Moreau le Jeune (belles épreuves). — Le Palais-Royal. 3 vol. in-12. — Année des Dames nationales. 12 vol. in-12. — Le Drame de la vie. 5 vol. in-12. — Théâtre.

5 vol. in-12 (manquent les 2 premiers). — M. Nicolas. 16 vol. in-12. — Philosophie de M. Nicocolas. 3 vol. in-12. — Les Posthumes, 4 vol. in-12.

Il ne manque à cette collection que les deux premiers volumes du *Théâtre* et l'*Anti-Justine* pour être parfaitement complète, si l'on en croit le *Catalogue* de M. Monselet.

Tous les exemplaires ici décrits sont très-beaux, presque tous reliés sur brochure, et les épreuves des gravures fort bonnes. — Ils ont été reliés en 165 vol. selon les formats. Cette collection pourra être divisée, dans le cas où une offre ne paraîtrait pas suffisante.

1977. Le Paysan et la Paysanne pervertis, ou les Dangers de la ville, histoire récente, par Rétif de la Bretonne. *Paris*, 1784 ; 8 vol. in-12, veau viol. fil. tr. dor.

Bel exemplaire provenant de la bibliothèque de M. Armand Bertin. Superbes épreuves des nombreuses figures qui ornent cette collection.

1978. Les Provinciales ou Histoires des filles et femmes des provinces de France, dont les aventures sont propres à fournir des sujets dramatiques de tous les genres, par Rétif de la Bretonne. *Paris*, 12 vol. in-12, demi-rel. mar. rouge. (*Hardy*.)

Très-bel exemplaire ; nombreuses et curieuses figures.

1979. Paul et Virginie et la Chaumière indienne, par J.-H. Bernardin de Saint-Pierre. *Paris, Curmer*, 1838 ; gr. in-8, figures sur bois et sur acier, mar. rouge, fil. tr. dor. (*Hardy*.)

Édition remarquablement illustrée de figures par Tony Johannot, Meissonnier, Paul Huet, Français, etc. Superbe exemplaire lavé, encollé, et auquel on a ajouté une très-belle série de figures gravées par Corbould ; épreuves avant la lettre et eaux-fortes ensemble : 28 pièces ajoutées.

1980. Zelomir et Primerose, par Morel de Vindé. *Paris, Bluet (Didot)*, 1797 ; 2 vol. in-18, fig. demi-rel. non rogné.

1981. Histoire du roi de Bohême et de ses sept châteaux, par Ch. Nodier. *Paris, Delangle*, 1830 ; in-8, veau fauve, fil. tr. dor. (*Niedrée*.)

Exemplaire lavé et encollé. Une des plus charmantes productions de Nodier, de Tony Johannot et de la librairie contemporaine.

1982. Œuvres de Stendhal (Henri Beyle), éditions originales. 15 vol. in-8, demi-rel. v. rouge.

La Chartreuse de Parme. — Le Rouge et le Noir. — Promenades dans Rome. — L'Abbesse de Castro. — Vie de Rossini, 2 part. — Histoire de la peinture en Italie, 2 vol. — Rome, Naples et Florence. — Vies de Haydn, Mozart et de Métastase. — De l'Amour.

E. Contes et Nouvelles.

1983. HISTOIRES OU CONTES DU TEMPS PASSÉ, avec des moralités (par Ch. Perrault, de l'Académie françoise). *Paris, Claude Barbin,* 1697; in-12, mar. rouge à comp. petits fers, doub. de mar. riche dorure. (*Trautz-Bauzonnet.*)

LE PLUS BEL EXEMPLAIRE CONNU, revêtu d'une reliure de Trautz-Bauzonnet, regardée comme un chef-d'œuvre de bon goût, d'élégance et d'exécution. Ch. Nodier disait, en parlant de ce petit livre : « ÉDITION ORIGINALE « de ces contes ingénieux, une des plus ravissantes productions de la prose « française. C'est aussi un des volumes les plus difficiles à trouver de cette « jolie collection de *petits classiques* à laquelle je porte un amour passionné « qui m'a fait peu de rivaux. »

1984. HISTOIRES OU CONTES DU TEMPS PASSÉ (par Charles Perrault). *A Paris, chez Cl. Barbin,* 1697; in-12, mar. r. f. doub. de mar. v. comp. tr. d. (*Trautz-Bauzonnet.*)

Édition originale de la plus grande rareté. Exemplaire de la bibliothèque de M. Arm. Bertin, dont le frontispice a été photographié.

1985. CONTES DES FÉES, par Charles Perrault. *Paris, Lamy,* 1781; in-12, fig. mar. r. riche dent. tr. d. (*Derome.*)

Charmant exemplaire en papier de Hollande, provenant de la vente de M. de Bure.

Dans une note écrite sur le premier f. de garde, cet excellent bibliophile fait remarquer qu'il manque la fig. du dernier conte, et qu'on a tiré à la place celle de *Griselidis*, qui se trouve double : cette transposition provient de ce qu'il n'a point été gravé de figures pour les *Souhaits ridicules.*

1986. Acajou et Zirphile (de Duclos). *A Minutie,* 1744; in-4, v. éc.

Eaux-fortes de Boucher.

1987. LES CENT NOUVELLES NOUVELLES. *Cy finissent les cent nouvelles nouvelles, composées et récitées par nouvelles gens depuis naguerres, et imprimées à Paris, le xxiiii iour de décembre mil ccc lxxxvi, par Anthoine Vérard, libraire sur le pont Nostre-Dame* (1486); in-fol. goth. mar. rouge, fil. tr. dor. doublé de mar. bleu, larges dent. tr. d. (*Trautz-Bauzonnet.*)

PREMIÈRE ÉDITION, TRÈS-RARE, et dans laquelle chaque nouvelle a une gravure en bois. — MAGNIFIQUE EXEMPLAIRE, très-grand de marges, et d'une conservation parfaite. C'EST LE SEUL EXEMPLAIRE CONNU COMPLET dans les bibliothèques particulières.

Ces contes furent composés pendant la retraite de Louis XI, encore dauphin, auprès du duc de Bourgogne, après sa révolte contre Charles VII, son père, en 1456. C'est le résultat consigné des conversations des jeunes courtisans de cette cour galante, à la tête desquels brillaient le comte de Charolais, depuis Charles le Téméraire, et le Dauphin de France. « Certes, dit l'é- « diteur de ce livre dans sa préface, si le mérite et l'éminente qualité de ses « auteurs lui donnent un rang de distinction, celui-ci devrait être d'un grand « prix. » Mais il n'a pas besoin de cette illustration. C'est un chef-d'œuvre de style et le premier ouvrage en prose, sans contredit, où la langue française montre cette clarté et cette facile élégance qui l'ont rendue la langue de l'Europe civilisée. (*Bibliothèque de Viollet-le-Duc.*)

1988. LES CENT NOUUELLES | NOUUELLES. *Cy finissent les cent nouueaux comptes des Cent nouuelles… imprimees a Paris, par Jehan Trepperel. S. d.*; in-4, goth. à longues lig. f. s. b. et 2 col. mar. br. tr. d. (*Rel. angl.*)

Très-bel exemplaire.

1989. LES CENT NOUVELLES NOUVELLES, suivent les cent nouvelles (de Boccace), contenant les cent histoires nouveaux qui sont moult plaisans à raconter, par Louis XI et les seigneurs de sa cour. *Cologne, P. Gaillard,* 1701; 2 vol. pet. in-8, figures de Romain de Hooghe, mar. vert, fil. tr. dor. (*Derome.*)

SUPERBE EXEMPLAIRE des bibliothèques Caillard et Pixerécourt. Avec les vignettes tirées dans le texte. On les préfère ainsi à celles qui sont tirées à part, comme étant du premier tirage.

1990. LES CENT NOUVELLES NOUVELLES, la même édition. *Cologne,* 1701; 2 vol. pet. in-8, mar. rouge, fil. comp. dentelles, tr. dor. (*Hardy.*)

Superbe exemplaire pour la conservation des marges et les épreuves des figures qui sont tirées à mi-pages.

1991. LE PARANGON DES NOUVELLES honnestes, utiles et delectables. *On les vend à Lyon, en la maison de Françoys Juste,* 1533; in-16 allongé, mar. rouge, fil. doublé de mar. vert, fil. à comp. riche dorure à petits fers (*Trautz-Bauzonnet.*)

DÉLICIEUX EXEMPLAIRE, aussi remarquable par sa belle conservation que par sa charmante reliure. Nous ne connaissons pas un autre exemplaire de ce précieux petit livre dans les cabinets d'amateurs. On lit à la fin : *Fin du Parangon des nouvelles ioyeuses et récréatives à toute manière de gens, principallement à ceulx qui en vouldront faire leur prouffit, en moralisant lesdites honnestes et faceticuses nouvelles.* Figures sur bois.

1992. Recueil des OEuvres de feu Bonaventure des Periers, vallet de chambre de tres chrestienne princesse Marguerite de France, royne de Navarre. *Lyon, par Jean de Tournes,* 1544; in-8, mar. r. fil. tr. d. (*Niedrée.*)

Bel exemplaire d'un vol. rare.

1993. LES NOUVELLES RÉCRÉATIONS et Ioyeux Devis de feu Bonaventure des Périers. *Lyon, de l'imp. de Robert Granjon,* 1558; pet. in-4, mar. v. fil. tr. d. (*Duru.*)

Bel exemplaire de l'édition originale, imprimée en caractères de civilité.

1994. LES NOUVELLES RÉCRÉATIONS ET JOYEUX DEVIS DE FEU BONAVENTURE DESPERIERS, valet de chambre de la royne de Navarre. *Lyon, par G. Rouille,* 1561; in-4, mar. rouge de Tanger, fil. tr. dor. (*Trautz-Bauzonnet.*)

SUPERBE EXEMPLAIRE de M. Armand Bertin, d'une édition précieuse par la pureté du texte et par sa rareté.

1995. Les Nouuelles Récréations et Ioyeux Devis de feu Bonaventure des Périers. *Lyon, Roville,* 1561; in-4, mar. r. comp. tr. d. (*Thompson.*)

Exemplaire réglé.

1996. Les Nouvelles Récréations et Joyeux Devis de Bonaventure des Périers. *Rouen, Raph. du Petit-Val,* 1625; in-12, mar. r. riches comp. tr. d. (*Trautz-Bauzonnet.*)

1997. Les Contes ou les Nouvelles Récréations et

Joyeux Devis de Bonaventure des Périers avec les notes de la Monnoye. *Amsterdam*, 1735; 3 vol. in-12, mar. v. f. tr. d. (*Derome.*)

1998. La Fontaine d'honneur et de vertu, où est montré comme un chascun doit vivre en tout eage... translaté de latin en langue françoise, par maistre François le Breton, Constantinois. *Lyon, par Jean de Tournes*, 1544; in-16, m. rouge, fil. tr. dor. (*Trautz-Bauzonnet.*)

Délicieux petit livre, fort rare.

1999. Histoire des amans fortunez, dédiée à très-illustre princesse madame Marguerite de Bourbon, duchesse de Nivernois. *A Paris, pour Gilles Robinot*, 1558; in-4, vél. tr. d.

Très-bel exemplaire réglé de l'édition originale de l'Heptaméron, donnée en 67 histoires par Pierre Boaistuau, surnommé Launay; elle est d'une extrême rareté.

2000. L'Heptameron des nouuelles de la tres illustre et tres excellente princesse Marguerite de Valois, royne de Navarre, remis en son vray ordre, confus auparavant en sa première édition, par Cl. Gruget, Parisien. *Paris, Benoist Preuost*, 1559; in-4, mar. r. f. tr. d. (*Anc. rel.*)

Seconde édition de l'Heptaméron; mais c'est la première qui renferme les 72 nouvelles.

2001. L'Heptaméron des nouuelles de tres illustre et tres excellente princesse Marguerite de Valois, royne de Navarre. *Paris, Gille Gilles. Imp. par Benoist Preuost*, 1560; in-4, v. éc. (*Anc. rel. aux armes de Longepierre.*)

2002. L'Heptameron ou Histoire des amans fortunez, des nouvelles de très-illustre et très-excellente princesse Marguerite de Valois, remis en son vrai ordre par Cl. Gruget. *Sur l'imprimé à Paris, chez Jacq. Bessin (Hollande)*, 1698; 2 vol. pet. in-12, frontispice, mar. rouge, fil. tr. dor. (*Bauzonnet.*)

Jolie réimpression du texte original. Charmant exemplaire.

2003. Les Nouvelles de Marguerite, reine de

Navarre. *Berne*, 1780; 3 vol. in-8, fig. de Freudenber, vignettes de Duncker, mar. rouge, dent. doublé de tabis, tr. d. (*Bozérian*.)

<small>Exemplaire relié sur brochure et de la plus grande beauté pour le choix des épreuves.</small>

2004. Baliverneries ou Contes nouveaux d'Eutrapel, autrement dit Léon Ladulfi (Noel du Faïl). *Suiv. l'édition imprimée en 1548. Chiswich*, 1815; in-18, pap. vélin, mar. orange, fil. parsemé de fleurs de tous genres.

<small>Charmante reliure anglaise imitant une reliure du seizième siècle. On sait que ce petit volume, chef-d'œuvre de typographie, a été tiré à 100 exemplaires seulement, aux frais de trois bibliophiles anglais, et que peu d'exemplaires ont été mis dans le commerce.</small>

2005. LES CONTES ET DISCOURS D'EUTRAPEL, par le feu seigneur de la Hérissaye, gentilhomme breton. *Rennes, pour Noel Glamet, de Quimpercorentin*, 1585; pet. in-8, mar. bleu, fil. tr. d. dos à petits fers, doublé de mar. bleu, riche dentelle (*Trautz-Bauzonnet*.)

<small>Superbe reliure sur une édition fort rare, la première de ce livre.</small>

2006. Les Contes et Discours d'Eutrapel, par Noël du Fail, sieur de la Hérissaye. *S. l.*, 1732; 3 vol. in-12, marb. br. tr. d.

2007. Le premier livre des Narrations fabuleuses, avec les discours de la vérité et histoires d'icelles, traduict par Guill. Gueroult. *Lyon, de l'imprimerie de Robert Granjon*, 1558; in-8, mar. vert, tr. dor. (*Trautz-Bauzonnet*.)

<small>Très-bel exemplaire d'un livre rare et fort recherché; il est imprimé en caractères dits de Civilité.</small>

2008. Le Printemps d'Yver, par Jacques Yver, seigneur de Plaisance. *Paris, par Jean Ruelle*, 1572; in-16, vél. ant. tr. d. (*Rel. molle*.)

<small>Charmant exemplaire de l'édition originale de ce livre facétieux.</small>

2009. Les Neuf Matinées du seigneur de Cholieres, dediées à monseigneur le duc de Vendosme.

Paris, J. Richer, 1585; in-8, mar. rouge, fil. tr. dor. (*Trautz-Bauzonnet.*)

Très-bel exemplaire de la première et fort rare édition de ce livre.

2010. Les Contes et Discours bigarrez du sieur de Cholières, déduits à neuf matinées. *A Paris, par Anth. du Breuil,* 1611 ; 2 vol. in-12, mar. bl. fil. tr. d. (*Trautz-Bauzonnet.*)

Bel exemplaire, réglé, des deux volumes très-rarement réunis.

2011. Les Facétieuses Journées, contenant certaines agréables nouvelles... (par Gabriel Chappuys, Tourangeau). *Paris*, 1584; in-8.

2012. Serées de Bouchet. Le Premier (Second et Troisième) Livre des Serées de Guillaume Bouchet, sieur de Brocourt. *Rouen*, 1615; 3 vol. in-12, mar. cit. fil. tr. d. (*Trautz-Bauzonnet.*)

Très-bel exemplaire.

2013. Les Contes du sieur d'Ouville. *Amsterdam*, 1732 ; 2 vol. in-12, v. br.

2014. Le Czarewitz Chlore, conte moral, de main imperiale et de maîtresse (Catherine de Russie). *Berlin*, 1782; in-12, v. f. fil. tr. d.

2015. Les Contes drolatiques mis en lumière par le sieur Balzac. *Paris*, 1855; in-8, mar. r. comp. tr. sup. dorée.

Figures sur bois, de M. Gust. Doré : exempl. sur pap. de Chine.

2016. Les Amours d'Armide, par P. Joulet, sieur de Chastillon. *A Langres, P. de la Roche*, 1597; in-12, mar. bl. f. tr. d. (*Duru.*)

2017. Les Avantures satyriques de Florinde, habitant de la basse region de la lune. *S. l. (Paris)*, 1625 ; in-8, mar. v. fil. tr. d. (*Rel. molle.*)

Exempl. de Guyon de Sardière.

2018. La Promenade de Versailles, dédiée au Roy. *A Paris, Cl. Barbin*, 1669; in-8, mar bl. fleurdelisé, tr. d. (*Trautz-Bauzonnet.*)

Cet ouvrage, que l'on attribue généralement à Scudéry, est donné par

M. Renouard à madame de Verrue, la belle-mère de la célèbre marquise de ce nom. SUPERBE EXEMPLAIRE.

2019. La Prison sans chagrin, histoire comique du temps. *Paris, Cl. Barbin,* 1669; in-12, v. br.

Une note manuscrite de M. Paul Lacroix attribue ce volume à d'Assoucy.

2020. BERALDE DE SAVOIE. *Leide, Elzév., à la Sphère,* 1672; pet. in-12, mar. rouge, fil. tr. dor. (*Trautz-Bauzonnet.*)

Charmant exemplaire d'une édition elzévirienne; rare.

2021. Le Courrier d'amour (par Geo. Gomez de Vasconcellos). *Lyon,* 1679; in-12, mar. r. f. tr. d.

2022. Le duc de Guise et le duc de Nemours; nouvelles galantes. *Cologne, chez Clou-Neuf* (*Elzévir, à la Sphère*), 1684; pet. in-12, mar. bl. fil. à froid, tr. dor. (*Duru.*)

Bel exemplaire d'un volume rare. H. 4 p. 11 lign.

2023. Avantures secrettes, par monsieur de G..... *Suiv. la cop. impr. à Paris,* 1676; in-16, v. f. fil. tr. d.

2024. Les Malades en belle humeur ou Lettres divertissantes escrites de Chaudray (par l'abbé Bordelon). *Paris, Brunet,* 1697; pet. in-8, mar. bl. f. tr. d.

2025. L'Amour à la mode, satyre historique (par madame de Pringy). *Paris,* 1698; pet. in-12, mar. rouge, fil. tr. d. (*Derome.*)

Très-joli exemplaire; spirituelle eau-forte d'Harrewyn.

2026. Nouvelle ou Historiette amoureuse. *Paris,* 1701; in-12, v. f. f. tr. d.

2027. La Religieuse intéressée (par madame de Tencin). *Cologne,* 1707; — Les Amans cloistrez. *Bruxelles,* 1706; fig. — Les Disgrâces des amans (par le chev. de Mailly). *Suivant la copie,* etc. 1706; 3 nouvelles en un vol. in-12, fig. d'Harrewyn, v. f. fil. tr. d.

BELLES-LETTRES.

2028. **Les Délices et les galanteries de l'isle de France.** *Cologne, chez Pierre Marteau, à la Vérité*, 1709; 2 tom. en 1 vol. pet. in-12, mar. rouge, fil. tr. dor. (*Trautz-Bauzonnet.*)

<small>Joli exemplaire relié sur brochure d'un petit recueil piquant; nous y trouvons : *Aventure particulière et très-plaisante d'un ancien bourgeois de Paris, qui à l'âge de quatre-vingt-quatre ans n'avoit jamais sorti de sa ville.* — *Histoire de la nièce de ce vieillard, arrivée au village de Gentilly, près Paris; où l'on verra de quoi est capable une jeune personne et les extravagances d'un badaud de Paris.* — *Histoire de la marquise des Certeaux, nourrice du roi Louis XIV.* — *Les amours du marquis de Barbezieux, fils du marquis de Louvois et de Mme de Pontécoulant, avec la princesse de Monaco.* — *Aventures galantes du prince de Monaco à Strasbourg.* — *Voyage plaisant avec des dames au château de Saint-Maur, appartenant au prince de Condé.* — *Voyage d'Anet, appartenant au duc de Vendôme, où l'on verra quelques avantures du grand prieur de France et de Fanchon Moreau, actrice de l'Opéra de Paris*, etc., etc.</small>

2029. **La Foire de Beaucaire, nouvelle historique et galante.** *Amsterdam*, 1709; in-12, demi-rel.

2030. **Histoire de madame la comtesse des Barres à madame la marquise de Lambert (par l'abbé de Choisy).** *Bruxelles, chez François Foppens*, 1736; in-12, mar. rouge, tr. dor. (*Duru.*)

<small>CHARMANT EXEMPLAIRE relié sur brochure d'un petit volume très-recherché.</small>

2031. **Poésies et Nouvelles de madame d'Arbouville.** *Paris*, 1855; 3 vol. gr. in-8, demi-rel. v. f. papier vélin.

<small>Ce recueil de petits chefs-d'œuvre n'a pas été mis dans le commerce.</small>

4. ROMANS HISTORICO-SATIRIQUES.

2032. **Les Galanteries de la cour de France (par Sauval).** *Cologne, P. Marteau* (vers 1720); 3 vol. in-12, v. f. f. (*Niedrée.*)

<small>Relié sur brochure.</small>

2033. **Les Galanteries des Rois de France (par H. Sauval).** *Suivant la cop. impr. à Paris*, 1738; 2 vol. in-12, demi-rel. fig. de B. Picart.

<small>Exemplaire non rogné.</small>

2034. Mémoires historiques et secrets, concernant les amours des rois de France. *Paris, vis-à-vis le Cheval de Bronze,* 1739; pet. in-12, mar. r. fil. tr. dor. dorure à la rose. (*Trautz-Bauzonnet.*)

<small>Joli exemplaire.</small>

2035. HISTOIRE AMOUREUSE DES GAULES (par le comte de Bussy-Rabutin). *Liége, Elzévir;* pet. in-12, m. bleu, tr. dor. à la rose. (*Trautz-Bauzonnet.*)

<small>Charmant exemplaire d'une édition elzévirienne dite *à la croix de Malte*. Il y a une clef pour tous les noms des personnages. (*De la bibliothèque de M. Armand Bertin.*)</small>

2036. Histoire amoureuse de France (par Bussy). (*Amsterdam*), *à la Sphère,* 1666; in-12, mar. bl. f. tr. dor.

<small>258 pages. Copie de la lettre au duc de Saint-Aignan.</small>

2037. Histoire amoureuse des Gaules, par le comte de Bussy-Rabutin. *Cologne, Pierre Marteau,* 1722; pet. in-12, mar. r. fil. tr. d. (*Duru.*)

<small>Exemplaire relié sur brochure, de la bibliothèque de M. Armand Bertin.</small>

2038. Histoire de Pantagruel (intrigues amoureuses de François Ier ou histoire tragique de madame la comtesse de Châteaubriand), par Lesconvel. *Amsterdam,* 1695; in-12, v. f. f. tr. d. (*Duru.*)

2039. Le Catéchisme des courtisans ou les Questions de la cour et autres galanteries. *A Cologne* (*Holl., Elzev.*), 1680; in-16, mar. f. tr. d. (*Duru.*)

<small>Nous croyons ce rare petit vol. de l'abbé Boileau.</small>

2040. Les Hermaphrodites (par Artur Thomas, sieur d'Embry). *S. l. n. d.*; in-12, v. br.

<small>Première édition d'une satire célèbre, dirigée particulièrement contre d'Espernon : front. gravé par L. Gaultier, représentant Henry III, en costume mi-parti homme, mi-parti femme.</small>

2041. La France galante ou Histoires amoureuses de la Cour. *Cologne, P. Marteau,* 1695; in-12, mar. v. fil. (*Duru.*)

<small>Édition elzévirienne ; exempl. non rogné.</small>

2042. Amours des Dames illustres de France sous

le règne de Louis XIV. *Paris, P. Marteau. S. d.*; 2 vol. in-12, mar. r. comp. tr. sup. d. (*Capé.*)

Exempl. non rogné.

2043. LUPANIE, histoire amoureuse de ce temps (par Pierre Corneille Blessebois). *Imprimée cette année* (vers 1625); in-12, mar. v. fil. tr. dor. (*Trautz-Bauzonnet.*)

Bel exemplaire de l'édition originale; FORT RARE.

2044. Lupanie, avec les Maximes d'amour (par Corn. Blessebois). *A la Tendresse, chez les Amans*, 17000; in-12, mar. r. f. tr. d. (*Couverture aux armes de Condé.*)

2045. Les Amours d'Anne d'Autriche, épouse de Louis XIII, avec le cardinal de Richelieu, le véritable père de Louis XIV, roi de France. *Londres (Holl., à la Sphère)*, 1728; pet. in-12, mar. r. tr. dor. (*Trautz-Bauzonnet.*)

Joli exemplaire relié sur brochure.

2046. Le Passe-temps royal de Versailles ou les Amours secrets de madame de Maintenon. *Cologne, P. Marteau*, 1712; in-12, mar. r. dent. tr. d.

2047. Le Tombeau des amours de Louis le Grand et ses dernières galanteries. *Cologne, P. Marteau*, 1695; in-12, mar. r. fil. NON ROGNÉ.

Bel exemplaire de M. Armand Bertin; le frontispice gravé représente Mme de Maintenon et Louis XIV repoussant les amours.

2048. La Chasse au loup de Mgr le Dauphin, ou la Rencontre du comte du Roure dans les plaines d'Anet. *Cologne, P. Marteau*, 1695; in-12, mar. r. f. tr. dor.

2049. Les Galanteries de monseigneur le Dauphin et de la comtesse du Roure. *Cologne, P. Marteau*, 1712; in-12, mar. rouge, fil. tr. dor. (*Trautz-Bauzonnet.*)

Jolie figure; dorure à la rose.

2050. Les Amours de S. A. R. Mademoiselle souueraine de Dombes auec le comte de Lauzun. *S. l. n. d.* (*Hollande, vers* 1672); in-12, mar. r. f. tr. d. (*Capé.*)

<small>Édition de 71 p., rare.</small>

2051. Les Amours de Zéo-Kinizul, roi des Kofirans (Louis XV, roi des Français), ouvrage trad. de l'arabe du voyageur Krinelbol (composé par Crébillon fils). *Amst.*, 1746; in-12, v. f. fil. tr. d.

2052. Annales de la Cour et de Paris. *Cologne*, 1739; 2 vol. pet. in-12, v. j.

2053. Les Soupers de Daphné et les dortoirs de Lacédémone (par de Querlon). *Oxfort* (*La Haye*), 1740; in-12, v. f.

<small>Clef manuscrite. Satire bien connue des soupers donnés par Samuel Bernard, à Marly.</small>

2054. Les Amours de Charles de Gonzague, duc de Mantoue, et de Marguerite, comtesse de Rovère. *S. l.* (*Holl., Elzev.*), 1666; in-12, v. f. fil. tr. d.

2055. Anecdoctes galans (*sic*) ou Histoire des amours de Grégoire VII, du cardinal de Richelieu, de la princesse de Condé et de la marquise d'Urfé, par mademoiselle D... (Durand). *Cologne, le Jeune*, 1702; in-12, mar. r. f. tr. d. (*Niedrée.*)

<small>Front. gravé.</small>

2056. Hattigé (par Bremond). *Cologne*, 1667; pet. in-12, demi-rel.

2057. Histoire amoureuse et badine du Congrès de la ville d'Utrecht. *Liége, J. le Doux, s. d.*; in-12, mar. v. fil. tr. d. (*Aux armes de madame de Pompadour.*)

<small>Avec la véritable clef pour l'intelligence *parfaite* du livre.</small>

4. ROMANS ET CONTES ITALIENS.

2058. Le premier liure de Guerin Mesquin. La tres ioyeuse, plaisante et recreatiue hystoire des faitz, gestes, triumphes et prouesses du tres preulx et vaillant chevalier Guerin par aduent nomme Mesquin, filʒ de Millon de Bourgongne prince de Tarante. — *Cy finist le liure du noble et victorieux cheualier Guerin Mesquin, lequel fut acheue de imprimer le xvi iour de auril mil. ccccc. et xxx, par Olivier Arnoullet. On les uend a Lyon, en la boutique de Romain Morin.* Partie de 6 ff. sig. o i-o vi; pet. in-fol. à long. lign. fig. s. b. ant. tr. d.

PREMIÈRE ÉDITION RARE : BEL EXEMPL. DU DUC DE LA VALLIÈRE.

2059. Le Philocope de messire Jean Boccace Florentin, contenant l'histoire de Fleury et Blanchefleur, divisé en 3 liures, traduict d'italian en françois, par Adrian Seuin. *Paris, l'Angelier,* 1575; in-16, vél. fil. tr. d. (*Rel. molle.*)

Joli exemplaire réglé et dans sa première reliure.

2060. IL CORBACCIO (DI BOCCACCIO). *Parigi, Feder. Morello,* 1569; in-8, mar. brun, fil. à riches comp. tr. dor. (*Capé.*)

On lit dans le *Manuel du libraire* l'indication suivante : « Édition estimée, non-seulement à cause des notes de Jac. Corbinelli, mais parce qu'elle a été faite sur une copie du texte manuscrit de François Mauelli, de l'an 1384, et que l'ancienne orthographe y a été conservée. »

2061. HYPNEROTOMACHIA POLIPHILI, ubi humana omnia non nisi somnium esse docet. *Venetiis, mense decembri,* M. ID. *in ædibus Aldi Manutii* (1499); in-fol. mar. v. comp. tr. d. (*Thompson.*)

TRÈS-BEL EXEMPLAIRE. Les figures en bois qui ornent ce beau et célèbre livre sont attribuées à Andrea Mantegna et à Giovanni Bellino.

2062. Dialogue tres elegāt ītitule le Peregrin | traictāt de lhoneste et pudicque amour cōcilie par pure et sincere vertu | traduict par maistre Francoys Dassy (de l'ital. de Jac. Caviceo) et nouuellement imprime a Lyon. — *Cy finēt les trois liures du Peregrin... imprimeʒ a Lyon par Claude Nourry | dict le Prince | lan de grace mil cinq cēs xxix.* in-4, goth. fig. sur bois mar. v. fil. tr. d. (*Trautz-Bauzonnet.*)

Bel exemplaire.

2063. La Circé de J.-B. Gello, trad. de l'italien par le sieur du Parc. *Lyon, Guill. Rouillé,* 1550; in-8, vél.

Bel exemplaire.

2064. I Capricci del Bottaio di Giov. Gelli. *Vinegia, appresso Giorita Rapirio*, 1550; pet. in-8, mar. r. tr. dor. (*Duru.*)

Très-joli exemplaire d'un livre rare.

2065. Libro di novelle, e di parlar gentile, nel qual si contengono cento novelle (antiche) altravolta mandate fuori da Gualteruzzi da Fano, di nuovo ricorrette, con aggiunta di quattro altre nel fine, et con una dichiaratione d'alcune delle voci più antiche (da Vincenzo Borghini). *Fiorenza, Giunti*, 1572, in-4, mar. vert, tr. dor. jans. (*Duru.*)

Très-bel exemplaire d'un livre rare.

2066. Il Decamerone di messer Giovanni Boccaccio, nuov. corretto per messer Ant. Bruccioli. *Venetia, Gab. Iolito di Ferrarii*, 1542; in-16, mar. r. f. à fr. tr. d.

Imprimé en caractères qui se rapprochent de ceux de Paganino.

2067. Il Decameron di G. Boccaci. *Amsterdamo, (Holl., Elzév.)*, 1665; in-12, mer. brun, fil. comp. tr. dor. doublé de mar. brun. (*Thouvenin.*)

Très-bel exemplaire provenant de la bibliothèque de M. Cigongne; H. 5 p. 6 lig. (150 millim.), *témoins.*

2068. Il Decameron di messer Giov. Boccacci. *In Amsterdamo* (*Elzevir*), 1665; in-12, mar. cit. f. tr. d. (*Anc. rel.*)

Haut. 150 millim.

2069. Le Decameron de messire Jehan Boccace Florentin, nouvellement trad. d'ital. en françoys, par maistre Anth. le Maçon. *Impr. à Paris pour Estienne Roffet dict le Faulcheur*, 1548; in-8, fig. mar. v. tr. d.

Deuxième édition de cette excellente traduction.

2070. Le Decameron de Jean Boccace (traduit par

le Maçon). *Londres (Paris)*, 1757; 5 vol. in-8, mar. v. fil. tr. d. (*Koehler.*)

Exempl. imprimé sur papier de Hollande, provenant de la biblioth. de M. Arm. Bertin : il avait, lors de la vente de cette collection, les suites de figures de Romain de Hooghe, de Gravelot, d'Eisen et de Cochin. On a ajouté la jolie suite des pièces libres et quelques planches de Boucher. Une belle lettre autographe signée de Mirabeau, relative au *Décaméron*, a été aussi réunie à cet exemplaire.

2071. CONTES ET NOUVELLES DE BOCACE, trad. libre accommodée au goût de ce temps. *Amsterd.*, 1699; 2 vol. pet. in-8, mar. vert, fil. à comp. tr. dor. (*Capé.*)

Superbe exemplaire d'une édition enrichie de figures gravées à l'eau-forte par Romain de Hooghe, pour chaque nouvelle. Bonnes épreuves.

2072. CONTES DE J. BOCACE, traduction nouvelle (par Sabatier de Castres). *Londres (Paris)*, 1779; 10 vol. in-8, mar. rouge, fil. comp. tr. dor.

Bel exemplaire d'une édition ornée de 111 figures, par Gravelot, Eisen et autres; riche reliure avec armoiries.

2073. Les Contes de Pogge, Florentin, avec des réflexions. *Amsterdam, Bernard*, 1712; in-12, mar. r. f. tr. d. (*Derome.*)

Frontispice gravé. Exempl. de Méon.

2074. BANDELLO. TITI ROMANI ET EGESIPPI Atheniensis, amicorum historia (ex Joannis Boccacii Decamerone), in latinum versa per F. Matthæum Castronovensem. *Mediolani, Gottardus Ponticus*, 1509; pet. in-4 de 33 feuillets, mar. citron à comp. doublé de mar. rouge, dent. et tabis, tr. dor. (*Padeloup.*)

Volume FORT RARE et peut-être le seul connu, car c'est ce même SUPERBE EXEMPLAIRE qui a appartenu à GIRARDOT DE PRÉFONT, à Gaignat, à MAC-CARTHY et à M. Debure.

L'écusson de Girardot de Préfont est à l'intérieur de la reliure, et ses armoiries en maroquin rouge en ornent l'extérieur; on ne connaît pas d'autre volume de Girardot de Préfont qui soit relié de cette manière.

2075. La Prima (2ª et 3ª) Parte de le Novelle del Bandello. *In Lucca, per Vincentio Busdrago*, 1554, e di nuovo in Londra per S. Harding, 1740; 3 vol. in-4, mar. br. f. tr. d. (*Thompson.*)

Bel exempl. de cette excellente réimpression.

2076. Le Occorrenze humane, per Nicolo Liburnio composte. *Vinegia, Aldus,* 1546; in-8, mar. vert, fil. tr. dor. (*Trautz-Bauzonnet.*)

Volume curieux et qui contient, entre autres particularités, un éloge de la Bibliothèque royale de Paris. — Superbe exemplaire.

2077. La Prima et la Secunda Cena, novelle di Anton. Francesco Grazzini detto il Lasca. *Londra,* 1756; in-4, mar. v. fil. tr. d. (*Rel. angl.*)

Exemplaire en grand papier.

2078. De gli Hecatommithi di Giov. Batt. Gyraldi Cinthio. *Nel Monte regale, appresso L. Torrentino,* 1565, 2 vol. in-8, demi-rel.

2079. Giuoco piacevole d'Ascanio de'Mori da Ceno, con la giunta d'alcune sue rime et d'un ragionamento in lode delle Donne. *Mantoua, G. Ruffinello,* 1580; 3 part. en 1 vol. in-4, de 52, 22 et 10 ff. mar. bleu, fil. tr. dor. (*Trautz-Bauzonnet.*)

La troisième partie de ce volume : *Ragionamento in lode delle Donne,* qui a un titre séparé, manque quelquefois. Superbe exemplaire.

2080. Giuoco piacevole d'Ascanio de Mori da Ceno. *Mantova, presso Giacomo Ruffinello,* 1580; 52 ff. in-4. vél.

Dans le même vol.: *Alcune rime d'Ascanio de Mori da Ceno,* 22 ff. — *Ragionamento d'Ascanio de Mori da Ceno in lode delle donne,* 1580, 10 ff. 2e édition bien complète avec le f. d'errata.

2081. Libro de entretenimiento de la picara Justina, en el qual debaxo de graciosos discursos se encierran provechosos avisos, por Francesco de Ubeda. *Brucellas,* 1608; in-8, mar. citron à comp. de mosaïque de maroq. vert, dorure à petits fers. (*Capé.*)

On trouverait difficilement un plus bel exemplaire de ce volume rare; la reliure est d'une remarquable exécution.

2082. La Stratonice, trad. de l'ital. de Luc Asserino, par d'Audiguier le Jeune. *Paris, Courbé,* 1641; in-8, mar. bl. tr. d.

2083. Les Facétieuses Nuicts du seigneur Straparole.

S. l. (*Paris, Guérin*), 1726; 2 vol. in-12, mar. bl. f. à fr. fil. tr. d. (*Bozerian.*)

5. — ROMANS ESPAGNOLS, ANGLAIS ET PERSANS.

2084. TIRANTE IL BIANCO valorosissimo cavaliere, di lingua spagnola nel lo idioma nostro per messer Lelio di Manfredi tradotto. *In Vinegia, nelle case di P. di Nicolini da Sabbio : alle spese pero del nobile huomo M. Fed. Torresano d'Asola nell' anno* 1538; in-4, à 2 col. lett. rondes, mar. v. f. tr. d. (*Padeloup.*)

Exemplaire La Vallière : on sait que ce RARISSIME VOLUME se rattache à la collection des Aldes.

2085. Los Trabajos de Persiles y Sigismunda, historia setentrional por Miguel de Cervantes Saavedra. *Pamplona*, 1617; in-8 d.-rel. m. bl.

2086. CRONICA DEL MUY EFFORÇADO ⁊ INUENCIBLE CAUALLERO EL CID Ruy Diaz campeador de las Españas. 1526; in-4 goth. à long. lig. fig. en bois, mar. rouge. (*Trautz-Bauzonnet.*)

SUPERBE EXEMPLAIRE d'un roman en prose d'une insigne rareté.

2087. El Ingenioso Hidalgo D. Quixote de la Mancha, compuesto por Miguel de Cervantes Saavedra. *En Brucelas, por Roger Velpius y Huberto Antonio,* 1611. — Segunda parte del Ingenioso Cavallero don Quixote... *En Bruselas, por Huberto Antonio,* 1616; 2 vol. in-8, mar. r. fil. tr. d. (*Duru.*)

Éditions rares.

2088. LA PRISON DAMOUR laquelle traicte de lamour de Leriano et Laureole. faict en espaignol. puis translate en tusquan (par Lelio Manfredi.) et nagueres en langage fràçois. Ensemble plusieurs choses singulieres a la louenge des dames. — *Cy finist ce present liure.... Imprime nouuellement a*

Paris. lan mil cinq cens vingt et sept; in-4 goth., fig. s. b. v. f. ant.

Exempl. du duc de La Vallière. Très-rare volume.

2089. Le Jugement d'amours, auquel est racomptee lhystoire de Ysabel, fille du roy d'Escosse, trāslaté de langaige espaignol en nostre langaige vulgaire en lāgue frāçoyse. *Paris*, 1533; in-16, mar. cit. tr. d.

Édition rare en lettres rondes du livre de Juan de Florès.
Dans le même vol. : *En ensuyvant le Iugement d'amours, ici commence le le Messagier d'amours.* Id., ibid., sign. a-e.iii.

2090. Histoire d'Aurelio et d'Isabelle, fille du Roy d'Escosse (en laquelle est disputé lequel donne plus d'occasion de pécher, l'homme à la femme ou la femme à l'homme). *Paris, par Arnoul l'Angelier*, 1547; in-16, réglé, mar. bleu, fil., tr. dor. (*Trautz-Bauzonnet.*)

Délicieux exemplaire; charmant volume imprimé avec soin; le texte italien en regard de la traduction française.

2091. Aventures et Espiègleries de Lazarille de Tormes (de Diego Hurtado de Mendoza, trad. par l'abbé de Charnes), 40 figures de Ransonnette. *Paris, Didot*, 1801. 2 tom. en 1 v. in-8, demi-rel.

2092. Casp. Barthi Erotodidascalus sive memoralium lib. V. *Hanoviæ*, 1625; in-8, m. brun, fil. tr. dor. (*Trautz-Bauzonnet.*)

Traduction latine rare d'un roman espagnol de Gasp. Gil. Polo', intitulé : *La Diana enamorada*, curieuses figures gravées sur cuivre. Très-bel exemplaire lavé et encollé avant la reliure, qui est fort belle.

2093. Historia tragi-comica de don Henrique de Castro, comp. por don Francisco Loubayssin de la Marca. *En Paris, Mat. Guillemot*, 1617; in-8, mar. r. à petits fers, tr. d. (*Rel. anc.*)

Le portrait manque; mais M. Debure, auquel a appartenu ce volume, l'a remplacé par un autre, gravé par un émule de Thomas de Leu.

2094. Arcadia : prosas y versos de Lope de Vega Carpio. *En Anvers, en cas. de Pedro y Juan Bellero*, 1617; in-16, v. f. fil. tr. d.

Cinquième édition.

2095. Pastores de Belen, prosas y versos divinos de Lope de Vega. *Brusselas*, 1614 ; in-12 vél.

Exemplaire bien conservé d'un livre rare.

2096. La Fouyne de Séville ou l'Hameçon de Bourses, traduit de l'espagnol de D. Alouzo de Castillo Sonorçano (par le Métel d'Ouville). *Paris, L. Billaine*, 1661; in-8, veau fauve.

2097. Hexameron, ou six journées..... faict en espagnol par Ant. de Torquemade et mis en fr. par Gabriel Chappuys Tourangeau. *Rouen*, 1610; pet. in-12, v. jaspé.

2098. L'Arcadie de la comtesse de Pembroke, composée par Menin Phil. Sydney et trad. en françoys. *Paris*, 1625; 6 vol. in-8, v. br. port. gr.

2099. La Vie et les avantures surprenantes de Robinson Crusoë, par Daniel de Foë (trad. par Th. de Saint-Hyacinthe et Van Effen). *Amsterdam*, 1770 ; 3 vol. in-12, mar. rouge, fil. tr. dor. (*Aux armes de la comtesse d'Artois.*)

Très-bel exemplaire d'une édition ornée de jolies figures et fort recherchée.

2100. Voyages de Gulliver. *Paris, impr. de Pierre Didot*, 1797; 4 tom. en 2 vol. pet. in-12, papier vélin, dos et coins de mar. vert, dorés en tête, non rognés. (*Niedrée.*)

Jolie édition ; charmantes figures.

2101. Collection de romans et contes imités de l'anglais par M. de La Place. *Paris*, 1788; 8 vol. in-8, d.-rel. figures.

Suite de figures assez curieuse.

2102. Les Mille et un Jours, contes persans, trad. en fr. par Petit de la Croix. *Amst.*, 1712; 5 vol. pet. in-12, v. br.

VI. FACÉTIES ET DISSERTATIONS SINGULIERES.

1. FACÉTIES.

A. Facéties en français.

1. Rabelais.

2103. GARGANTUA. (*Lyon, Fr. Juste, vers* 1534); in-16 goth. allongé, mar. br. comp. tr. d. (*Duru.*)

<small>Exemplaire UNIQUE D'UNE PRÉCIEUSE édition, la plus ancienne du 1er livre de Rabelais, auquel manquent malheureusement le titre et le f. correspondant. (Voyez *les Recherches sur les édit. origin. de Rabelais,* par M. Brunet. Paris, 1852.)</small>

2104. PANTAGRUEL. LES HORRIBLES FAICTZ ET PROUESSES ESPOUENTABLES DE PANTAGRUEL, roy des Dipsodes, composees par maistre Alcofrybas abstracteur de quinte essence; 1534 (*Lyon. Fr. Juste*); in-16 goth. allongé, mar. r. fil. doub. de mar. bl. dent. tr. d. (*Bauzonnet.*)

<small>CHARMANT EXEMPLAIRE D'UNE RARE ÉDITION. (*Voy.* Brunet, *Recherches,* 1852.)</small>

2105. PANTAGRUEL. — Les Horribles et Espouētables Faictz et Prouesses du tres renōme Pātagruel roy des Dipsodes | filz du grant geant Gargātua | composez nouuellemēt par maistre Alcofrybas Nasier. — *On les vend au Palais à Paris en la gallerie par où on va à la chancellerie;* pet. in-8 goth. de 103 ff. non chiffrés, mar. r. comp. tr. d. (*Trautz-Bauzonnet.*)

<small>TRÈS-BEL EXEMPLAIRE d'une édition fort ancienne, que M. Brunet croit la seconde de *Pantagruel.*</small>

2106. LA VIE INESTIMABLE DU GRAND GARGANTUA, pere de Pantagruel, iadis cōposee par l'Abstracteur de quinte essence. M.D.XXXVII. *On les vend a Lyon chez François Juste;* in-16 goth. mar. v. dent. doub. de mar. r. tr. d. (*Koehler.*)

<small>Le texte est imprimé en caract. gothiques, bien que le titre soit en lettres rondes.</small>

2107. GARGANTUA. M.D.XXXVII. La Vie inestimable du grand Gargantua, pere de Pantagruel, jadie composée par l'Abstracteur de quintessence. — Pantagruel. M.D.XXXVII. Pantagruel, roy des Dipsodes, restitué à son naturel, auec ses faictz et prouesses espouentables : composez par feu Me Alcofribas, abstracteur de quinte essence. — Pātagrueline Prognostication, certaine, veritable et infaillible, pour l'an M.D.XXXVII, nouvellement composée au proffit et advisement de gens estourdis et musars de nature, par maistre Alcofribas, architriclin dudict Pātagruel (partie de 10 ff. non chiffrés). 3 parties en 1 vol. in-16, lettres rondes, fig. s. b. mar. v. comp. doublé de mar. r. tr. d. (*Koehler.*)

<small>Édition où se trouvent réunis pour la première fois les deux premiers volumes. M. Brunet la croit imprimée par Denis Janot.</small>

2108. RABELAIS. La Vie très-horrificque du grand Gargantua, père de Pantagruel, iadis composée par M. Alcofribas, abstracteur de quintessence. Livre plein de Pantagruelisme. MDXLII. *Imprimé à Lyon par Françoys Juste.* — PANTAGRUEL, Roy des Dipsodes, restitue en son naturel, avec ses faictz et prouesses espouventables : MDXLII. *On les vend à Lyon, par Françoys Juste,* 1542; 2 part. en 1 vol. in-16 goth. mar. rouge, fil. à comp. dor. à pet. fers, tr. dor. doublé de mar. citron, dent. (*Trautz-Bauzonnet.*)

<small>Charmant exemplaire d'une édition de toute rareté. On a relié à la fin la *Pantagrueline prognostication*.</small>

2109. RABELAIS. LA PLAISANTE ET IOYEUSE HISTOYRE DU GRANT GARGANTUA, prochainement reueue et de beaucoup augmentée par lautheur mesme. — PANTAGRUEL, roy des Dipsodes, restitue en son naturel.... plus, les merueilleuses nauigations du disciple de Pantagruel dict Panurge. *Lyon, Estienne Dolet,* 1542; 2 tom. en 1 vol. in-16, fig. en bois, mar. rouge, fil. comp. dorures à pet. fers, doub.

de mar. bleu, dent. tr. dor. (*Trautz-Bauzonnet.*)

Très-rare et précieuse édition imprimée en lettres rondes, et une des plus recherchées des bibliophiles. Cet exemplaire, l'un des plus beaux connus, est parfaitement conservé, avec *témoins*, et est revêtu d'une magnifique reliure exécutée dans le goût du xvie siècle; il provient du cabinet de M. de Clinchamp.

2110. La Plaisante et Ioyeuse Histoyre du grant Gargantua, prochainement reveue et de beaucoup augmentée par l'autheur mesme. *Lyon, chés Estienne Dolet*, 1542. — Pantagruel, roy des Dipsodes, restitué à son naturel... Plus les merveilleuses navigations du disciple de Pantagruel dict *Panurge. Lyon, Estienne Dolet*, 1542; 2 tom. en 1 vol. in-16, fig. sur bois, mar. vert, à très-riches comp. tr. d. (*Niedrée.*)

Édition rare et recherchée. Joli exemplaire dont la reliure est la copie fidèle d'une charmante et très-riche reliure de la fin du xvie siècle, qui recouvrait un exemplaire du même livre (de la bibliothèque de M. Aimé Martin et de M. Ch. Giraud).

2111. PANTAGRUEL. Tiers livre..... *Paris, Ch. Wechel*, 1546; in-8, mar. r. doublé de mar. v., dent. à petits fers, tr. dor. (*Trautz-Bauzonnet.*)

Édition originale du IIIe livre. Cet exemplaire, qui provient de M. Walckenaer, est, nous croyons, le seul connu dans les bibliothèques particulières. Il y a quelques feuillets rallongés avec habileté. Il provient de la bibliothèque de M. Armand Bertin.

2112. PANTAGRUEL. Le Tiers Livre des Faictz et Dictz heroïques du noble Pantagruel, cōposez par Me Franc. Rabelais, docteur en médecine et calloier des Isles Hieres; reveu et corrigé diligemment depuis les autres impressions, aux privileiges du Roy pour six ans. *Lyon*, l'an MDXLVII; in-16 de 297 ff. et 7 p. pour la table et le privilége, lettres rondes, mar. cit. comp. fil. tr. d. (*Trautz-Bauzonnet.*)

Charmant exemplaire de l'une des premières éditions du tiers livre.

2113. Rabelais. La Plaisante et Joyeuse Histoyre du grant géant Gargantua. *Valence, Ch. la Ville*, 1547. — Second, tiers et quart livre de Pantagruel. *Valence, Ch. la Ville*, 1547; 2 tom. en 1 vol. in-16, fig. sur bois, réglé, mar. bleu, fil. tr. dor. (*Trautz-Bauzonnet.*)

<small>Très-joli exemplaire, avec témoins, de l'édition que l'on croit être la seconde sous cette date. Le quart livre est de 1548. Curieuses figures sur bois.</small>

2114. La Plaisante et Joyeuse Histoire du grant geant Gargantua. *Valence, Cl. la Ville*, 1547. In-16, mar. v. tr. d.

<small>Réimpression en quatre livres de l'édition de Valence 1547, qui n'avait que trois livres.</small>

2115. LA VIE TRES HORRIFICQUE DU GRAND GARGANTUA, pere de Pantagruel, jadis composée par M. Alcofribas (Fr. Rabelais), abstracteur de quinte essence. *Lyon, par P. de Tours, s. d.* — Le Second Livre de Pantagruel. *Lyon, P. de Tours, s. d.*, fig. sur bois. — Le Tiers Livre des Faictz et Dictz heroïques du noble Pantagruel, composez par Fr. Rabelais. *Lyon, P. de Tours, s. d.* — Quart Livre des Faictz et Dictz heroïques du noble Pantagruel (XI chapitres). *Lyon, P. de Tours, s. d.*, fig. sur bois. 4 part. en 2 vol. in-16, mar. r. dent. tr. d.

<small>Édition des plus rares, surtout lorsque les quatre livres y sont réunis. Le quatrième est imprimé en caractères plus gros.</small>

2116. LES NAVIGATIONS DE PANURGE, disciple de Pantagruel, es Isles incogneues et estranges. 1543. *On la vend a Lyon, en rue Merciere, par Pierre de Tours;* in-16, mar. cit. f. tr. d. (*Trautz-Bauzonnet.*)

<small>Fragment (sign. aa-ff·IIII.) d'une édition de Rabelais donnée en 1543 par P. de Tours : le dernier f. est doublé, parce qu'une autre pièce suivait sans doute *les Navigations*.</small>

2117. RABELAIS. Le Tiers Livre des Faictz et Dictz heroïques du bon Pantagruel : composé par Me François Rabelais, docteur en medecine. *Paris, de l'imprimerie de Michel Fezandat*, 1552. — Le Quart Liure des Faictz et Dictz heroïques du bon Pantagruel, composé par Me François Rabelais. *Id., ibid.*, 1552; 2 parties en 1 vol. in-8, mar. cit. f. tr. d. (*Trautz-Bauzonnet.*)

<small>Très-bel exemplaire réglé. La première partie est la meilleure édition du</small>

tiers livre; la seconde, l'édition originale du quart livre. Les neuf derniers ff., contenant une *Brefue Declaration daulcunes dictions plus obscures*, que M. Brunet croit devoir être joints à cette édition, manquent à notre exemplaire, ainsi qu'à presque tous.

2118. PANTAGRUEL. LE QVART LIVRE..... *Paris, Mich. Fezandat*, 1552; in-8, mar. rouge, doublé de mar. vert, dent. à pet. fers, tr. dor. (*Trautz-Bauzonnet.*)

ÉDITION ORIGINALE, très-rare, du IVe livre. Il provient de la bibliothèque de M. Armand Bertin.

2119. Le Quart Liure des Faictz et Dictz heroïques du bon Pantagruel, composé par Me François Rabelais, docteur en médecine. *A Rouen, par Robert Valentin, libraire*, 1552; in-16, mar. r. tr. d. (*Duru.*)

Réimpression de l'édition de Mich. Fezandat.

2120. RABELAIS. Les OEuures de M. François Rabelais, contenant la Vie, Faictz et Dictz heroïques de Gargantua et de son filz Pantagruel, auec la Pantagrueline Prognostication. *S. l.*, 1556; in-12, mar. r. fil. doub. de mar. bl. comp. tr. d. (*Bauzonnet.*)

Charmante et fort rare édition imprimée en caractères microscopiques.

2121. Le cinquiesme et dernier Liure des Faictz et Dictz heroïques du bon Pantagruel, composé par Me François Rabelais, docteur en medecine. M.D.LXIII. (*S. l.*); in-16, mar. cit. f. tr. d. (*Trautz-Bauzonnet.*)

PREMIÈRE ÉDITION du cinquième livre, 113 ff. chiffrés, plus 4 f. de table.

2122. Les OEuvres de maistre Françoys Rabelais, docteur en médecine. *A Troyes, chez Loys, qui ne se meurt point*, 1613; in-12, mar. bl. tr. d.

2123. Les OEuvres de maistre François Rabelais, docteur en médecine. *S. l.* (*Amsterdam, Louis et Dan. Elzevir.*), 1663; 2 vol. in-12, mar. v. doub. de mar. r. dent. tr. d. (*Duru.*)

Très-bel exemplaire réglé, en ancienne reliure, daté de août 1695.
On a ajouté une épreuve du rare portrait de Rabelais, gravé par Sablon sur métal, et presque contemporain de l'auteur.

2124. LES OEUVRES DE FRANÇOIS RABELAIS. (*Holl., Elze-*

vir), 1663; 2 vol. pet. in-12, mar. rouge, doublé de mar. rouge, dent. tr. dor. (*Thouvenin.*)

Édition recherchée. Exemplaire (très-grand de marges) provenant de la bibliothèque de M. A. Cigongne, qui avait ajouté la suite des figures dessinées par Desenne, et gravées au trait dans le goût du seizième siècle par Thompson.

2125. Œuvres de Rabelais. (*A la Sphère*), 1691; 2 vol. pet. in-12 vél.

2126. Œuvres de maître François Rabelais, avec des remarques historiques et critiques de M. le Duchat (figures de B. Picart). *Amsterdam, J. F. Bernard*, 1741; 3 vol. in-4, demi-rel. mar. r. (ex. relié sur brochure).

2127. Les Songes drolatiques de Pantagruel, ou sont contenues plusieurs figures de l'invention de maistre François Rabelais : et derniere œuvre d'iceluy pour la recreation des bons esprits. *A Paris, pour Richard Breton*, 1565; pet. in-8, mar. r. dent. tr. d. (*Trautz-Bauzonnet.*)

Superbe exemplaire d'un vol. très-rare et très-précieux.

2128. La Navigation du compagnon a la bouteille. *Rouen, Robert et Jean Dugort frères*, 1545; in-16, fig. s. b. mar. cit. fil. doub. de mar. r. dent. tr. d. (*Bauzonnet.*)

Charmant exemplaire de l'un des plus rares petits livres de la collection Rabelaisienne.

2129. NOUVELLES RÉCRÉATIVES, PLAISANTES, CURIEUSES et admirables, d'un renommé vieil-homme nommé Panurge et du voyage que fist son âme en l'autre monde pendant le rajeunissement de son corps; comprins toutes les curiositez et merveilles par luy veuës, tant en ce monde qu'en l'autre. *A Thoulouze, par Bien-faisant Chasse-diables*, 1616; in-16, mar. orange, fil. parsemé de fleurs et doublé de mar. bleu, larges dent. à pet. fers. (*Trautz-Bauzonnet.*)

Délicieuse reliure de Trautz-Bauzonnet sur un livre facétieux de toute rareté.

2130. Jugement et observations sur la vie et les

ouvrages de Rabelais. (par Jean Bernier). *Paris*, 1699; in-12, v. br.

2. Divers auteurs facétieux.

2131. Les Dictz de Salomon avec les responses de Marcon, fort joyeuses. (*Sans lieu ni date*); in-8, goth. avec une grav. en bois sur le titre, m. bleu, fil. tr. dor. (*Trautz-Bauzonnet.*)

<small>Jolie plaquette; réimpression tirée à 25 exemplaires seulement.</small>

2132. Les Triomphes de l'abbaye des Conards, sous le resveur en decimes fagot abbé des Conards, contenant les criées et proclamations faites depuis son aduenement iusques à l'an présent. Plus l'ingenieuse lessive qu'ils ont conardement monstrée aux jours gras de l'an M. D. XL. etc. *A Rouen, chez Loys Petit, libraire,* 1587; in-8, mar. br. fil. tr. d. (*Bauzonnet.*)

<small>Exemplaire de Ch. Nodier. Opuscule facétieux, dont on connait l'excessive rareté.</small>

2133. Le Moyen d'éviter procès, faict pour l'utilité des marchands et autres négociateurs (en vers), au seigneur Josserand de Monts, gentilhomme dauphinois, par F. Figon de Montélimar. *Lyon, B. Rigaud,* 1574; in-8, m. rouge, fil. tr. dor. (*Plaquette de Trautz-Bauzonnet.*)

<small>Charmant volume de toute rareté.</small>

2134. Les Bigarrures et Touches du seigneur des Accords auec les Apophthegmes du sieur Gaulard et les Escraignes dijonnoises. *Paris, Est. Maucroy,* 1662; in-12, mar. r. f. tr. d. (*Capé.*)

2135. Recueil faict au vray de la cheuauchee de l'asne, faicte en la ville de Lyon : et commencee le premier iour du Moys de septembre lan mil cinq cens soixante-six, avec tout l'ordre tenu en icelle. *A Lyon, par Guill. Testefort,* 1566; in-8, mar. v. fil. tr. d. (*Bauzonnet.*)

<small>Bel exemplaire d'un livre introuvable de cette collection.</small>

2136. Formulaire fort récréatif de tous contrats, donations, testaments, codicilles et autres actes qui sont faicts et passez pardevant notaire et témoins, faict par Bredin le Cocu, notaire rural. *Lyon, B. Rigaud*, 1618; in-16, mar. bl. fil. tr. d. (*Bauzonnet.*)

<small>Joli exemplaire de Ch. Nodier.</small>

2137. Formulaire fort récréatif de tous contracts, donations, testamens, codicilles et autres actes qui sont faicts, et passez par devant notaires et tesmoins, faict par Bredin le Cocu, notaire rural et contrerolleur des basses marches du royaume d'Utopie : par luy depuis n'agueres reveu et accompagné, pour l'édification de deux bons compagnons, d'un dialogue par luy tiré des œuvres du philosophe et poëte grec Simonides, de l'origine et naturel fœminini generis. *A Lyon, pour Iean Huguetan*, 1627; in-16, m. brun, fil. tr. dor. (*Bauzonnet.*)

<small>Exemplaire de la bibliothèque de M. Coste.</small>

2138. Procez et amples examinations sur la vie de Caresme-Prenant, dans lesquels sont amplement descrites toutes les tromperies, astuces, caprices, bizarreries, brouillemens, inventions, subtilitez, folies et débordemens qu'il a commis et fait pratiquer en la présente année. *Et se vend rue Saint-Jacques....* 1609; fig. en bois. — Le Masque confus de Caresme prenant; son emprisonnement, sa condamnation et le chastiment de ses complices. *Paris*, 1650; en un vol. pet. in-8, m. rouge, fil. (*Derome.*)

<small>Bel exemplaire Nodier, de l'édition originale de deux opuscules très-rares.</small>

2139. Procès et amples examinations sur la vie de Caresme-Prenant, dans lesquels sont amplement descrittes toutes les tromperies, astuces, caprices, fantaisies et debordemens.... qu'il a commis et fait pratiquer en la présente année.... traduit d'italien en françois. *Prins sur la copie imprimée à Paris et depuis imprimée à Lyon*, 1618; in-8, mar. v. f. tr. d. (*Duru.*)

Pièce rare en édition ancienne.

2140. Le Moyen de parvenir, œuvre contenant la raison de tout ce qui a esté, est et sera, avec demonstrations certaines et necessaires, selon la rencontre des effets de Vertu, et adviendra que ceux qui auront nez à porter lunettes s'en serviront, ainsi qu'il est écrit au dictionnaire à dormir en toutes langues. *Imprimé cette année* (*Holl.*, *Elzévir*); pet. in-12, mar. citron, doublé de mar. bleu, dentelle à petits fers, tr. dor. (*Trautz-Bauzonnet.*)

DÉLICIEUX EXEMPLAIRE d'une édition fort rare; il est grand de marges et d'une pureté de conservation remarquable.

2141. Le Moyen de parvenir, œuvre contenant la raison de tout ce qui a esté, est et sera.... édition corrigée de diverses fautes, qui n'y étoient point, et augmentée de plusieurs autres. *Chinon, de l'imprimerie de François Rabelais, rue du Bracquemart, à la Pierre philosophale, l'année pantagrueline*, pet. in-12, mar. rouge, fil. tr. dor. (*Trautz-Bauzonnet.*)

Édition rare. Charmant exemplaire de la bibliothèque de M. Armand Bertin.

2142. Le Salmigondis ou le Manége du genre humain. *A Liége, chez Louis Lefort*, 1698; in-12, mar. cit. f. tr. d. (*Bauzonnet.*)

Édition rare du *Moyen de parvenir*, en 348 p. EXEMPLAIRE CH. NODIER.

2143. Le Moyen de parvenir (de Beroalde de Verville). *S. l.*, 1000700803; 2 vol. in-12, mar. r. fil. tr. d. (*Derome.*)

2144. Les Plaisans Devis, recitez par les supports du seigneur de la Coquille, le dimanche 6 mars 1594; *à Lyon, par le seigneur de la Coquille. S. d.*, pet. in-8, mar. r. f. tr. d. (*Trautz-Bauzonnet.*)

Plaquette FORT RARE : il faudrait réunir les cinq pièces qui forment la série; mais trois seulement sont connues imprimées, et toutes fort rares; les deux autres n'existent qu'en manuscrit.

2145. Recueil des Plaisans Devis recités par les supposts du seigneur de la Coquille. *Lyon, Louis Perrin*, 1857; pet. in-8, demi-rel. mar. r., non-rog.

2146. Hochepot, ou Salmigondis des Folz, contenant un très-pur narré, et comme la salse pareille contre le gouteux, poyuré et maudict édict, naguères sailly à deux potences des fines fontes de La Haye en Hollande, sur le faict des passeportz et la proscription des Jésuites, trad. du hollandois-flamand en vulgaire françois. *Imp. à Pincenarille, ville de la Mirosophie, par Geofroy, à la Grand Dent, l'an* 1596; in-8, mar. rouge, fil. tr. dor. (*Capé.*)

Bel exemplaire (de Nodier, dans une nouvelle reliure) non rogné. Livre très-rare, à peu près inconnu, et qui n'est rien moins qu'un manifeste écrit, dans le style de Rabelais, en faveur des Jésuites et de Philippe II, roi d'Espagne, pour lesquels les États de Hollande manifestaient la même répugnance, et qu'ils confondaient dans une égale aversion.

2147. Le Premier (le Second et le Troisième) livre du Labyrinthe de récréation, recherché des plus beaux esprits de ce temps. *Rouen, Cl. Levilain*, 1602; 3 tom. en 1 vol. pet. in-24, m. rouge, fil. tr. dor. (*Rel. anc.*)

Recueil très-rare.

2148. La Fluste de Robin en laquelle les chansons de chasque mestier s'égaient, vous y apprendrez la manière de iouer de la fluste ou bien de vous en taire.... 1619; in-8, mar. rouge, fil. à comp. tr. dor. (*Trautz-Bauzonnet.*)

Édition originale rarissime d'une facétie connue par la réimpression qui en a été faite et comprise dans la collection des *Joyeusetez, facéties*, etc.

2149. L'Origine des masques, momeries, bernez, et revennez ès iours gras de caresmeprenant, menez sur l'asne à rebours et chariuary, etc., le tout extrait du liure de la momerie de Cl. Noirot, iuge en la mairie de Lengres. *Lengres, Chauvelet*, 1609; in-8, m. rouge, fil. à comp. tr. dor. (*Trautz-Bauzonnet.*)

Exemplaire du prince d'Essling et de M. Aimé-Martin. Livre singulier et fort rare.

2150. Les Fanfares et Courvees abbadesques des Roule-Bontemps de la haute et basse Coquaigne et dependances, par I. P. A. Musis concurrunt ludus et usus. *A Chambery, par Pierre Dufour, imprimeur de S. A.* M. DC. XIII; in-8, mar. v. fil. tr. d. (*Padeloup.*)

Exemplaire Gaignat et Bignon : c'est un des livres les plus rares que l'on puisse rencontrer : la gravure *du Paradis et de l'Enfer*, que M. Brunet dit devoir être en regard du frontispice, se trouve ici avant la *Palinodie de l'amant*, p. 41.

L'exemplaire de Ch. Nodier, qui s'est vendu 500 fr., était moins beau que celui-ci; mais il l'avait fait recouvrir par Thouvenin d'une riche reliure à compartiments, qui fit assez de sensation pour que les bibliophiles aient pris l'habitude d'en désigner le genre sous le titre de *Reliure à la fanfare*.

2151. Les Cent Drogues admirables du merveilleux operateur des isles non decouvertes, des royaumes inuisibles, arrivé dans cette Ville pour la foire. *A Paris* (vers 1610), 13 pp. — Affiges des grands opérateurs de Mirlinde, nouuellement arriués, pour guérir toutes sortes de maladies. *Paris*, 1618. 4 feuillets. — Le Restaurant des constipés de cerveau freschement apporté des Isles d'Yamboles, où le monde s'ennuie de trop viure. Par le ridicule secret. *Iouxte la copie imprimée à Paris, par Pierre Latus. Tout au commandement des Droles.* 16 pages. S. d. Le tout en 1 vol. in-8, mar. r. tr. d. rel. jans. (*Duru.*)

Facéties très-rares. La dernière pièce est écrite en langage matois, qui est une espèce d'argot. Ces pièces sont grandes de marges et avec témoins.

2152. Prologues non tant superlifiques que drolatiques, nouuellement mis en veuë. *Imprimé à Rouan*, 1610; in-12, cuir de Russie, f. tr. d.

Première édition de l'une des rares facéties de Deslauriers dit *Bruscambille*. Exemplaire de M. A. Bertin.

2153. Les Fantaisies de Bruscambille, contenant plusieurs Discours, Paradoxes, Harangues et Prologues facétieux, faits par le sieur Deslauriers, comédien. *Paris, Jean de Bordeaulx*, 1612; pet. in-8, mar. r. f. tr. d. (*Trautz-Bauzonnet.*)

Bel exemplaire de la plus ancienne édition.

2154. Les Fantaisies de Bruscambille. *A Paris, Jean Millot,* 1615; in-8, mar. cit. fil. tr. d. (*Trautz-Bauzonnet.*)

Très-bel exemplaire d'un volume fort rare.

2155. FACÉTIEUSES PARADOXES DE BRUSCAMBILLE, et autres discours comiques, le tout nouvellement tiré de l'escarcelle de ses imaginations. *Jouxte la copie imprimée à Rouen, chez Th. Maillard,* 1615; pet. in-12, m. r. fil. tr. dor. (*Trautz-Bauzonnet.*)

Charmant exemplaire d'un petit livre rare et fort recherché.

2156. LES NOUVELLES ET PLAISANTES IMAGINATIONS DE BRUSCAMBILLE en suitte de ses Fantaisies, par le S. D. L. (sieur Deslauriers), champ. (champenois). *A Bergerac, chez Martin La Babille,* 1615; petit in-12, m. rouge, fil. t. dor. (*Trautz-Bauzonnet.*)

TRÈS-JOLI EXEMPLAIRE d'une édition fort rare.

2157. PERIPATÉTIQUES RÉSOLUTIONS et remonstrances sententieuses du docteur Bruscambille. *A Lyon, prins sur la coppie imprimée à Paris, chez Va-ducul, gouverneur des singes,* 1619; in-8, m. viol. fil. tr. dor. (*Bauzonnet.*)

Opuscule fort rare. Exemplaire de CH. NODIER.

2158. Les Fantaisies de Bruscambille, contenant plusieurs Discours, Paradoxes, Harangues et Prologues facétieux. *Lyon, Chastellard,* 1622; in-12, mar. v. f. tr. d. (*Duru.*)

Bel exemplaire.

2159. Les OEuvres de Bruscambille, contenant ses Fantaisies, Imaginations et Paradoxes. *A Rouen, chez Rob. Sejourné,* 1629; in-12, v. f. fil. (*Rel. anc.*)

Bel exemplaire.

2160. LES OEUVRES DE BRUSCAMBILLE, contenant ses Fantaisies, Imaginations, Paradoxes et autres discours comiques, reueu et augmenté par l'autheur (le comédien Deslauriers). *A Lyon, pour Jean Hu-*

guetan, 1634; in-12, m. rouge. fil. tr. dor. (*Trautz-Bauzonnet.*)

CHARMANT EXEMPLAIRE d'un volume très-rare et qui est différent de celui qui précède.

2161. LES FANTAISIES DE BRUSCAMBILLE, contenant plusieurs discours, paradoxes, harangues et prologues facétieux. *Paris (Holl.)*, 1668; pet. in-12, m. vert, fil. tr. dor. (*Bauzonnet.*)

Charmant exemplaire d'une édition elzévirienne de toute rareté.

2162. La Suitte tres plaisante des masquarades veues en l'autre monde, par le capitaine Ramoneau, envoyée à tous ses amis, etc. *S. l.*, 1619; front. gr. p. in-8, mar. cit. f. tr. d.

2163. RECUEIL GÉNÉRAL des OEuvres et Fantaisies de Tabarin, diuisé en deux parties. *Paris, Anth. de Sommaville*, 1623. — Les Rencontres, Fantaisies et Coq a l'asne facécieux du baron de Grattelard, tenant sa classe ordinaire au bout du Pont-Neuf. *Paris, Julien Trostolle*, 1624; 3 part. en 1 vol. pet. in-12, mar. citr. fil. tr. d. (*Bauzonnet.*)

Édition rare, la première du recueil qui contienne le *Grattelard*; jolie vignette sur le titre.

2164. RECUEIL GÉNÉRAL DES OEUVRES ET FANTAISIES DE TABARIN.... *Rouen*, 1664; pet. in-12, m. vert, fil. tr. dor. (*Anc. rel.*)

Édition elzévirienne très-recherchée. Joli exemplaire de Méon et du prince d'Essling. (H. 4 p. 1 l. 3/4).

2165. Almanach prophétique du sieur Tabarin pour l'année 1623, auec les Prédictions admirables pour chaque moys de ladite année, le tout diligemment calculé sur son éphéméride de la place Dauphine. *Paris*, 1622. — Almanach pour le temps passé.... composé et calculé par F. Guérin, ci-devant président de la Justice établie en la cuisine de la royne Marguerite. *S. l.*, 1623; pet. in-8, mar. r. f. tr. d. (*Koehler.*)

Tabarinades rares : exemplaire de Ch. Nodier.

2166. Les OEuvres de Tabarin, nouvelle édition avec préface et notes par Georges d'Harmonville. *Paris,* 1858; in-12, mar. rouge, non rogné, *papier vélin fort.*

2167. Combat de Cirano de Bergerac avec le singe de Brioché au bout du Pont-Neuf. *Paris, Maurice Rebuffe, s. d.;* pet. in-8, de 13 pp., mar. amar. dent. tr. d. (*Vogel.*)

Pièce très-rare. Édition originale. Exemplaire de Ch. Nodier et du prince d'Essling.

2168. Recueil de dix pièces rares en prose et en vers. Petit in-8, réglé, mar. r. tr. dor. (*Trautz-Bauzonnet.*)

La Mode qui court à présent et les singularitez d'icelle : ou l'ut, re, mi, fa, sol, la de ce temps. *Paris, Fleury Bourriquant* (1613), 12 pp. — Responce au réformateur de la mode qui court. *Paris, Est. Perrin,* 1612, 12 pp. (Rares, surtout la réponse.) — Le Changement de la Court, 1624, 31 pp. (en vers). — L'Estonnement de M. Guillaume sur le changement de la Court. 1624, 12 pp. (en vers). — Tablettes adressées aux dames de la Cour. *S. l.,* 1624, 16 pp. (en vers). — Lettre d'Erothee à Neogame, ou d'une jeune espousée à son espoux, qui l'a abandonnée la première nuict de ses nopces. 1624, 15 pp. — Responce de Neogame à Erothee, s'excusant de ce qu'il l'a quittée et laissée seule dans son lict la nuict de ses nopces. 1624, 16 pp. — L'Adieu du plaideur à son argent. 1624 (en vers). — Factum du procez d'entre messire Iean et dame Renée (en vers). *S. l. n. d*, 7 pp. — Les Moyens tres-utilles et necessaires pour rendre le monde paisible et faire en brief revenir le bon temps (en vers). *Paris, Ant. du Breuil,* 1615, 16 pp.

2169. Recueil général des Caquets de l'Accouchée. 12 pièces en 1 vol. pet. in-8, m. bleu, fil. t. dor. (*Bauzonnet.*)

Réunion des pièces originales publiées en 1622.
Savoir : 1° Caquet de l'Acovchée. — 2° La seconde après-disnée du Caquet de l'Acovchée. — 3° La troisième après-disnée dv Caquet de l'Acovchée. — 4° La Responce des Dames et Bovrgeoises de Paris av Caqvet de l'Acovchée, par Mademoiselle ED. M. *Paris, chez l'imprimeur de la ville,* à l'enseigne des Trois-Pvcelles. — 5° La dernière et certaine iovrnée dv Caqvet de l'Acovchée (il manque le titre). 6° La dernière après-disnée dv Caqvet de l'Acovchée. — 7° L'Anti-Caqvet de l'Acovchée. — 8° Les Commentaires de César. — 9° Le Passepartovt dv Caqvet des Caqvets de la Novvelle-Acovchée. — 10° Le Relèvement de l'Acovchée. — 11° Le Caqvet des Femmes du Favxbovrg Sainct-Marceau. *Paris, chez Guillaume.* — Précieux recueil de la bibliothèque de M. Arm. Bertin.

2170. La Pourmenade du Pré aux Clercs. *S. l.,* 1622; in-8, m. v. tr. d. (*Capé.*)

Superbe exemplaire d'une pièce facétieuse extrêmement rare.

2171. Les Delices joyeux et recreatifs avec quelques apophthegmes nouvellement traduicts d'espagnol en françois, par Verboquet le Genereux. *A Rouen, chez Jacques Besongne*, 1625; in-12, mar. r. tr. d. (*Derome.*)

Exemplaire Méon de la 2e édition, court de marges.

2172. L'Adieu du plaideur a son argent, 1626; pet. in-8, m. bleu, fil. tr. dor. (*Niedrée.*)

Facétie piquante sur les plaideurs. On lit sur le titre :
> Le jeu de Paulme et le Palais
> Sont (ce me semble) de grands frais;
> Les tripots et les plaideries
> Sont le vray jeu du Coquimbert :
> Car il en couste aux deux parties
> Et tous deux qui gaigne pert.

2173. Le Plaisant Iardin des Receptes, ou l'on apprend à n'auoir iamais pauureté... pour n'auoir iamais faim ny soif, pour n'auoir iamais chaud ny froid, et et (*sic*) pour garder que les poux et puces ne vous mordent. (Avec la medecine de maistre Grimache.) *Paris, Iean Martin*, 1626; in-8 de 24 pp. mar. bl. jans. tr. d. (*Duru.*)

Bel exemplaire d'une facétie fort rare.

2174. Les Jeux de l'Incognu (par le comte de Cramail). *Paris, chez les Libraires associés*, 1630, front. gr. — Le Herti ou l'Universel, 1630. (113 p.) — La Blanque des marchands, 70 p. — Discours académique du Ris, 139 p. Quatre parties en un vol. in-8, mar. r. fil. tr. d.

2175. Le Tombeau de la Mélancholie ou le Vray Moyen de viure ioyeux, par le sieur D. V. G. *A Rouen, J. Berthelin*, 1639 (333 p.); in-12, v. v. fil. tr. d.

2176. Recueil des statuts, ordonnances, reiglemens, antiquitez, prérogatives et préeminences du Royaume de la Bazoche. *Paris, cardin. Besongne*, 1654. — Le Miroir de patience ou la Misère des clercs de Procureurs, dédié à Monsieur le chancelier de la Bazoche. *Paris*, 1737 (en vers). — La

Peine et misère des garçons chirurgiens autrement appellez fraters, représentez dans un entretien joyeux et spirituel d'un garçon chirurgien avec un clerc. *Troyes, P. Garnier, s. d.* (en prose et vers) ; 3 pièces en un vol. pet. in-8, mar. r. fil. tr. d. (*Derome.*)

La première et la 3e sont fort rares.

2177. La Sauce au verjus. *Strasbourg (Holl., Elzévir)*, 1674 ; pet. in-12, mar. citr. fil. tr. dor. (*Duru.*)

Joli exemplaire d'un petit volume rare.

2178. Le Facétieux Réveille-Matin des esprits mélancholiques ou le Remède préservatif contre les tristes. *A Nymwègue, de l'impr. de Regnier Smétius*, 1678, in-12, mar. r. f. tr. d. (*Duru.*)

Exempl. de Ch. Nodier.

2179. ROGER BONTEMPS en belle humeur, donnant aux tristes et affligés le moyen de chasser leurs ennuis et aux joyeux le secret de vivre toujours contens. *Cologne, P. Marteau*, 1670 ; frontispice gravé. In-12, mar. r. f. tr. d. (*Bauzonnet.*)

Bel exemplaire de la première édition.

2180. L'ENFANT SANS SOUCI, divertissant son père Roger Bontemps et sa mère Boute-tout-cuire. *Cologne, Pierre Marteau*, 1712 ; pet. in-12, mar. bleu, fil. tr. dor. (*Trautz-Bauzonnet.*)

Bel exemplaire, avec témoins, d'un petit livre fort rare. Cette édition de 1712 est exactement la même que l'édition de *Villefranche, Nicolas l'enjoué, à l'enseigne de la Vigne fleurie*, 1682, dont on a seulement changé et modifié le titre.

2181. Le Boufon de la cour, ou Remede preservatif contre la melancolie. *Paris, Cl. Barbin*, 1690 ; in-16, v. f. fil. tr. d. (*Koehler.*)

2182. L'ÉCOLE POUR RIRE ou la Manière d'aprendre le françois en riant, par le moien de certaines histoires choisies, plaisantes et récréatives, exemtes de toutes paroles et equivoques sales et deshonnêtes et mises dans un françois très facile, et le plus usité dans la conversation ; nouvellement augmentées de quelques nouvelles histoires, et l'ortographe corrigée selon la méthode de Richelet. *Leide*, 1698; pet. in-12, mar. bleu, fil. tr. dor. (*Duru*).

Exemplaire provenant de la bibliothèque Ch. Nodier.

2183. Mémoires de l'Académie des colporteurs (par de Sallengre). *S. l.* (*Paris*), 1748; in-8, demi-rel. tr. d.

Nombreuses figures.

2184. Recueil de diverses pièces comiques, gaillardes et amoureuses. *Suivant la cop. impr. à Paris, chez Loyson* (*Bruxelles*), 1671; in-12, mar. cit. f. tr. d. (*Bauzonnet.*)

Petit volume très-rare et qui fait partie de la collection elzevirienne.

B. Facéties en italien, etc.

2185. Facéties et mots subtils d'aucuns excellens esprits et très nobles seigneurs, en françois et en italien. *A Lyon, par Benoist Rigaud*, 1597; in-16, mar. vert, fil. tr. d.

Exemplaire du duc de La Vallière, relié par Derome jeune, trad. de l'italien de Lodov. Domenichi : cette édition, copiée sur celle de 1574, a comme elle 205 p.

2186. L'HEREMITA di M. Marco Mantuano. *Venezia, per Zorsi Ruscone*, 1521; in-8, mar. bl. tr. dor. jans. (*Trautz-Bauzonnet.*)

L'Heremita est un petit ouvrage curieux, divisé en cinq journées. Dans les troisième et quatrième journées sont décrits les amusements de la chasse. (*Man. du libr.*)

2187. Les Mondes célestes, terrestres et infernaux, tirez des œuvres de Doni, Florentin, par G. Chappuis, Tourangeau. *A Lyon, pour Barth. Honorati*, 1578; in-8, mar. r. fil. tr. dor.

2188. Les Mondes célestes, terrestres et infernaux, tiré des œuvres de Dony par Gab. Chappuys, augmentez du Monde des cornuz. *Lyon*, 1580;

pet. in-8, mar. bleu, fil. tr. dor. (*Trautz-Bauzonnet.*)

<small>Le Monde petit, grand, imaginé, meslé, risible, des sages et des fols, et le très-grand. L'Enfer des écoliers, des mal mariez, des putains et ruffians, des soldats et capitaines poltrons, des usuriers, des poëtes et compositeurs ignorants. — *Bel exemplaire*, provenant de M. Armand Bertin.</small>

2189. DIALOGUE DE LA TESTE ET DU BONNET, traduict de italien en françoys par F. Anthoyne Geuffroy. *Rouen, Nic. de Burges;* lett. rondes, mar. br. tr. dor. (*Duru.*)

<small>Exemplaire réglé. Double de la Biblioth. royale d'une plaquette introuvable.</small>

2190. La Fameuse Compagnie de la Lésine ou Alesne, c'est-à-dire la manière d'espargner, acquérir et conserver (trad. de l'ital. de Vialardi). *Paris, Rolet Boutonné,* 1618. — La Contre-Lésine ou plutôt Discours, Constitutions et Louanges de la libéralité, etc., augmentez d'une comédie intit. les Noces d'Antilésine (1604). *Id., ibid.,* 1618; 2 vol. in-12, v. v. f. tr. dor.

2. DISSERTATIONS SINGULIÈRES OU PLAISANTES.

A. Sujets divers.

2191. Essai historique, critique, philosophique, politique sur les lanternes (par Dreux Duradier). *Dole,* 1755; in-12 demi-rel.

2192. PARADOXES, ce sont propos contre la commune opinion, desbattuz en forme de déclamations forenses : pour exciter les ieunes esprits en causes difficiles, par Ch. Estienne. *Paris, Ch. Estienne,* 1553. — Paradoxe que le plaider est chose très-utile et nécessaire à la vie des hommes, trad. par le même. *Paris, Ch. Estienne,* 1553, pet. in-8, mar. bleu, fil. tr. d. (*Trautz-Bauzonnet.*)

<small>Charmant exemplaire, grand de marges, d'un petit livre curieux.</small>

2193. PARADOXE, que les adversitez sont plus nécessaires que les prospéritez et qu'entre toutes l'estat d'une estroitte prison est le plus doux et le plus proffitable, par le seigneur de Téligny (Odet de La Noue). *Lyon, J. de Tournes*, 1588; pet. in-8, mar. rouge, fil. tr. dor. (*Trautz-Bauzonnet.*)

<small>Très-joli exemplaire d'une plaquette de la plus grande rareté; le titre et la préface sont imprimés en caractères de *Civilité*.</small>

2194. Les Louanges de la Folie ; traicté fort plaisant en forme de paradoxe, traduict d'italien en françois, par feu messire Iean du Thier, chevalier, conseiller du roy et secrétaire d'Estat et des finances dudit seigneur. *A Lyon, par Benoist Rigaud*, 1567; in-8, mar. rouge, dent. tr. dor. (*Trautz-Bauzonnet.*)

<small>Superbe exemplaire d'une facétie très-rare; c'est la traduction d'un opuscule curieux, intitulé *la Pazzia*, imprimé en italien dans le seizième siècle et attribué à Ascanio Persio.</small>

B. Dissertations sur l'amour, etc.

2195. Le Remede damour cõpose par Eneas Silvius, aultrement dit Pape Pie secõd | translate de latĩ en frãçois p maistre Albĩ des Auenelles, chanoine de leglise de Soissons, auec aulcunes additiõs de Baptiste Mātuē.—*Cy finist le Remede damour. Nouuellement imprime a Paris par la veufve Jehan Jannot. S. d.* (1520); in-4, goth. mar. r. f. fil. tr. dor. (*Duru.*)

<small>Édition fort rare.</small>

2196. Aresta amorum LII (auct. Martial d'Auvergne), accuratissimis Ben. Curtii Symphoriani cõmentariis ad vtriusq iuris rationem, forensiumque actionum usum quam acutissime accommodata. *Parisiis, apud G. Nigrum*, 1555; in-16, v. br. comp. tr. d. (*Anc. rel.*)

<small>52 arrêts et les ordonnances sur les masques.</small>

2197. Les Cinquante et ung Arrests d'amour (par Martial d'Auvergne). *Imprimé à Paris par Michel*

Le Noir... pet. in-4, goth. mar. rouge, fil. tr. dor. (*Trautz-Bauzonnet.*)

<small>Première et fort rare édition de cet ouvrage singulier et peu connu.</small>

2198. Les Arrêts d'amour, avec l'Amant rendu cordelier, à l'observance d'amours, par Martial d'Auvergne, accompagnez des commentaires juridiques et joyeux de Benoit de Court ; dernière édition augmentée de plusieurs arrêts, de notes, et d'un glossaire des anciens termes. *Amsterdam*, 1731 ; 2 part. en 1 vol. gr. in-18, mar. rouge, tr. dor. (*Lortic.*)

<small>Très-bonne édition publiée par Lenglet-Dufresnoy. Le glossaire s'y trouve.</small>

2199. Le Monophile, par Est. Pasquier Parisien. *Paris, Estienne Groulleau*, 1555 ; in-8, mar. rouge, tr. dor. (*Trautz-Bauzonnet.*)

<small>Exemplaire d'une parfaite conservation et grand de marges.</small>

2200. Les Récréations, devis et mignardises : demandes et responces que les amoureux font en l'amour, avec le blason des herbes et fleurs pour faire les bouquets ; sonnets et dizains, fort convenables à ces devis, nouuellement faicts au contentement et plaisir de tous les vrais amans. *A Lyon*, 1592 ; in-16, v. fauve. (*Anc. rel.*)

<small>Exemplaire de la bibliothèque de Ch. Nodier et R. Heber. Petit volume de toute rareté ; il est composé de pièces qui ne se trouvent point ailleurs.</small>

2201. Le Bouquet de la Feintise, lié d'une soye desliée par la Constance et que l'Amour a faict d'un lis et d'une rose sans espine, par Bernard Astier. *Lyon, P. Rigaud*, 1610 ; in-12, v. gr.

<small>M. Paul Lacroix a joint une assez longue note bibliographique à ce volume.</small>

2202. L'Escole d'amour, ou les Héros docteurs. *A Grenoble*, 1666 ; pet. in-12, mar. rouge, fil. tr. d. (*Trautz-Bauzonnet.*)

<small>Joli exemplaire d'un livre rare.</small>

2203. La Messagère d'amour ou Instruction pour inciter les ieunes dames à aymer. En forme de dialogue par la mère et fille d'Aliance. *S. l.*, 1612 ; pet. in-8, mar. rose, fil. tr. dor.

<small>Joli exemplaire de la bibliothèque de Ch. Nodier, d'un petit volume très-rare.</small>

2204. La Reveuë des troupes d'Amour. *Cologne, Pierre Michel,* 1668 ; pet. in-12, mar. r. fil. tr. d. (*Trautz-Bauzonnet.*)

<small>Joli exemplaire d'un petit livre rare.</small>

2205. Almanach perpétuel d'amour, selon les observations astronomiques de Cupidon. Diligemment supputé et réduit au méridien du cœur, par Joly Passionné, professeur de mathématiques d'Amour. *A l'Isle d'Adonis, par Fidelle Soupirant, à la rue des Belles, à l'enseigne de Vénus, l'an* 1681; in-12, mar. bleu, fil. tr. d. (*Trautz-Bauzonnet.*)

<small>Très-joli exemplaire de Ch. Nodier.</small>

2206. La Loterie (galante) d'amour en prose et en vers. *Paris, J. Ribout,* 1661 ; pet. in-12, mar. r. tr. dor. (*Trautz-Bauzonnet.*)

<small>Joli petit livre rare et dans une charmante condition.</small>

2207. Le Bouquet printanier ou recueil des plus belles Fleurs de ce temps; avec les qualitez de chacune en particulier : dédié aux Dames. *A Autun,* 1662 ; in-16, fig. mar. vert, fil. tr. dor. (*Anc. rel.*)

<small>Exemplaire de la bibliothèque de Ch. Nodier et de Rich. Heber; petit volume de toute rareté et que M. Nodier a signalé pour la première fois, avec une petite analyse, dans sa *Description raisonnée d'une jolie collection de livres.*</small>

2208. Le Réveil-matin des dames, par le sieur de la Serre. *Bruxelles,* 1691 ; pet. in-12, mar. rouge, fil. tr. dor. (*Trautz-Bauzonnet.*)

<small>Très-joli exemplaire d'un petit livre rare imprimé par Foppens et qui se met dans la collection elzévirienne.</small>

2209. La Courtoisie françoise, enrichie de plusieurs belles et rares lettres de compliment et d'un bouquet de marguerites et fleurs d'élite choisies dans leur jardin. *Heydelberg (Hollande),* 1658, pet.

in-12, mar. rouge, fil. tr. dor. (*Trautz-Bauzonnet.*)

Charmant exemplaire, avec témoins. Ce petit livre contient, en outre, des proverbes, des dialogues, et se termine par un *Récit des reliques qui sont dedans le thresor de la royale abbaye de Saint-Denis*. Joli frontispice gravé.

2210. Aloisiæ Sigœæ Toletanæ Satyra sotadica de Arcanis amoris et Veneris. *Amstelodami (Genève)*, *s. d.*; 2 part. en 1 vol. in-12, mar. rouge, tr. dor. (*Capé*.)

Édition rare.

2211. Joan. Meursii Elegantiæ latini sermonis seu Aloisiæ Sigœæ Toletanæ de Arcanis amoris et Veneris. *Lugd. Batav., ex typis Elzevirianis (Barbou)*, 2 tom. en 1 vol. in-12, mar. rouge, fil. tr. dor. (*Capé*.)

Joli exemplaire de l'édition la plus recherchée.

2212. Nouvelle Traduction du Meursius, connu sous le nom d'Aloisia ou de l'Académie des dames. *A Cythère (Paris, Barbou)*, 1749; 2 part. en 1 vol. pet. in-8, mar. r. fil. tr. sup. d. (*Bauzonnet.*)

Relié sur brochure.

2213. La Bibliothèque d'Arétin, contenant les pièces marquées à la table. *Cologne, P. Marteau (Amsterd. Elzevir.), s. d.*; in-12, mar. r. fil. tr. dor. doubl. de mar. v. comp. à la rose (*Duru.*)

Elzev. rare.

2214. ŒUVRES SATYRIQUES DE P. CORNEILLE BLESSEBOIS. *A Leyde*, 1676; in-12, mar. cit. f. tr. dor. (*Trautz-Bauzonnet.*)

Front. gr. tit. préface. *L'Almanac des Belles pour l'année 1676. — Les Quatre Saisons de l'année 1676*, et diverses poésies. — *L'Eugénie*. — Portraits. — *Le Rude ou la Pudeur éteinte.*

2215. Erotika biblion (par le comte de Mirabeau). *Paris*, 1792; in-8, demi-rel.

2216. IL LIBRO DEL PERCHE, la Pastorella del Marino, la Nouella dell' angelo Gabriello et la Putana errante di Pietro Aretino. *A Péking (Paris), nel XVIII° secolo*; in-8, mar. bl. dent. tr. d. doublé de tabis. (*Bozérian.*)

Exemplaire imprimé sur vélin.

2217. Ragionamento nel quale Pietro Aretino figura quattro suoi amici, che fauellano de le corti del mondo, et di quella del cielo. *In Vinegia, per Barthol. detto l'Imperador, ad instantia di messer M. Sessa*, 1545. — Dialogo nel quale si parla del Gioco. *Id., ibid.*, 1545; 2 part. en 1 vol. in-8, mar. v. f. tr. d. (*Rel. anc.*)

Éditions rares.

2218. Commento di ser Agresto di Ficaruolo sopra la prima ficata del Padre Siceo. *S. l. (Venezia)*, 1538; pet. in-8, mar. r. tr. d.

Édition originale d'un rare opuscule licencieux d'Annibal Caro. Il Padre Siceo n'est autre que Fr. Mar. Molza.

2219. Dialogo fatto tra una Ruffiana et una Putta Donzella, dove s'intende come la Ruffiana procura con i suoi inganni da ridurla a mal operare; et la Putta schinandosi si defende, et resta al fine victoriosa. Composto da me Paolo Britti Cieco da Venetia. *In Venetia*, 1628; in-12, vél.

Rare, mais réemmargé.

2220. La Rettorica delle putane composta conforme li precetti di Cipriano (di Ferrante Pallavicino). *In Villafranca (Holl., Elzevir)*, 1673; pet. in-12, mar. bleu, tr. dor. (*Duru.*)

Exemplaire grand de marges d'un petit volume RARE.

2221. Monuments secrets du culte des Douze Césars et des Dames romaines. *Genève, Sabellos*, 2 vol. in-4, v. éc. fil. tr. dor.

2222. Les Amours du chevalier de Faublas, par Louvet de Couvray. *Paris, Tardieu*, 1825; 4 vol. in-8, pap. vél. mar. r. fil. tr. d.

Bel exemplaire avec un grand nombre de figures ajoutées.

2223. L'Amour en fureur ou les Excès de la jalousie italienne. *Cologne, Olivier*, 1684; in-16, demi-rel.

2224. Les Crimes de l'Amour, par D. A. F. Sade. *Paris, Massé*, an VIII; 2 vol. in-8, fig. demi-rel.

C. Traités pour ou contre les femmes, et sur le mariage.

2225. DE LA NOBLESSE ET PRÉEXCELLENCE DU SEXE FÉMININ, faict et composé par noble chevalier, et docteur en deux droictz, messire Henri Corneille Agrippa, conseiller judiciaire du tres-puissāt empereur Charles cinquiesme, à l'honneur de la très-redoubtée dame Madame Marguerite Auguste, princesse d'Austriche et de Bourgongne; translaté de latin en françoys. *On les vend à Paris, par Denys Janot (s. d.)*; in-16, mar. r. fil. tr. d. (*Trautz-Bauzonnet.*)

Joli exemplaire d'un très-rare et curieux petit livre imprimé en lettres rondes.

2226. Henri Corneille Agrippa de Nettesheim, sur la sublime excellence du sexe féminin, et le Traitté sur l'incertitude aussi bien que la vanité des sciences et des arts (traduit par Gueudeville). *Leiden, Th. Haak,* 1726; 3 vol. in-8, fig. v. f. tr. d. (*Anc. rel.*)

2227. Le Fort inexpugnable de l'honneur du sexe féminin, construit par Françoys de Billon. *On les vend à Paris, chez Jan d'Allyer,* 1555; in-4, fig. s. b. v. gr. dent. (*Rel. anc.*)

2228. DE LA BEAUTÉ, discours divers, avec la Paulégraphie, ou Description des beautez d'une dame tholosaine, nommée la belle Paule, par Gabriel de Minut, chevalier. *A Lyon, par Barthélemy Honorat,* 1587; in-8, mar. v. fil. tr. d. (*Padeloup.*)

Très-bel exemplaire d'un livre célèbre, provenant de la bibliothèque de Gaignat.

2229. Le Paranymphe des dames, dédié à la royne Marie de Médicis, par Me N. Augenoust. *Troyes, P. du Ruau,* 1629; in-8, port. et front. gr. mar. r. fil. tr. d.

2230. Le Champion des femmes, qui soustient qu'elles sont plus nobles, plus parfaites et en tout plus vertueuses que les hommes (par le chevalier de l'Escale). *Paris*, 1618, in-12, mar. r. fil. tr. d. (*Anc. rel.*)

<small>Exemplaire de la Vallière.</small>

2231. Stanzo di cultura sopra gli horti de le donne stampate nuovamente et historiate. M.D.XXX.VII. (*Venetia*); in-8, fig. s. b. mar. v. fil. tr. d.

<small>Joli exemplaire d'une édition rarissime recherchée pour des fig. sur bois.</small>

2232. Gli Ornamenti delle donne tratti dalle scritture d'una reina Greca, per Giovanni Marinello. *Venetia*, 1562; pet. in-8, mar. cit. fil. tr. dor. (*Thompson.*)

<small>Bel exempl. d'un livre rare.</small>

2233. Les Singeries des femmes de ce temps descouvertes. *S. l.* (*Paris*), 1623; pet. in-8, mar. r. tr. d. (*Duru.*)

<small>Plaquette rare de 16 p.</small>

2234. Le Tableau des piperies des femmes mondaines où par plusieurs histoires se voyent les ruses et artifices dont elles se servent. *Cologne, Pierre du Marteau (à la Sphère)*, 1685; pet. in-12, mar. r. fil. tr. d. (*Trautz-Bauzonnet.*)

<small>Très-joli exemplaire; dorure à la rose.</small>

2235. Les Entretiens curieux de Tartuffe et de Rabelais, sur les femmes, par le sieur de la Dailhiere. *A Middelbourg*, 1688; in-12, mar. r. fil. tr. d. (*Duru.*)

<small>Exempl. de Charles Nodier.</small>

2236. Les Différens Caractères des femmes du siècle avec la description de l'amour-propre. *Lyon*, 1695; in-12, mar. br. tr. d. (*Trautz-Bauzonnet.*)

<small>Joli exemplaire d'un volume curieux sur *les coquettes, les bigotes, les joueuses, les plaideuses, etc.*</small>

2237. Le Supplement de Tasse rouzi friou titave, aux femmes, ou aux maris pour donner à leurs femmes (par Bordelon). *Paris*, 1713; in-12, mar. r. f. tr. d. (*Derome.*)

<small>Première édition en gros caractères. Rare.</small>

2238. LA LOUENGE DE MARIAIGE et Recueil des hystoires des bonnes, vertueuses et illustres femmes | cōpose par maistre Pierre de Lesnauderie | lors scribe des priviléges de luniversité de Caen. *Impr. nouuellement à Paris pour Jehan S. Denys, s. d.*; in-4, goth. mar. v. tr. d.

Très-rare et curieux livre.

2239. De l'Heur et Malheur de mariage par Jehan de Marconville, gentilhomme percheron. *Paris, Jeh. Dallier,* 1564; in-8, mar. bl. tr. d. (*Niedrée.*)

Première édition. Exemplaire très-grand de marges.

2240. Les Quinze Joyes de mariage, extraictz d'un vieil exemplaire escrit à la main, passez sont 400 ans. *A Rouen, chez Raphaël du Petit-Val,* 1596; in-12, mar. r. tr. d.

2241. Les Quinze Joyes de mariage; ouvrage très-ancien, auquel on a joint : le Blason des fausses amours, le Loyer des folles amours et le Triomphe des Muses contre Amour; le tout enrichi de remarques (par Le Duchat). *La Haye, Rogissart,* 1726; in-12, v. f. fil. tr. d.

Une de ces petites reliures faites par Purgold (Bauzonnet) avec une finesse et une élégance extrêmes.

2242. L'Ordre de chevalerie des Cocus reformez nouvellement establis à Paris. La ceremonie qu'ils observent en prenant l'habit. Les statuts de leur ordre : et un petit abregé de l'origine de ces peuples. *S. l.*, M.DC.XXIIII. — Sermon pour la consolation des cocus. *S. l. n. d.* — Le Pasquil du rencontre des cocus à Fontainebleau (en vers). *S. l.*, 1623. — Avertissement salutaire aux confreres de la Confrerie des martyrs persecutez par leurs deshonnestes, indiscrettes et mal-advisées femmes, nouvellement instituée au lieu vulgairement appellé Mallencontre. *A Souffrance, par Jean Cornard, demeurant devant la fontaine Pisse-douleurs à l'enseigne du Pacos, s. d.*; in-8, mar. citr. f. tr. dor.

Recueil de facéties très-rares, en éditions originales.

2243. L'Ordre des cocus reformez, nouuellement establis à Paris; la cérémonie qu'ils tiennent en prenant l'habit, les statuts de leur ordre; et un petit abrégé de l'origine de ces peuples. *A Paris, chez la veufve du Carroy, s. d.*; in-8, mar. v. fil. tr. d. (*Kœhler.*)

Bel exemplaire relié sur brochure d'un opuscule fort rare, du même genre que les Caquets de l'accouchée.

2244. Sermon pour la consolation des cocus. *A Amboise, J. Coucou, à la Corne de Cerf*, 1751; in-12, v. f. fil. tr. dor.

2245. Les Priviléges du cocuage, ouvrage nécessaire tant aux cornards actuels qu'aux cocus en herbe. *A Vicon, chez Jean Cornichon, à l'enseigne du Coucou*, 1682; pet. in-12, mar. r. fil. tr. dor. (*Capé.*)

Véritable édition Elzévirienne; RARE.

VII. PHILOLOGIE.

I. INTRODUCTION; CRITIQUES

2246. Athenæus (græce) ex recensione Marci Musuri. *Venetiis, in ædibus Aldi et Andreæ soceri, mense augusto M.D.XIIII;* in-fol. mar. r. f. tr. d. (*Anc. reliure.*)

Editio princeps.

2247. Alexandri ab Alexandro, jurisperiti neapolitani, Genalium Dierum lib. VI, dum integris comment. Andreæ Tiraquelli, Dionysii Gothofredi, etc. *Lugd. Batav.*, 1673; 2 vol. in-8, mar. r. fil. doublé de mar. r. dent. tr. d. (*Boyet.*)

Édition *Variorum*. Bel exemplaire de M. de Bure.

2248. Pseudo-Cicero, dialogus Henrici Stephani. *S. l. (Parisiis), excud. Henr. Stephanus, a°* 1577; in-8, vélin.

BELLES-LETTRES. 373

2249. Henrici Stephani Schediasmatum variorum, id est, Obseruationum, Emēdationū, Expositionum, Disquisitionum libri tres. *Excud. Henr. Stephanus (Lugduni)*, a° 1578; in-8, mar. cit. f. tr. d. (*Bradel.*)

Exemplaire Renouard.

2250. Des Causes de la corruption du goust (par madame Dacier). *Paris, Rigaud*, 1714; in-8, v. éc. fil. tr. d.

Première édition. Exemplaire aux armes de Longepierre.

2251. Études de mœurs et de critique sur les poëtes latins de la décadence, seconde édition, suivie de jugements sur les grands historiens latins, par D. Nisard. *Paris*, 1849; 2 vol. in-8, dos et coins de veau fauve. (*Trautz-Bauzonnet.*)

Exempl. de la biblioth. Armand Bertin.

2252. Jeux d'esprit et de mémoire, par M. L. M. D. C. (le marquis de Chastres). *Cologne, Frédéric le Jeune*, 1694; in-12, mar. v. tr. d. (*Duru.*)

Le marquis de Chastres s'appelait Jean Brodeau.

2253. Mémoires de littérature, par M. D. S. (Sallengre). *La Haye, du Sauzet*, 1715-17; 2 vol. pet. in-8, fig. 2 portr. v. f. fil.

2254. Mélanges d'histoire et de littérature, par M. de Vigneul-Marville. *Paris*, 1725; 3 vol. in-12, v. f. fil. (*Chaumont.*)

2255. Singularités historiques et littéraires (par Dom Liron). *Paris*, 1738; 4 vol. in-12, v. m.

2256. Mélanges d'histoire, de littérature, de jurisprudence littéraire, de critique, etc., par M. Terrasson. *Paris*, 1768; in-8, mar. v. f. tr. dor. (*Aux armes du cardinal de Luynes.*)

2257. Mémoires et mélanges historiques, par le prince de Ligne. *Paris*, 1827; 5 vol. in-8, portr. demi-rel.

2. SATIRES GÉNÉRALES ET PARTICULIÈRES.

2258. Petronii Arbitri Satyricon, cum notis. *Lugduni Batavorum, apud Joannem Maire*, 1623; in-16, mar. r. f. tr. d. (*Aux armes et au chiffre du cardinal de Richelieu.*)

2259. PETRONII SATYRICON, commentariis et notis doctorum virorum illustratum, concinnante Michaele Hadrianida. *Amst., J. Blaeu*, 1669; in-8, mar. rouge, fil. doublé de m. rouge, dent. tr. d. (*Dusseuil.*)

MAGNIFIQUE EXEMPLAIRE comme condition. Il ne contient pas le fragment publié en 1671, de 4 ff. plus 72 et 73 pp., ayant été relié avant la publication de cette addition. — Ce volume provient de la collection de MM. Payne et Foss.

2260. T. Petronii Arbitri equitis romani Satyricon, cum notis. *Amst.*, 1677; in-64, mar. r. fil. tr. d. (*Rel. anc.*)

Les *Priapeia* sont à la fin du vol.

2261. Traduction de plusieurs pièces tirées de Pétrone, suivant le ms. trouvé à Belgrade en 1688; avec remarques par M. Nodot. *Paris, chez Thomas Moete*, 1694; in-8, mar. r. fil. tr. d.

Exempl. de dédicace aux armes du duc de Vendôme.

2262. Pasquillorum tomi duo. *Eleutheropolis*, 1544; in-8, mar. r. tr. d.

Ce rare volume, si recherché au XVIIIe siècle, a été imprimé à Genève. (Voir Brunet, *Manuel.*)

2263. L'Introduction au Traité de la conformité des merveilles anciennes avec les modernes, ou Traité préparatif à l'Apologie pour Hérodote, par Henry Estienne. *S. l., M. D. LXV*; in-8, v. f. tr. d.

572 p. Bel exemplaire de la bibliothèque de Renouard. Le carton de la page 280 est ms.

2264. Relation véritable de ce qui s'est passé au royaume de Sophie, depuis les troubles excitez par la Rhétorique et l'Éloquence (par Cl. Sorel de Souvigny). *Paris, Ch. de Sercy*, 1659; in-12, v. f. fil.

2265. Lettre de Clément Marot à M. de... touchant ce qui s'est passé à l'arrivée de J.-B. Lulli aux Champs-Élysées (par Ant. Bauderon de Senecé). *Cologne, P. Marteau*, 1688; in-12, v. éc.

Édition originale rare.

2266. Apologie d'Homère et Bouclier d'Achille (par le S\u207f Boivin, bibliothécaire du roi). *Paris, Jovenne*, 1715; pet. in-8, v. f. fil. tr. d.

Relatif à la guerre suscitée par la traduction de l'*Iliade*, du sieur de la Motte.

2267. La Prétieuse ou le Mystère de la ruelle (par l'abbé de Pure). *Paris, P. Lamy*, 1660; 4 vol. in-8, éc. fil. tr. d. (*Trautz-Bauzonnet.*)

Exemplaire de M. Arm. Bertin d'un livre rare.

2268. Le Grand Dictionnaire des Prétieuses, ou la Clef de la langue des ruelles. *Paris, Jean Ribou*, 1660; in-12, mar. bl. fil. tr. d.

Plaquette fort rare de 84 p. donnée par Somaize une année avant la publication de son grand ouvrage sur les Prétieuses.

2269. Le Grand Dictionnaire des Prétieuses, historique, poëtique, géographique, cosmographique, cronologique, armoirique, etc., par le sieur de Somaize. *A Paris, chez Jean Ribou*, 1661; 2 vol. pet. in-8, mar. bl. tr. d.

Exemplaire un peu court de marges, avec la clef imprimée.

3. SENTENCES, ADAGES, PROVERBES, ANA.

2270. Ænigmata et Griphi veterum ac recentium, cum notis J. Castalionis J. C. in Symposium: ad hæc Pythagoræ Symbola. — Proverbia gall. et latina. *Duaci, 1604, apud C. Boscardium*; in-12, v. f. fil. tr. d.

Volume rare imprimé à Douai.

2271. Proverbios de Seneca. *Impressos en Sevilla por Juan Croberger*, 1535; in-fol. goth. à 2 col. lettres initiales gr. en bois, mar. r. f. tr. d. (*Belle reliure de Capé.*)

Livre très-rare. Ces proverbes, attribués à Sénèque, sont traduits de la *Formula vitæ honestæ de Martin de Braga*. Superbe exemplaire.

2272. La Fleur de lys, contenant certaines petites missives alphabétiques et familières (par Gabriel Meurier). *S. l. (Anvers), chez Jean Waesberghe, a.* 1580 (caractères de *Civilité*); in-8, mar. r. f. à fr. tr. d.

Dans le même vol. : *Sententiæ ex divinis litteris selectæ, in gratiam puerorum*. Parisiis, Lud. Grandinus, 1548, lat.-franç.

2273. Trésor de Sentences dorées, Dicts, Prouerbes et Dictons communs, auec le Bouquet de philosophie morale, par Gabriel Meurier. *Lyon, Benoist Rigaud*, 1582; in-16, mar. r. f. tr. d. (*Anc. rel.*)

Lettres rondes.

2274. LES PROVERBES COMMUNS; in-4, goth. m. tr. dor. (*Capé.*)

Exemplaire très-bien conservé d'une édition fort rare, imprimée à la fin du quinzième siècle, et la première citée par MM. Brunet et Duplessis.

2275. Hecatongraphie, c'est-à-dire les descriptions de cent figures et hystoires, contenant plusieurs apophthegmes, proverbes, sentences et dictz, tant des anciens que des modernes; le tout reveu par son autheur (Gilles Corrozet). *Paris, chez Denis Janot*, 1543; in-8, m. rouge, fil. tr. dor. (*Trautz-Bauzonnet.*)

Volume enrichi, comme le *Théâtre des bons engins*, de figures sur bois et d'entourages composés et exécutés avec un goût infini.

2276. Recueil des plus illustres proverbes, divisés en trois livres : le premier contient les proverbes moraux; le second, les proverbes ioyeux et plaisans; le troisième représente la vie des gueux en proverbe, mis en lumière par Iacques Lagniet. *A Paris* (1662); in-4, mar. r. fil. tr. dor. (*Rel. anc.*)

Ce précieux volume contient 192 pièces, avec la *Vie de Tiel Wlespiegel*, en très-belles épreuves, qui forme le quatrième volume. Ce dernier est daté de Paris, 1663.

2277. Le Jardin de récréation, auquel croissent rameaux, fleurs et fruictz... soubz le nom de six mille proverbes..., par Gomes de Trier. *Amsterdam, Ravesteyn*, 1611; in-4, cuir de Russie, f. tr. d.

Volume rare.

2278. L'Étymologie ou Explication des Proverbes françois, divisé en trois livres, par Fleury de Bellingen. *La Haye*, 1656; in-12, mar. r. tr. dor. (*Duru.*)

2279. Les Illustres Proverbes nouveaux et historiques, expliquez par diverses questions curieuses et morales en forme de dialogue, divisez en 2 tomes. *Paris*, 1665; 2 vol. in-12, mar. r. f. tr. dor. (*Anc. rel.*)

A la suite du tome II se trouve : *La Comédie des Proverbes* (par Montluc, comte de Cramail). Paris, 1665.

2280. Proverbes en rimes ou Rimes en proverbes; le plaisant, le sérieux, le louable, le picquant, ainsi que tous autres sujets qui se peuvent imaginer, y sont traités agréablement; ouvrage utile et divertissant à l'honneur de la langue françoise, et pour montrer qu'elle ne cède en proverbes, non plus qu'en son idiome, aux estrangers; par Le Duc. *Paris*, 1665; 2 vol. pet. in-12, m. r. fil. tr. dor. (*Niédrée.*)

Très-joli exemplaire de la bibliothèque de M. Aimé-Martin; c'est un livre rare.

2281. Proverbes en rimes ou Rimes en proverbes, par Le Duc. *Paris, G. Quinet*, 1665, 2 tom. en 1 vol. in-12, mar. r. tr. d. (*Duru.*)

2282. Dictionnaire des Proverbes françois, par G. D. B. (Georges de Backer). *Brusselles*, 1710; in-12, v. éc.

2283. Dictionnaire portatif des Proverbes françois, et des façons de parler comiques, burlesques et familières. *Utrecht*, 1751; in-8, mar. bl. tr. dor. (*Niedrée*.)

2284. La Nomenclature, Dialogues, Proverbes et Heures de récréations, contenant diverses rencontres, histoires plaisantes et contes facétieux, en françois, italien, espagnol, par le Sr Juliani. *Paris, Est. Loyson*, 1668; 2 part. en 1 vol. in-12, v. bl. f. tr. d.

2285. Sentences et Proverbes italiens, tirés de plusieurs autres, tant anciens que modernes, et trad. en françois par Jacques du Bois de Gomicourt. *Lyon*, 1702; in-12, v. f. fil.

2286. Bonnes Responces a tous propos, italien et françois, liure fort plaisant et delectable, auquel est contenu grand nombre de proverbes et sentences ioyeuses (trad. d'italien en françois par Giov. Bellero). *Rouen, Cl. le Villain*, 1610; in-16, v. f. fil. tr. d.

2287. Blasco de Garay, Cartas en refranes Racionero de la sancta Iglesia de Toledo, con otros quatro Romances que tratan la batalla y victoria naual que vus en Leuante el sereniss. señor don Juan d'Austria en el año 1571, y como la gente real entro vadeando un braco de la mare entre la ysla dela Tola y Duyuelanda en el año de 1575. Par Luys de Ojeda. *Anberes, Antonio Telenio*, 1577; très-pet. in-16, m. bleu double fil. avec ornement. (*Bauzonnet*.)

Délicieux exemplaire Nodier, d'une charmante édition aussi rare que bien exécutée. Les *Lettres en proverbes* de Blasco de Garay ont été fréquemment réimprimées, mais les romances qui terminent ce petit livre sont beaucoup plus rares et mériteraient bien de ne l'être pas.

2288. Refranes o Proverbios castellanos, trad. en lengua francesa, por Cesar Oudin. *Paris, Sommaville*, 1759; in-12, v. f. fil. tr. d.

2289. Fureteriana, ou les bons mots et les remarques, histoires de morale, de critique, de plaisanterie et d'érudition, de M. Furetière. *Paris*, 1696;

in-12, veau fauve, fil. tr. dor. (*Trautz-Bauzonnet.*)

Joli exemplaire de M. Armand Bertin.

4. EMBLÈMES ET DEVISES.

2290. ANDREÆ ALCIATI Emblematum libellus, nuper in lucem editus. *Venetiis, apud Aldi filios, M.D.XLVI*; in-8, fig. s. b. mar. r. tr. d. (*Trautz-Bauzonnet.*)

TRÈS-BEL exemplaire d'un des Aldes les plus rares.

2291. EMBLEMATA ALCIATI, denuo ab ipso autore recognita. *Lugduni, Math. Bonhomme*, 1550; in-8, m. rouge, tr. d. (*Trautz-Bauzonnet.*)

On trouve très-rarement en bon état ces recueils d'emblèmes, le plus souvent détruits par l'usage. Exemplaire d'une parfaite conservation. Cette édition des emblèmes d'Alciat est remarquable; chaque page est ornée d'une figure avec le texte au-dessous, le tout imprimé dans un encadrement gravé sur bois, qui est varié pour la plus grande partie du volume.

2292. Les Emblesmes de maistre André Alciat, mis en rime françoyse, et puis nagueres reimprime avec curieuse correction. *On les vend à Paris, en la maison de Chrestien Wechel, M.D.XL.*; in-8, mar. r. f. tr. d.

2293. Diverse Imprese accommodate a diverse moralità, tratte da gli Emblemi dell' Alciato. *In Lione, Math. Bonhomme*, 1551; in-8, fig. s. b. mar. br. comp. tr. d. (*Dos refait.*)

2294. Laur. Gambaræ Brixiani, rerum sacrarum liber, cum argumentis J. Pacti Siculi Mamertini. *Antverpiæ, ex officina Chr. Plantini*, 1577; in-4, m. r. fil. larges dentelles à petits fers, tr. d. (*Hardy.*)

Bel exemplaire d'un livre orné de 56 figures gravées à l'eau-forte. Le frontispice porte : *Bernardinus Passarus RO. inv.*

2295. Symbolorum variorum maxima tamen ex parte Ethicorum, quæ cum principibus, tum aliis clarissimis viris inscripta sunt, liber unus, aut.

J. Fungero. *Franekeræ, ap. Ægidium Radæum*, 1598; pet. in-8, mar. r. fil. tr. d. (*Aux 2^es armes de J.-A. de Thou.*)

<small>Livre curieux et dans une jolie condition de reliure.</small>

2296. Amorum Emblemata figuris æneis incisa studio Othonis Væni. — Emblemes of love with verses in latin, english and italian (lat. angl. ital.). *Antuerpiæ, venalia apud auctorem*, 1608; in-4 oblong, mar. r. com. tr. d. (*Thompson.*)

2297. Poesis tacens, pictura loquens, quibus occasio arrepta, neglecta, delineatur, decantatur autore D. Mannasser. *Dilingæ, typis Gasp. Sutoris*, 1630; pet. in-12, m. rouge, fil. à riches comp. tr. d. (*Jolie reliure de Capé.*)

<small>Frontispice gravé, et 13 figures extrêmement fines et délicates.</small>

2298. Emblemata pro toga et sago. *Norimbergæ, Pauli Furstii, s. d.*; in-4, fig. m. vert, jansén. tr. d. (*Capé*).

<small>Ce volume, RARE, est composé du titre imprimé en rouge et noir, et de 45 feuillets gravés sur cuivre d'un seul côté. L'emblème figuré forme un médaillon entouré d'une devise; on lit, au-dessous, une explication en quatre vers latins. Nous ne connaissons ni le poëte ni le graveur. Les planches sont d'une excellente exécution, et en très-belles épreuves. Le titre : *Emblemata pro toga et sago*, est justifié par la composition des gravures, qui représentent presque toujours deux allégories dont l'une est empruntée à l'art de la guerre.</small>

2299. Vigiliæ rhetorum et somnia poetarum emblematice expressa, ac in alma archiepiscopali universitate Salisburgensi publice affixa, infra octavam SS. Corporis Christi anno 1681. (*Salisburgi*), *sumptibus J.-B. Mayr* (1682); pet. in-8, fig. m. vert, comp. petits fers, tr. d. (*Riche reliure de Capé.*)

<small>Livre d'emblèmes rare. Il est divisé en deux parties : la première partie se compose de 49 gravures; la seconde partie contient 34 gravures. Le titre du volume, imprimé en caractères rouges et noirs, est suivi d'une épitre dédicatoire à Grégoire Wimbperger, recteur de l'université de Saltzbourg, datée du 4 avril 1682, et signée J.-B. Mayr, imprimeur *aulico-academicus*.</small>

2300. Lud. Smids pictura loquens; sive heroïcarum tabularum Had. Schoonebeeck enarratio et explicatio. *Amstelod.*, 1695; pet. in-8, m. rouge, fil. t. d. (*Padeloup.*)

Exemplaire parfaitement conservé et beau d'épreuves de ces eaux-fortes estimées.

2301. Le Théatre des bons engins, auxquels sont contenuz cent emblèmes (par Guill. de La Perrière). *Imprimé à Lyon* (vers 1535); in-8, lett. rondes, m. rouge, fil. tr. d. (*Trautz-Bauzonnet.*)

Première et rare édition. La marque d'*Icarus* se trouve sur le titre. Bel exemplaire.

2032. Le Théatre des bons engins, auquels sont contenuz cent emblèmes moraulx; composé par Guill. de la Perrière. *Paris, de l'imprimerie de Denis Janot* (1539); pet. in-8, m. rouge, fil. tr. d. (*Trautz-Bauzonnet.*)

Très-bel exemplaire d'un livre composé de 100 figures gravées sur bois, avec leurs explications en vers français; le tout imprimé dans des entourages dessinés et gravés au trait comme les figures, avec un goût et une perfection remarquables.

2303. La Morosophie de Guillaume de La Perriere, Tolosain, contenant cent emblemes moraux illustrez de cent tetrastiques latins, reduits en autant de quatrains françoys. *A Lyon, par Macé Bonhomme*, 1553; in-8, lettres rondes, m. brun, fil. à comp. tr. d. ciselée.

Très-rare et *curieux* volume dont le texte est encadré dans des entourages gravés avec un goût exquis par *Jean Mounier* et *Jacques Peresin*; 100 figures plus finement gravées que les entourages accompagnent le texte et ne paraissent pas être des mêmes graveurs. — Exemplaire réglé et de la plus étonnante conservation, dans sa première reliure ornée de fleurs de lis et de compartiments sur les plats. — Ce volume précieux a appartenu au roi *François II*.

2304. Le premier livre des Emblèmes composé par Guillaume Gueroult. Second livre : description des animaux, contenant le blason des oiseaux. *Lyon, Balthazar Arnoullet*, 1550; 2 part. en 1 vol. in-8, m. rouge, fil. comp. tr. d. (*Trautz-Bauzonnet.*)

Ce volume, d'une parfaite conservation et de la plus grande rareté, est enrichi à presque toutes les pages de figures gravées sur bois avec une finesse d'exécution remarquable.

2305. Devises héroïques, par Claude Paradin, chanoine de Beaujeu. *Lyon, par Jean de Tournes*, 1557; in-8, m. rouge, tr. d. (*Trautz-Bauzonnet.*)

<small>Très-bel exemplaire grand de marges d'un volume orné de jolies figures sur bois, et dont le titre est imprimé dans un encadrement composé de sujets grotesques qui rappellent les *songes drôlatiques de Pantagruel.*</small>

2306. DEVISES ET EMBLÈMES D'AMOUR moralisez, gravés à Paris, par Albert Flamen, peintre. *Paris, Louis Boisseuin*, 1653; pet. in-8, m. vert, fil. tr. d. (*Duru.*)

<small>SUPERBE EXEMPLAIRE provenant de la bibliothèque de CH. NODIER. Premier tirage de ces jolies eaux-fortes, au nombre de 100, et qui sont devenues rares. Le titre imprimé porte: *Olivier de Varennes*, 1658.</small>

2307. La Science et l'Art des devises, dressez sur de nouvelles règles, avec 600 devises sur les principaux événemens de la vie du Roy et 400 devises sacrées, composées par le R. P. Ménestrier. *Paris, la Caille*, 1686; in-8, mar. r. f. comp. tr. d. (*Anc. rel. aux armes de l'archevesque d'Alby.*)

<small>Bel exemplaire de dédicace.</small>

VIII. DIALOGUES ET ENTRETIENS.

2308. Le Imprese illustri con espositione et discorsi del Sr Ieron. Ruscelli. *Venetia, Fr. di Franceschi*, 1580; in 4, mar. r. fil. tr. d. Armoiries. (*Anc. rel.*)

<small>Fig. sur cuivre. Manque la première p. de la table.</small>

2309. Des. Erasmi Roterodami Colloquia. *Lugd. Batav., ex offic. Elzevir.*, 1636; in-12, vélin.

2310. Les Colloques de Mathurin Cordier, en latin et françois. *S. l. (Genève), pour la veufue de Jean Durant*, 1598; in-8, mar. v. tr. d. (*Duru.*)

<small>La partie française est imprimée en caractères de *Civilité.*
Bel exemplaire réglé.</small>

2311. Les Dialogues de Jacques Tahureau, gentilhomme du Mans, non moins profitables que facétieux. *Rouen, Nic. Lescuyer*, 1583; in-16, mar. orange, f. tr. d. (*Thompson.*)

BELLES-LETTRES.   383

2312. Les Dialogues de Jacques Tahureau, gentilhomme du Mans. *Rouen, Nic. Lescuyer*, 1585; in-16, mar. v. tr. d. (*Derome jeune.*)

2313. Nouveaux Dialogues des morts (par Fontenelle). *Paris*, 1683; in-12, mar. v. tr. d. (*Duru.*)
Édition originale.

2314. Les Entretiens de M. de Voiture et de M. Costar. *Paris*, 1655; in-4, v. f. f. tr. d. (*Niedrée.*)

2315. Le Cercle ou les Conversations galantes (par de Montfort.) *Paris, Cl. Barbin*, 1675; 3 part. en 1 vol. in-12, demi-rel.

2316. Les Conversations sur divers sujets, par Mlle de Scudéry. *Amsterdam*, 1685; 2 tomes en 1 vol. in-12, mar. r. comp. tr. d.

2317. Les Entretiens d'Ariste et d'Eugène (par le P. Bouhours). *Amsterd., Jacq. Le Jeune (Elzév.)*, 1671; pet. in-12, front. gravé, m. rouge, fil. tr. d. (*Trautz-Bauzonnet.*)
Très-joli exemplaire d'un petit livre qui fait partie de la collection des Elzévirs français.

2318. Dialogues ou Entretiens entre Belise et Émilie, femmes sçavantes, par le sieur de... — Recueil nouveau de lettres partie comiques et partie sérieuses. *Rouen, le Prévost*, 1709; 4 part. en 1 vol. in-12, v. br. (*Rel. du temps.*)

2319. L'Amoroso Convivio di Dante, con la additione, et molti suoi notandi. *Vinegia*, 1529; pet. in-8, veau fauve, fil. tr. d. (*Bauzonnet.*)
Exemplaire bien conservé; le titre est imprimé dans un encadrement gravé sur bois et avec un curieux portrait du Dante.

2320. Dix Plaisans Dialogues du S. Nicolo Franco, trad. d'italien en franç. (par Gabr. Chappuis). *Lyon, J. Beraud*, 1579; in-16, m. vert, fil. tr. d. (*Padeloup.*)
Charmant exemplaire de la bibliothèque de Pixerécourt. Petit livre rare et curieux, on y trouve : *La Harangue d'un pédant en enfer, la Condamnation des âmes des poètes en enfer; la Fontaine caballine enseignant toutes sciences; le poète qui se préfère au prince*, etc.

2321. I Dialogi di messer Speron Sperone. *Vinegia, Aldus,* 1542; in-8, mar. bleu, fil. tr. d. (*Trautz-Bauzonnet.*)

SUPERBE EXEMPLAIRE d'une conservation parfaite et rempli de *témoins.*

2322. Les Dialogues de messire Speron Sperone, italien, traduitz en françois, par Cl. Gruget. *Paris, Jean Longis,* 1551; in-8, mar. bleu, tr. d. jans. (*Capé.*)

Très-joli livre, imprimé par Estienne Groulleau et rare. Bel exemplaire, grand de marges.

2323. Les Discours fantastiques de Justin Tonnelier, composez en italien, par J.-Bapt. Gelli et nouvellement traduits en françois, par Claude de Kerquisinen, Parisien. *Lyon, à la Salamandre,* 1576; in-8, mar. rouge, tr. d. (*Duru.*)

Joli exemplaire d'un volume rare et curieux.

IX. ÉPISTOLAIRES.

1. ÉPISTOLAIRES GRECS ET LATINS.

2324. Epistolæ diversorum philosophorum, oratorum, rhetorum, sex et viginti. (Græce.) *Venetiis, apud Aldum, mense martio* M. ID. (1499); 2 part. in-4, mar. rouge, tr. d. (*Rel. angl.*)

2325. Les Epistres familières de Marc Tulle Cicero, père d'eloquence latine, traduites en françois par Estienne Dolet, natif d'Orléans. *Lyon, Jean de Tournes,* 1549; in-16, m. brun, tr. dor. (*Duru.*)

Très-joli exemplaire d'un volume d'une charmante exécution; petit chef-d'œuvre typographique.

2326. Les Epistres familieres de Marc Tulle Ciceron, pere d'eloquence latine, traduites en françois par Estienne Dolet, natif d'Orleans. *A Lyon, J. de Tournes et G. Gazeau,* 1549; in-16, lett. rondes, mar. v. comp. tr. d. (*Niedrée.*)

2327. C. Plinii Secundi Novocomensis Epistolarum

BELLES-LETTRES. 385

lib. X, ejusdem. Panegyricus, etc. *Parisiis, ex offic. Rob. Stephani*, 1529; in-8, mar. r. fil. doublé de mar. r. tr. d. (*Boyet.*)

Dans le même vol. : *Elementorum Rhetorices libri duo, authore Phil. Melanchthon. Id., ibid.*, 1534.

2328. Q. Aurelii Symmachi, Vc̄. P. V. et cos. ord. Epistolarum ad diversos libri X, ex biblioth. Cœnobij S. Benigni Divionensis, cura et studio Fr. Jureti. *Parisiis, ap. Nic. Chesneau*, 1580; in-4, mar. br. fil. tr. d.

Sur le titre : *Ex libris Bossuet*, ancien évêque de Troyes.

2329. Illustrium virorum Epistolæ XII libr. distinctæ, cum F. Sylvii comment. et cum Iod. Badii explanatione. *Venales prostant (Parisiis, apud Joh. Parvum) in vico Jacobeo* (vers 1510); in-4, mar. br. comp. tr. d. (*Capé.*)

Titre réparé.

2330. Epistolæ Gul. Budæi secretarii regii. *Venundantur in offic. Jod. Badii*, 1520. — Epistolæ G. Budæi posteriores. *Id., ibid.*, 1522; 1 vol. en 2 parties in-4, mar. br. f. tr. d.

2331. PETRI BEMBI EPISTOLARUM LEONIS DECIMI Pont. Max. nomine scriptarum libri XVI. *Lugduni, apud hæredes Simonis Vincentii, Dionysius ab Harsio excudebat*, 1538; in-8, m. olive, fil. à comp. tr. dor. (*Anc. rel.*)

MAGNIFIQUE VOLUME dans sa reliure originale à riches compartiments à la Grolier et avec la devise : NVLLI PLVS FORTVNA QVAM CONSILIVM VALET, qu'on retrouve sur quelques reliures du seizième siècle, et qui devait appartenir à quelque bibliophile du temps dont on découvrira le nom un jour. Ce volume porte sur le titre la signature de Balesdens et provient de la bibliothèque de M. Debure, avec cette indication sur la garde : *collationné complet le 9 juillet 1806, J. J. Debure fils aîné.*

2332. Nic. Clenardi Epistolarum libri duo. *Antuerpiæ, ex off. Christ. Plantini*, 1566; 2 tomes en 1 vol. in-8, mar. br. comp. tr. d.

Exemplaire Ballesdens.

2333. ASCHAŃII ANGLI, REGIÆ olim maiestati à latinis epistolis, familiarium epistol. libri III accesserunt hac postrema edit. Joan. Sturmii, Hier Osorii, aliorumque epistolæ, addita sunt.... Rog. Aschanii poemata. *Hanoviæ,* 1602; in-12, m. rouge, fil. tr. dor. (*Aux armes de de Thou.*)

Très-joli volume provenant de la collection de MM. Payne et Foss. Édition complète de ces lettres réputées classiques en Angleterre; elle est dédiée à la reine Élisabeth d'Angleterre.

2. ÉPISTOLAIRES FRANÇAIS ET ÉTRANGERS.

2334. Le Style de composer et dicter toutes sortes de lettres missiues, avec la punctuation des accens de la langue françoise, par Pierre Habert. *Rouen, G. L'Oyselet, s. d.;* in-12, mar. bl. tr. d. (*Prose et vers.*)

2335. Le Secrétaire à la mode, par le sieur de la Serre. *A. Amsterdam, chez Louys Elzevier,* 1650; in-12, v. f. fil. tr. d. (*Koehler.*)

2336. Lettres amoureuses d'Estienne du Tronchet. *A Lyon, pour Paul Frellon et Abraham Cloquemin,* 1595; in-12, mar. r. fil. tr. d. (*Koehler.*)

Joli exemplaire d'une édition rare.

2337. Le Thrésor des lettres douces et amoureuses pleines de désirs et imaginations d'amour. *A Uranie (Troyes), Nicolas Oudot;* in-12, mar. r. fil. tr. d. (*Duru.*)

2338. Les Missives de mesdames des Roches de Poitiers, mere et fille, auec le Ravissement de Proserpine (en prose et en vers), prins du latin de Clodian. *Paris, chez Abel l'Angelier,* 1586; in-4, mar. r. fil. tr. d. (*Bauzonnet.*)

2339. Les Lettres d'Estienne Pasquier, conseiller et aduocat général du Roy en la chambre des Comptes de Paris. *Paris, Abel l'Angelier,* 1586; in-4, mar. r. fil. tr. d.

Bel exemplaire de l'édition originale.

2340. Les Lettres d'Estienne Pasquier, conseiller et

aduocat général du Roy. *Lyon, Jean Veyrat,* 1597; in-16, mar. bl. tr. d.

2341. Les Epistres morales de messire Honoré d'Urfé. *Lyon, par Jean Lautret,* 1623; in-12, mar. br. comp. tr. d. titre gravé.

2342. Lettres de M. Costar. *Paris, Aug. Courbé,* 1658-59; 2 vol. in-4, v. f. fil. tr. d. (*Niedrée.*)

2343. Lettres choisies de feu M. Guy Patin. *Paris,* 1685; in-12, vél. (édition faite en Hollande).
Frontispice-portrait.

2344. Lettres de Marie Rabutin-Chantal, marquise de Sévigné, à madame la comtesse de Grignan, sa fille. *S. l.,* 1726; 2 tomes en 1 vol. in-12, 1er tome 271 p., 2e 220, mar. v. fil. tr. d. (*Duru.*)
ÉDITION ORIGINALE. Préface de de Bussy ; les notes sont de Thiriot.

2345. Les mêmes Lettres. *La Haye, P. Gosse et J. Neaulme,* 1726; 2 vol. in-12 de 345 et 105 pages, plus 7 ff. de table non chiffrés, mar. vert clair, dos à la rose, fil. tr. dor. (*Duru.*)
Édition rare, publiée après la précédente; elle contient 43 lettres de plus que celle-ci.

2346. Recueil des Lettres de madame la marquise de Sévigné à madame la comtesse de Grignan, sa fille (publ. par le chevalier de Perrin). *Paris, Rollin fils,* 1738; 6 vol. — Lettres nouvelles de madame la marquise de Sévigné..., pour servir de supplément à l'édition de Paris en 6 vol. *Paris, De Saint et Saillant,* 1754; 2 vol. Ensemble 8 vol. in-12, mar. v. fil. tr. dor.

2347. LETTRES DE MADAME DE SÉVIGNÉ, de sa famille et de ses amis, publiées par M. de Monmerqué, et notice par M. de Saint-Surin. *Paris, Blaise,* 1818; 10 vol. — Mémoires de Coulanges, 1820; 1 vol. — Collection de portraits du siècle de Louis XIV; 1 vol. — Lettres inédites, 1827; 1 vol. Ens. 13 vol. in-8, demi-rel. vél. non rogné.
Un des DEUX EXEMPLAIRES TIRÉS SUR PAPIER DE HOLLANDE ; armoiries

coloriées; épreuves choisies avec soin des portraits et des figures. Cet exemplaire est l'un des deux que M. de Monmerqué avait fait imprimer pour lui-même.

2348. **Lettres de madame de Sévigné.** *Paris, Blaise,* 1820; 11 vol. in-8, demi-rel.

2349. **Lettres de S. François Xavier, de la compagnie de Jésus, par M. L. Abelly, prestre.** *Paris,* 1660; in-8, mar. r. fil. tr. d. (*Dusseuil.*)

Exemplaire du Collège des Missions.

2350. **Les Lettres et Poësies de Madame de B. (Charlotte Saumaise de Chasan, comtesse de De Brégy).** *Leyde, Ant. du Val,* 1666; pet. in-8, veau fauve, fil. tr. dor. (*Bauzonnet.*)

Joli exemplaire provenant de la collection du libraire Crozet. Rareté elzévirienne.

2351. **Lettres de Ninon de Lenclos au marquis de Sévigné.** *Paris, Bleuet,* 1798; 2 vol. in-16, mar. r. comp. tr. d.

Papier vélin, portrait avant lettre.

2352. **Lettres portugaises.** *A Paris, Cl. Barbin,* 1669; in-12, v. f. fil. tr. d.

Édition originale en gros caractères.

2353. **Correspondance littéraire entre Boileau-Despréaux et Brossette, publiée sur les MS. originaux par A. Laverdet, avec une préface de Jules Janin.** *Paris,* 1858; gr. in-8, demi-rel. d. et c. mar. r. tr. sup. d. fac-simile.

Un des 25 exemplaires imprimés sur grand papier de Hollande.

2354. **Libro primo (e secondo) delle Lettere del illustriss. S. D. Antonio di Guevara, vescouo di Mondogneto, trad. (di spagn. in ital.) dal S. Dominico di Catzelu.** *In Vinegia, app. Gab. Giolito de Ferrari,* 1546-47; 2 vol. in-8, mar. br. comp. tr. d. (*Rel. italienne du temps.*)

2355. **Les Epistres dorées et Discours salutaires de don Antoine de Guevarre, trad. de l'espagnol en françois par le Sr de Guterry.** *Paris,*

Jehan Ruelle, 1570; in-8, v. br. comp. tr. d. (*Rel. anc.*)

Sur les plats est écrit le nom du propriétaire du volume et sa devise : *Charlotte le Besgue — Prenez en gré.* 1572.
Le dos est refait.

2356. LETTERE SCRITTE A P. ARETINO da molti signori, communità, donne di valore, poeti, et altri eccellentissimi spiriti. *Venetia, Marcolini*, 1551; 2 vol. in-8, m. rouge, tr. dor. janséniste. (*Duru.*)

TRÈS-BEL EXEMPLAIRE d'un recueil FORT RARE de lettres intéressantes pour l'histoire du seizième siècle, mais dont quelques-unes pourraient être insérées, par leur liberté, dans les *Ragionamenti*.

2357. Lettere scritte ad signor Aretino. 1551 ; 2 vol. pet. in-8, vél. (double).

X. POLYGRAPHES.

1. POLYGRAPHES GRECS ET LATINS.

2358. PLUTARCHI Vitæ (græce). *Florentiæ, in ædib. Philippi Juntæ*, 1517; in-fol. mar. r. f. tr. d.

Édition princeps. Exemplaire Colbert ; titre raccommodé.

2359. PLUTARCHI OPERA. Silicet : Plutarchi Chæronensis quæ exstant Opera, cum lat. interpret. et notis Henrici Stephani (græce). — Parallela, seu Vitæ parallelæ (græce).—Opuscula varia, philosophica seu moralia, ex diversorum interpretationibus (latine).—Parallela seu Vitæ parallelæ (interp. Hermanno Cruserio, latine). *S. l. (Parisiis)*, 1572, *excud. Henricus Stephanus;* 13 vol. in-8, v. f. tr. d.

Exemplaire Soubise.

2360. LES VIES DES HOMMES ILLUSTRES grecs et romains, par Plutarque, translatées de grec en françois par J. Amyot. *Paris, Vascosan*, 1567.—Decade contenant les Vies des empereurs Trajanus,

Adrianus, Antonius Pius, etc., trad. par Antoine Allegre. *Id.*, *ibid.* — OEuvres morales et meslées de Plutarque, translatées de grec en françois par J. Amyot. *Paris, Vascosan,* 1574; 14 vol. in-8, réglés, mar. r. fil. tr. d. (*Anc. rel.*)

EXEMPLAIRE DU DUC DE LA VALLIÈRE. *Les Vies d'Annibal et de Scipion,* trad. par Ch. de l'Escluse, sont jointes au tome VI des *Vies.*

2361. Lucien, de la traduction de Perrot d'Ablancourt. *Amsterdam, P. Mortier,* 1709, 2 vol. pet. in-8, figures, mar. v. f. tr. d. (*Padeloup.*)

2362. LUCIANUS Dialogi græce. *Florentiæ, Fr. de Alopa,* 1496; in-fol. mar. br. comp. tr. dor. (*Bedfort.*)

Bel exemplaire de l'édition princeps, fort rare. Voyez l'article très-développé relatif à cette précieuse édition dans le *Manuel du libraire* de M. Brunet.

2363. Les Images ou Tableaux de platte peinture des deux Philostrates, sophistes grecs, mis en françois par Bl. de Vigenère, Bourbonnois. *Paris, l'Angelier,* 1615, in-fol. grand papier, réglé, fig. d'Isaac, mar. v. à curieux comp. tr. d.

Condition exceptionnelle. Très-belle et curieuse reliure ancienne.

2364. M. T. CICERONIS OPERA. Orationum vol. III. *Parisiis, apud Simon. Colinæum,* 1543-44. — De Philosophia, vol. II. 1545. — Epistolæ familiares, vol. I. 1545. — Officia, de Amicitia, Paradoxa, etc., vol. I. 1543. — Rhetoricorum lib. III, vol. I. 1545. — Epistolæ ad Atticum, cum scholiis P. Manutii, vol. I. *Ex offic. Rob. Stephani,* 1547. — De Oratore, de Claris Oratoribus, etc., vol. I. *Id., ibid.,* 1546; 10 vol. in-16, mar. r. doublé de mar. r. tr. dor. (*Anc. rel.*)

Précieux exemplaire portant sur le dos, les plats et à l'intérieur, la *Toison d'or* de Longepierre.

2365. M. TULLII CICERONIS OPERA, cum optimis exemplaribus accurate collata. *Lugduni Batav., ex officina Elzeviriana,* a° 1642; 10 vol. in-12, mar. v. dent. tr. dor. doublé de tabis. (*Derome jeune.*)

Portrait ajouté. Exemplaire de M. Renouard. Haut. 138 millim.; c'est le plus grand connu. Les tomes VII et VIII sont plus petits de 2 millim.

2366. M. TULLII CICERONIS Opera omnia, cum Gruteri et selectis variorum notis, et indicibus locupletissimis, accurante C. Schrevelio. *Amstelodami, Ludov. et D. Elzevirii*, 1665, 2 vol, in-4, mar. r. fil. doub. de mar. rouge, fil. dent. réglé. (*Dusseuil.*)

<small>Très-bel exemplaire, et dans une condition magnifique. Il provient de la collection de M. Debure.</small>

2367. C. Plinii Secundi Novocomensis Epistolarū libri X. — Ejusdem Panegyricus. — Ejusdem de Viris illustribus in re militari. — Suetonii Tranquilli de Claris Gramaticis, etc. *Venetiis, in ædibus Aldi et Andreæ Asulani soceri*, 1508; in-8, mar. br. comp. tr. d.

<small>Sur le titre on lit : *Sum Beati Rhenani, nec muto dominum, an. M.D.XIII. Basileæ.* — *Magistro Beato Rhenano Smetzensi Guilielmus dono dedit.*
Les nombreuses notes manuscrites qui couvrent les marges de ce volume sont de la main du donateur, l'illustre Arsénius, archevêque *in partibus* de Monembasie.</small>

2368. Petri Bembi, patricii veneti, quæcumque usquam prodierunt Opera in unum corpus collecta, et nunc demum a C. Augustino Curione edita. *Basileæ*, 1567; in-8, vél. comp. tr. d. (*Aux armes du cardinal Colonna.*)

2369. Omnia Opera Angeli Politiani. *Venetiis, in ædibus Aldi Romani, M.IID* (1498); in-fol. mar. v. f. tr. d. (*Anc. rel.*)

<small>Édition princeps. Très-bel exemplaire du duc de Grafton et de sir Masterman Sykes. Il porte les armes de ce dernier.</small>

2370. Magistri Philippi de Barberiis ex ord. prædicat. Opuscula, cum præfat. Jo. Ph. de Lignamine ad Sixtum IV, Pontificem maximum. (In fine): *Impressum Ro.* (*mæ*), *an. Dñi* 1481; in-4, mar. v. à comp. tr. d. (*Elégante rel. de Thompson.*)

<small>Caractères romains de Phil. Le Lignamine. Curieuses fig. s. b.
L'imprimeur se servit pour la première fois, pour l'impression de ce rare vol., de caractères plus petits que ceux dont il usait ordinairement. Exemplaire bien complet, avec les 29 planches de Sibylles, et, de plus, très-élégamment rubriqué. Il fut offert au pape Sixte IV, dont les armes sont fort bien peintes au recto du premier feuillet, la dédicace de Ph. de Lignamine ne commençant qu'au verso.
Il y a quelques notes marginales.</small>

2371. Margarita facetiarum : Alfonsi Aragonum regis vafre dicta, Proverbia Sigismundi et Friderici III, Ro. Impatorū. Scomata Joannis Keisersberg, cōcionatoris argētinēsis, etc. *Impressum per honestum Johannem Grüninger, anno* 1508, *Argentine;* in-4, mar. r. f. tr. d.

<small>Bel exemplaire de l'édition originale d'un volume fort rare.</small>

2372. Olympiæ Fulviæ Moratæ fœminæ doctissimæ ac plane divinæ Opera omnia, cum eruditorum testimoniis. *Basileæ*, 1560; in-8, vél. tr. d. (*Rel. molle aux* 1res *armes de J. A. De Thou.*)

<small>Exempl. de Ch. Nodier.</small>

2. POLYGRAPHES FRANÇAIS ET ÉTRANGERS.

A. Auteurs divers.

2373. OEuvres d'Est. Pasquier. *Amst.*, 1723; 2 vol. in-fol. veau fauve. (*Anc. rel.*)

<small>Très-bel exempl. en grand papier aux armes du chancelier d'Aguesseau.</small>

2374. OEUVRES DE J.-L. DE BALZAC, savoir : OEuvres diverses. *Dan. Elzev.*, 1664. — Aristippe ou de la Cour, *Leide, J. Elzev.*, 1658. — Les Entretiens. *Amst., L. et Dan. Elzev.*, 1663.—Lettres choisies, *Amst., les Elzev.*, 1678. — Lettres à Conrart. *Id., ibid.*, 1664.—Lettres à Chapelain. *Id., ibid.*, 1661. —Socrate chrestien. *Arnheim, J.F. Haagen*, 1675; 7 vol. pet. in-12, mar. r. fil. (*Bauzonnet.*)

<small>Bel exemplaire, NON ROGNÉ, des ouvrages de Balzac imprimés par les Elzevirs. Ils sont complétés par le vol. suiv. : Le Prince de Balzac, reveu, corrigé et augmenté de nouveau par l'autheur. Imprimé à Rouen, et se vend à Paris chez A. Courbé, 1661. In-12, mar. r. tr. (Rare.)
On y a joint un double du Socrate chrestien. Amsterdam, Pluymer, 1662. In-12, mar. citron, fil. tr. d. (Rel. anc.)
En tout 9 vol. in-12, formant l'œuvre complet de Balzac, en petit format.</small>

2375. Les OEuvres de Balzac, publiées par l'abbé Cassagne. *Paris, L. Billaine*, 1665; 2 vol. in-fol. portrait, mar. r. fil. tr. d. (*Capé.*)

<small>Seule édition complète de Balzac, en grand papier.</small>

2376. Les OEuvres de M. de Voiture. *Paris*, 1713; 2 vol. in-12, v. f. (*Anc. reliure.*)

2377. Suite de la Défense des OEuvres de M. de Voiture, à M. Ménage. *Paris*, 1655; in-4, v. f. fil. tr. d. (*Niedrée.*)

2378. Response du Sr de Girac à la Defense des OEuvres de M. de Voiture, faite par M. Costar, avec quelques remarques sur ses Entretiens. *Paris*, 1655; in-4, v. f. fil. tr. d. (*Niedrée.*)

2379. Défense des ouvrages de M. de Voiture à M. de Balzac. *Paris*, 1664; in-4, v. f. fil. tr. d. (*Niedrée.*)

2380. Réplique de M. de Girac à Costar, où sont examinées les bévues et les invectives du livre intitulé : Suite de la Défense de M. de Voiture, etc. *Paris*, 1664; in-4, v. f. fil. tr. d. (*Niedrée.*)

2381. Les OEuvres de Scarron. *Paris*, 1668-1684; 10 vol. in-12, v. f. fil. tr. d. (*Rel. anc. du temps.*)

2382. OEuvres meslées (de St-Evremond) à M. le marquis de Berny. *Paris, Cl. Barbin*, 1668; in-12, mar. v. f. tr. d. (*Duru.*)

Édition originale en gros caractères, et fort rare, de la bibliothèque de M. Ch. Giraud.

2383. Les OEuvres de Saint-Evremond, avec la vie de l'auteur, par M. des Maizeaux. *S. l.* (*Hollande*), 1740; 10 vol. in-12, fig. v. éc.

Bonne édition.

2384. OEUVRES COMPLÈTES de François de Salignac de la Mothe-Fénelon. *Paris, P. Didot l'aîné*, 1787-92; 9 vol. in-4, portraits, gr. pap. vél. mar. cit. fil. tr. d. (*Derome.*)

2385. OEuvres de M. Houdard de La Motte. *Paris*, 11 vol. pet. in-8, veau fauve, fil.

2386. OEuvres diverses de Fontenelle (fig. de B. Picart). *La Haye*, 1728; 3 vol. in-4, v. éc. f. tr. d.

2387. OEuvres complètes de Montesquieu. *Paris, P.*

Didot, 1795; 12 vol. in-18, m. citron, dent. tr. dor. (*Bozérian.*)

Joli exemplaire en papier vélin.

2388. Œuvres de Voltaire, édition Beuchot. *Paris, Lefèvre,* 25 vol. in-8, gr. pap. vél. demi-rel. mar. non rogné.

La *correspondance* générale manque à cet exemplaire, qui a appartenu à M. de Pixerécourt; mais il contient les *deux* suites de vignettes de Moreau *avant la lettre,* celles de Desenne et beaucoup d'autres ajoutées, ainsi qu'un grand nombre de portraits.

2389. Œuvres de M. Thomas, de l'Académie françoise. *Amsterdam,* 4 vol. in-8, mar. rouge, fil. tr. dor.

Exemplaire en papier de Hollande, supérieurement relié par Derome.

2390. Œuvres de Ch. Nodier. *Paris, Renduel,* 1832, 10 vol. in-8, demi-rel.

2391. Bonaventure Desperiers, Cyrano de Bergerac; par Ch. Nodier. *Paris,* 1841; in-8, v. f. fil. tr. dor. (*Niedrée.*)

Exemplaire sur grand papier vélin fort.

2392. Silva de varia leccion, ultimamente agora emendata, y añadida la quarta parte della por el autor (Pedro Mexia). *Anvers,* 1555; in-8, mar. r. f. tr. d. (*Belle reliure de Capé.*)

Première édition des quatre parties réunies. Très-joli exemplaire.

2393. Opuscoli del sign. Scipione Ammirato con le tavole. *Fiorenza,* 1640; 2 vol. in-4, v. f. fil. (*Aux 4mes armes de De Thou.*)

2394. Orazione et altre prose del sign. G. Bat. di Lorenzo Strozzi. *Romæ,* 1635; in-4, mar. rouge, tr. d. (*Aux armes de Barberini.*)

2395. Prose vulgari di monsignor Agostino Mascardi, cameriere d'honore di N. Sig^{re} Urbano VIII. *Venetia,* 1641; in-4, v. f. fil. (*Aux 2mes armes de De Thou.*)

Dans le même vol. : *Saggi accademici,* racc. da M^{or} Mascardi. Id., ibid., 1641. — *In morte di Girolamo Aleandro oratione di Gasparo di Simeonibus.* Roma, 1631. — *Sopra l'impresa de gli Accademici humoristi, discorso di*

Girol. Aleandro. Roma, 1611. — *Laudatio funebris in funere EE. et RR. Principis D. Jo. Francisci e Balneo.* Lovanii, 1641. — *Io. Jac. Buccardi I. V. et theol. doct. de Ascensione Christi oratio.* Romæ, Mascardi, 1640.

2396. Opere edite ed inedite del Carlo Gozzi. *Venezia,* 1801-11; 14 tom. en 7 vol. in-8, dos et coins de veau porphyre.

2397. Scritti di Gasparo Gozzi, con Giunta d'inediti e rari. Scelti e ordinati da Niccolo Tommaseo. *Firenze, Le Monnier,* 1849; 3 vol. in-12, vélin.

B. Gabriel Peignot (OEuvres de).

2398. Manuel bibliographique, ou Essai sur les bibliothèques, sur la connaissance des livres, etc. *Paris,* 1800; in-8, demi-rel.

2399. Bagatelles poétiques et dramatiques. *Paris,* 1801; 2 part. en 1 vol. in-8, demi-rel.

2400. Dictionnaire raisonné de bibliologie. *Paris, Renouard,* 1802, et le suppl. 1804; 3 vol. in-8, demi-rel.

2401. Essai de Curiosités bibliographiques. *Paris, Renouard,* 1804; in-8, demi-rel. tr. sup. d.

2402. Dictionnaire critique, littéraire et bibliographique des principaux livres condamnés au feu. *Paris, Renouard,* 1806; 2 tomes en 1 vol. in-8, demi-rel. mar. v.

Exemplaire imprimé sur papier rose. RARE.

2403. La Création et le Paradis perdu, pot-pourri. *A Bagdad, s. d. (à Vesoul, vers* 1807); in-12, demi-r el

Opuscule rare, facétieux et à cause de cela même supprimé par l'auteur avec soin.

2404. Bibliographie curieuse, ou Notice raisonnée des livres imprimés à cent exemplaires au plus. *Paris,* 1808; in-8, gr. pap. vél. demi-rel.

Exemplaire numéroté et signé par l'auteur.

2405. La Muse de l'histoire ou Esquisse de tableaux

poétiques choisis dans l'histoire sainte et dans l'histoire profane. *S. l.*, 1809; in-12, demi-rel.

2406. Répertoire de Bibliographies spéciales, curieuses et instructives. *Paris, Renouard,* 1810; in-8, demi-rel. tr. sup. d.

2407. Répertoire bibliographique universel, contenant la Notice raisonnée des bibliographies spéciales. *Paris, Renouard,* 1812; in-8, demi-rel.

2408. Essai sur l'histoire du parchemin et du vélin. *Paris, Renouard,* 1812; in-8, basane.

2409. Bibliothèque choisie des classiques latins. — Plan de l'ouvrage. *Paris, Renouard,* 1813; in-8, demi-rel.

2410. Essai historique sur la lithographie. *Paris, Renouard,* 1819; in-8, demi-rel.

2411. Abrégé chronologique de l'Histoire de France. *Paris, Renouard,* 1819; in-8, fig. demi-rel.

2412. Recherches historiques, littéraires et bibliographiques sur M. de la Harpe. *Dijon,* 1820; in-12, demi-rel.

2413. Manuel du bibliophile ou Traité du choix des livres. *Dijon,* 1823; 2 vol. in-8, demi-rel.

2414. Le même. Exemplaire sur papier rose.

2415. Amusemens philologiques ou Variétés en tous genres. *Dijon,* 1824; 2e édition, in-8, demi-rel.

2416. Relation des deux Missions de Dijon, l'une en 1737, l'autre en 1824. *Dijon,* 1824; in-12, demi-rel.

2417. Mémorial religieux et biblique. *Dijon,* 1824; in-16, demi-rel.

2418. Recherches historiques et littéraires sur les Danses des morts et sur l'origine des cartes à jouer. *Dijon,* 1826; in-8, demi-rel. tr. sup. d. avec planches gr. et lithog.

2419. Documents historiques et détails curieux sur les dépenses de Louis XIV. *Paris, Renouard*, 1827; in-8, demi-rel.

2420. Du Luxe de Cléopâtre dans ses festins. *Dijon*, 1828; in-8, demi-rel.

2421. Lettres à M. C. N. Amanton, sur un nouvel ouvrage relatif aux costumes de femmes depuis le milieu du xiie siècle. *Dijon, s. d.* (vers 1829); in-8, demi-rel.

Tiré à 75 exemplaires.

2422. Recherches historiques sur la personne de Jésus-Christ, etc. *Dijon*, 1829; in-8, demi-rel. tr. sup. d.

2423. Choix de Testaments anciens et modernes. *Paris, Renouard*, 1829; 2 vol. in-8, demi-rel. tr. sup. d.

2424. Histoire d'Hélène Gillet. *Dijon*, 1829; in-8, demi-rel.

2425. Lettres à Amanton sur deux mss précieux du temps de Charlemagne. *S. l. n. d.* (*Dijon*, 1829); in-8, demi-rel.

2426. Précis historique, généalogique et littéraire de la maison d'Orléans, par un membre de l'Université (Peignot). *Paris, Crapelet*, 1830; in-8, demi-rel. (portr.)

Exemplaire en grand papier.

2427. Notice des ouvrages de bibliologie, d'histoire, de philologie, d'antiquités et de littérature, tant impr. que mss, de Gabriel P..... *Paris, Crapelet*, 1830; in-8, demi-rel.

2428. L'Illustre Jaquemart de Dijon, *Dijon, V. Lagier*, 1832; in-12, demi-rel.

2429. Nouvelles Recherches littéraires, chronologiques et philologiques sur Bernard de la Monnoye. *Dijon*, 1832; in-12, demi-rel.

2430. Détails historiques sur le Château de Dijon. *Dijon*, 1833; in-8, demi-rel.

2431. Essai historique et archéologique sur la Reliure des livres et sur l'état de la Librairie chez les anciens (avec planches). *Dijon*, 1834; in-8, demi-rel. mar. r.
<small>Exemplaire en grand papier.</small>

2432. Essai analytique sur l'Origine de la langue française. *Dijon*, 1835; in-8, demi-rel. mar. r.
<small>Exemplaire en grand papier.</small>

2433. Histoire de la Passion de Jésus-Christ composée en MCCCCXC, par Olivier Maillard. *Paris, Crapelet*, 1835; in-8, demi-rel. mar. v.
<small>Deuxième édition : exemplaire relié sur brochure.</small>

2434. Les Bourguignons salés. *Dijon*, 1835; in-8, demi-rel. papier vélin.

2435. Souvenirs relatifs à St-Pierre de Londres. *Dijon*, 1836; in-8, demi-rel.

2436. La Selle chevalière. *Dijon*, 1836; in-8, demi-rel.

2437. Nouvelles Recherches sur le dicton populaire : Faire ripaille. *Dijon*, 1836; in-8, demi-rel.

2438. D'une Pugnition divinement envoyée aux hommes et aux femmes pour leur paillardise. *A Naples et en France (Dijon)*, 1836; in-8, demi-rel.

2439. Recherches historiques et philologiques sur la philotésie ou usage de boire à la santé. *Dijon*, 1836; in-8, demi-rel.

2440. De Pierre Arétin, notice sur sa fortune, etc. *Paris, Techener*, 1836; in-12, demi-rel.

2441. Recherches historiques et bibliographiques sur les autographes et sur l'autographie. *Dijon*, 1836; in-8, demi-rel.

2442. De la Liberté de la presse à Dijon, au commencement du xviie siècle. *Dijon*, 1836; in-12, demi-rel. papier vélin.

2443. De la Liberté de la presse à Dijon au commencement du xviie siècle. *Paris et Dijon, Lagier*, 1836; in-8, demi-rel. exemplaire sur papier rose.

2444. Souvenirs relatifs à quelques bibliothèques particulières des temps passés. *Paris et Dijon*, 1836; in-8, demi-rel.

2445. Recherches sur le luxe des Romains dans leur ameublement. *Dijon*, 1837; in-8, demi-rel.

2446. Histoire de la fondation des hôpitaux du St-Esprit de Rome et de Dijon, représentée en 22 sujets gravés. *Dijon*, 1838; fig. in-4, demi-rel. planches, grand papier.

2447. Un double en pap. ord. demi-rel.

2448. Eléments de Morale, 3e édition, suivie d'opuscules moraux de Francklin. *Dijon*, 1838; in-16, demi-rel.

2449. Recherches sur les diverses opinions relatives à l'origine et à l'étymologie du mot *pontife*. *Dijon*, 1838; in-8, demi-rel.

2450. Quelques Recherches sur d'anciennes traductions françaises de l'oraison dominicale. *Dijon*, 1839; in-8, demi-rel.

2451. Notice sur un bas-relief représentant les figures mystérieuses et symboliques dont les quatre évangélistes sont ordinairement accompagnés. *Dijon*, 1839; in-4, demi-rel.

2452. Quelques recherches sur le tombeau de Virgile au mont Pausilipe. *Dijon*, 1840; in-8, demi-rel. (Tiré à petit nombre.)

2453. Recherches historiques sur l'origine et l'usage de l'instrument de pénitence appelé *discipline*. *Dijon*, 1841; in-8, demi-rel.

2454. Prædicatoriana ou Révélations singulières et amusantes sur les prédicateurs. *Dijon*, 1841; in-8, demi-rel. tr. sup. d.

2455. Le Livre des singularités. *Dijon*, 1841; in-8, demi-rel. tr. sup. d.

2456. Catalogue d'une partie des livres composant la bibliothèque des ducs de Bourgogne, au xv° siècle. *Dijon*, 1841; in-8, demi-rel.

2457. Notice historique et bibliographique sur G. Peignot (par Pierre Deschamps). *Paris, Techener*, 1857; in-8, demi-rel.

Un des 2 exemplaires sur papier vert, tiré à cent exemplaires.

XI. COLLECTIONS D'OUVRAGES.

FRAGMENTS ET EXTRAITS.

2458. FRAGMENTA vetustissimorum autorū, summo studio ac diligentia nunc recognita. — Myrsili Lesbii de origine Italiæ et Tyrrhen. lib. I. — M. Porcii Catonis Originum lib. I. — Archilochi de Temporibus lib. I. — Berosi Babylonis Antiquitatum lib. V, etc. *Basileæ, apud Johannem Bebelium*, 1530; in-4, mar. r. f. tr. d. (*Aux premières armes de De Thou.*)

Volume TRÈS-RARE : voyez Maittaire, t. II, p. 342.

2459. Collection des poëtes français imprimés par les soins de Coustelier. *Paris*, 1722, avec le Racan. 10 vol. in-12, v.

2460. Collection du comte d'Artois, 1780-81. 27 vol. in-18, mar. v. doub. de tabis, dentelle, tr. d. (*Dans les coins des plats, la croix de Lorraine surmontée d'une couronne de France.*)

Le Temple de Gnide. 1 vol. — Acajou et Zirphile, par M. Duclos. 1 vol. — Hist. de Tristan de Léonois. 1 vol. — Hist. d'Aloyse de Livarot, par madame Riccoboni. 1 vol. — Gérard, comte de Nevers. 1 vol. — Ismène et Isménias. 1 vol. — Daphnis et Chloé. 1 vol. — Ollivier, poëme, par Cazotte. 2 vol. — La Princesse de Clèves. 2 vol. — Manon Lescaut. 2 vol. — Mémoires de Grammont. 3 vol. — Les Confessions du comte de***, par Duclos. 2 vol. — Le Berceau de la France. 2 vol. — Lettres d'une Péruvienne. 2 vol. — Zayde. 3 vol. — Le Siége de Calais. 2 vol.

Cette collection complète se compose de 64 vol.

2461. COLLECTION DE LA DUCHESSE D'ANGOULÊME. Collection des meilleurs ouvrages dédiée aux Dames (publiée par Auger, de l'Académie française). *Paris, Didot,* 1814-19; 19 vol. in-18, v. f. fil. tr. d. (*Niedrée.*)

Zayde, par madame de La Fayette. 3 vol. — La Princesse de Clèves, par la même. 2 vol. — La Henriade de Voltaire. 2 vol. — Les Contes d'Hamilton. 2 vol. — Histoire du marquis de Cressy, par madame Riccoboni. 1 vol. — Mémoires de Comminges, par madame de Tencin. 1 vol. — Le Siége de Calais, par la même. 1 vol. — Lettres de la comtesse de Sancerre, par madame Riccoboni. 2 vol. — Lettres de Fanny Butler, par la même. 1 vol. — Lettres de Juliette Catesby, par la même. 1 vol. — Mémoires de Grammont, par Ant. Hamilton. 3 vol.

Charmant exemplaire en papier vélin.

2462. COLLECTION DE PETITS CLASSIQUES FRANÇAIS, dédiée à S. A. R. Madame, duchesse du Berry (publiée par Charles Nodier). *Paris, Delangle,* 1825; 8 vol. pet. in-8, m. vert, fil. tr. dor. (*Capé.*)

Collection regardée comme une des plus gracieuses productions de la typographie moderne, et imprimée par Jules Didot. Cet exemplaire, un des 25 imprimés sur papier de Hollande, provient de la bibliothèque de M. Debure. On sait que ce sont les ouvrages intitulés : *Guirlande de Julie, Conjuration de Fiesque, Voyages de Chapelle et Bachaumont, Poésies d'Aceilly,* etc.

2463. COLLECTION SILVESTRE (ET VEINANT). 24 vol. pet. in-8, demi-rel. d. et c. mar. r. doré en tête.

Maistre Aliborum q. de tout se mesle. 1838. — Sensuyuêt plusieurs belles Chansons cōposees nouuellement. 1838. — Sēsuyt le Romant de Richart filz de Robert le Diable. 1838. — Les Sept Marchans de Naples. 1838. — Natiuite de N. S. Jhesus Christ p. personnages. 1839. — Moralite tres excellente a l'honneur de la glorieuse Assumption de N. S. | a dix personnages, 1839. — Miracle de Nostre Dame d'Berthe feme du roy Pepin q. ly fu changee... 1839. — Les Prouerbes communs. 1839. — Mirouer des femmes vertueuses. Ensemble la patience Griselidis. 1840. — La Guerre et le Debat entre la lāgue, les membres et le vētre. 1840. — Bigorne qui mange tous les hommes. 1840. — Le Songe de la Thoyson d'or. 1841. — Miracle de Nostre Dame de la marqse de la Gaudine. 1841. — Le Mystere de la vie et hystoire de Mgr sainct Martin. 1841. — Les Grans regretz et cōplainte de mademoyselle du Pallais. 1842. — Le Cheualier delibere. 1842. — Listoyre de Pierre de Prouence et de la belle Maguelonne. 1845. — Ci sensieut un trettie de moralite q. sappelle le Temple donnour. 1845. — Sensuyt le Testament de Lucifer. 1845. — Les grandes et inestimables Chronicques du grant et enorme geant Gargantua. 1845. — L'Hystoire plaisante et recreative du noble Syperis de Vineuaulx. 1842. — M. Hambrelin, seruiteur de maistre Aliborum. 1858. — Sensuyt le Romant de Edipus filz dv roy Layus. 1858. — La grant danse Macabre des homes et des femes. 1858. Fig. s. bois.

Imprimé sur papier de Hollande.

2464. Bibliothèque Elzevirienne, publiée par P. Jannet (complète). *Paris*, 1853-58; 92 vol. in-12, demi-rel. d. et c. mar. r.

Exemplaire en papier de Hollande, relié sur brochure, d'une collection intéressante d'ouvrages dont les éditions originales sont ou introuvables ou d'un grand prix.

2465. Collection des anciens monuments de la langue française, publiée par Crapelet. *Paris*, 1827-1835; 10 vol. gr. in-8, demi-rel. mar.

Le Combat de trente Anglois contre trente Bretons; blasons, — Le Pas d'armes de la Bergère maintenu au Tournoi de Tarascon; — L'Histoire du Chastelain de Coucy; — Chansons du Châtelain de Coucy, avec la musique; — Proverbes et dictons populaires; — Poësies morales et historiques d'Eustache Deschamps; — Les Demandes faites par le roi Charles VI; — Partonopeus de Blois, 2 vol., papier de Hollande; — Vers sur la mort, par Thibault de Marly.

2466. Le Trésor des pièces rares ou inédites. *Paris, Aubry*, 1857-60; 17 vol. pet. in-8, cart. et brochés.

La Ruelle mal assortie; — Mémoire du voyage en Russie, suivie de l'expédition de Drake en Amérique; — Description de la ville de Paris au xve siècle; — Les Loix de la galanterie; — Les OEuvres inédites de Ronsard; — Charles du Lis, opuscules relatifs à Jeanne d'Arc; — Les Vers de Henri Baude; — La Journée des madrigaux; — Églises et monastères de Paris; — Philobiblion: excellent traité sur l'amour des livres; — Chansons et saluts d'amour de Guill. de Ferrières, vidame de Chartres; — Chants inédits français du temps de Charles VII et de Louis XI; — Le Livre de la chasse du grand seneschal de Normandye; — Récit des funérailles d'Anne de Bretagne; — Le Journal de la comtesse de Sanzay; — Des Gravures en bois d'Anthoine Verard, papier de Hollande.

HISTOIRE

I. GÉOGRAPHIE.

2467. Lexicon geographicum : illud primum in lucem ed. Phil. Ferrarius Alexandrinus, nunc Mich. Ant. Baudrand hanc edit. emendavit. *Parisiis*, 1670; in-fol. mar. r. fil. tr. d. (*Aux armes du cardinal Barberini.*)

2468. GEOGRAPHICA : Marciani Heracleotae; Scylacis Caryandensis; Artemidori Ephesii; Dicæarchi Messenii; Isidori Characeni; omnia nunc primum, præter Dicæarchi illa, a Davide Hœschelio Aug. ex manuscript. codd. edita. *Augustæ Vindelicorum*, 1600; in-8, mar. rouge, fil. tr. dor.

_{Très-joli exemplaire dans sa première reliure aux ARMES DE J. AUG. DE THOU, accolées de celles de Marie de Barbançon, sa première femme. Ce volume, de la plus parfaite conservation, porte sur le titre la signature de *Gosselin*, le savant auteur des recherches sur la *géographie des Grecs*, en 5 vol. in-4.}

2469. Strabonis Geographia XVII libros cōtinens, e græco in lat. conversa. *Parisiis, H. le Feure*, 1512; in fol. goth. à 2 col. mar. br. f. tr. d. (*Thompson.*)

2470. Strabonis Geographia. *Basileæ, in ædibus Valentini Curionis*, 1523; in-fol. mar. r. f. tr. d. et ciselée. (*Rel. anc.*)

2471. Pomponius Mela, Julius Solinus, Itinerarium Antonini Augusti, etc. *Venetiis, in ædibus Aldi et Andreæ soceri*, 1518; in-8, mar. v. comp. tr. cis. et dorée. (*Anc. rel.*)

2472. ITINERARIUM ANTONINI AUGUSTI et Burdigalense : quorum hoc nunc primum est editum... et Hieron. Svritæ Cæsaraugustani doctiss. comment. explicatum. *Coloniæ*, 1600; in-8, mar. v. fil. tr. d. (*Padeloup.*)

Bel exemplaire du comte d'Hoym.

2473. La Salade nouuellement imprimée à Paris laquelle fait mention de tous les pays du monde | et du pays de la belle Sibylle (par Anth. de la Salle). *Paris, par Philippe le Noir relieur juré en l'université de Paris* (vers 1520); in-fol. goth. à 2 col. fig. s. b. et pl. pliées, v. br. f. tr. d.

Sur les plats sont gravées les armes de Hector Bredon, sieur de la Doineterie, roy d'armes de France.

2474. Le Monde ou la description générale de ses quatre parties avec tous ses empires, royaumes, estats et republiques, composé par Pierre d'Avity, seigneur de Montmartin, gentilhomme ordinaire de la chambre du roy. *Paris*, 1637; 5 vol. in-fol. mar. r. fil. tr. d. (*Aux armes du président Séguier.*)

Bel exemplaire de dédicace, en grand papier réglé.

2475. Le Descrittioni universali et particolari del mondo et delle republiche, di Luca di Linda. *In Venetia*, 1670; in-4, v. f. tr. d. (*Aux 4mes armes de De Thou. En légende, au-dessus d'une couronne de baron, se lit cette devise : Mane nobiscum, Domine.*)

II. VOYAGES.

2476. Collection de tous les voyages faits autour du monde par les différentes nations de l'Europe, rédigée par Bérenger. *Paris*, 1795; 9 vol. in-8 d.-rel. v. f.

2477. Il Viaggio fatto da gli Spagniuoli a torno al mondo. M.D.XXXVI. (*Venetia*); in-4, mar. br. tr. d.

Bel exemplaire du *Voyage de Magellan.* — Rare volume, bien conforme à la description donnée par M. Brunet.

2478. Les Voyages fameux du Sr Vincent le Blanc, Marseillois, qu'il a faits depuis l'aage de douze ans iusques à soixante, aux quatre parties du monde, par le Sr Coulon. *Paris*, 1648; in-4, vél. tr. d.

2479. ITINERARIUM BENIAMINI TUDELENSIS,... ex hebraïco latinum factum Bened. Aria Montano interprete. *Antverpiæ, ex officina Christophori Plantini*, 1575; in-8, mar. rouge, fil. tr. dor.

Très-joli exemplaire dans sa première reliure aux armes de J. AUG. DE THOU, accolées de celles de Marie de Barbançon, sa femme. On a relié dans le même volume une autre relation non moins intéressante, intitulée : *Itinera Constantinopolitanum et Amasianum ab Augerio Gislenio Busbequio ad Solimannum Turcarum Imperatorem oratore confecta; eiusdem Busbequii de re militari contra Turcam instituenda consilium, Antverpiæ*, 1582 ; le tout d'une parfaite conservation.

2480. IOURNAL OU DESCRIPTION DU MERVEILLEUX VOYAGE de Gvillavme Schovten, Hollandois, natif de Hoorn, faites années 1615, 1616 et 1617 comme (en circumnavigeant le globe terrestre) il a descouvert vers le sud du destroit de Magellan un nouveau passage, jusques à la grande mer du Sud, ensemble des avantures admirables qui luy sont advenues en descouvrant de plusieurs isles et peuples estranges. *A Amsterdam*, 1618; in-4, front. gravé, figures et cartes, mar. rouge, fil. tr. dor. (*Hardy*.)

Très-bel exemplaire de l'édition originale, rare et curieuse, de ces voyages célèbres.

2481. Les Voyages et Observations du sieur de la Boullaye-le-Gouz, gentilhomme Angevin. *Paris, Fr. Clousier*, 1653; in-4, mar. v. f. tr. d. fig. en bois.

Première édition.

2482. Cosmographie du Levant, par Fr. André Thevet d'Angoulesme. *A Lyon, par Jan de Tournes et Guil. Gazeau*, 1554; in-4, mar. r. tr. d. (*Trautz-Bauzonnet.*)

Figures sur bois.

2483. Les Voyages du seigneur de Villamont, chevalier de l'ordre de Hierusalem. Divisez en trois livres. *A Lyon, par Claude Lariot,* 1606; in-8, mar. brun, tr. dor. (*Duru.*)

Très-bel exemplaire d'un livre intéressant et rare.

2484. Relation journalière du voyage du Levant faict et descrit par haut et puissant seigneur Henry de Beauveau, reueu, augmenté et enrichy par l'autheur de pourtraictz des lieux les plus remarquables. *Nancy,* 1615; in-4, v. fauve, fil. tr. dor. (*Duru.*)

Rare et curieux volume, orné de 48 vues de villes gravées sur cuivre et de la plus remarquable exécution. (Jérusalem, le Saint Sépulcre, Constantinople, Rhodes, etc.) Bel exemplaire de la bibliothèque de M. le baron Taylor.

2485. Voyages de M. P. S. Pallas en différentes provinces de l'empire de Russie et dans l'Asie septentrionale, trad. de l'allemand. *Paris,* 1788; 5 vol. in-4, v. et Atlas gr. in-4.

2486. La Description geographique de l'Inde orientale, meurs, loix, coustumes des habitans d'icelles, mesmement de ce qui est soubz la domination du grand Cham empereur des Tartares, par Marc Paule gentilhomme venetien, et nouuellement reduict en vulgaire françois. *Paris,* 1556; in-4, vél. tr. d.

Bel exemplaire réglé.

2487. CY APRES SENSUYENT LES NOUUELLES DE LA TERRE DE PRESTRE JEHAN. *S. l. n. d.* (1490); pet. in-4 goth. de 13 ff. non chiffrés, à longues lignes, de 25 à la page, mar. v. f. tr. d. (*Bauzonnet.*)

PIÈCE UNIQUE.

2488. VERDADERA INFORMACION DE LA TIERRA SANCTA segun la disposicion en que en este año de mil y quinientos y treynta el autor la vio y passeo; compuesto por el Padre Antonio de Aranda, gardian de S. Francisco de Alcala. *Impresa en la villa de Alcala de Henares, en casa de Miguel de Eguya,* 1553; in-4, goth. fig. s. b. mar. v. tr. d. (*Duru.*)

Deuxième édition de ce livre, publié pour la première fois dans la même ville, en 1531. Elle renferme de plus une Épître dédicatoire à doña Isabel de Sylva.

2489. Discours du voyage d'outre mer au sainct sepulcre de Jerusalem et autres lieux de la terre saincte, par Anthoine Regnaut, bourgeois de Paris. *Imprimé à Lyon aux despens de l'auteur*, 1570; in-4, mar. r. fil. tr. d. (*Koehler.*)

Cartes et figures gravées.

2490. Voyages et Conquestes du capitaine Ferdinand Courtois (Fernando Cortès) ès Indes occidentales, histoire traduite de langue espagnole par Guillaume le Breton, Nivernois. *Paris, l'Angelier,* 1588; in-8, mar. v. f. tr. d.

Volume assez rare, traduit de l'espagnol de Gonzales Fernandes d'Oviedo et de Fr. Lopez de Gomara.

2491. L'Histoire du Nouveau Monde ou Description des Indes occidentales, contenant dix-huict liures, par le sieur Jean de Laet, d'Anvers. *Leyde, Bonav. et Abrah. Elzeviers,* 1640; 2 tomes en 1 vol. in-fol. mar. r. fil. tr. d. (*Anc. rel.*)

Cartes et figures : la bordure du deuxième tome est gravée par Séb. le Clerc.

2492. L'HISTOIRE NOTABLE DE LA FLORIDE située es Indes occidentales, contenant les trois voyages faits en icelle par certains capitaines et pilotes françois, descrits par le capitaine Laudonnière.... mise en lumiere par Basanier, gentilhomme françois. *Paris,* 1586; in-8, mar. v. tr. dor. (*Bauzonnet.*)

FORT RARE.

2493. LE GRAND VOYAGE DU PAYS DES HURONS, situé en l'Amérique vers la mer douce, ès derniers confins de la Nouvelle France, dite Canada, avec un dictionnaire de la langue huronne, par F. Gabriel Sagard Theodat. *Paris, Denys Moreau,* 1632; in-8, frontisp. mar. r. fil. tr. d. (*Bauzonnet.*)

Bel exemplaire d'un volume fort rare.

III. CHRONOLOGIE ET HISTOIRE UNIVERSELLE.

2494. Thesaurus temporum : Eusebii Pamphili Cæsareæ Palestinæ episc. chronicorum canonum omnimodæ historiæ lib. II, interpr. Hieronymo, opera et studio Josephi Justi Scaligeri. *Lugd. Batav.*, 1606; in-fol. mar. r. fil. petits fers, tr. d. (*Le Gascon.*)

<small>Les *Animadversiones* de Scaliger forment la 2^e partie.</small>

2495. Dionysii Petavii Aurelianensis Rationarium temporum. *Parisiis*, 1673; in-8, mar. r. fil. tr. d. (*Aux armes du grand Dauphin.*)

2496. Catalogo de gli anni et principi de la creatione de l' huomo, sin' a 1540, dal nascere di Christo, opera per Valerio Anselmo Raid composta et di lat. in volgare trad. per Pietro Lauro Modonese. *Venetia*, 1544; in-8, mar. br. comp. tr. d.

<small>Reliure espagnole, avec armoiries.</small>

2497. L'ART DE VÉRIFIER LES DATES des faits historiques, des chartes, etc., depuis la naissance de J.-C. (commencé par D. Clémencet François d'Autine, terminé par D. F. Clément). *Paris*, 1783-87; 3 vol. gr. in-fol. cuir de Russie, fil. tr. d. (*Rel. angl. Clarke.*)

<small>TRÈS-BEL EXEMPLAIRE EN TRÈS-GRAND PAPIER PROVENANT DE LA BIBLIOTHÈQUE DE LORD GRANVILLE; il y a eu seulement trente exemplaires tirés sur ce papier exceptionnel.</small>

2498. Compendium hystorial, translate de latin en fraçois (par Henry Romain, chanoine de Tournay). — *Cy fine le Compendium... Imprime a Paris le .xixe iour d'aoust 1509 pour Anthoine Verard.* In-fol. goth. v. marb. fil. tr. d.

2499. Le premier volume de la Mer des histoires, auquel et du second ensuyuāt est contenu tant du vieil Testament que du nouveau toutes les histoires depuis la Création. *Paris, Jehan Longis, s. d.;* in-fol. goth. mar. r. f. tr. d.

2500. Le premier volume de la Mer des histoires, auquel et le second ensuyuāt est contenu tant du vieil Testament que du nouueau toutes les hystoires | actes et faitz dignes de mémoire.... *Paris, Nicolas Couteau (pour Galliot du Pré*), 1536; in-fol. goth. v. ant. tr. d. (*Aux armes de Fauquemont.*)

2501. Le Petit Fardelet des Fais, a lhonneur de Dieu tout puissant et de la glorieuse Vierge Marie... *Ce p̄sent liure intitule le Petit Fardelet des Fais... a este trāslate de latin en cōmun language, par Pierre Farget. Et imprime a Lyon lan mil cccc. lxxxiii (par Mathieu Huz);* in-fol. goth. 94 ff. sign. a-m iiij. mar. bl. fil. tr. dor. (*Bauzonnet.*)

Première édition, fort rare.

2502. Fasciculus temporum en françois. Cest le Fardelet hystorial contenant en brief quasi toutes les hystoires tant de lAncien que du Nouueau Testament et generalement tous les merueilleux faitz dignes de memoire q̄ ont este depuys la creation iusques a cestuy an. m. cccc. lxxxv. — *Cy finist... Imprime a Geneſue lan mil cccc. xcv (*1495*) auquel an fist si tres grant vent le ix iour de iāvier qu'il fist remonter le Rosne dedēs le lac bien ung quart de lieue au dessus de Geneſue,* etc.; in-fol. goth. à longues lignes, fig. s. b. mar. r. fil. tr. d.

2503. La Chronique Martiniane de tous les Papes qui furent jamais et finist iusques au Pape Alexādre derrenier decede 1503. — *Cy fine la derreniere partie de la Cronique Martinienne, impr. a Paris pour Anthoyne Verard. S. d (v. 1505);* in-fol. goth. à 2 col. de 46 lig. mar. r. fil. tr. d. *Duru.*

Exemplaire complet et parfait.

2504. LE LIVRE NOMMÉ LES MERVEILLES DU MONDE. *S. l. n. d. (Lyon, Barthélemy Buyer, vers 1475);* in-fol. goth. de 64 ff. à longues lignes, mar. r. fil. tr. d. (*Duru.*)

Édition précieuse sans chiffres, réclames ni signatures, avec les initiales rubriquées à la main. Exemplaire de M. de Bure : il a, depuis la vente de cette collection célèbre, été lavé et fort bien relié. EXEMPLAIRE UNIQUE.

2505. MIROER HISTORIAL. *Cy finist ung compendieux extraict du Mireur historial, auquel sõt en bref et clairement recitees les hystoires de la Bible et les precxceletes gestes des Grecz et des Troyens de Alexãdre, monarche de tout le monde, et des merueilleux fais des Rõmains et de plusieurs roys bellicqueux et d'aultres magnanimes et nobles princes dignes de perpetuelle memoire. Et a este fait et imprime a Lyon sur le Rosne en la maison de maistre Bartholomyeu Buyer, citoien de Lyon, et fini le dernier iour de iullet mil quatre cens lxxix;* in-fol. goth. à 2 col. de 28 lignes, mar. r. fil. tr. dor. (*Duru.*)

Livre extrêmement rare et des plus précieux, qui n'est pas la traduction du *Fasciculus temporum*, ni celle du *Speculum vitæ humanæ* de Rodericus Zamorensis, mais une chronique originale. Hain ne le mentionne pas. (Brunet, t. III, p. 403.)

2506. CRONICA CRONICARẕ abbrege et mis y figures descẽtes et rondeaulx | cõtenas deux parties principalles... *Nouuellement imprime a Paris, par Frãçois Regnault libraire iure, s. d.* (1532); in-fol. mar. r. tr. d. (*Trautz-Bauzonnet.*)

2507. CHRONICA BOSSIANA. Donati Bossii causidici : et civis mediolanẽsis, gestorẕ dictorumqʒ memorabilium : et temporẕ : ac cõditionũ : et mutationum humanarum : ab orbis iditio : usqʒ ad ejus tempora : liber. *Mediolani, apud Ant. Zarotum,* 1492. (*Ad impensas Donati Bossii*); in-fol. mar. cit. comp. tr. d.

Admirable exemplaire, en papier exceptionnel, ayant appartenu à Grolier, dont il porte le nom et la devise. L'arbre généalogique des Visconti, ordinairement tiré en rouge et noir, est ici imprimé en rouge et or. La reliure est intacte, sans raccommodages ni réparations.

2508. Croniques de Jean Carion, philosophe, trad. en françois par m^re Jean le Blond. *Lyon, Jean de Tournes et G. Gazeau,* 1549; in-16, mar. r. fil. tr. d. (*Duru.*)

Lettres rondes.

2509. Thesaurus historiarum, auctore Mathia Burgklehner, Tirolense. *Æniponti, apud Joan. Agricolam,* 1602-04; 2 vol. in-fol. mar. v. f. tr. d.

Bel exemplaire relié par Ève, aux deuxièmes armes de De Thou.

2510. Historiæ universalis Nucleus aut. Gab. Buccelino. *Ulmæ,* 1652; pet. in-12, mar. r. à comp. (*Armoiries.*)

2511. Annalium mundi universalium, origines rerum (et progressus) sacras juxta ac seculares, ab orbe condito tradentium, tomus unicus, libris XIV absolutus, Hugo Robinsonus ὁ Μακαρίτης elucubravit. *Londini,* 1677; in-fol. mar. r. fil. tr. d.

Bel exemplaire en grand papier, aux armes de J.-B. Colbert.

2512. Discours sur l'Histoire universelle, à Mgr. le Dauphin, par J.-B. Bossuet. *Paris, Séb. Mabre-Cramoisy,* 1681; in-4, mar. r. fil. tr. d. (*Aux armes de France.*)

Édition originale.

2513. Discours sur l'Histoire universelle à monseigneur le Dauphin, par Jacq. Bénigne Bossuet. *Paris,* 1682; 2 tom. en 1 vol. in-12, mar. vert, fil. tr. dor. (*Derome.*)

Exemplaire de PIXERÉCOURT; deuxième édition originale; la première dans ce format.

2514. DISCOURS SUR L'HISTOIRE UNIVERSELLE, à monseigneur le Dauphin, par messire Jacques Bén. Bossuet, évesque de Meaux; 3e édition. *Paris, Mabre-Cramoisy,* 1691; in-8, mar. r. doublé de mar. r. dent. fil. tr. d.

Charmant exemplaire réglé, aux armes de Marie-Adélaïde de Savoie, duchesse de Bourgogne.

2515. HISTOIRE UNIVERSELLE, depuis le commencement du monde jusqu'à présent, traduite de l'anglois d'une société de gens de lettres (Joncourt, Chaufepié, Robinet, etc.). *Amsterdam et Leipzig, chez Arkstée et Merkus,* 1742-1802; 46 vol. in-4, mar. r. fil. tr. d. (*Anc. rel.*)

Les 4 vol. de tables sont imprimés à Paris, chez Delalain.

IV. HISTOIRE ANCIENNE.

1. HISTOIRE GÉNÉRALE.

2516. TROGI POMPEII HISTORIA per Justinum in compendium redacta proxime q emendatissime edita. *Nuper castigatissime editum Mediolani, ex offic. Minutiana.* M. D. XX; in-fol. mar. br. comp. tr. d.

Bel exemplaire de Maioli, avec son nom :

To. MAIOLII ET AMICORUM,

et sa devise :

INGRATIS SERVIRE NEPHAS.

Cette reliure est d'un goût très-pur et d'une grande élégance.

La table des matières, qui doit être à la fin, a été transportée en tête du volume.

2517. Justinus, Trogi Pompeii Historiarum philippicarum Epitome ex mss. codicibus emendatior et prologis auctior. In easdem notæ, excerptiones chronol. *Parisiis, ap. Dion. du Val,* 1581; in-8, mar. bl. fil. tr. d. (*Aux armes du comte d'Hoym.*)

2518. Les OEuvres de Justin vray historiographe sur les faictz et gestes de Troge Pompée, contenant XLIIII Liures trad. de latin en frãçoys, *nouuellement imprimez a Paris.* (Paris), *Denis Janot,* M. D. XXXVIII; in-fol. goth. fig. s. b. mar. r. fil. tr. d. (*Trautz-Bauzonnet.*)

2519. Justin vray historiographe sur les hystoires de Troge Pompée, contenãt XLIIII Liures, trad. de latin en françoys. *Paris, D. Jannot*, 1540; in-8, lett. rondes, fig. s. bois, v. br. comp.

<small>Reliure ancienne fleurdelisée avec une aigle couronnée et éployée sur les plats.</small>

2520. Justin; le même (réglé). *Paris, les Angeliers*, 1540; in-8, mar. r. f. tr. d. (*Trautz-Bauzonnet.*)

2521. L'Histoire universelle de Trogue-Pompée réduite en abrégé par Justin, et trad. en françois par le sieur de Collomby Cauvigny. *Rouen, Berthelin*, 1666; in-12, v. f. fil. doublé de mar. r. dent. tr. d.

<small>Jolie reliure aux armes du comte de Toulouse.</small>

2522. Les Histoires et Chroniques du monde tirées tant du gros volume de Jan Zonaras, aucteur byzantin, que de plusieurs autres bons et anciens scripteurs hebrieux et grecs... recueillies par ordre de la royne Catherine et traduites par Jan de Maumont. *Paris, Vascosan*, 1561; in-fol. v. à comp. tr. cis. dorée.

<small>Bel exemplaire réglé, dans une curieuse reliure ancienne dont les plats sont entièrement dorés ou sablés d'or.</small>

2523. Hist. ancienne de Rollin. *Paris*, 1730; 13 vol. in-12, mar. rouge. (*Armoiries.*)

2. HISTOIRE DES JUIFS.

2524. Flavii Josephi Opera. *Lugduni, apud Seb. Gryphium*, 1555; 3 vol. in-16, v. f. tr. d. les plats richement ornés de comp. d'or et couleurs.

<small>Curieuse reliure du xvie siècle, genre Maïoli. On remarque sur le titre la signature d'un sieur de Baillon (*écriture du xvie siècle*).</small>

2525. Le Grant Almageste du tres noble et tres illustre hystoriographe Josephe Flavie duc des Juifz... contenant les Annales et antiquitez iudaïcques, etc. *Nouvellement imprimé à Paris (chez Denis Janot)*, 1553; in-fol. goth. mar. bl. tr. d.

<small>Le dernier feuillet est remonté.</small>

2526. Histoire des Juifs, écrite par Flavius Josèphe, trad. par M. Arnauld d'Andilly. *Bruxelles, E. J. Fricx*, 1701-1703; fig. à mi-pages de Richard Van-Orley, 5 vol. in-8, mar. r. fil. tr. d. (*Anc. rel.*)

Très-bel exemplaire en GRAND PAPIER et d'une édition recherchée.

2527. La République des Hébreux (trad. du latin), enrichie de fig. en taille-douce, par Pierre Cunéus. *Amsterdam*, 1705; 3 vol. in-8. — Antiquitez judaïques, ou Remarques critiques sur la République des Hébreux, par Basnage. *Amsterdam*, 1713; 2 vol. in-8, fig. cart.; les 5 vol. mar. r. fil. tr. d. (*Rel. anc.*)

Cet ouvrage a joui pendant longtemps d'une grande réputation parmi les bibliophiles.

2528. Histoire des Juifs et des peuples voisins, par Prideaux, doyen de Norwich, trad. de l'anglois. *Amsterdam*, 1728; figures, cartes et plans, 6 vol. in-12, mar. r. fil. tr. d. (*Derome.*)

Exemplaire de M. de Saint-Maurice.

2529. DESTRUCTION DE JHERUSALEM. — *Cy est la fin de ce present traictie intitule la Destruction de Jherusalem.* S. l. n. d.; in-fol. goth. de 25 ff. à 2 col. de 29 lignes chacune; les initiales à la main; signat. a ii-c iiij. le premier f. blanc, mar. bl. fil. tr. d. (*Trautz-Bauzonnet.*)

Ce précieux volume, dont nous ne trouvons la trace dans aucun catalogue ni chez les bibliographes, est le seul exemplaire connu de cette première édition de la *Destruction de Jérusalem*, dont M. Brunet, tome II, page 66, signale plusieurs éditions. Il peut avoir été imprimé vers 1475, et les caractères se rapprochent beaucoup de ceux du *Jason* imprimé à Chambéry, qui se conserve à la Bibliothèque royale, et de la *Destruction de Troye*, que possède la bibliothèque Mazarine.

2530. Il vero stato di gli Hebrei di Roma. *Roma*, 1668; in-4, vél. tr. d. (*Aux armes du cardinal Altieri.*)

HISTOIRE. 415

3. HISTOIRE GRECQUE.

2531. Pausanias ou Voyage hist., pittoresq. et philos. de la Grèce, par l'abbé Gedoyn. *Paris*, 1797; 4 vol. in-8, demi-rel. v. fauve.

2532. HERODOTI historiarum lib. IX, gr. codicem Sancrofti manuscriptum denuo contulit, annotationes variorum adjecit T. Gaisford. *Oxonii*, 1825; 6 vol. gr. in-18, mar. rouge, fil. dor. en tête, non rog. (*Très-belle reliure de Clarke.*)

MAGNIFIQUE EXEMPLAIRE, l'un des 25 tirés en grand papier vélin. Cette édition, imprimée avec soin, est fort estimée. Le texte est formé d'après celui de Reiz et de Schæffer, et les variantes placées au bas du texte sont tirées des éditions de Wesseling et Schweighæuser. Les deux derniers volumes contiennent un bon choix de notes.

2533. Dictys Cretensis de bello Troiano et Dares Phrygius de excidio Troiae, cum notis ad Dictym. *Amstelodami, apud Joannem Jansonium*, 1631; in-16, mar. rouge, fil. comp. tr. dor. (*Aux armes du cardinal de Richelieu.*)

Très-joli volume, d'une conservation parfaite.

2534. Thucydides (de Bello peloponnesiaco, lib. VIII, gr.). *Venetiis, in domo Aldi*, M. DII; in-fol. mar. cit. comp. tr. d. (*Rel. anglaise.*)

Édition princeps.

2535. L'Histoire de Thucydide Athénien, translatée en françois par feu messire Cl. Seyssel. *Paris, Josse Badius*, 1527; in-fol. v. br. comp. tr. d. lettres rondes.

Volume de la plus parfaite conservation. Sur chaque plat un médaillon frappé à froid, représentant d'un côté la *Mort d'Orphée*, de l'autre *Vulcain forgeant les armes d'Achille*. Belle reliure ancienne, malgré quelques réparations.

2536. LHistoire de Thucydide Athenië de la guerre qui fut entre les Peloponesiens et Atheniës trâslatee en lãgue françoyse par feu messire Claude de Seyssel. *Imprimé à Paris, par Pierre Gaultier pour J. Barbé et Cl. Garamont*, 1545; in-16, mar. br.

à comp. de couleur, tr. d. (*Rel. ital. genre Maïoli.*)

Sur le titre la signature de l'illustre amiral de Coligny, *de Chastillon.*

2537. XÉNOPHON. Pædia Cyri Persarum regis, de Venatione; de Republica et de legibus Lacedemoniorum; de regis Agesilai Lacedæmoniorum laudibus; Apologia pro Socrate; opusculum de Tyrannide. (*Lugduni*) *expensis honesti viri Bartholomei Trot,* 1511; in-8, mar. rouge, fil. tr. dor. et ciselée. (*Trautz-Bauzonnet.*)

PRÉCIEUX VOLUME, par sa rare impression lyonnaise, d'une bonne traduction latine, et par son ADMIRABLE conservation.

2538. XENOPHONTIS philosophi et imperatoris clarissimi quæ exstant opera. *Lutetiæ Parisiorum, typis regiis,* 1625; 2 vol. in-fol. mar. r. fil. tr. d. (*Aux armes du prince Eugène de Savoye.*)

2539. DIODORI SICULI Bibliothecæ historicæ libri qui supersunt, interprete Laurentio Rhodomano (gr. et lat.). *Amstelodami,* 1746; 2 vol. in-fol. mar. r. fil. tr. d. (*Padeloup.*)

BEL EXEMPLAIRE EN GRAND PAPIER, avec un portrait et un frontispice gravé.

2540. DIODORO SICULO delle antique historie fabulose novamente fatto volgare, & con somma diligentia stampato. *Venetia,* 1542; — Justino historico clarissimo nelle historie di Trogo Pompeio, nuovamente in lingua toscana trad. *Vinegia,* 1542; in-8, mar. r. comp. tr. d.

TRÈS-BELLE RELIURE ITALIENNE, à la marque et à la devise de Canevarius.

2541. L'Histoire des successeurs d'Alexandre le Grand | extraicte de Diodore sicilien : et quelque peu de Vies escriptes par Plutarque, translatées par messire Claude de Seyssel. *Laquelle histoire a este imprimee par M. Josse Badius (à Paris), l'an de grace M.D.XXX;* in-fol. mar. br. comp. tr. dor.

Lettres rondes.

HISTOIRE. 417

2542. Les Faicts et cõquestes d'Alexandre le Grand, descripts en grec par Arrian, trad. en françois par Cl. Witart, escuyer. *Paris, F. Morel*, 1599; — Histoire d'Herodian, traitant des faicts memorables des successeurs de Marc-Aurele a l'empire de Rome, transl. de grec en françois, par Jacques, des comtes de Vintemille, Rhodien, conseiller du Roy. 1599; 2 parties en 1 vol. in-4, v. f. fil. tr. d.

2543. Les Guerres d'Alexandre, par Arrian, de la traduction de Perrot d'Ablancourt, sa Vie tirée du grec de Plutarque et ses Apophthegmes de la même traduction. *Paris*, 1664; in-12, mar. rouge, fil. tr. dor. (*Derome*.)

Joli volume en reliure ancienne.

2544. QUINTUS CURTIUS. *Ap. Vindelinum Spirensem. S. d.*; in-fol. cuir de Russie. (*Thompson*.)

Très-bel exemplaire d'une édition fort rare, imprimée vers 1470.

2545. QVINTVS CVRTIVS. *Florentiæ, opera et impensa Phil. Giuntæ*, 1507; pet. in-8, mar. rouge, tr. dor. ciselée. (*Trautz-Bauzonnet*.)

Très-beau livre, dans la plus parfaite conservation; édition rare.

2546. Examen analytique et tableau comparatif des synchronismes de l'histoire des temps héroïques de la Grèce, par Petit-Radel. *Paris*, 1827; in-4, veau ant. fil. tr. dor.

4. HISTOIRE ROMAINE ET DU BAS-EMPIRE.

2547. VARII HISTORIÆ ROMANÆ SCRIPTORES, partim græci, partim latini, in unum velut corpus redacti... (Sigonius, Vell. Paterculus, Dionis Nicæi epitome, Herodianus, Suetonius, Spartianus, J. Capitolinus, Lampridius, Vulcatius, Vopiscus, Pollio, Pomp. Lætus, Egnatius, Amm. Marcellinus, Eutropius). *Henr. Stephanus*, 1568; 4 vol. in-8, mar. v. dent. tr. d. (*Derome*.)

Superbe exemplaire de RENOUARD, d'une conservation parfaite.

27

2548. Polybii Historiarum libri qui supersunt, gr. et lat., interprete Is. Casaubono : Jac. Gronovius recensuit, ac varior. et suas notas adjecit. *Amstelod.*, 1670; 3 tom. en 5 vol. in-8, mar. r. fil. tr. dor.

Très-bel exemplaire, supérieurement relié par Padeloup.

2549. Dionysii Alexandri f. Halicarnassensis Antiquitatum sive Originum Romanarum lib. X, Sig. Gelenio interp. *Basileæ, ap. Frobenium*, 1549; in-fol. mar. r. fleurdelisé, comp. tr. dor.

Exemplaire réglé.

2550. Titi Livii Historiarum romanarum decades, cum epistola Andreæ episcopi Aleriensis. *S. l. (Venetiis), per Vindelinum Spirensem;* la date (1470) se trouve à la fin de la 4ᵉ décade, sur le v° du 417ᵉ f. 2 vol. gr. in-fol. mar. br. f. tr. d.

Très-bel exemplaire de la première édition de Tite-Live imprimée avec date. Les capitales sont peintes, et de nombreuses notes, de la main de Jo. Mœsel, couvrent les grandes marges de ce précieux volume.

2551. Titi Livii Patavini historicorum Romanorum principis libri omnes superstites. *Parisiis*, 1625; in-fol. mar. r. comp. pet. fers, tr. d. (*Rel. anc., armoirie sur les plats.*)

2552. T. Livii Patavini historiarum ab urbe condita, tom. I, II, III. *Lugduni Batav., ex offic. Elzeviriana*, 1644-45; 3 vol. in-12, vél. (*Rel. ital.*)

Hauteur : 132 millim.

2553. Titi Livii historiarum quod exstat, ex recensione Gronovii. *Amstelod., apud Dan. Elzevirium*, 1678; in-12, mar. r. fil. tr. d. (*Duru.*)

Superbe exemplaire de l'édition originale sous cette date. Hauteur : 5 p. 6 lignes.

2554. Titi Livii Historiarum quod exstat, ex recens. I. F. Gronovii. *Amstelodami, ap. Dan. Elzevirium*, 1678; in-12, vél. bl. de Holl. comp. tr. d. (*Rel. molle aux armes de Poisson de Marigny.*)

2555. Les Gestes romaines, nouuellement imprimees a Paris. — *Cy finist les Gestes romaines... translatees de latin en françoys par maistre Robert Guaguin, general de l'ordre des Mathurins : imprime a Paris, pour Anthoine Verard, marchant libraire. S. d. (après* 1503); in-fol. goth. fig. sur bois, v. fil. tr. d. (*Rel. angl.*)

<small>Traduction de la *troisième décade* de Tite-Live, à la fin de laquelle se trouvent les *Statuts et ordonnances concernant les hérauts d'armes et les tournois.*</small>

2556. Le XXXIIIe livre de Tite-Live, nouuellement trouvé à Bamberg en Allemagne, traduit par le s^r de Malherbe, gentilhomme ordinaire de la chambre du Roy. *Paris, T. du Bray*, 1621, in-8, mar. r. f. tr. d.

<small>Édition originale en gros caractères.</small>

2557. Eutropius. Eutropius historiographus et post eum Paulus Diaconus de historiis Italice provincie ac Romanorum. *Rome, imp. a° M.CCCC.LXXI*; in-fol. mar. r. comp. tr. d.

<small>Editio princeps. (Charact. ut videtur Georgii Laver, sine sign., cust. et pagg. — Panzer.)</small>

2558. Eutropii de Gestis Romanorum libri X. *Parisiis, ex offic. Sim. Colinæi*, 1539; in-8, mar. br. à comp. tr. d. (*Rel. anc.*)

2559. Appiani Alexandrini sophistæ de civilibus Romanorum bellis hystor. lib. V. — Ejusdem lib. VI, Illyricus, Celticus, Libycus, Syrius, Parthicus et Mithridaticus. *Lugduni, apud hæredes Seb. Gryphii*, 1560; in-16, mar. r. comp. tr. cis. et dor. (*Anc. rel. lyonnaise.*)

<small>Exemplaire de Fleurieu.</small>

2560. Appian Alexandrin, historien grec, des Guerres des Romains, liv. XI. — Assauoir le Libyque. — Le Syrien. — Le Parthique. — Le Mithridatique. — Le Illyrien. — Le Celtique. — Et cinq des Guerres civiles, plus le sixiesme desd. Guerres civiles, extraict de Plutarque. Le tout traduict en françois par feu Cl. de Seyssel. *Lyon,*

Ant. Constantin, 1544; in-fol. v. br. à comp. tr. cis. dor.

Belle reliure du temps, aux armes de François de Lorraine, duc de Guyse, défenseur de Metz et balafré à Calais.

2561. C. Sallustius Crispus, cum veterum historicorum fragmentis. *Lugd. Batav., ex offic. Elzeviriana*, 1634; in-12, mar. r. f. tr. dor. (*Aux armes du cardinal de Richelieu.*)

2562. C. Julius Cæsar, sive Historiæ imperatorum Cæsarumque Romanorum ex antiquis numismatibus restitutæ lib. primus. — Accessit C. Julii Cæsaris Vita et Res gestæ, Huberto Goltz auctore et sculptore. *Brugis Flandrorum, apud Hubertum Goltzium*, 1563; in-fol. mar. br. comp. tr. dor. (*Anc. rel.*)

Rare et belle édition avec planches gravées.

2563. Caii Julii Cæsaris Opera omnia. *Sumtibus editoris excudebant Londini Ritchie et J. Sammells*, 1790; 2 vol. gr. in-8, mar. v. fil. tr. d. (*Rel. angl.*)

Exemplaire en grand papier vélin de cette belle édition avec carte et portraits.

2564. Les Commentaires de Julius Cesar (mis en françois par Robert Gaguin.) *Imprime a Paris par Anthoine Verard, libraire demourant sur le pont Nostre Dame. S. d. (vers* 1490); sans réclames ni pagination, in-fol. goth. fig. s. b. mar. v. fil. tr. d. (*Koehler.*)

Exemplaire du prince d'Essling : les gravures sur bois sont la répétition de celles de l'édition de 1485.

2565. P. Cornelii Taciti libri quinque noviter inventi atque cum reliquiis ejus operibus editi. *Roma, impressum per magistrum Stephanum Guillereti de Lotharingia Tulleñ. dioc. anno M.D.XV;* in-fol. mar. v. dent. tr. d. (*Anc. rel.*)

Exemplaire réglé d'une édition que l'on met au rang des *princeps*, parce qu'elle donne pour la première fois les cinq premiers livres des *Annales*.

2566. Corn. Taciti Opera omnia, J. Lipsius denuo castigavit. *Lugduni, Gryphium*, 1584; in-16, mar. v. tr. d.

2567. P. Cornelii Taciti Opera quæ exstant (cum comment. J. Lipsii et Barclaii præmetiis). *Parisiis, apud Viduam G. Buon*, 1599; in-8, mar. r. dent. comp. tr. cis. dor. (*Aux armes des Médicis*.)

2568. Corn. Tacitus ex J. Lipsii editione cum not. et emend. H. Grotii. *Lugd. Batav., ex officina Elzeviriana*, 1640; 2 tom. en 1 vol. cart. mar. r. fil. coins ornés, tr. d. (*Trautz-Bauzonnet*.)

<small>Magnifique exemplaire d'une édition elzévirienne fort recherchée. (Hauteur : 4 p. 10 lignes.) Charmante reliure.</small>

2569. C. Cornelii Taciti Opera quæ exstant, cum comment. diversorum; ex recensione et cum notis Jacobi Gronovii. *Trajecti Batavorum*, 1721; 2 vol. in-4, vél. cordé.

2570. Justi Lipsii ad Annales Corn. Taciti liber commentarius. *Lugduni, ap. Gryphium*, 1585; in-16, mar. v. tr. d.

2571. Tibère, discours politiques sur Tacite du sieur de La Mothe-Josseval, d'Aronsel. *Amst., chez les héritiers de Daniel Elzevier*, 1683; in-4, mar. r. fil. tr. d. (*Boyet*.)

<small>Très-beau volume réglé, bien conservé, et sur la garde duquel Ch. Nodier a écrit la note suivante : « Le prétendu La Mote-Josseval d'Aronsel n'est « autre, comme on sait, qu'Amelot de La Houssaie d'Orléans, dont les com- « mentaires politiques sur Tacite n'ont rien perdu de leur réputation et de « leur valeur. Cette belle édition est fort rare, car elle a échappé aux elzévirio- « graphes, quoique essentiellement remarquable dans l'histoire de l'imprime- « rie elzévirienne, dont je la crois le dernier produit. Ch. Nodier. »</small>

2572. Suetonius. *Rome, Pannartz*, 1572; in-fol. demi-rel., quelques piqûres et raccommodages.

<small>Édition fort rare et précieuse.</small>

2573. C. Suetonii Tranquilli XII Cæsares, ex vetusto exemplari emendatiores multis locis. *Parisiis, ex offic. Rob. Stephani*, 1543; in-8, mar. bl. fil. tr. d. (*Padeloup*.)

<small>Aux armes du comte d'Hoym.</small>

2574. Suetone Tranquile des Faicts et Gestes des douze Cesars, nouuellement translate de latin en françois (par Michel de Tours). *Paris, Galliot du Pré*, 1520; in-fol. goth. mar. v. fil. tr. d. (*Koehler.*)

<small>Figures sur bois. Le dernier feuillet est remonté.</small>

2575. Dionis Nicæi rerum romanarum a Pompeio Magno ad Alexandrum Mamææ Epitome authore Joanne Xiphilino. *Lutetiæ, typis regiis*, 1551; in-4, mar. f. fleurd. tr. d. (*Aux armes de Louis XIV.*)

2576. Herodiani Historiæ de imperio post Marcum, Angelo Politiano interprete. *Lugduni, Seb. Gryphius*, 1551. — Dictys Cretensis et Daretis Phrygii de bello Troiano historia, 1552; 2 part. en 1 vol. in-16, v. f. comp, tr. d. cis. (*Anc. rel.*)

2577. Ammiani Marcellini Rerum gestarum libri XVIII. *Apud Seb. Gryphium, Lugduni*, 1552; in-16, mar. r. comp. tr. cis. et dor. (*Anc. rel. lyonnaise.*)

<small>Dans le même volume : Herodiani Historiæ. *Lugd., apud hæred. S. Gryphii*, 1559. — Exemplaire de Fleurieu.</small>

2578. Romanæ historiæ Scriptores græci minores, qui partim ab vrbe condita, partim ab Augusto imperio, res romanas memoriæ prodiderunt, opera et studio Frid. Sylburgii Veterensis. *Francofurti, aº* 1590; in-fol. v. porphyre, f. tr. d. (*Aux armes de Longepierre.*)

2579. Sommaire de chroniques, contenans les vies, gestes et cas fortuitz de tous les empereurs d'Europe, depuis Jules César jusques à Maximilien, dernier décédé; faict premièrement en langue latine et translaté en langaige françois, par maistre Geofroy Tory de Bourges. *On les vend à Paris, à l'enseigne du Pot cassé*, 1529; in-8, lettres rondes, mar. r. fil, tr. dor. (*Trautz-Bauzonnet.*)

<small>Exemplaire d'une remarquable conservation et très-grand de marges. Volume très-rare, dont M. Auguste Bernard (dans ses intéressantes recherches sur Geofroy Tory) ne signale qu'un autre exemplaire dans la bibliothèque de M. Ambr. Firmin Didot.</small>

2580. Pero Mexia. Historia imperial y cesarea : en la qual en summa se contienen las vidas y hechos de todos los Cesares emperadores de Roma, etc. *Sevilla, en casa de Juan de Leon*, 1545; in-fol. de 429 ff. à 2 col. mar. br. f. tr. d. (*Belle reliure de Capé.*)

SUPERBE EXEMPLAIRE.

2581. Histoire romaine, contenant tout ce qui s'est passé de plus mémorable depuis Auguste jusques à Constantin, par R. P. en Dieu, F. N. Coeffeteau. *Paris, Courbé*, 1637; 2 tom. en 1 vol. in-fol. gr. pap. rég. mar. r. fil. tr. d. (*Rel. anc.*)

2582. Romanæ historiæ Compendium, ab interitu Gordiani Junioris usque ad Justinum III, per Pomponium Lætum. *Impr. Venetiis, per Bernardinum Venetum de Vitalibus, anno Dni M.CCCCC;* in-4, v. br. ant. fil. comp. tr. d. (*Rel. anc.*)

Signat. A.-P. IV. — Deuxième édition d'un livre rare : la première, de 1499, également imprimée en caractères romains, est moins complète. (Panzer, t. III, 463-2529.)

2583. Histoire de Constantinople, depuis le règne de l'Ancien Justin jusqu'à la fin de l'empire, traduite sur les originaux grecs, par M. Cousin, président en la cour des monnoyes. *Paris, Damien Foucault*, 1672-74; 8 vol. in-4, mar. r. comp. tr. d. (*Anc. rel.*)

Bel exemplaire en GRAND PAPIER, avec la signature du GRAND ARNAUD en tête de chaque volume.

2584. Histoire de Constantinople, par le président Cousin. *Suiv. la copie imprimée à Paris*, 1685; 10 vol. pet. in-8, fig. v. f. (*Ouvrage estimé.*)

HISTOIRE MODERNE.

I. EUROPE.

A. Histoire générale.

2585. LA TOTALLE et Vraie Description de to' les passaiges | lieux | ҩ destroictz: par lesquelz on peut passer ϱ̄ ētrer des Gaules en Ytalies (attribué par la Croix du Maine à J. Signot). — *Finiunt... impressum est hoc opus Parisius anno Dni* 1515, *sumptibus Toussani Denys*; in-4, goth. mar. v. f. tr. d. (*Bauzonnet.*)

2586. Les Fleurs des hystoires de la terre d'Orient, cōpillées par frere Hayton, seigneur du cort et cousin germain du roy Darmenie par le cōmandement du pape et sont diuisées en cinq parties. La premiere partie contient la situation des royaulmes Dorient. La seconde parle des seigneurs q. en Orient ont regne depuis lincarnation de nostre Seignr. La tierce partie parle des Tartarins. La quarte parle des Sarrazins et des Turcs depuis le pmier iusqs aux presens q. ont conqueste Rhodes, Hongrie et dernierement assailly Austriche. La V. parle de Sophy, roi de Perse et du prince Tamburlan. *On les vend à Paris, en la rue neufue Nostre-Dame, à l'enseigne de l'escu de France. S. d.;* in-4, goth. à deux colonnes, titre rouge et noir, fig. sur bois intercalées dans le texte, v. m.

<small>Exemplaire très-bien conservé d'un volume curieux devenu fort rare.</small>

2587. La Vie du venerable Pierre l'Hermite, aucteur de la premiere croisade et conqueste de Jerusalem, père et fondateur de l'abbaye de Neuf-Moustier et de la maison des l'Hermites, avec vn brief recueil des croisades suiuantes, qui contient vn abbrégé de l'histoire de Ierusalem iusques à la perte finale de ce royaume, par le P. Pierre d'Oultreman, de la compagnie de Jésus. *A Valenciennes*, 1633; in-8, veau fauve.

<small>Petit volume intéressant et peu commun. Cet exemplaire est relié aux armes de J.-Aug. de Thou, accolées de celles de Gasparde de La Chastre, sa femme.</small>

2588. PAULI JOVII NOVOCOMENSIS, episcopi Nucerini, historiarum sui temporis tomus primus (et secundus). XXIIII libros complectens. (le second renferme XXI livres). *Lutetiæ Parisorium, ex offic. M. Vascosani,* 1553; in-fol. grand pap. lavé, réglé, v. f. tr. d. comp. d'or et couleurs.

<small>Exemplaire de Henri II, avec son médaillon gravé en relief, répété cinq fois sur chaque plat. C'est le plus splendide spécimen de reliure à l'effigie du monarque que nous connaissions.</small>

2589. PAULI JOVII Novocomensis episcopi Nucerini Elogia virorum bellica virtute illustrium septem libris jam olim ab authore comprehensa, et nunc ex ejusd. musæo ad vivum expressis imaginibus exornata. *Basileæ,* 1575; in-fol. (portraits), mar. r. f. tr. dor. (*Aux armes du prince Eugène de Savoie.*)

2590. Francisci Petrarchæ V. C. rerum memorandarum lib. IV. *S. l.* (*Parisiis*), 1610; in-12, vél.

<small>Exemplaire provenant d'Achille Dévéria, qui en a enrichi la reliure de charmants portraits à la plume.</small>

2591. HISTOIRE UNIVERSELLE DE J.-A. DE THOU, depuis 1543 jusqu'en 1607, traduite de l'édit. lat. de Londres (par le Mascrier, Ch. Lebeau, etc.). *Londres* (*Paris*), 1734; 16 vol. in-4, gr. pap. mar. cit. f. tr. d. (*Padeloup.*)

<small>Aux armes de Mesdames.</small>

2592. Relation de ce qui s'est passé devant et dans la négotiation de la paix à Ryswic, avec quelques pièces authentiques. *La Haye,* 1697; in-12, mar. vert, fil. tr. dor. (*Aux armes de la princesse Victoire de France.*)

<small>« Où il est inséré un exact recueil de noms et qualités de tous les plénipotentiaires, avec une représentation et description des armes de leurs carrosses, de leurs domestiques, et une notice des hôtels. »</small>

2593. MEMORABILIA a° M.DCCI, 24 planches finement gravées sur métal, représentant les principaux événements de l'Europe, de 1701 à 1722; in-4, mar. r. fil. tr. d. (*Derome.*)

<small>Ce recueil, fort rare, est imprimé sans indication de lieu, de nom ni d'année, mais certainement gravé et imprimé en Hollande, vers 1725.</small>

B. Histoire de France.

1. Géographie. — Histoire gauloise. — Usages.

2594. Les Antiques Erections des Gaules. *Se vendent à Paris..., en la bouticque de Gilles Corrozet*, 1535; in-16, lett. rondes, m. bleu, tr. dor. jans. (*Capé.*)

Joli volume imprimé par Denis Janot, et dans lequel on trouve la description des villes de « Sens, Authun, Auxerre, Rouen, Lion, Romans et Valence en Dauphiné, Paris, Nanthes, Diion, Grenoble, Metz, Reims, Treues, Toul, Cambrai, Valenciennes, Amiens, Graue, Tours, Lusigneu, Cornoaille en Bretagne, » etc.

2595. Le Catalogue des villes ᶐ citez assises es troys Gaulles, cest assauoir Celtique Belgique, et Acquitaine (par Gilles Corrozet et C. Chāpier). — *Cy fine le Catalogue..., illustre de nouvelles figures et nouuellement imprime en l'an M. D. XL;* pet. in-8, goth. mar. r. comp. tr. d.

Titre réparé.

2596. La Guide des chemins de France, reueue et augmentée pour la troisiesme fois. *A Paris, chez Ch. Estienne*, 1553; pet. in-8, mar bl. fil. tr. dor. (*Bauzonnet.*)

Lettres rondes.

2597. Cartes et tables de geographie des provinces eschuës à la reine tres chrestiene par le decez de la reine Elisabeth, sa mere, du prince dom Balthasar son frere, et du Roy Catholique Philippe IV, son pere, par P. du Val, geographe du Roy. *Paris, chez l'autheur*, 1667; in-12, v. f. fil. tr. d.

Petit livre rare, entièrement gravé.

2598. Les Arceueschez, Eueschez; Duchez: et Contez du royaume de France.—*Cy finent les Arceueschez... Imprime a Paris par Jehan Trepperel, demourant en la rue Neufue Nostre Dame. S. d.*, in-8, goth. mar. bl. f. tr. d. (*Bauzonnet.*)

4 ff. — *Exemplaire Audenet.* — LIVRE FORT RARE.

2599. Recueil historique des Archeveschez, Eveschez, Abbayes et Prieurez de France, par D. Beaunier. *Paris*, 1726; 2 vol. in-4, v. éc. fil.

2600. Les Illustrations de Gaule et Singularitez de Troye (par Jean le Maire de Belges). *Paris, Enguilbert et Jehan de Marnef*, 1515; in-4, goth. v. f. fil. tr. d.

<small>Suivent les pièces ordinaires : *Le Traictie de la difference des scismes et des concilles. — L'Histoire moderne du prince Syach Ysmail surnomé le Pphete Sophy roy de Perse. — Le Sauf-Conduit donné par le souldan aux Françoys. — Epistre du Roy a Hector de Troye*, etc. *Id., ibid.*, 1521. Quelques feuillets sont raccommodés dans la marge du bas.</small>

2601. Illustrations de Gaule et Singularitez de Troye, nouuellemēt reueues et corrigées oultre les précédentes impressions (par J. le Maire de Belges). *On les vēd à Paris, par Galliot du Pré*. M.D. XXXI; in-8, fig. mar. r. fil. tr. d. (*Duru.*)

<small>Lettres rondes. ÉDITION RARE ET TRÈS-RECHERCHÉE.</small>

2602. L'Histoire mémorable des expéditions depuys le déluge faictes par les Gauloys ou Françoys, depuis la France jusques en Asie, ou en Thrace et en l'orientale partie de l'Europe; par Guillaume Postel. *Paris*, 1552; in-16, lett. rondes, m. rouge, fil. tr. d. (*Duru.*)

<small>Petit volume rare; joli exemplaire.</small>

2603. Traicte des Façons et Coustumes des anciens Gaulloys, trad. du latin de Pierre de la Ramée, par Michel de Castelnau. *Paris, Wechel*, 1559; in-8, v. f. comp. tr. d.

<small>Volume rare, ainsi que tous les ouvrages français du célèbre P. Ramus.</small>

2604. Le Moyen Age et la Renaissance, publié sous la direction de MM. Paul Lacroix et Ferdinand Séré. Dessins, fac-simile par M. Rivaud. *Paris*, 1848-52, 5 vol. gr. in-4, mar. r. tr. sup. d.

<small>Bel exemplaire de choix, bien complet, avec la table des souscripteurs imprimée en or.</small>

2605. Costumes historiques de la France, d'après les monuments les plus authentiques, avec un texte explicatif, par le biblioph. Jacob. *Paris*, 10 vol. gr. in-8, demi-rel. fig. coloriées.

2606. Les Carrosses à cinq sols ou les Omnibus du xviie siècle (publié par M. de Monmerqué). *Paris*, 1828; in-12, veau ant. fil.

2. Histoire générale de France.

2607. LE PREMIER (SECOND ET TIERS) VOLUME DES CRONIQUES DE FRANCE, nouuellement imprimez a Paris. — *Cy finist le pmier volume des croniques de France imprime a Paris le dixiesme iour de septembre l'an mil jjjj cens quatre vingts & treze par Anthoine Verard, libraire, demourant a Paris sur le pont Nostre-Dame*..... (Le dernier volume porte : *le dernier iour daoust* au lieu du dix septembre); 3 vol. in-fol. goth. à 2 col. de 46 à 47 lignes, fig. s. bois, mar. r. fil. tr. d. (*Duru.*)

TRÈS-BEL EXEMPLAIRE d'une édition FORT PRÉCIEUSE, provenant de la vente du prince de Talleyrand, en 1816.
Le feuillet 9, et son correspondant, le 16, du troisième volume, paraissent manquer, mais c'est une faute de pagination : le texte est complet.

2608. LE PREMIER (SECOND, TIERS ET QUATRIESME) VOLUME DE LA MER DES HYSTOIRES ET CHRONIQUES DE FRANCE. — *Cy finist le quatriesme liure de la Mer des hystoires et cronicques de France. Nouuellement imprime a Paris le mercredy dixiesme iour de mars l'an mil cinq cens et x.viii*; 4 vol. pet. in-fol. goth. mar bl. f. tr. d. (*Duru.*)

Cette édition des *Croniques de Saint-Denys* a été donnée par les libraires Galliot du Pré, Michel le Noir et J. Petit, dont les marques se voient en différents endroits; elle est beaucoup plus complète que les précédentes. (Voyez Brunet, t. I, p. 660.)

2609. Les Grandes Chroniques de S. Denys, publiées avec notes et commentaires par Paulin Paris, membre de l'Institut. *Paris*, 1836-38; 6 vol. in-8, mar. v. tr. d. (*Trautz-Bauzonnet.*)

Cette édition, publiée sur plus de vingt manuscrits lus, comparés entre eux, donne le texte définitif, le plus exact et le plus complet, de ce récit original des faits de nos premiers rois. Elle contient aussi, de plus que les éditions anciennes, des notes nombreuses et des éclaircissements historiques.

2610. CRONIQUES ABREGEES DES ROYS DE FRANCE.

Imprimees a Paris le penultieme iour du mois de mars l'an mil quatre cens quatre vingt et onze (1491); in-4, goth. à longues lignes, 30 à la page, sign. A. L, mar. r. fil. tr. d. (*Bauzonnet.*)

Première édition. Il y en a une seconde, imprimée au mois de décembre de la même année : celle-ci a 32 lignes à la page. Elle commence à la signature *a* 1, et c'est au verso de cette page que se trouve le sommaire cité par M. Brunet (t. Ier, p. 658).

2611. Le Rozier historial de France, contenant deux Roziers. *Imprimé à Paris, lan mil cinq cens vingt et deux* (1522); in-fol. goth. mar. rouge, fil. tr. d.

Bel exemplaire.

2612. Les anciennes et modernes Généalogies des Roys de France et mesmement du Roy Pharamond avec leurs epitaphes et effigies (par Jehan Bouchet). — *Cy finissent les Epitaphes, Genealogies et Effigies des Roys françois... Impr. nouuellement à Poictiers pour Jacques Bouchet, l'an m.d.xxxi*; in-4, goth. mar. r. comp. tr. d. (*Capé.*)

Figures sur bois. Deuxième édition.

2613. LES ANCIENNES ET MODERNES GENEALOGIES DES ROYS DE FRANCE et mesmement du Roy Pharamond (par Jehan Bouchet), avec leurs épitaphes et effigies. *Imprimez nouuellement à Poictiers par Jacq. Bouchet, imprimeur, l'an mil cinq cens trente cinq* (1535); in-4, goth. m. bleu, fil. tr. dor. (*Duru.*)

Superbe exemplaire d'un très-joli livre, et vraiment digne d'être recherché; c'est aussi une des premières et des plus remarquables productions de l'imprimerie poitevine, ornée de 57 portraits gravés sur bois.

2614. LES GÉNÉALOGIES, effigies et epitaphes des roys de France, recentement reveues et corrigées par l'auteur mesmes : avecq plusieurs autres opuscules, le tout mis de nouveau en lumière par ledict autheur (Jehan Bouchet). *On les vend à Paris, en la boutique de Jacques Bouchet... Imprimées à Poictiers par Jacques Bouchet*, 1545; pet. in-fol. lett. rondes, m. rouge, fil. tr. d. (*Duru.*)

Magnifique exemplaire de l'édition la plus complète et la plus recherchée. Elle est ornée d'un grand nombre de portraits gravés sur bois; elle contient, outre les *Généalogies : Déploration de Françoys de Valoys, Daulphin de Viennoys.* — *Épitaphes de plusieurs personnes.* — *Déploration de feu*

M. de La Trémoille. — Le Chappelet des princes. — Rondeaux, — Ballades, —Déploration de l'Église.—Dixains sur les apophthegmes et subtiles responces des sept sages de Grèce, — des Angoysses d'amours, — des Remèdes d'amours. — Patron pour les filles qui veulent apprendre à escrire.

2615. La Biographie et Prosopographie des Roys de France, où leurs vies sont briefuement descrites et narrées en beaux, graves et élégans vers françoys. *Paris, de l'imprimerie de L. Cavellat,* 1583; in-8, mar. r. fleurdelisé, f. tr. d.

Portraits gravés sur cuivre. Une partie du texte est imprimée en caractères de *Civilité.*

2616. Cronica breve de i fatti illustri de' Re di Francia con le loro effigie dal naturale. *Venetia, app. Bernardo Giunti,* 1588; pet. in-fol. vélin, portraits gravés sur cuivre, mouillure.

2617. Cronique abregée par petits vers huytains des empereurs, roys et ducz d'Austrasie : avecques le Quinternier et singularitez du parc d'honneur, par Nicole Vollzyr de Seronnilles (pour Volcyre). *Paris, Nic. Cousteau pour Didier Maheu* (1530); in-4, goth. mar. v. fil. tr. d. (*Duru.*)

Chronique rare, moitié vers, moitié prose; avec le privilége daté du 11 mars 1530.

2618. Omnium regum Francorum a Pharamundo usque ad Carolum nonum vitæ breviter complexæ, auct. Pantaleone poeta laureato. *Basileæ,* 1574; pet. in-fol. m. vert, fil. tr. dor. larges dentelles. (*Riche reliure de Duru.*)

Bel exemplaire d'un livre rare; il se compose de 84 feuillets. Toutes les pages sont ornées de très-curieux portraits gravés sur bois jusqu'à Charles IX inclusivement, au-dessous desquels se trouve une épigramme en latin.

2619. Les Vrais Portraits des Rois de France, tirez de ce qui nous reste de leurs monumens, sceaux, médailles ou autres effigies, conservées dans les plus rares et plus curieux cabinets du royaume, par Jacq. de Bie. *Paris, chez l'autheur,* 1634; in-f. m. rouge, fil. tr. dor. (*Duru.*)

Très-beau recueil dédié au roi Louis XIII. Ces portraits, dessinés et gravés avec une vérité remarquable par Jacq. de Bye, sont ici en premières épreuves.

On trouve sur cet artiste de curieux renseignements biographiques dans l'Avis au lecteur.

2620. L'Histoire de France, par Bernard de Girard, seigneur du Haillan, historiographe de France. *Paris, l'Huillier,* 1576; 4 vol. in-fol. grand papier réglé; mar. r. dent. doub. de mar. r. tr. d. (*Rel. ancienne.*)

Très-beau livre.

2621. Abrégé chronologique ou extraict de l'Histoire de France, par le sieur de Mézeray, historiographe de France. *Paris,* 1668; 3 vol. in-4, mar. r. fil. tr. d. (*Aux armes de Colbert.*)

Fig. et portrait ajoutés.

2622. Abrégé chronologique de l'Histoire de France, par le sieur de Mézeray, historiographe de France. *Amsterdam,* 1696. — Histoire de France avant Clovis, par le même. *Id., ibid.,* 7 vol. in-12, avec portraits, mar. r. dent. tr. d.

Belle reliure, aux armes de la Vieuville.

2623. Nouvelle Histoire de France, depuis l'origine jusqu'à la majorité de Louis XIV, avec les mœurs et coutumes des différents temps, par l'abbé Le Gendre. *Paris,* 1719; 8 vol. pet. in-8, m. vert, fil. tr. dor. (*Anc. rel.*)

Joli exemplaire classé et fait sur un plan tout à fait différent que l'*Histoire de France* de Mézeray. L'auteur s'est principalement occupé des mœurs, des usages, des institutions et des généalogies. Des tables spéciales, fort curieuses, facilitent toutes les recherches.

2624. Abrégé de l'Histoire de France, depuis l'establissement de la monarchie françoise dans les Gaules, par le P. Daniel. *Paris,* 1571; 12 vol. in-12, m. rouge, fil. tr. dor. (*Anc. rel.*)

Très-joli exemplaire, aux armes du duc d'Aumont. Cette édition, bien imprimée, peu commune, est la plus recherchée des amateurs ; elle est d'ailleurs augmentée de l'histoire de Louis XIII et de Louis XIV, par le P. Dorival.

2625. Nouvel Abrégé chronologique de l'Histoire de France, par le président Hénault. *Paris,* 1768; 2 vol. gr. in-4, réglé, fig. vign. mar. bleu (*Derome.*)

Très-bel exemplaire.

2626. Histoire de France avant Clovis (par Laureau). *Paris*, 1789; 1 vol. fig.—Histoire de France depuis l'établissement de la monarchie, par Velly, continuée par Villaret et Garnier. *Paris*, 1770; 15 vol. table, 1799 (ces 17 vol. en papier fin).—Continuation jusqu'à la mort de Louis XVI, par Fantin des Odoarts. *Paris*, 1816; 2 vol.—Recueil des portraits des hommes illustres dont il est fait mention. *Paris*, 1786; 8 vol. contenant 777 portr. par Fiquet, Schmidt, etc.—Recueil de cartes (96) pour servir à l'histoire de l'histoire de France. *Paris*, 1787; 1 vol.; ensemble 28 vol. in-4, mar. bleu, fil. tr. dor. (*Rel. de Bradel-Derome*.)

Exemplaire de M. de Labédoyère, parfaitement complet.

2627. Histoire des Français, de Sismonde de Sismondi. *Paris*, 1821; 31 vol. in-8, demi-rel.

3. Collections de chroniques et de dissertations sur l'histoire de France.

2628. Recueil des historiens des Gaules et de la France, contenant tout ce qui a été fait par les Gaulois et ce qui s'est passé dans les Gaules avant l'arrivée des François, etc., par dom Martin Bouquet. *Paris*, 1738-1855; 21 vol. in-fol., v. éc. (*Aux armes de France*.)

Très-bel exemplaire. Le treizième volume est du premier tirage.

2629. Esquisse des principaux faits de nos annales nationales du XIIIe au XVIIe siècle, avec notes, par Buchon. *Paris*, 1840; gr. in-8, demi-rel.

2630. Nouvelle Collection des Mémoires pour servir à l'histoire de France, depuis le XIIIe jusqu'à la fin du XVIIIe siècle, par Michaud et Poujoulat. *Paris*, 1836-38; 3 séries formant 32 vol. gr. in-8, demi-rel.

2631. Archives curieuses de l'histoire de France depuis Louis XI jusqu'à Louis XVIII, publiées par Cimber et Danjou. *Paris*, 1838; 27 vol. in-8, demi-rel. v. f.

2632. Le Thrésor des Histoires de France, reduict par tiltres, partie en formes d'annotations, partie par lieux communs, par Gilles Corrozet. *Paris, Jean Corrozet,* 1619; in-8, mar. vert, tr. d.

2633. Dissertation sur différens sujets de l'Histoire de France, par Bullet. *Besançon,* 1759; in-8, mar. cit. fil. non rogné.

<small>Bel exemplaire de Pixérécourt, d'un recueil, bien fait et estimé, de recherches sur *le bleu, couleur de nos rois,* sur *la main de justice,* sur *notre cri d'armes Montjoie Saint-Denis!* sur *le nom des François,* sur *le mortier des présidens,* sur *les fleurs de lys,* etc.</small>

2634. Collection des meilleures dissertations, notices et traités particuliers, relatifs à l'histoire de France, composées en grande partie de pièces rares ou qui n'ont jamais été publiées séparément, par MM. Leber, Salgues et Cohen. *Paris,* 1826-42; 20 vol. in-8, demi-rel.

2635. Recueil en 1 vol. in-8, mar. vert. (*Armes de De Thou.*)

<small>1. *Notitia Episcopatuum Galliæ quæ Francia est, Papirii Massoni opera.* Parisiis, 1606.
2. *Relatio Cæremoniarum sacri baptismatis Ludovici Delphini, primogeniti regis Francorum Henrici III, autore Papirio Massone.* Ibid., 1606.
3. *De Sanctis Ecclesiis et Monasteriis Claromonti, libellos nunc primum editos Jo. Savaro notis illustravit.* Ibid., 1608.
4. *Traitté des Confrairies,* par Jean Savaron. Ibid., 1604.
5. *Traitte contre les masques,* par Jean Savaron. Ibid., 1608.
Pièces fort rares et curieuses, réunies dans ce volume d'une parfaite conservation et provenant de la bibliothèque de Renouard.</small>

4. Histoire de France sous différents règnes.

a. *De Clotaire à François Ier.*

2636. L'HISTOIRE ET CHRONIQUE DE CLOTAIRE, roy des Françoys, et de sa très-illustre espouse, madame saincte Radegonde (par Jeh. Bouchet). (A la fin): *Ceste vie a este imprimee a Poictiers par sire Enguilbert de Marnef demourant à lenseigne du Pellican devant le palais du dict Poictiers.... lan mil cinq cens.... Paris,* pet. in-4, goth. fig.

sur b. m. rouge, fil. comp. tr. dor. doublé de m. bleu, dentelles. (*Charmante rel. de Trautz-Bauzonnet.*)

SUPERBE EXEMPLAIRE de ce livre *très-rare*. (Voy. Brunet, *Manuel*, t. I, p. 341.) Il manquait à la collection du prince d'Essling, et on n'en connaît qu'un autre exemplaire dans les bibliothèques particulières de France. Il provient de la bibliothèque de M. Armand Bertin.

2637. La Vie du Roy et Empereur Charle-Maigne, composée iadis en langage latin par Eginhart son chancelier, et maintenant trāslatée en françoys par Helie Vinet. *On les vend à Poictiers, à l'enseigne du Pélican (chez les Marnef)*, 1546; in-4, mar. r. fil. tr. d. (*Duru.*)

Première et curieuse édition. Lettres italiques.

2638. L'Histoire et Chronique du tres chrestien Roy St. Loys, IX. du nom et XLIIII. roy de France, escripte par feu messire Jehan sire de Joinville et seneschal de Champaigne, familier et contemporain dudict Roy St. Loys, et maintenant mise en lumière par Anthoine Pierre de Rieux. *On les vend à Poictiers (chez Jehan et Enguilbert de Marnef)*, M.D.XLVII; in-4, mar. br. comp. fleurdelysé, tr. d. (*Duru.*)

Première édition.

2639. Mémoires de Jean sire de Joinville, sous le règne de saint Louys roy de France, avec la généalogie de la maison de Bourbon. *Paris*, 1666; in-12, mar. rouge, fil. larges dent. tr. dor. (*Anc. rel.*)

Joli exemplaire relié par Derome.

2640. Histoire de Charles cinquiesme, roi de France, par l'abbé de Choisy. *Paris*, 1689; in-4, mar. r. fil. tr. d. (*Rel. anc.*)

Grand papier; jolies vignettes.

2641. FROISSART. LE PREMIER (SECOND, TIERS ET QUART) VOLUME DE FROISSART, DES CRONIQUES DE FRANCE | dAngleterre | dEscoce | dEspaigne | de Bretaigne | de Flandres et lieux circonuoisins.

Cy finist.... *imprime à Paris, pour Anthoine Vérard* (1518); 4 parties en 3 vol. in-fol. goth. à 2 col. mar. r. fil. tr. d. (*Capé.*)

<small>C'est la troisième édition donnée par Vérard. La date est à la fin du quatrième volume.</small>

2642. HISTOIRE ET CHRONIQUE mémorable de messire Jehan Froissart. *Paris*, 1574; 4 tom. en un vol. in-fol. mar. v. fil. tr. d. (*Anc. rel. molle, dos fleurdelisé.*)

2643. Les Chroniques de Froissart, publiées par Buchon. *Paris*, 1838; 3 vol. gr. in-8 à 2 col. demi-rel. v. f.

2644. MONSTRELET. Le premier (second et tiers) volume de Enguerrand de Monstrelet : ensuyuāt Froissart.... auecq̄s les Grandes Croniques des Roys de France Loys xi. de ce nom : et Charles viii, son filz... le tout faict et adiouste auecq̄s la Cronique dudit de Monstrelet. *l'an de grace mil. v. cens et xii. le iv. iour de decembre pour Jehan Petit et Michel le Noir*, 3 part. en 2 vol. in-fol. goth. mar. v. fil. tr. d. (*Duru.*)

<small>Bonne édition.</small>

2645. Chroniques d'Enguerrand de Monstrelet, gentilhomme, jadis demeurant à Cambray en Cambresis. *Paris, l'Huillier*, 1572; 3 tom. en 2 vol. in-fol. mar. br. fil. tr. d.

<small>Bel exemplaire du prince de Nassau, en grand papier.</small>

2646. LES CRONICQUES DU FEU ROY CHARLES SEPTIESME de ce nom que Dieu absoulle.... redigees par escript par feu maistre Alain Chartier, hōme bien estime en son temps, secretaire dudict feu Roy Charles vii. —*Cy finissent les Croniques du Roy Charles vii.. Impr. à Paris pour Jehan Longis... et furent acheuees le iiie iour de décembre mil cinq cens xxviii ;* in-fol. mar. cit. fil. tr. d.

<small>Bel exemplaire.</small>

2647. L'Histoire mémorable des grands troubles de

ce royaume sous le roy Charles VII... ensemble de la Pucelle Jeanne... par Alain Chartier, homme bien estimé et secrétaire du Roy. *Nevers, Pierre Roussin*, 1594; in-4, v. br. comp. tr. d. (*Derome.*)

Bel exemplaire réglé.

2648. Histoire de Charles VII, roy de France, par Jehan Chartier, Jacques le Bouvier, dit Berry, roy d'armes, Mathieu de Coucy, et autres, mise en lumière et enrichie de titres, mémoires, etc., par Denys Godefroy. *Paris, de l'Imprim. royale*, 1661; in-fol. mar. r. large dent. tr. d. (*Rel. anc. aux armes de France, portrait.*)

2649. LA VIE ET DÉPLORABLE MORT DE LA PUCELLE D'ORLÉANS, contenant au vray l'histoire de ladite ville assiégée par les Anglois le 12 octobre 1428, soubs Charles VII, tirée d'un vieil manuscrit françois (par Léon Trippault). *Lyon, Larjot*, 1619; petit in-12, mar. rouge, fil. tr. dor. fleurs de lis. (*Trautz-Bauzonnet.*)

JOLI EXEMPLAIRE d'un volume de la plus grande rareté et fort curieux. Sur le titre se trouve un portrait gravé sur bois de *Jeanne d'Arc, pucelle d'Orléans*.

2650. Valerandi Varanii de gestis Joanne Virginis france egregie bellatricis libri quattuor. *Venundatur Parisiis a Joanne de Porta in Clauso Brunelli*; in-4, mar. r. tr. d.

Bel exemplaire d'un poëme rare. Sign. : A.-L.

2651. LES CHRONIQUES DU TRES CHRESTIEN & TRES VICTORIEUX LOYS DE VALOYS feu Roy de Frāce q̄ Dieu absolue unziesme de ce nō auecq̄s plusieurs aultres aduētures aduenues | tāt en ce royaulme de France come es pays voisins depuis l'an mil quatre cens & v. iusques en l'an mil quatre cēs quatre vingtz et trois inclusiuemēt. S. l. n. d. (*imprimé à Lyon, par Michelet Topie de Pymont, vers 1488*); in-fol. goth. mar. br. f. tr. d. (*Bauzonnet.*)

Connu sous le nom de *Chronique scandaleuse*, ce livre est attribué à Jean de Troyes et à Denys Hesselin. Cette édition précieuse a été réimprimée dans la partie supplémentaire des *Chroniques de Saint-Denys*, édition de 1514. (Les éditions du XVe siècle ne la contiennent pas.)

2652. Le Cabinet du roi Louis XI, contenant plusieurs fragments, lettres missives, et secrètes intrigues du règne de ce monarque (par Tristan l'Hermite de Soliers). *Paris, G. Quinet,* 1661; pet. in-12, front. mar. bl. fil. tr. dor. (*Bauzonnet.*)

Joli exemplaire de la bibliothèque de M. Aimé Martin et de la vente A. C. (Alf. Chenest).

2653. LE ROSIER DES GUERRES, compilé par le feu roy Loys, unziesme de ce nom; *nouvellement imprimé à Paris par la veufve de feu Michel le Noir...* (1521); pet. in-4, goth. fig. en bois, mar. v. fil. tr. d.

Bel exemplaire d'une édition TRÈS-RARE et précieuse.

2654. LE LIURE DU IOUVENCEL, traictant de diuerses matieres bellicques et munitions, tant pour assieger forteresses que duire gens au faict de guerre (par Jean de Breuil). *On les vend à Paris en la grant rue Saint-Jacques, par Phelippe Le Noir,* 1529; in-4, goth. maroq. fil. tr. d. (*Bauzonnet.*)

Livre de toute rareté, et orné d'un grand nombre de très-curieuses figures gravées sur bois. Exemplaire d'une conservation *irréprochable*, provenant de la bibliothèque de M. Armand Bertin. — Cet ouvrage, d'une haute importance historique et littéraire, a été l'objet d'études intéressantes par la Curne de Sainte-Palaye (dans le t. XXVI des *Mémoires de l'Académie des Inscriptions*), par M. Van Praet (*Catalogue*, t. II), par M. de Barante (dans ses *Études historiques*) et par M. Paulin Paris (*Manuscrits françois*, t. II).

2655. TRAICTE DE PAIX ENTRE LE ROY LOUYS XIe ET LE DUC D'AUSTRICHE, faict le 24 decembre 1842; pet. in-4, goth. de 26 ff. sans chiffres, à longues lignes, au nombre de 27 sur la page entière, sign. A-Diij, un f. blanc à la fin, v. éc.

Cette pièce, fort rare, est sans indication de lieu, de nom ni d'année; mais elle a été sans doute imprimée à Paris en 1483.

2656. COMINES. Cronicque et Hystoire faicte et cōposée par feu messire Philippe de Cōmines chevalier | contenant les choses aduenues durāt le regne du Roi Loys unziesme. *Lyon, Cl. Nourry dit le Prince,* 1526. — Croniques du Roy Charles huytiesme de ce nō que Dieu absoille. *S. l. (Paris),*

Enguillebert de Marnef, 1528; 2 part. en 1 vol. in-fol. goth. mar. r. fil. tr. d. (*Derome.*)

La *Chronique de Charles VIII* est imprimée là pour la première fois.

2657. La même Chronique de Charles viiie. *Paris, Marnef,* 1528; in-fol. goth. mar. v. fleurdel. tr. d. (*Capé.*)

Très-belle reliure.

2658. CRONICQUE ET HISTOIRE FAICTE ET COMPOSÉE PAR FEU MESSIRE PHILIPPE DE COMINES | chevalier seigneur d'Argenton | contenāt les choses advenues durant le regne du Roy Loys xi. *Imprimée nouvellement à Paris,* xxix (1529) (*chez Nic. Cousteau*); in-4, goth. mar. br. tr. d.

Cette édition ne contient que les six premiers livres.

2659. LES MÉMOIRES DE PHILIPPE DE COMINES. *Leide, chez les Elzéviers,* 1648; un tome divisé en deux volumes, mar. vert. fil. tr. d. (*Derome.*)

TRÈS-BEL EXEMPLAIRE en reliure ancienne. Hauteur : 4 p. 11 lignes.

2660. Commines. *Les mêmes*; in-12, cuir de Russie, tr. d.

2661. Chroniques de Jean d'Auton, publiées pour la première fois en entier, d'après les manuscrits de la Bibliothèque du Roi, avec une notice et des notes par Paul Lacroix. *Paris,* 1834; 4 vol. in-8. demi-rel. pap. vergé.

2662. Histoire singuliere du roy Loys XIIe de ce nom, pere du peuple, composée par messire Claude de Seissel. *Paris, G. Corrozet,* 1558; in-8, mar. v. fil. tr. d.

Lettres rondes. Exemplaire réglé.

2663. LA LEGENDE DES VENETIENS, ou aultrement leur Cronicque abregée par laquelle est demōstre : le tres iuste fundement de la guerre contre eulx. — La Plainte du desire, cest a dire la déploration du trespas de feu Monseigneur le comte de Ligny (en vers). — Les Regretz de la dame infortunee (en

HISTOIRE. 439

vers), par Jehan le Maire de Belges, lequel a faict imprimer ceste sienne œuure par maistre Jehan de Vingle, imprimeur de Lyon (1509); in-8, goth. mar. r. f. tr. d. (*Bauzonnet.*)

b. *De François Ier à Henri IV.*

2664. Le Couronnement du roy François premier de ce nom. Voyage et Conqueste de la duche de Millan | victoire et repulsion des exurpateurs d'icelle auec plusieurs singularitez des eglises | couvens | villes | chasteaulx et forteresses d'icelle duche fais lan mil cinq cēs et quinze | cueillies ҃ redigees p le Moyne sās fi oc (Pasquier le Moyne). *Paris, Gilles Couteau,* 1520; in-4, goth. mar. r. comp. tr. d. (*Kœhler.*)

Bel exemplaire d'un livre fort rare.

2665. Cronicques abregées, depuis lan tresze iusques a lan vingt sept (1513-27), parlant des guerres faictes entre plusieurs prinches crestiens. *S. l. n. d.* (*Anvers, Vorsterman, v.* 1527); in-4, goth. à 2 col. (en vers), mar. br. comp. tr. d.

Chronique fort rare. Exemplaire Audenet.

2666. Les Gestes de François de Valois, roy de France, dedans lequel œuvre on peult congnoistre tout ce qui a esté faict par les Françoys de l'an 1513 à 1539; par Est. Dolet. *Lyon, Dolet,* 1540; pet. in-4, mar. rouge, fil. tr. dor. (*Élég. plaquette de Trautz-Bauzonnet.*)

Superbe exemplaire de ce livre intéressant et rare.

2667. Les Gestes de Françoys de Valois, roy de France, compose en latin par Estienne Dolet; et par luy mesme translate en langue françoyse. *Lyon, chés Estienne Dolet,* 1543; in-8, cuir de Russie, f. tr. d.

Édition de 94 pages et en lettres rondes. Bel exemplaire d'Aimé-Martin, avec une très-longue note de sa main sur la garde du volume.

2668. LE TRIUMPHE DE LA PAIX CELEBREE EN CAMBRAY—auec la declaration des entrees et yssues des dames | rois | princes | ҇ prelatz : faicte par maistre Jehan Thibault, astrologue de l'Imperiale Maieste | ҇ de Madame. *En Anuers, par Guil. Vorsterman, s. d.;* in-4, goth. mar. r. fil. tr. d.

<small>Sur le titre les portraits de Madame Marguerite : la Régente : la Royne de Nauarre. Pièce très-rare, sign. A. c iiii.</small>

2669. L'HISTOIRE ҇ RECUEIL DE LA TRIUMPHANTE ET GLORIEUSE VICTOIRE obtenue contre les seduycts et abusez Lutheriens mescreans du pays d'Aulsays et autres, par tres haut et tres puissant prince Anthoine, duc de Calabre, de Lorraine et de Bar (par Nicol Volkyr de Serouville, Nicolaus Volcyrus Cereris Vicinus). *(Paris, Galliot du Pré,* 1526); in-fol. goth. mar. v. comp. tr. d. *(Rel. angl. de Smith.)*

<small>Les figures sur bois sont signées du monogramme S. G. (Sigismond Gelenius).</small>

2670. LA DEFFENSE DU ROY tres chrestien contre lesleu en empereur deslayant le combat detre eulx. *Imprime a Paris pour Galliot du Pre. S. d.;* in-4, goth. à longues lignes, sign. A-Bii, titre gravé, mar. r. f. tr. d.

<small>PIÈCE RARE, et offrant un grand intérêt historique.</small>

2671. Translation de latin en françois des lettres escriptes par le tres chrestiē roy de France, François premier de ce nom : aux princes, villes et aultres Estatz d'Allemaigne, responsiues aux calumnies semees par les malueillans contre lhonneur de Sa Maiesté. *S. l. n. d. (Paris), Vve Roffet,* 1534; in-8, mar. r. fil. tr. d. *(Duru.)*

<small>Lettres rondes.</small>

2672. RECUEIL D'AUCUNES LECTRES ET ESCRITURES, par lesquelles se comprend la vérité des choses passées, entre la Majesté de l'Empereur Charles cinquième, et Françoys Roy de France, premier de ce nom ; et dont par icelles se peult tesmoigner, iustifier et clerement cognoistre que ledict Roy de France est seul occasion de la guerre présentement meue, au grand regret et desplaisir de sadicte Majesté, non tant seulement pour le faict particulier d'icelle, mais encoires plus, pour les grands maulx et inconveniens apparans à ceste cause à la républicque chrestienne. *Imprimé en la ville Danvers l'an* 1536, *par la veufve de Martin Lempereur;* in-4, goth. mar. vert. doublé de maroq. citron, dent. tr. dor.

Ce manifeste de Charles-Quint est un document historique important et de toute rareté. SUPERBE EXEMPLAIRE.

2673. Translation de l'Epistre du Roy tres chrestien François premier de ce nom, a nostre sainct pere Paul troisiesme, par laquelle est respondu aux calomnies contenues en deux lettres envoyees audict sainct pere, par Charles cinquiesme empereur, l'une du xxv. iour daoust, l'aultre du xviii. octobre M.D.XLII. *Paris, de l'imprim. de Robert Estienne, imprimeur du Roy*, 1543; pet. in-8, mar. r. fil. tr. d. (*Capé.*)

Lettres italiques.

2674. LA PUBLICATION DU TRAICTÉ DE LA PAIX faicte et accordée entre Françoys, roy de France, et Henry, roy d'Angleterre, publié à Rouen, le dimanche treiziesme iour de iuing 1546, avec le chant de la paix de France, chanté par les troys Estatz. *Imprimé à Rouen par Nic. le Roux, pour Robert Dugort,* 1546; in-16 de goth. 4 ff. mar. v. f. tr. d. (*Trautz-Bauzonnet.*)

Pièce fort rare : par ce traité, le roi Henry VIII s'engageait à restituer la ville de Boulogne, moyennant 800,000 écus d'or ; elle ne fut rendue au roi Henri II qu'en 1550, mais pour 400,000 écus.

2675. LE TRESPAS, OBSÈQUES, ET ENTERREMENT de très-hault, très-puissant et très-magnanime François par la grâce de Dieu Roy de France, très-chrestien, premier de ce nom, prince clément, père des arts et sciences; les deux sermons funèbres prononcez esdictes obsèques, l'ung à Nostre-Dame de Paris, l'autre à Saint-Denys en France. *De l'imprimerie de Rob. Estienne par commandement et privilége dudict Seigneur;* gr. in-4, réglé, mar. bleu, tr. dor. (*Hardy.*)

Fort RARE. Très-bel exemplaire, si grand de marges qu'on le pourrait croire en grand papier.

2676. DÉPLORATION DE LA MORT de feu hault, puissant et noble roy François de Valois, premier de ce nom, auec plusieurs épitaphes à la louange dudict seigneur (en vers). *Paris, Nicolas Buffet,* 1547; pet. in-8, goth. de 8 feuillets, mar. r. fil. tr. d. (*Bauzonnet.*)

Bel exemplaire NON ROGNÉ d'un opuscule TRÈS-RARE, doublement précieux comme poésie et comme pièce historique.

2677. Les Memoires de messire Martin du Bellay, seigneur de Langey, nouvellement mis en lumiere par mess. René du Bellay. *Paris, P. l'Huillier,* 1569; in-fol. mar. r. f. comp. tr. d. (*Anc. rel.*)

Reliure italienne avec armoiries.

2678. LA MAGNIFICA ET TRIUMPHALE ENTRATA DEL CHRISTIANISS. RE DI FRANCIA HENRICO SECONDO di questo nome fatta nella nobile et antiqua città di Lyone à luy et à la sua serenissima consorte Chaterina alli 21 di septemb. 1548, colla particulare descritione della comedia che fece recitare la natione fiorentina à richiesta di Sua Maestà christianissima. *Lyone, appresso Gulielmo Rouillio,* 1549; in-4, mar. rouge, tr. dor. (*Trautz-Bauzonnet.*)

Superbe exemplaire d'un volume fort rare, en aussi belle conservation et avec témoins. Il est enrichi de belles figures sur bois qu'on attribue à Geoffroy Tory, à cause de l'élégance des dessins et de l'habileté de leur exécution.

2679. C'est l'ordre qui a esté tenu a la nouvelle et ioyeuse entree, que tres hault, tres excellent, et tres puissant prince, le Roy tres chrestien Henry deuzieme de ce nom, a faicte en sa bonne ville et cité de Paris, capitale de son royaulme, le sezieme iour de juin M.D.XLIX. *Paris, Jehan Dallier;* in-4, figures de Geoffroy Tory, mar. r. f. tr. d.

2680. Le Voyage du Roy (Henri II) au Pays-Bas de l'Empereur, en MDLIIII, brefvement récité par lettres missives que B. de Salignac, gentilhomme françois, escripvoit du camp du Roy à Mgr. le cardinal de Ferrare. *Paris, Charles Estienne,* 1554; in-4, m. bl. tr. dor. jans. (*Capé.*)

Fort bel exemplaire d'un livre très-rare.

2681. Histoire de l'exécution de Cabrières et de Mérindol, et d'autres lieux de Provence, particulièrement déduite dans le plaidoyé qu'en fit l'an 1551, par le commandement du Roy Henry II, et comme son advocat général en cette cause, Jacques Aubery, lieutenant civil au Chastelet de Paris, et depuis ambassadeur extraordinaire en Angleterre pour traitter de la paix, l'an 1555; ensemble une relation particulière de ce qui se passa aux cinquante audiences de la cause de Mérindol. *Paris, Cramoisy,* 1645; in-4, mar. bl. tr. dor. fleurdelisée. (*Trautz-Bauzonnet.*)

Magnifique exemplaire d'un très-rare et curieux volume.

2682. Lettre du Roy tres chrestien aux souuerains Estatz du S. Empire, trad. par Barth. Aneau. *Lyon, Rollet,* 1553; in-4, mar. r. f. tr. d. (*Bauzonnet.*)

Lettres rondes.

2683. Dicearchiæ Henrici (secundi) regis christianissimi progymnasmata. (C'est-à-dire Exercices sur la justice souveraine et le gouvernement de Henri II, par Raoul Spifame.) (*Paris,* 1556); in-8, mar. rouge, fil. à comp. doublé de mar. rouge, dent. tr. dor. belle reliure. (*Trautz-Bauzonnet.*)

Magnifique exemplaire d'une conservation parfaite et rempli de témoins. Livre des plus curieux et aussi *des plus rares*. Quoique le titre soit en latin, tout l'ouvrage est en français. Il se compose d'arrêts supposés souverains, imaginés par Spifame, pour donner au prince, sous cette forme singulière, des leçons d'économie, de justice et d'administration publique, qui pouvaient sembler alors d'étranges nouveautés. (Voy. M. Leber, *De la liberté de la presse depuis François I*er, page 54.) Spifame, dans ses arrêts *prophétiques*, s'est montré supérieur à son siècle, et il a rêvé en 1556 les établissements les plus utiles qui aient été réalisés depuis le commencement du siècle suivant jusqu'à nos jours.

2684. Histoire de nostre temps, par Mᵉ Guil. Paradin. *Paris, Fr. Regnault,* 1555; in-16, v. br. comp. tr. d. (*Riche rel. italienne, dos restauré.*)

2685. Les Mémoires de messire Michel de Castelnau..., illustrez et commentez de plusieurs commentaires, par J. le Laboureur. *Bruxelles, J. Leonard,* 1731; 3 vol. in-fol. mar. r. f. tr. d. (*Padeloup.*)

Exemplaire en grand papier, avec le portrait de M. de Castelnau en première épreuve.

2686. Du grand et loyal devoir, fidélité et obéissance de messieurs de Paris envers le Roy et la couronne de France. 1565; pet. in-8, mar. brun, fil à comp. tr. dor. (*Hardy.*)

Joli exemplaire d'un livre curieux pour l'histoire du temps, attribué à Régnier de La Planche, l'un des écrivains les plus remarquables du parti protestant. On y rapporte quelques anecdotes des règnes de François Iᵉʳ et de Henri II, quelques faits généalogiques des maisons de Montmorency et de Lorraine, et des détails historiques qu'on ne trouve pas ailleurs.

2687. Exhortation aux François pour vivre en concorde et jouir du bien de la paix, par Louys le Roy (Regius). *Paris, J. du Puis,* 1570; in-8, mar. v. f. tr. d.

Dans le même volume: *Les Monarchiques de Louys le Roy.* — *Des Troubles et Différens advenus entre les hommes par la diversité des religions.* Paris, Morel, 1573.

2688. Description des appareilz, arcz triumphaux, figures et portraits dressez en l'honneur du Roy, au jour de son entrée en la ville de Paris (par Jacq. Prevosteau, Chartrain). *Lyon, Benoist Rigaud,* 1571; in-8, mar. rouge, fil. tr. dor. (*Duru.*)

Charmante plaquette relative à l'entrée à Paris de Charles IX et d'Éléonore d'Autriche son épouse, le 6 mars 1571. Elle est ornée d'un portrait du Roi. Pièce de toute rareté.

2689. Bref et Souuerain Recueil de ce qui a esté faict, et de l'ordre tenu a la ioyeuse et triumphante entrée de tres puissant, tres magnanime et tres chrestien prince Charles IXᵉ de ce nom, Roy de France, en sa bonne ville et cité de Paris, avec le couronnement de madame Elizabet d'Austriche son espouse. *Paris, Denis du Pré, pour Olivier Codoré*, 1572; in-4, plans et fig. gravés, mar. r. fil. tr. d.

2690. Histoire contenant un abbregé de la vie, mœurs et vertus du Roy tres chrestien et debonnaire Charles IX, vrayement piteux, propugnateur de la foy catholique, et amateur des bons esprits, par A. Sorbin dit *de Saincte-Foy*, son predicateur. *Paris, G. Chaudière*, 1574; in-8, mar. bl. f. tr. d. (*Duru.*)

2691. Histoire de nostre temps, contenant un Recueil des choses mémorables passées et publiées pour le faict de la religion et Estat de la France, despuis l'édict de 1568, jusques au jour présent. *S. l., imprimé nouvellement*, 1570; in-8, mar. br. f. tr. d.

Fait suite aux *Petits Mémoires de Condé.*

2692. LETTRE DE PIERRE CHARPENTIER addressée à François Portes, Candiois, par laquelle il moustre que les persécutions des églises de France sont advenues, non par la faulte de ceux qui faisoient profession de la religion, mais de ceux qui nourrissoient les factions et conspirations qu'on appelle la cause. 1572; in-8, mar. vert, tr. dor. (*Capé.*)

Bel exemplaire de cette ÉDITION ORIGINALE TRÈS-RARE, en français. Voir le catalogue Leber sur l'importance historique de ce petit volume.

2693. LE MASLE. Brief Discours sur les troubles qui depuis douze ans ont continuellement agité et tourmenté le royaume de France, et la deffaicte d'aucuns chefs plus signalez des mutins et des séditieux, qui les esmouuoyent et mettoyent sus quand bon leur sembloit (en vers), par Jean Le Masle, Angeuin, enquesteur à Beaugé. *Lyon, B. Rigaud*, 1573; pet. in-8, m. r. fil. tr. dor. (*Niedrée.*)

Ce poëme sur la Saint-Barthélemy n'est pas seulement une justification du massacre qui venait d'avoir lieu, c'est encore un éloge complet de la conduite de la cour et du Roi. Le poète veut qu'on se réjouisse de ce qui est arrivé, il trouve qu'on n'en a pas fait assez. Opuscule original de toute rareté et d'une conservation parfaite.

2694. Tumbeaux des Brisecroix. Mesmes de Gaspard de Coligni iadis admiral de France. *Lyon, par Benoist Rigaud*, 1573; pet. in-8, m. bleu, fil. tr. d. fleurs de lys. (*Trautz-Bauzonnet.*)

Un des plus rares opuscules publiés sur la Saint-Barthélemy; c'est une apologie; charmante plaquette.

2695. La Singerie des Huguenots, marmots et guenons de la nouvelle derision theodobezienne : contenant leur arrest et sentence par iugement de raison naturelle, composée par Artus Désiré. *Paris, Guill. Jullien*, 1574; in-8, m. vert, tranche dorée, jans. (*Duru.*)

Curieux et rare volume, dont la plus grande partie est en vers françois. Cet exemplaire est très-grand de marges, mais le premier feuillet et le dernier ont été restaurés.

2696. La Vie de Gaspar de Colligny, seign. de Chastillon, à laquelle sont adioustés ses Mémoires sur ce qui se passa au siége de Saint-Quentin. *Leyde, Elzevier*, 1643; 2 part. en 1 vol. pet. in-12, m. bleu, fil. tr. dor.

Très-bel exemplaire. H. 5 pouces.

2697. La Vie de messire Gaspard de Colligny, seigneur de Chastillon, admiral de France. *Leyde, Bonav. et Abrah. Elzevier*, 1643; in-12, mar. r. f. tr. d. (*Bauzonnet.*)

2698. Journal de Henry III, roy de France et de Pologne, ou Mémoires pour servir à l'histoire de France, par M. Pierre de l'Estoile. *A la Haye, chez P. Gosse*, 1744; 5 vol. in-8. — Journal du regne de Henry IV, roy de France et de Navarre, par le même. *A la Haye, chez les frères Vaillant*, 1741; 4 vol. in-8; les 9 vol. reliés uniformément en veau éc. fil. tr. dor.

2699. Recueil de diverses pièces (dont Discours merveilleux de Catherine de Médicis, etc.) servant à l'histoire de Henry III, roy de France et de Pologne. *Cologne, P. Marteau*, 1666; in-12, mar. r. f. tr. d. (*Anc. rel.*)

Exemplaire bien complet.

HISTOIRE. 447

2700. De Profectione et adventu Henrici regis Polonorum augusti in regnum suum, Ode Joannis Aurati poetæ regii, ex gallico Joannis Antonii Baifii. Sur le voéiaje e l'arivée du roe de Poulone an son roeiame, Ode de Jan Antoene de Baïf sekreteré de la Çanbre du Roe. *Parisiis, apud Dion. Vallensem,* 1574; in-4, non relié.

<small>Pièce fort rare, dans laquelle Baïf fait pour la première fois l'essai de sa singulière orthographe.</small>

2701. La France-Turquie, c'est-à-dire Conseils et moyens tenus par les ennemis de la couronne de France pour réduire le royaume en tel estat que la tyrannie turquesque. *Orléans, Thibaut des Murs,* 1576; in-8, v. fauve, fil. t. d. (*Derome.*)

<small>Ce curieux volume contient : *l'Antipharmaque du chevalier Poncet.* — Lunettes de christal de roche, par lesquelles on vcoit clairement le chemin tenu pour subjuguer la France à mesme obéissance que la Turquie.
La *France-Turquie* est une satire en faveur des princes et des grands seigneurs mécontents contre Henri III, qu'on suppose vouloir s'affranchir de tout frein et de toutes remontrances dans le gouvernement de l'État. (Voy. le n° 4014 du *Catalogue Leber,* t. II.) Exemplaire de la bibliothèque de Renouard.</small>

2702. Discours merveilleux de la vie, actions et déportemens de Catherine de Médicis, royne mère. *S. l.,* 1575; pet. in-8, mar. bl. large dent. tr. d. (*Derome.*)

<small>Seconde édition d'un pamphlet célèbre, que l'on attribue à Henry Estienne. Exemplaire de M. Renouard.</small>

2703. Discours merveilleux de la vie, actions et déportemens de la reyne Catherine de Médicis (par H. Estienne). *Suivant la copie imprimée à la Haye,* 1663; pet. in-12, m. cit. fil. tr. dor. (*Trautz-Bauzonnet.*)

<small>Elzévir; joli exemplaire aux armes de M. le marquis de Coislin.</small>

2704. Le Cabinet du roy de France, dans lequel il y a trois perles précieuses d'inestimable valeur, par le moyen desquelles Sa Majesté s'en va le premier monarque du monde, et ses sujets du tout soulagez (par Nic. Barnaud du Crest). 1582; in-8, m. rouge, fil. tr. d. (*Derome.*)

<small>Très-bel exemplaire d'un livre curieux, et qu'il est rare de rencontrer en aussi bonne condition.</small>

2705. Légende de Domp Claude de Guyse, abbé de Cluny. *S. l.*, 1581; in-8, m. bleu, fil. tr. dor. (*Bauzonnet.*)

Bel exemplaire qui provient des bibliothèques Fossé-d'Arcosse, d'Arcosse, Audenet, Aimé-Martin et A. Chenest. L'auteur de cette curieuse satire contre les Guises est, dit-on, Regnault de Vaux, bailly de Cluny. « Contenant ses faits et gestes depuis sa nativité jusques à la mort du cardinal de Lorraine : et des moyens tenus pour faire mourir le roy Charles neufième, ensemble plusieurs princes, grands seigneurs et autres, durant ledit temps. »

On a ajouté à cet exemplaire un feuillet manuscrit contenant le catalogue des vieux mots dont s'est servi l'auteur de la Légende de D. Claude.

2706. Regrets, complaintes et confusion de Jean Vallette, dit Nogaret, et par la grâce d'Henry de Valois, duc d'Espernon, grand amiral de France, bourgeois d'Angolesme sur son despartement de la court, de nouveau mis en lumière, par un des valets du premier tournebroche de la cuisine du dit Espernon. *Angolesme, par l'aucteur*, 1589; p. in-8, m. rouge, fil. tr. dor. (*Trautz-Bauzonnet.*)

Très-jolie plaquette fort rare, en vers, et reliée sur brochure. Un curieux portrait gravé sur bois se trouve au verso du dernier feuillet, avec cette épigraphe :

    C'est ycy le pourtraict d'Espernon
    Qui jamais ne fut ny beau ny bon.

2707. Le Tombeau et éloge du très-illustre duc de Joyeuse, accompagné de plaintes et regrets de la France, dédié à très-vertueuse dame la duchesse de Joyeuse, par André Derossant, poëte lyonnois. *Paris*, 1588; pet. in-8, m. vert, fil. janséniste. (*Duru.*)

Exemplaire non rogné d'une pièce fort rare.

2708. Histoire au vray du meurtre et assassinat proditoirement commis au cabinet d'un roy perfide et barbare, en la personne de Mgr le duc de Guise, ensemble du massacre aussi perpétré en M. le cardinal son frère, sacré et dédié à Dieu. *Paris*, 1589; m. r. tr. dor. (*Duru.*)

Volume fort rare, qui contient deux figures et un portrait gravés sur bois, de la bibliothèque de M. Aimé Martin.

2709. Le Martyre des deux freres, contenant au vray toutes les particularitez des massacres comis

HISTOIRE. 449

ès personnes de Messeigneurs le cardinal de Guyse et le duc de Guyse, par Henry de Valois, à la face des estats dernierement tenus à Bloys. (*Paris*), 1589; in-8, mar. rouge, f. tr. d.

2710. La Vie et Faits notables de Henry de Valois, où sont contenues les trahisons, perfidies, sacriléges, exactions, cruautez et hontes de cest hypocrite et apostat, ennemy de la religion catholique (par Jehan Boucher). (*Paris, D. Millot*), 1589; curieuses gravures sur bois. — Les Sorcelleries de Henry de Valois et les oblations qu'il faisoit au Diable dans le bois de Vincennes. *Id., ibid.*, 1589; fig. s. bois. — Le Faux Visage descouuert du fin renard de la France. *Pour Jacques de Varangles*, 1589; ces trois pièces rares sont réunies en 1 vol. in-8, mar. r. f. tr. d. (*Duru.*)

2711. LA VIE ET FAICTS NOTABLES DE HENRY DE VALOIS, maintenant toute au long, sans rien requerir : où sont contenues les trahisons, perfidies, sacriléges, exactions, cruautez et honte de cet hypocrite, ennemi de la Religion catholique. (*Paris, chez Didier Millot*), 1589; pet. in-8, maroq. rouge, fil. tr. dor. (*Trautz-Bauzonnet.*)

« Edition seconde, reveue et augmentee de plusieurs autres deportemens, et apostasies de ce dernier des Valois, lequel neantmoins par ses abhominables faicts ne peut en rien obscurcir le lustre et splendeur de ses prédécesseurs très-chrestiens. » CURIEUSES FIGURES SUR BOIS.

2712. Traicté des causes et raisons de la prise des armes faicte en janvier 1589, et des moyens pour appaiser nos presentes afflictions (par Louis de Gonzague, duc de Nevers). *S. l.*, 1590; in-8, v. f. fil. tr. dor.

c. *Henri IV et Louis XIII.*

2713. Histoire du roy Henri-le-Grand, composée par Hardouin de Perefixe. *Amsterd., Michiels*, 1661; in-12, front. grav. mar. vert, fil. tr. dor. (*Derome.*)

Joli exemplaire d'une édition elzévirienne, rare.

2714. Correspondance inédite de Henri IV avec Maurice le Savant, accompagnée de notes par M. de Rommel. *Paris*, 1840; in-8, demi-rel.

2715. Exegesis genealogica sive explanatio arboris gentilitiæ Henrici regis, nominis IIII, Navarræ III, Jos. Tenera Portugale auctore. *Lugduni Batavorum, in offic. Plantiniana*, 1592; in-4 p. de tr. f. à fr. fermoirs.

<small>Avec les arbres généalogiques et le beau portrait d'Henri IV gravé dans le style de Thomas de Leu.</small>

2716. Histoire des singeries de la Ligue, contenant les folles propositions et frivoles actions usitées en faveur de l'autorité d'icelles, en la ville de Paris, depuis l'an 1590 jusqu'au 22 mars 1594... auec le pourtraict ou tableau de la tenue des Estats de la ligue au plus près de la vérité, par Jean de La Taille. 1596; pet. in-8, m. rouge, fil. dent. tr. d. (*Trautz-Bauzonnet.*)

<small>Pièce historique fort rare, figures sur bois et un tableau qui se déploie. Charmant exemplaire de la bibliothèque de M. Arm. Bertin.</small>

2717. Satyre Ménippée de la vertu du catholicon d'Espagne et de la tenue des estatz de Paris. *S. l. (Paris)*, 1593; in-8, mar. r. dent. tr. dor. (*Bradel-Derome.*)

<small>Édition de 255 pages. Le titre et l'avis de l'imprimeur sont compris dans la pagination. Exemplaire interfolié de papier blanc et couvert de notes autographes de Gillot, l'un des auteurs. Ces notes sont authentiques et d'un intérêt incontestable. Il y en a d'autres d'une écriture plus récente, qui sont faciles à reconnaître.
Ce précieux volume provient de M. Renouard.</small>

2718. La même. In-8, cuir de Russie, comp. tr. dor. (*Purgold.*)

<small>Exemplaire (de la bibliothèque Renouard) également interfolié de papier blanc, et couvert de notes à la main de J. Passerat, l'un des auteurs (les autres sont P. le Roy, Rapin, Gillot, P. Pithou et peut-être Florent Chrestien).</small>

2719. Satyre Ménippée de la vertu du catholicon d'Espagne et de la tenue des Estats de Paris (par le P. Le Roy, Gillot, Passerat, Rapin, Florent Chrestien et P. Pithou). *S. l.*, 1593; pet. in-12, v. fauve, fil. tr. dor. (*Bauzonnet-Trautz.*)

<small>Charmant exemplaire. La première, la plus jolie, la plus rare, la plus pré-</small>

cieuse de toutes les éditions de la *Satyre Ménippée*; elle se compose de 414 p., et a été vraisemblablement imprimée à Tours.

2720. Satyre Ménippée de la vertu du catholicon d'Espagne. *Ratisbonne, Math. Kerver*, 1664, in-12, fig. mar. br. f. tr. d.

2721. SATYRE MÉNIPPÉE de la vertu du catholicon d'Espagne et de la tenue des Estats de Paris..... édition enrichie de figures, augmentée de nouvelles (par le Duchat). *Ratisbonne (Bruxelles)*, 1726; 3 vol. petit in-8, mar. rouge, fil. NON ROGNÉS. (*Duru.*)

TRÈS-BEL EXEMPLAIRE de l'édition la plus complète de la *Satyre Ménippée*, et avec les additions de Prosper Marchand. Elle est ornée de portraits et de figures curieuses.

2722. SATYRE MÉNIPPÉE de la vertu du catholicon d'Espagne et de la tenue des Estats de Paris, augmentée de notes et d'un commentaire historique, littéraire et philosophique, par Ch. Nodier. *Paris*, 1824; 2 tom. en 1 vol. gr. in-8, mar. rouge, fil. tr. dor. (*Trautz-Bauzonnet.*)

Exemplaire SUR PAPIER DE CHINE, provenant de la bibliothèque de M. Armand Bertin.

2723. CINQ SERMONS DU R. P. PORTHAISE, esquels est traicté tant de la simulée conversion du Roy de Navarre, que du droit de l'absolution ecclésiastique. *Paris*, 1594; in-8, m. vert, fil. à comp. dent. tr. dor. (*Derome.*)

SUPERBE EXEMPLAIRE (de Renouard), grand de marges et bien complet, d'un volume aussi rare que recherché; il est en outre de la plus haute importance.

2724. SERMONS DE LA SIMULÉE CONVERSION, et nullité de la prétendue absolution de Henry de Bourbon, prince de Béarn, Saint-Denis, en France, le dimanche 25 juillet 1593, sur le sujet de l'Evangile du mesme iour; prononcez en l'église Saint-Merry à Paris, par Me Ieau Boucher, docteur en théologie. *A Paris*, 1594; in-8, mar. rouge, fil. tr. d. (*Padeloup.*)

TRÈS-BEL EXEMPLAIRE ayant fait partie des bibliothèques de Balesdens, de Gaignat, de Méon et de Renouard, parfaitement conservé. C'est l'édition originale, en gros caractères, fort rare et recherchée.

2725. Procédure faicte contre Jean Chastel, escholier au collége des Jésuites, pour le parricide par luy attenté sur la personne du roy très-chrestien Henry IV. *Paris*, 1595; in-8, mar. bleu, fil. tr. dor.

<small>Plaquette rare sur l'attentat de J. Chastel. Bel exemplaire relié par Padeloup et provenant de la bibliothèque de Gaignat.</small>

2726. Les Mémoires de la roine Marguerite. *Paris*, 1629; in-8, mar. r. tr. d.

<small>Deuxième édition.</small>

2727. Mémoires de Maguerite de Valois, reine de France et de Navarre, auxquels on a ajouté son Éloge, celui de M. de Bussy, et la Fortune de la cour, publié par J. Godefroy. *La Haye*, 1715; 2 part. en 1 vol. in-8, mar. rouge, fil. tr. dor. (*Capé.*)

<small>Joli exemplaire auquel on a ajouté un beau portrait de cette princesse.</small>

2728. Mémoires et lettres de Marguerite de Valois, publiés par Guessard. *Paris*, 1842; grand in-8, demi-rel.

2729. MÉMOIRES DE SULLY, mis en ordre avec des remarques (par l'abbé de l'Ecluse des Loges). *Londres (Paris)*, 1763; 8 vol. in-12, mar. rouge, fil. tr. dor. (*Élég. rel. angl.*)

<small>Très-bel exemplaire d'une bonne édition de ce livre; portraits.</small>

2730. Mémoires de la vie de Théodore Agrippa d'Aubigné, écrits par luy mesme, avec les Mémoires de Frédéric Maurice de la Tour, prince de Sédan. *Amsterdam, Bernard*, 1731; 2 tomes en 1 vol. in-8, mar. r. dent. tr. d. (*Bozérian.*)

2731. Les Avantures du baron de Fœneste, comprinses en quatre parties (par Th. Agrippa d'Aubigné). *Au Dezert, impr. aux despens de l'auteur*, 1630; in-8, mar. r. fil. tr. d. (*Duru.*)

<small>Édition originale des quatre parties. Imprimé à Maillé par l'imprimeur Jacques Moussat. TRÈS-JOLI EXEMPLAIRE.</small>

2732. La Gazette françoise, par Marcellin Allard,

Forésien. *Paris, P. Chevalier*, 1605; in-8, front. gravé, mar. v. f. tr. d.

Bel exemplaire d'un livre aussi rare que curieux.

2733. Le Mercure françois (de 1622 à 1627). *Paris*, 1611; 25 vol. in-8, fig. v. jaspé, planches et titres gravés.

2734. Histoire mémorable de ce qui s'est passé tant en France que aux païs estrangers, commençant en l'an 1610, et finissant en l'an 1620 (par P. Boitel, sieur de Gaubertin). *Rouen, Besongne*, 1620; in-8, demi-rel.

2735. Recueil de diverses poésies sur le trespas de Henry-le-Grand et sur le sacre et couronnement de Louys XIII, par G. du Peyrat. *Paris, Rob. Estienne*, 1611; in-4, veau fauve, fil. tr. d.

Volume rare et fort recherché pour la très-belle estampe de Léonard Gaultier, représentant la reine Marie de Médicis en pied, costume de deuil; portrait exécuté en 1610 et d'une authenticité historique importante.

2736. Procès de Ravaillac, d'après les manuscrits, publ. par M. Deschamps. *Paris, Aubry*, 1858, pet. in-8, mar. rouge. (*Thompson.*)

Exemplaire sur papier de Chine, auquel on a ajouté un ancien portrait de Ravaillac et une figure représentant le moment où le roi est assassiné.

2737. Mémoires du duc de Rohan, sur les choses advenues en France depuis la mort de Henry le Grand, jusques à la paix faite avec les réformez au mois de juin 1629. (*Elzévir, à la Sphère*), 1646; pet. in-12, mar. bl. fil. tr. dor. (*Muller.*)

Ce volume contient aussi: *Discours politiques du duc de Rohan.* — *Discours véritable de ce qui s'est passé en l'assemblée politique des églises réformées de France, tenue à Saumur* en 1611. Bel exemplaire. Hauteur: 4 pouces 8 lignes.

2738. Mémoires du duc de Rohan; 2ᵉ édition. *S. l.* (*Holl., Elsev.*), 1646. — Discours politiques du même. 2 part. en 1 vol. in-12, v. éc.

2739. Mémoires du maréchal de Bassompierre, contenant l'histoire de sa vie et de ce qui s'est fait de plus remarquable à la cour de France pendant quelques années. *Amsterd.*, 1723, 4 vol. pet. in-12, mar. bleu, fil. tr. dor. (*Hardy.*)

2740. Histoire recueillie de tout ce qui s'est passé, tant en la mort du marquis d'Ancre, que de Leonor Galligay sa femme. La Magicienne estrangère, tragédie par un bon François, nepveu de Rotomagus. *Moulins, prins sur la copie imprimée à Rouen*, 1618; in-8, mar. vert, fil. tr. dor. (*Bauzonnet.*)

Pièce originale de toute rareté.

2741. Le Miroir du temps passé à l'usage du présent, à tous bons Pères religieux et vrais catholiques non passionnez.

>La transmontaine faction,
>A fait par subtil monopole,
>Du manteau de la religion,
>Une roupille à l'espagnole.

S. l., 1625, in-8, mar. rouge, tr. dor. (*Duru.*)

Bel exemplaire d'un écrit fort remarquable contre les ultramontains, les jésuites et les faux dévots.

2742. Journal de M. le cardinal duc de Richelieu, 1630 et 1631. (*Holl.*), 1648; pet. in-12, vél.

2743. Mémoires pour l'histoire du cardinal duc de Richelieu, recueillis par le sieur Aubery. *Cologne, P. Marteau*, 1667; 5 vol. in-12, cuir de Russie, fil. tr. dor.

2744. Les Historiettes de Tallemant des Réaux, 3me édition revue par MM. de Monmerqué et Paulin Paris. *Paris, Techener*, 1854; 7 vol. gr. in-8, demi-rel. d. et c. mar. r. tr. sup. dor.

UN DES CINQUANTE EXEMPLAIRES EN GRAND PAPIER DE HOLLANDE; RARE.

d. *De Louis XIV jusqu'à nos jours.*

2745. MÉMOIRES POUR SERVIR A L'HISTOIRE DE LOUIS LE GRAND (par Donneau de Visé). *Paris*, 1697-1703; 10 vol. in-fol. mar. r. dent. tr. d. (*Rel. anc.*)

Bel exemplaire en GRAND PAPIER, AUX ARMES DE ROCHECHOUART.

2746. Codicilles de Louys XIII. *S. l.*, 1643; in-16, mar. r. dent. tr. dor. (*Anc. rel.*)

Très-joli exemplaire d'un livre rare et fort recherché. Charmante reliure, dos à petits fers.

2747. Relation des campagnes de Rocroi et de Fribourg en 1643 et 1644, dédiée à Son Altesse Monseigneur le duc d'Enguien (par Henri de Bessé, sieur de la Chapelle-Milon). *Paris*, 1673; pet. in-12, mar. r. tr. d. (*Trautz-Bauzonnet.*)

Édition originale rare d'une relation historique intéressante. Ch. Nodier, en choisissant ce petit ouvrage pour faire partie de la *Collection des petits classiques françois*, disait : « On sera surpris de la facilité de son style, du « nombre et de la clarté de ses périodes, de la simplicité élégante de sa nar- « ration. »

2748. Mémoires de M. de Montrésor. — Diverses Pièces durant le ministère du cardinal de Richelieu. — Relation de M. de Fontrailles, etc. *Cologne, Jean Sambix (Amsterdam, Elzevier)*, 1663; 2 vol. in-12, mar. v. fil. tr. dor. (*Koehler.*)

2749. Mémoires secrets de M. le comte de Bussy-Rabutin (par le Bret). *Amsterdam*, 1768; 2 vol. in-12, v. f. à fr. fil.

2750. Supplément aux Mémoires et Lettres de M. de Bussy-Rabutin, pour servir de suite à toutes les éditions de ses ouvrages. *Au Monde*, 7539417; 2 tom. in-12, v. m.

Volume rare, provenant de la vente Walckenaer où il a été acheté 51 fr.

2751. Mémoires du cardinal de Retz, contenant ce qui s'est passé de remarquable en France pendant les premières années du règne de Louis XIV. *Amsterdam, Fréd. Bernard*, 1731; 4 vol. in-12, mar. v. fil. tr. d. (*Derome.*)

Très-joli exemplaire de l'édition la plus recherchée des bibliophiles.

2752. Mémoires de M. le C. de R. (le comte de Rochefort), (attribués à Sandras des Courtilz). *Cologne, P. Marteau*, 1688; in-12, mar. v. f. tr. d. (*Anc. rel. aux armes de Machault d'Arnouville.*)

2753. Recueil des nouvelles ordinaires et extraordinaires, relations et récits des choses avenues tant en ce royaume qu'ailleurs pendant l'année 1688; id. années 1689-90-92-93. *Paris, du bureau d'adresse, aux galleries du Louvre,* 1689 *et années suivantes,* 5 vol. in-4. Les 3 premiers en v. éc. tr. d. doublés de mar. r. ; les deux autres en mar. r. fleurdel. tr. d.

Au chiffre et aux armes du comte de Toulouse.

2754. Les Souvenirs de Madame de Caylus, nouvelle édition, publiée et annotée par Charles Asselineau. *Paris,* 1860; in-12, mar. r. fil. comp. tr. dor. (*Hardy.*)

Exemplaire en PAPIER DE HOLLANDE, avec le portrait et les figures doubles.

2755. MÉMOIRES DE ST-SIMON, collationnés sur le MS. original par M. Chéruel, précédés d'une notice par Ste-Beuve. *Paris, Hachette,* 1856; 20 v. in-8, demi-rel. d. et c. mar. tr. sup. d.

Un des cent exemplaires tirés sur papier de Hollande, avec AUTOGRAPHES et portraits ajoutés.

2756. Testament politique du marquis de Louvois, premier ministre d'État de Louis XIV. *Cologne, chez le Politique,* 1706; in-12, mar. v. fil. tr. dor. (*Boyet.*)

Charmant exemplaire en reliure ancienne.

2757. L'Ombre de Charles V, duc de Lorraine, consultée sur l'état présent des affaires de l'Europe. *Cologne, P. Marteau,* 1693; in-12, mar. r. f. tr. d. (*Rel. anc.*)

2758. L'Alcoran de Louis XIV, ou le Testament politique du cardinal Jules Mazarin, trad. de l'italien. *Roma,* 1695; pet. in-12, mar. r. fil. tr. dor. (*Derome.*)

Exemplaire de la bibliothèque de Pixerécourt et de celle du marquis de Chateaugiron.

2759. L'Alcoran de Louis XIV ou le Testament politique du cardinal Mazarin. *Roma, in casa di Ant. Maurino,* 1695; in-12, cart.

Relié sur brochure.

2760. La Cour de France turbanisée et les trahisons démasquées. *Cologne, Pierre Marteau*, 1686; pet. in-12, v. jaspé, fil. (*Aux armes de madame de Pompadour.*)

2761. Prévarications du P. Lachaise, confesseur du Roi, au préjudice des droits et intérêts de Sa Majesté (par Chastain). *Cologne (Holl., à la Sphère)*, 1685; pet. in-12, mar. bl. (*Duru.*)

Exemplaire NON ROGNÉ d'un volume RARE, qui fait partie de la collection elzévirienne.

2762. Les Héros de la Ligue ou la Procession monacale conduite par Louis XIV pour la conversion des protestans de son royaume. *A Paris, chez le père Peters (Hollande), à l'enseigne de Louis le Grand*; pet. in-4, v. br. comp. tr. d. (*Rel. angl.*)

Recueil de caricatures, avec quatrains. Portraits de le Tellier, Bossuet, madame de Maintenon, tous les héros des persécutions.

2763. États des Troupes et des États-Majors des Places. *S. l. (Paris)*, 1762; in-8, mar. v. tr. d. (*Aux armes de madame de Pompadour.*)

Le titre gravé a été remplacé par un charmant et galant dessin lavé à l'aquarelle par Eisen, représentant l'écusson de la Marquise, soutenu par les Grâces et les Amours.

2764. Mémoires du duc de Lauzun. *Paris*, 1822; in-8, demi-rel. v. f.

2765. Mémoires historiques et politiques du règne de Louis XVI jusqu'à sa mort, par Soulavie. *Paris*, 1801; 6 vol. in-8, fig. demi-rel.

2766. Essais historiques sur la vie de Marie-Antoinette d'Autriche. *Londres*, 1789; in-8, mar. bl. fil. tr. d. portr.

Volume rare, à cause de la juste destruction dont il a été l'objet; il se divise en deux parties; la première finit à la page 91 et ne porte aucune indication qui puisse en faire supposer une deuxième qui est intitulée: *Essai historique sur la vie de Marie-Antoinette, reine de France et de Navarre, née archiduchesse d'Autriche, le 2 novembre 1755; orné de son portrait et rédigé sur plusieurs manuscrits de sa main, seconde partie de l'an de la liberté 1789.* — *A Versailles, chez la Montansier, hôtel des Courtisanes.*

2767. Collection des Mémoires relatifs à la révolution française, publiée par Barrière Berville. *Paris, Baudouin*, 1821 et suivantes; 60 vol. in-8, demi-rel. v. f.

2768. Tableaux historiques de la révolution française (par Fauchet, Chamfort et Ginguené). *Paris*, 1791; 1 vol. in-fol. fig. v. br.

<small>Exemplaire contenant seulement les 58 premiers tableaux (il en faut 144). C'est le premier texte, écrit dans le sens révolutionnaire, qui est rare. Le frontispice gravé manque.</small>

2769. Recueil factice de pièces sur la révolution de 1789; 3 vol. in-8, demi-rel.

<small>On remarque des brochures de Mirabeau; — de Sieyès. — Le Glaive vengeur. — L'Onguent pour la brûlure, etc. — Un portrait de Mirabeau, de Sieyès, etc.</small>

2770. Les Révolutions de Paris, de Prudhomme. *Paris*, 1790 et suivantes (224 numér. avec table); 17 vol. in-8, fig. demi-rel.

2771. Les Actes des Apôtres. *Paris, l'an de la liberté O*; 10 vol. in-8, v. jaspé (300 *num. plus les Épilogues.*)

<small>Collection fort rare.</small>

2772. Mémoires du duc de Montpensier (Antoine-Philippe d'Orléans), prince du sang. *Paris, Impr. royale*, 1837; in-4, mar. r. comp. tr. d.

<small>Exemplaire du roi Louis-Philippe, avec son chiffre.</small>

2773. Œuvres de Rabaut Saint-Étienne, avec une note par Collin de Plancy. *Paris*, 1826; 2 vol. in-8, demi-rel. v. f.

2774. Œuvres (Mémoires) de Barnave, publiés par Bérenger de la Drôme. *Paris*, 1843; 4 vol. in-8, demi-rel. v. f.

2775. Mémoires biographiques, littéraires et politiques de Mirabeau, écrits par lui-même (publiés par Lucas de Montigny). *Paris*, 1834; 5 vol. in-8, demi-rel.

2776. Biographie de Camille Desmoulins, par Ed. Fleury. *Laon*, gr. in-8, demi-rel. m.

2777. Mémoires de B. Barère, membre de la Constituante, publ. par H. Carnot et David d'Angers. *Paris*, 1842; 4 vol. in-8, demi-rel.

2778. Mémoires de Charlotte Robespierre et de ses deux frères. *Paris*, 1835; in-8, demi-rel.

2779. MARAT (J.-P.) l'Ami du peuple. 1789-92; 11 vol. in-8, demi-rel.

Tous les bibliophiles connaissent l'extrême rareté de cette collection, dont jamais un exemplaire complet n'a passé en vente. Deschiens, dans sa bibliographie, décrit avec inexactitude ce journal, et voici pourquoi : Marat, poursuivi par ses ennemis, se réfugiait chez Fréron et publiait, sous le titre de *l'Orateur du peuple*, journal dudit Fréron, des numéros que l'on n'a jamais su être de Marat; d'un autre côté, dans cet intervalle d'exil, les ennemis de Marat profitaient de l'abandon de ses presses pour lancer sous son nom des numéros qu'il désavouait. Ces détails ressortent jusqu'à l'évidence de l'examen de cette collection, qui est celle de Marat lui-même, formée par lui dans la pensée d'une nouvelle édition, et chargée de curieuses et précieuses notes et corrections, quelques-unes d'une grande importance, *toutes de sa main.*

Une longue note manuscrite de M. Villiaumé, qui tenait cette précieuse collection de mademoiselle Albertine Marat elle-même, est ajoutée au premier volume.

2780. Mémoires, Correspondance et Manuscrits du général La Fayette. *Paris*, 1837; 6 vol. in-8, demi-rel.

2781. Histoire des Girondins, par A. de Lamartine. *Paris*, 1847; 8 vol. gr. in-8, demi-rel.

2782. NAPOLÉON EN ÉGYPTE, Waterloo et le Fils de l'homme, par Barthélemy et Méry, précédés d'une notice littéraire par Tissot. *Paris*, gr. in-8, demi-rel. mar. r. fil. tr. d. (*Trautz-Bauzonnet.*)

Exemplaire sur PAPIER DE CHINE, provenant de la bibliothèque de M. Armand Bertin. Remarquables illustrations d'Horace Vernet et de Bellangé.

2783. Histoire du Consulat et de l'Empire faisant suite à l'histoire de la Révolution française, par M. A. Thiers. *Paris, Paulin*, 1845-1857; 16 vol. in-8, dos et coins de mar. v. tr. p. portr. et fig.

Élégante reliure d'amateur.

2784. Mémorial de Ste-Hélène, par le comte de Las-Cases, illustré par Charlet. *Paris, Bourdin*, 1842;

2 vol. gr. in-8, mar. bl. comp. tr. d. (*Trautz-Bauzonnet.*)

Exemplaire sur papier de Chine. Sur les plats sont encastrées des médailles en bronze.

2785. Mémoires et Correspondance politique et militaire du Roi Joseph, publiés, annotés et mis en ordre par A. du Casse. *Paris*, 1853; 10 vol. in-8, demi-rel.

2786. Notice historique des événements qui se sont passés dans l'administration de l'Opéra, la nuit du 13 février 1820, par Roullet. *Paris, impr. de P. Didot;* in-8, mar. n. fil. tr. d. (*Trautz-Bauzonnet.*)

Relation de l'assassinat de M. le duc de Berry par Louvel; rare, n'ayant été distribué qu'à un très-petit nombre d'exemplaires et détruits.

2787. Biographie des Dames de la Cour et du faubourg Saint-Germain, par un valet de chambre congédié. *Paris*, 1826; in-16, mar. r. tr. dor. (*Thompson.*)

2788. Révolution de février 1848. Un nombre considérable de pièces, brochures, affiches, proclamations, diatribes, pamphlets, etc., enrichis de lettres autographes : cette suite est réunie en 34 vol. in-8, pet. in-8, et in-12, reliés uniformément en demi-rel. v. viol. fil.

5. Mélanges d'histoire de France.

2789. Formulaire des inscriptions et soubscriptions des lettres dont le Roy de France est traitté par tous les potentats de l'Europe; on a adjouté à la fin une harangue de madame Fouquet au Roy. *Utrecht*, 1680; pet. in-12, demi-rel.

2790. Le Théâtre d'honneur et de magnificence préparé au sacre des Roys, par D. Guill. Marlot, bénédictin. *Reims*, 1643; in-4, v. f. fil. dent. tr. d.

Exemplaire de dédicace aux armes de Léonor d'Estampes de Valançay, archevêque duc de Reims.

2791. Cérémonies pratiquées au sacre et au couronnement des Roys de France. *Paris, Pierre David*, 1654; pet. in-12, m. rouge, fil. tr. dor. (*Anc. rel.*)

<small>Édition originale RARE. Exemplaire présenté à MICHEL LE TELLIER; chaque page est entourée d'un filet d'or et de couleur; toutes les initiales sont peintes en or. Les armoiries de Le Tellier sont peintes sur un feuillet de vélin, au commencement du volume. La reliure, qui est du temps, est parsemée d'étoiles et de lézards, partie des armoiries de Le Tellier.</small>

2792. Relation des assemblées faites à Versailles dans le grand appartement du Roy pendant ce carnaval de l'an 1683, et des divertissements que Sa Majesté y avoit ordonnés. *Paris, P. Cottard*, 1683; in-12, mar. r. f. tr. d. (*Niedrée.*)

<small>L'Avant-propos, qui a plus de 20 pages, est fort curieux.</small>

2793. Représentation des fêtes données par la ville de Strasbourg à l'occasion de la convalescence du Roy, et de l'arrivée de S. M. *Paris, s. d.*; gr. in-fol. mar. r. large dent. fil. tr. d. (*Aux armes de France.*)

<small>Belle reliure signée de Padeloup le jeune.</small>

2794. Description des fêtes données par la ville de Paris, à l'occasion du mariage de madame Louise-Elisabeth de France et de Dom Philippe, infant et grand amiral de France. *Paris*, 1740; in-fol. max. mar. r. comp. tr. d. (*Padeloup.*)

<small>Bel exemplaire aux armes de Paris, avec les figures de Blondel et de Bouchardon, en très-bonnes épreuves.</small>

2795. Histoire de l'Ancien Gouvernement de la France avec XIV lettres historiques sur les Parlemens ou Etats-Generaux, par feu M. le comte de Boulainvilliers. *La Haye*, 1727; 3 vol. in-8, v. f. f. tr. d.

2796. LA GRANDE MONARCHIE DE FRANCE, composée par Claude de Seyssel.... Imprimée à *Paris, pour Regnault-Chaudière.... l'an mil cinq cens dix-neuf*; in-4, goth. fig. sur bois, m. bleu, fil. tr. dor.

<small>Très-bel exemplaire de l'ÉDITION ORIGINALE FORT RARE d'un ouvrage célèbre.</small>

2797. La Grande Monarchie de France, composée par Claude Seyssel, évesque de Marseille, avec la loy salique, qui est la première et principale loy des François. *Paris, Vincent Sertenas,* 1557; in-8, m. r. fil. doub. de m. r. dent. tr. dor. réglé. (*Boyet.*)

Charmant exemplaire provenant de la collection Debure. Belle condition ancienne pour ce livre.

2798. La Grande Monarchie de France, composée par mess. Claude de Seyssel, avec la loy salique. *Paris,* 1587; in-8, m. vert, tr. dor. (*Anc. rel.*)

Très-joli exemplaire dans une condition parfaite de ce livre curieux et justement recherché.

2799. La Loy Salicque qui est la première loy des Frãcoys faicte par le Roy Pharamon, premier Roy de France, faisant mencion de plusieurs droitz, cronicques et histoires desditz Roys de France, imprime nouuellement. — *Imprime à Paris par Michel le Noir, libraire, l'an mil cinq cens et sept;* in-4, goth. à longues lignes, mar. bl. fil. tr. d. (*Duru.*)

Première et précieuse édition, que M. Brunet n'a pas citée.

2800. La Loy Salique; livret de la premiere humaine vérité, là ou sont en brief les origines et auctoritez de la Loy gallique nommée communement salique, pour monstrer à quel poinct fauldra nécessairement en la gallique République venir: par Guill. Postel. *Paris,* 1552; in-16, m. bleu, fil. tr. dor. doublé de m. rouge, dentelle. (*Bauzonnet.*)

Charmant exemplaire d'un petit livre de toute rareté; il est orné des armoiries d'un bibliophile distingué.

2801. Almanachs royaux. 1699-1830; 130 vol. in-8, reliés en vélin, en veau et en maroquin.

Cette collection contient les années rares.

2802. La Milice françoise, telle et comme la vouloyent observer les anciens François à l'imitation des Romains et des Macédoniens, par Louis de

Montgommery, seign. de Courbousson. *Paris*, 1610; pet. in-8, v. fauve, fil. tr. dor. fig. tirées avec le texte. (*Niedrée.*)

<small>Joli exemplaire d'un livre très-curieux.</small>

2803. Traité historique des monnoyes de France, avec leurs figures, depuis le commencement de la monarchie jusqu'à présent : augmenté d'une dissertation historique sur quelques monnoyes de Charlemagne, de Louis le Débonnaire, de Lothaire et de leurs successeurs, frappées dans Rome, par Le Blanc. *Sur l'imprimé à Paris, à Amsterdam, chez P. Mortier*, 1692; in-4, mar. bl. f. tr. d. (*Duru*), nombreuses pl. gravées.

<small>Superbe exemplaire en très-grand papier de la seconde édition, donnée en Hollande, plus complète et aussi rare que la première de Paris, 1689.</small>

6. Histoire des provinces et villes de France.

2804. La Fleur des antiquitez, singularites et excellences de la noble et triumphante ville et cité de Paris.... (par Gilles Corrozet). *Paris*, 1534; in-16, lett. rondes, m. rouge, fil. tr. dor. (*Trautz-Bauzonnet.*)

<small>Exemplaire grand de marges et bien conservé d'un petit livre fort rare, et qui contient de très-curieuses indications historiques.</small>

2805. Les Antiquitez, chroniques et singularitez de Paris, corrigées et augmentées pour la seconde édition, par G. Corrozet, Parisien. *Paris*, 1561; in-8, m. r. tr. dor. (*Duru.*)

<small>Très-joli exemplaire d'une édition fort rare et recherchée.</small>

2806. Les Antiquitez, chroniques et singularitez de Paris, par Gilles Corrozet, Parisien. *Paris, par Nicolas Bonfons*, 1581; in-16, veau f. fil. tr. dor. (*Trautz-Bauzonnet.*)

<small>Édition aussi rare que la précédente. Très-joli exemplaire.</small>

2807. Les Antiquités, chroniques et singularités de Paris, par Gilles Corrozet, Parisien, et depuis augmentées par N. B. (Nic. Bonfons), Parisien.

Paris, par Nic. Bonfons, 1586-88, 2 part. en 1 vol. in-8, veau vert, dent.

SUPERBE EXEMPLAIRE de la collection de M. Debure, avec la seconde partie, qui contient la Sépulture des Roys et Roynes de France, et les figures de Rabel.

2808. LES ANTIQUITÉS ET CHOSES PLUS REMARQUABLES DE PARIS, recueillies par Pierre Bonfons, augmentées par frère Jacques du Breuil, religieux de l'abbaye de Sainct-Germain des Prez. *Paris, Nic. Bonfons*, 1608; 1 gros vol. in-8, fig. sur bois, maroq. r. fil. tr. dor. (*Trautz-Bauzonnet.*)

Édition la plus complète de ce livre curieux. Très-bel exemplaire de la bibliothèque de M. Armand Bertin.

2809. Abrégé des Antiquitez de la ville de Paris, contenant les choses les plus remarquables tant anciennes que modernes (par François Colletet). *Paris*, 1664; in-12, mar. cit. tr. d. (*Duru.*)

2810. Un double, v. br. (*Aux armes de Huet, évêque d'Avranches.*)

2811. Les Annales générales de la ville de Paris, représentant tout ce que l'histoire a peu remarquer de ce qui s'est passé de plus mémorable en icelle (par Cl. Malingre). *Paris*, 1640; in-fol. mar. r. f. tr. d. (*Rel. anc. aux armes de la ville de Paris.*)

2812. Description nouvelle de ce qu'il y a de plus remarquable dans la ville de Paris, par M. B. (Germain Brice). *Paris*, 1685; 2 part. en 1 vol. in-12, mar. bl. fil. tr. d.

Édition originale.

2813. LES RUES ET ÉGLISES DE PARIS avec la dispense qui si fait par chascun iour. Le tour et l'enclos de ladicte ville du boys de Vincennes et les épitaphes de la grosse tour dudit boys et avec ce la longueur, la largeur et la haulteur de la grāt église de Nostre-Dame de Paris, avec le blason de ladicte ville et aussi les cris ioyeulx qui se cryent par chascun iour en icelle ville de Paris.

s. l. n. d.; pet. in-4, goth. m. rouge, tr. dor. (*Duru.*)

<small>Extraordinairement rare; ce volume provient de la collection de M. Le Roux de Lincy; on n'en connaît pas, dans les cabinets particuliers, d'autre exemplaire.</small>

2814. Le Recueil des inscriptions, figures, devises et masquarades ordonnées en l'Hostel-de-Ville de Paris, le 17 de février 1558, par Estienne Jodelle. *Paris*, 1558; in-4, mar. bleu, tr. dor. (*Trautz-Bauzonnet.*)

<small>Superbe exemplaire d'un livre curieux.</small>

2815. Registres de l'Hôtel-de-Ville de Paris pendant la Fronde, publiés par Le Roux de Lincy et Douët d'Arcq. *Paris*, 1846; 2 vol. gr. in-8, demi-rel.

2816. Histoire de la Sorbonne par J. Duvernet. *Paris*, 1790; 2 vol. in-8, demi-rel.

2817. Versailles ancien et moderne, par le comte Alex. de Laborde; 1 vol. gr. in-8, mar. rouge, fil. à comp. tr. dor. (*Capé.*)

<small>Belle publication enrichie de 800 gravures sur acier et sur bois.</small>

2818. Le Labyrinthe de Versailles, avec 39 fables en quatrains, par Benserade, et 40 fig. par Séb. Leclerc; in-8, mar. rouge, fil. large dent. tr. dor. (*Anc. rel.*)

<small>Exemplaire bien conservé et revêtu d'une belle reliure à petits fers.</small>

2819. Histoire de la Maison royale de Saint-Louis, établie à Saint-Cyr pour l'éducation des demoiselles nobles du royaume (par M. le duc de Noailles, de l'Académie française). *Paris*, 1843; in-8, portr. de Louis XIV, m. vert, tr. dor. (*Capé.*)

<small>Ce volume, tiré à petit nombre, n'a pas été mis dans le commerce. La croix adoptée par madame de Maintenon a été reproduite sur les plats de la reliure de ce volume.</small>

2820. Le Trésor des merveilles de la Maison royale de Fontainebleau, contenant la description de son antiquité, de sa fondation, de ses bastimens, de ses rares peintures, tableaux, emblèmes et devises, etc., etc., par le R. P. Pierre Dan. *Paris*, 1642; in-fol. mar. fil. tr. dor. (*Petit.*)

Bel exemplaire de ce livre curieux, orné d'estampes par Abrah. Bosse et Michel Lasne.

2821. Le Recueil ou Cronicque des hystoires ou royaulmes d'Austrasie, ou France orientale dite a present Lorrayne, de Hierusalem | de Cicile et de la duche de Bar. ensemble des sainctz contes et euesques de Toul et contenant sept liures tant en latin qu'en françois, par maistre Symphorien Champier. *Venūdantur in vico Mercuriali apud Lugdunum in offic. Vincentii de Portunariis de Tridino.* S. d. (1510); pet. in-fol. goth. fig. s. b. mar. r. fil. tr. d. (*Trautz-Bauzonnet.*)

Exemplaire de Révoil et du prince d'Essling.

2822. Austrasiæ Reges et Duces epigrammatis per Nic. Clementem Trelæum Mozellanum descripti. *Coloniæ*, 1591; in-4, fig. sur cuivre, mar. cit. comp. tr. d.

Édition originale d'un livre rare, traduit en français la même année. Les épreuves sont fort belles. Le dernier portrait, Charles III, est représenté la tête découverte.

2823. Austrasiæ Reges et Duces epigrammatis per Nicol. Clementem Trelæum Mozellanum descripti. *Coloniæ*, 1591; in-4, mar. bleu, tr. dor. (*Hardy.*)

65 portraits des ducs de Lorraine gravés sur cuivre par Woeiriot. Exemplaire grand de marges.

2824. Histoire de l'emprisonnement de Charles IV, duc de Lorraine, détenu par les Espagnols dans le château de Tolède. *Cologne*, 1688; pet. in-12, vél.

2825. Le Siége de Metz en 1552 (par Bertrand de Salignac). *Paris, Charles Estienne*, 1553; in-4, mar. brun, fil. à comp. tr. dor. (*Capé.*)

Très-bel exemplaire de ce rare et curieux volume; le plan gravé sur bois de la ville de Metz, et qui se déploie, s'y trouve.

2826. Coustumes du Val-de-Liepvre, Sainte-Croix et Sainte-Marie-aux-Mines, de l'an 1586. *Nancy*, 1761; in-8, mar. vert, non rogné. (*Trautz-Bauzonnet.*)

2827. Rerum Burgundicarum libri VI, auctore Ponto Heutero Delfio. *Antuerpiæ, ex offic. Chr. Plantini*, 1584. — Genealogiæ præcipuarum aliquot e Gallia francica ac belgica familiarum. *Id., ibid.*, 1580; 2 part. en 1 vol. in-fol. v. ant. riches compart. tr. d. (*Reliure du temps.*)

2828. Province de Bourgogne. (Partie de la France nationale par Ducourneau et Alex. Monteil.) Gr. in-4, demi-rel. mar. rouge, fig. lith.

2829. Brevis ac dilucida Burgundiæ superioris, quæ comitatus nomine censetur, descriptio, per Gilbertum Cognatum Nozerenum, item brevis admodum totius Galliæ descriptio, per eumdem. *Basileæ, per J. Oporinum*, 1552; 2 tom. en 1 vol. in-8, fig. sur bois, mar. bleu, fil. tr. dor. (*Bauzonnet.*)

Exemplaire de Ch. Nodier, qui a inséré dans son catalogue une longue et curieuse note sur ce livre, fort rare avec la carte, et dont on ne trouverait pas un plus bel exemplaire.

2830. Mémoires concernant l'histoire ecclésiastique et civile d'Auxerre, par l'abbé Lebeuf. *Paris*, 1743; 2 vol. in-4, demi-rel. dos et coins de mar. rouge, dor. en tête, non rogné, cartes et plans.

Superbe exemplaire.

2831. Cy commence ung petit Liure de lantiquité | origine | et noblesse de la tres antique cite de Lyon : ensemble de la rebeine et conjuration ou rebellion du populaire de ladicte ville contre les conseilliers de la Cite et notables marchans | a cause des bledz. Faicte ceste presente annee mil cinq cens xxix.... compose en latin par messire Morien Piercham cheualier.... translate de latin par maistre Theophile du Mas de Saint Michel en

Barrois. *Imprime a l'Isle Gallique dicte Lyoñoise* (1529); in-4, goth. mar. r. f. tr. d. (*Duru.*)

L'auteur de cette pièce très-rare est le fécond Symphorien Champier, dont le nom se trouve après l'épître en lettres rondes publiée à la fin du dernier volume. (Voir le *Bulletin du bibliophile.*)

2832. Histoire des ducs de Bourbon et des comtes de Forez, par Jean de la Mure, publiée d'après les manuscrits. *Lyon, Louis Perrin,* 1860; gr. in-4, br. Le tome premier seul publié.

Un des cinquante exemplaires tirés sur papier fort de Hollande.

2833. CY CŌMENCE UNG PETIT LIURE DU ROYAULME DES ALLOBROGES | dict lōg teps apres Bourgogne ou Viennois, cōpose par messire Simphoriē Campese | dict Champier : cheualier. *S. l. n. d.* (*Lyon, vers* 1520); in-8, mar. r. f. tr. d. (*Bauzonnet.*)

L'un des plus rares opuscules du fécond écrivain.

2834. Statuts de la cité d'Avignon avec la convention d'icelle, latin et françois. *Avignon,* 1698; in-4, cuir de Russie, comp. fil. tr. d. (*Thompson.*)

Très-bel exemplaire d'un livre curieux.

2835. LES GESTES DES THOLOSAĪS et nations de lenuirou premierement escriptz en latin par Nichole Bertrandi aduocat tres facond en Parlement a Tholose | et apres translatees en françoys. Item les Ordonnances royaulx du pays du Lāguedoc. — *Cy achevent les ordonnances.... le xxviij iour d'auril lan mil. ccccxci imprimees a Lyon par Oliuier Arnoullet lan m.cccc xvij ;* in-4, goth. mar. br. fil. tr. d.

Volume fort rare.

2836. Crudele e lacrimabile successo e lamento stato in le parti de Francia appresso Tolosa, d'alcuni signori di castelli heretici cōtra alcune gentil dōne...gli quali volsero piu presto morire che lasciarsi fuor la sua castità. (*Venetia,* 1570); pet. in-8, mar. cit. fil. tr. d.

Pièce rare.

2837. Les Antiquités de la ville de Marseille, par

HISTOIRE. 469

J. Raymond de Solier, translat. de latin en franç. par Annib. Fabrot et publ. par Hector Solier fils. *Lyon, et se vendant à Marseille*, 1632; in-8, mar. citron, fil. tr. d. (*Derome.*)

Ce livre n'est qu'une partie d'un grand ouvrage en latin sur la Provence, que l'auteur a laissé en manuscrit. Bel exemplaire d'un livre rare.

2838. L'Histoire du Royaume de Navarre, tirée des meilleurs historiens latins, françois, espagnols et italiens, et dédiée au Roy par l'un des secrétaires interprettes de S. M. (Gabriel Chappuys, peut-être). *Paris*, 1596; in-8, mar. v. fil. tr. d.

Bel exemplaire réglé et ancienne reliure d'un volume rare.

2839. Les Annales d'Aquitaine, faictz et gestes en sommaire des roys de France et d'Angleterre | pays de Naples et de Milan, reveues et corrigees par l'acteur mesmes iusques en l'an 1535 et de nouvel iusques en l'an 1537 (par Jehan Bouchet). *Paris, Ch. l'Angelier*, 1537; in-fol. mar. bl. f. tr. d. (*Niedrée.*)

2840. Histoire de la ville de Bordeaux, par Dom de Vienne, religieux bénédictin de la congr. de St-Maur. *Bordeaux*, 1775; in-4, mar. r. f. tr. dor. (*Rel. anc.*)

Cette première partie est malheureusement tout ce qui a paru de cet excellent ouvrage.

2841. Mémoire de Fléchier sur les grands-jours d'Auvergne en 1665, avec une notice par Sainte-Beuve et appendice par Chéruel. *Paris*, 1856; in-8, demi-rel. mar. r.

2842. Histoire mémorable de la ville de Sancerre, contenant les entreprinses, siege, approches, bateries, asseaux et autres efforts des assiegeans : le catalogue des morts et blessez; le tout fidelement recueilli sur le lieu, par Jean de Léry. 1574; in-8, mar. brun, fil. tr. dor. (*Duru.*)

Très-bel exemplaire d'un livre intéressant et fort rare, en bon état de conservation.

2843. La Touraine, histoire et monuments, publiée

sous la direction de l'abbé Bourassé. *Tours, Maine*, 1856; in-fol. mar. r. comp. tr. d. fig. de Girardet et autres.

2844. HYSTOIRE AGREGATIUE DES ANNALES ET CRONICQUES DANIOU | contenant le commencement et origine auecques partie des cheualeureux et marciaulx gestes des magnanimes princes, consulz, | contes et ducz d'Aniou, par Jehan de Bourdigné. *Imprime a Paris par Anth. Cousteau, Ch. de Boigne | et Clement Alexandre, libraires a Angiers*. In-fol. 1529; mar. r. fil. tr. d.

<small>Exemplaire bien complet. La marque de Galiot du Pré est sur le dernier feuillet.</small>

2845. Un second exemplaire. In-fol. goth. v. f. fil. tr. d. (*Capé.*)

2846. ORDONNANCES ROYAUX sur le faict des traictés, imposition foraine d'Anjou, vicomté de Thouars et de Beaumont. *Angers*, 1596; pet. in-8, vélin, à comp. fil. tr. dor. fleurdelisé.

<small>Joli volume dans sa reliure ancienne, bien conservé, et sans doute l'exemplaire de ces ordonnances relié pour le roi; on a colorié les vignettes et les lettres majuscules de cet exemplaire.</small>

2847. Dictionnaire topographique, historique, genealogique et bibliographique de la province du Maine, par Le Paige. *Au Mans*, 1777; 2 vol. in-8, mar. bleu, fil. tr. dor. (*Belle reliure de Duru.*)

<small>SUPERBE EXEMPLAIRE d'un livre très-rare à trouver en bon état. Celui-ci est peut-être unique par l'addition d'un 3ᵉ volume, renfermant une table manuscrite des noms de famille contenus dans l'ouvrage, et qui est inédite; relié uniformément avec les 2 premiers, mais simplement et en demi-rel. mar., tr. dor.</small>

2848. Histoire littéraire du Maine, par Barthélemy Hauréau. *Paris*, 1852; 4 vol. gr. in-8, dos et coins de mar. rouge, dorés en tête, non rognés. (*Hardy.*)

<small>Un des dix exemplaires tirés sur grand papier de Hollande, d'un ouvrage estimé.</small>

2849. HISTOIRE DES ÉVESQUES DU MANS et de ce qui s'est passé de plus mémorable dans le diocèse pendant leur pontificat, par Antoine le Corvaisier de Courteilles. *Paris*, 1648; in-4, mar. rouge, fil. à comp. tr. dor. (*Belle reliure de Niedrée.*)

MAGNIFIQUE EXEMPLAIRE très-grand de marges et d'une parfaite conservation. Les testaments de plusieurs évêques offrent de curieux inventaires de meubles, de bijoux et de curiosités.

2850. LES VIES DES ÉVESQUES DU MANS, restituées et corrigées avec plusieurs belles remarques sur la chronologie, par don Jean Bondonnet. *Paris*, 1651; in-4, mar. veau, fil. comp. tr. dor. (*Riche rel. de Niedrée.*)

SUPERBE EXEMPLAIRE, rempli de témoins, d'un ouvrage aussi recherché que rare à rencontrer en bonne condition.

2851. L'Invasion de la ville du Mans par les religionnaires en l'an 1562, conversation par escrit à Mr. D. R. A. C. *Au Mans*, 1667; in-8, veau fauve, fil. tr. dor. (*Simier.*)

Bel exemplaire d'un volume très-rare dans cette série.

2852. Histoire du château de Blois, par L. de la Saussaye. *Paris*, 1840; gr. in-4, demi-rel. v. f.

2853. L'Histoire et Discours au vray du siége qui fut mis devant la ville d'Orleans, par les Anglois, le mardy XII. iour d'octobre M. CCCC. XXVII. regnant alors Charles VIIe roy de France (par Léon Trippault). *A Orléans, chez Olivier Boynard et Jean Nyon, libraires*, 1606; in-8, mar. v. f. tr. d.

Avec le portrait de Jeanne d'Arc, gravé par Léonard Gaultier pour frontispice.

2854. LES CRONIQUES DE NORMENDIE, lesquelles ont este de nouveau corrigees a la vérité, esquelles sont contenues les vaillãces et proesses des ducz | barõs ₰ seigneurs de la noble duché de Normendie.... et ont este imprimees pour Richard Mace libraire.... — *Cy finissent les Cronicques de Normendie imprimees a Rouen pour Jehan Burges libraire.* S. d.; in-4, goth. à 2 col. réglé, mar. r. fil. tr. d. (*Bauzonnet.*)

Cette édition, imprimée vers 1502, est la même, avec un titre différent, que celle décrite au *Manuel*, t. Ier, p. 662.

2855. Les Recherches et Antiquitez de la province de Neustrie, à présent duché de Normandie, comme des villes remarquables d'icelle : mais plus spécialement de la ville et université de Caen, par Charles de Bourgueville, sieur du Lieu, de Bras et de Brucourt. *Caen, Jean Lefèvre,* 1588; pet. in-4, vélin.

<small>Exemplaire relié sur brochure, fort rare en cette condition.</small>

2856. Journal des visites pastorales d'Eudes Rigaud, archevêque de Rouen. 1248-1249; publié pour la première fois avec le texte latin par Bonin. *Rouen,* 1852; gr. in-4, dos et coins de mar. rouge.

2857. Essais historiques sur les Bardes, les Jongleurs et les Trouvères normands et anglo-normands, par l'abbé de la Rue. *Caen,* 1834; 3 vol. in-4, pap. vélin, v. f. tr. d. (*Bauzonnet.*)

2858. LES GRĀDES CRONIQUES DE BRETAIGNE | nouuellement imprimees a Paris (par Alain Bouchard). — *Imprimees a Paris par Jehan de la Roche, imprimeur, pour Galliot du Pré, marchant libraire demourāt a Paris.* 1514; in-fol. goth. à long. lig. fig. s. b. mar. r. fil. tr. d. (*Bauzonnet.*)

<small>PREMIÈRE ÉDITION. RARE. Bel exemplaire réglé.</small>

C. Histoires des pays étrangers.

2859. ILLUSTRATIONS DE LA GAULLE BELGIQUE | Antiquitez du pays de Haynnau | et de la grand cite de Belges : a present dicte Bauay | dont procedent les chaussees de Brunehault, etc. *Paris, François Regnault,* M.D.XXXI. (*Impr. Galliot du Pré*); 3 tom. en 1 vol. in-fol. goth. mar. v. fil. tr. dor. (*Duru.*)

<small>TRÈS-BEL EXEMPLAIRE.</small>

2860. Premier volume des Antiquitez de la Gaule Belgicque, royaulme de France, Austrasie et Lorraine: avec l'origine des duchez et comtez de l'ancien et moderne Brabant, Tõgre, Ardenne, Haynau, Mozelane, etc., par M. Richard de Wassembourg. *Paris, par Fr. Girault,* 1549; in-fol. GRAND PAP. fig. s. b. v. f. fil. tr. dor. (*Bel exempl. aux armes de De Thou.*)

2861. LA LEGENDE DES FLAMENS, ARTISIENS et Haynuyers, ou aultremēt leur cronique abregée, en laquelle sont contenues plusieurs hystoires de Frāce, Angelterre ⁊ Allemaigne. *Paris (Fr. Regnault),* 1522; in-4, goth. fig. s. b. v. f. f. tr. d.

Chronique rare.

2862. Les Chroniques et Annales de Flandres: contenantes les heroïques et tres uictorieux exploicts des forestiers et comtes de Flandres, depuis l'an de N. S. J. C. VI C. et XX iusques a l'an M.CCCC. LXXVI. *Anvers, Plantin,* 1571; in-4, mar. r. f. tr. d. (*Rel. anc.*)

Volume rare, dont l'auteur est Pierre d'Oudegherst, docteur ès lois de la ville de Lille.

2863. Angeli Galuccii de Bello Belgico ab anno 1593 ad inducias annorum XII. an. 1609 pactas. *Romæ,* 1671; 2 vol. in-fol, mar. r. comp. tr. d. (*Rel. anc. aux armes du pape Clément X.*)

Cet ouvrage fait suite à celui de Strada.

2864. CHRONIQUES DES DUCS DE BRABANT, par Adrian Barlande. *Anvers,* 1603; in-fol. mar. rouge, fil. à comp. tr. d. (*Hardy.*)

SUPERBE EXEMPLAIRE d'un livre intéressant pour l'histoire de France, orné de 38 planches supérieurement gravées par Jean Collaert, et nous présentent, en armures et costumes, les ducs de Brabant, de Bourgogne, de Lorraine, jusqu'à Charles le Simple en 1450.

2865. Batavia illustrata, seu de Batavorum Insula, Hollandia, Zelandia, Frisia, Territorio Traiectensi et Gelria, scriptores varii notæ melioris, nunc primum collecti simulque editi ex musæo Petri Scriverii. *Lugduni Batav., apud Ludov. Elzevirium,*

1609; in-4, mar. r. fil. tr. d. (*Aux troisièmes armes de J. A. De Thou.*)

<small>Dans le même volume se trouvent plusieurs autres pièces relatives à la Hollande. L'une d'elles, *Illustris. Hollandiæ Zelandiæq. comitum ac dominorum Frisiæ icones et historia*, est enrichie de charmants portraits sur bois.

On sait que l'illustre De Thou, mort en 1617, n'a pu avoir dans sa riche bibliothèque qu'un très-petit nombre de volumes imprimés par les Elzevirs.</small>

2866. Les Délices de la Hollande. Fig. en taille-douce. *Amst., A. Wolfgang,* 1685; in-12, fig. mar. r. fil. tr. d.

2867. Le Mercure hollandois, 1672-1673. *Amst.,* pet. in-12, m. noir, fermoirs.

2868. Le Véritable portrait de Henry de Nassau, nouvel Absalon, nouvel Hérode, nouveau Cromwell, nouveau Néron. (*Hollande*), 1689; in-4, demi-rel.

<small>Édit. originale d'un pamphlet célèbre, attribué à Antoine Arnauld.</small>

2869. Des Vicissitudes politiques de l'Italie dans ses rapports avec la France, par Anatole de la Forge. *Paris,* 1850; 2 vol. in-8, demi-rel. v. f.

2870. CHRONIQUES DE SAVOIE. Les Grans Croniques des gestes et vertueux faictz des tres excellens catholicques, illustres et victorieux ducz et princes du pays de Savoye et Piemont, par Symphorien Champier. *Imprimé à Paris, l'an mil cinq cent et seize, pour Jehan de la Garde;* pet. in-fol. goth. à deux colonnes sur bois, veau fauve, tr. d. (*Ancienne reliure.*)

<small>Bel exemplaire, grand de marges, d'un des ouvrages les plus rares et les plus curieux de Symphorien Champier. Cette chronique manquait à la collection du prince d'Essling.</small>

2871. Persécution d'un Français plaidant sous le gouvernement oligarchique de Gènes en 1793, par Bouillod. *Nice, an V*, in-8, fig. bas. (*Rare.*)

2872. LA CONJURATION DU COMTE JEAN-LOUIS DE FIESQUE (par le cardinal de Retz). *Cologne (à la Sphère),* 1665; pet. in-12, mar. rouge, fil. tr. dor. (*Trautz-Bauzonnet.*)

<small>CHARMANT EXEMPLAIRE d'un petit ouvrage devenu classique. Cette jolie édition elzévirienne est très-recherchée.</small>

2873. DIARIA DE BELLO CAROLINO (Alex. Pœantio Benedicto auctore). *Venetiis (Aldus*, 1496); in-4, mar. bl. fil. tr. d.

<small>Beau et très-rare volume de 68 ff., caractères en tout point semblables à ceux de l'*Ætna* de Bembo. C'est un livre très-recherché pour la collection aldine.</small>

2874. La Ville et la République de Venise, par le sieur de St-Disdier. *Amsterdam, D. Elzevier*, 1680; in-12, mar. bl. f. tr. d. (*Niedrée.*)

2875. Conjuration des Espagnols contre la république de Venise, en l'année 1618 (par l'abbé de Saint-Réal). *Paris*, 1674; in-12, mar. rouge, tr. dor. (*Duru.*)

<small>TRÈS-JOLI EXEMPLAIRE de l'édition originale, rare et fort recherchée.</small>

2876. Historie di Nicolo Machiavegli, cittadino e secretario Fiorentino. *Venetia, Comin de Trino*, 1540; — Libro dell' arte della guerra. *Id., ibid.*, 1541; in-8, v. f. comp. tr. d.

<small>Reliure italienne, genre Grolier, dos refait.</small>

2877. M. Attilii Serrani de septem vrbis Ecclesiis, una cum earum reliquiis, stationibus et indulgentiis. *Romæ, ap. hæredes Ant. Bladij, impr. Camerales*, 1575; 1 vol. pet. in-8, vél. tr. d. (*Aux premières armes de J.-A. De Thou.*)

2878. Brevi Notizie della Città di Viterbo e degli uomini illustri dalla medesima prodotti, compil. da Gaedano Coredini. *Roma*, 1774; in-4, vél. pl. bl.

2879. Memorie storiche dell' antichissima città di Alba Longa, dell' Albano moderno, dall' abbate Gio. Ant. Riccy. *Roma*, 1787; in-4, mar. comp.

<small>Bel exemplaire de dédicace en grand papier, aux armes du cardinal de Bernis.</small>

2880. Historie Tiburtine del Sign. Francesco Martio, nobile Tiburtino. Lib. III. *Roma, Mancini*, 1653; in-8, vél. comp. tr. d. (*Aux armes du cardinal Santa-Croce.*)

2881. Passeggiata per Napoli e contorni di Em. Bidera. *Napoli*, 1844; in-8, demi-rel. mar. vert.

2882. Napoli e i luoghi celebri delle sue vicinanze. *Napoli*, 1845; 2 vol. gr. in-8, cart. fig.

2883. Histoire civile du royaume de Naples. *La Haye*, 1742; 4 vol. in-4, mar. r. f. tr. d. (*Padeloup.*)
SUPERBE EXEMPLAIRE EN GRAND PAPIER.

2884. Chronica vulgare in terza rima de le cose geste nel regno Napolitano per anni numerati in tutto novecento cinquatanove... dal nobile Georgio Summarippa Veronese... *Impressa in Venetia per Manfredo da Monfera.* M.CCCC.XCVI; in-4, goth. à 2 col. c. d. r. tr. d.
Chronique en vers fort rare, citée par Maittaire et par Panzer sous ce titre : *Historia Parthonopea*.

2885. COPIA DE LA LETTERA di Sua Maiestà Cesarea scritta al illustrissimo vice re di Napoli con la capitulatione fatta tra la Maiestà Cesarea et il christianissimo re di Francia. *Stampato in Napoli;* pet. in-8, goth. de 4 feuilles.
Pièce fugitive, imprimée au moment même de l'événement, et introuvable. Sur le titre une gravure sur bois où figurent les deux souverains.

2886. Le Memorie della s. p. m. m. Colonna G. Contestabilessa, del regno di Napoli. *Colonia*, 1678; pet. in-12, mar. r. comp. tr. cis. d. (*Rel. italienne du temps.*)

2887. Dictionnaire historique, littéraire et statistique du mont Blanc et du Léman, par L. Grillet. *Chambéry*, 1807; 3 vol. in-8, demi-rel. v. fauve.

2888. LOS QUATRO LIBROS PRIMEROS DE LA CRONICA GENERAL DE ESPAÑA, recopil. por el maestro Florian d'Ocampo. *Zamora, Juan Picardo*, 1543; in-fol. goth. à 2 col. mar. br. f. tr. d. (*Capé.*)
SUPERBE EXEMPLAIRE de la première et fort rare édition.

2889. PANDIT ARAGONIE veterum primordia regum
Hoc opus : et forti prelia gesta manu.
— *Impressum est hoc opus in Cesar-Augusta inclyta ciuitate jussu et auctoritate octo virorum Aragonie regni deputatorũ : industria vero Georgii Loci*

Allemani, 1509; in-fol. goth. à longues lignes, fig. s. b. v. f. fil. tr. d.

Très-rare volume.

2890. CRONICA DARAGON. A gloria y loos de la Santissima Trinidad..... *fue impressa la presente Cronica en la ciudad de Valencia : ē la casa y oficina dicha Almoli de la Rouella por īdustria dl experto y ē onesta arte asaz docto Juan Jofre señor y maestro, ē la casa sobre dicha. Acabo se a. JX de junio de nr̃a reparaciō*, 1524; in-fol. goth. fig. s. bois, mar. br. fil. tr. d.

2891. LIBRO DE LOS DICHOS Y HECHOS DEL REY D. ALONZO. p. Ant. Panormita. *Valencia, Juan Joffre*, 1527; pet. in-4, goth. de 70 ff. chiffrés, mar. br. f. tr. d. (*Belle reliure de Capé.*)

Superbe exemplaire d'un livre très-important.

2892. Histoire du cardinal Ximénès, par messire Fléchier, évesque de Nimes. *Paris, Jean Anisson*, 1693; in-4, mar. r. f. tr. d. (*Derome.*)

Édition originale, aux armes de Mesdames de France, avec le portrait gravé par Edelinck.

2893. Histoire de l'empereur Charles V, par don Jean-Antoine de Vera et Figueroa de La Roca, traduite d'espagnol par le sieur du Perron Le Hayer. *Bruxelles, Foppens*, 1663; in-12, mar. vert, dent. tr. dor. mosaïque.

TRÈS-JOLIE RELIURE ANCIENNE. Ce volume fait partie de la collection elzévirienne.

2894. RESPONCE DU PUISSANT ET TRES INUICT EMPEREUR CHARLES LE D. roy dEspaingne, ɔc. sur les lettres du Roy de France aux Princes Electeurs : et aussi sur lappologie ou contradiction du mesme Roy | a lencontre le tractat faict entre luy et lempereur a Madrile en Espaigne. *Imprime en la ville d'Anuers par moy Guil. Vorsterman*, lan 1527; pet. in-8, goth. mar. r. f. tr. d. (*Duru.*)

Opuscule rarissime.

2895. L'Entrée de la tressacrée Maiesté imperialle faicte en la ville de Augsbourg, l'an 1530. *Imprimé en Anuers, au Naueau, par Michel de Hoochstrate, l'an* 1530; in-4, mar. r. fil. tr. d.

Lettres rondes.

2896. Nouuelles de Rome touchant l'empereur. *Imprime en Anuers, par moy Michel de Hoochstraten,* l'an 1536; pet. in-4, goth. mar. r. fil. tr. d.

Opuscule rarissime et des plus curieux.

2897. L'Excuse et Response du tres illustre tres puissant & tres redoubte Empereur | faicte par l'illustre seigneur Alphonse Dauaille marcquis del Gasto (Alph. d'Avallos, marquis du Guast) aux tres reverends, etc. princes les electeurs et aultres princes du Sainct Empire | a lencontre du Roy de Franche. *Imprime en Anuers par moy Martin Nuyts,* 1542; in-8, goth. v. f. fil. tr. d.

Exemplaire du duc de la Vallière.

2898. Responseaux remonstrances faictes a lempereur par aulqun de ses subiectz, sur la restitution du royaulme de Nauarre et duche de Milan. *On les vend au Palais en la gallerie par où on va à la chācellerie par Nicolas Lhéritier* (1542); in-8, goth. mar. r. fil. tr. d. (*Capé.*)

2899. Remonstrances faictes par lempereur (Charles Quint) a tous les Estats de son Empire : estant au siege imperial | en la ville de Brucelles. — *Imprime a Enuers par grace et priuilege par moy Thierry Lambert,* 1555; pet. in-4, mar. r. fil. tr. d. (7 pages.)

Pièce curieuse, relative à l'abdication de Charles-Quint. EXEMPLAIRE PEUT-ÊTRE UNIQUE.

2900. Antonio Perez et Philippe II, par Mignet. *Paris, Impr. royale,* 1845; in-8, demi-rel.

2901. Plainte catholique des Catalans, addressée à Philippe le Grand, roy des Espagnes et empereur des Indes, par le conseil des Cent de la ville de Barcelone, trad. de l'espagnol. *Rouen, J. Cuillové*, 1641; in-4, v. f. fil. tr. d. (*Aux quatrièmes armes de De Thou.*)

<small>Dans le même volume, une pièce en espagnol relative aux *justes griefs* des Catalans.</small>

2902. État présent de l'Espagne; lettres écrites à Madrid pendant les années 1760 et 1761, par le docteur Édouard Clarke, membre de l'université de Cambridge (trad. de l'angl. par G. Imbert). *Paris*, 1770; 2 vol. in-12, mar. rouge, fil. tr. dor. (*Derome.*)

<small>Ouvrage intéressant : introduction sur les historiens espagnols; religion; tribunaux; cours de justice; état de la littérature, de la médecine, du théâtre, des monnaies, de l'agriculture; antiquités, etc., ainsi qu'un curieux *Catalogue des manuscrits de la bibliothèque de l'Escurial*.</small>

2903. Relation des troubles arrivez dans la cour de Portugal en 1667 et 1668. *Amsterdam (Elzév., à la Sphère)*, 1674; pet. in-12, mar. rouge, fil. tr. dor. (*Duru.*)

<small>On y voit la renonciation d'Alphonse VI à la couronne, la dissolution de son mariage avec la princessse Marie-Françoise-Isabelle de Savoye; le mariage de la même princesse avec D. Pedro, régent de ce royaume, et les raisons qui ont été alléguées à Rome pour en avoir dispense. Joli exemplaire d'un petit livre qui fait partie de la collection elzévirienne, et qui est peu commun.</small>

2904. Histoire de la Conjuration de Portugal (par Vertot). *Paris, chez Cl. Barbin*, 1689; fig. in-12, mar. v. f. tr. d. (*Duru.*)

<small>Édition originale.</small>

2905. Monumenta Germaniæ historica, inde ab anno Christi quingentesimo usque ad annum millesimum et quingentesimum. Auspiciis societatis aperiendis fontibus rerum Germanicarum medii ævi, edidit Georgius Heinricus Pertz, *Hannoveræ, impr. bibliopolii aulici Hanniani*, 1826-59; 15 vol. in-fol. mar. r. fil.

<small>Superbe exemplaire en grand papier.
Ouvrage magnifique, enrichi de nombreux fac-simile, d'une importance historique aussi grande pour la France que pour l'Allemagne, publié sous l'intelligente direction de M. Pertz, le savant conservateur de la bibliothèque de Berlin. — La première partie de la table in-8, publiée en 1848 à Hanovre, est jointe à l'exemplaire.</small>

2906. Jacobi Borniti J. U. D. de Nummis in republ. percutiendis et conservandis libri duo. *Hanoviæ*, 1608; in-4, mar. v. fil. tr. d. (*Anc. rel. aux armes de Condé.*)

<small>Dans le même volume: Julii *Pflugi de ordinanda republica Germaniæ oratio. Francofurti*, 1612.</small>

2907. Correspondance de l'empereur Maximilien Ier et de Marguerite d'Autriche, 1507-1519, publiée par Leglay. *Paris*, 1839; 2 vol. gr. in-8, demi-rel. v. f.

2908. Mémoires sur la vie et la mort de Loyse Julianne, électrice palatine, princesse d'Orange. *Leyden*, 1645; in-4, vél. portr.

2909. Additiones ad historiam Palatinam quibus simul etiam ad objectiones clarissimi cujusdam viri respondetur studio Caroli Ludovici Tollereri historiographi. *Heidelbergæ, typis Johannis Mayeri*, 1709; in-fol. v. br. comp. tr. d.

2910. Grande Chronique de Mathieu Paris, trad. en fr. par Huillard Bréolles, et précédée d'une introd. par le duc de Luynes. *Paris*, 1840; 9 vol. in-8, demi-rel. v. f.

2911. Historia majoris Britanniæ tam Anglię q̃ Scotię, per Joannē maiorem, nomine quidem Scotum, professione autem theologum, e veterum monumentis concinnata. *Venundatur a Jodoco Badio Ascensio*, 1521; in-4, mar. r. f. tr. d. (*Boyet.*)

<small>Aux armes du prince Eugène de Savoie.</small>

2912. Histoire d'Angleterre depuis les temps les plus reculés jusqu'à nos jours, par de Roujoux et Alfred Mainguet. *Paris*, 1844; fig. 2 vol. in-4, demi-rel.

2913. Biographies des reines de la Grande-Bretagne. *London*, 1851; gr. in-8, mar. rouge du Levant, dent. fil. tr. dor.

<small>28 figures sur acier; RICHE ET BELLE RELIURE ANGLAISE.</small>

HISTOIRE. 481

2914. Recueil factice de curieux portraits relatifs à l'histoire d'Angleterre; 1 vol. gr. in-4, mar. violet, fil. dent. tr. dor. (*Reliure anglaise.*)

Deux cents planches représentant les portraits d'Anne, princesse d'Écosse; de Charles Ier; d'Olivier Cromwell; de John Digby; d'Édouard Ier, de la reine Élisabeth; de Fairfax; d'Henri VIII; d'Henriette-Marie de France; de Hogarth; de Howard, duc de Suffolk; de la duchesse d'York; trois jolis portraits de Marie Stuart; du marquis de Montrose; de Richard Ier; de l'amiral Seymour; de Robert, duc de Warwick; plus une très-curieuse estampe de Christ. Van Sichem, représentant Ravaillac, son supplice, etc.

2915. The History of the life and reigne of Richard the third, composed in five bookes by Geo. Buck, Esq. *London, printed by Wilson*, 1646; pet. in-fol. c. de Russie, tr. d.

Livre très-intéressant et fort rare orné d'un curieux portrait.

2916. Histoire de la rébellion et des guerres civiles d'Angleterre depuis 1641 jusqu'au rétablissement du roi Charles II, par Edward, comte de Clarendon. *La Haye*, 1704; 6 vol. in-12, mar. cit. tr. d. (*Derome.*)

Joli exemplaire aux armes de Mesdames de France.

2917. Histoire d'Olivier Cromwell, par Jeudy Dugour. *Paris, an VI*, 2 tom. en un vol. pet. in-12, demi-rel.

2918. Maria Stuarta, regina Scotiæ, dotaria Franciæ, hæres Angliæ et Hyberniæ, martyr Ecclesiæ, innocens a cæde Darleana, vindice oborto Barnestapolio. *Ingolstadii*, 1588; in-8, mar. r. fil. tr. d.

2919. L'Innocence de la très illustre, très chaste et debonnaire princesse Madame Marie, royne d'Escosse, où sont amplement refutées les calomnies faulces et impositions iniques publiées par un livre secrettement divulgué en France, l'an 1572, touchant tant la mort du seigneur d'Arley (Darnley), son époux, que autres crimes, dont elle est faulcement accusée. *S. l., imprimé l'an* 1572; in-8, mar. v. f. tr. d. (*Bauzonnet.*)

Très-bel exemplaire d'un livre recherché.

2920. Histoire de Charles XII, roi de Suède. *Stock-*

holm, 1740; 2 vol. in-fol. v. br. portr. (en suédois.)

<small>Livre d'une excessive rareté, même en Suède. Il a été tiré à 200 exemplaires seulement, et la plus grande partie en a été rachetée par la cour de Suède, à cause de certains détails trop vrais et peu flatteurs pour la famille de Wasa.</small>

2921. Recueil de quelques pièces curieuses servant d'éclaircissement de l'histoire de la vie de la reyne Christine. *A Cologne, chez Pierre du Marteau*, 1668; pet. in-12, m. bleu, tr. dor. (*Capé.*)

<small>Petit volume intéressant et qui fait partie de la collection elzévirienne.</small>

2922. Les Chroniques et Annales de Poloigne (avec la description), par Bl. de Vigenère. *Paris, J. Richer*, 1573; in-4, mar. bl. tr. d. carte. (*Rare.*)

2923. LA GRÈCE PITTORESQUE et historique, par le docteur Wordsworth, traduction de E. Regnault. *Paris, Curmer*, 1841; gr. in-4, mar. vert, fil. comp. tr. dor. (*Trautz-Bauzonnet.*)

<small>Exemplaire UNIQUE tiré sur papier de Chine; très-belle suite de figures anglaises avant la lettre, ajoutée; cette publication, une des plus belles de M. Curmer, est épuisée dans le commerce.</small>

2924. De la République des Turcs, par Guillaume Postel, cosmopolite. *Poictiers, Eng. de Marnef*, 1560. — La Tierce Partie des orientales histoires. *Id., ibid.* — Histoire et Considération de l'origine, loy et coustumes des Tartares, Persiens, Arabes, Turcs et tous autres Ismaélites, etc. *Id., ibid.*; 3 parties en un vol. pet. in-4, mar. br. fil. tr. dor.

2925. Des Histoires orientales et principalement des Turkes ou Turchikes et Schitiques ou Tartaresques et aultres qui en sont descendues, divisé en trois parties par G. Postel, cosmopolite. *Paris*, 1575; in-16, mar. r. fil. tr. d. (*Rel. anc.*)

2926. LA GRANDE ET MERUEILLEUSE ET TRES CRUELLE OPPUGNATION DE LA NOBLE CITE DE RHODES | prinse naguieres par sultan Seliman a present grand Turcq | ennemy de la tressaincte foy catholicque | redigee par escript | par excellent et noble cheualier frere Jacques Bastard de Bourbon, commandeur de Sainct Mauluiz, etc. — *Cy finist ce present liure.... imprime a Paris pour honneste personne Gilles de Gourmont | par maistre Pierre Vidoue,* 1525; pet. in-fol. goth. mar. v. fleurdel. tr. d. (*Duru.*)

Bel exemplaire de la première édition.

2927. Uberti Folietæ de sacro fœdere in Selimum lib. IV. Ejusdem variæ expeditiones in Africam, cum obsidione Melitæ.—Tumulus Neapolitani, etc. *Genevæ,* 1587; in-4, mar. r. comp. tr. cis. et d. (*Rel. anc.*)

Quatre pièces historiques importantes et rares relatives aux événements de Naples; curieuse reliure du temps.

2928. Antonii Mariæ Gratiani a Burgo S. Sepulchri episcopi Amerini de bello Cyprio lib. V. *Romæ,* 1624; in-4, mar. r. comp. tr. d.

Exemplaire de dédicace aux armes des *Barberini.*

2. Histoire de l'Asie, de l'Afrique et de l'Amérique.

2929. Asiæ nova descriptio, opus (G. Fournier) recens exiit in lucem cura L. M. S. *Lutetiæ Parisiorum, Sebast. Cramoisy,* 1656; in-fol. GR. PAP. m. r. comp. tr. dor.

Bel exemplaire aux armes de la reine Christine de Suède, à qui le livre est dédié.

2930. Le Premier Liure de l'Histoire de l'Inde, contenant commēt l'Inde a esté decouuerte par le commādement du roy Emānuel : et la guerre que les capitaines Portugalois ont menée contre Samorin, roy de Calecut : faict par Fernād Lopez de Castagneda, et traduict de portuguès en frāçoys par Nicolas de Grouchy. *Paris, Vascosan,* 1553; in-4, mar. r. fil. tr. dor.

Livre rare.

2931. Histoire de la conquête et de la fondation de

l'empire anglais dans l'Inde, par le baron Barchou de Penhoën. *Paris*, 1840; 6 vol. in-8, demi-rel.

2932. Conquista de las islas Malocas, al rey Felipe III, escrita por el licen^{do} Barthol. Leonardo de Argensola capellan de la Ma^{ad} de la Imperatriz. *Madrid, por Alonzo Martin*, 1609; in-fol. mar. r. fil. tr. d. (*A la 3^e reliure de J. A. de Thou.*)

Magnifique exemplaire d'un livre rare.

2933. Historia del gran Tamorlan e itinerario y enarracion del viage, y relacion de la embaxada que Ruy Gonçalez de Clavijo le hizo, por mandado del muy poderoso señor Rey don Henrique el Tercero de Castilla. *Impressa en Sevilla, en casa de Andrea Pescioni, año de* m.d.lxxx.ii; in-fol. à 2 col. v. f. fil. tr. d.

L'auteur de ce rare volume est Gonzalez de Clavijo lui-même; Argote de Molina s'en fit l'éditeur seulement.

2934. Relation de la captivité et liberté du sieur Emmanuel d'Aranda, jadis esclave à Alger, où se trouvent plusieurs particularités de l'Affrique, dignes de remarque; fig. en taille-douce, avec la suite. *Leyde*, 1671; in-12, v. f. fil. tr. d.

2935. Explorat. dans l'intérieur de l'Afrique australe, par Livingstone, trad. par Loreau. *Paris, Hachette*, 1859; gr. in-8, demi-rel. demi-rel. mar. r.

2936. Statistique de l'Ile Maurice, Madagascar et de ses dépendances, par le baron d'Unienville. *Paris*, 1838; 3 vol. in-8, demi-rel. v. f.

2937. Histoire naturelle et morale des Indes tant Orientalles qu'Occidentalles; composée en castillan par Joseph Acosta, et traduite en françois par Robert Regnault Cauxois. *Paris, Marc. Orry*, 1606; in-8, vélin.

2938. Les Singularitez de la France antarctique, autrement nommée Amérique, et de plusieurs terres et isles découvertes de nostre temps, par F. André Thevet. *Anvers, Christ. Plantin*, 1558;

in-4, fig. en bois, mar. v. fil. tr. d. (*Belle reliure de Capé.*)

Magnifique exemplaire d'un livre fort rare dans cette condition et très-recherché.

2939. Les Singularitez de la France antarctique, autrement nommée Amérique, et de plusieurs isles descouvertes de nostre temps, par André Thevet, natif d'Angoulesme. *Anvers, Christ. Plantin*, 1558, in-8 mar. rouge, tr. d. (*Duru.*)

Édition également fort rare, ornée de curieuses figures sur bois. Joli exemplaire dans une charmante reliure.

2940. Histoire de la Nouvelle France, contenant les navigations, découvertes et habitations faites par les François ès Indes occidentales et Nouvelle France, depuis cent ans jusqu'à lui, par Marc Lescarbot. *Paris, Millot*, 1612; in-8, mar. rouge, comp. petits fers pointillé, f. tr. dor. (*Riche rel. de Capé.*)

Superbe exemplaire, avec toutes les cartes, d'un livre très-recherché et fort rare. On y a joint : *les Muses de la Nouvelle France*, par le même auteur, recueil de récits poétiques que Lescarbot avait composé pendant son voyage en Amérique.

2941. Præclara Ferdinandi Cortesii de nova maris Oceani Hyspania narratio, anno Domini mdxx transmissa...... p. Doctorē Petrum Sauorgnanum Forojuliensem reum. D. Joan. de Reuelles episco. Viēnēsis secretariū ex hyspano idiomate in latinū versa. *Impressa in celebri civitate Norimberga* 1524 *per Fridericum Peypus*; in-fol. mar. br. tr. dor. (*Aux armes de Lord Grenville.*)

C'est la traduction de la seconde et de la troisième lettre de Fernand Cortès : on pense que la première n'a pas été imprimée. Bel exemplaire avec le portrait de Clément VII. A la suite se trouve une partie de 12 ff. intit. : *De rebus et insulis noviter repertis a Sereniss. Carolo Imperatore et variis earum gentium moribus.*

2942. San Juan de Uluà, ou Relation de l'expédition française au Mexique, sous les ordres du contre-amiral Baudin, par P. Blanchard et A. Dauzats. *Paris, Gide*, 1839; gr. in-8, fig. mar. vert, fil. dent. tr. d. (*Duru.*)

Ouvrage publié par ordre du roi Louis-Philippe, et illustré de figures et de vignettes sur bois; exemplaire unique, tiré sur papier de Chine, pour la bibliothèque de M. le baron Taylor.

2943. **Histoire naturelle et morale des Iles Antilles de l'Amérique** (par Rochefort), avec un vocabulaire caraïbe. *Rotterdam*, 1658; in-4, fig. mar. v. tr. dor. (*Thompson.*)

Première édition.

2944. L'Ile de Cuba, par Rosemond de Beauvallon. *Paris*, 1844; in-8, demi-rel.

2945. Tyrannies et Cruautez des Espagnols, perpétrées ès Indes occidentales, qu'on dit le Nouveau Monde, brieuement descrittes en langue castillane par l'éuesque don frere Barthelemy de las Casas ou Casaos, Espagnol, de l'ordre de S. Dominique; fidellement traduictes par J. de Niggrode. *Anvers*, 1579; pet. in-8, vél. f. tr. d. (*Rel. molle.*)

Charmant livre aux premières armes de J.-A. De Thou.

2946. Primera Parte de la Chronica del Peru, que tracta la demarcacion de sus provincias, la descripcion dellas, las fundaciones de las nuevas ciudades, los ritos y costumbres de los Indios. Fecha por Pedro d'Eiça de Leon vesino de Seuilla. *Seuilla en casa de Martin de Montesdoca*, 1553; in-fol. goth. à 2 col. fig. sur b. mar. r. comp. tr. dor. (*Capé.*)

Chronique rare qui devait avoir quatre parties : la première seule a paru. On lit sur le titre : *Es de Antonio Alvarez de Toledo*, 1554. Superbe exemplaire.

IV. HISTOIRE DE LA CHEVALERIE ET DE LA NOBLESSE.

2947. De la Chevalerie ancienne et moderne avec la manière d'en faire les preuves, par le P. Ménestrier. *Paris*, 1683; in-12, mar. vert. fil. tr. dor. (*Duru.*)

Très-bel exemplaire d'un volume rare dans une semblable condition.

2948. THE FAYT OF ARMES AND CHYVALRYE (by Christina of Pisan). — *Whiche translacyon was fynysshed the viij day of juyll the said yere (1489) and emprynted (by Caxton) the xiiij day of juyll the next folowing;* in-fol. goth. veau à comp. fil. tr. dorées.

TRÈS-PRÉCIEUX VOLUME, un des plus rares et plus curieux livres sortis des presses du vénérable père de la typographie anglaise. On lit à la fin : « *Ainsi finit ce livre que Christine de Pisan fit et tira du livre de Vegece de Re militari et de l'Arbre des Batailles avec bien des choses autres ajoutées, lequel estans en francois me fut délivré à moi Guillaume Caxton par le chrestien roi et redoubté prince, mon souverain et naturel lord le roi Henri VII, roi d'Angleterre et de France, dans son palais de Westminster, le 23 janvier, qui a voulu me commander de traduire ledit livre et de le réduire aussi à notre anglaise et naturelle langue et de le mettre en imprimé.* AMEN PER CAXTON. L'exemplaire Townley, ayant deux feuillets manuscrits, a été vendu 136 liv. st. (3400 fr.) Celui du duc de Roxburghe 346 liv. st. (8000 fr.); les deux feuillets de la table de notre exemplaire et 2 feuillets dans l'intérieur ont été habilement refaits à la plume.

2949. TRAITÉ DES TOURNOIS, joustes, carrousels et autres spectacles, publiés par le P. Ménestrier. *Lyon*, 1674; in-4, mar. brun, fil. tr. dor. (*Duru.*)

SUPERBE exemplaire d'un livre curieux, rempli de recherches historiques intéressantes. Les chapitres sont ornés d'une figure gravée à l'eau-forte.

2950. Traicté des Ceremonies et ordonnances appartenant à gages de bataille et combats en camp-clos, selon les institutions de Philippe de France, donné au roy par Paul Demont Boucher sieur de la Rinaudière. *Paris*, 1608; in-8, v. f. fil. tr. dor. (*Koehler.*)

2951. LE COMBAT DE SEUL A SEUL EN CAMP CLOS par Marc de la Beraudière. *Paris, Abel l'Angelier*, 1608; in-4, v. fauve, fil. tr. dor. (*Koehler.*)

Cet ouvrage est l'expression sincère de l'esprit de la noblesse au commencement du dix-septième siècle. Exemplaire grand de marges et bien conservé d'un livre RARE.

2952. Traité des combats singuliers, dédié au Roi, par le P. Gerdil Barnabite. *A Turin, de l'Imprim. royale* (1759); in-8, mar. r. dent. tr. dor (*Anc. rel., armoiries.*)

2953. Breve Compendium de origine, secundis et adversis successibus, nec non de statu moderno inclyti ordinis equestris hospitalis beatæ Mariæ Virginis Teutonicorum in Hierusalem, cum iconibus magnorum magistrorum, eorum insigniis et gestis. (*Herbipoli*, 1698); pet. in-fol. v. éc. (*Aux armes du pape Clément XI*.) Nombreux portraits gravés.

2954. LE LIVRE DES STATUTS et ordonnances de l'ordre du benoist Sainct Esprit, establi par le tres chrestien roy de France et de Pologne Henry III°.

<small>Belle reliure ancienne, aux armes et au chiffre de Henri III, roi de France et de Pologne.</small>

2955. Histoire de l'ordre du S. Esprit par M. de Ste-Foix. *Paris*, 1775; 2 vol. in-12, veau fauve, fil. tr. dor.

2956. Mémorial historique de la Noblesse, publié par Duvergier, anc. magistrat. *Paris*, 1839-40; 2 tom. en un vol. in-4, demi-rel. mar. rouge.

2957. Traité de l'origine des noms et des surnoms, par André de la Roque. *Paris*, 1681; in-12, mar. br. tr. d. (*Duru*.)

<small>Charmante reliure.</small>

2958. Giuoco d'armi dei sovrani e stati d'Europa, di Oronce Finè, detto de Brianville, trad. da francese in italiano et accresciuto da Bern. Giustiniani Veneto. *Napoli*, 1692; in-16, vél. blasons gravés.

2959. Le Véritable Art du blason et l'origine des armoiries, par le P. Ménestrier. *Lyon*, 1671, pet. in-12, veau fauve, fil. tr. dor. (*Trautz-Bauzonnet*.)

<small>Exemplaire encollé avec la reliure et d'une parfaite conservation.</small>

2960. La Nouvelle Méthode raisonnée du blason, par le P. C. F. Ménestrier. *Lyon*, 1691; in-12, fig. v. br.

2961. Nouvelle Méthode raisonnée du Blason ou de l'art héraldique du Père Ménestrier. *Lyon*, 1770; in-8, veau fauve, fil. tr. d. (*Niedrée*.)

<small>Bel exemplaire de l'édition la plus complète.</small>

2962. Le Tableau des armoiries de France, auquel sont représentées les origines et raisons des armoiries, hérauts d'armes, et des marques de noblesse, par Philippe Moreau, Bourdelois. *Paris*, 1609; in-8, mar. r. f. tr. d.

2963. Le Mirouer armorial dans lequel se voyent les armes de beaucoup de maisons nobles de ce roïaume et païs estrangers, etc., par le Sr Nolin. *Paris*, 1610; in-fol. mar. r. fil. tr. d. (*Hardy.*)

<small>Rare volume, renfermant deux parties de 104 et 60 pages, remplies de blasons finement gravés.</small>

2964. MERCURE ARMORIAL enseignant les principes et élémens du Blazon des armoiries, par C. Segoing. *Paris*, 1649; in-4, v. ant. fil. tr. dor. (*Niedrée.*)

<small>Volume RARE; très-bel exemplaire dont tous les blasons sont coloriés avec soin.</small>

2965. Armorial universel, contenant les armes des principales maisons, estatz et dignitez du plus considérable royaume de l'Europe, par C. Segoing, historiographe du Roy. *Paris, N. Berey*, 1654; in-fol. demi-rel. v.

<small>184 ff. remplis de blason, gravés sur cuivre et coloriés.</small>

2966. Promptuaire armorial et general, par Jean Boisseau, enlumineur du Roy. *Paris*, 1657; in-fol. mar. r. f. tr. d. fig. et blasons (*Un titre transposé.*)

2967. Le même, 1658; in-fol. mar. br. f. tr. d.

<small>Cet exemplaire a de plus que le précédent : *Les noms et surnoms des très-illustres filles de France, de la première, seconde et troisième lignée* (partie de 20 p.).</small>

2968. Le Nouveau Armorial universel, contenant les armes et blazons des maisons nobles et illustres de France et autres Estatz de l'Europe, par Bl. le Cellyer. *Paris*, 1663; in-fol. mar. br. tr. d.

<small>Volume contenant une grande quantité de blasons finement gravés sur cuivre.</small>

2969. LA VRAYE ET PARFAITE SCIENCE DES ARMOIRIES

ou l'Indice Armorial de feu M⁰ Lovvan Geliot, augmenté de nombre de termes, et enrichy de grande multitude d'exemples des armes de familles tant françoises qu'étrangères..., par P. Palliot. *Dijon et Paris*, 1664; in-fol. fig. mar. r. fil. tr. d. (*Trautz-Bauzonnet.*)

SUPERBE EXEMPLAIRE.

2970. DICTIONNAIRE HÉRALDIQUE par Chevillard. *Paris*, 1722; in-12, m. vert, fil. tr. d. (*Niedrée.*)

Très-joli exemplaire; 194 pl. entièrement gravées, présentant 1740 blasons placés par espèces; le tout est suivi d'une table par ordre alphabétique.

2971. Dictionnaire héraldique, par Chevillard. *Paris*, 1722; in-12, vél. (*Bel exempl.*)

2972. ARMORIAL GÉNÉRAL DE LA FRANCE (par d'Hozier père et fils). *Paris, de l'impr. de Jacques Collombat*, 1738-68; 10 vol. in-fol. v. éc.

Bien complet, en VI registres, avec le portrait de Louis XV.

2973. ARMORIAL DES PRINCIPALES maisons et familles du Royaume, par Dubuisson; ouvrage enrichi de près de quatre mille écus gravés en taille-douce. *Paris*, 1757; 2 vol. in-12, m. rouge, fil. à comp. tr. dor.

TRÈS-BEL EXEMPLAIRE d'un livre fort recherché et très-rarement en aussi belle condition. 4000 blasons gravés.

2974. Le même. Autre exemplaire relié en veau écail. et bien conservé.

2975. Tesseræ gentilitiæ, a Silvestro Petra Sancta, Romano, societatis Jesu, ex legibus Fecialium descriptæ. *Romæ, typis hæred. Fr. Corbelletti*, 1638; in-fol. vél.

Volume important pour l'histoire héraldique : il est enrichi de plusieurs milliers de blasons gravés.

2976. Dell' Armi, overo insegne di i nobili, scritte dal signor Filiberto Campanile, ove sono i discorsi d'alcune famiglie, etc. *Napoli*, 1681; in-fol. vél. front. et blasons gravés.

2977. Theatrum genealogic. ostentans omnium

ætatum familias (autore Hier. Henninges). *Madgeburgi,* 1598; 8 part. reliées en 6 vol.—Genealogiæ aliquot familiarum nobilium in Saxonia. *Hamburgi,* 1590; in-fol. fig. Ensemble 7 vol. in-fol. m. rouge. (*Anc. rel.*)

Armorial allemand le plus complet et le plus estimé en ce genre.

2978. The Union of honour, containing the armes, matches, and issues of the kings, dukes, marquesses and earles of England from the conquest untill this present yeere, 1640; with the armes of the english viscounts and barons non being... collected out of the most approved authours, former or moderne, by James Yorke, black-smith. *London, printed by Edward Griffin for William Leake,* 1640; in-fol. v. br. (*Rel. anc.*)

Ouvrage fort rare, contenant un nombre très-considérable de blasons noirs ou coloriés; la seconde partie contenant le *Récit des batailles livrées par les Anglais en Angleterre, Écosse, France, Irlande et Pays de Galles,* se trouve dans cet exemplaire.

2979. DICTIONNAIRE DE LA NOBLESSE, contenant les généalogies, etc., des familles nobles de France (par la Chesnaye-Desbois). *Paris, Vve Duchesne et l'auteur,* 1770-86; 15 vol. in-4, mar. r. fil. tr. d.

BEL EXEMPLAIRE. On sait l'extrême rareté des 3 vol. de supplément donnés par Bardier et détruits pendant la Révolution.

2980. HISTOIRE GÉNÉALOGIQUE ET CHRONOLOGIQUE de la Maison royale de France, des Pairs, etc., par le P. Anselme (P. de Guibours, P. Anselme de Sainte-Marie), continuée par Hon. Caille, sieur du Fourny, augmentée et publiée par les PP. Ange de Ste-Rosalie et Simplicien. *Paris,* 1726-33; 9 vol. in-fol. v. br. (*Aux armes de Breteuil.*)

C'est la meilleure édition de cet important ouvrage.

VII. ARCHÉOLOGIE.

2981. De l'Utilité des voyages et de l'avantage que la recherche des antiquitez procure aux sçavans, par Baudelot de Dairval, *Paris*, 1686; 2 vol. in-12, fig. dans le texte, veau fauve, fil. tr. dor. (*Padeloup.*)

Exemplaire PIXERÉCOURT d'un très-bon livre.

2982. D. Bernard de Montfaucon. L'Antiquité expliquée et représentée en figures. *Paris, Fl. Delaulne et les Libraires associés*, 1719; 10 vol. in-fol. mar. r. fil. tr. d. — Supplément, 1724; 5 vol. mar. rouge. fil. tr. dor. (*Aux armes du marquis de Poudenx.*)

2983. Polyanthéa archéologique (dont l'usage de saluer ceux qui éternuent, etc.), par T. de Jolimont. 1844; 3 brochures reliées en 1 vol. dos de maroq. rouge.

2984. Traité des anciennes cérémonies. *Quevilly, Jacques Lucas*, 1673; in-12, mar. cit. f. tr. d.

Ce volume assez rare porte sur la première garde la signature autographe de la marquise de Sévigné, à laquelle il a appartenu.

2985. The Antiquarian Repertory: a miscellaneous assemblage of topography, history, biography, customs and manners. Chiefly compiled by and under the direction of Francis Grose, esq. *London, Jeffery* (*s. d.*); 4 vol. in-4, cuir de Russie, tr. d.

Nombreuses planches gravées par et d'après Fr. Grose. EXEMPLAIRE EN GRAND PAPIER.

2986. PINAX ICONICUS antiquorum ac variorum in sepulturis rituum ex Lilio Gregorio (Gyraldio Cynthio), excerpta (a Clemente Baldino), picturisque iuxta hypographa exacta arte elaboratis effigiata. (*In fine*): *Lugduni, apud Clementum Baldinum,* 1556; pet. in-4 obl., veau fauve, à comp. à la

Grolier, petits fers, armoiries. (*Ancienne rel. du seizième siècle.*)

Figures de Pierre Woieriot. Précieux volume dans sa reliure originale, et qui porte sur le titre la signature effacée du poëte Desportes. Cet exemplaire est conforme aux intéressantes descriptions de M. Ch. Brunet et de M. Robert-Dumesnil, c'est-à-dire qu'il contient, outre les neuf planches d'une inappréciable exécution, le titre, le portrait de Woieriot par lui-même, la dédicace à Charles de Lorraine, ainsi que la très-grande marque de l'imprimeur Clément Baldinus; ce qui porte à treize le nombre des estampes qui enrichissent ce *rarissime* volume. Nous n'avons remarqué aucun défaut, et les épreuves ont paru aussi belles que possible.

2987. Traité des Festins, par M. Muret. *Paris, G. Desprez*, 1682; in-12, v. br.

2988. Dissertation sur l'usage de se faire porter la queue (par le P. Ménestrier). *Paris*, 1704; in-12, veau fauve, fil. tr. dor. (*Niedrée.*)

Édition originale très-rare. Joli exemplaire.

2989. De Magistratibus Atheniensium liber, ad intelligendam non solum Græcorum, sed et Romanorum politiam, ac omnem veterum historiam..., authore G. Postello Barentonio. *Basileæ*, 1551; in-8, mar. v. fil. tr. d. (*Derome.*)

2990. L. Fenestellæ de Magistratibus, Sacerdotiisque Romanorū libellus, Pomponii Lætæ itidem de magistratibus et sacerdotiis. *Parisiis, ap. Sim. Colinæum*, 1535; in-8, v. ant. comp. f. à fr.

Volume qui a appartenu à Adrien de Thou, frère de Christophe de Thou, le défenseur de Grolier : on voit sur la première et la dernière feuille de garde sa signature et une longue note autographe. Il passa ensuite dans les mains de J.-A. de Thou, le neveu du précédent, et il en porte également la signature trois fois répétée.
(Longue note autographe de M. de Monmerqué.)

2991. Justi Lipsii de Amphitheatro Liber, cum æneis figuris. *Antuerpiæ, apud Christ. Plantinum*, 1584; in-4, mar. cit. fil. tr. d. (*Aux premières armes de De Thou.*)

Dans le même volume : *Justi Lipsii de Amphitheatris quæ extra Romam libellus*, id., ibid., 1854. — *J. Lipsii Saturnalium sermonum, lib. II*, id., ibid., 1855. — *J. Lipsii de Constantia, lib. II*, id., ibid., 1855. Très-beau volume enrichi de curieuses figures d'une belle exécution.

2992. Le Maschere sceniche e le figure comiche d'antichi Romani descritti da Fr. de Ficoroni.

Roma, 1748 (84 fig.); in-4, v. ant. comp. tr. d. (*Aux armes du cardinal Cavalchini.*)

2993. Winckelman, Hist. de l'art chez les anciens. *Paris, Jansen, an II;* 3 vol. in-4, demi-rel. planch.

2994. Dissertations et mémoires sur différents sujets d'antiquité et d'histoire, mis en ordre et publiés d'après les manuscrits de feu M. Pasumot, par Grivaud. *Paris,* 1810 à 1813; in-8, demi-rel. v. ant. fig. et cartes. (*Trautz-Bauzonnet.*)

Ce recueil contient : *Mémoires sur les voies romaines de la ville d'Auxerre. — Dissertation sur la colonne de Cussy, près Beaune. — Sur les antiquités d'Autun. — Notice des antiquités de la ville de Beaune. — Dissertation sur la position d'un ancien lieu appelé* UBIRUM. *— Description de quelques monuments antiques qui existaient aux bains du Mont-d'Or. — Dissertation sur le lieu où s'est donnée la bataille de Fontenay, en* 841.

2995. MUSÆUM FLORENTINUM, exhibens insigniora vetustatis monumenta, quæ Florentiæ sunt in thesauro Medicæo, cum observat. Ant. F. Gorii. *Florentiæ,* 1731-66; 5 vol. in-fol. mar. r. fil. tr. d.

Exemplaire en GRAND PAPIER du plus bel ouvrage qui ait été fait sur les pierres gravées, médailles, etc.

2996. Real Museo Borbonico. *Napoli, dalla stamperia reale,* 1824-60; 16 vol. in-4, dos et coins de mar. vert, tr. sup. dor.

Bel exemplaire en grand papier vélin, relié sur brochure, d'un ouvrage important pour l'histoire de l'art. Il a été commencé sous la direction d'Antonio Niccolini, directeur de l'Académie des Beaux-Arts. L'immense quantité de planches gravées dont il est orné a été exécutée avec le plus grand soin par les premiers graveurs des Deux-Siciles.

2997. Musée de Naples. 1 vol. gr. in-4, demi-rel.

2998. POMPEÏ. Gr. in-fol.

Magnifique publication faite à Naples, planches en or et en couleur, 21 fascicules.

2999. Pompéia décrite et dessinée par Ernest Breton, suivie d'une notice sur Herculanum. *Paris,* 1855; gr. in-8, fig. demi-rel. mar. rouge.

3000. Recherches sur les monuments cyclopéens et Description de la collection des modèles en relief composant la galerie pélasgique de la bibliothèque Mazarine, par Petit-Radel. *Paris, Imprim. royale*, 1841; in-8, papier vélin, mar. r. fil. tr. d.

3001. Tour to the sepulchres of Etruria in 1839 by Hamilton Gray. *London*, 1843, in-8, fig. cart.

3002. Colonna Trajana scolpita, con l'historia della guerra dacica, etc., disegnata da Piet. S. Bartoli, con l'espositione latina d'Af. Ciaccone compendiata nella volgare lingua, accresciuta da Piet. Bellori. *Roma, de Rossi*, in-fol. mar. rouge, tr. dor. Rel. ital. (*Aux armes d'un cardinal*.)

<small>Bel exemplaire, avec l'épitre dédicatoire à Louis XIV, qui manque quelquefois.</small>

3003. Traité des pierres gravées, par P. J. Mariette. *Paris, de l'imprimerie de l'auteur*, 1750; 2 vol. pet. in-fol. mar. bleu, fil. dent. tr. dor. (*Bozerian*.)

<small>SUPERBE EXEMPLAIRE, papier de Hollande. Ce beau livre est orné de 257 planches admirablement gravées sous la direction d'Edme Bouchardon, qui a lui-même dessiné les deux frontispices et les vignettes.</small>

3004. COLLECTION CHOISIE (a select collection) de dessins tirés des pierres précieuses antiques, pour la plupart dans la possession de la grande et petite noblesse de ce royaume, gravés dans le goût de Rembrandt, par Worlidge. *London, printed by Dryden Leach for Worlidge*, 1768; gr. in-4, dos et coins de mar. rouge, non rogné. (*Trautz-Bauzonnet*.)

<small>Recueil d'une exécution remarquable et composé de 183 planches. Superbe exemplaire formé d'épreuves choisies du premier tirage et de l'édition originale. Les trois planches : la figure de *Méduse, Hercule étouffant un lion*, et le portrait, s'y trouvent. L'explication est en anglais.</small>

3005. Museum odescalchum sive Thesaurus antiquarum gemmarum quæ a Sereniss. Christina Suecorum regina collecta in Museo odescalcho adservantur et a Petro Sancte Bartolo quondam incisæ. *Romæ*, 1751; 2 vol. in-fol. vélin, fig. gr.

3006. Notizia di vasi dippinti inventi a Cuma, 1856,

posseduti da Sua Altessa Reale il Conte di Siracusa. *Napoli*, 1856; in-fol. cart.

3007. Tazze depinte del real Museo di Berlino proveniente dalle scavazioni d'Etruria. *Roma*, 1842; in-fol. demi-rel.

3008. De Lucernis Antiquorum reconditis lib. sex, aut. Fortunio Liceto Genuense. *Vtini*, 1652; pet. in-fol. fig. s. b. v. br. ant. (*Aux quatrièmes armes de De Thou.*)

3009. Lucernæ fictiles Musei Passerii, illustratæ. *Pisauri*, 1739; 3 vol. in-fol. v. br. figures et portraits.

<small>Les notes explicatives qui suivent les nombreuses figures gravées de ces trois volumes sont de Joannes Baptista Passerius.</small>

3010. Introduction à la connoissance des médailles, par Me Charles Patin, d^r régent en la Fac. de médec. de Paris. *De l'impression d'Elzevier, et se vend à Paris*, 1667; in-12, fig. mar. bl. comp. tr. d.

<small>Exemplaire Pixerécourt; frontispice et vignettes de Fr. Chauveau.</small>

3011. Discours sur les medailles et graveures antiques, principalement romaines, par M. Antoine Le Pois, conseiller et medecin de monseigneur le duc de Lorraine. *A Paris, par Mamert Patisson*, 1579; fig. s. b. in-4, mar. v. fil. tr. d. (*Rel. anc. de Padeloup.*)

<small>Bel exemplaire d'un livre rare et recherché : le titre a été réparé dans la marge du haut, et le *Priape* de la page 146, nettoyé.</small>

3012. Ezech. Spanhemii Liberi Baronis et legati regii Dissertationes de præstantia et usu numismatum antiquorum. *Londini, imp. Ric. Smith*, 1706; in-fol. mar. r. fil. tr. d. (*Du Seuil.*)

<small>Bel exemplaire en grand papier, avec portrait et planches gravées, aux armes de J.-B. Colbert.</small>

3013. La Science des médailles pour l'instruction de ceux qui commencent a s'appliquer à la connoissance des médailles antiques et modernes (par le P. Jobert). *Paris*, 1715; in-8, v. br. fig.

3014. Explication historique et critique des médailles de l'œuvre du chevalier Hedlinger, précédée de l'éloge historique de ce célèbre artiste, par Chrétien de Mechel. *Basle,* 1778; in-4, fig. m. vert, fil. tr. d. dent.

<small>Beau volume qui provient de la vente Debure. Les planches sont d'une belle exécution.</small>

3015. DEORUM DEARUMQUE CAPITA ex vetustis numismatibus in gratiam antiquitatis studiosorum effigiata et edita, ex museo Abrah. Ortelii. *Antverpiæ,* 1573; in-4, m. rouge, fil. à comp. tr. d. (*Trautz-Bauzonnet.*)

<small>Très-beau recueil de *soixante* estampes composées d'arabesques, d'ornements variés à l'infini, du meilleur goût et de la plus habile exécution. Cet exemplaire est remarquable par le choix des épreuves et la perfection de sa reliure.</small>

3016. Imperatorum Romanorum Numismata a Pompeio Magno ad Heraclium. Multis nummorum millibus editio aucta, per Adolphum Occonem medicum Augustanum. *Augustæ Vindelicorum,* 1601; in-4, mar. r. fil. tr. d. (*Aux secondes armes de De Thou.*)

<small>Très-beau volume.</small>

3017. Imperatorum Romanorum Numismata ab Ad. Occone olim congesta, nunc vero a mendis expurgata, exhibita studio ac cura Francisci Mediobarbi Biragi. *Mediolani, ex typog. Ludov. Montiæ,* 1683, in-fol. fig. mar. r. fil. tr. d. (*Rel. anc.*)

<small>Sur le titre se lit la signature de l'éditeur, Francesco Mezza-Barba.</small>

3018. Inscriptiones athleticæ nuper repertæ, editæ ac notis illustratæ ob Octavio Falconerio. *Romæ,* 1668; in-4, fig. sur cuivre, mar. r. fil. tr. d. (*Aux armes du prince Eugène de Savoye.*)

3019. Inscriptiones antiquæ totius orbis Romani in absolutissimum corpus redactæ olim auspiciis Jos. Scaligeri et M. Velseri, industria autem et diligentia Jani Gruteri et notis Marquardi Gudii emendatæ et tabulis æneis a Boissardo confectis illustratæ. *Amstelædami,* 1707; 4 vol. gr. in-fol. mar. r. comp. tr. d. (*Anc. rel.*)

GRAND PAPIER. Portrait gravé.

3020. Inscriptiones Bononienses infimi ævi Romæ exstantes collectæ a D. Petro Galetthio Romano. *Romæ,* 1759; in-4, vél. comp. tr. d.

Exemplaire de dédicace en gr. pap. aux armes de Clément XIII.

VIII. HISTOIRE LITTÉRAIRE.

3021. Querelles littéraires ou Mémoires pour servir à l'histoire des révolutions de la république des lettres depuis Homère jusqu'à nos jours (par l'abbé Irailh). *Paris,* 1761; 4 vol. in-12, demi-rel.

3022. HISTOIRE LITTÉRAIRE DE LA FRANCE, par des religieux bénédictins de la congrégation de St-Maur. *Paris,* 1733-1856; 23 vol. in-4, v. éc.

Ouvrage important et indispensable à toute grande bibliothèque.

3023. Recherches sur les sources antiques de la Littérature française, par J. Berger de Xivrey. *Paris, Crapelet,* 1829; gr. in-8, demi-rel. mar. v. tr. sup. d.

Exemplaire en papier vélin.

3024. Mémoires secrets pour servir à l'histoire de la république des lettres en France (par Bachaumont). *Londres,* 1777-89; 36 vol. in-12, v. éc.

3025. Sur la Liberté de la presse, par le comte de Mirabeau. *A Londres,* 1788; in-8, demi-rel.

3026. Journal historique (1748-1772) et littéraire, par Ch. Collé. *Paris,* 1807; 3 vol. in-8, demi-rel.

3027. Correspondance littéraire, philosophique et critique, depuis 1753 jusqu'en 1790; édition revue et publiée (par M. J. Taschereau). *Paris,* 1829; 15 vol. in-8, demi-rel.

3028. Mémoires et Correspondance de Mme d'Épinay,

où elle donne des détails sur ses liaisons avec Duclos, J.-J. Rousseau, Grimm, Diderot, le baron d'Holbach, Saint-Lambert, etc. (publ. par Ch. Brunet et Parison). *Paris...*; 3 vol. in-8, d.-rel.

3029. De notis Romanorum Commentarius, in quo earum interpretationes quotquot reperiri potuerunt, collegit, litterarum ordine digessit, observationes adiecit Sertorius Ursatus Patavinus. *Patavii*, 1672; in-fol. mar. r. f. tr. d.

Première édition, aux armes de J.-B. Colbert.

3030. Nouveau Traité de diplomatique, où l'on examine les fondemens de cet art, etc., par deux religieux bénédictins de la congrégation de St-Maur (D. Toustain et D. Tassin). *Paris*, 1750; 6 vol. in-4, v. éc. fac-simile.

Exemplaire en grand papier.

3031. Diplomatique pratique, par Le Moine. *Metz*, 1765; in-4, demi-rel. Il y a les planches, mais pas le supplément de Batteney.

3032. Éléments de Paléographie, par M. Natalis de Wailly. *Paris, Impr. roy.*, 1838; 2 vol. gr. in-4, dos et coins de mar. tr. sup. d.

Bel exemplaire en papier de Hollande, avec planches gravées.

3033. Isographie des hommes célèbres ou Collection de fac-simile, de lettres autographes et de signatures, exécutée sous les auspices de MM. Berard, Chateau-Giron, Duchesne, Trémisot et Berthier. *Paris*, 1843; 4 vol. gr. in-4, demi-rel.

Relié sur brochure. Cette intéressante collection est peu commune.

3034. Livre premier des Antiquités perdues de Pancirole, traduit par Pierre de la Noue. *Lyon, P. Roussin*, 1617; in-12, demi-rel.

Volume portant sur la couverture une estampille avec ces mots : *Bibliothèque de Maupertuis.*

3035. ACADÉMIE DES INSCRIPTIONS ET BELLES-LETTRES (Histoire de l'), avec les Mémoires de

littérature, tirez des registres de cette Académie (de 1701 à 1793). *Paris, de l'Imprimerie royale,* 1717-1809; 51 vol. in-4, fig. mar. r. fil. tr. d. (*Rel. anc.*)
Collection très-importante. TRÈS-BEL EXEMPLAIRE, BIEN COMPLET.

IX. BIBLIOGRAPHIE.

1. TRAITÉS SUR LES BIBLIOTHÈQUES. — HISTOIRE DE L'IMPRIMERIE.

3036. Advis pour dresser une bibliothèque, par Gabriel Naudé. *Paris,* 1644; in-8, mar. r. comp. tr. dor.

3037. Essai historique sur la bibliothèque du Roi (par le Prince). *Paris,* 1782; in-12, v. f. fil. tr. d.

3038. Histoire de l'origine et des premiers progrès de l'imprimerie, par M. Prosper Marchand. *La Haye,* 1740; in-4, vél. bl.

3039. Origines typographicæ, Gerardo Meerman auctore. *Hagæ comitum, Parisiis, Debure. Londini,* 1765; 2 vol. in-4, mar. r. f. tr. d. avec port. grav.
Bel exemplaire et ancienne reliure en grand papier réglé.

3040. Manuel typographique utile aux gens de lettres, par Fournier le jeune. *Paris, impr. par l'auteur, et se vend chez Barbou,* 1764; 2 vol. in-8, gr. pap. mar. r. fil. tr. d. (*Rel. anc.*)

3041. Un double. *Paris,* 1764; 2 vol. in-8, gr. pap. mar. r. fil. tr. d. (*Derome.*)

3042. Annales typographici ab artis inventæ origine ad annum M. D. opera Mich. Maittaire. *Hagæ Comitum,* 1719-89; 11 tom. en 9 vol. in-4, v. éc. frontispice présentant les portraits des inventeurs de l'imprimerie.
Ouvrage important.

3043. ANNALES TYPOGRAPHICI ab artis inventæ origine ad annum 1500, et postea ad annum 1536, opera G. W. Panzer. *Norimbergæ, impensis J. Eberhardi Zeh*, 1793-1803; 11 vol. in-4, v. f. fil. tr. d. (*Bradel.*)

Exemplaire Debure et RARE en papier fort.

3044. Dictionnaire bibliographique choisi du xv⁰ siècle, ou Description par ordre alphabétique des éditions les plus rares du xv⁰ siècle, par M. de la Serna-Santander. *Bruxelles*, 1805; 3 vol. in-8, demi-rel.

3045. Artis typographicæ querimonia, de illiteratis quibusdam typographis, propter quos in contemptum venit. *Aut. Henr. Stephano.* — Epitaphia gr. et lat. doctorum quorundam typographorum, ab eod. scripta. *Excud. Stephan.*, anno 1569; in-4, v. br. fil.

3046. Histoire de l'imprimerie et de la librairie, où l'on voit son origine et son progrès, jusqu'en 1689 (par J. de la Caille). *Paris*, 1689; in-4, vél.

3047. Un double, mar. r. fil. tr. d. (*Anc. rel. aux armes de France.*)

3048. Historia typographorum aliquot Parisiensium vitas et libros complectens (par Maittaire). *Londini*, 1717; in-8, v. éc. (*Anc. rel.*)

Planches gravées. Exemplaire avec une page manuscrite autographe de Maittaire.

3049. Lettre trentième concernant l'imprimerie et la librairie, trad. de l'anglais, avec des notes, par Crapelet. *Paris, de l'imprim. de Crapelet*, 1821; in-4, cart.

C'est la lettre de Dibdin, l'*alter ego* de l'abbé Rive, avec des notes auxquelles on reproche, avec raison, la partialité et l'exagération.

3050. Annales de l'imprimerie des Estienne, ou Histoire de la famille des Estienne et de ses éditions, par Ant.-Aug. Renouard. *Paris, J. Renouard*, 1843; in-4, mar. bl. fil. tr. d. (*Bauzonnet.*)

Exemplaire de l'auteur, sur grand papier vélin.

3051. Annales de l'imprimerie des Alde, ou Histoire des trois Manuce et de leurs éditions, par Ant.-Aug. Renouard; 3me édition. *Paris, J. Renouard*, 1834; in-4, mar. bl. fil. tr. d. (*Bauzonnet.*)

<small>Exemplaire de la vente Renouard, tiré sur un grand papier vélin, avec les plans, marques, fac-simile et le portrait de l'auteur.</small>

3052. Notice sur la famille des Junte et liste sommaire de leurs éditions jusqu'en 1550 (par Ant.-Aug. Renouard). *S. l. n. d.* (*Paris*, 1834); in-4, demi-rel.

<small>Exemplaire tiré à part sur vélin.</small>

3053. Annales de l'imprimerie elzevirienne, par Ch. Pieters. *Gand*, 1851; in-8, pap. vél. demi-rel.

3054. Notice sur les anciens livres d'Heures, par un membre de la Société des antiquaires de Normandie. *Caen, s. d.*; in-8, demi-rel. (*Tiré à cinquante exemplaires.*)

2. BIBLIOGRAPHES.

3055. Jugemens des sçavans sur les principaux ouvrages des auteurs, par Adr. Baillet, revus par la Monnoye. *Amsterdam*, 1725; 8 tom. en 4 vol. in-4, portraits, demi-rel. mar. br.

3056. Musæum typographicum seu Collectio in qua omnium fere librorum in quavis facultate ac lingua rariorum..., accurate recensentur a G. Fr. Rebude, juniore, bibliopola Parisiense. (*Paris*), 1755; pet. in-8, mar. cit. f. tr. d. (*Anc. rel. aux armes de Bonnier de la Mosson.*)

<small>Exemplaire du fils de l'auteur, qui a eu soin de mettre sa signature à côté de l'anagramme de son nom; imprimé sur papier de Hollande, avec les prix écrits de la main de M. Debure. Catalogue fort rare (aux armes de Bonnier de la Mosson).</small>

3057. Bibliothèque universelle et historique de l'année 1686 et années suivantes. *Amsterdam*,

Wolfgang, 1687-93; 26 vol. in-12, v. f. (*Aux armes du comte d'Hoym.*)

<small>Le 26e volume, dans lequel se trouve la table, est imprimé chez Wetstein, 1718.</small>

3058. Bibliothèque curieuse et instructive de divers ouvrages anciens et modernes de littérature et des arts (par le P. Ménestrier). *Trévoux*, 1704; 2 tomes en 1 vol. in-12, mar. r. f. tr. d.

3059. Manuel du libraire et de l'amateur de livres, par J.-Ch. Brunet. *Paris*, 1842; 5 vol. in-8, dos et coins de mar. doré en tête, non rogné.

<small>Exemplaire en papier vélin de la dernière édition.</small>

3060. Cyclopedia bibliographica : a library manual of theological and general literature, and guide to books for authors, preachers, students and literary men, par James Darling. *London*, 1854; gr. in-4, dos et coins de mar. vert.

<small>La matière de cette publication, qui a eu un grand succès en Angleterre, ne comprendrait pas moins de 8 volumes in-8.</small>

3061. Mélanges tirés d'une grande bibliothèque (par le marquis de Paulmy et Coutant d'Orville). *Paris, Moutard*, 1779-84; 24 vol. in-8, mar. r. fil. tr. d. (*Rel. anc. aux armes de Marie Leczinska.*)

<small>Ces 24 volumes forment la première partie du grand ouvrage, qui renferme 70 volumes; mais cette première partie forme un tout bien complet.</small>

3062. Mélanges tirés d'une petite bibliothèque, ou Variétés littéraires et philosophiques, par Ch. Nodier. *Paris, Crapelet*, 1829; in-8, demi-rel. dos et coins de mar. r. dos à petits fers, non rogné. (*Trautz-Bauzonnet.*)

<small>Exemplaire en grand papier vergé.</small>

3063. Description raisonnée d'une jolie collection de livres; Nouveaux Mélanges tirés d'une petite bibliothèque, par Ch. Nodier. *Paris*, 1844; gr. in-8, demi-rel. mar. non rogné.

<small>Ce catalogue de la bibliothèque de Charles Nodier, rédigé par lui-même et enrichi de notes bibliographiques et littéraires, est précédé d'une introduction par M. Duplessis; de la vie de Ch. Nodier, par Francis Wey; d'une notice</small>

bibliographique sur ses ouvrages, de trois tables et des prix de la vente. Un des vingt exemplaires sur grand papier vélin.

3064. Bulletin du bibliophile, revue mensuelle publiée par J. Techener, avec le concours de Ch. Nodier, Paulin Paris, Ch. Brunet, Duplessis, etc., contenant des notices bibliographiques, philologiques, historiques, littéraires. *Paris*, 1834-1856; 23 vol. in-8, fac-simile, demi-rel.

Exemplaire complet d'une bonne collection dont les premières années sont devenues rares.

3065. Analecta biblion, ou Extraits critiques de divers livres rares du cabinet du marquis du Roure. *Paris*, 1836; 2 vol. in-8, demi-rel. veau fauve, non rognés. (*Épuisés.*)

3066. Le Microscope bibliographique (par l'abbé Rive). *Amsterdam*, 1771; in-8, demi-rel. (*Rare.*)

3067. La Chasse aux bibliographes et antiquaires mal advisés, par un des élèves que M. Rive a laissés dans Paris (l'abbé Rive lui-même). *A Londres (Paris), chez N. Aphobe*, 1789; in-8, demi-rel.

3068. Lettre vraiment philosophique à Mgr l'évêque de Clermont (par l'abbé Rive). *A Nomopolis, chez le compère Eleuthère*, 1790; in-8, demi-rel.

3069. Dictionnaire des ouvrages anonymes et pseudonymes, par Barbier. *Paris*, 1822; 4 vol. in-8, demi-rel. mar. rouge, avec le Supplément, par de Manne.

3070. Joh. Alberti Fabricii Bibliotheca latina, sive Notitia autorum veterum latinorum quorumcunque scripta ad nos pervenerunt. *Londini*, 1703; in-8, v. f. (*Aux armes du comte d'Hoym.*)

3071. Bibliothèques françoises de la Croix du Maine et de du Verdier. Nouvelle édition, par M. Rigolet de Juvigny. *Paris*, 1772; 6 vol. in-4, v. f. fil. tr. d.

Bel exemplaire.

3072. Le Guide des arts et sciences, et promptuaire de tous liures, tant composez que traduicts en françois. *A Paris, par Fr. Jaquin*, 1598; in-8, vél. fil. tr. d. (*Trautz-Bauzonnet.*)

<small>Livre très-rare, d'un prêtre nommé Philibert Mareschal. On trouve indiqués là une foule d'ouvrages français inconnus aujourd'hui.</small>

3073. Bibliothèque françoise de C. Sorel. *Paris*, 1664; in-12, v. f. fil. tr. d.

3074. Bibliothèque françoise (grammaire, rhétorique et poésie), par l'abbé Goujet. *Paris*, 1740-56; 18 vol. in-12, v. f. fil.

3075. La France littéraire, contenant : 1.° les académies établies à Paris et dans les différentes villes du royaume; 2° les auteurs vivants, avec la liste de leurs ouvrages; 3° les auteurs morts, avec la liste de leurs ouvrages; 4° le catal. alphab. des ouvrages de ces auteurs (par les abbés de la Porte et d'Hebrail). *Paris*, 1769; 3 vol. in-8, v. f. fil.

<small>Exemplaire interfolié de papier blanc.</small>

3076. La France littéraire, ou Dictionnaire bibliogr. des savants, historiens et gens de lettres de la France, ainsi que des littérateurs étrangers qui ont écrit en français, par M. Quérard. *Paris*, 1827; 10 vol. in-8, mar. bl.

3077. Rapports à M. le ministre sur les anciens monuments de l'histoire et de la littérature de la France qui se trouvent dans les bibl. de l'Angleterre et de l'Écosse, par Fr. Michel. *Paris*, 1838; in-4, demi-rel.

3078. Bibliothèque poétique de M. Viollet-le-Duc (catalogue raisonné). *Paris*, 1843; in-8, demi-rel. tr. sup. d.

<small>Papier vélin.</small>

3079. Bibliothèque poétique de M. Viollet-le-Duc, avec notes bibliogr. et littéraires. *Paris, Hachette*, 1843; demi-rel. pap. vél. — 2e partie, contenant les chansons, contes en vers, facéties. *Paris, Flot,* 1847; demi-rel. — Catalogue des livres sur l'art dramatique, dont la vente a eu lieu en 1849. *Paris, Jannet;* in-8, d.-rel. mar., avec les prix imprimés.

<small>C'est dans cette vente qu'a figuré l'exemplaire devenu célèbre du Voltaire de Kell en grand papier, avec tous les dessins originaux de Moreau.</small>

3080. Bibliotheca historica instructa a Burcardo Struvio, aucta a Budero, nunc vero a Meuselio emendata. *Lipsiæ*, 1782; 11 vol. in-8, demi-rel.

3081. BIBLIOTHÈQUE HISTORIQUE DE LA FRANCE, contenant le catalogue des ouvrages, imprimés et ms., qui traitent de l'histoire de ce royaume, ou qui y ont rapport, par feu Jacques Lelong, prêtre de l'Oratoire, nouvelle édition, revue... par M. Fevret de Fontette. *Paris,* 1768; 5 vol. in-fol. mar. r. dent. tr. d.

<small>GRAND PAPIER. BEL EXEMPLAIRE EN RELIURE ANCIENNE AUX ARMES DE DU FAY.</small>

3082. Jo. Alberti Fabricii SS. Theol. D. Bibliographia antiquaria, sive introductio in notitiam scriptorum qui antiquitates hebraïcas, græcas, romanas et christianas scriptis illustrarunt. *Hamburgi*, 1760; in-4, mar. v. f. tr. d.

<small>Très-bel exemplaire.</small>

3083. Bibliographie des mazarinades, par C. Moreau. *Paris, Renouard,* 1850; 3 vol. in-8, d.-rel. tr. sup. d.

3084. BIBLIOTHECA SPENCERIANA or a Descriptive Catalogue of the books printed in the fifteenth century and of many valuable first editions in the library Earl Spencer, by the rev. Th. Fr. Dibdin. *London, Longman,* 1814-1815; 4 vol. — Ædes Althorpianæ, 1822; 2 vol. — Catalogue di Cassano Serra, 1827; 1 vol. — Ens. 7 vol. gr. in-8, demi-rel. mar. r. tr. sup. d.

<small>Bel exemplaire en grand papier. On y a joint une lettre autographe de Dibdin.</small>

3. CATALOGUES.

3085. NOTICES ET EXTRAITS DES MS. de la Bibliothèque du Roi, lus au comité établi par S. M. dans l'Acad. royale des Inscriptions et Belles-Lettres. *Paris, Imp. roy.*, 1787-1843; 14 vol. in-4, v. éc.

3086. Van-Praët. Catalogue des livres imprimés sur vélin de la Bibliothèque du Roi. *Paris, Debure,* 1822; 5 vol. in-8. — Catalogue des livres imprimés sur vélin qui se trouvent dans les bibliothèques, tant publiques que particulières. *Id., ibid.,* 1824; 4 vol. in-8. Les 9 vol. demi-rel. m. bl. tr. sup. d.

Bel exemplaire relié sur brochure.

3087. Catalogus librorum officinæ Lud. Elzevirii : designans libros qui tam ejus typis et impensis prodierunt, quam quorum alias copia ipsi suppetit. *Amstelod., Lud. Elzev.,* 1649; in-12, mar. r. fil. tr. d.

Charmant volume sur vélin de la réimpression faite à 100 par M. Chenu sur l'unique exemplaire existant dans la bibliothèque de la ville de Hambourg.

3088. Catalogus librorum qui in bibliopolio Dan. Elzevirii venales exstant. *Amstelodami, ex offic. Elzeviriana,* 1674; in-12, mar. bl. tr. d. (*Duru.*)

3089. Catalogue des livres du cabinet de M. de Boze, 1745; pet. in-fol., mar. v. f. tr. d. (*Padeloup.*)

Bel exemplaire d'un volume rare, tiré seulement à douze exemplaires en ce format. Frontispice et têtes de chapitre de Bouchardon.

3090. Catalogues Girardot de Préfont, 1757; — Dudoyer, 1763; — de l'abbé Favier de Lille, 1765. 2 vol. in-8, v. m.

3091. Catalogue des livres du cabinet de J. Gaignat, conseiller secrétaire du roi et receveur général des consignations, par Guill.-Fr. Debure. *Paris,* 1769; 2 vol. in-8, vélin, fil. tr. d.

Bel exemplaire en reliure ancienne et avec les prix de vente.

3092. Catalogue des livres du cabinet de feu M. Randon de Boisset. *Paris, Debure,* 1777; in-8, v. f. fil. tr. d. (*Derome.*)
<small>Exemplaire de Pixerécourt. Rare en papier de Hollande, avec les prix.</small>

3093. Catalogue des livres de M. L. C. D. L. (Camus de Limare). 1779; pet. in-8, mar. rouge, fil. tr. d. (*Derome.*)
<small>Petit volume tiré à petit nombre.</small>

3094. Catalogue des livres de la bibliothèque de feu M. le duc de la Vallière, par G. Debure, fils aîné (et Van Praët). *Paris,* 1783; 3 vol. in-8, mar. r. f. tr. d. (*Anc. rel. — Prix.*)

3095. Catalogue des livres rares et précieux de M. le marquis de Ch. (Châteaugiron). *Paris, Merlin,* 1827; in-8, cart. (*Papier vélin.*)

3096. Catalogue d'une précieuse collection de livres anciens et rares, provenant de la bibliothèque de M. F. Clicquot, de Reims. *Paris, Techener,* 1843; pet. in-8, cart. dos en toile, n. r. *fac-simile.*
<small>Exemplaire PAPIER DE HOLLANDE.</small>

3097. Catalogue des livres de la bibliothèque du prince d'Essling. *Paris, Techener,* 1847; in-8, demi-rel. (*Prix.*)

3098. Catalogue de livres rares et précieux composant la bibliothèque du baron Taylor, dont la vente a eu lieu en 1848. *Paris, Techener,* 1848; in-8, demi-rel. v. f.
<small>On y a ajouté le catalogue, devenu rare, de la vente faite à Londres en 1853, comprenant ensemble 5958 avec les prix de vente.</small>

3099. Catalogue de la bibliothèque de J.-J. Debure. *Paris, Potier,* 1853; in-8, demi-rel. (*Avec les prix de vente imprimés.*)

3100. Catalogue de la bibliothèque de M. Ant.-Augustin Renouard, dont la vente a eu lieu le 20 novembre. *Paris, Potier et J. Renouard,* 1854; in-8, demi-rel. mar. rouge.

3101. Catalogue de la bibliothèque de M. Charles

HISTOIRE.

Giraud, membre de l'Institut. *Paris, Potier*, 1855; in-8, demi-rel. mar. rouge.
<small>Un des trois exemplaires tirés sur papier de Hollande.</small>

3102. Catalogue of the Harleian ms. in the British Museum, with indexes of persons, places and matters. *London*, 1808; 4 vol. gr. in-fol. demi-rel. d. et c. mar. br. relié sur brochure et doré en tête.

3103. Catalogus librorum qui in bibliotheca Blandfordiensi reperiuntur. 1812, in-4, avec un Supplément publié en 1814, demi-rel.
<small>Publication privée, tirée à petit nombre.</small>

3104. Catalogue of the library at Abbotsford. *Edinburgh*, 1838; in-4, cart.
<small>Presented to the Maitland club by John Gibson Lockhart. Ce curieux catalogue de la bibliothèque de Walter Scott est devenu rare.</small>

X. BIOGRAPHIE.

RECUEILS DE PORTRAITS.

3105. Dictionnaire de Bayle. *Rotterdam*, 1734; 4 vol. in-fol. v. br.

3106. En ce present volume sont contenues les vyes de huict excellens et renommez personnaiges grecz et romains, escriptes premierement en langue grecque par Plutarque de Cheronée, et depuis translat. en françoys par feu reverend Pere en Dieu messire Georges de Selue, en son vivant euesque de Lavaur. *Paris, Galliot du Pré*, 1547; in-8, mar. r. f. tr. d. (*Rel. angl.*)
<small>Bel exemplaire réglé.</small>

3107. PHILOSTRATI imagines, heroica, vitæ sophistarum, Philostrati jun. imagines, descriptiones Callistrati. *Venetiis, in offic. Lucæ Ant. Juntæ*, 1535; in-8, veau fauve, fil. comp. tr. d.
<small>Édition RARE. Exemplaire réglé, de la meilleure conservation, dans sa première et belle reliure originale, avec dorures, petits fers et compartiments à la Grolier; elle est intacte.</small>

3108. Illustrium Imagines, ex antiquis marmoribus, nomismatibus et gemmis expressæ; quæ exstant Romæ, maior pars apud Fulvium Ursinum. Theod. Gallæus delineabat Romæ, 1598. *Antuerpiæ, ex officina Plantiniana.* M. DC. VI; in-4, mar. r. doub. de mar. r. tr. d. (*Anc. rel.*)

Portraits gravés.

3109. Icones quinquaginta virorum illustrium, doctrina et eruditione præstantium, ad vivum effictæ, cum eorum vitis descriptis a Jan. Jac. Boissardo Vesuntino, in æs artificiose incisæ per Theod. de Bry, Leodiencivem. *Francofurti,* 1597-98; 4 tom. en 2 vol. in-4, mar. r. comp. tr. d. (*Anc. rel.*)

Première édition.

3110. BRANTÔME (Pierre de Bourdeille, seigneur de). OEuvres (avec des remarques historiques et critiques par le Duchat, Lancelot et Prosper Marchand). *La Haye,* 1740; 15 vol. in-12, mar. r. tr. d. (*Bauzonnet.*)

TRÈS-BEL EXEMPLAIRE non rogné d'une édition estimée; il provient de la bibliothèque de M. Arm. Bertin.

3111. OEUVRES DE BRANTÔME (même édition). 15 vol. pet. in-12, fig. demi-rel. NON ROGNÉS. (*Bauzonnet.*)

Charmant exemplaire.

3112. OEuvres complètes de Brantôme, avec notices littéraires par Buchon. *Paris,* 1838; 2 vol. in-8, demi-rel. v. f.

3113. DE PLURIMIS CLARIS SCELESTISQ. mulieribus, a fratre Philippo Bergomense editum. *Ferrarie, impressum opera Mri Laurentii de Rubeis de Valentia,* a° 1497; in-fol. mar. br. comp. tr. d. (*Capé.*)

Très-bel exemplaire, rempli de témoins, d'un livre fort rare enrichi d'un grand nombre de figures gravées sur bois.

3114. Le Plaisant Liure de noble homme Jehan Boccace poete florentin, auquel il traicte des faictz et gestes des illustres et cleres Dames. *Imprime nouvellement a Paris en la boutique de G. Corro-*

zet, *l'an* 1528; in-8, élégante reliure en mar. br. comp. tr. d. (*Capé.*)

3115. Illustrium mulierum et illustrium litteris virorum elogia, a Julio Cæsare Capacio conscripta. *Neapoli, ap. J.-J. Carlinum*, 1608; in-4, v. f.

Aux troisièmes armes de de Thou.

3116. La Galerie des femmes fortes, par le P. Lemoyne. *Leyden, chez Jean Elzevier*, 1660; pet. in-12, mar. vert foncé, tr. d. (*Trautz-Bauzonnet.*)

Ce volume, à la fois l'un des ouvrages les plus intéressants et l'un des plus remarquablement exécutés de la collection elzévirienne, est orné d'un frontispice et de jolies figures, parmi lesquelles nous citerons celles de Jeanne d'Arc et de Marie Stuart. Charmant exemplaire. H. 4 p. 10 lignes.

3117. Notices et observations à l'occasion de quelques femmes de la société du dix-huitième siècle (par H. de La Porte, membre de la Société des bibliophiles françois). *Paris*, 1835; in-8, dos et coins de veau fauve, non rogné. (*Élég. rel.*)

Volume tiré à petit nombre et qui n'a pas été mis dans le commerce. On y a ajouté deux longues lettres autographes de l'auteur.

3118. EFFIGIES, nomina et cognomina S. D. N. Innocentii P. P. XI et RR. DD. S. R. E. Cardinalium. *Edit. a Jo. Jacobo de Rubeis. Romæ*, 1676; in-fol. mar. r. fil. tr. d. (*Aux armes du prince Eugène de Savoye.*)

60 portraits en belles épreuves d'après Clouet, etc., avec un admirable frontispice gravé par G. Audran, à Rome.

3119. Virorum illustrium ex ordine eremitarum D. Augustini elogia, cum iconibus, auct. F. Cornelio Curtio. *Antuerpiæ*, 1636; in-4, v. f. f. (*Rel. anc. aux armes d'un évêque, d'azur à trois fasces d'argent.*)

Figures de C. Galle en belles épreuves.

3120. Petri Castellani magni Franciæ eleemosynarii vita, auctore P. Gallandio. Stephanus Baluzius, nunc primum edidit. *Parisiis, ap. Fr. Muguet*, 1674; in-8, mar. r. comp. tr. d.

A la suite de la vie de Pierre du Chastel se trouve: *Le Trespas, obseques et enterrement de tres hault, tres puissant et tres magnanime François, par la grâce de Dieu, roy de France, tres chrestien, premier de ce nom... par Pierre du Chastel.*

3121. LES HOMMES ILLUSTRES qui ont paru en France pendant ce siècle, avec leurs portraits au naturel, par Perrault de l'Académie françoise (gravés par Edelinck, Van Schuppen, Lubin, etc.). *Paris*, 1669-1720; 2 vol. in-fol., mar. rouge, fil. tr. d. (*Anc. rel.*)

EXEMPLAIRE en grand papier et avec les figures en premières épreuves. Les portraits et les vies d'Ant. Arnauld et de Pascal s'y trouvent, ainsi que les portraits et les vies de Thomassin et de Du Cange. Exemplaire du GRAND DAUPHIN, fils de Louis XIV, avec des dauphins couronnés, sur le dos.

3122. Le Parnasse françois, par M. Titon du Tillet. *Paris*, 1732; in-fol. mar. r. tr. d. front. culs-de-lampe et médailles, gr. en taille-douce.

3123. Le Parnasse françois, par Titon du Tillet. *Paris, Coignard*, 1732; 1 tom. partagé en 2 vol. in-fol., vélin, portraits, médailles, etc.

3124. La Vie de Nic. Despréaux, par M. Desmaizeaux. *Amsterdam*, 1712; in-12, mar. vert, doré en tête. (*Relié sur brochure.*)

3125. Notice sur la vie de La Fontaine, avec quelques observations sur ses Fables (par M. Walckenaer). *S. l. n. d.*; in-8, demi-rel.

Exemplaire Renouard, IMPRIMÉ SUR VÉLIN.

3126. Histoire de la vie et des ouvrages de La Fontaine, par Walckenaer. *Paris*, 1824, in-8, demi-rel.

3127. Recherches sur la vie et les œuvres du P. Cl.-F. Menestrier. *Lyon, Perrin*, 1856; in-8, portr. demi-rel. mar. doré en tête, non rogné.

3128. Notice biographique sur Honoré de Balzac, par Paul Lacroix (bibliophile Jacob). *S. l. n. d.* 3 épreuves avec corrections.

3129. Les Vies des plus célèbres et anciens poëtes provençaux, par Jehan de Nostre-Dame (Nostradamus). *A Lyon, pour Alexandre Marsilij*, 1575; in-8, v. éc.

Exemplaire Viollet-le-Duc, bien complet.

3130. Theatrum honoris, in quo nostri Apelles sæculi seu pictorum qui patrum nostrorum memoria vixerunt, celebriorum præcipue quos Belgium tulit, veræ et ad vivum expressæ imagines in æs incisæ exhibentur. *Amstelodami, apud J. Janssonium, s. d.*; pet. in-fol. mar. r. tr. d. (*Thompson.*)

<small>68 portraits de peintres, plus 2 planches gravées par Mich. Coxennius Mechlin.</small>

3131. Vita del padre Paolo (Sarpi) dell' ordine di servi. *Leida (Elzévir),* 1646; pet. in-12, mar. bleu, jans. tr. d. (*Duru.*)

<small>Exemplaire NON ROGNÉ de l'édition elzévirienne la plus recherchée.</small>

3132. La Vie de Galéas Caraciol, marquis de Vico, et l'Histoire de la fin tragique de François Spiere (mises en franç. par le sieur de Lestan). *Amsterdam*, 1682; pet. in-12, mar. bl. fil. à froid. (*Duru.*)

<small>Exemplaire non rogné d'un volume qui fait partie de la collection elzévirienne.</small>

3133. La Vie de Cesar Borgia, appelé depuis le duc de Valentinois, descrite par Thomas Thomasi. *Traduit de l'italien, imprimé à Monte Chiaro (Holl., Elzévir)*, 1671; pet. in-12, mar. rouge, fil. tr. d. (*Capé.*)

<small>Un des volumes recherchés de la collection des Elzévirs français. Joli exemplaire aux armes du marquis de Coislin.</small>

XI. EXTRAITS HISTORIQUES

ET MÉLANGES ENCYCLOPÉDIQUES.

3134. Æliani Variæ Historiæ, lib. XIIII, cum latina interpretatione. *Lugduni, Joannes Tornæsius*, 1597; in-12, mar. r. fil. tr. d. (*Aux premières armes de De Thou.*)

3135. Valerii Maximi dictorum factorumque memorabilium lib. IX, cum J. Lipsii notis. *Lugd. Batav.* 1640; in-12, v. f. f. (*Aux quatrièmes armes de De Thou.*)

3136. Valerius Maximus, cum selectis variorum observationibus et nova recensione A. Thysii. *Lugduni Batavorum*, 1670; in-8, mar. r. fil. doub. de mar. r. dent. (*Anc. rel. de Boyet.*)

3137. Baptistæ Fulgosii factorum dictorumque mirabilium libri IX, aucti et restituti. *Antuerpiæ*, 1565; in-8, mar. citron, fil. (*Aux premières armes de J. A. de Thou.*)

3138. LE PREMIER (et Second) VOLUME DE LA TOYSON D'OR, compose par reverend Pere en Dieu Guillaume (Fillastre) iadis evesque de Tournay. Ils se vendent a Paris, en la rue St-Jacques. — *Cy fine le second volume de la Thoyson d'Or, imprime a Paris, l'an* 1517, *par Anthoyne Bonnemere pour Fr. Regnault,* in-fol. goth. à 2 col. fig. sur bois, réglé, mar. r. tr. d.

Seconde édition.

3139. LE PREMIER (ET SECOND) VOLUME DE LA THOYSON D'OR, compose par Reverend Pere en Dieu Guillaume, par la permission divine iadis euesque de Tournay, etc. — *Cy fine le second volume de la Thoyson d'Or, imprimee a Troyes par Nicolas le Rouge, l'an mil cinq cens et trente*; in-fol. goth. à 2 col. fig. s. b. mar. r. fil. tr. d. (*Koehler.*)

3140. Epitome de cent histoires tragiques, partie extraittes des Romains et autres, de l'invention de l'autheur... par Alexandre Sylvain. *Paris, Nicol. Bonfons,* 1581; pet. in-8, m. rouge, tr. dor. jans. (*Duru.*)

Volume très-rare à trouver en aussi bel exemplaire. C'est dans ce livre que se trouve l'histoire du juif qui, pour se payer de sa dette, veut prendre une livre de chair sur le corps d'un chrétien et qui a fourni à Shakespeare le sujet du *Marchand de Venise*. On remarque à la fin les poésies françaises de l'auteur, Van den Bussche, qui n'ont pas été signalées.

3141. Histoires tragiques extraites des œuvres ital. de Bandel et mises en langue françoyse, les six premières par Pierre Boistuau, surnommé Launay, natif de Bretaigne, les douze suivants par

HISTOIRE. 515

Franç. de Belleforest, Comingeois (ensemble 18 histoires), *Lyon, Jean Martin*, 1564; in-16; mar. rouge à comp. tr. dor. (*Trautz-Bauzonnet.*)

<small>Charmant exemplaire, de la bibliothèque de M. Armand Bertin, d'un petit livre très-rare et des plus intéressants.</small>

3142. Premier et Second Thome ou Histoires des histoires tragiques contenans xxxvi livres; les 6 premiers par Pierre Boistuau, surnommé Launay, les 30 derniers par F. de Belleforest, Comingeois. *Paris, J. Macé*, 1568; in-8. mar. v. tr. d. (*Duru.*)

<small>Édition rare, imprimée à deux colonnes en très-petits caractères.</small>

3143. Histoires tragiques... *Paris*, 1582 et années suivantes. divisées en 11 vol. in-16, v. f. (imparfait.)

3144. Bibliothèque de l'École des Chartes (ouvrage périodique). *Paris*, 1839-59; 20 vol. in-8, demi-rel.

<small>Collection estimée et devenue rare complète.</small>

3145. Traité des Mésadventures des personnages signalez, trad. du latin de Jehan Boccace et reduict en 9 liures par Cl. Witart. *Paris, chez Nicolas Eue, relieur du Roy*, 1578; in-8, mar. r. fil. tr. d.

<small>Sur le titre, *Adam et Ève*, la marque du libraire.</small>

3146. L'Antiquité des larrons, ouvrage non moins curieux que délectable, composé en espagnol par don Garcia, et traduit en françois par le sieur d'Audiguier. *Rouen, David Ferrand*, 1632; pet. in-12, veau fauve, fil. tr. dor. (*Trautz-Bauzonnet.*)

<small>Petit livre curieux; l'auteur suppose qu'un prisonnier raconte ses aventures à un compagnon d'infortune. Don Garcia y fait sérieusement l'éloge du vol.</small>

3147. BRIEF SOMMAIRE DES SEPT VERTUS, sept ars liberaulx, sept ars de poesie, sept ars mechaniques, des philosophies, des quinze ars magicques. La louenge de la musique; faict par Guillaume Telin, de la ville de Cusset en Auvergne.— *Nouvellement imprimé à Paris par Nicolas Cous-*

teau, pour Galliot du Pré, et fut achevé d'imprimer le xxii iour de février mil cinq cens xxxii (1533); pet. in-4, goth. m. rouge, dent. tr. d. (*Trautz-Bauzonnet.*)

Livre curieux et *fort rare. Magnifique exemplaire* de la plus parfaite conservation et avec *témoins.*

3148. Encyclopédie portative. *Paris, L. Debure,* 6 vol. in-32, veau ant. fil. (*Trautz-Bauzonnet.*)

Six petits volumes charmants, imprimés avec soin sur papier vélin et reliés avec goût, comprenant : *Résumé complet de morale, par V. Parisot,* 1826; — *Tableau hist. des littératures anc. et mod., par Turles,* 1827; — *Aperçu hist. sur les mœurs et coutumes des nations, par Depping,* 1826; — *Résumé de l'histoire universelle, par de Bretonne,* 1825; — *Précis élémentaire d'économie politique, par Ad. Blanqui,* 1826.

CATALOGUE

DE LA

BIBLIOTHÈQUE

DE M. FÉLIX SOLAR

La vente se fera le mardi 26 février et jours suivants,

A SEPT HEURES PRÉCISES DU SOIR

(*Exposition de chaque vacation de une heure à trois*)

Rue des Bons-Enfants, 28

PAR LE MINISTÈRE DE Me PILLET, COMMISSAIRE-PRISEUR,

RUE DE CHOISEUL, N° 11.

M. Techener remplira les commissions des personnes qui ne pourraient assister à la vente.

Les tables et prix d'adjudication seront imprimés après cette vente et paraîtront dans le courant de mars. (*On souscrit chez M. Techener.*)

Paris. — Typographie de Ad. R. Lainé, rue Jacob, 56.

CATALOGUE

DE LA

BIBLIOTHÈQUE

DE M. FÉLIX SOLAR

DEUXIÈME PARTIE

MANUSCRITS — LETTRES AUTOGRAPHES — SUPPLÉMENT

PARIS
CHEZ J. TECHENER, LIBRAIRE
RUE DE L'ARBRE-SEC, 52
PRÈS LA COLONNADE DU LOUVRE

1861

BIBLIOTHÈQUE DE M. FÉLIX SOLAR

(DEUXIÈME PARTIE)

CATALOGUE

DES

MANUSCRITS ET AUTOGRAPHES

THÉOLOGIE

3149. BIBLIA SACRA LATINA. 1 vol. p. in-fol. mar. br. f. à fr. tr. dor. (*Thompson.*)

Très-beau ms. sur vélin du xive siècle, à deux colonnes, orné de petites miniatures en tête du volume, lettres tourneures et onciales, élégamment rubriqué, et de la plus belle conservation.

3150. BIBLIA SACRA LATINA. 2 vol. in-fol. mar. br. f. à fr. tr. dor. (*Rel. claustrale de Thompson.*)

Très-beau manuscrit du milieu du xvie siècle. Il est composé de deux vol. écrits sur deux colonnes de 42 lignes; l'écriture se rapproche beaucoup des caractères qui ont servi à l'impression de la Bible de 42 lignes. Ce ms., écrit sur un vélin très-fin et très-pur (vélin d'agneau mort-né), est orné d'une très-grande quantité de miniatures (plus de 800) très-fines et très-intéressantes, dont quelques-unes ont été reproduites dans le bel ouvrage chromo-lithographique de M. Matthieu. Le premier vol. a 328 ff., le deuxième 422.

C'est un des plus beaux spécimens de l'art à cette époque que nous ayons encore rencontrés.

3151. BIBLIA VERSIFICATA. Pet. in-fol. maroq. brun.

Manuscrit du xiiie siècle, sur vélin d'agneau, d'une excellente conservation. 222 ff., contenant, en plus de 11,000 vers hexamètres et pentamètres, un poëme latin, en partie inédit, intitulé : *Aurora* ou *Bibliotheca versificata*, dont l'auteur doit être Petrus Riga, clerc de Reims, mort au commencement du xiiie siècle.

L'écriture est une gothique minuscule d'une grande netteté; le manuscrit est très-élégamment rubriqué en rouge et bleu; un grand nombre de capitales sont peintes en miniature.

3152. Maimonides. Commentaire sur la Mischna ; in-fol. relié en bois.

Manuscrit hébreu sur vélin du commencement du xvi° siècle, élégamment rubriqué. Il a été exécuté en Italie et est revêtu de l'approbation de l'inquisiteur romain. Le texte offre de nombreuses variantes avec celui du Talmud.

3153. Salomonis libri, translati ex hebræo et græco in latinum à S. Hieronymo ; manuscrit du quatorzième siècle, in-4 sur vélin de 180 feuillets, miniatures et bordures, m. rouge, tr. dor. (*Anc. rel.*)

Nous ne connaissons point d'éditions imprimées de cette traduction des livres de Salomon par saint Jérôme. — Ce superbe manuscrit, écrit en caractères *solides*, a été composé, dans le midi de la France, pour un évêque de la maison de Cominges, et probablement pour Guillaume de Cominges, évêque de Pamiers en 1351 et de Cominges en 1371.

Nous avons compté 122 belles capitales de 3 centimètres carrés ou environ, en couleur ombrée d'or, qui se détachent sur un fond d'une autre couleur et diapré d'or : ces capitales sont d'un goût exquis; elles sont accostées de magnifiques bordures, toutes peintes sur la marge extérieure, excepté quatre qui se trouvent sur la marge intérieure : ce sont des rubans multicolores à dessins variés, la plupart à semis d'or chargés d'élégantes arabesques or et couleurs, de fleurs, de fruits, de feuillages, d'oiseaux et d'animaux. On y remarque onze perruches, deux faisans dorés, deux paons, trois colombes, un sanglier et cinq animaux fantastiques. Le 25° ruban est orné de trois fleurs de lis héraldiques françaises, et le 74° ruban de deux fleurs de lis fleuronnées à l'imitation du lis de Florence.

L'or et les couleurs sont d'une vivacité et d'une fraîcheur admirables. Dans la peinture des grenades, des fraises, des fleurs de tout genre, telles que roses, œillets, mauves, pervenches, bleuets, pensées, etc., l'artiste a rivalisé avec la nature.

3154. Prologus primus venerabilis Fratris Nicolai de Lira in Testamentum vetus de recōmēdacōe sacre scripture in generali incipit. Manuscrit du xv° siècle sur vélin, orné de bordures et initiales. (*Aux armes du cardinal George d'Amboise*); 6 vol. gr. in-fol. mar. viol. dent. tr. d. (*Rel. anc.*)

Chef-d'œuvre de calligraphie dû à Mathias d'Oringe, des Frères Mineurs, qui se nomme à la fin de l'ouvrage ; l'écriture est tout aussi nette à la fin du 6° vol. qu'au commencement du 1ᵉʳ. On sait de quelle vogue jouit au moyen âge ce volumineux commentaire du célèbre théologien sur la Bible.

3155. La Vie de Salomon (par l'abbé de Choisy). *Paris, Cl. Barbin*, 1687; in-8, mar. r. fil. tr. d.

Édition originale.
Précieux volume, enrichi de notes autographes de Racine, aux pages 5, 7, 8, 15, 17 et 28.

3156. FIGURES DE LA BIBLE.

Précieuse suite de figures représentant les sujets de l'Ancien et du Nouveau Testament, exécutées à la plume et enluminées au commencement du xive siècle. Ces dessins ont été probablement destinés à des verrières d'église ou de couvent. Tout porte à croire qu'ils ont été exécutés par un artiste de l'école d'Alsace, à la cour de Philippe le Bon, premier duc de Bourgogne.

M. Viollet-le-Duc, un de nos plus éminents architectes et artistes, a consacré à ce curieux volume une longue note manuscrite en forme de commentaire explicatif, réunie au volume.

Ces dessins sont au nombre de 82; ils ont été reportés avec soin sur papier in-folio, et reliés en mar. br., comp. f. à fr., tr. dor.

3157. Liber psalmorum cantic., et hymnor. Jussu Rĩ in Chrō P. ac Dñi DN. Caspari K. Abbatis, transcriptus per F. Dauidem Aicheleru Benedictu, M. D. LXXXIII; gr. in-fol. rel. en bois, recouvert de v. estampé, coins et plaques de cuivre ciselé, fermoirs.

Très-beau manuscrit flamand, ou tout au moins du nord de la France, orné d'un nombre considérable de grandes miniatures, intéressantes pour l'histoire des costumes.

Les mss. enluminés de cette époque avancée sont fort rares; celui-ci est un remarquable spécimen.

3158. PSAUTIER en latin. Manuscrit du treizième siècle, pet. in-fol., miniatures, ais en bois, mar. La Vallière, fil., comp. à froid, tr. dor., fermoirs en argent.

Magnifique manuscrit sur peau vélin, d'une conservation parfaite. Il est orné de 24 vignettes en médaillons, sur les marges du calendrier; de 8 grandes miniatures sans texte; de 8 miniatures peintes dans des initiales de 7 ou 8 centimètres carrés et accostées de plusieurs lignes en capitales gothiques, en or, sur un fond mosaïque, chargé d'ornements divers; de 150 grandes capitales en or et en couleurs, auxquelles se rattachent souvent de longs appendices, et d'initiales gothiques, alternativement bleu et or. Chaque ligne, qui n'est pas entièrement remplie par le verset, se termine par un tiret compliqué, soit en or, soit en couleur, mais toujours de la hauteur des caractères de l'écriture : quelques-uns de ces tirets affectent des formes bizarres.

Le calendrier, écrit en rouge et en bleu, est d'une charmante exécution, et reproduit les plus beaux modèles de l'écriture du treizième siècle.

Nous ferons observer que le nom de saint Louis n'est pas inscrit dans le calendrier, ce qui lui donne une date antérieure à l'année 1297.

Les huit grandes miniatures byzantines, à fond d'or, qui suivent le calendrier, sont divisées en deux compartiments, et représentent : la première, la Salutation angélique et la Visitation; la deuxième, la Nativité et l'Adoration des Mages; la troisième, la Tentation de Jésus-Christ et la Flagellation; la quatrième, le Crucifiement et la Descente de croix; la cinquième, les Saintes Femmes au sépulcre et l'Apparition de Jésus-Christ à sainte Madeleine; la sixième, l'Ascension et la Diffusion du Saint-Esprit; la septième, Jésus-Christ dans sa gloire et la Résurrection des morts. La huitième, qui sert de frontispice au psautier, représente le roi David jouant de la harpe et un musicien qui l'accompagne avec un violon alto ; puis, au-dessous, le combat de David et de Goliath.

Une note nous apprend que ce psautier avait appartenu à Jean Doroz, évêque de Lausanne, qui le donna en 1604 à sa filleule Jeanne l'Isola et au couvent de Verceil, dans lequel elle était religieuse; et que Jeanne l'Isola était fille de noble Hiérome l'Isola, citoyen de Besançon, et de Susanne Récy.

Sur le recto de la première miniature, on a écrit, évidemment après coup, un extrait des Évangiles selon saint Marc et selon saint Luc, relatif à l'apparition de Jésus-Christ à ses disciples, et à la Salutation angélique : cet extrait se prolonge sur le verso, au-dessous de la miniature.

L'écriture du psautier est d'une grande netteté, en beaux caractères solides. Les notes marginales sont écrites en caractères plus petits, qui rappellent ceux du calendrier.

On trouve rarement, dans les manuscrits du treizième siècle, des miniatures de ce genre, à fond d'or et de l'école byzantine. Elles paraissent plus anciennes que le texte, et sont quelquefois d'une grande naïveté. Ainsi, dans le tableau de la Nativité, la Vierge est à moitié couchée sur un lit à tréteaux, garni d'un rideau qui glisse sur sa tringle ; et l'enfant Jésus, emmailloté comme une momie, semble être étendu sur le haut d'une armoire, tandis que, au-dessus de ce prétendu berceau, apparaissent les têtes du bœuf et de l'âne. Le bucheron, peint dans le médaillon du mois de décembre, se trouve dans une position bien gênante; il tient sa coignée des deux mains; mais on ne sait où rattacher le bras gauche.

3159. BREVIARIUM seu Liber Precum. *Ms. italien* du XVe ou de la fin du XIVe, avec musique notée; pet. in-fol. velours rouge.

Curieux manuscrit italien, d'une belle écriture, orné d'une foule de petites miniatures en or et couleurs.

3160. HORÆ CANONICÆ. Manuscrit du quatorzième siècle, sur vélin; pet. in-8 de 109 feuillets chiffrés, miniatures, relié.

Ce joli manuscrit, dont le vélin est d'une blancheur et d'une finesse remarquables, renferme huit grandes capitales à miniature, huit bordures en rubans, et environ 3200 majuscules en or sur fond de couleurs variées.

Les huit grandes capitales en couleur sont ornées d'une bordure en or; au centre se trouvent des miniatures d'un dessin exquis et d'une brillante exécution. La première représente le combat de David et de Goliath. Malheureusement cette première page est fatiguée, et la miniature a souffert, ainsi que la bordure; c'est la seule page du volume qui ne soit pas parfaitement conservée. Les psaumes ont fourni le sujet des miniatures suivantes. — La deuxième représente David en habits royaux, priant à genoux, les mains jointes, devant un autel chargé d'un livre ouvert.

Les meubles, les tapisseries et les vêtements, ombrés d'or, sont d'un éclat et d'une fraicheur que le temps n'a pu altérer.

Les huit bordures des marges extérieures, qui accompagnent les miniatures, affectent la forme de rubans, dont une partie est à points d'or, et l'autre à fond d'or mat, le tout orné d'arabesques, d'animaux fantastiques, d'oiseaux, de fleurs et de fruits, or et couleur.

3161. HORE. Manuscrit du quatorzième siècle, sur vélin, in-4 de 178 feuillets, miniatures, bordures; v. br., à compart., ornés de fleurs de lis, d'agneaux pascals et des initiales J.-M. (Jésus-Maria), ais en bois, tr. dor. (*Reliure du seizième siècle.*)

Superbe manuscrit du quatorzième siècle, écrit en caractères solides. — Toutes les pages ont des bordures qui, de la marge extérieure, se prolongent sur la moitié des marges supérieure et inférieure ; elles sont formées de minces filets qui se croisent en tous sens et auxquels se rattachent des fleurs, des fruits peints au naturel, des épis et des feuilles d'or : les filets s'appuient sur un trait vertical or et couleur, qui sert d'arrêt aux lignes du texte sur la marge extérieure.

Il existe dans ce manuscrit neuf miniatures, à plein cintre, de 7 cent. de large sur 10 cent. de haut. Ces miniatures sont très-remarquables par la délicatesse du dessin, la richesse des costumes et des accessoires, et l'expression des figures. Rien n'est plus charmant que le tableau de la Circoncision et le groupe de S. Christophe et de l'Enfant Jésus.

On remarque encore dans le volume un grand nombre de majuscules coloriées sur fond d'or, ornées à l'intérieur de feuilles de houx, et, sur la marge, d'un appendice à filets, feuilles et fleurs ; une immense quantité d'initiales en or, encadrées et diaprées de couleurs diverses, et des tirets, également en or et en couleur.

Ce manuscrit renferme une hymne à S. Sébastien, en prose latine rimée ; et, de plus, des oraisons à la Vierge et à Notre-Seigneur, connues sous le nom des Quinze Joies et des Huit Regards, et une longue prière : le tout en prose romane ; puis, une hymne à la Vierge de 72 vers et un huitain en l'honneur de la sainte croix. Cette partie française est très-curieuse.

3162. PRECES PIÆ. Manuscrit du quinzième siècle, sur vélin, in-16 de 140 feuillets, miniat., bord. ; v. f., compart. (*Anc. rel.*)

Ce livre d'heures et de prières a un peu souffert d'un usage trop fréquent ; mais cependant les miniatures, ainsi que les bordures et les initiales, sont presque toutes bien conservées, et le style de ces ornements n'est pas commun.

C'est un manuscrit du quinzième siècle, et, d'après les costumes civils et militaires des personnages, nous le daterions volontiers du règne de Louis XI : les figures ont le type flamand.

Les bordures n'encadrent que la marge extérieure ; elles sont à filets en spirale. Le milieu de chaque bordure est occupé par un groupe de feuillages, mi-parti or et couleurs, d'où sortent des fraises ou des fleurs agrestes. Sur les feuilles, l'artiste a posé des papillons, des abeilles, des oiseaux et même des limaçons. Ces bordures élégantes sont d'un bon style et d'une finesse d'exécution en rapport avec l'exiguïté du format.

Les lignes du calendrier sont alternativement écrites en or et en couleur rouge ou bleue. Les 24 vignettes placées au centre des bordures représentent les signes du zodiaque et les travaux de la saison.

Les 35 miniatures du texte ne reproduisent point les sujets généralement adoptés pour les heures manuscrites.

Ces miniatures, parfaitement dessinées, renferment souvent de très-jolis paysages. On peut remarquer aussi la richesse et l'exactitude des costumes, dont la plupart sont en drap d'or ou ombrés d'or.

3163. HORÆ CANONICÆ. Manuscrit du quinzième siècle, sur vélin ; pet. in-4 de 169 feuillets, bordures, miniatures, relié en velours grenat, tr. dor.

Splendide manuscrit du commencement du xve siècle. Toutes les pages sont entourées de trois côtés par de larges et riches bordures, et les pages qui renferment les 19 miniatures sont entièrement encadrées.

Le calendrier est écrit en français. On y lit les noms de plusieurs saints, particulièrement honorés dans le Maine, le Berry, le Limousin et la Touraine. Les costumes des personnages, tant nobles que vilains, sont évidemment français; on trouve, dans la miniature, de nombreux écussons aux trois fleurs de lis; et, dans les petites miniatures du calendrier, l'artiste a presque toujours mis en scène un homme et une femme, même au signe des Gémeaux. C'est une singularité, peut-être unique. Ne pourrait-on point en conclure que ce manuscrit a été composé dans le Berry ou la Touraine, à l'époque où le Dauphin, depuis Charles VII, résidait en ces provinces, et qu'il était destiné à ce prince, ou à quelque dame de sa cour?

On voit dans ce manuscrit une innombrable quantité de majuscules, toutes en or, les unes treillissées ou diaprées de couleurs diverses; les autres, ornées de feuilles de houx, de fleurs ou d'oiseaux.

Les 19 miniatures à plein cintre dont ce volume est illustré ont 6 centim. de large sur 9 centim. de haut. Les pages qui les contiennent sont d'une grande richesse. Les bordures s'étendent sur toutes les marges, et c'est là que l'artiste a placé les plus jolies fleurs, les plus beaux oiseaux et les plus élégantes arabesques.

Le texte commence au-dessous d'un magnifique portrait de Jésus-Christ. Il est peint à mi-corps, sa tunique est bleue; son manteau rouge, brodé d'or, est retenu au cou par une riche agrafe; d'une main il bénit, et, de l'autre, il soutient un globe surmonté de la croix : ce globe est d'une transparence qui fait illusion. On voit rarement une tête de Christ aussi belle que celle-là.

Les quatre miniatures suivantes représentent les quatre évangélistes : saint Jean dans l'île de Pathmos, saint Luc peignant la Vierge, saint Mathieu et saint Marc.

3164. HORE. Manuscrit de la fin du quinzième siècle, sur vélin; in-32 de 300 feuillets, miniatures, majuscules à vignettes; mar. rouge, riches compart. dent. fil. tr. dor. et gauf. (*Ancienne reliure.*)

Charmant manuscrit italien, sur vélin d'une grande finesse et d'une blancheur remarquable. Le texte, en lettres rondes fort élégantes, est orné de rubriques, de nombreuses initiales en couleurs diverses, de 165 majuscules gothiques coloriées, accompagnées de longs appendices à filets, qui s'étendent sur la marge entière : les appendices diffèrent toujours de couleur avec les majuscules, et cette opposition produit un heureux effet.

On compte encore dans ce manuscrit 12 majuscules peintes à deux couleurs, et bordées d'or. La moitié de ces majuscules ont des vignettes, et cinq sont placées sur les pages de titre.

Le volume contient les *Offices de la Vierge, des Morts* et *de la Sainte-Croix, les Sept Psaumes* et *les Psaumes graduels* : chacune de ces parties est précédée d'une miniature, et la page en regard de ce frontispice est richement ornée. Ce manuscrit diffère essentiellement, par le style des ornements, des livres d'heures de la même époque.

Les miniatures des frontispices sont entourées d'un cadre, dont le fond, de couleurs variées, est chargé d'arabesques en or et de médaillons renfermant des portraits de saints et des génies ailés.

N'oublions pas de signaler l'élégance du dessin, la richesse des compartiments et la parfaite conservation de la reliure si remarquable du volume.

3165. PRECES PIÆ. In-4, relié en bois, recouvert de v. éc. tr. d.

Très-beau manuscrit sur vélin, du xve siècle, orné de 6 grandes et 21 petites miniatures d'une grande finesse d'exécution.
On y trouve la généalogie de la famille Tairaut.

3166. LIVRE D'HEURES. Manuscrit sur vélin de la fin du quinzième siècle; in-8, mar. br.

Ce manuscrit, précieux par son ornementation riche et surtout originale, a appartenu, au milieu du xvie siècle, à la famille de Vaucouleurs. La table généalogique de cette famille va jusqu'à l'an 1610.
Le manuscrit compte 217 pages toutes ornées : il est précédé d'un frontispice représentant un paysage au milieu duquel un arbre chargé d'un écusson d'azur aux trois fleurs de lis d'or, deux et une en pointe. Suit le calendrier avec les signes du zodiaque et les figures caractéristiques des douze mois de l'année.
Il est orné de 17 grandes miniatures, dont deux sont d'une dimension inusitée : plusieurs sont fort bien composées, et, en général, elles témoignent du talent peu ordinaire de l'artiste. Il y a en outre 13 petites figures encadrées, dont 3 au commencement et 10 à la fin du volume : les costumes sont d'une grande richesse et surtout très-variés.
Toutes les pages du manuscrit sont entourées d'ornements marginaux, qui, outre le genre usité à cette époque, représentent des scènes champêtres, dont les acteurs sont des animaux fantastiques de la plus bizarre exécution. Ce genre d'ornementation exceptionnel donne au manuscrit un cachet d'originalité qui l'élève au-dessus des livres d'heures ordinaires de cette époque.

3167. HEURES, EN FLAMAND. Manuscrit du quinzième siècle, sur vélin; in-8 de 239 feuillets, à toutes marges, miniatures, bordures; rel. en v. brun, compart. et plaques à sujets sacrés avec inscriptions, ais en bois, fermoirs en argent. (*Rel. du seizième siècle.*)

Manuscrit en langue flamande et dans une belle condition. Le calendrier est écrit en caractères rouges et noirs, et les majuscules K L. sont en bleu. Les miniatures, au nombre de sept, occupent entièrement le verso d'un feuillet dont le recto est blanc, et le texte commence sur le recto au feuillet suivant. Ces jolies miniatures, très-bien dessinées et parfaitement conservées, ont un cachet particulier de naïveté, de facture et de coloris, qu'il serait difficile d'expliquer. Elles sont encadrées sur trois marges de larges bordures, d'une forme curieuse et peu commune. Rien n'est plus original que ces touffes de graminées, unies à leur base par un point d'or, et s'épanouissant en éventail dans tous les sens, se liant entre elles ou s'isolant l'une de l'autre selon la fantaisie de l'artiste.
Les bordures des autres pages diffèrent beaucoup de celles des miniatures. En effet, les touffes de graminées sont, en partie, cachées par de larges feuillages dentelés, courbés en volutes, et richement peints en or et en couleurs. Au centre des marges extérieures on voit, ou le roi David, ou des anges, ou d'autres personnages; et, sur la marge inférieure de la première page des heures de la Vierge, un charmant papillon.

3168. HEURES DE LA VIERGE ET DE LA CROIX. Manuscrit du treizième siècle, in-8 de 129 feuillets, miniatures, rel. en m. brun à comp., tr. dor.

Ce livre d'heures est orné de 20 miniatures, de 130 grandes capitales sur fond d'or, de 1059 petites capitales gothiques en or, et de tirets également en or, à la fin des versets. On compte au moins douze pages écrites en lettres d'or.

Ce manuscrit serait magnifique s'il n'était devenu la propriété d'un certain Mercier, qui le possédait dans les premières années du XVIIe siècle. Nous croyons qu'il a servi de jouet aux enfants dont Mercier a inscrit la naissance dans les blancs du calendrier. — La plupart des miniatures sont fatiguées; mais les portraits de la Vierge, de Jésus-Christ et des anges, qui occupent le centre de 31 grandes capitales, ont été beaucoup mieux conservés. Les petites capitales et les tirets ne laissent rien à désirer. Au surplus, la plus grande partie du volume n'a subi aucune dégradation.

L'importance de ce manuscrit consiste surtout dans les nombreux passages des *Heures de la croix*, écrits en langue romane. Le *Calendrier* tout entier reproduit notre idiome national. Ainsi les mois de mars, juin, juillet, août et octobre sont nommés: *mäus, jugnes, julet, awost* et *octembre*. Parmi les saints, nous citerons: *sains Piere lou mairtir, sains Nicolais, sainte Gertruis, sainte Potence, sains Maidair* (Médard), *sains Burchenieu* (Barthélemy), *lai tous sains:* au 25 août, au lieu de saint Louis, on trouve *sains Genoy*.

Voici le prologue des *Heures de la croix*: « Ci apres comancent les houres « de la croix en romant que pape Jehans fist, et donnoit à tous ceulx qui les « diront un an de vrai pardon. »

Nous lisons plus loin: « Jhesus quant vostre chair benoite et precieuse Souf- « frit pour moy en croix lai mort si dolerouse, Bien doit estre mai pecherise « hontouze, Quelle quiert ses soulais ai et si orguillouze. »

On s'aperçoit aisément que ce fragment est en vers, quoiqu'il soit écrit comme de la prose. Cette remarque s'applique à tous les passages en langue romane. Il y a beaucoup de vers trop courts ou trop longs; mais nous pensons qu'il faut attribuer ce défaut de versification à la négligence ou à l'ignorance du copiste.

3169. Horæ christianæ; in-4, mar. br. tr. d.

Manuscrit du commencement du XVe siècle. 139 ff. orné de 3 miniatures à fond de damier; lettres initiales et encadrements rubriqués et richement ornés.

Le vélin est remarquablement pur et beau.

3170. Officium Beatæ Mariæ Virginis. In-4, manuscrit sur vélin du XIVe siècle, mar. gr. f. à fr. tr. d. (*Reliure claustrale de Thompson.*)

Livre d'heures très-richement orné de 26 miniatures, d'initiales bysantines, et de charmants encadrements. Il est d'origine française.

3171. EXERCICE DU CHRESTIEN, escript par Nicolas Jarry, 1644, in-12, chagrin noir, doublé de mar. r. à petits fers. (*Le Gascon.*)

Charmant manuscrit sur vélin, orné de six miniatures, dont deux particulièrement sont d'un sentiment et d'un goût exquis.

Il a été fait par Jarry pour Tallemant des Réaux, dont les armes sont peintes sur le titre.

THÉOLOGIE.

3172. LES SEPT PETITS OFFICES POUR LES SEPT JOURS DE LA SEMAINE, dediez à la Duchesse de Chevreuse, par Nicolas Jarry. In-16, relié en chagrin noir, doublé de mar. r. pet. fers, tr. dor. fermoirs. (*Rel. anc.*)

<small>Très-joli manuscrit, orné de guirlandes de roses et de fleurs, et de six jolies miniatures.</small>

3173. Bti (Beati) Augustini de Civitate Dei. In-fol, rel. en bois.

<small>Beau manuscrit sur vélin, du milieu du xve siècle. Il vient de Subiaco, et paraît avoir servi à l'exécution du livre imprimé par Pannartz en 1467. Il y a quelques bonnes notes en écriture du temps.</small>

3174. S. Basilii de vera integritate virginitatis opus. — Laudatio S. Joseph patriarche a B. Ephrem edita, hi duo tractatus ab Ambrosio camaldulensi latine versi.

<small>Manuscrit italien sur vélin du xve siècle, in-8. — Ce volume, d'une grande pureté et d'une belle écriture, est orné de trois initiales dorées et de deux élégantes miniatures. Les détails sont d'une rare finesse, et le riche encadrement de la première page est d'une admirable élégance; les génies, les oiseaux, les fleurs et les vasques dont il est orné sont d'une exquise délicatesse.</small>

3175. S. Cyrillus. Incipit Epla sci Cirilli Hierosolimitani Epi ad btum Augustinu doctore eximiu de Miraculis bti Hieronimi. — *Dans le même volume*: Incipit Epla bti Eusebii ad btum Damasum de morte scissimi Hieronimi doctoris mgfici in noie Di; pet. in-4, cuir de Russie, doré, à compart.

<small>Charmant manuscrit italien du xive siècle, sur vélin, élégamment rubriqué.</small>

3176. Sancti Gregorii Papæ Epistolæ. Incipit Tabula Eplar' Bti Gregorii. (A la fin): *Explicit registrum siue eplare Beati Gregorij papæ Ecclie Romane.* à 2 col. In-fol. v. ant. fil.

<small>Manuscrit du xve siècle, sur vélin, d'une très-belle conservation.</small>

3177. Petri Lombardi Magri sententiarum comment. in Psalmos; rel. en bois, recouvert de cuir estampé.

<small>Manuscrit sur vélin, du commencement du xve siècle; beau caract. goth. à deux colonnes. Il est élégamment rubriqué et d'une bonne conservation; 318 ff. Il provient du monastère de San-Giorgio Maggiore de Venise.</small>

3178. Mgr̄ı (Magistri) Lombardi de Sententiis Lib.; in-fol. relié en bois.

Très-beau manuscrit sur admirable vélin, à deux colonnes et élégamment rubriqué. Il a été exécuté en Italie au xiv siècle.

3179. Panégyrique de saint André, prononcé par Bossuet le 18 novembre 1668, dans la chapelle des Carmélites du faubourg S. Antoine. In-4, couvert en mar. rouge, avec les armes de Bossuet.

Manuscrit autographe, composé de neuf feuillets formant dix-huit pages pleines. De nombreuses corrections, des phrases rayées et remplacées, des remaniements, des retouches, donnent à ce manuscrit un très-grand intérêt et prouvent le scrupuleux travail de l'écrivain. Il offre aussi des différences avec le *Panégyrique de saint André* tel qu'il est imprimé dans l'édition de Lebel.

3180. Lettres de la mère Angélique de Saint-Jean (Angélique Arnauld), à mademoiselle H... 1660-1684.

Manuscrit in-4, d'une bonne écriture du temps, sur *la Grâce*, relié en vélin.

3181. Lettres de la mère Angélique de S. Jean (Arnauld) à mademoiselle H... 1660-1684. In-4, vélin.

Très-bonne copie manuscrite d'une bonne écriture du xviie siècle.

3182. Recueil de pensées, maximes et réflexions morales.

Manuscrit du xviie siècle, qui paraît provenir de Port-Royal.

3183. Mémoire pour faire voir sommairement au Roy que la maxime schismatique et hérétique que l'on a prétendu établir dans le playdoyé qui fut prononcé dans le Parlement de Paris, le 12 décembre 1664, à sçavoir que les princes temporels ont le droit et le pouvoir de juger et décider des dogmes de la foy et de la discipline ecclésiastique, n'est appuyée que sur des preuves défectueuses, etc. Présenté au Roy par l'Assemblée générale du clergé de France, le 5 janvier de l'an 1666; in-fol. v. br.

Manuscrit. Dans le même volume, *plusieurs Mémoires relatifs au dogme*.

3184. Bullæ, Epistolæ ac mandatum pro Concilio Tridentino.

Ce beau manuscrit sur vélin, in-fol., est de la main d'Angelo Massarello. Il est légalisé par le célèbre Olaüs Magnus, archevêque d'Upsal, *Olaus Magnus Gothus arcpus Upsalen prefectus*, et par un autre évêque.

Ce manuscrit contient 44 ff.; il renferme les bulles, les *mandata regum* et autres actes préliminaires du concile de Trente.

M. Renouard, à qui ont appartenu ces deux volumes, pensait qu'ils provenaient de Grolier : cela n'est pas possible, tous deux ayant été offerts au roy Henry II, par Ant. Filhol, archevêque d'Aix, délégué de la France au SS. concile.

3185. CONCILE DE TRENTE ; in-fol. mar. noir à comp.

Procès-verbaux de 7 sessions, rédigés par Angelo Massarello, secrétaire du sacré concile, copiés sur l'exemplaire original par Antoine Filhol, archevêque d'Aix, délégué du clergé gallican.

Le volume est précédé d'une attestation en forme donnée audit archevêque d'Aix par deux cardinaux, *fuisse et esse bonæ et laudabilis vitæ, et honestatis, ac celebris famæ virum*, datée de Bonn, le 30 janvier 1548, avec signature autographe et paraphes.

Il est terminé par une lettre adressée au roi Henry II par ledit Filhol, datée d'Aix (juillet 1550), dans laquelle il lui adresse les compliments d'usage, en latin, et par une supplique en français, requérant, en récompense de ses éminents services, *que ie mecte une fleur de lys au milieu de l'escu et sur la barre d'or de mes armes*.

Ce beau manuscrit, sur vélin, in-fol., est recouvert d'une riche reliure dans le style italien, à compartiments, portant sur un plat l'écu et la couronne de France.

3186. CONSTITUTIONS DE L'ORDRE DES RR. PP. AUGUSTINS ; in-4, mar. r. comp. tr. dor. (*Rel. anc.*)

Manuscrit sur vélin, de la fin du XVIIe siècle; c'est l'original avec la copie des bulles papales, et l'approbation, *manu propriá*, signée par le légat apostolique cardinal Carpi.

3187. AL KORAN; pet. in-fol, rel. orientale en mar. r. à comp. et recouv.

Charmant manuscrit arabe du XVe siècle, sur papier de riz. Il est orné de rubriques, têtes de chapitres et initiales en or et couleurs, avec encadrement en or.

3188. EROTIKA-BIBLION, ms. autographe de Mirabeau, in-4, demi-rel.

Précieux volume, qui est le manuscrit original d'un livre très-connu et imprimé.

JURISPRUDENCE

3189. Recueil manuscrit de pièces intitulées : Questions de droit, consultations et plaidoyers, généralité de Paris, etc., etc. In-fol. rel. en parchemin.

Documents intéressants, dont plusieurs portent les dates de 1646, 1671, 1673.

3190. Procez des ducs d'Orléans, Guise et Bouillon, comte de Soissons, Srs de Cinq-Mars et De Thou, 1633 et 1642; in-fol. demi-rel. mar. v.

Ms. intéressant, d'une bonne écriture de la fin du xviie siècle.

3191. Les Loix militaires touchant le duel, divisées en 4 livres, dédié à M. de Montespan; 1 vol. in-8, vél.

Joli manuscrit d'une bonne écriture du xviie siècle.

SCIENCES ET ARTS

3192. Secret des Secrets Aristote quil envoya au roy Alexandre; pet. in-8, cuir de Russie, tr. dor. (*Thompson.*)

<small>Manuscrit du xve siècle, sur vélin, d'une très-bonne exécution et entièrement en français.</small>

3193. De natura logicæ; manuscrit élégamment écrit sur papier avec le nom de Terentius Alciat e societate Jesu; 1603; in-4 parch.

3194. Ciceronis (*M. Tullii*) inc. Lib. de Officiis; d.-rel.

<small>Ms. italien du xve siècle, sur vélin, avec initiales ornées.</small>

3195. Hic Liber de puellarum papillis turpiter nudatis virorumq̃ conspectui præpe flagitiosissime expositis Michælis Vanierii est cistertiensis rom̄. monāstr. A. d. viii. id. apr. anō Domini J.c̄ht m. ccc. lxxiii. In-4. Pet. in-4 rel. en bois recouvert de cuir, avec fermoirs. Les ornements dont il est chargé sont d'une époque très-postérieure.

<small>Joli manuscrit en français (quoique avec un titre latin), sur vélin. 30 ff. dont 1 blanc.</small>

3196. Trattato della Pittura di Lionardo da Vinci. In-4, mar. r. à pet. fers. tr. d. (*Belle rel. anc. aux armes de Molé.*)

<small>Manuscrit de 162 ff. Les 40 premiers et le 101e sont de la main illustre de Nic. Poussin; les ff. 41 à 100 sont écrits par le Guaspre, son beau-frère. Du f. 134e au 162e sont les dessins du *Trattato della Pittura*, de la main du Poussin; et du 102e au 125e se trouve un traité inédit du même sur la perspective, avec les dessins. Les ff. 126 à 133 renferment une autre pièce inédite du P. Mazzenta, Barnabite, sur la vie et les œuvres de Léonard.</small>

<small>On a annexé à ce beau recueil des lettres, preuves, *fac-simile*, etc. (Provient de M. Renouard.)</small>

3197. Abbaye de Polling. Un volume pet. in-fol. relié en peau de truie estampée, contenant les dessins originaux des sceaux qui se trouvaient aux chartes (aujourd'hui dispersées ou détruites) de l'abbaye de Polling, en Bavière.

Ce précieux volume contient : 1° 666 dessins de sceaux allemands, dont le premier remonte à l'an 1010; la date du dernier est 1744; 2° 107 dessins de sceaux ou de monuments de l'art primitif italien, extrêmement curieux. Tous ces dessins, finement exécutés à la plume et au lavis, vers le milieu du xviii° siècle, constituent une suite unique et précieuse, aussi intéressante au point de vue de l'art qu'à celui de l'archéologie et de la numismatique.

3198. Vita di Benvenuto Cellini descritta da lui medesimo; in-fol. vél.

Manuscrit du xvii° siècle, d'une bonne écriture italienne, de 375 pages, renfermant d'excellentes variantes.

3199. LIVRE D'HEURES, par M. CHARLES MATHIEU.

Exemplaire UNIQUE comprenant tous les dessins originaux. Cette collection reproduit tous les ornements peints dans les manuscrits classés dans l'ordre chronologique et selon les styles divers qui se sont succédé depuis le huitième jusqu'au seizième siècle. Cette série intéressante sous le rapport artistique a été reproduite en couleurs d'après ces dessins-là même et publiée avec l'approbation de l'Académie des beaux-arts et l'encouragement du gouvernement.

BELLES-LETTRES

3200. Prisciani de ponderibus et nominibus memorabilibus et progymnastica ex Hermogen. et Rhetorica Fortunatiani, etc. In-8, mar. br., 33 ff.

Précieux manuscrit sur vélin, écrit en minuscules carlovingiennes vers la fin du xe ou au commencement du xie siècle. C'est de ce grammairien célèbre le plus ancien manuscrit que nous connaissions.

3201. Abrégé de la Grammaire française.

Manuscrit autographe du comte de Mirabeau, signé Gabriel.
29 pages pleines, in-4. Écriture fine et serrée, cart.
Sur le verso du titre il a écrit.
« *A ma Sophie.*

Ma Sophie, tu te souviens que ta mère m'a écrit une fois pour me prier de t'apprendre l'orthographe : je ne sais comment je négligeai une si grave recommandation : apparemment que nous avions quelque chose de plus pressé à étudier. Hélas! il nous est bien force aujourd'hui de suspendre nos études d'alors : retournons donc à l'orthographe (pour plaire à ton honorée mère) ; mais je ne connois qu'un moyen d'écrire correctement ; c'est de posséder sa langue par principes.

J'ai entrepris de te donner en vingt-cinq pages toutes les règles essentielles de la langue française ; de t'en expliquer toutes les difficultés ; de t'en énoncer les exceptions principales d'une manière aussi correcte que concise, et je crois y avoir réussi........

Ce mémoire est plus que suffisant pour te mettre en état de montrer toi-même le français par principes à ta fille. Les grammaires ne donnent pas le style ; mais si *Gabriel-Sophie* a ton âme, elle trouvera aisément un *Gabriel* ; ils s'aimeront comme nous nous aimons, et je te réponds qu'elle écrira bien. C'est pour elle que j'ai fait ce petit ouvrage qui m'a coûté du temps et de la peine ; c'est pour elle, dis-je ; car pour toi, je ne me consolerois pas, si tu allois consulter la grammaire sur une phrase que tu me destines ou que tu m'adresses... Ah! ce que ton cœur sait dire, l'art et l'esprit le trouveront-ils jamais ?... Gabriel. »

Ce précieux ms. inédit provient de M. Lucas de Montigny, le fils adoptif de Mirabeau.

3202. J. Juvenalis aquinatis satyrarum Liber primus ; in-4, relié en bois.

Très-beau ms. italien du xve siècle, sur vélin, avec lettres ornées. La fin (35 vers) a été refaite.

3203. Marci Tullii Ciceronis Rhetoricæ veteris liber feliciter incipit. — Ejusdem Ciceronis veterum

Rhetoricorum contra Hermagoram liber incipit secundus; in-4, mar. r. f. tr. d.

Manuscrit sur peau de veau mort-né, composé de 82 ff. Il est daté de l'an 1464.

3204. Batrachomyomachia, Battaglia di Topi et di Rane d'Homero in lingua toscana; in-4, cuir de de Russie, fil. (*Aux armes de Franç. Riccardi da Vernaccia.*)

MS. in ottava rima d'une bonne écriture du XVe siècle : sur la garde la signature d'*Antonio Pazzi*.

3205. ROMANT D'AGOILANT. (*A la fin*) : Explicit liber Romanō imperaōris. Deo gracias; in-fol. v. f. ant.

Manuscrit sur vélin du XIIIe siècle : il est composé de 68 ff. à 2 colonnes de 44 vers à la colonne; l'écriture est très-bonne et la copie n'a pas de lacunes.

Très-précieux manuscrit d'un roman en vers inédit.

3206. Alain Charetier (les Fais maistre).

Au dixiesme an de mon dolant exil,
Apres maint deul et maint mortel peril
Et les dangers quay iusques cy passez, etc.

Cy fine lesperance de Alain; pet. in-4 rel. sur bois, mar. gaufré, rel. du temps.

Précieux manuscrit sur vélin du XVe siècle (vers 1430), contenant seulement la première partie des Œuvres d'Alain Chartier. Le texte offre des variantes nombreuses et d'une certaine importance.

3207. Le Romant de la Rose.

Manuscrit in-4°, à deux colonnes, sur vélin, du XVe siècle, orné de charmantes miniatures en grisailles, au nombre de 44. Il se termine par ces vers :

Car bū est tēps q̄ me repose,
Ci finit le Romās de la Rose.
Explicit.

Le texte se rapproche beaucoup de celui de l'édition très-ancienne de G. Leroy, vers 1477, dont un exemplaire se conserve à la bibliothèque de Lyon.

Le vélin d'agneau est d'une grande finesse; le volume, relié en velours rouge, provient de la vente Utterson.

3208. RECUEIL D'ANCIENNES POÉSIES FRANÇOISES : Le Verger d'amour. — Le débat de la dame et de l'escuier. — Le passe-temps Michault. — Le temps perdu de Pierre Chastellain, en réponse au passe-temps Michault; Manuscrit du quinzième siècle, sur vélin, in-8, 4 miniatures, relié en velours vert, tr. dor.

CHARMANT EXEMPLAIRE d'un manuscrit sans doute unique. Le *Verger d'amour* est une pièce de 343 vers de dix syllabes, inédite et ornée de quatre miniatures : ce sont les plaintes *doloreuses* d'un amant qui avait choisi *dame de hault pris*, et qui, à l'aide d'allégories alambiquées, fort en usage au moyen âge, cherche à attendrir le cœur de sa dame. La première miniature représente l'amant se promenant tout pensif dans la *forét de dueil*.

Le *Débat de la Dame et de l'Escuier* est un dialogue en 67 stances de huit vers de dix syllabes. Le *Débat* a été imprimé vers la fin du quinzième siècle; mais les exemplaires en sont d'une extrême rareté. Cette dispute poétique a pour sujet la conduite que doit tenir l'Escuier envers sa Dame.

Nous n'osons pas affirmer que le *Passe-temps* de Michault et le *Temps perdu* de Pierre Chastellain soient inédits, puisque nous les trouvons cités dans le V° vol. du *Manuel du libraire* : N° 13261*. — *Le Passe-temps de Michault (par Georges Chastellain), in-8*. Cependant, cette indication est tellement extraordinaire, que nous devons croire qu'on n'avait vu ni l'une ni l'autre de ces pièces avant de les cataloguer.

3209. LE LIURE DE JOB EN VERS FRANÇOIS.

> Pardonne moy beau sire Diex
> Car ie voy q̄ ie deviēs vieux
> En si briefz iours q̄ ce n'est riē
> Oste moy de ceste misere...

In-4, mar. v. comp. tr. d. (*Thompson*.)

Beau manuscrit du xv° siècle, sur vélin, orné d'une fine miniature.
Aux armes de Marguerite d'Écosse, première femme du roi Louis XI.

3210. HISTOIRE DE LA GUERRE DE TROYE (que le roy d'Espagne envoya au roy de France Charles Quint); in-fol. mar. v. f. à fr. tr. d. (*Thompson*.)

Manuscrit du xv° siècle sur vélin, de 118 ff. à 2 colonnes de 44 lignes. Belle conservation.
Ce précieux volume n'est sans doute pas terminé. Voici la fin :
Et la fut Emphimacus detrenchiez touz par pieces qui estoit filz au roy Priant dont ce fut grant dolour et grant domaige et les Grieux prindrent...
Le copiste s'arrête là, et laisse un f. de vélin blanc.

3211. QUATRAINS, OU RECUEIL D'ORACLES, pour les hommes et les femmes. Manuscrit du quinzième siècle, sur vélin, in-16 obl. de 102 feuillets, v. porph., fil., tr. dor.

On lit sur les gardes du volume : « Manuscrit donné le 20 octobre 1806 à
« Armand Gouffé, par M. Lefebvre, habitant d'Anvers. — M. Lefebvre, in-
« connu d'A. Gouffé, lui a apporté ce livre en reconnaissance, a-t-il dit, du
« plaisir que les chansons de ce dernier lui ont procuré, et lui a déclaré que
« c'était un manuscrit *fort estimé et très-précieux*, qui provenait d'une biblio-
« thèque d'Anvers. — Voilà tout ce qu'on a pu savoir sur ce manuscrit, qui
« ne contient d'ailleurs aucune date ni aucun renseignement. »

« Offert au savant bibliographe M. Gabriel Peignot, par son dévoué et très-
« affectionné ARMAND GOUFFÉ (24 octobre 1831). »

« Ce manuscrit a été communiqué à M. Caperonnier, conservateur de la
« bibliothèque impériale, qui a déclaré qu'il ne pouvait donner aucun rensei-
« gnement à cet égard ; que les *quatrains* ou *oracles* qui composent ce recueil
« étaient inconnus à la bibliothèque, où le pareil n'existe pas et n'est cité sur
« aucun catalogue. — M. Caperonnier a ajouté que le seul ouvrage de ce
« genre qui fût connu était un recueil des quatrains manuscrits de Jean de
« Meun, dit Clopinel, auteur du *roman de la Rose*, lequel n'est pas à la biblio-
« thèque : ce pourrait bien être celui-ci. »

Il résulte de ces notes que ce volume, provenant d'une bibliothèque d'Anvers, appartint à Armand Gouffé, du 20 octobre 1806 au 24 octobre 1831,
et que, depuis cette dernière époque, il fit partie de la collection de G. Peignot. Il en résulte encore que ces quatrains, très-rares et à peu près inconnus,
peuvent être attribués à Jehan de Meung. Il est certain que ce jeu d'oracles
conviendrait assez à l'auteur du *Plaisant jeu du dodechédron de fortune ;* d'autant plus qu'on trouve dans les quatrains destinés aux femmes des traits aussi
mordants que ceux qu'il a insérés dans le *roman de la Rose*. Au surplus, ces
quatrains ne dépareraient point les œuvres poétiques de Jehan de Meung.

Ce manuscrit, de la première moitié du quinzième siècle, n'est écrit que sur
le recto des feuillets. Il faut excepter les quatre feuillets du prologue et de
l'épilogue (1, 98, 99 et 100), qui sont écrits des deux côtés. Chaque page renferme un seul quatrain, encadré de trois côtés d'un triple filet bleu, rouge et
or, et, en outre, d'une large bordure composée de feuilles, de fleurs et de
fruits finement dessinés et rattachés à des vrilles élégamment contournées. Ces
ornements gracieux sont de diverses couleurs et rehaussés de points d'or. Cette
courte description prouve que ce manuscrit est fort remarquable par la forme.
Mais la composition poétique des oracles mérite également de fixer l'atten-
tion.

3212. LA PARFAICTE AMYE, par HEROET; in-12, en ve- lours rouge.

Petit manuscrit de 58 feuillets sur vélin parfaitement écrit, sous François Ier,
bien avant l'impression de ce poëme, publié en 1542 par Est. Dolet. Antoine
Heroët, poëte français, évêque de Digne, parent du chancelier Olivier, composa
le poëme de la *Parfaicte Amye*, divisé en trois livres, en vers de dix syllabes,
n'étant pas encore élevé à la dignité épiscopale. « L'auteur narre, dit l'abbé
Goujet, avec beaucoup de naïveté, et sa versification est fort douce. »

Antoine Heroët est mort en 1544.

3213. RECUEIL DE CHANSONS. In-fol. mar. r. dent. doub. de mar. r. tr. d. (*Thompson.*)

Précieux ms. sur vélin, composé pour le connétable de Bourbon vers 1510 :
il est formé de 102 chansons, écrites avec la musique, richement ornées de
bordures en miniatures d'or et couleurs ; au milieu de chacune se voit le cerf
ailé et le mot *Espérance*, devise du connétable de Bourbon. Huit de ces chansons ont été insérées subrepticement dans un recueil des Vaudevires d'Olivier
Basselin, publié vers 1830; quelques autres l'ont été en Allemagne; mais le
plus grand nombre est inédit. Il est inutile de faire ressortir l'importance littéraire de ce beau ms. Disons seulement qu'il s'y trouve, nou-seulement des
chansons d'amour et de table, mais aussi des pièces historiques, telles que des
chansons de guerre contre l'Angleterre. Dibdin parle plusieurs fois de ce beau
livre, qu'il avait convoité pour lord Spencer, lors de son voyage en Normandie.

BELLES-LETTRES.

3214. Recueil de Chansons; in-fol. demi-rel.

Manuscrit d'une bonne écriture du xviie siècle, contenant des pièces satiriques; quelques-unes sont fort libres.

3215. Recueil de Chansons.

Manuscrit d'une bonne écriture du commencement du xviiie siècle, contenant un nombre immense de pièces historiques et satiriques reliées en 4 gros vol. gr. in-4, v. éc.

3216. Collé (Charles) : Manuscrit autographe, renfermant 16 pièces de théâtre, parades, etc., dont onze sont inédites; in-4, demi-rel.

1. *Le Berceau*, op. com. en 1 acte (inédit). — 2. *Cocatrix*, trag. 5 actes (publiée). — 3. *Tragiflasque*, trag. en 3 scènes (inédite). — 4. *Alphonse l'impuissant*, trag. 1 acte (publiée). — 5. *La Foire du Parnasse*, fête donnée à Estiolles, le 7 sept. 1750 (inédite). — 6. *La Promenade du boulevard*, fête (inédite). — 7. *Le Monde renversé*, com. en 1 acte et en prose (inédite). — 8. *Nicaise*, com. bourgeoise en 2 actes et en prose (éditée). — 9. *L'Amant poussif*, parade (publiée). — 10. *Les Deux Gilles*, prologue de parade. — 11. *L'Enfant rouge*, parodie d'une scène d'*Athalie* (inédite). — 12. *La Lettre de cachet*, parade en 1 acte (inédite). — 13. *Gilles, chirurgien allemand*, parade (inédite). — 14. *Le Mariage sans curé*, parade (inédite). — 15. *Les Belles Manières*, parade de cour en 1 acte (inédite). — 16. *L'Accouchement invisible*, parade en 2 actes (inédite).

Malgré de nombreuses transpositions, le vol. est complet.

3217. Bussy-Rabutin. Chansons autographes. In-4, mar. r. dent. tr. d.

Précieux manuscrit composé de deux cahiers de chansons, de 12 ff. chacun: la plupart de ces pièces satiriques sont dirigées contre mademoiselle de la Vallière et les grandes dames de la cour: elles sont presque toutes inédites, libres et fort curieuses.

Pour authentiquer l'écriture, on a joint à ce recueil une lettre autographe signée de Bussy-Rabutin au P. Bouhours.

3218. Le Théâtre de la Réformation, ouvrage curieux pour jeunes et vieux (en trois actes et en vers) par un amateur de la vraye religion chrétienne; pet. in-8, mar. vert, dent. tr. d. doub. de tabis. (*Derome*.)

Aux armes du marquis de Coislin. Charmant ms. composé de 14 ff. sur vélin, écrit sur deux colonnes en caractères imitant l'impression, et probablement par Lesclabart. Le titre est orné de 12 jolis dessins satiriques à la plume; les vers et les dessins sont également dirigés contre le Pape, les Moines et le Catholicisme.

3219. Recueil de Vaudevilles. Manuscrit de chansons du xviiie siècle, avec la musique : un vol. in-4, mar. v. dent. tr. d. (*Aux armes du marquis de Bégon.*)

Chaque pièce de poésie est dans un élégant entourage.

3220. Annotations sur plusieurs tragédies de Sénèque; manuscrit du XVIIe siècle sur papier; pet. in-8, mar. rouge.

Ancienne reliure italienne avec les armes et le nom de Gaspar Fontana.

3221. Ms. italien, aux armes des Médicis, renfermant 8 cantates, paroles de Ben. Balbi, Berselli, Bergamori, etc. Gr. in-fol. mar. r. petits fers, tr. d. (*Riche rel. anc.*)

Beau manuscrit sur vélin, richement orné de grands dessins à la plume et de lettres capitales de Carlo Buffagnoni. La musique des cantates est d'un maître inconnu.

3222. Le Murtoleide (poëme) fischiate che fa il cavalier Giov. Battista Marino : al dottore Gasparo Murtola; in-4, mar. v. tr. d. (*Duru.*)

Joli manuscrit sur papier du XVIIe siècle.

3223. L'Alcibiade fanciullo a scola; pet. in-8 cart.

Copie sur papier d'après l'édition originale introuvable, imprimée à *Orange* en 1652.

3224. Traité de l'Origine des romans. Manuscrit autographe de Huet, évêque d'Avranches. C'est le premier travail de l'auteur. In-4, mar. r. tr. d.

Voici ce que comprend ce précieux volume :
1° Une lettre A. S. de Huet à Ménage, 1 p. 1/2. — 2° Lettre à mademoiselle de Scudéry (touchant Honoré d'Urfé et Diane de Château-Morand). Copie. 6 f. annotés par Huet. — 3° Le ms. du *Traité de l'origine des romans*, 20 f. couverts d'une écriture très-fine. — 4° Une note manuscrite de M. de Monmerqué.
Le tout d'une authenticité incontestable.

3225. Artamène, ou le Grand Cyrus, par mademoiselle de Scudéry; 15 vol. in-4, v. éc.

Manuscrit préparé pour l'impression et chargé de nombreuses ratures et corrections importantes de la main de mademoiselle de Scudéry (écriture vérifiée). (Provient de M. Renouard.)

3226. Les Conquestes amoureuses du grand Alcandre dans les Pays-Bas, avec les intrigues de sa cour. In-4, v. br.

Manuscrit d'une bonne écriture contemporaine.

3227. Les Martyrs ignorés (fragment du Phédon) d'aujourd'hui. In-12 de 106 pages, d.-rel.

Épreuves d'un ouvrage inédit, avec corrections de la main de Honoré de Balzac.

3228. Epistole di messer Francescho Petrarcha fiorētino mādate al famosissimo hūo mess. Nichola Acciamoli.... sopra la coronatione del medesimo, rel. en v. br. comp. (*Rel. anc.*)

<small>Ms. in-4 sur vélin, du xve siècle, d'une très-bonne écriture et d'une belle exécution, la première page est élégamment rubriquée.</small>

3229. Album amicorum; pet. in-8 oblong, velours fatigué.

<small>Recueil allemand, avec quelques armoiries et signatures.</small>

3230. Correspondance de J. J. Rousseau avec madame Boy de Latour, à Lyon, 1762 à 1774. 90 lettres autographes, pet. in-4, reliées en 1 vol. gr. in-fol. mar. r. dent. tr. d. (*Thompson.*)

<small>Deux portraits dessinés par St-Aubin ajoutés.
Ces lettres sont inédites et du plus grand intérêt.</small>

3231. Correspondance de Voltaire avec mademoiselle Quinault (cadette), 1736 à 1741; 36 lettres autographes in-4, reliées en 1 vol. in-fol. mar. r. (*Thompson.*)

<small>Portraits ajoutés, dont plusieurs fort rares.</small>

3232. Correspondance inédite de Beaumarchais. 82 lettres ou mémoires autographes, relatifs à ses créances contre le Congrès américain et l'État de Virginie, pour fournitures par lui faites pendant la guerre de l'Indépendance; reliée en 1 vol. gr. in-fol. mar. r. dent. tr. d. (*Thompson.*)

3233. Correspondance de Dumouriez. 1 vol. in-fol. mar. tr. d. (*Thompson.*)

<small>21 lettres ou mémoires autogr. signés, toutes relatifs à la politique extérieure de la France et du plus haut intérêt. (De 1803 à 1820.)
21 copies de lettres adressées à Dumouriez, également fort curieuses.</small>

3234. Correspondance inédite de Canova avec Quatremère de Quincy. En un vol. in-fol., mar. r. f. tr. d. (*Thompson.*)

<small>Correspondance considérable et fort curieuse pour l'histoire des arts.</small>

3235. Correspondance de Charlet avec M. de Musigny. 1820-40; 24 lettres autographes inédites, fort curieuses, en 1 vol. in-fol. mar. r. dent. tr. d. (*Thompson.*)

3236. Manuscrit de M. Nodier ; un vol. in-4, mar. r. fil. tr. d.

Curieux manuscrit autographe, probablement du père du célèbre écrivain, contenant, entre autres opuscules en prose et vers : *Oraison funèbre de Barra et de Viala,* prononcée par lui-même à l'âge de 14 ans au Temple de la Madelaine.... *Essai historique sur la Montagne ; Des Sciences et des Arts sous la république ; Description de ma bibliothèque,* etc.

HISTOIRE

3237. MANDEVILLE. Chi cōmenche et ap̄s sensieut le Liure des pties doultre meir liquels fu fais ordines ꝛ complis par home tres uaillant signeur Jehan de Mandeville, cheualier, qui fu neis en Angleterre de la ville con dist Saint-Albain. c-113. In-fol. mar. br. tr. dor. doublé de vélin. (*Trautz-Bauzonnet.*)

Précieux manuscrit sur vélin du commencement du xve siècle, composé de 118 ff. à longues lignes, 34 à la page, d'une très-belle écriture demi-gothique : il est très-élégamment rubriqué en or et couleurs.

On ne connaît pas, de ce voyage célèbre, de manuscrit aussi complet.

3238. NAUIGATION ET DESCOUUREMENT DE LA INDE SUPÉRIEURE et Isles de Malucques ou naissent les cloux de girofle, faicte par Anthoine Pigaphete Vincentin, cheuallier de Rhodes, commenceant en lan mil v. cc. et xix (1519). In-fol. mar. r. comp. tr. d. (*Duru.*)

Dédié par Anth. Pigaphete à l'illustrissime Philippe de Villiers l'Isle Adam, grand maistre de Rhodes.

Texte original du récit du voyage de Magellan : manuscrit daté du commencement du xvie siècle, en belle écriture ronde : 98 ff. de vélin très-pur; orné d'un grand nombre de cartes en or et couleurs. De longues et savantes notes sur l'origine de ce précieux manuscrit couvrent les gardes du volume.

3239. Mémoire apologétique pour François-Auguste de Thou (exécuté en 1642), présenté au Roi par Jacques-Aug. de Thou, conseiller au Parlement, son frère, avec un récit détaillé de la mort de cette illustre victyme. In-fol. v. br.

Manuscrit du temps (xviie siècle) et d'un grand intérêt.

3240. Copie exacte des Mémoires qui ont été trouvez escrits de la main de feu Monsieur de Turenne. 1643-1658; manuscrit in-fol. demi-rel.

C'est le deuxième volume de ces Mémoires, publiés à Paris, 1735, 2 vol.

in-4. Ce manuscrit paraît avoir servi à l'impression; les nombreuses corrections qui surchargent le texte sont de la main de l'abbé Raguenet, éditeur de ces Mémoires.

3241. Mémoires de Monsieur de la Cour (guerre d'Allemagne, 1656); in-fol. v. br.

Manuscrit d'une bonne écriture du xviie siècle.

3242. Histoire du retour du Pape Pie VII à Rome, précédée par la relation véritable de ce qui s'est passé à Fontainebleau les 21, 22 et 23 janvier 1814; in-fol. mar. r. fil. comp. tr. dor., aux armes du Pape Pie IX.

Manuscrit inédit, de la main du comte Fortia d'Urban.

3243. PRODUITS GÉNÉRAUX DES FERMES-UNIES, dont a esté fait bail à Me François Le Gendre, pour six années commencées le 1er octobre 1668 et finit le dernier septembre 1674; manuscrit petit in-4 de 72 feuillets, sur vélin, titres en lettres d'or, tableaux réglés en lignes d'or, mar. r., compart. à la Dusseuil, tr. dor. (*Rel. anc.*)

Ce manuscrit, d'une exécution admirable, a dû être fait pour l'adjudicataire du bail. Il est écrit en lettres de forme et en italiques, sur des feuilles de vélin d'une blancheur et d'une finesse peu communes : c'est l'œuvre d'un calligraphe de la plus grande habileté, et l'écriture rivalise de netteté et d'élégance avec les chefs-d'œuvre de la typographie et de la gravure. L'ouvrage se compose du titre, de la table des matières, d'une liste des droits compris dans les fermes-unies, du prix du bail par année, et enfin de 29 tableaux compliqués, tracés sur la feuille entière du vélin, qui est ployée par le milieu comme une carte d'atlas. Dans ces tableaux, à titres et à réglure d'or, sont inscrits les produits de chaque impôt par trimestre et par année, ainsi qu'une récapitulation générale des revenus et des frais.

3244. Mémoire sur l'état actuel des revenus et charges et administration du duché d'Albret et comté du Bas-Armagnac, dressé en 1782; in-fol. v. m.

Manuscrit sur papier, de 361 pages et un plan.

3245. LETTRES PATENTES DU 1er DÉCEMBRE 1501, DONNÉES PAR LEONARDO LOREDANO, doge de Venise, à Pietro Marcello, par lesquelles il est constitué comte et gouverneur de Sebenico en Dalmatie, *per duos annos et tantum plus quantū successor tuus illuc venire distulerit*, avec l'exposé des droits, pouvoirs et devoirs de ladite charge.

Précieux manuscrit sur vélin, en latin, avec l'approbation du conseil en italien. La première page est ornée d'un riche encadrement en miniature, de lettres ornées et du blason de Marcelli.

3246. CRONICA VENETIANA. In-fol. mar. r. compt. tr. dor. (*Rel. du temps.*)

Manuscrit fort curieux du xviie siècle : il est terminé par une partie écrite d'une autre main et un peu postérieurement, intitulée :

Conjuratio D. Beomontis Theupoli simul cum D. Marco Quirino et Conjuratio contra ducale dominium, M. CCC. X. Die XV Junii, Venetiis.

3247. QUI COMINCIA LA UENUTA DELLE NOBIL FAMIGLIE, e casade di Venetia, cioè quelle, che uanno nel conseglio, e doue le uiena, e doue fù la sua origine, e quelli, che hanno edificato chiese, e il mancar di alcune di quelle, come qui sotto appare. In-fol. mar. r. comp. tr. dor. (*Rel. ital. du temps.*)

Précieux manuscrit de la fin du xviie siècle, contenant plus de 1200 blasons finement coloriés. Les descriptions héraldiques et généalogiques, faites avec le plus grand soin, sont d'une haute importance historique.

Ce manuscrit est terminé par une seconde partie, non moins curieuse, dont voici le titre :

Registro di suppliche, per occasione di offerte fatte da diuerse Case alla serenissima Republica nelli urgenti bisogni per la guerra del Turco nel regno di Candia, et altroue del dominio Veneto, in ricompensa di quali sono state ascritte nel libro della nobiltà, come per le Parte registrate dietro esse suppliche si uede.

La série de ces dons patriotiques va jusqu'au mois de juin 1649, époque probable de l'exécution du manuscrit.

3248. MÉMOIRE DE CERTAINES ARMES que vii cheualiers et escuiers de nom et d'armes de lostel de hault et puissant Prince Monseigneur le duc d'Orleans doiuent faire et accomplir au plaisir de Monseigneur contre vii cheualiers et escuiers de nom et d'armes du royaume d'Angleterre familliers et seruiteurs de hault Prince le conte de Rotheland. A Bordeaux le xxve jour de mars l'an de grâce mil cccc et deux ; in-fol., velours rouge.

Manuscrit sur papier, très-curieux. C'est le procès-verbal des préliminaires d'un combat resté célèbre dans nos annales sous le nom du *Combat des Sept.* Il finit ainsi : *Et notez que les Anglois furent desconfitz.*

(Une copie en écriture moderne est jointe au manuscrit.)

3249. TESSERÆ GENTILITIÆ; 6 vol. pet. in-fol. ms. rel. en bois du temps.

Précieux recueil héraldique fait avec le plus grand soin au xviie siècle, et réunissant en six volumes tous les *blasons* importants de la chrétienté : exécutés en Italie, ces *blasons* sont peints avec goût et délicatesse ; les légendes sont écrites avec soin ; en un mot, tout concourt à faire de ce recueil l'un des plus précieux manuscrits de cette collection.

3250. STATUTS DE L'ORDRE DE S. MICHEL, ÉTABLI PAR LE TRES CRESTIEN ROY DE FRANCE, LOUYS XIe DU NOM. — Donē au plessis du parc les tours le xxij iour de decembre lan de grace mil cccc soixante seize et de nr̄e regne le seiziesme. In-4, mar. r. (*Rel. anc. avec fermoir.*)

Beau manuscrit sur papier, aux armes et au nom du duc d'Orléans, depuis Louis XII. Sur la première page sont peintes les armes de l'ordre; suit la table des chapitres et une feuille ornée de riches miniatures, avec les armes du duc, en or et couleurs.

3251. Famiglie nobili di Venetia. In-fol. vélin.

Registre manuscrit des plus intéressants, contenant plus de 2000 blasons coloriés, avec des légendes historiques de la plus grande importance ; il a dû être exécuté à Venise vers la fin du xvie siècle.

3252. Cronica delle cose avenute nella marca Trivigiana, per Galeazzo Gattari, etc. Pet. in-4 vélin.

Manuscrit sur papier, xviie siècle.

3253. Preuves des 16 quartiers du comte Christian Maurice Eugène François de Königsegg pour la réception de l'ordre teutonique; in-fol. v. m. fil.

Manuscrit sur papier avec armoiries peintes, sceaux, etc.

3254. Recueil de pièces: Origine de quelques maisons considérables en France. — Harangues et Compliments de MM. Patru, Omer-Talon, etc. — Procès de la belle Epicière, etc.

Manuscrit in-4, vélin, d'une bonne écriture du xviiie siècle. Curieux.

3255. BEMBO (*Bernardo*), In funere Bertholdi marchionis Estensis, pro illustriss. Dominio Venetiarum imperatoris terrestris exercitûs in Turchos, Oratio; Manuscrit du quinzième siècle, sur vélin, in-8 de 29 feuillets, armoiries, v. ant., comp. (*Reliure du temps.*)

Beau manuscrit, écrit en Italie, et probablement à Venise, vers 1463.

Bernard Bembo, sénateur vénitien, et père du célèbre cardinal Pierre Bembo, naquit en 1433 et mourut en 1519. Diplomate distingué, il fut successivement ambassadeur de Venise près du Saint-Siége, près du roi Charles VIII, puis à Florence.

Berthold, d'une branche cadette de la maison d'Este, avait succédé à son père Thadée dans la charge de général des troupes de la république de Venise, en Grèce; il fut tué d'un coup de pierre au siége de Corinthe, en 1463. Bembo prononça son oraison funèbre devant le sénat de Venise. Ce discours éloquent offre un certain intérêt pour l'histoire de la maison d'Este.— Mais la pièce qui donne la plus grande valeur à ce manuscrit, c'est la lettre autographe de Bernard Bembo, qui précède l'éloge funèbre. Cette lettre, d'une écriture très-lisible, occupe six pages et demie; elle est adressée à Théophile Calcagnino.

Ce volume, écrit sur vélin, accompagné de la lettre autographe d'envoi, et orné d'une reliure élégante, est évidemment l'exemplaire destiné à Borso d'Este, premier duc de Modène et de Ferrare.

3256. DE VIRIS ILLUSTRIBUS sive scriptoribus ecclesiasticis libri diversorum... Hieronimi-Gennadii-Isidori-Sigeberti cuiusdam anonymi. — Io. Chrisostomi omelie 7, de Laudibus sancti Pauli, apostoli. — Tractatus Hugonis de S. Victore de Medicina anime; in-4, v. br.

Manuscrit sur vélin, d'une belle écriture semi-gothique du commencement du xve siècle; très-complet et lisible, rubriqué et orné de lettres initiales peintes.

La première partie, *De viris illustribus Ecclesiæ*, présente de notables différences avec le texte publié, en 1470, dans le recueil imprimé à Augsboug par G. Zeiner.

L'*Epistola Amani ad Euagelū pbz* n'a pas été imprimée, que nous sachions.

Le traité de Hugo de Saint-Victor, l'auteur du *Livre de l'arre de l'espouse*, a été imprimé dans le recueil de ses œuvres. Rouen, 1648, 3 vol. in-fol.

3257. VITA DI CATERINA SFORZA di Medici; in-4, vél. tr. dor.

Manuscrit sur papier, d'une belle écriture du commencement du xviie siècle; orné d'un titre délicieux exécuté à la plume par une main habile, et d'un beau portrait.

AUTOGRAPHES

3258. **AMÉLIE,** princesse palatine.
>L. a. s., 3 p. in-4, *à M. mon neveu M. le duc de Bouillon*, s. d.

3259. **ANNE D'AUTRICHE,** reine de France, n. 1602, m. 1666.
>L. a. s., *à mon cousin.... Saint-Germain en Laye*, 13 août 1629. 1 p. in-4. A côté de son nom, la reine a, de sa main royale, appuyé fortement le cachet de sa bague ; la couronne fleurdelisée se distingue très-nettement.

3260. **ANTIN** (Louis-Antoine de Pardaillan, de Gondrin, duc d'), surintendant des bâtiments de la couronne, n. 1665, m. 1736.
>L. a. s. 1 p. 1/2 in-4.

3261. **ARNAULD** (Antoine), dit *le Grand*.
>Curieux dossier de pièces provenant de la vente Renouard, dont : *Extrait d'une lettre du P. Quesnel sur la mort d'Antoine Arnauld* (copie). — L. a. adressée à M. Dubreuil; attribuée par M. Aimé Martin à Arnauld, mais qui n'est pas de son écriture. — Pièce aut. (minute avec corrections et ratures), 1661. 5 p. etc., etc.

3262. **ARNAULD.** Le même.
>L. a. 2 p. 1/2 in-4, daté du 23 décembre 1656, adressée à Lemaistre de Sacy, sur l'édition de Joinville que ce dernier voulait donner. — Pièce curieuse provenant de la collection de M. Aimé Martin.

3263. **ARNOULD** (Sophie), célèbre cantatrice de l'Opéra.
>L. a. s., à M. Boutin. Ce mardi matin, 13 janvier, 2 p. pl. in-4. Curieuse lettre au sujet d'un emprunt de quatre à cinq mille livres qu'elle veut lui faire.

3264. **BAILLY,** membre de l'Académie française, premier maire de Paris.
>L. a., datée de Paris, 3 février 1792, à M. Deleyre l'aîné, à Bordeaux, cachet.

3265. **BARRY** (Jeanne Vaubernier, comtesse du), n. **1744**, m. **1793**.

L. a., 1 p. in-4. — Lettre d'amour, curieuse. On a joint à cette lettre un billet aut. signé comme authentification d'écriture.

3266. **BAYLE** (Pierre), philosophe et historien.

L. a. s., de 4 pages pleines in-4 du 8 janvier 1697 à M. Simon de Valhebert, bibliothécaire de M. l'abbé Bignon.

3267. **BECHE,** attaché à la musique du roi Louis XV, et l'un des éditeurs du solfége d'Italie.

Trois lettres aut. sig. adressées à M. Renard. Ensemble 6 p. pl. in-4. — Lettres intéressantes contre la corporation de St-Julien ou des ménestriers et jongleurs et sur les vexations qu'elle exerçait en 1772 et 1773 contre les musiciens de province.

3268. **BELZUNCE** (Henry-François-Xavier de), évêque de Marseille, n. **1671**, m. **1755**.

L. a. s. du 18 février 1732. 3 p. in-4. relat. aux miracles du diacre Pâris.

3269. **BOILEAU-DESPRÉAUX** (Nic.), poëte.

Belle pièce autographe signée. 2 p. in-4, sur Homère.

3270. **BOILEAU-DESPRÉAUX.**

L. a. s. au R. P. Bouhours. Jolie lettre de 3 pages in-12.

3271. **BOILEAU-DESPRÉAUX.**

Lettre à Brossette, 9 mai 1699. De la collection des lettres autographes provenant du recueil de M. Renouard, et publiée par M. Laverdet.

3272. **BOILEAU-DESPREAUX.**

Sur la manière de réciter du poëte P***. Pièce autographe avec rature.

3273. **BOILEAU-DESPREAUX.**

Les Héros de romans. Manuscrit autographe de 39 pages, publié pour la première fois d'après ce manuscrit original par M. A. Laverdet, page 331.

3274. **BOISROBERT** (François Le Métel de), l'un des quarante premiers de l'Académie française, n. **1592**, m. **1662**.

L. a. s., à M. d'Hozier; 3 p. in-fol. Rome, 15 février. Pièce importante provenant de la collection de M. Du Plessis.

3275. **BOLLANDUS** (Jean), auteur de la collection des *Actes des vies des saints.*

L. a. s., en latin, à Denis Petau, 18 juin 1648. 1 page in-fol.

3276. **BONAPARTE,** général en chef de l'armée d'Italie.

Cinq pièces signées *Bonaparte* (campagne d'Italie, au v de la république).

3277. **BONAPARTE**, général en chef de l'armée d'Italie. *21 ventôse, an IV de la République une et indivisible.*

Pièce curieuse signée : *Salut et respect Buonaparte*, adressée au *citoyen Letourneur, président du Directoire exécutif.* « J'avois chargé le citoyen Barras d'instruire le Directoire exécutif de mon mariage avec la citoyenne Tachere Beauharnois; la confiance que m'a montré le Directoire dans toutes les circonstances me fait un devoir de l'instruire de toutes mes actions; c'est un nouveau lien qui m'attache à la patrie, c'est un gage de plus de ma ferme résolution de ne trouver de salut que dans la République. » Taché d'humidité.

3278. **BOSSUET** (Jacques-Bénigne), n. 1627, m. 1704.

Fragment autographe de 15 p. in-4. — C'est le commencement d'un sermon sur le rosaire, publié pour la première fois à Paris en 1772, dans le *Recueil des sermons* du grand prélat. 9 vol. in-12, un coin du 5e ff. est emporté.

3279. **LE MÊME.**

L. a. s., au P. Rapin, à Meaux, 3 aoust 1687. 2 p. in-4.

3280. **LE MÊME.**

L. a. s., à Nicole. Meaux, 7 décembre 1691. 4 p. in-4.

3281. **LE MÊME.**

L. a. s., au P. Bouhours. Saint-Germain, 14 déc. 1671. 1 p. in-4. Lettre curieuse, relative à ce premier tirage à dix exemplaires du Livre de l'*Exposition de la doctrine chrétienne*, que l'on est convenu d'appeler l'*Édition des Amis* : le P. Bouhours était l'un de ces dix amis, de l'opinion desquels Bossuet faisait si grand cas.

3282. **BOSSUET.**

L. a. à l'abbé Bossuet son neveu. 6 grandes pages pleines in-4, datées de Paris, 3 juin 1697.

3283. **BOSSUET.**

L. a. s., *à M. Nicole. J. Benigne, év. de Meaux*, datée de Meaux, 17 août 1693. 4 pages in-8.

3284. **BOSSUET.**

L. a. s., *J. Benigne, év. de Meaux*, adressée à l'abbé Renaudot, datée de Meaux, 23 octobre 1696.

3285. **BOSSUET.**

Fragment de lett. aut. incomplet de la fin et du commencement. 2 p. pl. in-4.

3286. **BOSSUET.**

Fragments de sermon aut.

3287. **BOSSUET**, fragment d'un sermon autographe.

Fragment d'un sermon autographe. 15 pages in-4.

3288. **BOSSUET.**

L. a. s., à Mme d'Albert de Luynes, 30 sept. 1691. 8 gr. p. pl. in-4 (incomplète de la fin). — Règles à suivre pour l'assistance aux matines et aux offices de l'église (vente Renouard).

3289. **BOSSUET.**

L. a. 9 mars 1691, à Mme d'Albert de Luynes (incomplète de la fin). Cette lettre est toute relative à la confession (vente Renouard).

3290. **BOSSUET.**

L. a. s. (*J. B. év. de Meaux*), datée de Germiny, 3 nov. 1692.

3291. BOSSUET.
L. a. 8 pages in-4 à l'abbé Bossuet à Rome, datée de Paris, 12 mai 1698. Curieuse lettre.

3292. BOSSUET.
L. a. s. 2 pages in-4. *J. Benigne*, év. de Condom, datée de Versailles, 7 septembre 1673.

3293. BOSSUET.
L. a. s. 3 pages in-4. *J. Benigne, év. de Meaux*, datée de Germiny, 17 septembre 1692.

3294. BOSSUET. 4 pages pleines in-4.
Lettre autographe signée *Bossuet. De Germigny*, 16 mars 1696. Belle pièce.

3295. BOSSUET.
L. a. 4 pages pleines in-4, à l'abbé Bossuet à Rome, datée de Paris, lundi 17 juin 1697.

3296. BOUILLON (Elisabeth de Nassau, duchesse de), fille du prince d'Orange, *mère de Turenne.*
L. a. s., à mon fils le duc de Bouillon, à Sédan, le 9 janvier 1630. 6 p. in-4.

3297. BOUILLON (Henri de la Tour d'Auvergne, duc de), prince souverain de Sédan, né en 1555, mort en 1623.
Maréchal de France en 1591. Impliqué dans la conspiration de Biron, il sortit de France, y rentra plus tard et pendant la minorité de Louis XIII devint le chef des protestants. De sa seconde femme, princesse d'Orange, il eut deux fils; le cadet fut Turenne.
L. a. s. adressée à Duplessis-Mornay. (De la collection de M. Duplessis.)

3298. BOUILLON (Henri de Latour d'Auvergne, duc de), père de Turenne.
L. a. s. 2 p. in-fol., adressée à Mgr l'électeur Palatin. 9 juin 1607.

3299. BOUILLON (duc de). Le même.
L. a., à Mme la duchesse de Bouillon. 1 page in-4.

3300. BOUQUET (Dom Martin), religieux bénédictin de la congrégation de Saint-Maur, auteur des *Historiens des Gaules et de la France*, n. 1685, m. 1754.
L. a. s., à D. Martène, du 4 avril 1739. 1 p. in-4.

3301. BOURDALOUE (Louis), grand prédicateur de la société de Jésus, n. 1632, m. 1704.
L. a. s., au père Bouhours. 1 p. in-8. Belle lettre, 30 décembre. (Rare.)

3302. BRINON (Françoise-Marie de), célèbre pénitente de Bossuet.
L. a. s., à Bossuet, le 25 juin 1695. 4 p. in-4.

3303. LA MÊME.
L. a. s., au même. 5 p. in-8.

3304. BUSSY-RABUTIN.
Pièce autogr. 3 p. in-4. Intitulée: *Histoire de Louis de Bourbon, duc d'Enghien, puis prince de Condé, premier prince du sang, etc.* (Non terminée.)

3305. BYRON (Noël Gordon, lord), n. 1788, m. 1825.
L. a. s., — de Gênes, le 5 mai 1823. 2 p. in-4.

3306. CALVIN (Jean), mort à Genève en 1564.
1° Quittance autographe signée, au bas d'un mandat délivré par les syndics et conseil de Genève, pour le payement de 125 florins, somme à laquelle se monte un quartier de la pension de *nostre bien aymé spectable Jehan Calvin, ministre de la parolle de Dieu.* — Le mandat est signé: Bouteillert, Jouys et Bernard, 17 et 18 septembre 1561. — Placard petit in-4.
2° Pièce de 14 vers sur son exil de Poitiers.

De mon exil je ne me veux douloyr,
Puisque je tire un gain de mon domage.
. . . .
Poitiers ingrat! ce n'est plus moy qui prie
Le ciel vengeur de punir ta furie, etc.

3° Notice curieuse sur le fils de Jean Calvin, et sur l'existence actuelle de ses descendants qui n'ont pas conservé le nom de leur ancêtre.

3307. CATHERINE DE MÉDICIS, reine de France.
L. a. s., à Monsieur de Villeroy. — (Août 1586.) 1 p. in-fol. — Lettre politique, fort importante: il y est question du Roi de Navarre.

3308. CATHERINE DE MÉDICIS. La même.
L. a. s., à Monsieur mon fils (le Roi Charles IX), de Limoges 12 juin 1569. 4 p. gr. in-fol. Lettre historique du plus haut intérêt.

3309. CHARLES IX, roi de France.
Lettre autographe, signée, au duc de Savoie, sur la restitution de places appartenant au duc de Savoie et gardées à la suite de revendications relatives à la dot et aux droits de Louise de Savoie, mère de François Ier, 1562. Belle pièce.

3310. CHARLES IX, roi de France.
L. a. s. ALEXANDRE. 1 p. in-fol. Adressée à *la Reine d'Espagne, madame ma sœur.*

3311. CHARLOTTE DE NASSAU.
L. a. s., *à mon cher neveu.* 2 p. in-4.

3312. CHATELET (marquise du).
L. a. s. *Breteuil du Châtelet.* 3 p. in-4; datée 4 mars 1748, adressée au R. P. Calmet, abbé de Senone.

3313. CHATELET (marquise du). La même.
Billet autographe daté de *Cirey, jeudi à 2 heures après minuit,* à M. de Saint-Lambert à Luneville, et lui mande de la manière la *plus affectueuse* de venir à Cirey, *que Cirey me semblera beau quand vous y serez!....*

3314. CHEVREUSE (Marie de Rohan, femme en premières noces de Charles d'Albert de Luynes, et en secondes noces de Claude de Lorraine, duc de).
L. a. s., à M. de Lionne; avril 1650. 2 p. in-8. Lettre curieuse, avec une notice de M. Lucas de Montigny.

3315. COLBERT (Marie Charron), femme du célèbre ministre L. a. s., 1665.

COLBERT (N. de), abbesse de Ste-Claire de Reims, à son frère le ministre. L. a. s., 1662.

CHAULNES (Charlotte d'Albert de), abbesse de Poissy, à Colbert. 1673. L. a. s.

3315 bis. COLLÉ (Charles), poëte, chansonnier, secrétaire du duc d'Orléans.

L. a. s., à M. des Essarts, comédien ordinaire du Roy, au château des Tuileries; du 24 décembre 1774.

3316. COLIGNY (Louise de), fille de l'amiral de Coligny, veuve de Téligny, tué à la Saint-Barthélemy, épousa le prince d'Orange, dont elle eut Frédéric-Henry de Nassau, stathouder de Hollande.

L. a. s., au duc de Bouillon. 2 p. in-fol. Très-belle lettre.

3317. CONDÉ (Louis de Bourbon, prince de).

L. a. s., ce vendredi soir 1672.

3318. CORRESPONDANCE de M. de Richelieu avec M. Tranchères, procureur syndic de la ville de Bordeaux, 1755 à **1779.**

Douze lettres autographes.

3319. D'AGUESSEAU (Henri-François), chancelier de France, n. 1668, m. 1751.

L. a. s., du 17 septembre 1696. 1 p. in-4. *Il envoie un projet d'arrêt pour les œconomats.* Ce projet (3 p. 1/2 in-4) est joint à la lettre.

3320. DUBARTAS (Impression des œuvres de).

Quit. sig. (sur parch.) du sieur Toussaint Dubray, libraire à Paris, du 26 may 1614, de la somme de 300 livres, dont S. M. lui a fait don, tant pour le récompenser de partie de la dépense qu'il a faite pour l'impression des œuvres de Dubartas, que pour le premier livre relié des dites œuvres qu'il a présenté à la dite Majesté.

3321. DUCIS (Jean-François), poëte tragique, n. 1733, m. 1816.

1° L. a. s., à Bernardin de Saint-Pierre. 2° Projet de L. a. 3° Fragment aut. de la tragédie d'*OEdipe à Colone*. 6 p. in-4. Dossier de la collection de M. du Plessis.

3322. DURAS (marquis de), lieutenant-général.

L. a. s., du 23 août 1642; à Mme la duchesse de Bouillon. 2 p. in-4.

3323. DURAS (marquis de).

L. a. s., 1644; plus une lettre de sa femme.

3324. EDGEWORTH DE FIRMONT (l'abbé), confesseur du roi Louis XVI.

Billet autogr., de la duchesse d'Angoulême, 18 mai; avec la note suivante écrite sur la pièce même : « Dernier billet que m'a écrit l'abbé Edgeworth le lundi 18 mai à 6 heures du matin le jour où il s'est allité à 9 heures après la messe, 4 jours avant sa mort. »

3325. **ÉLIZABETH-ALEXANDRINE DE BOURBON-CONDÉ**, dite Mlle *de Sens*, petite-fille de Louis XIV.
Jolie lettre autographe signée, adressée au comte d'Argenson. Cachets.

3326. **ÉLISABETH D'ANGLETERRE**, fille de Henry VIII et d'Anne Boleyn.
Lettre signée, au duc de Nevers, avec une curieuse souscription autog. du 27 août 1595. 1 p. pet. in-fol. Cachet. Pièce historique d'une haute importance.

3327. **ESPERNON** (duchesse d').
L. s. *Sœur Anne Marie de Jésus*. 3 p. in-4. Adressée à Mme la marquise d'Huxelles, datée du 27 septembre.

3328. **EUGÈNE DE SAVOIE** (le prince), n. à Paris 1663, m. 1736.
L. a. s. de Milan, 30 mars 1707. 4 p. pl. in-4.

3329. **FÉNELON** (François de Salignac de La Mothe), archevêque de Cambrai, n. 1651, m. 1715.
L. a. s., *fr. ar. duc de Cambray*, du 20 juillet 1714. 1 p. in-4.

3330. **LE MÊME.**
L. a., à M. l'abbé de Beaumont; de Vaucelles, le 7 may 1703. 2 p. 1/4 in-4.

3331. **LE MÊME.**
L. a., de Cambray, le 4 avril 1714. 2 p. in-4.

3332. **LE MÊME.**
L. a. du 27 août 1714. 3 p. in-4.
Lettre de discussion théologique fort importante.

3333. **LE MÊME.**
Dossier de copies du temps. L. de 1698 à 1711, dont l'une est de 26 pages.

3334. **LE MÊME.**
Lettre autographe à Mme de Chevry, datée du 22 novembre 1708. Une page in-12, cachet.

3335. **FERDINAND ET ISABELLE.**
Édit contre les Maures, 1493 ; document historique très-important, et il porte les signatures royales.

3336. **FLECHIER** (Esprit), évêque de Nîmes, n. 1632, m. 1710.
L. a. s. de Nismes ce 13 juin. — 2 p. 1/2 in-8. Cette lettre paraît être adressée à Boileau.

3337. **FLÉCHIER** (Esprit).
L. a. s., à M. l'abbé de Combré. Montpellier, 15 janvier 1710, 3 p. in-4. Jolie lettre.

3338. **FLÉCHIER** (Esprit).
L. a. s., 3 août 1709 ; 2 p. in-8.

3339. **FRANÇOIS Ier**, roi de France.

L. a. s. *Françoys*, à mestre *Pycart*. — S. l. n. d., 1 p. gr. in-fol. Belle lettre relative aux travaux de Fontainebleau.

3340. **FRANÇOIS DE SALES** (saint), né en 1567, évêque de Genève en 1602, mort en 1622.

Lettre autographe, signée, à M. de La Porte, surintendant de la maison de la duchesse de Mercœur. — Annecy, 6 juin 1603, 1 page gr. in-4.

Il rend compte des démarches qu'il a faites en Piémont près du duc de Savoie, afin de terminer à l'amiable les affaires de la duchesse de Mercœur, tant pour la contestation de Conflans avec don Amédée, que pour d'autres procès. Le saint évêque de Genève paraît être fort dévoué aux intérêts de la duchesse : *Je m'essayerai de luy rendre tous les services qu'il m'sera possible en toutes occurrences, comme très-obligé que j'y suis.*

3341. **GILLOT** (Jacques), l'un des auteurs de la célèbre satire Ménippée, n..., m. 1619.

L. a. s. (à la troisième personne), à Isaac Casaubon, en latin, de Paris, le 15 avril 1595. 1 p. in-4.

3342. **GOETHE** (Jean-Wolfgang de), le grand poëte de l'Allemagne, n. 1749, m. 1832.

L. a. s. de Weymar, le 13 mai 1830. 1 p. in-4.

3343. **GOETHE** (le même).

Ballade autogr. 16 vers.

3344. **GOETHE** (le même).

Billet autogr. signé du 3 novembre 1802.

3345. **GRAMONT** (Elisabeth Hamilton, comtesse de), si célèbre par les Mémoires de Gramont, écrits par son frère, Antoine Hamilton.

L. a. s. *X. de Gramont*, à monsieur *Colber*, de Paris, ce 11e de septembre. 2 p. 1/2 in-4.

3346. **GUISE** (Charles de Lorraine, duc de), fils aîné de Henri de Guise, assassiné à Blois, n. 1571, m. 1640.

L. a. s., au Roi Henry IV, datée de Marseille, — le 13 sept. 1598. 4 p. in-fol.

3347. **GUISE** (Louis III, de Lorraine, cardinal de), archevêque de Reims, n. 1575, m. 1621.

L. a. s. 1 p. in-fol.

3348. **GUYON** (Jeanne Bouvières de La Mothe), célèbre quiétiste, n. 1648, m. 1717.

L. a. s. 3 p. in-4. Belle pièce, publiée; TRÈS-RARE.

3349. **HENRIETTE-MARIE DE FRANCE**, fille de Henri IV, femme de Charles Ier, roi d'Angleterre.

L. a. s., à *M. mon frère.*

3350. **HENRIETTE-MARIE DE FRANCE.** La même.
L. aut., sig. à la R. mère prieure des filles de la Visitation de Sainte-Marie de Chaillot. 1 p. pl. in-4. Cachets et soies.

3351. **HENRI II,** roi de France, n. 1518, m. 1559.
L. a. s. au duc de Guyse. 1 p. in-fol.

3352. **HENRI III,** roi de France, n. 1551, m. 1589.
L. a. s., à Villeroy. 2 p. 1/2 gr. in-fol.

3353. **HENRI IV,** roi de France et de Navarre.
L. a. s., à monsieur Maryon. 1 p. in-4.

3354. **JUAN D'AUTRICHE** (Don), fils naturel de Charles-Quint.
L. a. s. (en espagnol). 1578.

3355. **FONTAINE** (Jean de La), fabuliste, n. 1621, m. 1695.
L. a. s., à son oncle monsieur Jeannart, substitut de monsieur le Procureur général à Paris. 1 p. in-12. 5 janvier 1658.
(Imprimée dans l'édition donnée par M. Walckenaer, tome vi, p. 476.) (De la vente Renouard.)

3356. **LA FONTAINE.** 2 p. in-4.
Fable autographe signée : *de la Fontaine*, et intitulée : *L'auantage de la science.*

3357. **LA FONTAINE** (Françoise de), prieure du monastère de Fontaine, près Meaux.
Lettre de cachet pour détenir une religieuse, 1745; sa signature au bas d'une lettre de cachet qui lui a été signifiée.

3358. **LAMBALLE** (Marie-Thérèse-Louise de Savoie, princesse de).
L. a. s., au Roi. Février 1773.

3359. **LA MENNAIS** (l'abbé F. de), célèbre publiciste.
L. aut. sig.: L., à madame Z. Clément. Paris, 12 janv. 1849. 3 p. pl. in-18. Enveloppe aut. Joli cachet.
Tout ce qu'il sait de la solidarité républicaine, c'est que, conduite par des hommes incapables, elle est complètement en désarroi, et qu'en ce moment on ne sait pas ce qu'elle deviendra. « Nous nous en « allons à grands pas vers une restauration. Voilà ce que nous auront « valu les imbéciles et les traîtres qui, depuis huit mois, ont eu le « pouvoir en main. La royauté ne durera pas longtemps, et, dans la « tempête qu'elle soulèvera bientôt, les hommes qui triomphent au- « jourd'hui, emportés corps et biens, disparaîtront, et cette fois pour « toujours. »
Plus neuf lettres autographes signées, inédites.

3360. **LA ROCHEFOUCAULD** (le duc de), père de l'auteur des *Maximes*.
Belle lettre autographe au maréchal de Brézé, beau-frère de Richelieu, datée du 15 janvier 1647. 1 page in-fol.

3361. **LA ROCHEFOUCAULD** (François VI, duc de), l'auteur des *Maximes*, n. 1613, m. 1680.
L. a. s., à Mlle de Scudéry. 2 p. 1/4 gr. in-4 avec cachets et soies. Rare et belle lettre.

AUTOGRAPHES.

3362. LA VALLIÈRE (Louise-Françoise de la Beaume le Blanc, duchesse de), n. 1644, m. 1700.

L. a. s., à un prélat. 4 p. in-4. Très-rare. Cette belle lettre, écrite au temps du repentir, est signée : *Sœur Louise de la Miséricorde*. Elle est imprimée dans la nouvelle publication de M. Pierre Clément, intitulée : *Reflexions sur la miséricorde de Dieu, suivies de lettres inédites*, etc. 2 vol.

3363. LE BRUN (Charles), peintre, n. 1619, m. 1690.

Reçu de 4 lignes a. s. du 7 déc. 1677 au dos d'une lettre de Clément, le marchand d'estampes, adressée au célèbre graveur G. Audran.

3364. LENCLOS (Anne de), si connue sous le nom de *Ninon*, n. 1616, m. 1706.

L. a. s. 2 p. 1/2 in-12, à monsieur de Bonrepos. *Très-rare*.

3365. LÉNONCOURT (Claude, marquis de), chef de l'une des plus nobles familles de Lorraine, n..., m. 1643.

L. a. s. de Mets, ce 17 décembre 1620, *à monsieur le duc de Bouillon*, premier maréchal de France. 2 p. pet. in-fol. cachet.

3366. LETTRES, projets de proclamations et documents relatifs aux événements politiques de 1813 et 1814; la plupart adressés au duc de Blacas ou signés par lui; une lettre signée de Louis XVIII; d'autres à M. le comte de Bruges, presque toutes datées de Hartewell.

3367. LONGUEVILLE (Anne-Geneviève de Bourbon-Condé, duchesse de), n. 1618, m. 1679.

L. a. s., à Mme la duchesse de Bouillon. 2 p. 1/2 in-4. Belle lettre de condoléance.

3368. LONGUEVILLE. La même.

L. a. s. *A. de Bourbon*, à l'abbé de Saint-Cyran de Port-Royal, le 24 juillet (1672). 5 p. pet. in-4. Cachet de deuil (son fils avait été tué au passage du Rhin le 12 juin précédent). Admirable lettre, pleine de douleur et de résignation.

3369. LONGUEVILLE (la duchesse de), Anne-Geneviève de Bourbon-Condé. La même.

Belle lettre autographe signée, avec les cachets, et adressée à M. de Scudéry. (*Inédite*, du 29 août, de *Moulins*.)

3370. LONGUEVILLE (duchesse de). La même.

L. a. s., à la *rév. mère Agnès*, datée du Bouchet, ce 29 mai.

3371. LONGUEVILLE (duchesse de). La même.

L. a. s., *vostre très humble cousine et servante. A Madame la duchesse de Bouillon*, datée de *Coulomniers, ce 12 septembre*.

3372. LONGUEVILLE (duchesse de). La même.

L. a. s., à la mère Angélique de Saint-Jean, datée: Paris, ce 4 août. 2 p. in-4 (de la collection de M. du Plessis).

3373. LONGUEVILLE (Henri II, duc de), n. 1595, m. 1663.

L. a. s., à madame la duchesse de Bouillon, 4 juillet 1642. 1 p. in-4 oblong.

3374. LOUIS XIV, roi de France, 1680; 1 p. in-4.
Belle lettre autographe signée, adressée à l'abbesse de Chelles; cachets.

3375. LOUIS XV, roi de France.
L. a. s. 1 p. in-4.

3376. LOUIS XVI, roi de France.
L. a. s., à Monsieur *du Mourier*, datée aux Tuileries le 19 avril 1792. 1 p. in-4, cachet. Lettre célèbre, dans laquelle il propose à son ministre de la guerre la déclaration de guerre à l'Autriche.

3377. LOUIS-PHILIPPE Ier**,** roi des Français, 1773 — 1850.
Lettre aut. signée à M. le comte ***. *Paris, lundi soir,* 4 *mars* 1823. Une page in-4.

3378. LOUVOIS (Cam. Le Tellier, abbé de), bibliothéc. du roi et membre de l'Académie française.
L. sig., à M. Le Tellier, archev. de Reims, 21 septembre 1709, avec la réponse en marge aut. sig. de celui-ci.

3379. LA TRÉMOILLE (Henri de).
L. a. s., à M. le duc de Bouillon. 2 p. in-4 (s. d.).

3380. MAINTENON (Françoise d'Aubigné, marquise de), n. 1635, m. 1719.
L. a. s., à madame des Marets. 2 p. 1/2, in-12.
LETTRE CURIEUSE.

3381. MAINTENON. La même.
L. a., à la même; de Saint-Cyr, ce 15 aoust. 6 p. in-4.

3382. MAINTENON. La même.
L. a., à madame la marquise de Villette; de Saint-Cyr le 2 juin 1707.

3383. MAINTENON. La même.
L. a., à la même; de Saint-Cyr ce 21 may. 2 p. 1/2, in-4, cachet.

3384. MARAT (Jean-Paul), n. 1744, m. 1793.
L. a. s. *Marat, l'ami du peuple,* au patriote Camille Desmoulins, le 19 may 1792. 2 p. in-12.

3385. MARCA (Pierre de), savant prélat, théologien, archevêque de Toulouse, ministre d'État, archevêque de Paris, 1594 — 1661.
Jolie l. a. s., au P. Sirmond, datée de Barcelone 1648.

3386. MARGUERITE DE FRANCE, fille de Henri II, première femme de Henri IV, n. 1552, m. 1615.
L. a. s., *au roy monseigneur et frère* (Henri III). S. l. n. d. (1586). 2 p. gr. in-fol.

3387. MARGUERITE, reine de Navarre.
Belle lettre a. s. 2 pages in-fol. adressée à la *reine madame et mère.* Pièce importante.

3388. MASSILLON (Jean-Baptiste), évêque de Clermont, n. 1663, m. 1742.

L. a. s. 3 p. 1/2, in-4. Très-belle lettre; les autographes de Massillon sont rares.

3389. MÉDICIS (Catherine de), reine de France, femme de Henri II, n. 1519, m. 1589.

Lettre autographe signée, à Mgr l'évêque de Limoges, 3o mars 1552, 1 page in-fol. « Monsieur de Limoges, je vous avois escript comment je désirois vous voir à Chenonceau ; mon indisposition et mon pront guérissement ayant causé que nous nous mîmes à marche que le quinze de Pasques..., etc., etc. »

3390. MÉDICIS (Marie de).

L. a. s., *à mon cousin le cardinal de Richelieu.* 2 p. in-4, cachet.

3391. MÉLANCHTHON (Philippe), luthérien célèbre, m. 1560.

Lettre (en latin) autographe, signée, à Jean Dolser, pasteur de l'église luthérienne de Reichenbach. 11 septembre 1559. 3 pages in-fol. pleines; l'adresse est sur la 4ᵉ page.

Lettre de condoléance à un ami dont la femme venait de mourir. Melanchthon, déjà veuf, décrit la douleur que la perte de son épouse lui fait journellement éprouver. Il ajoute que les vieillards ne se consolent jamais d'un tel malheur ; qu'il faut chercher un adoucissement à ses peines en songeant qu'on doit obéir à la volonté de Dieu, et que les hommes sont inévitablement assujettis aux misères de la vie ; qu'il convient de mettre son espoir dans les promesses divines, et qu'au séjour céleste nous retrouverons tous ceux que nous avons chéris.

Cette pièce, d'un style correct et élégant, respire l'amour de la famille et une ferme croyance en la bonté de Dieu.

3392. MELANCHTHON (Philippe), et autres.

Certificat de réception en qualité de ministre de l'Evangile dans la ville de Barbi, en faveur de Jean Eisfeld. Wittemberg, 11 mai 1553. 2 pages petit in-fol.

Les blancs de cette formule imprimée ont été remplis par Melanchthon; et la pièce est signée par Joh. Bugenhagen, pasteur de l'église de Wittemberg, et par six ministres de la même église, savoir : Joh. Forsterus, Georgius Maior, Philippus Melanchthon, Sebastianus Froschelius, Lucas Hetrerus, Otto Bleidnerus.

Scellé de deux petits cachets ; l'un, de forme octogone, contient un écusson chargé d'une harpe et surmonté des lettres I. B.; l'autre, de forme ovale, représente un ange ou un génie ailé.

3393. MIRABEAU.

L. a. 4 p. in-4, 3 avril 1777. Lettre curieuse.

3394. MONNIER (Sophie de Ruffey, marquise de), maîtresse de Mirabeau.

L. a. s. : *Sophie Gabrielle*, au comte de Mirabeau détenu au donjon de Vincennes, 18 juillet 1780. Intéressante (de la collection Lucas de Montigny).

3395. MONTAUSIER (Julie d'Angennes, duchesse de), femme célèbre par sa grâce et son esprit, et pour laquelle fut faite la *Guirlande de Julie.*

L. a. s., au maréchal de Guiche; 10 juin 1642, 2 p. in-4 ; cachets et soies ; jolie pièce.

AUTOGRAPHES.

3396. MONTAUSIER (Julie-Lucine d'Angennes de Rambouillet, duchesse de). La même.
Belle lettre autographe signée, adressée à *M. de Pomponne*, à *Verdun*; cachets.

3397. MONTMORENCY (Anne de), connétable de France, tué à la bataille de Saint-Denis, en 1567.
Belle lettre autographe, signée (1 p. in-fol.), adressée à monsieur *de Villandry*.

3398. MONTMORENCY (le connétable Anne de). Le même.
L. avec 9 lignes et la souscription aut. sig. au duc de Guise. Orléans, 30 janvier 1582. 1 p. pl. in-fol. avec portraits.

3399. MABILLON (Dom Jean), bénédictin de la congrég. de Saint-Maur.
L. aut. sig. 3 octobre 1696; 4 p. pl. in-4. Relation intéressante de son voyage en Allemagne (de la collection Lucas de Montigny).

3400. NASSAU (Jean, comte de), dit *le Vieil*, fondateur de la branche de Dillenbourg.
L. a. s. de Dillenbourg, ce 25e january 1604, à monsieur le duc de la Trémouille. Cachet, 1 p. in-fol. Belle lettre.

3401. NAPOLÉON Ier, empereur.
Pétition de Virginie Delaire, apostille, avec 3 lignes autogr. 7 avril 1815.

3402. NICOLE (Pierre), de Port-Royal, n. 1625, m. 1695.
L. s. 7 p. in-4.

3403. NODIER (Charles), membre de l'Académie française.
L. a. s. 16 août 1829. Belle lettre.

3404. OLONNE (Marie-Étienne de Bullion de Fervaques, duchesse d'), femme de Ch.-Anne Sigismond de Montmorency-Luxembourg, duc d'Olonne, n. 1713, m. 1749.
L. a. s., de Paris, ce 31 aoust 1748. 1 p. in-4.

3405. OPÉRA (États de la chaussure des demoiselles de la musique et de la danse de l').
Ces états, qui sont relatifs aux artistes employés aux spectacles du roi donnés à Fontainebleau pendant l'année 1770, sont signés par Mlles Sophie Arnould, Dubois, Beaumesnil, Larrivée, Guimard, Allard, Peslin, etc., etc. 4 gr. p. in-fol. Curieuse réunion.

3406. ORLÉANS (Anne-Marie-Louise d'), duchesse de Montpensier, dite *la Grande Mademoiselle*, n. 1627, m. 1693.
L. a. s. à madame la duchesse de Bouillon. 1 p. in-4.

3407. ORLÉANS (Louise-Marie-Adélaïde de Bourbon-Penthièvre, duchesse d'), n. 1753, m. 1821.
L. a. s. du 27 avril 1818. 2 p. in-4.
Cette princesse, fille du duc de Penthièvre, était la mère du feu roi Louis-Philippe.

3408. PAULUS MANUTIUS.

L. a. s., 17 mayo 1573; adressée à Aless. Honorio Gonovo Figelus, à Ancône, et une autre pièce autographe.

3409. PERROT (Dom Edme), 58° abbé général de l'ordre de Cisteaux, élu le 20 mai 1712, mort en 1727.

2 lett. s., à monseigneur... au sujet de l'abbesse de Maubuisson, et autres abbesses de sa dépendance, dont il flétrit la conduite.

3410. PHILIPPE II, roi d'Espagne.

L. s. El rey, à Don Juan Baptista de Tassis. — *Del Pardo,* le IV décembre 1578. Contre-signée Ant. Perez. Cachet royal.

Lettre importante et fort curieuse : le commencement est relatif à la mort de Don Juan d'Autriche.

3411. PICCOLOMINI (Octave), l'un des plus illustres généraux de la guerre de *Trente ans,* n. 1599, m. 1656.

L. a. s. 2 p. in-fol. Lettre de la plus haute importance historique.

3412. POMPADOUR (Jeanne-Antoinette Poisson, marquise de).

L. a. s. à M. Berryer. 14 octobre 1757. 1 p. in-4.

3413. POMPONNE (Henri-Charles Arnauld, dit l'abbé de), n. 1669, m. 1756.

L. a. s., 1 p. 1/2 in-4. 8 avril 1710.

3414. RACINE (Jean).

Billet autographe signé. 15 août, à M. Despréaux. Publié par M. A. Laverdet pour la première fois, d'après cette pièce originale.

3415. RANCÉ (Armand-Jean le Bouthilier de), abbé de la Trappe, n. 1626, m. 1700.

L. a. s., mars 1697. 2 p. 1/2 in-8. Publiée. Lettre relative au fameux livre des *Maximes* de l'archevêque de Cambrai.

3416. RANCÉ (Armand-Jean Le Bouthilier de).

1° L. a. s., en grec, adressée au P. Sirmon, jésuite, datée du 10 janvier 1641 (cachets).

Il lui envoie un exemplaire de son édition d'Anacréon.

2° L. sig. à Mgr. à la Trappe. 2 p. petit in-4.

3° Lettre de la main de son secrétaire.

3417. RAMPONNEAU, fameux cabaretier de la Courtille.

Mémoire de charpente pour son cabaret, à Belleville, 1765, 22 p. in-fol.

3418. RÉTIF DE LA BRETONNE (Nicolas-Edme), n. 1734, m. 1806.

L. a. s., au baron de Maugirard, 27 prairial an X. 1 p. in-12.

3419. RÉTIF DE LA BRETONNE. Le même.

Mss. autographe. 6 p. in-4.

3420. RETZ (Jean-François-Paul de Gondy, cardinal de), n. 1614, m. 1679.

L. a. s., à madame la duchesse de Bouillon. Cachet. 1 p. 1/2 in-4.

3421. REYNIE (de la), lieutenant-général de police.
L. a. s., du 13 de décembre 1683. 1 p. in-8.

3422. ROBESPIERRE (Maximilien-Isidore de), conventionnel.
Arrêté du comité de Salut public, 10 messidor an 2, signé : *Billaud-Varenne* et *Barrère*, relativement à l'arrestation de Robespierre, Couthon et Goubault, *qui seront transférés sur le champ à la Conciergerie sous bonne et sure garde.*

3423. ROBESPIERRE (Maximilien). Le même.
Déclaration d'amour d'une riche veuve nantaise nommée Jakin, du 6 prairial an 2. 1 p. 1/4 in-4.
Pièce très-curieuse, portant la griffe du député Courtois, chargé par la Convention de l'inventaire des papiers du citoyen Robespierre.

3424. ROUSSEAU (Jean-Jacques), n. 1712, m. 1778.
L. a. s. à monsieur de Couzié, comte des Charmettes. Du 5 may 1763. 2 p. in-4. Cachet.

3425. ROUSSEAU (J.-J.). Le même.
Lettre autographe de Mme d'Orbe à Mme de Wolmar, sur le caractère, goûts et mœurs des habitants de Genève. — 4 pages in-4 remplies de ratures, de corrections et de changements.

3426. SAINT-EVREMONT (Charles Marquetel de Saint-Denis, seigneur de), lieutenant des gardes du prince de Condé, n. 1613, m. 1703.
L. a. s., à l'abbé d'Hautefeuille. Londres, 16 juin. 2 p. gr. in-fol., cachet.

3427. LE MÊME.
L. a. s., au même. Londres, 4 mai. 3 p. gr. in-4.

3428. LE MÊME.
L. a. s. au même. (Londres), 7 avril. 3 gr. p. in-4, cachet.

3429. LE MÊME.
L. a. s. 3 pages in-4, à M. l'abbé de Hautefeuille, ce 27 avril.

3430. SAINT-SIMON (Personnages du siècle de Louis XIV, mentionnés, la plupart, dans les Mémoires de).
21 lettres, a. s.

3431. SCUDÉRY (Madeleine de), sœur du poëte et romancier Georges de Scudéry, n. 1607, m. 1701.
L. a. s. (du 21 août 1694), 4 p. in-4.

3432. SULLY (Maximilien de Béthune, duc de), n. 1560, m. 1641.
L. a. s. gr. in-fol., à M. de Villemontré, à Reims.

3433. TURENNE (Henri de la Tour d'Auvergne, vicomte de).
L. a. s. au camp devant Perpignan, 12 août 1642, à M. de Savigny, conseiller du roi. (Cachet.)

3434. VENDOME (Louis-Joseph, duc de), maréchal de France, n. 1654, m. 1712.
L. a. s. 1 p. in-4, au camp devant Barcelone, ce 20 juillet 1697.

3435. **VILLARS** (le duc de), maréchal de France, n. 1653, m. 1734.

L. a. s. à M... 2 p. 1/2 in-4.

3436. **VINCENT DE PAUL** (Saint), fondateur de la congrégation de la Mission, né en 1576, mort en 1660.

Lettre autographe signée, à M. du Festel, prêtre de la mission d'Annecy. Bresle, 28 novembre 1642. 3 pages in-8 pleines. L'adresse est sur la 4e page.

Cette lettre renferme une foule de détails sur le personnel et sur les affaires de la congrégation. « Je pense qu'il est bon que nous ne « changions pas le nom que le saint-père donne à nos maisons, qui « est de la mission, pour les appeler séminaires. Je vous supplie, mon- « sieur, de tenir la main à ce qu'on n'innove aux termes ni aux « choses qui se praticquent en la compagnie, pour conserver l'unité. « Il n'est pas imaginable l'inconvénient qu'il y a eu une congrégation « de n'estre pas uniforme. »

« Voicy nos petites nouvelles : Monsieur du Coudray s'en va en « Barbarie pour la délivrance d'environ 80 esclaves, à dessaing de « faire la mission parmi les autres qui sont au nombre de dix mil à « Argiers (Alger). »

3437. **VINCENT DE PAUL** (Saint). Le même.

L. a. s., à monsieur du Chesne, sup^r des pères de la mission de Saint-Lazare-lez-Paris, le 24 juillet 1642, 1 p. pet. in-fol. TRÈS-BELLE LETTRE.

3438. **VILLEROY** (François de Neufville, duc de), maréchal de France, n. 1643, m. 1730.

L. a. s. 1 p. in-4.

3439. **VOLTAIRE.**

Lettre autographe signée : *Arouet*, adressée à l'*abbé de Chaulieu*, datée de *Sully, ce 20 juillet.* 3 p. in-4.

3440. **WALTER SCOTT.**

Billet a. s., en anglais. 4 juin 1830.

3441. **CORRESPONDANCE DE LA FAMILLE DE LA TOUR D'AUVERGNE**, ducs de Bouillon, princes de Sedan, de 1602 à 1699.

265 lettres autographes, la plupart adressées au duc de Bouillon par Élisabeth de Nassau, sa mère, et par d'autres personnes. On y remarque une pièce importante: *Protestation du duc de Bouillon contre la cession de Sedan à la France.* Cette correspondance, accompagnée pour chaque pièce d'une copie littérale, présente la matière d'une publication historique du plus grand intérêt.

SUPPLÉMENT AU CATALOGUE DES LIVRES IMPRIMÉS.

THÉOLOGIE

3442. La Sainte Bible traduite en françois, par Lemaistre de Sacy. *Paris,* 1742; 14 vol. in-12, v. marb.

3443. Histoire du Vieux et du Nouveau Testament, enrichie de plus de 400 figures en taille-douce. *A Anvers, chez Pierre Mortier,* M. D. CC. 2 vol. in-fol. mar. r. dent. tr. d. (*Padeloup.*)

Bible de Mortier (texte par D. Martin; planches composées et gravées sous la direction de David Van der Plaets).
Exemplaire avant les clous; quelques ff. ont été mouillés dans le deuxième volume.

3444. In Quindecim psalmos graduum commentarii ex prædictionibus D. Martini Lutheri summa fide collecta. *Argentorati,* 1542; in-8, mar. vert, tr. dor. (*Thompson.*)

3445. Officio della B. V. Maria. *Rome,* 1756; in-8, m. r. (*Riche reliure italienne.*)

3446. DEFENSIO ORTHODOXÆ FIDEI DE SACRA TRINITATE, contra prodigiosos errores Michaelis Serueti Hispani, per Johannem Caluinum. *Oliva Roberti Stephani,* 1554; gr. in-8, mar. ant., fil., comp. (*Thompson.*)

Volume de la plus parfaite conservation, dans sa première reliure du XVIe siècle, d'un livre très-rare.

3447. Lordinaire des Crestiens. (A la fin) : *Ce present Ordinaire des Crestiens fut acheve le huytieme iour de juillet mil quatre cens quatre vingz et dix pour Anthoine Verrad* (sic) *libraire demourant a Paris sus le pont Nostre Dame,* etc. In-4, goth. mar. r. fil. tr. dor. (*Koehler.*)

Superbe exemplaire, presque non rogné, d'un livre très-rare.

3448. Pensées de M. Pascal sur la religion et sur quelques autres sujets, qui ont esté trouvées après sa mort, parmi ses papiers. *Paris, Guil. Desprez,* 1670; in-12, veau fauve, fil. tr. dor. (*Hardy.*)
Bel exemplaire.

3449. Explication des Maximes des Saints, sur la vie intérieure, par Fénelon. *Paris,* 1697; in-12, veau fauve, fil. tr. dor.
Bel exemplaire de l'édition originale.

3450. Platine in vitas summor. pontif. *Joh. de Colonia et Joh. Mathen de Gheretzem,* 1479; in-fol. car. rom. vél.

3451. Instituti Spoletani opera. *Roma,* 1510; in-4, vélin.

3452. Corpus juris civilis, cum D. Gothofredi et aliorum notis. *Amstelodami, apud J. Blaeu, Ludov. et Dan. Elzevirios,* 1663; 2 vol. in-fol. v. gaufré. (*Fermoirs.*)

SCIENCES ET ARTS

3453. Deux Livres des venins, par Jacq. Grevin de Clermont en Beauvoisis, ensemble les œuvres de Nicandre trad. en vers français. *Anvers, de l'impr. de Christ. Plantin*, 1567-68 ; 2 part. en 1 vol. in-4 vél. (*Bel exempl.*)

3454. An homo bonus vel malus volens fiat, Simonis Portii disputatio. *Florentiæ*, 1551 ; — De dolore Simonis Portii Neapolitani liber. *Id. apud Laur. Torrentinum,* 1551 ; — De coloribus oculorum. *Id., ibid.*, 1550 ; 3 ouvrages en 1 vol. in-4, mar. r. fil. tr. dor. (*Padeloup.*)

<small>Recueil parfaitement conservé et provenant de la bibliothèque de Girardot de Préfont.</small>

3455. Vues d'Écosse gravées sur acier. *Edimbourg;* in-4, relié en soie. (*Album.*)

3456. Costumes des représentants du peuple. *An* IV *de la République* (1796); in-8, d.-rel. fig.

3457. Fuochi per la Chinea. *Rome;* in-fol. parch. Recueil de planches d'architecture.

3458. A History of pottery and porcelain by Joseph Marryat. *London*, 1857 ; in-8, cart.

3459. Minnesanger, dédié à l'impératrice de toutes les Russies, par Charles Mathieu. Gr. in-4, relié en velours, avec ornements en argent occidé.

<small>Fac-simile en or et en couleur, d'après les miniatures.</small>

3460. LA MAISON DES JEUX, où se trouvent les divertissements d'une compagnie, par des narrations agréables et par des jeux d'esprit, et autres entretiens d'une honneste conversation (par Cl. Sorel). *Paris, de Sommaville*, 1657 ; 2 vol. pet. in-8, mar. or., fil. tr. dor. (*Trautz-Bauzonnet.*)

<small>Très-bel exemplaire de ce livre curieux et rare, en bon état de conservation. Il provient de la bibliothèque de M. Armand Bertin.</small>

BELLES-LETTRES

3461. Theodori Gazæ Introductivæ Grammatices libri (Græce). *Impressum Venetiis, in ædibus Aldi Romani*, 1495 ; in-fol. v. estampé et gaufré.

Bel exemplaire de l'édition princeps, dans une curieuse reliure allemande armoriée.

3462. MUSÆI OPUSCULUM DE HERONE et LEANDRO, quod et in latinam linguam ad uerbum tralatum est. (*Aldus, s. l.*); in-4, mar. v. fil. à comp. dor. (*Thompson.*)

PREMIÈRE ET FORT RARE ÉDITION. TRÈS-BEL EXEMPLAIRE.

3463. Dictionnaire roman walon, celtique et tudesque. *A Bouillon*, 1777 ; in-4, cart.

3464. Traicte de la gramaire françoise. *A Paris, par Robert Estienne*, 1569; in-8, mar. v. f. tr. d.

Deuxième édition : 128 pages. Dans le même volume, la traduction latine de cette *grammaire*. Id., ibid., 1569. (127 pages.)

3465. P. Ovidii Nasonis Opera, D. Heinsius textum recensuit. *Lugd. Batav., ex offic. Elzeviriana*, 1629; 3 v. in-16, mar. r. fil. tr. d. (*Duru.*)

3466. Antonii Constantii epigrammata. (*Fani, Hieron. Soncinus*, 1502); in-4, vél.

Bel exemplaire d'un volume rare, longuement décrit par M. Brunet, *Manuel du libraire*, édit. de 1842, p. 760.

3467. Erotemata Guarini. *Ferrariæ*, 1509; pet. in-8, vél.

3468. LES OEUVRES DE MAISTRE GUILLAUME COQUILLART en son vivant official de Reims. *Paris, Jean Bonfons, s. d.*; pet. in-8, lettres rondes, mar. r. fil. comp. tr. dor.

Édition TRÈS-RARE et peu connue. Charmante reliure de Capé, à compartiments, du XVIe siècle, et petits fers.

3469. Les Ditz d'amours et ventes. *S. l. n. d.;* pet. in-4 gothique, huit feuillets, mar. r. fil. tr. dor. (*Capé.*)

Exemplaire grand de marges et bien conservé, sauf un raccommodage dans le coin des feuillets. Édition fort rare et non citée; elle est imprimée dans les dernières années du xve siècle et porte sur le titre la marque de Jehan Treperel.

3470. Le Grand Miroir du monde, par Joseph Duchesne, sieur de la Violette. *Lyon,* 1587; in-4, cuir de Russie, fil. tr. dor. (*Thompson.*)

Bel exemplaire.

3471. La Neotemachie poëtique du Blanc (Jehan le Blanc), Odes. *Paris, Fr. Julliot,* 1610; in-4, vél.

Poëte rare. On y remarque une pièce adressée *au Bonhomme* des Yveteaulx. — A la fin on a joint *le Discours de l'Excellence des poètes sur la naissance de Madame,* pièce de 8 pages.

3472. La Sireine de messire Honoré d'Urfé, gentilhomme ordinaire de la chambre du Roy, etc. *Paris,* 1611; in-8, mar. r. fil. tr. dor. (*Duru.*)

3473. Le Villebrequin de Me Adam, menuisier de Nevers. *Paris, G. de Luyne,* 1663; in-12, d.-rel.

3474. Les OEuvres de M. Montfleury, contenant ses pièces de théâtre, représentées par la troupe des comédiens du roy à Paris. *Amsterd.,* 1698; 2 vol. pet. in-12, fig., mar. r. fil. tr. dor. (*Trautz-Bauzonnet.*)

Très-joli exemplaire de la bibliothèque de M. Armand Bertin.

3475. Recueil de poésies, ou OEuvres diverses de M. Piron. *Lausanne,* 1773; in-12, d.-rel. m. cit.

3476. Recueil de poetes gascons : las Obros de P. Goudelin; les Folies de Lesage de Montpellier; l'Embarras de la fieiro de Beaucaire, par Michel de Nismes. *Amsterd.,* 1700; 2 vol. in-12, fig. mar. v. fil. non rogné. (*Duru.*)

Superbe exemplaire d'un recueil rare, et dont il serait difficile de trouver un autre dans cette condition.

3477. Le Ramelet moundi de tres flouretos, o las Gentillessos de tres Boutados del s[r] Goudelin. *A*

Toulouso, s. d. (1638); in-8, mar. r. fil. tr. d. (*Capé.*)

Le *Glossaire* (partie séparée de 36 ff.) s'y trouve réuni.

3478. Las Obras de Boscan y alcunas de Garcilasso de la Vega repartitas en quatro libros. 1547; in-12, vél.

3479. Hecatomphile, de vulgaire italien (de L. B. Alberti) tourné en langage françoys. *Lyon, Franç. Juste,* 1534; pet. in-8, goth. mar. r.

Édition rare; exemplaire de la bibliothèque de M. Bergeret.

3480. La Perlo dey musos et commedios prouvensalos, par M. Gaspar Zerbin, avoucat. *A Ays, aquo de Jean Roize,* 1655; in-16, mar. r. f. tr. dor. (*Duru.*)

Fort rare.

3481. Les OEuvres de feu monsieur de Bouillon, contenant l'Histoire de Joconde, le Mary commode..., etc. *Paris, Cl. Barbin,* 1663; in-12, mar. r. fil. tr. d. (*Niedrée.*)

Aux armes de M. le marquis de Coislin.

3482. Sylva de varios romances. *Impressa en Barcelona,* 1622; pet. in-12, vél.

Petit volume rare et bien conservé.

3483. Ciriffo Calvaneo di Luca Pulci, gentilhuomo Fiorentino, con la Giostra del magnifico Lorenzo de Medici; insieme con le Epistole composte dal medes. Pulci. *In Florenza, nella stamperia dei Giunti,* 1572; in-4, vél.

Belle édition citée par la Crusca.

3484. LES ŒUVRES DE MONSIEUR MOLIÈRE. *A Paris, chez Denys Thierry et Cl. Barbin*, 1674-75; 7 vol. in-12, mar. r. fil. tr. d.

Deuxième édition originale. La première, formée par Molière lui-même, et publiée l'année de sa mort chez Denys Thierry, est introuvable. Celle-ci est également fort rare, et le texte en est bien supérieur à celui de l'édition donnée par Vinot et Lagrange en 1682.

3485. LE FESTIN DE PIERRE, comédie par J. B. P. de Molière. *Bruxelles, Georges de Backer*, 1694; in-12, fig. mar. r. fil. doublé de mar. rouge à riches comp. à la fanfare. (*Niedrée*.)

Édition très-rare et qui contient la *scène du pauvre* telle que Molière l'a composée.

3486. PHÈDRE ET HIPPOLYTE, tragédie par M. Racine. *Paris, J. Ribou*, 1677; in-12, mar. bl. fil. tr. dor. (*Capé*.).

ÉDITION ORIGINALE. — Au verso de la figure de Lebrun, qui manque quelquefois aux exemplaires, se trouve un autographe signé de Raymond Poisson, célèbre acteur, contemporain de Molière et de Racine.

3487. Mandragola, comedia facetissima di Lucretia e Gallimaco, composta per Nic. Machiauello. *Vinegia, Zoppino*, 1531; pet. in-8, m. bleu, fil. tr. dor.

Volume TRÈS-RARE.

3488. Verginia, comedia di Bernardo Accolti Aretino, con un capitolo della madonna. *Vinegia, per Nicolo di Aristotile detto Zoppino*, 1535; pet. in-8, mar. bleu, fil. tr. dor. (*Niedrée*.)

Exemplaire bien conservé d'un volume rare.

3489. Cortegiana, comedia di Pietro Aretino. (*Venetia*) 1537; pet. in-8, titr. gr., vél. (*Édition rare*.) — Il Marescalco, di P. Aretino. (*Venetia*) 1539; pet. in-8, port. vél. (*Édition rare*.) — Lo Hipocrito, comedia di P. Aretino. *Venetia, Marcolini*, 1542; pet. in-8. port. vél. (*Édition originale*.) — Talanta, comedia di P. Aretino. *Venetia, Marcolini*, 1542; pet. in-8, port. vél. (*Édition originale*.)

Réunion intéressante en beaux exemplaires.

3490. Tragedia di M. Sperone Speroni, intitolata Canace. *Vinegia, Vincenzo Valgrisi*, 1546; pet. in-8, mar. r. tr. dor.

3491. La Sophonisba, tragedia del magnifico cavaliere e poeta messer Galeotto Carretto. *In Vinegia, app. Gabriel Giolito de' Ferrari*, 1546; in-8, mar. r., fil. tr. dor.

3492. Comedia del Trissino, intitolata Simillimi. *Venetia*, 1548; in-8, vél.

3493. Comedia intitolata Sine Nomine. *Fiorenza*, 1574; in-8, vel.

3494. Amor costante, comedia del Sig. Stordito. *Venetia*, 1586; in-8, vél.

3495. La Scolastica, comedia di L. Ariosto. *Venetia*, 1587; in-8, vel.

3496. Aridosio, comedia del sig. Lorenzo de Medici, 1605. — L'Inganno scoperto per vendetta. *Madona*, 1691; 2 vol. pet. in-12, vél.

3497. Les Ressources de Quinola, comédie par Balzac. *Paris*, 1842; in-8, d.-rel. non rogné.
Exemplaire avec corrections autographes de l'auteur, provenant de la collection de M. Dutacq.

3498. C'EST LE ROMAN DU ROY ARTUS. *Ce present et premier volume a esté imprimé à Rouen, en lostel de Gaillard le Bourgois, lan de grâce mil. cccc. IIII. xx. et huyt. le xxIIII. iour de nouëbre, par Jehan le Bourgois.* 2 parties en 1 vol. gr. in-fol. à 2 col. fig. s. b. mar. r. fil. tr. dor. (*Rel. anc.*)
Exemplaire du duc de la Vallière, fortement piqué.
Nous n'avons pas la seconde partie, imprimée la même année 1488 à Paris, chez Jehan Dupré.

3499. Histoire du preux chevalier Guerin de Montglave.... *Paris, Jehan Bonfons*, (sans date); in-4. goth. mar. r. tr. dor. (*Trautz-Bauzonnet.*)
Bel exemplaire d'un volume rare.

3500. L'Amant ressuscité de la mort d'amour, par Théod. Valentinian Françoys. *Lyon*, 1557; in-4, veau fauve, fil. tr. dor. (*Niedrée.*)
VOLUME RARE.

BELLES-LETTRES.

3501. Tarsis et Zélie. *Paris*, 1774; 3 vol. in-8, fig. de Moreau, d'Eisen et de Cochin, mar. cit. fil. tr. dor. (*Rel. anc.*)

<small>Très-bel exemplaire de ce roman publié pour la première fois en 1669, et dont les auteurs sont les s^{rs} le Revay et le Vayer de Boutigny.</small>

3502. Zaïde, par Mme de la Fayette, par ordre du comte d'Artois. *Paris, Didot*, 1780; 3 vol. in-18, v. éc. fil. tr. dor.

3503. Le Berger extravagant, par Cl. Sorel. *Rouen*, 1639; 3 vol. pet. in-8, vél.

3504. Les Cent Nouuelles nouuelles. Suivent les Cent Nouuelles contenans les cent histoires nouueaux qui sont moult plaisans à raconter. *Cologne, P. Gaillard*, 1701; 2 vol. pet. in-8, mar. cit. fil. tr. d.

<small>Les figures de Romain de Hooge sont tirées à part.</small>

3505. Contes et Nouvelles en vers, par M. de la Fontaine, *Amsterdam*, 1763; 2 vol. in-8, mar. r. fil. tr. dor. (*Derome.*)

<small>Bel exemplaire de l'édition dite des *Fermiers généraux*.</small>

3506. Nouvelles Avantures de l'Admirable D. Quixotte de la Manche, composées par le licencié Alonzo Fernandez de Avellaneda, et trad. de l'espagnol en françois. *Bruxelles*, 1707; in-8, mar. r. tr. dor.

3507. Histoire de Manon Lescaut et du chevalier Des Grieux, par l'abbé Prévost. *Paris, imprimé par Didot pour Bleuet, libraire* (1797); 2 vol. pet. in-12, élégante rel. en mar. bleu, fil. tr. dor.

<small>Très-joli exemplaire PAPIER VÉLIN, FIGURES AVANT LA LETTRE.</small>

3508. Cento Giuochi liberali et d'ingegno, novellamente da Innoc. Ringhieri, etc. *Bologna*, 1551; in-4, v. fauve, fil. tr. dor. (*Niedrée.*)

3509. La Vie du roy Almansor, écrite par le vertueux capitaine Ali-Aben-Çufian, viceroy. *Amsterdam, Daniel Elzevier*, 1671; in-12.

<small>Exemplaire relié sur brochure.</small>

3510. Titi Petronii Arbitri omnia opera cum fragmento, comment. et notis doctorum virorum illustrata. *Amst., Blaeu*, 1669; in-8, mar. r. f. tr. d. doublé de mar. rouge, dent. (*Boyet.*)

Bel exemplaire de l'édition *variorum*.

3511. Paradoxes (par Charles Estienne). *Paris, Ch. Estienne*, 1554; pet. in-8, mar. bleu, fil. tr. dor. (*Duru.*)

3512. Amœnitates litterariæ, quibus variæ observationes, scripta item quædam anecdota et rariora opuscula exhibentur. *Francofurti et Lipsiæ, imp. Dan. Bartholomæi*, 1725; 14 t. en 7 vol. in-8, vél.

3513. OEUVRES DE J.-L. GUEZ DE BALZAC. *Leide et Amst., les Elzeviers*, 1658-78; 7 vol. pet. in-12, m. rouge, fil. tr. dor. (*Trautz-Bauzonnet.*)

MAGNIFIQUE EXEMPLAIRE d'une collection fort recherchée et qu'on trouve rarement complète, et avec *le Socrate chrétien*.

3514. OEuvres posthumes de Mabillon et de D. Ruinart. *Paris*, 1724; 3 vol. in-4, v. br.

3515. Epistolæ diversorum philosophorum, oratorum, rhetorum, sex et viginti (græce). 1499; 2 vol. in-4, cuir de Russie.

HISTOIRE

3516. Voyage dans les mers du Nord à bord de la corvette *la Reine Hortense*, par Charles Edmond, dessins de Karl Girardet. *Paris*, 1857; gr. in-8, dos et coins de mar. rouge, non rogné.

3517. Relation des voyages et des découvertes dans les Indes occidentales, écrite par Dom B. de Las Casas, évêque de Chiapa. *Amsterdam*, 1698; in-12, vél.

3518. Marco Polo, delle Meraviglie del mondo. *Trevigi*, 1657; pet. in-8, cart.

3519. Gambaræ de navigatione Christofori Columbi (en vers). *Romæ*, 1583; in-4, vél.

3520. Chronicarum liber (per Hartman Schedel). *Nuremberg*, 1493; in-fol. max. fig. en bois, parchemin.

3521. Summaire de Chroniques, contenant les vies, gestes | et cas fortuitz | de tous les empereurs d'Europe, depuis Jules César, iusques a Maximilien dernier decedé... faict premierement en langue latine par Jehan Bapt. Egnace, Venicien; et translaté de ladicte langue en françois, par maistre Geofroy Tory de Bourges. *On les vend a Paris a l'enseigne du Pot cassé. Achevé d'imprimer en* 1529; in-8, mar. v. f. tr. dor. (*Thompson.*)
Lettres rondes.

3522. Examen analytique et Tableau comparatif des synchronismes de l'histoire des temps héroïques de la Grèce, par L. C. F. Petit-Radel. *Paris, Impr. royale*, 1827; in-4, veau ant. fil.

3523. Les Anticques Erections des Gaules, compendieuse et briefue description des fondations de la pluspart des villes et citez assises es trois Gaules, cest assavoir Celtique, Belgique et Acquitaine. *Paris, Gilles Corrozet; nouvellement imprime par Denis Janot, l'an mil cinq cens trente cinq ;* in-16, mar. br. comp. tr. d.

Lettres rondes.

3524. Abrégé chronologique de l'Histoire de France, par Mézeray, divisé en six tomes. *Amsterdam, Abr. Wolfgang,* 1673. — Histoire de France avant Clovis. *Id.,* 1688 ; ensemble 7 vol. pet. in-8, in-12, fig. m. violet, fil. t. dr. (*Simier.*)

Bel exemplaire de l'édition elzévirienne recherchée ; portraits.

3525. Le Cabinet du roi Louis XI, contenant plusieurs fragments, lettres missives, et secrètes intrigues du règne de ce monarque (par Tristan l'Hermite de Soliers). *Paris,* 1661 ; pet. in-12, m. r. (*Thompson.*)

3526. Les Mémoires de messire Philippe de Commines, s^r d'Argenton. *Leide, Elzevier,* 1648 ; in-12, mar. r. f. tr. d. (*Anc. rel.*)

3527. BAYARD. La tres-joyeuse, plaisante et recreative Histoire, composee par le loyal serviteur..... le gentil seigneur de Bayart. *Imprimée à Paris pour Galliot du Pré,* 1527 ; in-4, goth. mar. r. tr. dor. (*Trautz-Bauzonnet.*)

Première édition de cet ouvrage.

3528. Recueil daucunes lectures et escriptures, par lesquelles se comprend la verité des choses passées | entre la majesté de l'empereur Charles cinquiesme et François roy de France, premier de ce nom. *Imprime en la ville Danuers le xxviij^e iour de juing l'an m.ccccc.xxxvi. pour la veufue de Martin Lempereur ;* in-4, goth. mar. r. (*Kœhler.*)

Bel exemplaire de ce volume d'une grande rareté.

3529. Mémoires de l'État de la France sous Charles IX. *Meidelbourg,* 1579; 3 vol. pet. in-8, v. br.

3530. Histoire du roy Henry le Grand, composée par messire Hardouin de Péréfixe. *Amsterdam, Michiels,* 1661; in-12, mar. bl. dent. tr. d.

3531. Histoire amoureuse des Gaules (par Bussy-Rabutin). *S. d., à Liége;* in-12, mar. r. f. tr. d.
<small>Édition dite *à la Croix de Malte,* avec la clef.</small>

3532. Monumens érigés en France à la gloire de Louis XV, précédés d'un tableau du progrès des arts, etc., par M. Patte. *Paris,* 1765; in-fol. mar. r. comp. tr. d. (*Aux armes de France.*)
<small>Grand papier. Fig.</small>

3533. Le Siege de Mets en lan M. D. LII (par B. de Salignac). *Paris, chez Charles Estienne,* 1553; in-4, mar. r. fil. tr. d. (*Duru.*)
<small>Édition originale, avec le grand plan plié. Dans le même volume : *Epistola Regis Christianissimi ad amplissimos S. Imperii ordines. Parisiis, ap. C. Stephanum,* 1553.</small>

3534. Antiquités de Paris, par Corrozet. *Paris,* 1586; pet. in-8, v. ant. fil.

3535. HISTOIRE AGREGATIVE DES ANNALES ET CRONIQUES DANJOU..., par messire Jehan de Bourdigné. *On les vend à Angiers, en la boutique de Charles de Boingne et Clement Alexandre. Imprimé à Paris, par Anthoine Cousteau, lan mil cinq cens xxix,* in-fol., goth., cart. en toile.
<small>TRÈS-BEL EXEMPLAIRE, grand de marges et avec témoins, d'une de nos anciennes chroniques particulières de France les plus intéressantes.</small>

3536. LES GRANS CRONIQUES DES GESTES des ducz et princes des pays de Sauoye et Piemōt... — *Cy finissent les Cronicques de Sauoye acheuees l'an mil cinq cens et quinze par Simphorien Champier..... et imprimees à Paris l'an mil cinq cens et seize pour Jehan de la Garde;* in-fol. goth. fig. s. b. mar. r. f. tr. d. (*Aux armes du prince Eugène de Savoie.*)

3537. Le siége de Dôle en Franche-Comté, par J.

Boyvin. *Anvers, Plantin*, 1638; in-4, fig. maroq. brun, tr. dor. (*Thompson.*)

Bel exemplaire.

3538. La Cronique de Gennes, avec la totalle description de toute Ytallie. *Nouvellement imprimé à Paris (sans date)*; pet. in-8, goth. mar. vert, tr. dor. (*Thompson. — Fort rare.*)

3539. Illustrations de la Gaulle Belgique | Antiquitez du pays de Haynnau, etc. (par Jacques de Guyse), trad. du lat. en franc. par J. Lessabée. *Paris, Galliot du Pré*, 1531; 3 tomes en 1 vol. in-fol. goth. v. br. f. (*Rel. anc.*)

3540. Principes Hollandiæ et Westfrisiæ ab anno 1363, ad ultimum Philippum Hispaniarum regem; æri omnes incisi et fideliter descripti, auspiciis P. Scriverii. *Harlemi, Soutman*, 1650; in-fol. max. cart.

38 grands portraits gravés par Corn. Visscher. Exemplaire tiré sur très-grand papier.

3541. Manuel du bibliophile et de l'archéologue lyonnais. *Paris*, 1857; gr. in-8, d.-rel. mar. vert.

3542. Dibdin; a bibliographical, antiquarian, and picturesque tour in the northern countries of England and in Scotland. *London*, 1838; 3 vol. gr. in-8, d.-rel. mar. rouge, doubles figures (*Exempl. en grand papier.*)

3543. L'Entrée de la tres sacrée maiesté imperiale faicte en la ville d'Augsbourg le xxv juing lan mil cincq cens et xxx. *Anvers*, 1530; in-4, lettres rondes, mar. rouge, fil. tr. dor. (*Thompson.*)

3544. La Gallerie des femmes fortes, par le P. Pierre le Moyne, de la Comp. de Jésus. *Leide, chez Jean Elzevier*, 1660; in-12, figures et front. gr. mar. v. fil. tr. d.

Hauteur : 131 millim.

OBSERVATIONS IMPORTANTES

Le n° 3221. La musique des cantates de ce splendide manuscrit est de *Joannes Paulus de Columnis*.

3234. Cette correspondance de Canova est non-seulement inédite, mais *entièrement autographe*.

3236. Quelques doutes avaient été émis sur l'attribution à Charles Nodier de ce manuscrit important; il paraît certain qu'il a été composé et écrit à l'âge de quatorze ans par l'illustre académicien lui-même.

3273. Ce précieux autographe de Boileau aurait pu être classé parmi les manuscrits. Un ouvrage entier de TRENTE-DEUX PAGES AUTOGRAPHES de Boileau...!

3288. *Lettres autographes de Bossuet*. Plusieurs de ces lettres, datées de *Germigny*, sont adressées à madame d'Albert de Luynes, quoiqu'elles n'en portent pas l'adresse.

ORDRE DE LA VENTE

Première vacation le mardi 26 février.

LIVRES IMPRIMÉS, nos 3442 à 3544.

Deuxième vacation, le mercredi 27 février.

AUTOGRAPHES, nos 3258 à 3441.

Troisième vacation, jeudi 28 février.

MANUSCRITS, nos 3149 à 3257.

CONDITIONS DE LA VENTE.

Les acquéreurs payeront 5 pour 100 en sus du prix de l'adjudication, applicables aux frais.

On aura huit jours pour la vérification des pièces; passé ce délai, aucune réclamation ne sera admise.

M. Techener, chargé de la vente, remplira les commissions qui lui seront adressées.

www.ingramcontent.com/pod-product-compliance
Lightning Source LLC
Chambersburg PA
CBHW050417240426
43661CB00055B/2182